suhrkamp taschenbuch 576

Felix Philipp Ingold wurde 1942 in Basel geboren, lebt heute in der Nähe von Zürich. Er ist als Professor für Russistik an der Hochschule für Wirtschafts- und Sozialwissenschaften in St. Gallen tätig. Zahlreiche Publikationen zur Kunst-, Literatur- und Geistesgeschichte Rußlands im 19./20. Jahrhundert. Literarische Arbeiten in Zeitschriften. *Leben Lamberts* ist seine erste Prosa-Publikation.

Der vorliegende Band will für den Zeitraum, der durch Blériots Kanalüberquerung und Lindberghs Ozeanflug markiert ist, die Wechselbeziehungen zwischen den »zwei Kulturen«, zwischen den »geistigen« und den »praktischen« Erneuerern (Musil) aufzeigen, belegen und deuten.

Wie die Wechselbeziehungen zwischen technischer und künstlerischer Revolution verlaufen sind, welche Gestaltungen (und Deutung) die Anfänge der motorisierten Fliegerei in der europäischen Literatur gefunden haben, wird im einführenden Teil dargestellt. Weitere Kapitel behandeln Probleme lexikalischer Innovation im Bereich flugtechnischer Terminologie und des poetischen Vokabulars um 1900; die Entstehung und den Wandel eines neuen aviatorischen Heroismus; die Rezeption der Flugthematik und die Adaption der fliegerischen Sehweise durch die Avantgarde der europäischen Literatur und Kunst; schließlich die Erhebung des lyrischen Ich (von Baudelaire bis Mallarmé und Nietzsche) als Antizipation des aviatorischen Titanismus und die Nachwirkungen klassischer Angelogie in der modernen Flugdichtung zwischen Marinetti und Hans Arp.

›Literatur und Aviatik‹ ist ein erstaunliches, ein faszinierendes, ein äußerst lesenswertes Buch. Der Autor entwickelt seinen Stoff ... ohne gelehrtes Parteichinesisch, dafür überaus reich an oft umfangreichen Textbeispielen, ein Studienbuch, das zugleich Lesebuch ist. Alles in allem: ein vorzüglich informiertes und informierendes Werk, sachlich und fachlich solid, gut geschrieben und originell.   Tages-Anzeiger, Zürich

# Felix Philipp Ingold
# Literatur und Aviatik

*Europäische Flugdichtung 1909–1927*

Mit einem Exkurs über
die Flugidee in der modernen Malerei
und Architektur

Suhrkamp

Herausgegeben für die Eidgenössische Technische Hochschule Zürich und deren Abteilung für Geistes- und Sozialwissenschaften von Jean-François Bergier, Roger Kempf, Adolf Muschg, Hans Werner Tobler, Heinrich Zollinger

suhrkamp taschenbuch 576
Erste Auflage 1980
© Birkhäuser Verlag Basel, 1978
Lizenzausgabe mit freundlicher Genehmigung des
Birkhäuser Verlags Basel und Stuttgart
Suhrkamp Taschenbuch Verlag
Alle Rechte vorbehalten, insbesondere das
des öffentlichen Vortrags, der Übertragung
durch Rundfunk und Fernsehen
sowie der Übersetzung, auch einzelner Teile
Druck: Nomos Verlagsgesellschaft, Baden-Baden
Printed in Germany
Umschlag nach Entwürfen von
Willy Fleckhaus und Rolf Staudt

# Inhalt

Vorwort 10

## I Literatur und Aviatik um 1909 18

*1.* Franz Kafka und *Die Aeroplane in Brescia* [pp. 19-27]. – *2.* Gabriele d'Annunzio in Brescia [pp. 28-29]. D'Annunzios Fliegerroman *Vielleicht, vielleicht auch nicht* [pp. 29-37]. Nietzsche, Morasso, d'Annunzio [pp. 37-49]. – *3.* Paris um 1909; Jules Romains, Rainer Maria Rilke [pp. 49-52]. – *4.* **Exkurs:** Lenin in Paris [pp. 52-56]. Aviation und Revolution in Russland [pp. 56-59]. – *5.* Filippo Tommaso Marinetti und Gabriele d'Annunzio [pp. 59-61]. Marinettis Weg zum Futurismus [pp. 61-66]. Das Gründungsmanifest des italienischen Futurismus [pp. 66-71]. *Tod dem Mondschein!* [pp. 71-74]. *Mafarka der Futurist* [pp. 75-80]. – *6.* Zur Ästhetik des modernen Maschinismus [pp. 80-82]. «Ecrivains sportifs»: Henry Kistemaeckers, Valentin Mandelstamm [pp. 82-86]. – *7.* Louis Blériot [pp. 86-91]. Blériot, Marinetti, d'Annunzio [pp. 91-94]. – *8.* Luftkrieg zwischen Utopie und Realität: R.P. Hearne, H.G. Wells [pp. 95-105]. – *9.* Luftfahrt in Deutschland [pp. 105-111]. Flugthematik in der deutschen Literatur um 1909: Max Eyth, Paul Scheerbart [pp. 111-118]. – *10.* Schweizerische Flugdichtung um 1909: J.C. Heer, Robert Walser [pp. 118-124]. – *11.* Fliegerei und Flugliteratur in Österreich-Ungarn um 1909: Hugo von Hofmannsthal, Karl Kraus [pp. 124-133]. – *12.* Russische Luftschiffahrt und Flugtechnik um 1909 [pp. 133-138]. Russische Flugpioniere in literarischem Kontext (Jurij Oleša, Valentin Kataev) [pp. 138-141]. Aleksandr Kuprin über Sergej Utočkin und Ivan Zaikin [pp. 141-146]. Der Tod Macievičs (Nikolaj Morozov, Leonid Andreev) [pp. 146-151]. – *13.* Flug als Flucht und Utopie: Fedor Sologubs *Legende im Werden* [pp. 151-156] und Aleksandr Bogdanovs *Roter Stern* [pp. 156-161]. Chlebnikovs Antiutopie [pp. 161-166]. – *14.* Vasilij Kamenskij als Pilot und Poet [pp. 166-176]. – *15.* Aleksandr Blok [pp. 176-181] und Valerij Brjusov [pp. 181-189].

## II Aviatorische Terminologie und poetisches Vokabular um 1909 190

*1.* Valerij Brjusov und René Ghil [pp. 191-193]. – *2.* Guillaume Apollinaire [pp. 193-195]. Aviatorische Terminologie um 1909: Frankreich, England, Deutschland [pp. 195-197]. – *3.* Zur russischen Flugterminologie um 1909: Kupčinskij und Chlebnikov [pp. 197-204]. Modernisierung durch Traditionalisierung: Velimir Chlebnikovs Wortbildungsverfahren [pp. 204-207]. – *4.* Russische aviatorische Neologismen (Vasilij Kamenskij, Vladimir Majakovskij, Vladimir Tatlin) [pp. 207-213].

## III Der Erste Weltkrieg
### (Aviatik und Literatur zwischen Blériot und Lindbergh)
### 214

*1.* Luftfahrt, Pazifismus, Esperanto [pp. 215-218]. Aviation und militärische Aufrüstung [pp. 218-220]. «Flugfieber» und Luftkrieg: Blaise Cendrars' *Moravagine* [pp. 220-222]. Flugzeugindustrie als militärisch-technischer Komplex [pp. 222-225]. – *2.* Der Luftkrieg und die neue Optik [pp. 226-230]. «Asse» im Luftkampf: Manfred von Richthofen [pp. 230-232]. – *3.* Aviatorische Thematik in der Kriegsliteratur (H.G. Wells, Ernst Jünger) [pp. 232-238]. – *4.* Die literarische Avantgarde im Weltkrieg: zur Ideologie des marinettianischen Futurismus [pp. 238-247]. – *5.* Luftkrieg und auktoriale Perspektive [p. 248]. Robert Musil und Aleksandr Blok [pp. 248-251]. – *6.* Aviatorische Motive in der russischen Kriegs- und Bürgerkriegsliteratur (Isaak Babel' und Valerij Brjusov) [pp. 251-256]. – *7.* Bombenkrieg und Belletristik: Otto Nebel, Marcel Proust, Jaroslav Hašek [pp. 256-263]. – *8.* Der Luftkrieg und *Die letzten Tage der Menschheit* [pp. 263-266]. Entmythologisierung und Entheroisierung der Fliegerei [pp. 266-268]. – *9.* «Homo faber» als neuer Held: Charles A. Lindbergh [pp. 268-272]. Der Flieger als kollektiver Held (Sergej Tret'jakov, Bertolt Brecht) [pp. 272-277].

## IV Futuristische Flugdichtung 278

*1.* Aviatorische Metaphorik bei Marinetti [pp. 279-284]. – *2. Der Monoplan des Papstes* [pp. 284-287]. Antimarinettianischer Protest: Alfred Döblin, Gian Pietro Lucini, Kornej Čukovskij [pp. 287-290]. – *3.* Futuristische «Aeropoesia» [pp. 290-295]. – *4.* Vom «Lufttanz» zum «Lufttheater» [pp. 295-299].

## V Exkurs: Die Flugidee in der modernen Malerei und Architektur 300

*1.* Die Fliegerei und das neue Sehen [pp. 301-306]. Zwischen Kunst und Design: aviatorische Ästhetik [pp. 306-309]. – *2.* Künstler als Flugpioniere: Arnold Böcklins flugtechnische Versuche [pp. 309-314]. Giovanni und Gottardo Segantini [pp. 314-315]. Carl Steiger [pp. 315-316]. – *3.* Das Flugzeug als

Paradigma einer neuen Ästhetik (Marinetti, Le Corbusier, Berget) [pp. 316-322]. - *4.* Kazimir Malevič: vom «Aero»-Suprematismus zur «Planiten»-Theorie [pp. 322-328]. Ėl' Lisickijs «Proun»-Ästhetik und die russische Revolutionsarchitektur [pp. 328-330]. - *5.* Vladimir Tatlins *Letatlin* [pp. 330-333]. Chagalls «Luftmenschen» [pp. 333-335].

## VI Aviation und Angelismus 336

*1.* Von der lyrischen Elevation zur «Eroberung des Himmels» (Charles Baudelaire, Stéphane Mallarmé, Friedrich Nietzsche) [pp. 337-342]. - *2.* Engel und Maschinen-Mensch: Marinettis technizistischer Angelismus [pp. 342-345]. Paolo Buzzi und Libero Altomare [pp. 345-348]. Stefan Zweigs *Flieger* [pp. 348-349]. - *3.* Poetischer Angelismus (Guillaume Apollinaire, René Schickele, Jakob van Hoddis, Rainer Maria Rilke, Paul Valéry) [pp. 349-356]. - *4.* Der realisierte Mythos: Roland Garros und Jean Cocteau [pp. 357-359]. Marcel Proust [pp. 360-368]. «Verwirrte Engel»: Hans Arp [p. 369].

## VII Kleine Anthologie deutscher Flug- und Flugzeuggedichte 370

Übersicht [p. 372]. - Friedrich Nietzsche [p. 373]. - Richard Dehmel [pp. 373-374]. - Theodor Däubler [pp. 374-375]. - Alfred Wolfenstein [pp. 376-377]. - Gerrit Engelke [pp. 377-378]. - Max Dortu [pp. 379-380]. - Hugo von Hofmannsthal [pp. 380-382]. - Walter Hasenclever [p. 383]. - Karl Vollmoeller [pp. 384-386]. - Stefan Zweig [pp. 387-391]. - Karl Bröger [pp. 392-393]. - Gottfried Benn [pp. 393-394]. - Johannes R. Becher [p. 395]. - Wilhelm Klemm [p. 396]. - Erich Grisar [pp. 397-398]. - Rainer Maria Rilke [p. 399]. - Alfred Wolfenstein [p. 400]. - Albert Ehrenstein [p. 401]. - Karl Bröger [p. 402]. - Heinrich Lersch [pp. 403-404]. - Max Barthel [p. 405]. - Kurd Adler [p. 406]. - Albert Ehrenstein [pp. 407-408]. - Quellen und Hinweise [pp. 409-410].

**Abbildungen** 413

**Schriftenverzeichnis** 477

**Personenregister** 495

# Vorwort

> *Man hat Wirklichkeit gewonnen und*
> *Traum verloren.*\*
> ROBERT MUSIL

Schon vor der Wende zum 20. Jahrhundert hatte sich – ROBERT MUSILS ‹Mann ohne Eigenschaften› berichtet davon – «plötzlich in ganz Europa ein beflügelndes Fieber erhoben»; noch wusste man nicht, was eigentlich im Werden und im Kommen war, man fühlte nur, dass etwas qualitativ Neues, etwas ganz anderes, nie Dagewesenes eintreffen würde – «eine neue Kunst, ein neuer Mensch, eine neue Moral oder vielleicht eine Umschichtung der Gesellschaft»? Und wenn kein gesellschaftlicher, kein politischer – dann, zum mindesten, ein «geistiger Umsturz»? Man stand auf, um das Alte zu bekämpfen und für das noch unbestimmte Neue Boden zu gewinnen in einer Welt, die bereits «von gestern» war: «Allenthalben war plötzlich der rechte Mann zur Stelle; und was wichtig ist, Männer mit praktischer Unternehmungslust fanden sich mit geistig Unternehmungslustigen zusammen[1].»

Der durch MUSILS retrospektive Optik aufgezeichnete «Umsturz» war ursprünglich wohl eine Projektion schlichten, am magischen Datum der Jahrhundertwende orientierten Wunschdenkens; inzwischen scheint festzustehen, dass die revolutionäre – «praktische» wie «geistige» – Wende zum neuen Jahrhundert nicht um 1900, sondern, mit leichter Phasenverschiebung, um 1909/1910 eingetreten ist. Zu diesem Zeitpunkt hat SAMUEL LUBLINSKI den ‹Ausgang der Moderne› registriert und damit auch den definitiven Zusammenbruch der «kultursynthetischen» Idee, des Glaubens «an menschliche Grösse» und «an eine universale Humanität[2]».

Kompetente Literatur- und Kunstwissenschafter haben (im Sinne GOTTFRIED BENNS) das «Gründungsereignis der modernen Kunst in

---

\* [Motto:] R. Musil, *Der Mann ohne Eigenschaften* (Hamburg 1970), p. 39.
[1] *Op. cit.*, p. 55.
[2] *Cf.* S. Lublinski, *Der Ausgang der Moderne* (Dresden 1909), pp. 294–308.

Europa» auf das Jahr 1909 angesetzt[3]: die Herausgabe des ersten
futuristischen Manifests durch MARINETTI, einer Programmschrift,
welche ästhetischen Konventionen und überkommenen Werthaltungen
die dialektische Forderung nach einer *destruktiv*-innovatorischen *Anti-
Kunst* entgegenhielt.

> Wollt ihr denn eure besten Kräfte in dieser ewigen und unnützen
> Bewunderung der Vergangenheit vergeuden, aus der ihr schliesslich
> erschöpft, ärmer und geschlagen hervorgehen werdet? [...] Für die
> Sterbenden, für die Kranken, für die Gefangenen mag das ange-
> hen: – die bewunderungswürdige Vergangenheit ist vielleicht ein
> Balsam für ihre Leiden, da ihnen die Zukunft versperrt ist ... Aber
> wir wollen von der Vergangenheit nichts wissen, wir jungen und
> starken *Futuristen*! [...] Legt Feuer an die Regale der Bibliothe-
> ken! ... Leitet den Lauf der Kanäle ab, um die Museen zu über-
> schwemmen! ... [...] Ergreift die Spitzhacken, die Äxte und die
> Hämmer und reisst nieder, reisst ohne Erbarmen die ehrwürdigen
> Städte nieder!
> Die Ältesten von uns sind jetzt dreissig Jahre alt: es bleibt uns also
> mindestens ein Jahrzehnt, um unser Werk zu vollbringen. Wenn
> wir vierzig sind, mögen andere, jüngere und tüchtigere Männer uns
> ruhig wie nutzlose Manuskripte in den Papierkorb werfen. Wir
> wünschen es so[4]!

Mit ähnlichen, wenn auch weniger radikal formulierten Postulaten
wurde gleichzeitig die theoretische Grundlegung des russischen Futurismus, des französischen Kubismus, des deutschen Expressionismus eingeleitet, jener «Kunstismen» also, welche in der Folge massgeblich (und
nicht selten mit Rückgriff und expliziter Berufung auf BERGSON,
EINSTEIN, FREUD) zur revolutionären Umgestaltung bestehender Weltbilder und zur Installation einer neuen, auch auf die Alltags- und
Arbeitswelt des modernen Menschen anwendbaren Ästhetik, die noch
heute ihre Geltung hat, beitragen sollten[5].

Die Trennlinien, welche eine Kunst von der andern und die Kunst
überhaupt von dem scheiden, was keine Kunst mehr ist, was über

---

3 G. Benn, *Probleme der Lyrik*
  (Wiesbaden 1951), p. 10.
4 U. Apollonio (ed.), *Der Futurismus*
  (Köln 1972), p. 35.
5 *Cf.* Lissitzky/Arp, *Die Kunstismen*
  (Erlenbach &c 1925).

oder unter ihr steht, werden zerstört. Noch nie hat sich das Problem des Verhältnisses von Kunst und Leben, von Schöpfertum und Dasein so akut gestellt, noch nie war das Verlangen so gross, von der Schaffung des Kunstwerks zur Schaffung des Lebens selbst – eines neuen Lebens – überzugehen. Die Ohnmacht des schöpferischen Akts des Menschen und die fehlende Übereinstimmung zwischen schöpferischem Auftrag und schöpferischer Verwirklichung werden erkannt. Unsere Zeit kennt gleichermassen eine nie dagewesene schöpferische Verwegenheit und eine nie dagewesene schöpferische Schwäche[6].

Die Syndrome der von NIKOLAJ BERDJAEV eindringlich diagnostizierten «Krise der Kunst» haben damals nicht nur im künstlerischen Schaffen selbst, nicht nur in literarischen Zeugnissen wie RILKES ‹Aufzeichnungen des Malte Laurids Brigge› (1910) ihren Ausdruck gefunden; manchen Zeitgenossen sind sie vielmehr als Anzeichen des eigenen Verfalls oder als Menetekel der Epoche bewusst und erlebbar geworden. Auch den krisenhaften, als irreversible Katastrophe sich vollziehenden Wandel des «menschlichen Charakters» hat VIRGINIA WOOLF auf jene Zeit – genauer: auf den «Dezember 1910» – datiert[7].
Seit 1909 wurden nebst (und mit) den «geistig» Tätigen aus den Reihen der künstlerischen Avantgarde auch die Praktiker und Pragmatiker aktiv, um nun ihrerseits eine entscheidende Neuorientierung der wirtschaftlichen und politischen, der wissenschaftlichen und technischen Entwicklung im «industriellen Europa» durchzusetzen[8]. In diesem zivilisatorischen Gleichschritt kam nicht zuletzt das Paradoxon der modernen Kultur zur Anschauung: Technik und Wissenschaft sind einerseits unabdingbare Voraussetzung kulturellen Schaffens und bleiben für dessen Evolution bestimmend; anderseits – und zugleich – ist das kulturelle Leben, ist namentlich die Kunst durch das Überhandnehmen eines primär technizistischen, ökonomisch fundierten und organisierenden Denkens zunehmend gefährdet, vielleicht gar «vom Untergange bedroht».

Die Ergebnisse der physikalischen Wissenschaften und die Leistungen der Technik stellen den Menschen vor eine neue Wirklichkeit, die nicht mehr ein Produkt der Evolution, eines organischen

6 N. Berdjaev, *Krizis iskusstva* (M 1918), p. 3.
7 Zitjert nach D. Zatonskij, *Iskusstvo romana i XX vek* (M 1973), p. 12.
8 *V.* dazu R. Tessari, *Il mito della macchina* (Milano 1973); D.S. Landes. *L'Europe technicienne* (P 1975).

Prozesses ist, sondern vielmehr ein Resultat der erfinderischen und schöpferischen Tätigkeit des Menschen, des Prozesses der durchgreifenden Organisation. [...] Das Anbrechen des technischen Zeitalters bedeutet den Übergang der menschlichen Existenz vom Organismus zur *Organisation,* vom Organismus zum Mechanismus[9].

Die Anfänge dieser Epoche waren, man weiss es, von extremer Widersprüchlichkeit und von «höchst verschiedenen Schlachtrufen» gekennzeichnet, doch es gab einen «gemeinsamen Atem», der alle Gegensätze umgriff (ohne sie indes zu überwinden) und der damit die zeittypische Allianz von Titanismus und Resignation, von Neuerertum und Dekadenz, von Fortschrittsglaube und Untergangseuphorie, von revolutionärem Engagement und schöngeistigem Eskapismus erst recht ermöglichte. Was bei MUSIL als «gemeinsamer Atem» einer in sich kontradiktorischen Epoche bezeichnet ist, hat ALEKSANDR BLOK als den «einen musikalischen Sinn» wahrgenommen, der all den «anscheinend so unterschiedlichen» Fakten aus diversen «Lebensbereichen» gleichermassen innewohne[10]. «In Wirklichkeit», so rapportiert auch Musil, «war alles zu einem schimmernden Sinn verschmolzen»:

> Es wurde der Übermensch geliebt, und es wurde der Untermensch geliebt; es wurden die Gesundheit und die Sonne angebetet, und es wurde die Zärtlichkeit brustkranker Mädchen angebetet; man begeisterte sich für das Heldenglaubensbekenntnis und für das soziale Allemannsglaubensbekenntnis; man war gläubig und skeptisch, naturalistisch und preziös, robust und morbid; man träumte von alten Schlossalleen, herbstlichen Gärten, gläsernen Weihern, Edelsteinen, Haschisch, Krankheit, Dämonien, aber auch von Prärien, gewaltigen Horizonten, von Schmiede- und Walzwerken, nackten Kämpfern, Aufständen der Arbeitssklaven, menschlichen Urpaaren und Zertrümmerung der Gesellschaft[11].

Die nachfolgende Abhandlung ist darauf angelegt, für den Zeitraum von 1909 bis in die späten zwanziger Jahre, gelegentlich aber auch über

---

9 N.A. Berdiajew, *Der Mensch und die Technik* (Zch 1971), pp. 16; 14.
10 A. Blok in der Vorrede zu seinem Poem «Vozmezdie» (1919); hier zitiert (und übersetzt) nach id., *Sobranie sočinenij* (M &c 1960), I, p. 297.
11 R. Musil, *op.cit.*, p. 55.

ihn hinaus – oder ihm vorgreifend, die gegenseitigen Beziehungen zwischen den «geistigen» und den «praktischen» Erneuerern aufzuzeigen, zu belegen und zu deuten – dies am einen Beispiel der motorisierten Fliegerei und deren Thematisierung in der europäischen Belletristik. Für die moderne Aviation erbrachten die Jahre 1908 bis 1910 nicht weniger bedeutsame Fortschritte als für die Literatur oder die bildende Kunst. In der neueren Aviationsgeschichte gilt das Jahr 1908 als *annus mirabilis:* zum erstenmal führten die Brüder WRIGHT – WILBUR in Frankreich (August), ORVILLE in den Vereinigten Staaten (September) – auf einer Maschine, die sie nach dem Prinzip ‹schwerer als Luft› konstruiert und erfolgreich getestet hatten, öffentliche Schauflüge durch; im Lauf des Jahres 1909 wurde das motorisierte Flugzeug «offiziell», «gesellschaftlich» und «technisch» *erwachsen:* den Nachweis dafür lieferte zunächst LOUIS BLÉRIOT, indem er (am 25. Juli) auf einem Apparat eigener Bauart erstmals den Ärmelkanal überflog, sodann war es das internationale Meeting von Reims, bei dessen Anlass – vor zahlreichem Publikum – Maschinen verschiedenen Typs in Konkurrenz traten: «Die kollektive Identität des Aeroplans, wie sie in Reims zum Ausdruck kam, zeigte die Fähigkeit des für die Welt neuen Fortbewegungsmittels auf, zwei Menschen in relativer Sicherheit mit einer Geschwindigkeit von rund vierzig Meilen pro Stunde durch die Luft zu tragen; während des Flugs hinreichendes Gleichgewicht zu wahren; adäquat kontrolliert und manövriert zu werden; und die Fähigkeit, zwei oder mehr Stunden ohne Unterbrechung in der Luft zu bleiben. Es war nun für jedermann einsichtig geworden, dass die Flugmaschine tatsächlich ‹angekommen› war und dass der Weg für eine rasche Weiterentwicklung sowohl der Ein- wie auch der Doppeldecker nunmehr offenstand[12].»

Der alte ikarisch-daedalische Flugmythos war somit realisiert, und die Fliegerei wurde fortan – für lange – zum Inbegriff der wissenschaftlich-technischen Revolution, des technischen Zeitalters schlechthin; und sie verband sich, bald symbolisch, bald emblematisch, mit der Vorstellung übermenschlicher Erhebung und Allmacht, mit der Utopie totaler Befreiung, kosmopolitischer Solidarität und universellen Friedens, aber auch mit der Idee unbegrenzter Machbarkeit und unaufhaltsamen Fortschritts.

Der motorisierte Flugapparat hat als weithin sichtbares, rasch zur Perfektion gebrachtes und äusserst populär gewordenes Produkt des modernen Maschinismus die religiöse Dimension und die kulturhisto-

12 C. H. Gibbs-Smith, *The Invention of the Aeroplane* (Ldn 1966), p. 170.

\* Abb. 2–14, 38–40, 45

rische Bedeutung der Technik insgesamt erst eigentlich erkennbar, teilweise auch erlebbar gemacht: die Loslösung von der Erde, die eigenmächtige Erhebung über sie ist Wirklichkeitsgewinn und Wirklichkeitsverlust zugleich; die Technik – und besonders die Flugtechnik, doch nicht sie allein – untergräbt die mystisch und mythologisch beglaubigte Erdgebundenheit des Menschen, sie gefährdet den Menschen, indem sie ihn von einer Lebenssphäre und Lebensweise trennt, der er, organisch wie geistig, seit je zutiefst verhaftet war, die ihn restlos barg und prägte. Das tellurische wurde vom planetarischen Bewusstsein abgelöst; der Mensch, der sich nun, mit Hilfe des lenkbaren Fluggeräts, von der Erde abheben, sich in der Luft aufhalten und frei bewegen konnte, geriet unversehens in eine real-aktive, aber auch exzentrisch-relativistische Beziehung zum Kosmos, zu Raum und Zeit.

Es erweist sich, und dies hat die vorliegende Arbeit darzutun, dass Literatur und Kunst in der frühsten Pionierzeit der Flugtechnik hinter deren Entwicklung nicht zurückgeblieben sind, sondern ihrerseits – ohne bloss zu widerspiegeln oder gestalterisch nachzuvollziehen, was zuvor von Wissenschaftern erkannt, von Technikern erprobt worden war – einen revolutionären Paradigmenwechsel vorgenommen, ihre eigene Entwicklungsrichtung, ihre Ausdrucksmöglichkeiten radikal geändert und stark erweitert haben. Entsprechend «revolutionierten» etwa die italienischen und russischen Futuristen – in Übereinstimmung mit dem technischen Fortschritt – «die Auffassung des künstlerischen Schaffens». BORIS ARVATOV, ein führender Theoretiker der revolutionären Produktionskunst in Sowjetrussland, hält dazu fest: «Sie waren wohl die ersten Künstler in der Geschichte, die als ihre Aufgabe nicht ein dem Leben entgegengesetztes Schaffen verkündeten, sondern die positive Bearbeitung des Materials. Sie erklärten sich zu professionellen Handwerkern, zu *Technikern* der Kunst, und entlarvten das metaphysische Priestertum der kanonisierten bürgerlichen Künstler. – So ist also ein durchgehender Technizismus in der *Ideologie* das erste Kennzeichen der Futuristen[13].»

Wie die Wechselbeziehungen zwischen technischer und künstlerischer Revolution in den Jahren vor dem Ersten Weltkrieg verlaufen sind, welche Deutungen, welche Gestaltungen die Anfänge der motorisierten Fliegerei in der europäischen Belletristik gefunden haben, wird im einführenden und zugleich umfangreichsten Teil der Arbeit zur Darstellung gebracht. Weitere Kapitel behandeln Probleme lexikalischer Innovation im Bereich der flugtechnischen Terminologie und des poetischen

---

13 B. Arvatov, *Kunst und Produktion* (Mchn 1972), p. 98.

Vokabulars um 1909; die Entstehung und den während des Weltkriegs einsetzenden Wandel des neuen aviatorischen Heroismus (mit BLÉRIOT, RICHTHOFEN und LINDBERGH als Exponenten); die Rezeption der Flugthematik und die Adaptation der fliegerischen Sehweise (Simultanität, Dynamismus, Synthetisierung) durch die Avantgarde der europäischen Literatur und Kunst; schliesslich die Erhebung des lyrischen Ich (von BAUDELAIRE bis MALLARMÉ) als Antizipation des aviatorischen Titanismus und die Nachwirkungen klassischer Angelologie in der modernen Flugdichtung zwischen MARINETTI und HANS ARP.

Da für die nachstehende Untersuchung umfängliche, meist wenig bekannte, teils auch völlig vergessene Literatur in verschiedenen Sprachen gesichtet und verarbeitet werden musste, wurden manche Zitate aus belletristischen Werken, aus Zeitungen und Fachzeitschriften der Jahre 1908 bis 1918 als Anschauungs- oder Quellenmaterial in den laufenden Text eingefügt; wo nichts anderes vermerkt ist, zeichnet der Verfasser für die Übersetzung ins Deutsche verantwortlich. Bei zitierten Versdichtungen wird nebst der deutschen Rohübersetzung auch der Wortlaut der fremdsprachigen Originalfassung angeführt. Russische Zitate – auch Personennamen und Werktitel – erscheinen in der heute international gebräuchlichen ISO-Transliteration[14]. – Der Abhandlung ist ausser einer «Kleinen Anthologie deutscher Flug- und Flugzeuggedichte», deren Kenntnis nicht ohne weiteres vorausgesetzt werden kann und die im Text nicht (oder nur fragmentarisch) zitiert sind, das Gesamtverzeichnis der für die Studie verwendeten Primär- und Sekundärliteratur beigegeben, wobei die Titel – im Unterschied zu den kurzgefassten Referenzen in den Fussnoten – mit vollständigen bibliographischen Angaben aufgeführt und, um die rasche Überschaubarkeit zu gewährleisten, in mehrere Sachgruppen gegliedert werden.

April 1977 F.P.I.

14 *Cf.* Duden, *Satzanweisungen und Korrekturvorschriften* (Mannheim &c 1969), pp. 154–155.

# I Literatur und Aviatik um 1909

> *Wie rasch hat das Fliegen, dieser
> uralte, kostbare Traum, jeden Reiz,
> jeden Sinn, seine Seele verloren. So
> erfüllen sich die Träume, einer nach
> dem andern, zu Tode. Kannst du
> einen neuen Traum haben?\**
> ELIAS CANETTI

# 1

Am 4. September 1909 traf FRANZ KAFKA, von Prag kommend, in Riva ein, um hier, am Gardasee, zusammen mit den Brüdern OTTO und MAX BROD einen kurzen Badeurlaub zu verbringen. KAFKA – er war damals sechsundzwanzig Jahre alt, arbeitete als Aushilfsbeamter bei der ‹Arbeiter-Unfall-Versicherungs-Anstalt für das Königreich Böhmen›, schrieb nebenher (und veröffentlichte seit kurzem) kleine erzählerische Texte – hatte die Reise nach dem Süden auf ärztliche Empfehlung angetreten, erhoffte sich davon rasche Erholung, neuen Kräftezuwachs. Schon bald nach ihrer Ankunft im österreichischen Riva konnten die Prager Feriengäste der italienischen Lokalpresse entnehmen, «dass in Brescia das erste Flugmeeting stattfinde»[1]. KAFKA, der – wie die Brüder BROD – nie zuvor ein motorisiertes Flugzeug gesehen, an technischen Errungenschaften und Neuerungen jedoch grosses (auch berufliches) Interesse hatte[2], wollte sich die Gelegenheit nicht entgehen lassen, und so kam man bald zum «Entschluss, trotz knappen Kassabestandes nach Brescia zu fahren[3]».

Die Stadtverwaltung von Brescia hatte das Meeting bereits zu Beginn des Jahres in der internationalen Fachpresse angekündigt, als Preissumme stand für die Teilnehmer ein Betrag von 100 000 Francs zur Verfügung; die Konkurrenz sollte auf einer Rundstrecke von 30 Kilo-

---

\* [Motto:] E. Canetti, *Die Provinz des Menschen* (Mchn 1973), p. 10.

1 M. Brod, *Über Franz Kafka* (Ffm &c 1966), p. 92.

2 Im Herbst 1909 begann Kafka (nach seiner Versetzung von der Unfall- in die technische Abteilung der Anstalt) zur beruflichen Weiterbildung und wohl auch aus persönlichem Interesse Vorlesungen über mechanische Technologie an der deutschen technischen Universität sowie an der Technischen Hochschule in Prag zu besuchen (*cf.* C. Bezzel, *Kafka-Chronik*, Mchn 1975, p. 37).

3 M. Brod, *loc. cit.*

meter Länge (mit Start und Ziel in Castanedolo bei Brescia) ausgetragen werden[4].[*]

Das Meeting fand kurz nach dem fliegerischen Grossereignis des Jahres, der Grande Semaine de Champagne, und kurz vor der Grossen Flugwoche von Berlin statt: es war für die Dauer vom 8. bis zum 20. September angesetzt worden, seine Durchführung war allerdings durch ungünstige Witterung erschwert, und bereits am 13. September kam die Konkurrenz zum Abschluss[5].

MAX BROD war es, der KAFKA dazu anhielt, «er möge all das, was er beobachten würde, sofort niederschreiben und in einem Artikel zusammenfassen»: «Bei diesem ganzen Anliegen verfolgte ich aber einen geheimen Plan. Kafkas schriftstellerische Arbeit lag um jene Zeit brach, er hatte Monate lang nichts zuwege gebracht und klagte mir oft, dass sein Talent offenbar versickere, dass es mit ihm ganz und gar vorbei sei[6].»

KAFKA scheint BRODS Anregung spontan und gern aufgenommen zu haben, als Ergebnis davon konnte er den Freunden schon bald jenen launigen Bericht vorzeigen, der dann, redaktionell gekürzt, gegen Monatsende in einer Prager Tageszeitung erschien[7].

In improvisatorischer Staffelung vergegenwärtigt KAFKA die touristische Kulisse des Meetings von Brescia, das Geschehen auf dem Flugfeld und auf den Tribünen, die technischen Vorbereitungen am Boden, die fliegerischen Demonstrationen und Wettbewerbsleistungen.

Die aussergewöhnlichen Dimensionen der Massenveranstaltung - «auf den billigen Plätzen stehen fünfzigtausend Menschen den ganzen Tag» - werden, aus ironischer Distanz zwar angedeutet, jedoch in relativierender Verfremdung auf die Masse einer harmlosen Schaubudenwelt verkürzt: die Aviatiker, die Mechaniker, das Publikum - sie werden in

---

4 Mitgeteilt u. a. in der Zeitschrift *Flugsport*, 1909, I, p. 22; dass das erste internationale Flugmeeting Italiens in Brescia zur Austragung kam, dürfte nicht zuletzt damit zusammenhängen, dass hier durch Francesco Lana (1631-1687) das früheste wissenschaftlich begründete Projekt eines Luftschiffs nach dem Prinzip ‹leichter als Luft› entwickelt worden war (1670). - *Cf.* B. Wilhelm, *Die Anfänge der Luftschiffahrt: Lana-Gusmão* (Hamm 1909).

5 Cf. *L'Aérophile*, 1909, XVIII, p. 429 («Le Meeting de Brescia»); *Flugsport*, 1909, XX, pp. 553-555 («Das Meeting von Brescia»).

6 M. Brod, *op. cit.*, p. 93.

7 ‹Die Aeroplane in Brescia›, *Bohemia*, 1909, 29. IX., Nr. 269, pp. 1-3; den vollständigen Text dieser noch «erträglichen» «gedruckten Kleinigkeit» (Kafka an Felice Bauer, 20. IV. 1914) hat, sehr viel später, Max Brod (in *op. cit.*, pp. 359-367) zugänglich gemacht; nach Brods Neudruck wird im folgenden zitiert (Hervorhebungen stets von mir, *F.P.I.*).

---

[*] Abb. 18

KAFKAS Skizze zu den kleinen Helden, den emsigen Komparsen, den verzückten Zuschauern eines ebenso komischen wie hintergründigen Freiluftspektakels; solche Abstandnahme von der dargestellten Gegenständlichkeit ist wohl für den frühen KAFKA charakteristisch, hat aber exzeptionelle Bedeutung im Kontext der damaligen Publizistik und Belletristik, für welche die motorisierte Fliegerei, soweit sie überhaupt literarisch rezipiert ist, entweder den pauschalen Inbegriff technischen und zivilisatorischen Fortschritts oder das schlechthin Dämonische, das Böse darstellt.

Die von KAFKA präzis gefassten und gefügten Episoden ergeben, insgesamt, eine höchst anschauliche Reportage, die selbst durch zeitgenössische Photographien an Brillanz und Authentizität kaum übertroffen wird.

Das Ausserordentliche wird als das Natürliche, als etwas Alltägliches, ja Banales aufgezeigt. Die rhetorische Zurückhaltung des Berichterstatters ermöglicht einerseits die kontrastreiche Wiedergabe der zwischen Hoffnung und Angst, zwischen Freude und Enttäuschung schwankenden, gelegentlich hysterisch ausbrechenden Publikumsbegeisterung; anderseits gelingt dem Autor jene souveräne Deskription gegenständlicher oder szenischer Details, welche sich nur dem geduldig verharrenden und rasch registrierenden Kamerablick erschliessen. In diesem Sinn beschreibt KAFKA die langwierigen Startvorbereitungen und den kurzen Aufstieg LOUIS BLÉRIOTS, er führt den Tageshelden als scheuen Träumer, die fliegerische Leistung als prosaische Mühsal, das Publikum als verblendete und ahnungslos lüsterne Masse vor:

> An einer Seite des Holzgeländers stehen viele Leute aneinander. «Wie klein!» ruft eine französische Gruppe gleichsam seufzend. Was ist denn los? Wir drängen uns durch. Aber da steht ja auf dem Felde, ganz nahe, mit wirklicher gelblicher Farbe ein kleiner Aeroplan, den man zum Fliegen vorbereitet. Nun sehen wir auch den Hangar BLÉRIOTS, neben ihm den seines Schülers Leblanc, sie sind auf dem Felde selbst aufgebaut. An einen der zwei Flügel des Apparats gelehnt steht, gleich erkannt, BLÉRIOT und schaut, den Kopf fest auf dem Halse, seinen Mechanikern in die Finger, wie sie am Motor arbeiten.
> Auf dieser Kleinigkeit will er in die Luft? Da haben es zum Beispiel die Leute auf dem Wasser leichter. Die können zuerst in Pfützen üben, dann in Teichen, dann in Flüssen und erst viel später wagen sie sich aufs Meer, für diesen hier gibt es nur ein Meer.
> Schon sitzt BLÉRIOT auf seinem Sitz, hält die Hand auf irgendeinem Hebel, lässt aber noch die Mechaniker gewähren, als seien sie

überfleissige Kinder. Er schaut langsam zu uns her, schaut von uns weg und wieder anderswohin, behält aber den Blick immer bei sich. Er wird jetzt fliegen, nichts ist natürlicher. Dieses Gefühl des Natürlichen mit dem gleichzeitigen, allgemeinen Gefühl des Ausserordentlichen, das sich von ihm nicht abhalten lässt, gibt ihm diese Haltung.

Ein Arbeiter fasst den einen Flügel der Schraube, um sie anzudrehn, er reisst an ihr, es gibt auch einen Ruck, man hört etwas wie den Atemzug eines starken Mannes im Schlaf; aber die Schraube rührt sich nicht weiter. Noch einmal wird es versucht, zehnmal wird es versucht, manchmal bleibt die Schraube gleich stehn, manchmal gibt sie sich für ein paar Wendungen her. Es liegt am Motor. Neue Arbeiten fangen an, die Zuschauer ermüden mehr als die nahe Beteiligten. Der Motor wird von allen Seiten geölt; verborgene Schrauben werden gelockert und zugeschnürt; ein Mann läuft ins Hangar, holt ein Ersatzstück; da passt es wieder nicht; er eilt zurück, und hockend auf dem Boden des Hangars bearbeitet er es mit einem Hammer zwischen seinen Beinen. BLÉRIOT wechselt den Sitz mit einem Mechaniker, der Mechaniker mit LEBLANC. Bald reisst dieser Mann an der Schraube, bald jener. Aber der Motor ist unbarmherzig, wie ein Schüler, dem man immer hilft, die ganze Klasse sagt ihm ein, nein, er kann es nicht, immer wieder bleibt er stecken, immer wieder bei der gleichen Stelle bleibt er stecken, versagt. Ein Weilchen lang sitzt BLÉRIOT ganz still in seinem Sitz; seine sechs Mitarbeiter stehn um ihn herum, ohne sich zu rühren; alle scheinen zu träumen.

Die Zuschauer können einmal aufatmen und sich umsehn. Die junge Frau BLÉRIOT mit mütterlichem Gesicht kommt vorüber, zwei Kinder hinter ihr. Wenn ihr Mann nicht fliegen kann, ist es ihr nicht recht, und wenn er fliegt, hat sie Angst; überdies ist ihr schönes Kleid ein bisschen schwer für diese Temperatur. Wieder wird die Schraube angedreht, vielleicht besser als früher, vielleicht auch nicht; der Motor kommt mit Lärm in Gang, als sei er ein anderer; vier Männer halten rückwärts den Apparat, und inmitten der Windstille ringsherum fährt der Luftzug von der schwingenden Schraube her in Stössen durch die Arbeitsmäntel dieser Männer. Man hört kein Wort, nur der Lärm der Schraube scheint zu kommandieren, acht Hände entlassen den Apparat, der lange über die Erdschollen hinläuft wie ein Ungeschickter auf Parketten.

Viele solcher Versuche werden gemacht, und alle enden unabsichtlich. Jeder treibt das Publikum in die Höhe, auf die Strohsessel hinauf, auf denen man mit ausgestreckten Armen zugleich sich in

Balance erhält, zugleich auch Hoffnung, Angst und Freude zeigen kann. In den Pausen aber zieht die Gesellschaft des italienischen Adels die Tribünen entlang[8].

Weder kritiklose Begeisterung noch kritiklose Verketzerung findet sich bei KAFKA; das Flugmeeting von Brescia wird als Manifestation damaliger Alltagsmythologie dargestellt, erscheint aber auch als exakte Präfiguration späterer – heutiger – Grossereignisse internationalen Sports, als ein Jahrmarkt der Eitelkeiten, auf dem allein die Sensation der *Leistung* – der Rekord – zählt. Den Akteuren des Geschehens fehlt noch die heroische Gebärde, noch sind sie nicht als Helden legitimiert, ihre fliegerische Tat wirkt, verglichen mit deren umständlicher Vorbereitung, bescheiden, fast enttäuschend; noch gilt der Applaus eher den Motoren als den Menschen. Bezeichnend dafür ist KAFKAS wiederholter Hinweis auf die *Winzigkeit* und auf die *Einsamkeit* der konkurrierenden Flieger. Der berühmte ROUGIER, «ein kleiner Mensch mit auffallender Nase», macht sich in «äusserster, etwas unklarer Tätigkeit» vor seinem Hangar zu schaffen; vor einem andern Hangar «sitzt CURTISS *ganz allein*»[*]: bald schon wird er über dem Flugfeld «gleichgültig gegen den Lärm der Begrüssung» seine Runden drehen, immer «geradeaus dorthin, von wo er gekommen ist, um nur schnell wieder *klein* und *einsam* zu werden»:

> Er führt fünf solche Runden aus, fliegt fünfzig Kilometer in neunundvierzig Minuten und vierundzwanzig Sekunden und gewinnt damit den grossen Preis von Brescia, dreissigtausend Lire. Es ist eine vollkommene Leistung, aber vollkommene Leistungen können nicht gewürdigt werden, vollkommener Leistungen hält sich am Ende jeder für fähig, zu vollkommenen Leistungen scheint kein Mut nötig. Und während CURTISS *allein dort über den Wäldern* arbeitet, während seine allen bekannte Frau um ihn sorgt, *hat die Menge ihn fast vergessen.*

Aber nochmals, knapp vor Schluss, kommt Bewegung in das Publikum:

> Gerade als CURTISS[**] nach seinem Siegesflug vorüberkommt, ohne herzuschauen ein bisschen lächelnd die Mütze abnimmt, fängt Blériot einen kleinen Kreisflug an, den ihm alle schon vorher zutrauen! Man weiss nicht, ob man CURTISS applaudiert oder BLÉRIOT oder schon ROUGIER, dessen grosser schwerer Apparat sich jetzt in die Luft wirft. ROUGIER[+] sitzt an seinen Hebeln wie ein Herr an

---

8 M. Brod. *op. cit.*, pp. 363-364.

[*] Abb. 19 (unten)    [**]Abb. 12    [+] Abb. 20

einem Schreibtisch, zu dem man hinter seinem Rücken *auf einer kleinen Leiter* kommen kann. Er steigt in kleinen Runden, überfliegt Blériot, macht ihn zum Zuschauer und hört nicht auf zu steigen[9].

Die verwinzigten, an den Rand des Verschwindens abgedrängten Aviatiker exerzieren am offenen Himmel über Brescia einen Miniaturisierungsprozess vor, den KAFKA in seinem späteren Erzählwerk zur dynamischen Metapher der *Verwandlung* – der Verwandlung ins *Kleine*, des spurlosen *Verschwindens* – gestalten wird[10]; und wenn KAFKA die Vorstellung der miniaturisierenden Verwandlung durch das Bild des kreisenden CURTISS konkretisiert, lässt er deutlich die metaphorische Querverbindung zum Wettlauf der «Herrenreiter» erkennen, die, längst überrundet, «klein gegen den Rand des Horizonts anritten», und nimmt zugleich den akrobatischen Zirkusritt jener «hinfälligen, lungensüchtigen Kunstreiterin» vorweg, die «in der Manege auf schwankendem Pferd vor einem unermüdlichen Publikum vom peitschenschwingenden erbarmungslosen Chef monatelang ohne Unterbrechung *im Kreise rundum getrieben*» wird[11].

Ob vom erbarmungslosen Chef durch die Manege gepeitscht, ob von einem unermüdlichen Publikum zu immer kühneren Runden angehalten – im Kreislauf der Reiter und Flieger wird paradigmatisch der Leerlauf menschlichen Lebens vorgeführt; das damit verbundene, regelmässig – *mechanisch* – sich wiederholende Verschwinden (bei KAFKA als zyklischer Prozess der Verwandlung aufgefasst) ist eine letztlich unabwendbare Krankheit zum Tod, es eröffnet aber (wiederum nach KAFKA) zugleich die einzige und äusserste Möglichkeit, «über die Dinge hinauszuwachsen». In diesem (wohl von chinesischen Quellen hergeleiteten) Paradoxon ist KAFKAS permanente Existenzfrage gestaltet: «Der Mensch kann zur Grösse nur über die eigene Kleinheit gelangen[12].»

9 *Op. cit.*, p. 366: Kafkas Bericht wird im wesentlichen bestätigt durch die journalistische Bildreportage über ‹Das Meeting von Brescia› (signiert: *Rl.*) in der illustrierten Zeitschrift *Flugsport* (v. *supra*, p. 20, Anm. 5; *cf.* auch *infra*, p. 27, Anm. 20).

10 *Cf.* dazu F.P. Ingold, ‹Aeroplane um 1909›, *Revue d'Allemagne*, V, 1973, iii, pp. 702-704.

11 *V.* «Zum Nachdenken für Herrenreiter» (1909); «Auf der Galerie» (1916/1917). Hier zitiert nach F. Kafka, *Die Erzählungen* (Ffm 1961).

12 G. Janouch, *Gespräche mit Kafka* (Ffm 1961), p. 132. – *Cf.* Nietzsches Imperativ (aus der ‹Morgenröte›): «*Nicht zu vergessen!* – Je höher wir uns erheben, um so kleiner erscheinen wir denen, welche nicht fliegen können.» (F. Nietzsche, *Werke*, Mchn ²1960, p. 1279).

Mit der ‹Verwandlung›, mit gewissen Texten aus den Tagebüchern und aus dem Briefwerk verleiht KAFKA dem Motiv des Verschwindens definitive Form. Diese Bewegung – ein Aufschwung, der zugleich Selbstverlust und Selbstfindung bedeutet – bringt KAFKA in seinem Bericht auf eindrucksvolle Weise zur Darstellung, wenn er, von konkreter Anschauung ausgehend, zeigt, wie sich der Rekordmann ROUGIER mit dem schweren Flugapparat «in die Luft wirft» und gleich «so hoch» aufsteigt, «dass man glaubt, seine Lage könne bald nur nach den Sternen bestimmt werden». Schon in der frühen, zwischen 1904 und 1905 entstandenen ‹Beschreibung eines Kampfes› verwendet KAFKA *Flug* und *Ritt* als Bewegungsmetapher, hier allerdings noch im Sinn eines fast spielerischen Versuchs, sich eigener oder auferlegter Schwere zu entledigen, um «über die Dinge hinauszuwachsen», dem existentiellen Geworfensein wenigstens in der Illusion des Fliegens und Verschwindens auszuweichen: «Ich musste mich nicht erstechen lassen, ich musste nicht weglaufen, *ich konnte mich einfach in die Luft werfen*[13].»

Von der schlechten Alltäglichkeit weiss sich KAFKA durch sachten Aufstieg abzusetzen, er wirft sich jedoch nicht mit einem Flugapparat in die Höhe, sondern – nach dem Vorbild der Engel – mit lässigen Ruderbewegungen:

> Daher breitete ich mit Freude meine Arme aus, um den Mond ganz zu geniessen. Und es wurde mir leicht, als ich, Schwimmbewegungen mit den lässigen Armen machend, ohne Schmerz und Mühe vorwärts kam. Dass ich das früher nie versucht hatte! Mein Kopf lag in der kühlen Luft und gerade mein rechtes Knie flog am besten, ich lobte es durch Beklopfen. Und ich erinnerte mich, dass ich einmal einen Bekannten, der wahrscheinlich noch immer unter mir ging, nicht recht hatte leiden können, und an der ganzen Sache freute mich nur, dass mein Gedächtnis so gut war, dass es selbst solche Dinge bewahrte. Doch ich durfte nicht viel denken, denn ich musste weiterschwimmen, wollte ich nicht zu sehr untertauchen. Aber damit man mir später nicht sagen dürfe, über dem Pflaster könne jeder schwimmen und es sei nicht des Erzählens wert, erhob ich mich durch ein Tempo über das Geländer und umkreiste schwimmend jede Heiligenstatue, der ich begegnete. Bei der fünften – gerade hielt ich mich mit unmerklichen Schlägen über dem Trottoir – fasste mein Bekannter meine Hand. Da stand ich wieder auf dem Pflaster und fühlte einen Schmerz im Knie[14].

13 F. Kafka, *Die Erzählungen* (Ffm 1961), pp. 218-219; Hervorhebung von mir, *F.P.I.*

14 *Op. cit.*, p. 218.

Dieser fliegerische Exkurs ist noch unbeschwert von der kritischen (oder gar resignativen) Skepsis, mit der KAFKA – schon wenig später – der als katastrophal erkannten Vereinnahmung des Menschen und der natürlichen Umwelt durch die Technik begegnen wird; in der Skizze über das Flugmeeting von Brescia erreicht KAFKA, bei all seinem gestalterischen Witz und Einfallsreichtum, einen Grad der Ernüchterung, an dem der Humor unversehens in Angst und Schrecken umschlagen kann, eine Wegmarke jedenfalls, welche bereits auf die ‹Strafkolonie› (1914) verweist, auf jene mechanisierte Hölle unerbittlicher Gerechtigkeit, wo der Mensch zum Gefangenen, schliesslich zum Opfer – zu einem verdinglichten und daher ersetzbaren Wegwerfteil – der von ihm selbst konstruierten Apparatur wird[15]. Und schon scheint KAFKA bildhaft den Begriff des «Ge-stells» vorwegzunehmen, mit dem bei HEIDEGGER das Gestellte des Stellens moderner Technik bezeichnet wird[16], wenn er in Brescia BLÉRIOTS Flug beobachtet und sich dabei die heillose *Verfangenheit* des Piloten mit dem *Gestell* seines Monoplans bewusstmacht[17]. Die schlichte Schilderung des Fluggeschehens wirkt wie eine Parodie auf die langwierigen (und entsprechend umständlich beschriebenen) Vorbereitungen, die notwendig sind, bis auch nur der Motor – endlich – «mit Lärm in Gang» kommt:

> Nun kommt aber der Apparat, mit dem BLÉRIOT den Kanal überflogen hat; keiner hat es gesagt, alle wissen es. Eine lange Pause, und BLÉRIOT* ist in der Luft, man sieht seinen geraden Oberkörper über

---

15 *Cf.* F. Kafka, *In der Strafkolonie* (Bln 1975); mit Quellen, Abbildungen, Anmerkungen.
16 M. Heidegger, *Die Frage nach der Technik* (Pfullingen 1962).
17 *Cf.* dazu den entsprechenden Eindruck, den die russische Lyrikerin Anna Achmatova – sie hatte 1910, als sie Paris besuchte, erstmals motorisierte Flüge beobachten können – aus der Erinnerung wiedergibt: «Zu jener Zeit kreisten die frühen luftigen und, wie jeder weiss, einem *Gestell* [etažerka] ähnlichen Aeroplane über meinem rostfarbenen, leicht schiefen Altersgenossen (von 1889) – dem Eiffelturm.»
(A. Achmatova, ‹Amedeo Modil'jani›, *Den' poèzii*, M 1967, p. 251.) – In einem zeitgenössischen Essay über das motorisierte Fliegen schreibt H. Silberer («Das Fliegen», *Wiener Luftschiffer-Zeitung*, 1909, XVII, p. 290): «[...] man erspart dem Fliegenden die gewichtverschiebenden Körperbewegungen, indem man ihm Hebel in die Hand gibt, welche verschiedene Steuervorrichtungen bedienen. Doch das alles ist schliesslich fast nichts anderes als ein Nachaussenverlegen von persönlichen Fähigkeiten, ein Verlängern von Nerven, Muskeln, Sehnen und Gliedmassen des Lenkers. Dieser fühlt sich mit seiner Flugmaschine vielleicht noch inniger verwachsen als der gute Reiter mit seinem Pferd; *er bildet mit der Maschine ein einziges Wesen.*» (Hervorhebung von mir, *F.P.I.*)

\* Abb. 19 (oben)

den Flügeln, seine Beine stecken tief als Teil der Maschinerie. Die Sonne hat sich geneigt, und unter dem Baldachin der Tribünen durch beleuchtet sie die schwebenden Flügel. Hingegeben sehn alle zu ihm auf, in keinem Herzen ist für einen andern Platz. Er fliegt eine kleine Runde und zeigt sich dann fast senkrecht über uns. Und alles sieht mit gerenktem Hals, wie der Monoplan schwankt, von Blériot gepackt wird und sogar steigt. Was geschieht denn? Hier oben ist zwanzig Meter über der Erde ein Mensch in einem Holzgestell verfangen und wehrt sich gegen eine freiwillig übernommene unsichtbare Gefahr.* Wir aber stehen ganz zurückgedrängt und wesenlos und sehen diesem Menschen zu[18].

Das Flugmeeting von Brescia «hatte unter der Einwirkung besonders ungünstigen Wetters zu leiden, das noch vor Beginn der Veranstaltung einen Teil der errichteten Hallen zerstört und das Flugfeld unter Wasser gesetzt hatte[19]». Der schlechten Wetterlage war es zuzuschreiben, dass das Meeting – trotz der Teilnahme so erfahrener und verwegener Piloten wie Blériot, Rougier, Curtiss – ausser einem Höhen-Weltrekord (Rougier) keine nennenswerten Leistungen erbrachte[20]; was dem Anlass (und dem zahlenden Publikum) an sportlichem Erfolg versagt blieb, wurde wettgemacht durch die Anwesenheit internationaler Prominenz des kulturellen und politischen Lebens. Zwischen den Vertretern des italienischen Adels und den «langen Damen der heutigen Mode» bemerkt Kafka auch den Komponisten Puccini, den Dichter Gabriele d'Annunzio. Letzteren – damals, im Alter von 46 Jahren, bereits eine literarische Grösse von europäischem Rang – sieht er «klein und schwach» vor «einem der bedeutendsten Herren des Komitees» *scheinbar schüchtern tanzen:* eine kompromittierende Momentaufnahme, aber auch, retrospektiv gesehen, eine Charakterskizze von karikaturesker Treffsicherheit[21].

---

18 M. Brod, *op. cit.*, p. 365.
19 *Flugsport*, 1909, XX, p. 553; *v.* auch *Vozduchoplavanie i sport*, 1909, I, p. 3. – In einem Punkt widerspricht Kafkas Darstellung der Flugtage von Brescia den Berichten anderer Korrespondenten; Kafka deutet verschiedentlich an, dass während der Konkurrenz *schönes Wetter* geherrscht habe («leere Hitze», «sonnige Einöde»).
20 *Cf.* die Zusammenstellung der Wettbewerbsresultate und der vergebenen Preise in *Aeronautica*, 1909 [oct.], X, p. 117.
21 M. Brod, *op. cit.*, p. 364.

\* Abb. 11–13

## 2

D'ANNUNZIO war nicht bloss als Zuschauer, er war (was bei KAFKA nicht erwähnt wird) als Teilnehmer des Meetings nach Brescia gereist; hier erhielt er – zunächst bei einem Flug mit CURTISS, dann auf dem *Wright*-Doppeldecker des Italieners MARIO CALDERARA – die Lufttaufe. D'ANNUNZIOS Ruhm, aber auch der Präsenz der internationalen Presse ist es zuzuschreiben, dass der Flug des Dichters weit über Italiens Grenzen hinaus Beachtung fand und als ikarisches Ereignis gefeiert wurde. Aus den zahlreichen diesbezüglichen Meldungen sei hier lediglich der Informationsbeitrag eines Moskauer Presseorgans mitgeteilt; das Blatt – es handelt sich um eine populär gestaltete Zeitschrift, die ab 1909 über aktuelle Ereignisse aus «Luftschiffahrt und Sport» berichtete – brachte auf der Titelseite der Ausgabe vom 7. Oktober eine Photographie zur Publikation, welche «GABRIELE D'ANNUNZIO nach seinem Flug auf dem Aeroplan von M. CURTISS in Brescia» zeigt. Im Textteil findet sich der folgende, höchst aufschlussreiche Kurzbericht:

> Der bekannte italienische Dichter D'ANNUNZIO ist in Brescia einmal *[sic]* aufgestiegen und hat einen Flug auf dem Aeroplan von CURTISS ausgeführt[22]. Dieser Flug hat, wie er selbst davon erzählte, auf ihn derartigen Eindruck gemacht, dass er bereit ist, alles hinter sich zu lassen und sich ausschliesslich dem Erlernen der Luftschiffahrt zu widmen. «Ich beneide jene», sagt er, «für welche die Luftschiffahrt das ganze Interesse ihres Lebens ausmacht. Ich denke an nichts anderes als daran, mich möglichst bald erneut in den luftigen Raum zu erheben; dieser Wunsch ist mir zu einem neuen Bedürfnis geworden – stärker als andere Leidenschaften. Ich wünsche nun Luftfahrer zu werden. Alle Mängel der Aeroplane haben sich zerstreut *[sic]*; ich dachte, beim Aufstieg würde sich unangenehme Erschütterung bemerkbar machen und bei voller Fahrt könnte der Motorenlärm unangenehm auf die Nerven einwirken – doch all dies waren bloss Vermutungen: die Erschütterung beim Aufstieg ist schwach, der Lärm ist kaum merklich, und er irritiert mich nicht nur nicht, sondern umgekehrt, – er beruhigt mich[23].»

---

22 In Wirklichkeit hat d'Annunzio damals zwei Flüge – den einen mit Curtiss (auf *Curtiss*), den andern mit Calderara (auf *Wright*) – absolviert (A. van Hoorebeeck, *La Conquête de l'air*, I, Verviers 1967, p. 79).

23 *Vozduchoplavanie i sport*, 1909, 7. X., Nr. 2, p. 3.

Auf den Flug mit CURTISS bezieht sich wohl D'ANNUNZIOS Tagebuchnotiz über den Start und das Abheben eines Aeroplans vom Rollfeld – gewiss die erste Beschreibung dieses Vorgangs aus der Sicht eines unmittelbar Beteiligten:

> Die Mechaniker während der Motor sich in Bewegung setzt halten an den Verstrebungen des Fluggestells den Aeroplan fest – Dann lassen sie ihn los –
> Der Aeroplan rollt auf seinen leichten Rädern – im bläulichen Rauch, als brenne das dürre Gras der Heide – der Lärm nimmt ab – auf einmal hebt er sich leicht [vom Boden] ab –[24]

Diese fragmentarische Notiz verwendet D'ANNUNZIO, teils in wörtlicher Entsprechung, als einleitenden Passus zu der berühmten Schilderung des Flugtreffens von Ardea, die – wie KAFKAS Feuilleton – unmittelbar auf das fliegerische Geschehen in Brescia Bezug nimmt, jedoch belletristisch aufgearbeitet und in den Kontext eines gleichzeitig entstehenden Romanwerks integriert wird; das Buch, einer der grössten epischen Erfolge D'ANNUNZIOS, ist 1910 unter dem Titel ‹Vielleicht, vielleicht auch nicht› (Forse che sí, forse che no) erschienen und lag schon bald darauf in verschiedenen Übersetzungen vor[25]. Die erwähnte Parallelstelle zum zitierten Wortlaut aus den ‹Taccuini› sei hier in der deutschen Fassung von KARL VOLLMOELLER angeführt:

> Wie der Adler im sandigen Tal [...], so stürmte die Maschine auf ihren drei *leichten Rädern in ihrer blauen Rauchwolke*, die aussah, als *brenne die dürre Heide* unter ihr, dahin und erhob sich von der Erde.

Mit dem Roman ‹Vielleicht, vielleicht auch nicht› hat erstmals in der europäischen Literatur ein Autor umgehend und unverstellt *als Künstler* auf ein konkretes Geschehen im Bereich moderner Flugtechnik reagiert: für D'ANNUNZIO selbst war damit, in werkbiographischer Perspektive, allerdings nicht ein Neubeginn gesetzt, vielmehr das planmässig verfolgte Zwischenziel eines Entwicklungsgangs erreicht, dessen Höhepunkt die Vollendung der zyklisch angelegten ‹*Lobpreisungen des*

---

24 G. d'Annunzio, *Taccuini* (Milano 1965), p. 544.

25 Bereits 1910 erschienen gleichzeitig eine französische und eine deutsche Ausgabe des Romans; nach letzterer (*Vielleicht, vielleicht auch nicht*, Lpzg 1910) wird im folgenden zitiert; alle Hervorhebungen von mir, F.P.I.

*Himmels des Meeres der Erde und der Helden*› (Laudi del cielo del mare della terra e degli eroi) bilden sollte, einer gewaltigen Textarchitektur, zu welcher schon 1903, mit der ‹*Laus vitae*›, der Grundstein gelegt wurde, die aber, obwohl der Autor während mehr als drei Jahrzehnten daran arbeitete, unabgeschlossen blieb[26].

Von den frühen ‹*Schifferoden*› (Odi navali, 1892-1893), unter denen sich auch ein kämpferischer Hymnus auf ein Torpedoboot findet, führt D'ANNUNZIOS Weg, durch das philosophische Kraftfeld NIETZSCHES und die ästhetische Einflußsphäre MARIO MORASSOS, zum elitären Privatmythos jenes Übermenschen, der in ‹*Vielleicht, vielleicht auch nicht*› definitiven geistigen Umriss gewinnt[27].

Der dramatische Handlungsablauf, der poetische Raum und die symbolische Struktur des Romans lassen deutlich erkennen, wie D'ANNUNZIO den Mythos der Maschine mit dem Mythos des Übermenschen verbindet: der «heroische Wind der Geschwindigkeit» hebt «den Menschen über sein Schicksal» hinaus. In seinem lyrischen ‹*Lob des Lebens*› (Maia) hatte D'ANNUNZIO die Energie *(Energéia)* als «zehnte Muse» ausgerufen[28]. In ‹*Vielleicht, vielleicht auch nicht*› wird die Energéia zur eigentlichen Heldin heroischen übermenschlichen Lebens – ihre Erscheinungsform ist nun nicht mehr bloss mechanisches Funktionieren, sondern ekstatischer und zugleich präziser Dynamismus: die Geschwindigkeit; diese wiederum wird signifikant veranschaulicht durch die leitmotivische Präsenz des Rennautomobils und des motorisierten Aeroplans.

Vordergründig ist D'ANNUNZIOS Roman als Liebesgeschichte konzipiert; den erzählerischen Grundriss bildet die Dreieckbeziehung zwischen dem Flieger Paolo Tarsis und den ungleichen Schwestern Isabella und Vana Inghirami. Personal, Dekor, Requisiten sind im konventionell neoromantischen Stil des *Art nouveau* gehalten, werden jedoch mit Nachdruck ins Antikische und Aristokratische überhöht. Die stark heroisierten Figuren sind durchweg in Extremsituationen gestellt, sie haben – stets als Zerreissprobe auf Leben und Tod – Anfälle wölfischer Sexualität, inzestuöse Versuchungen, gefahrvolle Abenteuer zu bestehen, und alle enden sie im Verderben – Drogenrausch, Selbstmord,

---

26 *Laudi del cielo del mare della terra e degli eroi di Gabriele d'Annunzio* (Milano 1939); mit Einleitung von U. Ojetti.

27 *Cf.* R. Tessari, *Il mito della macchina* (Milano 1973), pp. 135-181.

28 «E la nomata nel grido / Euplete Eurètria Energèia, / la nomata nel grido / umano coi nomi divini / delle plenitudini e delle / virtù, l'invocata da tutti / nell'alba, la decima Musa / appari, discesa dal monte / in mezzo agli uomini.» (Laudi, *ed. cit.*, pp. 163-164.)

Unfalltod. Nur Tarsis gelingt es, das eigene Schicksal zu meistern, indem er sich selbst zum Herrn des Lebens macht und den Tod durch Todesverachtung ausser Kraft setzt.

Der Pilot, für den die Verbindung zwischen Mann, Maschine und Frau zu einem erotischen Komplex geworden ist, vermag die Elevation erst dort zu leisten, wo er die hinreissende Geschwindigkeit («la velocità che striscia») des Automobils zugunsten der erhebenden Kraft (der «forza che si solleva») des mechanischen Flugs aufgibt und sich mit der Maschine gegen die Frau verschwört: die Befreiung von weiblicher Schwer-Kraft – von der Mutter-Erde – hat der Flieger durch seine Hingabe an die Apparatur abzugelten. Paolo Tarsis gewinnt diese Einsicht nach einer rasenden Autofahrt mit Isabella, der gehassten Geliebten, die er in den Tod steuern möchte, deren erregende physische Präsenz ihn jedoch von seinem Vorhaben abbringt und die geplante heroische Tat zum blossen Manöver verkommen lässt:

> «Du hast eine Schwalbe getötet und vier friedliche Rinder zum Brüllen gebracht.» Es war ihr unmöglich, das Lachen zu unterdrücken, das wirklich aus ihren innersten Eingeweiden hervorbrach.

Und Tarsis:

> «Alles ist Spiel!» sagte er.

Der «Körper» des Flugzeugs nimmt, in D'ANNUNZIOS Beschreibung, anthropomorphe Formen an, ist erfüllt von bebender, von vorwärts- und aufwärtsdrängender Kraft, ein «zartes und geheimnisvolles» Werk, eine «Summe von Leben», «ewiger Traum» und Gegenstand aller menschlichen Leidenschaft – letztlich: ein weibliches Wesen von höchster (weil mechanischer) Vollkommenheit. Aber noch bleibt Tarsis der Frau, die ihn quält und die er begehrt, in Hassliebe verbunden, noch hindert sie ihn an der symbiotischen Vereinigung mit der Maschine, die ihn irdischer Schwere und Befangenheit entheben könnte. Während KAFKA den Menschen im Gestell der Technik als «Teil der Maschinerie» eingebaut und zugleich ausgesetzt sieht, deutet D'ANNUNZIO den Flugapparat als biotechnisches Organ, dessen sich der Mensch nach Belieben und, wo immer möglich, bis an die Grenze seiner Leistungs- und Lebensfähigkeit bedienen soll.

Die hiezu notwendige Intimität zwischen Mann und Maschine kommt nur dort zustande, wo – wie bei Paolos Freund Giulio – der Störfaktor weiblicher Einflussnahme ausgeschaltet bleibt. Der Mann befreit sich vom «geheimnisvollen Zauber» des weiblichen Geschlechts, um sich

dem ewig Weiblichen, das er in der Flugmaschine verkörpert findet, auf Gedeih und Verderben hinzugeben: Fliegen ist eine neoaristokratische Form des Sterbens, wird erlebt als mechanisierte Todesekstase oder aber als subjektiv potenzierter Ausdruck «unnachahmlichen Lebens».
In diesem Sinn lässt D'ANNUNZIO den Rekordmann Cambiaso im Augenblick des Triumphs untergehen, der Rekordflug ist auch der Todesflug, durch den Einsatz des Todes erhält der Rekord seine heroische Dimension, die Maschine selbst wird zum engelhaften Vehikel menschlicher Erhebung und Überheblichkeit.
D'ANNUNZIO möchte daher das Fliegen wirtschaftlichem Profit- und Nützlichkeitsdenken entziehen; er lehnt die industriell-serielle Produktion von Flugapparaten ab, diese sollen nur von solchen Menschen – von Übermenschen – gebaut und pilotiert werden, die auch - moralisch – zum Höhenflug befähigt und berechtigt sind: der Aeroplan ist demnach als *aristokratische* Maschine aufzufassen, als eine «angelomacchina», die allein dem gottähnlichen Übermenschen dienstbar ist.
Während KAFKA am Meeting von Brescia aus dem Hintergrund der Zuschauertribüne das Fluggeschehen beobachtet, die vorgeführte Partnerschaft zwischen Mensch und Maschine gleich als tragische Konfrontation und als Ausdruck eines beginnenden Entfremdungsprozesses durchschaut, bemüht sich D'ANNUNZIO bei nämlicher Gelegenheit (wenn auch aus der Perspektive des Beteiligten), die Fliegerei, ungeachtet ihrer sozialen und technischen Voraussetzungen, als extremste Möglichkeitsform des *vivere pericolosamente* ästhetisch zu rechtfertigen: Flieger und Flugzeug werden daher gleichermassen heroisiert, schon in den ‹Notizbüchern› (Taccuini) verleiht D'ANNUNZIO dem unscheinbaren LOUIS BLÉRIOT die Züge eines heldischen Genies von «gallischem Typ» (mit «Adlernase», wuchtigem Kinn und «rebellischem Haarschopf»)[29]; in diesem heroischen Stil wird auch der Aeroplan als ein «grosser seelenloser Vogel», der durch das schöpferische «Fieber menschlicher Arbeit» zum Kunstwerk *«verklärt»* ist, beschrieben. Mit andern Worten: D'ANNUNZIO missversteht (und verharmlost) die moderne Technologie als ungebrochene Fortsetzung traditioneller Mythologien, die motorisierte Fliegerei ist für ihn dädalisches Künstlertum, jedenfalls wird sie nicht im Kontext von Wissenschaft, Wirtschaft und Technik gesehen. In diesem Sinn ist D'ANNUNZIOS angebliche (oder anscheinende) Progressivität nichts anderes als der Ausdruck einer reaktionären Ideologie mit pseudoreligiösem Aufriss; D'ANNUNZIO selbst zeigt diese Retrospektive auf, wenn er die Geschichte der Fliegerei zu einer

---

29 G. d'Annunzio, *Taccuini* (Milano 1965), p. 543.

Mythologie des Fliegens stilisiert, wobei er – als Auftakt und Schlussakkord – einen deutlich nationalistischen Akzent setzt:

> Da mit einem Male erwachte in den Stämmen Italiens die Erinnerung an jenes erste Flügelpaar, das ins griechische Meer gestürzt, an die ikarischen Flügel, aus Haselruten gefertigt, mit Rindersehnen verbunden, mit Geierfedern beschwingt. «Un' ala sul mare è solitaria!» erscholl der Ruf des Dichters auf der Wacht.
>
> *Chi la raccoglierà? Chi con più forte*
> *Lega saprà rigiugnere le penne*
> *Sparse per ritentare il folle volo?*
>
> Und mit einem Male gedachten sie des Niflungentraumes, der schon über der Wiege LEONARDOS geschwebt, des neuen Dädalus, des Bildners von Kunstwerken und Maschinen, des neuen Prometheus ohne Fesselung. Und wie sieghaftes Wetterleuchten erschienen auf den Ebenen, Hügeln und Seen Italiens neue Menschenflügel, vom Blut des Wagnisses gerötet, zerschmettert wie die Glieder der Kühnen, zerfetzt wie ihre Leiber, reglos wie der Tod, unsterblich wie in der Seele der Menschen die Gier zu fliegen.
> Ein Barbar des Nordens hatte den Schatten des Ikarus beschworen, hatte den Rippen von Rohr die lebendige Kurve gegeben, das leichte Gerüste mit leichtestem Stoff bespannt, hatte auf den Wind gelauscht und auf das Wort des Grossen: «Nichts fehlt dem Menschen als die Seele des Vogels, und diese Seele mache er sich zu eigen in seinem eignen Geist.» Er hatte sie sich zu eigen gemacht und schwang sich nun mit seiner eignen bewussten Kraft in die Lüfte, flog jeden Tag länger, jeden Tag höher, stürzte zuletzt und zeichnete mit seinem Blut den herben märkischen Boden, wie der mythische Athener den Azur des Griechenmeers mit seinem Namen gestempelt.
> Jünger waren erstanden, hatten die Trümmer gesammelt und das Flugzeug verdoppelt, hatten sich mit ihrem Traum in einsame Heiden zurückgezogen, in Sand und Dünen, und von neuem war Blut über Gerüst und Leinwand geflossen. Endlich – in der grossen, ruhigen Brise des Atlant, nicht im lichten Westwind des Mittelmeers – erhob sich und wuchs die Hoffnung des Sieges über die Höhlung des Himmels. An einem rauhen Wintermorgen, über nackten Dünen und im Anblick einer Bucht, die sich zum Ozean öffnete, war das Wunder geschehen. Zwei schweigsame Brüder, Söhne des friedlichen Ohio, unermüdlich im Versuchen und Wie-

derversuchen, hatten ihr Fahrzeug mit der Kraft von zwei Schrauben ausgerüstet.
Jetzt schickten auch die Italiker sich zum Wettkampf an. Das neue Fahrzeug schien den Menschen über sein Geschick zu erheben, schien ihm nicht nur ein neues Reich, nein, auch einen sechsten Sinn zu verleihen. Wie die schnellen Wagen von Stahl und Feuer Zeit und Raum verzehrt hatten, triumphierten jetzt die dädalischen Flügel über beide Mächte und über die Schwere selbst. Die Natur senkte eine ihrer Schranken nach der andern. Der Dämon des Wettkampfes lockte den Kämpfer an die schauerlichsten Abgründe. Wie einst ganz Hellas zum Kampf um den Olivenkranz strömte, ward der Sommer jetzt wieder den Kämpfern heilig. Der Mensch schickte sich an, gegen den Wind und gegen den Mitstreiter in der Luft zu kämpfen, nicht mehr mit dem Diskus aus Erz, sondern mit dem Flügeln aus Linnen. Der Himmel, der sich über der Ebene wölbte, war ein einziges ungeheures Stadion, umrahmt von Wolken, von Bergen und Hainen. Die Menge strömte zum Schauspiel wie zur Verklärung des ganzen Menschengeschlechts. Die Gefahr ward zum Pol des hohen Lebens. Alle Stirnen richteten sich zur Höhe. Das Flugfeld hatte in seinem Aussehen etwas von einem Arsenal oder einer Zitadelle. In langer Reihe standen die hölzernen Hangars, und ihre nach beiden Seiten abfallenden Dächer erinnerten an die Werftschuppen, in denen in alter Zeit die Galeeren abgetakelt und repariert wurden. An den Masten, auf den pyramidenförmigen Pylonen, auf den Beobachtungstürmen flatterten Banner und bunte Wimpel wie bei einer grossen Flaggenparade.* Und wie die Banner der alten zünftischen Kompagnien war die Front der Schuppen lustig bemalt: mit den Nationalfarben der Konkurrenten, den Emblemen der Fabriken, den Namen der Flieger[30].

Die einsame – *übermenschliche* – Leistung des Rekordfliegers, der (wie KAFKAS CURTISS) «allein dort über den Wäldern arbeitet», bildet den aristokratischen Kontrast zur amorphen, hysterisch applaudierenden Masse *dort unten*, zum verachteten Demos, den der Flieger flieht, durch den der Höhenflug aber erst eigentlich als Heldentat beglaubigt wird.

---

30 *Vielleicht, vielleicht auch nicht* (Lpzg 1910), pp. 54–56. Die in den Text eingefügten Gedichtzeilen enthalten eine Anspielung auf den «tollen Flug» (il folle volo) des Odysseus bei Dante (*La Divina commedia*, «Inferno», XXVI, 125).

* Abb. 20

Das Dilemma des Helden besteht darin, seine Tat vor der Öffentlichkeit verrichten zu müssen, vor dem Volk, von welchem er sich absetzt, das er zugleich aber als Publikum braucht; D'ANNUNZIOS Flieger kann das Dilemma nur formell (durch ein symbolisches Identifikationsverfahren) überbrücken: er selbst, Tarsis, potenziert sich zur völkischen Summe aller «Italiker».

D'ANNUNZIOS Helden in ‹Vielleicht, vielleicht auch nicht› führen gleichsam die dramatisierten Ideen des Autors auf, es sind Menschen ohne sozialen Kontext, exemplarische und – im nietzscheanischen Sinn – vorbereitende Menschen: Prototypen. Der fehlende gesellschaftliche Bezugsrahmen wird im Roman ersetzt durch einen sorgsam konzipierten poetischen Raum, dessen dialektischer Aufbau schon im Titel – ‹Forse che sì forse che no› – angedeutet ist. Entsprechend D'ANNUNZIOS zentraler Metapher (motorisierter Höhenflug als Verbildlichung übermenschlicher «verklärender» Elevation) ist dieser poetische Raum vertikal-dialektisch disponiert, was ihn zugleich assoziativ an älteste religiöse Raumvorstellungen bindet.

D'ANNUNZIOS räumliche Dialektik kennt nur die beiden extremen Sphären von Himmel und Hölle; das Zwischenreich der Erde – das Irdische als Domäne – bleibt (etwa als sozialer Kontext) ausgespart oder wird dem unteren (dem höllischen) Raum zugeordnet.*

Für den Flieger ist die Erde stets das dunkle Reich, das *unter* ihm liegt, eine Welt, die er *überwunden* hat; die nicht mehr zählt für ihn; der gegenüber er keine Verantwortung mehr zu tragen hat: der Flug wird zur Weltflucht, die Erde ist nur noch als Hölle erlebbar – mit Hass. Die «Hölle von Volterra» etwa präsentiert sich bei D'ANNUNZIO, aus irdischer Erlebnisperspektive (Fahrt im Automobil), wie folgt:

> Keine grünen Böschungen, keine geraden weissen Strassen, keine stillen Kanäle, keine Alleen von Pappeln, Weiden und Maulbeerbäumen – nein, *ein Land ohne Weichheit, ein Land des Dursts und der Unfruchtbarkeit, drohende Steppe und eine Wüste von Aschen.* [...] Unzählige Risse öffneten sich überall im verdursteten Kreideboden. Hier und dort in den verlassenen Feldern lag blutroter Leberschiefer. Die blättrigen Steine leuchteten wie Bruchstücke von Schwertern. [...] Die ockergelben Risse im Boden, die sich überall kreuzten, glichen einem ungeheuren Netz mit grossen, ungleichen Maschen, das tückisch über die wüsten Strecken von aschgrauem Mergel gebreitet war. [...] Ausgetrocknete Flussbetten flogen vorüber, kalkbeworfene Kieshaufen wie Kadaver von Kamelen an den grossen Karawanenstrassen leuchteten mit blendender Weisse auf. Leuchteten auf und schwanden vorüber. [...]

---
* cf. Abb. Frontispiz

Ein trauriges Gehöft tauchte auf, umgeben von Heuschobern, die aussahen wie verstümmelte Türme, bewacht von einer einsamen Zypresse, einer einzelnen schwarzen Zypresse in all der Weisse, die sich aufrecht über ihrem kurzen Schatten erhob[31].

Der Himmel dagegen wird für den über-menschlichen Fliegerhelden zum lichterfüllten «dritten Reich», zur Heimat:

> Alle *Mächte des Traums schwellten die Brust der Sterblichen zur Verklärung des Menschen. Die Seele der Menschheit hatte das Jahrtausend überschritten, die Zeit beflügelt, den Ausblick in die Zukunft vertieft, das neue Zeitalter begonnen.* Der Himmel war jetzt zum *dritten Reich* geworden, nicht mit titanisch getürmten Blöcken erstürmt, sondern mit dem Blitz, der gefesselt und zum Sklaven geworden.
> Und lebendig wie die Menge war der *Himmel, trunken* wie sie von Luft und Wundern, von Stolz und Schrecknis, von Leidenschaft und *Unendlichkeit.* Es war einer jener *sublimen italienischen Himmel*, die in einer einzigen Stunde die hundertjährige Wandlung erneuen, die die Künstler an den Decken der Paläste und in den Kuppeln der Basiliken vollbracht, einer jener Himmel, die alle Bilder von der Grösse erwecken und vernichten, die die silbrige Lust des VERONESE mit den steinernen Schauern des BUONARROTI vereinen. Die Wolkenmassen waren wie Architektur, wie geformte Materie aus den Händen eines Bildhauers, ein Chor von Engeln, eine Rotte von Ungeheuern, ein Paradies von Blumen. Sie stiegen vom Gebirge auf, schmiegten sich an die Hügel, zerfetzten sich an den Spitzen der Pappeln. Wie milchige Wasserhosen waren die einen und bebten oben in einem Licht von der sensitiven Durchsichtigkeit der Seetiere. Andere wie lichter Ton auf der Scheibe eines Töpfers, der sie mit unsichtbarem Finger zu einer Urne formte. Ein Henkel schoss aus der Seite des Gefässes und bog sich gefügig nach oben zum Rand. Im Innern der Urne aber war das Blau, und alles Blau ringsum am Himmel kam diesem wenigen Blau nicht gleich. Andere gleichen andern Figuren, andern Geschöpfen, andern Sagen, andern Künsten. *Die Welt der Mythen und Träume, vom neuen Mythos und vom neuen Traum beschworen, erfüllte die Wölbung des Himmels*[32].

---

31 *Op. cit.*, pp. 215-216.
32 *Op. cit.*, pp. 79-80.

Nur dem Übermenschen steht der «Himmel» offen, nur der Übermensch ist «moralisch» zum Höhenflug berechtigt, der Höhenflug wiederum – als Rekordflug auf Leben und Tod intendiert – ist alleiniges Vorrecht des dannunzianischen *superuomo*, eines neuen maskulinen Helden ohne Furcht und Tadel:

> *«Einsam* sind wir nun, Bruder, *frei, fern von der quälenden Erde»*, dachte Paolo Tarsis, der schon die erste Runde hinter sich hatte und jetzt vor dem Winde flog, um seinen Freund [d.i. Giulio] einzuholen. «Ich will nicht mehr trauern, mir nicht mehr das Herz zermartern, dir meine Folter nicht länger verhehlen. Ich muss dir zurufen, muss deine Stimme im Flug vernehmen. Siegst du, siege ich. Siege ich, siegst du. Wie *gross und männlich der Himmel* heute ist!» [...]
> Er fühlte von neuem, *wie sein Körper die ganze Maschine regierte, dass im Innern seiner Flügel wie in den hohlen Knochen der Vögel die gleiche Luft kreiste wie in seinen Lungen*. Wieder ward das Gefühl in ihm lebendig, *nicht mehr ein Mensch in einer Maschine zu sein, sondern ein einziger grosser Körper mit ihr. Die Empfindung des unerhört Neuen* lebte in jeder seiner Bewegungen. Er flog dahin wie auf seiner eigenen schwellenden Luft. «Der Reiher! Tarsis!»
> Er sah auf dem Signalmast die Scheibe aufsteigen, die seinen Sieg anzeigte, hörte das Meeresbrausen, das zu ihm aufstieg, *sah hinab,* überblickte *die graue Masse der Volksmenge* mit tausend weisslichen Gesichtern, tausend gereckten Händen. Obschon er von der Kurve am Ziel sich abwärts senkte, war es ihm doch, *als stiege er schwindelnd hoch über eine starre Warte*. Er schoss abwärts, wendete, flog vorbei, in einem *Dröhnen des Siegs*, einem *Wirbel von Glanz, weiss und leicht, funkelnd von Messing und Stahl, ein Bote des höchsten Lebens*[33].

Aufgrund der bisherigen Hinweise auf D'ANNUNZIOS Roman und der daraus entnommenen Zitate dürfte, trotz der starken thematischen Einschränkung, deutlich geworden sein, dass der Text nicht nur als fiktionalisierter Tatsachenbericht, in dem sich symbolische Erzählkunst zeitgeschichtlichen Stoffs bemächtigt, sondern auch – mehr noch vielleicht – als Programmschrift zu lesen ist. Die programmatischen Ansätze sind im Text jedoch kaum explizit verbalisiert, sie werden bildhaft verkörpert von D'ANNUNZIOS ikarischen Helden, deren Wollen und

---

33 *Op. cit.*, pp. 77-85, *passim*.

Handeln (ebenso wie ihr Sterben) vom nietzscheanischen Mythos eines herrisch-aristokratischen Übermenschentums geprägt sind.

Dass D'ANNUNZIOS philosophische und ästhetische Konzeption des Übermenschen auf die Philosophie FRIEDRICH NIETZSCHES zurückgeht, ist offenkundig. Nicht geringen Anteil daran dürfte, als Vermittler und Anreger, MARIO MORASSO, der wortgewaltige Apologet eines künstlerischen Imperialismus und eines zu leistenden imperialistischen Kriegs, gehabt haben. MORASSO, brillanter Ideologe eines modernen voluntaristischen Individualismus, den er mit dem Postulat der sogenannten Egoarchie *(l'egoarchia)* verband, und zugleich Stratege einer neuen egotistischen Lebensführung, die sich an einer hochindustrialisierten und voll mechanisierten *technischen* Umwelt zu orientieren hätte, diese aber auch dominieren sollte (Uomini e idee del domani, 1898). Der Kunst, der Literatur fällt, nach MORASSO, die «imperialistische» Aufgabe zu, unter Verwendung aktueller, der zeitgenössischen technisierten Welt entnommenen Themen den «Heroismus» des anbrechenden industriellen Zeitalters adäquat zu gestalten[34]. Dieses künstlerische Postulat ist auch von D'ANNUNZIO vertreten und in ‹*Vielleicht, vielleicht auch nicht*›, mit Bezug auf dessen programmatischen Anspruch, optimal verwirklicht; optimal insofern, als D'ANNUNZIO, genau wie MORASSO, vor der totalen Befreiung – wie sie, ab 1909, vom Futurismus gefordert wird – haltmacht: die Exaltation der *modernità* und die dabei verwendeten technischen Requisiten vermögen nicht darüber hinwegzutäuschen, dass MORASSOS Prototyp des egoarchischen Individualisten ebenso wie D'ANNUNZIOS übermenschliche Romangestalten – von Giorgio und Ippolita aus ‹*Triumph des Todes*› (Trionfo della Morte, 1894) über Marco und Basiliola ‹*Das Schiff*› (La Nave, 1908), bis zu Paolo und Isabella in ‹*Vielleicht, vielleicht auch nicht*› – letztlich an traditionell gefestigte Werte und Ideale gebunden bleiben.

Was MORASSO für die imperialistische, von aristokratischen Genies organisierte Massenkunst des 20. Jahrhunderts an Themen und Topoi bereithält, hatte damals – zwischen 1903 und 1910 – auch schon die Wirklichkeit zu bieten: den Maschinismus als Armatur eines *neuen*, eines bessern, weil befreiten Lebens. Für MORASSO vollzog sich solche Befreiung und Erneuerung in der Sensation der *velocità*, der rasenden Geschwindigkeit, wie der moderne Bahn-Express, das motorisierte

---

34 *Cf.* Morassos Konzept einer *schönen* Philosophie des modernen Alltagslebens («la bella filosofia della vita e dei forti»), wie es der Autor in seiner Vorrede zu *Profezia* (Spezia 1902) entwickelt; das Prinzip der Egoarchie hat Morasso schon in *Uomini e idee del domani* (Torino 1898) formuliert. *Cf.* R. Tessari, *op. cit.*, pp. 45*sqq*, sowie P. Bergman, *Modernolatria et Simultaneità* (Uppsala 1962), pp. 231*sqq*.

Flugzeug («il nuovo trionfo dell'uomo»), vor allem jedoch das Automobil – in Rennausführung – sie erleben liessen; zu schaffen und durchzustehen war das neue Leben, nach MORASSO, nur durch den *technologischen* Heroismus des modernen Menschen, für den das Automobil bereits zu «einer Schule des Willens und der Energie» geworden ist; die Geschwindigkeit – und ganz besonders deren Apotheose im *Rekord* – schafft ein neues «kosmopolitisches Bewusstsein» und macht «die neue Immensität des modernen Lebens» erst eigentlich erfahrbar[35].

MARIO MORASSO – ein noch heute unterschätzter, fast vergessener Autor – nimmt mit seinen technologischen Zivilisationsentwürfen die Konzeption einer fortschrittsorientierten Lebens-Kunst des Futurismus um mehrere Jahre vorweg; auch der nachmals antifuturistische Dichter D'ANNUNZIO, dem die Fähigkeit der synthetischen Theoriebildung weitgehend abging, hat MORASSO gewiss manches zu danken, vor allem wohl den philosophischen Brückenschlag vom manichäisch-nietzscheanischen Übermenschentum zu einem ergoarchischen (und letztlich anarchistischen) Individualismus mediterraner Ausprägung. D'ANNUNZIO kann allerdings nur gerade in dieser – theoretischen – Hinsicht als Gesinnungsgenosse MORASSOS bezeichnet werden; künstlerisch ist er weit hinter dessen Postulaten zurückgeblieben, war er ein Vertreter des von MORASSO verworfenen *vecchio stile*, anderseits ist er MORASSO – nicht zuletzt in ‹*Vielleicht, vielleicht auch nicht*› – deutlich voraus, wo er klassisch gewordene Mythen, neuste Ausdrucksformen des Zeitgeists und die technologischen Aspekte der Modernität mit seinem persönlichen Erleben der *velocità* – zu Wasser, zu Land und in der Luft – dichterisch zu integrieren vermag.

Gewiss hätte der dannunzianische Typ des Übermenschen auch ohne den Beitrag MORASSOS entstehen können; die Kunstfigur des Herrenfliegers – eines Paolo Tarsis oder eines Giulio Cambiaso – ist bereits bei NIETZSCHE in wesentlichen Zügen vorgezeichnet –, einmal als aristokratisches Genie (NAPOLEON als «jener *einzelnste* und spätestgeborene Mensch, den es je gab»), zum andern als idealistisch konzipierter Mischtyp, in dem der Heilige und das Genie vereinigt sind (die «grossen Einzelnen» als Spitzen der Menschheit), dann auch als einsame Nach-

---

35 M. Morasso, *La nuova arma: La Macchina* (Torino &c 1905); id., *Il nuovo aspetto meccanico del mondo* (Milano 1907). – *Cf.* P. Bergman, *op.cit.*, pp. 231*sqq.*

folgeerscheinung antiker Herrscher und Heroen, schliesslich gar – wenn auch uneingestanden – als ideales Endprodukt rassischer Auslese[36].

Die philosophische Mehrdimensionalität, welche die Faszination, aber auch die irritierende Widersprüchlichkeit ausmacht, von der die frühe Rezeption des nietzscheanischen Übermenschentums gekennzeichnet war, geht D'ANNUNZIOS nachgeborenen Helden völlig ab: neben NIETZSCHES komplexem Prototyp wirken die antikisch stilisierten Fliegerhelden aus ‹Vielleicht, vielleicht auch nicht› recht marionettenhaft und unselbständig, ihre geistige Statur wird nicht profiliert, es fehlt diesen modernen Sportlertypen an gedanklicher Originalität ebenso wie an polemischer Durchschlagskraft, sie bleiben in allzumenschlichen Intrigen verstrickt, ihr Höhenflug ist momentane Höhenflucht, ist aristokratisches Vergnügen mit eingeplantem Todesrisiko. NIETZSCHE hat seinen Übermenschen reicher ausgestattet, er hat ihm den Willen mitgegeben, über sich selbst – hinaus und hinauf – wirksam zu werden, den Trieb, sich auf höherer Ebene zu realisieren, eine auf die Zukunft hin angelegte Natur, also auch divinatorische (und nicht nur heroische) Funktion.

Das Höchste, was dem Menschen in diesem Sinn erreichbar werden muss, ist die Fähigkeit, «zum Himmel aufzufliegen, nicht nur Engel, sondern Gott zu werden[37]». Das moderne, technologisch aufgefasste Übermenschentum D'ANNUNZIOS ist nicht mehr auf Deifikation angelegt, es begnügt sich mit dem gottähnlichen Anschein – der Engelhaftigkeit – als höchster Stufe menschlichen Selbstseins und Daseins. Die übermenschliche Erhebung bleibt bei D'ANNUNZIO wie bei NIETZSCHE unbedingt verbunden mit dem Untergang – dem Abstieg, dem Absturz, dem Tod. Um diese Verbindung aufzuzeigen, greift D'ANNUNZIO indirekt auf den ikarischen Flugmythos zurück, indem er dessen Struktur anhand eines zeitgenössischen Beispiels – des Flugmeetings von Brescia («Ardea») und eines tödlich verlaufenden Rekordflugs – erneut transparent macht, somit auch, wohl als erster Autor überhaupt, die *Realisierung* (und *Bestätigung*) dieses Mythos durch die motorisierte Fliegerei in literarischem Kontext festhält.

---

36 E. Benz (ed.). *Der Übermensch* (Zch &c 1961), pp. 118-128, *passim*. – Zum Verhältnis d'Annunzio/Nietzsche v. u.a. G. d'Annunzio, ‹In memoriam Friedrich Nietzsche›, *Insel-Almanach auf das Jahr 1908* (Lpzg s.a.), pp. 41-44; ausserdem: C. Salinari, *Miti e coscienza del decadentismo italiano* (Milano 1960), pp. 74-81.

37 C. de Tolnay, *Werk und Weltbild des Michelangelo* (Zch &c 1949), p. 38.

Auf welche Weise sich Mythos und Realität in D'ANNUNZIOS Roman überlagern, dürfte aus den oben angeführten Werkauszügen hervorgegangen sein.
Dagegen muss hier noch verdeutlicht werden, wie stark der dannunzianische Fliegerheld vom nietzscheanischen «Luft-Schiffahrer des Geistes» geprägt ist. Was D'ANNUNZIO während der Niederschrift seines Romans vor Augen hatte und in Brescia als reales *Erlebnis* sich zu eigen machen konnte, ist bei NIETZSCHE visionär vorgefasst im letzten Stück der (1881 erschienenen) ‹*Morgenröte*›, jenem pathetischen Abgesang, der auf die Vorrede und die dort verheissene «eigne Erlösung» des unterirdisch suchenden, angestrengt sich emporarbeitenden «Maulwurfs» zurückbezogen ist, gleichzeitig aber die Menschwerdung des «Unterirdischen», ja sogar die übermenschliche Leistung des befreienden Höhenflugs kundtut:

> *Wir Luft-Schiffahrer des Geistes!* – Alle diese kühnen Vögel, die ins Weite, Weiteste hinausfliegen – gewiss! Irgendwo werden sie nicht mehr weiter können und sich auf einen Mast oder eine kärgliche Klippe niederhocken – und noch dazu so dankbar für diese erbärmliche Unterkunft! Aber wer dürfte daraus schliessen, dass es vor ihnen *keine* ungeheure freie Bahn mehr gebe, dass sie so weit geflogen sind, als man fliegen *könne!* Alle unsere grossen Lehrmeister und Vorläufer sind endlich stehen geblieben, und es ist nicht die edelste und anmutigste Gebärde, mit der die Müdigkeit stehen bleibt: auch mir und dir wird es so ergehen! Was geht das aber mich und dich an! *Andre Vögel werden weiter fliegen!* Diese unsre Einsicht und Gläubigkeit fliegt mit ihnen um die Wette hinaus und hinauf, sie steigt geradewegs über unserm Haupte und über seiner Ohnmacht in die Höhe und sieht von dort aus in die Ferne, sieht die Scharen viel mächtigerer Vögel, als wir sind, voraus, die dahin streben werden, wohin wir strebten, und wo alles noch Meer, Meer, Meer ist! – Und wohin wollen wir denn? Wollen wir denn *über* das Meer? Wohin reisst uns dieses mächtige Gelüste, das uns mehr gilt als irgendeine Lust? Warum doch gerade in dieser Richtung, dorthin, wo bisher alle Sonnen der Menschheit *untergegangen* sind? Wird man vielleicht uns einstmals nachsagen, dass auch wir, *nach Westen steuernd, ein Indien zu erreichen hofften* – dass aber unser Los war, an der Unendlichkeit zu scheitern? Oder, meine Brüder? Oder[38]? –

38 F. Nietzsche, *Werke* (Mchn ²1960), I, p. 1279 (Nr. 575).

Das Streben dorthin, «wo alles noch Meer, Meer, Meer ist», das «mächtige Gelüste» nach dem Flug *«über* das Meer» - es war schon wenige Jahre nach NIETZSCHES Tod, mit BLÉRIOTS Kanalüberquerung, erfüllt, und als *reales* Vorkommnis ist es, im letzten Teil von D'ANNUNZIOS ‹*Vielleicht, vielleicht auch nicht*›, bereits Gegenstand *realistischer* Beschreibung geworden[39].

D'ANNUNZIOS Nähe zu FRIEDRICH NIETZSCHE (möglicherweise gar die bewusste Bezugnahme auf das hymnische Finale der *Morgenröte*) ist im letzten Abschnitt des Romans nochmals angedeutet; dem Luft-Schiffahrer gelingt hier tatsächlich der Flug *«über* das Meer», er bringt seinen Apparat - umgeben von «wildem Schweigen» und belohnt durch «einsamen Ruhm» - am Strand zu sicherer Landung: der heroische Flug hat ihn dem dumpfen Demos *entrückt* («keine Menge mit bleichen Gesichtern und ausgestreckten Händen»), hat ihn dem Dunkel der irdischen Nacht enthoben und der Morgenröte eines neuen Tags - *seiner* Zukunft - anheimgegeben:

> Und noch frischer Morgen und ruhiges Atmen des kindlichen Meeres, das die gebogenen Arme der Erde wiegten, und kein Wort als das der verborgenen Nährerin, die Leben kennt und Tod und was werden soll und was nicht vergehen kann und die Zeit eines jeden[40].

Die Domäne des Übermenschen ist eine höhere Sphäre, ist der Raum eines höheren (und zugleich künftigen) Lebens: Zarathustra steigt hinauf ins Gebirge, um die Lebensform des Übermenschen zu assimilieren und eine Philosophie («die Weisheit») des Übermenschentums für den Gebrauch der allzumenschlichen Menschen vorzubereiten[41]; er ist, im Sinn der ‹*Fröhlichen Wissenschaft*›, ein Vorbereitender. Als solcher steigt er herab in irdische Gefilde, von oben bringt er sein Gesetz. Diese Herabkunft - NIETZSCHE spricht von Zarathustras «Untergang» - ist notwendige Voraussetzung der definitiven Elevation, er gehört notwendig zur übermenschlichen Existenz, bildet deren Lebensform. Der «vorbereitende Mensch» lebt gefährlich, er sucht stets das, was *«zu überwinden ist»*, er sucht den Kampf, will den Sieg[42]. Das *vivere pericolosamente* - das unnachahmliche und dennoch exemplarische Leben -

---

39 G. d'Annunzio, *op. cit.*, pp. 383-384.
40 *Op. cit.*, p. 385.
41 *Cf.* Zarathustras Vorrede in:
F. Nietzsche, *Werke* (Mchn 1963), II, pp. 277*sqq.*
42 *Ed. cit.*, II, pp. 165-166.

bestimmt weitgehend auch das individualistische Tatmenschentum der dannunzianischen Helden, die ihre eigene erotisch-heroische Lebensführung als Ausdruck eines «herrischen Dekrets» verstanden wissen wollen. Die Einzigartigkeit, die Beispielhaftigkeit solchen Lebens lässt D'ANNUNZIO gleichnishaft in einem ehernen Monument verewigen, welches dem zu Tode gestürzten Rekordflieger Giulio Cambiaso errichtet wird; Tarsis besucht den Künstler, welcher die Skulptur zur Erinnerung an Cambiasos tragischen Triumph geschaffen hat:

> Das Werk war dem bolognesischen Bildhauer Jacopo Caracci übertragen worden und stand jetzt fertig in der Werkstatt des Giessers. Der Künstler hatte es in zwei Exemplaren in Wachs ausgeführt: die eine Statue war für das Feld bei Brescia bestimmt, die andere sollte auf dem Felsen von Ardea von den Gemeinden Latiums gemeinsam aufgestellt werden. Jetzt forderte er Paolo Tarsis auf, dem Guss beizuwohnen. [...]
> Jacopo Caracci führte ihn an den Rand einer Grube, in deren Dunkel sich die Arbeiter bewegten. Unter Ketten, Tauen, Flaschenzügen vorbei, zwischen Reisigbündeln, Traggestellen, Tiegeln und Körben mit Rohmetall hindurch führte er ihn nach der Giessgrube der beiden Wachsmodelle, die ihre Decke aus Lehm noch nicht erhalten hatten. Eine mächtige Gestalt mit ausgebreiteten Flügeln reckte sich ihm entgegen. War es Dädalus? War es Ikarus? War es der Dämon des kühnen menschlichen Fluges selbst? Es schien eher einer der vier Sklaven MICHELANGELOS (die der Titane unfertig im Block zurückgelassen und die sein Neffe LIONARDO dem Herzog COSIMO geschenkt), der endlich mit einem Stoss der Schultern, mit einem Stoss des Knies die bittere Knechtschaft gesprengt und mit der Kraft der befreiten Arme zwei Flügel wie grosse Schilde am Spannriemen ergriffen hätte, um sich mit der ganzen Spannkraft der gefesselten Beine auf die Fußspitzen zu erheben und zum Fluge abzustossen[43].

Damit ist auch dem nietzscheanischen Übermenschen ein Denkmal gesetzt. «*Was macht heroisch?* – Zugleich seinem höchsten Leide und seiner höchsten Hoffnung entgegengehn[44].» Die ‹*Fröhliche Wissenschaft*› postuliert hier als Ziel des wahrhaft gefährlichen Lebens ein dialektisches Lustprinzip, welches von D'ANNUNZIO übernommen und als eine aristokratische «Leidenschaft des tödlichen Spiels» benannt

---

43 G. d'Annunzio, *op. cit.*, pp. 338-339.
44 F. Nietzsche, *ed. cit.*, II, p. 159.

wird; der Tod ist die Rechtfertigung, das Ziel, die Potenzierung des Lebens: die wahrhaft übermenschliche Existenz beginnt mit dem Nach-Leben, mit dem Leben nach dem Heldentod. Auch diese Perspektive – sie hat weltliterarische Horizontbreite und bildet vielleicht einen Aufriss menschlicher Existenz schlechthin[45] – ist bei NIETZSCHE poetisch vorgezeichnet:

> *Sub specie aeterni.* A: «Du entfernst dich immer schneller von den Lebenden: bald werden sie dich aus ihren Listen streichen!» – B: «Es ist das einzige Mittel, um an dem Vorrecht der Toten teilzuhaben.» – A: «An welchem Vorrecht?» – B: «Nicht mehr zu sterben[46].»

In dannunzianischer Formulierung (und Nivellierung) klingt dieser Dialog bei einem Gespräch zwischen der besorgten Vana und dem Rekordflieger Giulio nochmals an; Giulio setzt das Todesrisiko als notwendigen Faktor in sein höchstes Spiel – *das Leben* – ein:

> Er empfand beim Anblick [Vanas,] dieses schönen Geschöpfes, das er kaum kannte, etwas wie ein plötzliches Pausieren der Wirklichkeit. Sein Geist war wie im Zustand eines verschwommenen Erinnerns.
>
> *«Also der Tod lauert immer dabei?»*
> *«Wie bei allem.»*
> *«Aber hierbei mehr als sonst!»*
> *«Tod ist bei jedem Spiel, das wert ist, gespielt zu werden.»*
> *«Entsetzlich!»*
>
> Der Motor stoppte plötzlich. Die Falten des Vorhangs hingen still. Der Staub senkte sich. Die Muskeln der dunkeln Arme entspannten sich. Die göttliche Schraube war nichts mehr als ein aufrechtstehendes Brett. Es war, als tötete die Stille ein grosses phantastisches Geschöpf, das den ganzen Raum erfüllt hatte, ein Wesen wie ein grosser schimmernder Engel, der unter dem Gebälk sich abgekämpft hätte und dann zu Boden gesunken und erloschen wäre wie ein erdfarbenes Tuch. Und der Sonnenstreifen erschien traurig wie im Gemach des Palastes von Mantua. Und die traurigen und

---

45 *Cf.* P. L. Landsberg, *Die Erfahrung des Todes* (Ffm 1973), pp. 35–42.
46 ‹Fröhliche Wissenschaft› (Nr. 262); F. Nietzsche, *ed. cit.*, II, p. 158.

beredten Dinge tauchten auf: die zusammengeklappten eisernen
Feldbetten, aus denen die zerdrückten Leinentücher und die
bräunlichen Wolldecken heraushingen, die plumpen Stiefel, rot
geworden und verstaubt, die alten Kleider an den Nägeln, schlaff
wie von einer schmierigen Müdigkeit, zerstreute Blechbüchsen,
Papierfetzen und Lumpen, ein Waschbecken, ein Schwamm, eine
leere Flasche. «Seien Sie vorsichtig!» sagte Vana und senkte noch
ihre Stimme, die bebte, und mit einem bittenden Ausdruck, der
eigentlich nicht am Platze war.
«Vorsicht hilft nicht. Nur Instinkt, Mut und Glück[47].»

FRANZ KAFKA hat das Paradoxon, wonach das Leben erst mit dem Tod
zu gewinnen ist, in eine prägnante Sentenz gefasst: «Man muss das
Leben wegwerfen, um es zu gewinnen[48].» Und bei MICHAIL PRIŠVIN ist
dieser existentielle Imperativ wiederum als Aufforderung zu freiem
menschlichem Flug umschrieben: «Und haben wir auch keine Flügel,
und leben wir auch völlig anders, so bewahren wir eben doch den alten
Vogel in uns, und damit wir zu einem ganzen Menschen werden,
müssen wir uns zumindest einmal in unserm Leben wie ein Vogel in den
Abgrund werfen[49].»
Giulio Cambiasos Höhenflug ist ein solcher einmaliger Versuch individueller Menschwerdung: erst durch den tödlichen Absturz wird der
Aufstieg zur übermenschlichen Leistung verklärt; D'ANNUNZIOS Rekordflieger scheint sich (wie der Dialogpartner *B.* bei NIETZSCHE)
«immer schneller von den Lebenden» zu entfernen, seine Position kann
(wie jene von ROUGIER bei KAFKA) «bald nur nach den Sternen
bestimmt werden»:

> Der Mann da oben schien bereits in unberechenbarer Höhe,
> gänzlich losgelöst von seinesgleichen, einsam, wie keiner je einsam
> war, gebrechlich, wie keiner je gebrechlich, jenseits des Lebens wie
> ein Hingeschiedener. Die Bangnis des Unbekannten lastete auf
> jeder Brust[50].

Für das gemeine Publikum wird Giulios Absturz zur herrlich aufregenden Sensation, es erlebt den Tod *seines* Helden als öffentliches Spektakel, ja, die «trunkene Menge» scheint die *Katastrophe* (und damit die

---

47 G. d'Annunzio, *op. cit.*, pp. 68–69.
48 Zitiert bei G. Janouch, *op. cit.*, p. 131.
49 M. Prišvin, ‹Kaščeeva cep'›, in: id.,
  *Sobranie sočinenij* (M 1956), I, p. 422.
50 G. d'Annunzio, *op. cit.*, p. 87.

*Verklärung* und Verewigung des Tageshelden) geradezu abzuwarten. D'ANNUNZIO jedenfalls überlässt Giulios zerschmetterten Leichnam den lüsternen Blicken des Publikums, entrückt den Flieger aber in eine übermenschliche Dimension, indem er ihn – symbolisch – mit dem Nimbus des Märtyrers versieht:

> Als die Trümmer entfernt, die Drähte entwirrt, die Leinwandfetzen weggezogen waren, wurde der leblose Körper des Helden sichtbar. Der Hinterkopf klebte am Motorgehäuse derart, dass die sieben Zylinder mit ihren Kühlrippen eine Art von schauerlichem Strahlenkranz um sein Gesicht bildeten.* Die lichtbraunen Augen waren starr geöffnet, der Mund ruhig und unverzerrt, im hellen, weichen Bart glänzten die reinen, weissen Zähne. Die grosse Schläfenader war von einem gerissenen Spanndraht glatt durchschnitten, wie von einem Rasiermesser. Aus der Wunde strömte ein roter Bach, der sich über das Ohr, den Hals, die Schulter und die halbgeschlossene Faust ergoss. Ein Arzt, der sich über seine Brust beugte, um das Herz zu behorchen, das längst nicht mehr schlug, spürte an seiner Wange die kühle Frische eines Rosenblattes[51].

Nur Paolo Tarsis, der mit Giulio durch gemeinsam erlebte martialischexotische Abenteuer freundschaftlich verbunden war, weiss den Heldentod als Sieg über das diesseitige Leben und als Erhebung in übermenschliche Sphären zu würdigen:

> Er wandte sich um und sah den Toten wieder auf dem Feldbett liegen, in den roten Wollstoff der Fahne eingewickelt, ein schwarzes Tuch um den Kopf, das den Schnitt an der Schläfe und den zerschmetterten Hinterkopf verdeckte. Es kam ihm wieder die Ähnlichkeit des Toten mit einem jener asketischen Abenteurer zum Bewusstsein, seine ligurische Rasse, die ein Volk von Seefahrern und Staatsmännern hervorgebracht, edel, wie gewisse Patrizierbilder von VAN DYCK, die jetzt noch im Dämmer vieler Paläste in Genua leuchten, mit rauchigem Goldton übergossen, der an den Nasenflügeln und um die Augen schon nachdunkelte, doppelt ede

---

51 *Op.cit.*, pp. 89-90; *cf.* dazu bei Nietzsche («Zarathustras Vorrede», §6) die Beschreibung jenes Seiltänzers, der vom «Teufel» zu Fall gebracht wird und zu Tode stürzt. «"Nicht doch", sprach Zarathustra [zum sterbenden Artisten], "du hast aus der Gefahr deinen Beruf gemacht, daran ist nichts zu verachten. Nun gehst du an deinem Beruf zugrunde: dafür will ich dich mit meinen Händen begraben."» (F. Nietzsche, *ed.cit.*, II, p. 286.) – Die Ideologie des *vivere pericolosamente* ist hier paradigmatisch vorgebildet.

\* Abb. 47

und stolz unter dem schwarzen Tuch, das an die viereckige Kopfbedeckung mit herabhängenden Krempen erinnerte, wie sie der Doria trug, Abzeichen der alten Admirale[52].

Das bei D'ANNUNZIO bis an die Grenze des Kitsches strapazierte, assoziativ vielfach geschichtete Konterfei des modernen Übermenschen lässt, je nach Situation und Beleuchtung, Züge einer edlen homerisch-dantesken Heldengestalt oder eines aristokratischen Abenteurers, eines neuzeitlichen Homo faber oder eines dekadenten Ästheten, eines Herrenmenschen «ligurischer Rasse» oder eines fanatischen Sportlers moderner Prägung erkennen: von NIETZSCHES Entwurf des Übermenschentums bleibt, substantiell, nur sehr wenig übrig, D'ANNUNZIO hat den nietzscheanischen Ansatz zwar weitgehend rezipiert, hat ihn aber – durch mythologisches und technologisches Beiwerk – fast zur Unkenntlichkeit verfremdet und mit der Formel *Erotica-Eroica* etikettiert[53].
Am radikalsten unterscheidet sich der dannunzianische vom nietzscheanischen Übermenschen in seinem Verhältnis zur Technik. Bei D'ANNUNZIO ist die übermenschliche Tat funktional mit der Leistung der technischen Apparatur – dem Rennwagen, dem Flugzeug – verbunden und davon abhängig, der Mensch selbst kann erst durch seine intime Verbindung mit der Maschinerie zum Übermenschen werden; seine Leistung besteht darin, dass er die Maschine – also sein *eigenes Werk* – souverän beherrscht und zu einem möglichst perfekten Werkzeug seines Willens macht. NIETZSCHES Übermensch indes ist allem technischen Fortschritt polemisch entgegengesetzt, wo er den Höhenflug wagt, unternimmt er ihn aus *eigener Kraft*, sein Auftrieb ist der Wille zur Macht, ist Geistesstärke, Mut zur Einsamkeit, der Wunsch, Gott zu sein, und nicht bloss Engel: insofern bleibt NIETZSCHE ein visionärer Utopist. Anderseits erkennt er deutlicher, beurteilt er realistischer als D'ANNUNZIO die nivellierende Tendenz des heraufgekommenen technischen und industriellen Zeitalters, der beginnenden wirtschaftlichen Verflechtungen und der erstarkenden Fortschrittsideologien – *dagegen* ist sein Übermenschentum Protest, *davor* eine frühe Warnung:

---

52 *Op. cit.*, p. 105.
53 Vom jungen Paolo Buzzi musste sich d'Annunzio (bezeichnenderweise in der russischen Presse) zudem vorwerfen lassen, der Held seines Romans («ein Flieger, ein Lasurbeherrscher») sei nichts als abstruse Fiktion und vermittle «nicht einen Schimmer des zeitgenössischen, tatsächlich lebendigen Menschen» (P. Buzzi, ‹Poėzija, teatr, muzyka v Italii›, *Apollon*, 1910, V, p. 1). – V. neuerdings G.R. Hocke, ‹Die neue Mode der Dekadenz›, *Die Tat*, 1975, 27. VI., Nr. 150.

Die Notwendigkeit zu erweisen, dass zu einem immer ökonomischeren Verbrauch von Mensch und Menschheit, zu einer immer fester ineinander verschlungenen «Maschinerie» der Interessen und Leistungen eine Gegenbewegung gehört. Ich bezeichne dieselbe als Ausscheidung eines Luxus-Überschusses der Menschheit: in ihr soll eine stärkere Art, ein höherer Typus ans Licht treten, der andere Entstehungs- und andere Erhaltungsbedingungen hat als der Durchschnitts-Mensch. Mein Begriff, mein Gleichnis für diesen Typus ist, wie man weiss, das Wort «Übermensch».
Auf jenem ersten Wege, der vollkommen jetzt überschaubar ist, entsteht die Anpassung, die Abflachung, das höhere Chinesentum, die Instinkt-Bescheidenheit, die Zufriedenheit in der Verkleinerung des Menschen – eine Art Stillstands-Niveau des Menschen.

Erst dort, wo Nivellierung und «Maschinalisierung» nicht mehr aufzuhalten sind, wäre dann, auch für NIETZSCHE, der Punkt erreicht, an dem der Übermensch die allgemeine Not geradezu als Prämisse einer höheren Tugend nutzen kann:

Im Gegensatz zu dieser Verkleinerung und Anpassung des Menschen an eine spezialisierte Nützlichkeit bedarf es der umgekehrten Bewegung: – der Erzeugung des synthetischen, des summierenden des rechtfertigenden Menschen, für den jene Maschinalisierung der Menschheit eine Daseins-Vorausbedingung ist, als ein Untergestell, auf dem er seine höhere Form zu sein sich erfinden kann.
Er braucht die Gegnerschaft der Menge, der ‹Nivellierten›, das Distanz-Gefühl im Vergleich zu ihnen; er steht auf ihnen, er lebt von ihnen. Diese höhere Form des Aristokratismus ist die der Zukunft. – Moralisch geredet, stellt jene Gesamt-Maschinerie, die Solidarität aller Räder, ein Maximum der Ausbeutung des Menschen dar: aber sie setzt solche voraus, derentwegen diese Ausbeutung Sinn hat. Im anderen Falle wäre sie tatsächlich bloss die Gesamt-Verringerung, Wert-Verringerung des Typus Mensch – ein Rückgangs-Phänomen im grössten Stile[54].

Als D'ANNUNZIO 1909, «scheinbar schüchtern» (gemäss KAFKAS Beobachtung), in Brescia auftrat und seinen ersten Flug wagte, war er noch der einflussreiche Hausherr der Capponcina, einer Prunkvilla in der Nähe von Florenz, die er seit 1898 bewohnte und wie einen Fürstenhof

---

54 Hier zitiert nach E. Benz, *op. cit.*,
pp. 143–144. *passim.*

unterhielt; als ein Jahr darauf, 1910, fast gleichzeitig mit der Originalausgabe, der Roman ‹Vielleicht, vielleicht auch nicht› in deutscher und französischer Übersetzung erschien, weilte D'ANNUNZIO bereits nicht mehr in Italien: der Dichterfürst, tief verschuldet, hatte seine Residenz aufgegeben und sich ins Ausland abgesetzt, um den Forderungen unversöhnlich drängender Gläubiger nicht nachkommen zu müssen; fünf Jahre verbrachte er, nach wie vor von mondänem Glanz umgeben, im französischen Exil, zumeist in Paris, wo er sich, dank seinem weit über die Welt der Literatur hinausreichenden Ruhm, bald schon in die höheren Kreise des Kulturbetriebs einschalten konnte. Bereits im Frühjahr 1910 wurde für D'ANNUNZIO, dessen grosser Fliegerroman seit kurzem vorlag und auch in Paris Gegenstand des literarischen Tagesgesprächs war, eine illustre Herrenrunde einberufen, die sich aus führenden Vertretern der kulturellen Prominenz Frankreichs zusammensetzte. ANDRÉ GIDE, seit langem mit D'ANNUNZIO bekannt, hat in seinem Tagebuch einzelne Szenen jenes «Festes» skizziert; die launigen Aufzeichnungen machen deutlich, dass das dannunzianische Pathos bei der jüngeren Schriftstellergeneration schon damals kaum noch Anklang fand, vielmehr spöttisch kommentiert zu werden pflegte; zudem vermerkt GIDE - ganz ähnlich wie KAFKA - D'ANNUNZIOS Unfähigkeit, dem selbstgeschaffenen, heroisch überzogenen Privatmythos auch *wirklich* zu entsprechen[55].

### 3

Dass der weltgewandte D'ANNUNZIO als Alternative zur klassischen italienischen Provinz die französische Hauptstadt gewählt hat, ist gewiss kein Zufall; Paris war damals - im ersten Jahrzehnt des 20. Jahrhunderts - bereits zum Inbegriff der modernen Metropole geworden, zu einem mechanisierten Lebensraum, in dem VERHAERENS *ville tentaculaire* und MARINETTIS *ville charnelle* tosend verschmolzen, aber auch zu einer Weltstadt grossen Stils, zu einem Ort der Ankunft, des Exils, der Wahlheimat für viele, zu einer kosmopolitischen Drehscheibe, zum Zentrum Europas. Fast gleichzeitig mit D'ANNUNZIO kamen - als Zuwanderer, als Vertriebene, als Fremdarbeiter oder einfach als interes-

---

55 A. Gide, *Journal* (P 1939), p. 295-296; Eintrag vom 15.IV.1910. - *V.* auch H.G. Preconi, ‹Die Legende von Gabriele d'Annunzio›, *Raschers Jahrbuch* (Zch 1910), pp. 278-293.

sierte Besucher – RILKE, KAFKA und OTTO GUTFREUND nach Paris, aus Petersburg NIKOLAJ GUMILEV und ANNA ACHMATOVA, aus Genf LENIN, aus Italien UNGARETTI, aus Amerika die Brüder WRIGHT; in Paris arbeiteten damals STRAVINSKIJ und DJAGILEV, PICASSO, LE CORBUSIER und MODIGLIANI, ELIOT und POUND, CHAGALL und ĖRENBURG, HANS ARP, IVAN PUNI und MARINA CVETAEVA: der allseitige Zuzug, der immense Zuwachs an kultureller Potenz, die geistige Welt- und Weltläufigkeit – dies alles lockerte die «nabelbeschauende Überheblichkeit», durch die sich Paris noch im ausgehenden 19.Jahrhundert gegenüber der französischen Provinz und dem provinziellen Ausland abgrenzte, bereicherte das künstlerische und literarische Leben der Stadt, eröffnete der internationalen Avantgarde, die sich hier formiert hatte, die «Türen zur Welt[56]»; die Chronik dieser Entwicklung ist bei GERTRUDE STEIN (*alias* A.B. Toklas) nachzulesen[57]; ihre Dynamik zeigt vielleicht am anschaulichsten – wenn auch retrospektiv – JULES ROMAINS im ersten Band seines zyklischen Erzählwerks über ‹*Jene, die guten Willens sind*› (Les Hommes de bonne volonté, erschienen 1932/1947).

ROMAINS hatte es sich zur anspruchsvollen Aufgabe gemacht, das Gesamtbild der Stadt Paris synthetisch zu vergegenwärtigen – als einen lebendigen, konzentrisch ausgreifenden Organismus; solche Gesamtschau ist nur durch den *Blick von oben* möglich, und wenn ROMAINS für seine berühmte Beschreibung von Paris – sie bezieht sich auf einen einzigen Tag, den 6.Oktober, des Jahres 1908 – die Vogelperspektive wählt, so schliesst er, mit modernen epischen Mitteln, an jene Tradition an, die von VIGNYS ‹*Erhebung*› (Elévation) über VICTOR HUGO (Notre-Dame de Paris) und BALZAC (Le Père Goriot) zu ZOLA (L'Assommoir; Une page d'amour) führt[58]. Was bei ALFRED DE VIGNY noch in das archaische Bild eines rotierenden feurigen Rads gefasst war, zeigt ROMAINS als gigantische Drehscheibe, welche sich in mehrfachen Ringen um das Stadtzentrum legt und alle Himmelsrichtungen – diese werden durch die einlaufenden Eisenbahnzüge angedeutet – zentripetal vereint, um sie bald darauf wieder zu entlassen: Paris als pulsierendes, als anziehendes, dann wieder abstossendes Zentrum einer ganzen Welt – dieses Motiv greift ROMAINS, in verschiedenen bildhaften Abwandlungen, immer wieder auf, am Schluss lässt er es ausmünden in die abendliche Vision der elf Expresszüge, die, aus verschiedenen Richtungen kommend, den sechs zentralen Bahnhöfen zustreben: der Blick von

56 R. Minder, *Dichter in der Gesellschaft* (Ffm 1966), p. 337.

57 *The Autobiography of Alice B. Toklas* (1933); deutsch: *Autobiographie von Alice B. Toklas* (Zch 1955).

58 J. Romains, *Les Hommes de bonne volonté* (P 1938), vol. I; nach dieser Ausgabe wird nachfolgend zitiert und übersetzt.

oben («le regard des visiteurs, du haut des monuments») lässt also auch erkennen, was «auf keinem Plan» verzeichnet ist – die Kraftlinien, in deren sternförmigem Spannungsfeld Paris liegt, die Weltstadt als poetischen Raum, der selbst seinen ständigen Bewohnern grössere Atemweite abverlangt, «une âme plus spacieuse⁵⁹».

Doch Paris war damals – Jules Romains vermerkt es gleich zu Beginn seiner Erzählung – auch für die internationale Fliegerei zum Weltmittelpunkt geworden: hier befand sich das Zentrum der aeronautischen Weltpresse, in Paris (oder seiner näheren Umgebung) wurden die ersten Flugfelder angelegt, die ersten Flugschulen gegründet, die ersten Flugmeetings durchgeführt,* die ersten Flugrekorde registriert; hier wirkten, neben den führenden französischen Konstrukteuren (Blériot, Levavasseur, die Brüder Voisin), der Brasilianer Santos-Dumont, der Anglo-Franzose Henry Farman, der Italiener Anzani, seit dem Frühjahr 1908 auch der Amerikaner Wilbur Wright, welcher der europäischen Fliegerei für zwei, drei Jahre die entscheidenden Anstösse vermitteln sollte⁶⁰. Romains lässt einige junge Pariser Arbeiter und Lehrlinge über Wrights Rekordflüge debattieren, das Gespräch ist lebhaft, es bringt Bewunderung, aber auch ironische Skepsis zum Ausdruck, gelangt jedoch darin zur Übereinstimmung, dass der motorisierten Fliegerei «eine unbegrenzte Zukunft» und «fulminanter Fortschritt» zugestanden wird, eine technische Entwicklung, die schon nach wenigen Jahren für alle bestehenden Verkehrsmittel – nicht zuletzt für die noch im Bau befindliche Untergrundbahn! – Ersatz schaffen würde: die Personen- und Warentransporte könnten dann, zumindest teilweise, aus den Strassen von Paris in den Luftraum – «fünfzehn bis zwanzig Meter» über Grund – verlegt werden⁶¹.

Den jungen Malte Laurids Brigge, Kunstfigur eines zu spät geborenen Intellektuellen, lässt Rilke, in einem fiktiven Briefentwurf, subtil skizzieren, was Jules Romains in vordergründiger Bildhaftigkeit und epischer Breite vorzeigt: das makabre Faszinosum der Großstadt, Paris als kosmisches Zentrum, als klärendes, erneuerndes Medium:

> Ich bin in Paris, die es hören, freuen sich, die meisten beneiden mich. Sie haben recht. Es ist eine grosse Stadt, gross, voll merkwürdiger Versuchungen. Was mich betrifft, ich muss zugeben, dass ich

---

59 *Op. cit.*, I, pp. 30; 207; 302.
60 E. Petit, *Histoire de l'aviation* (P 1966), pp. 22–26.
61 J. Romains, *op. cit.*, I, pp. 29–30; die von Romains beigebrachten technischen Daten und Fakten stimmen mit der (damaligen) Realität grösstenteils *nicht* überein. – Zur aviatorischen Alltagsmythologie um 1909/1910 in Paris v. auch J. Bernard, *La Vie de Paris* (P 1911), besonders die Kap. XIV; XXXV.

* Abb. 9–11

ihnen in gewisser Beziehung erlegen bin. Ich glaube, es lässt sich
nicht anders sagen. Ich bin diesen Versuchungen erlegen, und das
hat gewisse Veränderungen zur Folge gehabt, wenn nicht in
meinem Charakter, so doch in meiner Weltanschauung, jedenfalls
in meinem Leben. Eine vollkommen andere Auffassung aller Dinge
hat sich unter diesen Einflüssen in mir herausgebildet, es sind
gewisse Unterschiede da, die mich von den Menschen mehr als
alles Bisherige abtrennen. Eine veränderte Welt. Ein neues Leben
voll neuer Bedeutungen. Ich habe es augenblicklich etwas schwer,
weil alles zu neu ist. Ich bin ein Anfänger in meinen eigenen
Verhältnissen[62].

Dieser Passus – um 1908, 1909 in Paris verfasst – bezieht sich wohl nicht
zuletzt auf RILKES eigenes Erleben, vermittelt jedenfalls einen Eindruck
von der Anziehungskraft und der verändernden Wirkung, welche Paris
auf die meisten ausländischen Besucher, zumal auf Künstler und
Literaten, ausgeübt hat.

4

Zu den zahlreichen Zuzügern und Besuchern, die sich, aus verschiedenen Ländern kommend, um 1909 in Paris niederliessen und dort am
Aufbau einer internationalen revolutionären Front mitwirkten, gehörte
auch VLADIMIR IL'IČ UL'JANOV, der schon damals, ausserhalb Russlands, unter dem Namen LENIN publizistisch und propagandistisch tätig
war; rund 25 000 progressive russische Emigranten, unter ihnen auch
viele nachmals berühmte Literaten und Künstler, hielten sich zu dieser
Zeit in Frankreichs Hauptstadt auf.

62 R.M. Rilke, *Sämtliche Werke* (Ffm
1966), VI, pp. 774–775. –
Bemerkenswert ist im übrigen, dass
auch Malte – wie der junge Wazemmes
bei Romains – im Paris jener Jahre das
Bedürfnis (die Notwendigkeit sogar)
nach *mehr Raum* in sich selbst und für
sich selbst empfindet: «Und in dir ist
beinah kein Raum; und fast stillt es
dich, dass in dieser Engheit in dir
unmöglich sehr Grosses sich aufhalten
kann; dass *auch das Unerhörte binnen
werden muss* und sich beschränken den
Verhältnissen nach. Aber draussen,
draussen ist es ohne Absehen [...]: im
Kapillaren nimmt es zu, röhrig
aufwärts gesaugt in die äussersten
Verästelungen deines zahlloswegigen
Daseins. Dort hebt es sich, dort
übersteigt es dich, kommt höher als
dein Atem, auf den du dich
hinaufflüchtest wie auf deine letzte
Stelle. Ach, und wohin dann, wohin
dann?» (*op. cit.*, p. 777; Hervorhebung
von mir, *F.P.I.*).

Mitte Dezember 1908 war LENIN, aus der Schweiz kommend, in Paris eingetroffen; in seiner Begleitung befanden sich, nebst einigen Genossen aus der Russischen Sozialdemokratischen Partei, NADEŽDA KONSTANTINOVNA KRUPSKAJA, seine Frau, sowie deren betagte Mutter ELIZAVETA VASIL'EVNA; die kleine Reisegesellschaft wurde am Bahnhof von LENINS Schwester MARIJA IL'INIČNA UL'JANOVA begrüsst. Bald konnte LENIN eine grosse Wohnung (23, rue Beaunier) beziehen, musste sie jedoch aus finanziellen Gründen nach einigen Monaten wieder aufgeben; am 6. Juli 1909 übernahm er, unweit der Porte d'Orléans und des Parc Montsouris, eine bescheidene Dreizimmerwohnung (4, rue Marie-Rose), die er in der Folge bis zu seiner Weiterreise nach Polen (Juni 1912) in Miete behalten konnte und die heute als Museum eingerichtet ist[63].

Während seines Aufenthalts in Paris war LENIN vorwiegend als Journalist tätig, er schrieb Artikel und Abhandlungen für die Exilpresse seiner Partei, aber auch für deren illegale Organe in Russland; zudem entwickelte er eine umfangreiche Vortragstätigkeit, pflegte ausgedehnte Lektüren und Korrespondenzen, empfing in seiner Wohnung prominente Genossen aus den Reihen der russischen Emigration (PJATNICKIJ; BONČ-BRUEVIČ; ORDŽOKINIDZE) zu politischen Gesprächen und widmete sich regelmässig – als eingeschriebener Leser der *Bibliothèque Nationale* – seinen philosophischen Studien: noch 1909 konnte in Moskau (anonym) Lenins ‹*Materialismus und Empiriokritizismus*› erscheinen.

Neben seinen vielfältigen politischen und wissenschaftlichen Aktivitäten scheint LENIN durchaus auch Zeit für diverse Liebhabereien gefunden zu haben – so für das Schachspiel, vor allem aber für den Radsport: das individualistische Vergnügen am Radfahren (als solches von ALFRED JARRY entdeckt, von MARCEL PROUST als literarisches Thema kanonisiert, von CHARLES-ALBERT CINGRIA und CARLO LINATI in die moderne Lebenskunst integriert) war damals, trotz der weitreichenden Beliebtheit von Automobilrennen und Flugmeetings, keineswegs Ausdruck einer konservativen oder gar technikfeindlichen Haltung. Im Gegenteil – von den modernen mechanischen Vehikeln war das allein durch Menschenkraft angetriebene Fahrrad gewiss das unabhängigste und in technischer Hinsicht perfekteste Gefährt; dazu kommt, dass

63 V. A. Legendre, ‹Lénine au 4 rue Marie-Rose›, *Etudes soviétiques*, avril 1970, pp. 94–95; L. Fischer, *Das Leben Lenins* (Mchn 1970), I, Kap. IV; V. Valentinov, *Maloznakomyj Lenin* (P 1972), pp. 130–143.

Fahrradkonstruktionen in der Frühzeit der Fliegerei als Antriebsmechanismen eine beträchtliche – wenn auch wenig spektakuläre – Rolle spielten (so etwa in den Flugzeugentwürfen von LEHMAN WEIL und WILLIAM COCHRANE* oder beim einzigen Prototyp des «fliegenden Fahrrads» von LINNEMANN und SONNE).

Es versteht sich, dass LENIN, der schon bald nach seiner Ankunft in Paris den beispiellosen Triumph BLÉRIOTS und die darauffolgende, rasch um sich greifende Flugbegeisterung des französischen Publikums miterleben konnte, für seine Radtouren nicht nur die Naturschönheiten der Ile-de-France, sondern auch die in Stadtnähe gelegenen Flugfelder der Pioniere als häufiges Ziel gewählt hat. Sowohl LENIN (in seinen Briefen an Familienangehörige in Russland) wie auch die KRUPSKAJA (in ihren Erinnerungen) berichten über derartige Radfahrten – besonders prägnant bleibt die Schilderung eines gemeinsamen Abstechers nach Juvisy (Januar 1910), wo im Frühjahr 1909 der erste Aerodrom der Welt (Port-Aviation) für motorisierte Flüge angelegt worden war[64]; unterwegs nach Juvisy wurde der Radfahrer LENIN von einem Automobilisten in einen Verkehrsunfall verwickelt, der recht schwere Folgen hätte haben können: LENIN wurde angefahren, «rettete sich mit Mühe und Not», während sein Rad Totalschaden erlitt. Da eine gütliche Einigung auf der Unfallstelle nicht möglich war, strengte LENIN gegen den fehlbaren Autolenker (der natürlich «ein Vicomte» war – «der Teufel soll ihn holen»!) einen Prozess an, den er in der Folge auch gewann[65].

Diese Episode am Rand des Fluggeschehens scheint VALENTIN KATAEV zum Anlass und als Ausgangspunkt genommen zu haben für einen halb belletristischen, halb faktographischen Exkurs über LENINS Fortschrittsdenken, über sein (grundsätzlich positives) Verhältnis zu «allem Neuen, Niedagewesenen und Revolutionären»; der Text – Teil eines «lyrischen Tagebuchs», in dem persönliche Erinnerungen, Reisenotizen, Exzerpte aus LENINS Schriften und Briefen sowie private Gespräche mit NADEŽDA KRUPSKAJA verarbeitet sind – ist zuerst, unter dem Titel ‹Flüge› (Polety, 1964), als Feuilleton erschienen und später in den Kontext einer grösseren Erzählung über LENINS Pariser Jahre (‹Die kleine eiserne Tür in der Wand›, russisch 1965) integriert worden[66].

---

64 C.H. Gibbs-Smith, *The Invention of the Aeroplane* (Ldn 1966), Appendix VIII, p. 342.
65 L. Fischer, *op. cit.*, I, p. 108.
66 ‹Malen'kaja železnaja dver'› v stene›, in: V. Kataev, *Sobranie sočinenij* (M 1972), IX. pp. 7*sqq*; v. Anmerkungen und Kommentare, *ibid.*, pp. 647-649; deutsche Übersetzung (von M. Riwkin), nach der im weiteren zitiert wird: V. Katajew, *Die kleine eiserne Tür* (Bln 1970).

* Abb. 16–17

Die Flüge haben bereits begonnen. Eine Maschine ist aus dem Hangar, einem Bretterschuppen, herausgebracht worden, die andere befindet sich schon in der Luft über dem Turm der Dorfkirche, von der hinter dem Hügel nur die Spitze mit dem Kreuz und dem Hahn zu sehen ist. Die Hand über den Augen, beobachtet LENIN aufmerksam das Flugzeug.
«Wir haben Glück. Das ist ein ‹Farman-4›. Sieh nur, Nadja, wie gut er sich in der Luft hält. Stimmt's? Das ist was anderes als ein ‹Voisin›.»
Die Flugmaschine macht eine schroffe Wendung und richtet sich aus. Danach stockt das schwache Zirpen des Motors. Ein paarmal niest er noch und verstummt endgültig. Eine unheimliche Stille tritt ein.
«Er stürzt ab!» schreit NADEŽDA KRUPSKAJA leise auf.
«Aber nein, beruhige dich. Alles ist in Ordnung. Pass auf! Gleich setzt der Aeronaut zum Gleitflug an, zum sogenannten vol plané.»
Der Doppeldecker hoch oben in der Luft scheint unbeweglich über dem Schlosspark zu hängen. Er ist frontal zu sehen. Seine beiden Tragflächen, der längere Oberflügel und der kürzere Unterflügel, samt der Gestalt des Aeronauten mittendrin und dem kupfernen Benzintank, dessen spiegelnde Oberfläche die Sonne als kleinen gelben Stern zurückwirft, zeichnen sich deutlich, in allen Einzelheiten, vom Sommerhimmel ab, an dem, genau wie in Schuschenskoje oder Ufa, ein paar leichte weisse Wolken dahinziehen. Mit zunehmender Geschwindigkeit, wie ein Schlitten vom hohen Berg, jagt er steil herab, fliegt brausend und mit dröhnendem Propeller, den die Trägheitskraft in Bewegung hält, so tief vorbei, dass sein Laufwerk fast den Hut von NADEŽDA KONSTANTINOVNA streift, setzt auf der Wiese auf und rollt, auf seinen Fahrradrädern leicht hüpfend, über den blühenden Klee.
«Wunderbar!» ruft NADEŽDA KRUPSKAJA.
«Meisterhaft!» sagt LENIN. «Hast du gesehen, wie er die Maschine kurz vor der Erde abgefangen hat? Und die grossartige Landung? Prachtvoll! Aber die Hauptsache: Wer hätte gedacht, dass der Mensch in einer geschichtlich so kurzen Zeit fliegen lernen würde? Der fliegende Mensch! Hm, hm. Damit hat er eine prinzipiell neue Eigenschaft erworben. Zwar fliegen vorerst nur Auserwählte, und die Aeroplane gehören den Reichen. Aber wenn das Proletariat die fliegenden Apparate den Kapitalisten abgenommen hat und zum Herrn nicht nur der Erde, sondern auch der Luft geworden ist, dann oho! Nehmt euch in acht, ihr Herren Kapitalisten!»
Seine Gedanken wenden sich sofort dem Schicksal der Pariser

Kommune zu, das ihn unablässig verfolgt. Wer weiss, denkt er, welche Wendung die Dinge genommen hätten, wenn die Arbeiter von Paris im Besitz eines Mittels wie die moderne Luftschiffahrt gewesen wären. Das ist was anderes als ein Ballon! Mit Ballonen kommt man nicht weit.
«Ein, zwei Dutzend solcher ‹Farman› hätte man auf Versailles loslassen müssen und dann aus der Luft losbomben», sagt er. «Was denkst du, Nadja? Ach hätten wir 1905 Flugmaschinen besessen, die schwerer sind als Luft, wir hätten es nicht zur Niederschlagung des Presnja kommen lassen. Als erstes hätten wir den Kopf des Herrn DUBASOV aufs Ziel genommen[67].»

Wo in KATAEVS Bericht die Demarkationslinie zwischen Faktographie und Fiktion, zwischen Fremdzitat und autobiographischer Reflexion verläuft, ist, da Quellenangaben fehlen, schwerlich auszumachen; nun gehört aber KATAEV – Jahrgang 1897 – selber zu den wenigen Überlebenden aus dem von ihm dargestellten Zeitabschnitt, und man weiss, dass er nicht nur die KRUPSKAJA, sondern auch eine Reihe weiterer Augenzeugen, die um 1909 in Paris geweilt hatten, über LENIN und dessen Lebensumstände befragte, bevor und während er seinen Text niederschrieb.
Inwieweit jene zentrale Stelle als authentisch zu betrachten ist, an der KATAEV seinen LENIN in direkter Rede über die Verwendbarkeit von Flugapparaten zur revolutionären Machtergreifung phantasieren lässt, bleibt ungewiss; sicher war LENIN nicht der einzige unter den antizaristischen Berufsrevolutionären Russlands, die sich – angesichts der ersten Grosserfolge der zivilen Fliegerei – mit den Möglichkeiten einer gewaltsamen Machtergreifung aus der Luft befassten; anders ist wohl jene merkwürdige Tatsache nicht zu erklären, dass noch um 1909 in Russland nur unter Polizeiaufsicht geflogen werden durfte, da die Behörden, offenbar nicht ohne Grund, befürchteten, es könnte zu Luftangriffen und Bombenüberfällen auf das Zarenhaus kommen[68].
Tatsache ist, dass die Erstürmung des Winterpalasts in Petersburg – am 25. Oktober 1917 – von der Strasse her und nicht aus der Luft erfolgte. Auch bei allen übrigen militärischen Aktionen der historischen «zehn Tage, die die Welt erschütterten» (JOHN REED), kamen keine bombenwerfenden Aeroplane zum Einsatz, und selbst im nachrevolutionären

67 *Op. cit.*, pp. 122-123.
68 *Cf.* einen entsprechenden Bericht in *Illustrierte Aeronautische Mitteilungen*, 1909, p. 964.

Bürgerkrieg scheint die russische Luftwaffe nie entscheidend in die Kämpfe eingegriffen zu haben.
Der Grund für solche Zurückhaltung – der russische Flugzeugpark umfasste zu Beginn der Revolution immerhin mehr als tausend Aufklärungs- und Kampfmaschinen – mag darin gelegen haben, dass es sich bei dem verfügbaren Material fast ausschliesslich um französische Apparate (*Farman-27; Farman-30; Voisin;* etc.) handelte, zu denen sowohl die Ersatzteile wie auch das fachkundige Wartungspersonal und erfahrene Piloten weitgehend fehlten. LENINS Traum einer Revolution von oben – aus der Luft – hat sich jedenfalls nicht verwirklichen lassen; K.V. AKAŠEV, ehemaliges Mitglied des Kollegiums für Luftkriegführung beim Volkskommissariat für das Militärwesen, berichtet:

> ... Die Repräsentanten des Kollegiums wandten sich an VLADIMIR IL'IČ LENIN. Wir baten das Sekretariat des Volkskommisariats, für uns persönliche Verhandlungen mit Vladimir Il'ič anzusetzen, und noch am gleichen Tag wurden wir empfangen. Nachdem wir unsere Ansicht betreffend die Bedeutung und den Platz einer Luftflotte beim kulturellen Aufbau der Sowjetrepublik kurz dargelegt hatten, baten wir Vladimir Il'ič, ein Volkskommissariat für Luftfahrt gründen zu wollen. Vladimir Il'ič hatte gegen die Rolle der Luftflotte in Friedenszeiten des Landes nichts einzuwenden und anerkannte ihre Bedeutung als eine der *grössten kulturellen Errungenschaften unserer Zeit*[69].

AKAŠEVS Erinnerung ist auf Januar 1918 datiert.
– LENINS hohe Wertschätzung der Fliegerei liess ihn dennoch nicht übersehen, dass für den Aufbau des Sozialismus primär andere materielle Mittel würden bereitgestellt werden müssen als eine zivile Luftflotte; von der Schaffung eines entsprechenden Volkskommissariats wollte LENIN daher – zum damaligen Zeitpunkt – noch absehen. Immerhin wurden schon bald die bestehenden (russischen) Flugzeugfabriken – *Duks* in Moskau und *Roter Flieger* (Krasnyj letčik) in Petrograd – planmässig ausgebaut; es wurden zahlreiche Vereine und Gesellschaften zur Förderung der «vaterländischen» Fliegerei gegründet, nicht zuletzt – 1923 – die «Dobrolët»-Vereinigung, aus der später das Sowjetische Ministerium für Zivilluftfahrt hervorgehen sollte.
Zielstrebiger als LENIN und mit mehr Effizienz nahm in den frühsten zwanziger Jahren LEV TROCKIJ (Trotzki) den Ausbau und die Entwick-

69 Zitiert (und übersetzt) nach
A. Jakovlev, *Cel' žizni* (M ³1972),
p. 49; Hervorhebung von mir, F.P.I.

lung der russischen «Luftmacht» *(aviacionnaja mošč')* an die Hand[70]; unter seiner Leitung – als Volkskommissar befehligte er damals die Rote Armee – entstand, von der Partei, den Jugend- und Arbeiterverbänden nachhaltig unterstützt, das Kernstück der künftigen sowjetischen Luftfahrtindustrie. Ein grossformatiges Gemälde von JURIJ ANNENKOV zeigt TROCKIJ – 1924 – in monumentaler Feldherrenpose, mit drohend (oder befehlend) ausgestrecktem Arm, vor einem wetter- und feuerleuchtenden Himmel, an dem Militärflugzeuge verschiedener Bauart kreuzen[71]. Doch auch in der Roten Armee blieben die Einsätze der Luftwaffe im wesentlichen auf Beobachtungs- und Transportflüge beschränkt[72]; eine seinerzeit sensationelle, an verschiedenen Fronten der sozialistischen Kulturrevolution erprobte Neuerung – auch sie vermutlich TROCKIJS Werk – waren die sogenannten Agitprop-Flüge *(agitpolëty)*, die – auf deutschen (!) Maschinen vom Typ *Junkers* durchgeführt – im Rahmen der antireligiösen und antikirchlichen Propagandakampagnen eine nicht zu unterschätzende Bedeutung, nicht selten sogar eine gewisse Popularität erlangten: die Flugzeuge hatten jeweils («in irgend einem Dorf») an Sonn- und Feiertagen über den Kirchen zu kreisen, um durch «das starke Geräusch des Motors, welches den Kirchengesang übertönte», den Gottesdienst zu stören und letztlich zu verhindern[73].

Agitationsflüge ganz besonderer Art hatte der avantgardistische Theaterregisseur VSEVOLOD MEJERHOL'D (Meierhold) in seiner Konzeption eines Massenfestspiels vorgesehen, das er, unter dem martialischen Motto «Kampf und Sieg», zur Feier der Dritten Internationale (1919) auf der Moskauer Chodynka – einem Flugfeld, das schon wenig später mit dem Namen «Trotzki» bezeichnet wurde! – durchzuführen gedachte. Geplant war eine Freilichtaufführung, an der rund dreitausend Mitwirkende (darunter Soldaten und Turner, Sanitäts- und Rekrutenschulen, Orchester und Chöre) hätten zum Einsatz kommen sollen, um den Triumph der Sowjets als monumental-symphonische Apotheose

---

70 Mit dem als «Grossvater der [sowjetischen] Luftfahrt» *(deduška aviacii)* bekannten Boris Rossinskij unternahm Trockij im April 1918 einen Erkundungs- und Demonstrationsflug über Moskau, um die künftige Residenz der Sowjetregierung – den Kreml – aus der Luft zu besichtigen. Rossinskij erinnert sich: «Wir flogen 40 Minuten in grosser Höhe, und Lev Davydovič [Trockij] hielt sich so [gut], als wäre er ein erfahrener alter Pilot» (obwohl er damals zum erstenmal mit einem Flugzeug aufgestiegen war). Bericht und Zitat nach *Aëro-Sbornik* (Caricyn 1923), Sp. 3–4.

71 Annenkovs Gemälde ist reproduziert bei F. Miele, *L'Avanguardia tradita* (Roma 1973), p. 422.

72 A. Jakovlev, *op. cit.*, pp. 51–52.

73 W. Gurian, *Der Bolschewismus* (Freiburg 1932), pp. 280–281.

darzustellen⁷⁴. Aus technischen Gründen konnte das Spektakel nicht stattfinden, erhalten sind nur MEJERHOL'DS Skizzen und Modelle. Bemerkenswert ist die Tatsache, dass die Regie ein Finale vorsah, welches den Sieg der Revolution symbolisch – durch ein von Feuerwerken, Chorgesängen und Orchesterklängen begleitetes akrobatisches Schaufliegen – vergegenwärtigen sollte⁷⁵. Vielleicht hätten hier, in wagnerianisch inspirierter Gestaltung, LENINS revolutionäre Flugphantasien ihren adäquatesten Ausdruck gefunden; «realistisch» waren sie jedenfalls nicht.

## 5

Als GABRIELE D'ANNUNZIO nach Paris kam, um in offiziellen Kreisen des literarischen Lebens Fuss zu fassen, hatten sich hier bereits die beiden Kernverbände der europäischen Avantgarde – die Kubisten und die Futuristen – formiert, hatten ihr Programm für die Zukunft und ihre Abrechnung mit der Vergangenheit publik gemacht: die Generation der «Väter» – und dazu gehörte auch D'ANNUNZIO – war von den «Söhnen» bezwungen und verworfen worden.

FILIPPO TOMMASO MARINETTI, D'ANNUNZIOS um bloss 13 Jahre jüngerer Landsmann, in Ägypten geboren und aufgewachsen, in Italien und in Frankreich ausgebildet, jetzt abwechslungsweise in Mailand und Paris tätig, hatte ganz bewusst die französische Metropole als Schauplatz eines sorgsam geplanten und kaltblütig durchgeführten paraliterarischen Handstreichs gewählt, der ihn innert kürzester Zeit – durch begleitende und nachfolgende Propagandaaktionen – weltweit bekanntmachen sollte: auf der Titelseite des Pariser ‹Figaro› erschien am 20. Februar 1909, versehen mit einem empfehlenden redaktionellen Vorspann, MARINETTIS *Gründungsmanifest des Futurismus* (Manifeste initial du Futurisme), ein kommentiertes Elfpunkteprogramm, das der Autor nicht als theoretische Grundlegung, vielmehr als Diktat eines völlig neuen Kunstwollens konzipiert hatte («nous dictâmes nos premières *volontés* à tous [les] hommes *vivants* de la terre»), ein Text, dessen

---

74 Zur «Taylorisierung» und «Amerikanisierung» des frühen Sowjettheaters *cf.* den 1922 entstandenen Essay von B. Arvatov über ‹Theater als Produktion› (id., *Kunst und Produktion*, Mchn 1972, pp. 85–92).

75 *V.* R. Fülöp-Miller, *Geist und Gesicht des Bolschewismus* (Zch &c 1928), pp. 202–203; mit Abb.

Herausgabe man mit dem späten GOTTFRIED BENN zweifelsohne als
«das Gründungsereignis der modernen Kunst in Europa» überhaupt
bezeichnen darf[76]. MARINETTI war, als sein erstes Manifest erschien, 33
Jahre alt; dass gerade er, der noch zu Beginn des 20. Jahrhunderts als
Musterschüler eines CATULLE MENDÈS, eines RÉGNIER und GUSTAVE
KAHN gelten konnte – er rief nun «die jungen, die starken und die
lebendigen *Futuristen*» auf zur Rebellion gegen jene vergreisten Vaterfiguren, die ihm einst den Weg in die Welt der Literatur gewiesen hatten.
Auf MARINETTIS Frühwerk braucht hier nicht eingegangen zu werden;
es erweist sich als wagnerisch aufbereitetes Gemisch aus symbolistischen, dekadenten und neoromantischen Elementen, die weder formal
noch thematisch in der futuristischen Wortkunst nachwirken[77]. Immerhin sei darauf hingewiesen, dass unter MARINETTIS bis 1908 erschienenen Schriften zwei Einzelpublikationen über D'ANNUNZIO zu finden
sind; es handelt sich um die Essaybände ‹*D'Annunzio intim*› (D'Annunzio intime, 1903) und ‹*Die Götter treten ab, d'Annunzio bleibt*› (Les
Dieux s'en vont, d'Annunzio reste, 1908). Beide Arbeiten lassen, bei
aller Schärfe der Kritik und Ironie, erkennen, wie ambivalent – schwankend zwischen Neid, Respekt und Verachtung – MARINETTIS Verhältnis
zu D'ANNUNZIO noch kurz vor dem futuristischen Bildersturm gewesen
ist[78]; auf dieses Verhältnis wird noch, in anderem Kontext, zurückzukommen sein[79].
MARINETTIS kritische, manchmal spöttische Distanznahme kann jedenfalls nicht darüber hinwegtäuschen, dass er D'ANNUNZIO gerade dort in
hohem Mass verpflichtet ist, wo er seine neoromantischen Requisiten,
seine Dekadenzstimmung und seine Fortschrittsskepsis aufgibt, um zu
einer präfuturistischen Weltschau, schliesslich zum Futurismus selbst –
also zur Gegenposition seiner früheren Haltung – zu gelangen. Bei
D'ANNUNZIO ist literarisch vorgeformt, was MARINETTI in der Folge als
futuristische Eigenschöpfung lancieren und während Jahren unablässig
wiederholen wird: Kult des modernen Maschinismus, Kult der Geschwindigkeit und der Gewalt, Kult der mechanischen Schönheit, der

76 G. Benn, *Probleme der Lyrik* (Wiesbaden 1951), p. 10.

77 P. Bergman, *Modernolatria et Simultaneità* (Uppsala 1962), pp. 37–47.

78 *Cf.* bei Marinetti die an Kafkas Verbalkarikatur erinnernde Beschreibung d'Annunzios anlässlich einer Rede vor 2000 Bauern in der Gegend von Pescara (F. T. Marinetti, *Les Dieux s'en vont*, P 1908, pp. 62–66)

oder (*op. cit.*, pp. 107–109) die komische Vergegenwärtigung einer Badeszene, die den nackten Dichter zusammen mit einer ‹sehr illustren Schauspielerin› am Strand von Viareggio zeigt. – Noch 1905 hatte Marinetti einen Text von d'Annunzio (‹La Nave›) in die von ihm redigierte Zeitschrift *Poesia* aufgenommen (P. Bergman, *op. cit.*, p. 38).

79 V. *infra*, pp. 245–246.

mechanischen Erhebung. Auf diese konvergierende, von MARINETTI niemals eingestandene Tendenz verweisen ab 1905 vereinzelte seiner Werktitel (so etwa der berühmte Dithyrambos ‹An meinen Pegasus› oder der Prosaepilog ‹Der Tod sitzt am Steuer› zum Lyrikbuch ‹Die fleischliche Stadt› (La Ville charnelle, 1908); wie D'ANNUNZIO, wenn auch in bescheidenerem Rahmen, ist MARINETTI verhältnismässig früh (um 1908) zu einem begeisterten Automobilisten geworden, und im Oktober 1910 – fast genau ein Jahr nach D'ANNUNZIOS erstem Aufstieg in Brescia – hat auch MARINETTI seine Lufttaufe erlebt: «Gestern abend, in den letzten Strahlen eines futuristischen Sonnenuntergangs, flog ich mit dem Piloten BIELOVUCIC in 300 m Höhe während fast zwanzig Minuten[80].» Diese knappe Notiz steht in auffallendem Gegensatz zu den wortreichen futuristischen Digressionen, aus denen MARINETTI gleichzeitig seine grossen Flugvisionen und Flugzeugmetaphern entwickelt: MARINETTIS permanent schöpferische Einbildungskraft konnte dem episodischen *Erlebnis* des Flugs – zwanzig Minuten in 300 Meter Höhe! – schon damals keinen Sensationswert mehr abgewinnen.

Die beispiellose Breitenwirkung der futuristischen «Brandstifterei» – die «futuristischen Brüder» (frères futuristes) verstanden sich als «die grossen Brandstifterpoeten» (les grands poètes incendiaires)[81] – ist primär auf MARINETTIS propagandistisches Talent, auf die generalstabsmässige Vorbereitung und Koordination von Pressepolemiken, Saalschlachten, Flugblattaktionen zurückzuführen; sie ist das Ergebnis der ersten grossangelegten Werbekampagne im Bereich der europäischen Kunst, einer Werbestrategie, die sich neuster technischer Errungenschaften – der Telegraphie, der Telephonie, der modernen Transportmittel – bedient und auf diese Weise unmittelbare internationale Resonanz gewinnt: MARINETTIS Futurismus ist die erste künstlerische Innovation dieses Jahrhunderts, welche praktisch ohne Phasenverschie-

---

80 ‹Lettere di Marinetti a F. Balilla Pratella› [I], *l'osservatore politico letterario*, XV, 1969, vii, pp. 62-63. – *Cf.* Marinettis spätere Darstellung dieses Erstflugs in dem ‹futuristischen Manifest› zur ‹Moral der Geschwindigkeit› (1916): «Quand je volai pour la première fois avec l'aviateur Biélovucic je sentis ma poitrine s'ouvrir comme un grand trou, où tout l'azur du ciel lisse, frais et torrentiel, s'engouffrait avec délice. [...] Grandissante légèreté. Sensation de bien-être infini. Vous descendez de l'aéroplane avec un bond élastique. Votre voyage aérien vous a délivrés d'un poids. Vous avez vaincu la glu de la route et la loi qui impose à l'homme de ramper.» (Hier zitiert nach G. Lista [ed.], *Futurisme*, Lausanne 1973, p. 369.)

81 So begrüsst Marinetti in der Vorrede zu *Mafarka le futuriste* (P 1909) seine Mitstreiter; eine futuristische Gedichtsammlung von A. Palazzeschi ist 1910 unter dem Titel *L'Incendiario* erschienen.

bung in ganz Europa (und sehr bald auch darüber hinaus) registriert wurde – der erste kosmopolitische Kunst-Ismus überhaupt, und als solcher Vorbild für sämtliche nachfolgenden Gründungsbewegungen der europäischen Avantgarde[82].

Die Tatsache, dass MARINETTI den Futurismus zu einem internationalen Ereignis machen konnte, ihn aber gleichzeitig mit seiner privaten Mythologie[83] und seiner zutiefst «italienischen Sensibilität» zu verbinden wusste, war ein weiterer – gewiss ein wesentlicher – Grund für die Durchschlagskraft seiner ikonoklastischen Lebens-Kunst; von Anfang an hat sich MARINETTI als «Chef der Futuristischen Bewegung» profiliert, hat sich *persönlich* mit dem Futurismus identifiziert, ist mit autoritärem, gelegentlich mit diktatorischem Anspruch aufgetreten, mit einer Souveränität jedenfalls, die – viel später – nur die Wortführer des französischen und tschechischen Surrealismus, ANDRÉ BRETON und KAREL TEIGE, durchzuhalten vermochten.

Es ist daher kein Zufall, dass das erste futuristische Manifest von zahlreichen andern Publikationen und Verlautbarungen MARINETTIS begleitet war; in raschem, präzis vorbestimmtem Ablauf liess der «Chef» und «Maestro», allein 1909, die folgenden Texte im Druck erscheinen: ‹*Tuons le Clair de Lune!*›; ‹*Enquête internationale sur le vers libre et Manifeste du Futurisme*›; ‹*D'Annunzio intimo*› (in L. PEROTTIS italienischer Übersetzung nach der Originalausgabe von 1903); ‹*Poupées électriques*› (ein Drama in drei Akten, mit programmatischen Vorbemerkungen zur futuristischen Poetik und einer Widmung an den amerikanischen Flugpionier und Testpiloten WILBUR WRIGHT); ebenfalls 1909 edierte MARINETTI in seinem Mailänder Verlag futuristische Gedichtbände von GIAN PIETRO LUCINI (‹*Revolverate*›), ENRICO CAVACCHIOLI (‹*Le ranocchie turchine*›) und PAOLO BUZZI (‹*Aeroplani*›) – Bücher, die der Herausgeber eigens mit «futuristischen» Titeln versehen und teilweise durch futuristische Vorreden eingeleitet hat. Am 3. April brachte MARINETTI seine «satirische Tragödie» ‹*Le Roi Bombance*› – ein lärmiges Fress- und Saufstück, das dramaturgische Ansätze von BUÑUEL oder GOMBROWICZ vorwegnimmt – im Pariser Théatre de l'Œuvre zur Welturaufführung, und noch im selben Jahr lag auch sein «afrikanischer» Roman ‹*Mafarka le Futuriste*›, versehen mit einem

---

82 *Cf.* dazu u.a. E. Lissitzky/H. Arp (ed.), *Die Kunstismen* (Erlenbach &c 1925); C.G. De Michelis, *Il futurismo italiano in Russia* (Bari 1973), pp. 269-270 und *passim;* G. Gazda, *Futuryzm w Polsce* (Wrocław &c 1974), p. 62; E. Bojtár, ‹The Eastern European Avant-garde as a Literary Trend›, *Neohelicon*, 1974, III-IV, pp. 93-126, mit Bibliographie; D. Konečný, *Futurismus* (Praha 1974).

83 Zu Marinettis individueller Zahlen-. resp. Datenmystik *v.* die aufschlussreichen Beobachtungen von P. Bergman, *op.cit.*, pp. 57-58.

provokatorischen Vorspann, gedruckt vor. Diese massive Publikationsflut ergänzte MARINETTI ab Frühjahr 1909 durch ausgedehnte Vortragstätigkeit – er wurde zum Erfinder der *serata futurista*, einer Mischform aus Dichterlesung, Partei- oder Gemeindeversammlung, Publikumsbeschimpfung und fröhlichem Happening – sowie durch Pressekonferenzen, durch Interviews, offene Briefe, Flugblattaktionen und politische Aufrufe. Nach dem erfolgreichen Muster der ‹*Rede an die Triestiner*› (Discorso ai Triestini, März 1909) stellte MARINETTI – noch immer 1909 – sein erstes politisches Manifest und die einleitende Vor-Rede zu ‹*Mafarka*› her; wenig später – nach den futuristischen Initiationsveranstaltungen in Triest und Mailand (Januar und Februar 1910) folgten, im gleichen Stil, MARINETTIS berüchtigte «Gegen»-Reden – «Gegen das passeistische Venedig», «Gegen die Professoren», «Gegen die Liebe und den Parlamentarismus», aber auch die provokatorischen Ansprachen «an die Engländer» und «an die Spanier», die futuristischen Botschaften an die Neapolitaner und die Venezianer[84].

Allen diesen programmatischen Texten – MARINETTI bezeichnet (und verwendet) sie bald als «Reden» oder «Vorträge», bald als «Proklamationen» oder «Manifeste» – liegt ein gemeinsames rhetorisches Modell, eine gemeinsame metaphorische Struktur zugrunde; letztere soll nun hier, unter dem thematologischen Aspekt des Flugmotivs, anhand einiger Arbeiten MARINETTIS aus dem Gründungsjahr des Futurismus aufgezeigt werden[85].

Motive aus dem Themen- und Problemkreis des modernen Maschinismus erscheinen bei MARINETTI, wie bereits angedeutet wurde, erst um 1905 in expliziter literarischer Gestaltung, möglicherweise unter der unmittelbaren Einwirkung MORASSOS, dessen «egoarchische» Apologie der «neuen Waffe» – das heisst: der kommenden Maschine – manch ein futuristisches Postulat vorwegnimmt.

Die in MARINETTIS letzter präfuturistischer Einzelpublikation, dem 1908 erschienenen Lyrikbuch ‹*Die fleischliche Stadt*› (La Ville charnelle), enthaltenen Texte über den Automobilismus exponieren schon recht genau die Metaphorik und die philosophische Perspektive des marinettianischen Futurismus.

Es handelt sich bei diesen Texten um die vielgerühmte, vielfach nachgeahmte Ode ‹*An das Automobil*› (A l'automobile) von 1905 und

---

84 *V.* die bibliographischen Angaben bei P. Bergman. *op. cit.*, p. 245; *cf.* ausserdem die Kunst- und Literaturchronologie im Ausstellungskatalog *Boccioni e il suo tempo* (Milano 1973), pp. 270–271..

85 Eine synthetische Darstellung von Marinettis futuristischem Frühwerk gibt L. de Maria als Einführung zum 2. Band der Werkausgabe (*Teoria e invenzione futurista*, Milano 1968, pp. xix–lxxi).

um das 1907 entstandene Prosagedicht ‹Die Dschungelrennbahn› (Le Circuit de la Jungle); MARINETTI hat beide Arbeiten mit unverändertem Wortlaut, jedoch unter neuen Titeln in die Gedichtsammlung von 1908 aufgenommen[89].

In die Ode ‹An das Automobil› - definitiv mit ‹An meinen Pegasus› (A mon Pégase) überschrieben - ist das dialektische System der marinettianischen Metaphorik erstmals skizzenhaft herausgearbeitet; die symbolistisch-neoromantische Kulisse - Berge, von frischem Blau umhüllt; Flüsse unter lieblichem Mondlicht; der gestirnte tiefe Himmel: dies alles hat hier noch Bestand, wird nun aber mit grellen Bildern aus der zeitgenössischen technischen Umwelt konfrontiert. MARINETTI beschreibt eine rasende Autofahrt, er besingt seinen Wagen als «stürmischen Gott einer Rasse aus Stahl», als «schönen Dämon» und - im Sinn von MORASSO - als mechanische Armatur des neuen Menschen (des heroischen «dominatore del domani»), und er feiert die erhebende Geschwindigkeit des Rennens, die Dynamik des motorisierten Lebens und Erlebens. Das Automobil - hier noch, als «Pegasus», mit der Dichtkunst in Beziehung gebracht[87] - setzt sich über den traditionellen poetischen Raum (konkret: über die natürliche Umwelt, über Flüsse, Ebenen, Gebirge) hinweg, es schiesst «trunken in das befreiende All» und wagt sich, herausfordernd, auf die Sternenbahnen.

Die für MARINETTIS erste Manifeste charakteristische Behandlung der Metapher - sie beruht auf der Konfrontation *extremster* Gegensätze aus den Assoziationsbereichen von *alt* und *neu* - zeichnet sich im vorliegenden Text etwa dort ab, wo mechanische Bestandteile des Automobils mit menschlichen (oder tierischen) Organen, der Rennwagen selbst mit animalischen Gestalten mythologischer Herkunft (Pegasus; Dämon; Drache), die Berge - Sinnbild der rückständigen Natur - mit einer schwerfälligen Mammutherde verglichen werden. Wenn MARINETTI am Schluss der Ode die Autofahrt in vertikalen Aufstieg übergehen lässt, die «reissende» in «erhebende» Kraft umsetzt, wird bereits seine zentrale futuristische Metapher - der mechanische Menschenflug - sichtbar:

86 *La Ville charnelle* (P ⁸1908); der Hinweis darauf, dass das Buch schon 1908 in 8. Aufl. erschienen sei (*cf.* Umschlag und Titelei), dürfte rein propagandistischen Charakter haben und ist wohl als eine der häufigen Mystifikationen Marinettis zu betrachten.

87 Diesen Sinnzusammenhang - der motorisierte Pegasus als Verkörperung der dichterischen «Pferdestärke» *(horse power)* - greift 1923, offenbar direkt an Marinettis Ode *A mon Pégase* anknüpfend, der polnische Futurist und Skamandrit Julian Tuwim auf («Milion HP»); *cf.* aber auch die automobilistische Gebrauchslyrik von Luc Durtain (‹Pégase›, 1908).

*Ich nehme das Rennen auf ... mit Euch, meine Sterne! ...*
*Schneller! ... noch schneller! ...*
*Ohne Rast und Ruh! ...*
*Weg von den Bremsen! ... Ihr könnt nicht? ...*
*Tretet sie durch! ...*
*Möge der Puls des Motors seine Schläge verhundertfachen!*
*Hurra! Kein Bodenkontakt mehr mit der unreinen Erde! ...*
*Endlich reisse ich mich frei und fliege weich*
*über der berauschenden Fülle*
*der Sterne, die aufs grosse Himmelbett hinunterrieseln!*

[«J'accepte la gageure ... avec Vous, mes Etoiles! ... / Plus vite! ... encore plus vite! ... / Et sans répit, et sans repos! ... / Lâchez les freins! ... Vous ne pouvez? ... / Brisez-les donc! ... / Que le pouls du moteur centuple ses élans! / / Hurrah! Plus de contact avec la terre immonde! ... / Enfin, je me détache et je vole en souplesse / sur la grisante plénitude / des Astres ruisselants dans le grand lit du ciel!»][88]

Als Epilog zu ‹Die fleischliche Stadt› verwendet MARINETTI, ebenfalls unter neuem Titel, einen bereits früher publizierten Text, der, gemäss einem Hinweis des Autors, in «Brescia, am Tag der Geschwindigkeitskonkurrenz» entstanden ist, beziehungsweise das Renngeschehen dieses Tages im Rückblick beschreibt. Das mehrseitige, teils in panegyrischer Rhetorik, teils im Stil einer Sportreportage gehaltene Prosagedicht hat ein Autorennen zum Gegenstand, eine Art Rally, das auf mörderischem Parcours durch eine Dschungellandschaft führt: der Wettbewerb um die «Coupe de la Vitesse» ist ein Kampf um Leben und Tod, das Ziel der Teilnehmer – besteht darin, den *Raum* zu bezwingen und *Zeit* zu gewinnen.

*– Da ist dein Feind: der* Raum! ... *der* Raum *vor dir! ...*
*So töte ihn doch! ... [...]*
*Und die Fahrer mischten ihre irren Schreie:*
*– Schneller als der Wind! Schneller als der Blitz! ... Schneller als eine in den Blutkreislauf gejagte Curareladung! ... Eigentlich ... eigentlich kann man doch den Wagen über den Regenschauer hinaus schleudern, indem man mit grossen Motorstössen zu den Wolken steigt! ... Auf den Regenbogen! ... Auf die Mondstrahlen! ... Man muss bloss wollen! Reisse sich los, wer will! ... Steige zum Himmel, wer es wünscht! ... Triumphiere der, welcher den Glauben hat! ...*

---

[88] F.T. Marinetti, *La Ville charnelle*, p. 172.

*Man muss den Glauben und den Willen haben! ... [...] O mein detonierendes Explosionsherz, wer denn hindert dich daran, den* Tod *zu bodigen? ... Wer verbietet dir, über das* Unmögliche *zu gebieten? ... Mach dich doch unsterblich – mit einem Willensschlag! ...*[89].

Mit diesem triumphatorischen Finale schliesst MARINETTI die symbolistische Frühphase seines Schaffens ab; gleichzeitig leitet er damit seine futuristische Arbeit ein: zahlreiche Wendungen – Metaphern, Vergleiche, auch motivische Verknüpfungen aus der Ode ‹An meinen Pegasus› und dem Epilog zu ‹Die fleischliche Stadt› nimmt MARINETTI in seinen Manifesten wörtlich oder anspielungsweise wieder auf, vor allem jedoch sind in den erwähnten Texten bereits jene Leitgedanken und Leitbilder angelegt, welche für den marinettianischen Futurismus verbindlich werden sollten: die Proklamation des Willens zur Macht; das Postulat eines neuen Übermenschentums; das Motiv des Höhenflugs. Letzteres wird von MARINETTI im Verlauf des Jahres 1909, stets mit Blick auf die dädalisch-ikarische Mythologie, mit besonderem Nachdruck thematisiert.

Dem Gründungsmanifest des Futurismus hat MARINETTI die klassische Form eines Triptychons gegeben: der zentrale Teil besteht aus den elf futuristischen Thesen; im Vorspann dazu wird die Entstehung des Manifests, im Nachwort dessen Nutzanwendung beschrieben. In allen drei Teilen kommt der Idee des Fliegens und dem Einsatz von Flugzeugen programmatische Bedeutung zu[90].

Auch hier entwickelt MARINETTI die aviatische aus der automobilistischen Metapher; nach durchwachter Nacht – die futuristischen Brüder haben schon «viel Papier mit irren Schreibereien geschwärzt» – ist «auf einmal unter den Fenstern das Aufbrüllen hungriger Autos» zu hören, für MARINETTI das Zeichen zum Kampfbeginn, zum neuen Leben, zur Erhebung[91]:

---

89 *Op.cit.*, pp. 228-229. – ‹Le Circuit de la Jungle› ist zuerst erschienen in *Poesia*, IX-XII, 1907-1908; italienische Fassung («La Morte prese il volante») in *Poesia*, III-VI, 1909. – In *La Ville charnelle* erscheint das Gedicht unter dem Titel ‹La Mort tient le volant› (*op.cit.*, pp. 223-229).

90 Eine Analyse des futuristischen Gründungsmanifests (mit besonderer Berücksichtigung der zeitgenössischen Industrialisierungsproblematik und des damaligen Entwicklungsstands der Maschinentechnik) gibt Reyner Banham (*Die Revolution der Architektur*, Reinbek 1964, pp. 80-87).

91 Hier (und im folgenden) zitiere ich Marinettis Programmschriften nach U. Apollonio (ed.), *Der Futurismus* (Köln 1972).

– Los, sagte ich, los, Freunde! Gehen wir! Endlich ist die Mythologie, ist das mystische Ideal überwunden. Wir werden der Geburt des Kentauren beiwohnen, und bald werden wir die ersten Engel fliegen sehen! ... Man muss an den Pforten des Lebens rütteln, um ihre Angeln und Riegel zu prüfen! ... Gehen wir! Da, seht auf der Erde, die erste aller Morgenröten! Nichts gleicht dem Glanz des roten Sonnenschwertes, das zum erstenmal in unsere tausendjährige Finsternis hineinsticht! ...
Wir gingen zu den drei schnaufenden Bestien, um ihnen liebevoll ihre heissen Brüste zu streicheln. Ich streckte mich in meinem Wagen wie ein Leichnam auf der Bahre aus, aber sogleich erwachte ich zu neuem Leben unter dem Steuerrad, das wie eine Guillotine meinen Magen bedrohte.

*La Mort tient le volant* – MARINETTI übernimmt das für die damalige Zeit äusserst kühne Bild aus ‹*Die fleischliche Stadt*› in sein erstes Manifest:

Nichts hatten wir, wofür wir sterben wollten, allein den Wunsch, uns endlich von unserem allzu drückenden Mut zu befreien. Und wir jagten dahin und zerquetschten auf den Hausschwellen die Wachhunde, die sich unter unseren heissgelaufenen Reifen wie Hemdkragen unter dem Bügeleisen bogen. Der zahm gewordene Tod überholte mich an jeder Kurve und reichte mir artig seine Tatze; manchmal streckte er sich auch auf der Erde mit einem Geräusch knirschender Zähne aus und warf mir aus jeder Pfütze samtweiche, liebevolle Blicke zu[92].

Die Fahrt des ersten Futuristen endet – «... *Quel ennui! Pouah!* ...» – hart in einem Graben; Ursache des Sturzes sind zwei Radfahrer, die «wie zwei Überlegungen» plötzlich vor dem Wagen auftauchen und den «ins Unrecht» gesetzten Lenker zu jähem Ausweichen zwingen: der Futurist stürzt kopfüber, «mit den Rädern nach oben», in die stinkenden Abwässer einer nahen Fabrik. Nach einer umständlichen Rettungsaktion diktiert der zu neuem Leben erwachte Fahrer – «das Antlitz vom guten Fabrikschlamm bedeckt», «zerbeult und mit verbundenen Armen, aber unerschrocken» – seinen *ersten Willen*, das «Manifest des Futurismus».

92 U. Apollonio (ed.), *op.cit.*, pp. 30–31; 31–32.

Die futuristischen Gründungsthesen sind bekannt; sie postulieren, als «Wesenselemente» *(éléments essentiels)* künftiger Lebens-Kunst, die «Liebe zur Gefahr»; die Auflehnung gegen kanonisierte Traditionen, gegen jegliche Institutionalisierung gegen den Weiblichkeitswahn; eine neue Ästhetik, welche sich an der «Schönheit der Geschwindigkeit» – «... ein aufheulendes Auto, das auf Kartätschen zu laufen scheint, ist schöner als die *Nike von Samothrake*» – sowie an der aggressiven «Schönheit» des Krieges orientiert, der nun als «einzige Hygiene der Welt» *verherrlicht* werden soll: durch Umpolung der Sensibilität auf die neuen Reize einer mechanisierten Lebenswelt hofft MARINETTI – im ästhetischen wie im politischen Bereich – auch die Umwertung aller bestehenden Werte herbeiführen zu können.

Dieser programmatische Teil des Manifests schliesst mit einem Hinweis auf die moderne Fliegerei, mit der Aufforderung an die futuristischen Dichter, sie sollten – nebst andern Erscheinungsformen der mechanisierten Welt – «den gleitenden Flug der Flugzeuge» *besingen*, «deren Propeller wie eine Fahne im Winde knattert und Beifall zu klatschen scheint wie eine begeisterte Menge».[*]

Im dritten Teil des Textes paraphrasiert MARINETTI zunächst – mit polemischer Bezugnahme auf Italien, das vom «Krebsgeschwür der Professoren, Archäologen, Fremdenführer und Antiquare» befreit werden müsse – die zehnte These seines Manifests, um schliesslich, in konsequenter Anwendung des eigenen Postulats, festzuhalten:

> Die Ältesten von uns sind jetzt dreissig Jahre alt: es bleibt uns also mindestens ein Jahrzehnt, um unser Werk zu vollbringen. Wenn wir vierzig sind, mögen andere, jüngere und tüchtigere Männer uns ruhig wie nutzlose Manuskripte in den Papierkorb werfen. Wir wünschen es so!

Und nochmals lässt MARINETTI seine Futuristen als Flieger auftreten, doch diese, von der nachdrängenden Generation der Söhne bereits abgeschrieben, sind zum Aufstieg nicht mehr fähig; die Jungen, die Starken, die Gesunden werden die Macht an sich reissen:

> ... Sie werden uns schliesslich finden – in einer Winternacht – auf offenem Feld, unter einem traurigen Hangar, auf den ein eintöniger Regen trommelt, sie werden uns neben unseren Flugzeugen hocken sehen, zitternd und bemüht, uns an dem kümmerlichen kleinen Feuer zu wärmen, das unsere Bücher von heute geben, die unter dem Flug unserer Bilder auflodern.
>
> Sie werden uns alle lärmend umringen, vor Angst und Bosheit

---
[*] Abb. 41

keuchend, und werden sich, durch unsere stolze, unermüdliche Kühnheit erbittert, auf uns stürzen, um uns zu töten, und der Hass, der sie treibt, wird unversöhnlich sein, weil ihre Herzen voll von Liebe und Bewunderung für uns sind.

Mit unverkennbar zarathustrischem Pathos beschliesst MARINETTI sein Gründungsmanifest:

> Aufrecht auf dem Gipfel der Welt schleudern wir noch einmal unsere Herausforderung den Sternen zu! ...[93].

Das Erste Manifest des Futurismus – nach seinem Erscheinen (und gelegentlich noch heute) mit lautstarkem Hohn bedacht, von der Kritik nicht selten, bewusst oder unbewusst, missverstanden[94] – erweist sich bei näherem Hinsehn als ein Text von höchst komplexer Schichtung, einer Komplexität freilich, deren modellbildende Funktion kaum noch wahrzunehmen ist unter dem Eindruck der vordergründigen, bisweilen auch bewusst vulgären Rhetorik MARINETTIS. Es sind in diesem Text, auf verschiedenen formalen und semiotischen Ebenen, autobiographische Fakten und zeitgeschichtliche Realia, literarische und publizistische Lizenzen, archetypische und mythologische Symbolik, neoromantische Motive und anderes mehr verarbeitet; hier sei bloss auf zwei Quellen hingewiesen, die für die folgenden Überlegungen von besonderem Belang sind.

Die eine Quelle liegt, es wurde beiläufig angedeutet, bei NIETZSCHE. Dass MARINETTI mit dem Werk FRIEDRICH NIETZSCHES vertraut gewesen sein muss, steht ausser Frage; die marinettianische Ästhetik (und somit die Ästhetik des italienischen Futurismus überhaupt) ist ohne den bestimmenden Einfluss NIETZSCHES kaum vorstellbar. Die Tatsache, dass sich MARINETTI schon bald nach dem Erscheinen seines ersten Manifests deutlich von NIETZSCHE distanzierte, ist nicht als stichhaltiger

---

93 *Ibid.*, pp. 35-36.
94 *Cf.* Marinettis Rundschreiben («Lettre circulaire aux journaux», 1910) bei G. Lista (ed.), *op. cit.*, pp. 89-90.

Gegenbeweis, sondern – zumal in futuristischer Perspektive – eher als Bestätigung seiner Abhängigkeit zu betrachten[95].

MARINETTIS Futurist tritt – wie NIETZSCHES Zarathustra – als Dreissigjähriger vor die «*lebendigen* Menschen dieser Erde», um ihnen seinen *Willen* zu diktieren; der Herabkunft Zarathustras von den Bergen in die Welt des Alltags entspricht dem Sturz des futuristischen Helden in den Abwässergraben: für beide ist der «Untergang» Bedingung ihres diesseitigen Wirkens, beide sind auf ihrem Gang durch die menschlichen Niederungen von exotischen Bestien begleitet, beide rufen den Pöbel zu höherem (und *schönerem*) Menschsein auf, zur Erhebung, zur Gewalt, und beide gehen sie, nach vollbrachtem Werk, als Vergängliche in der Ewigkeit auf; der berühmte zarathustrische Rundgesang kündet davon. Eine weitere bedeutsame Quelle sind für MARINETTI, der in Ägypten geboren und erzogen wurde, die Mythologien afrikanischer Völker, «primitive» Stammesrituale, exotische Vorformen künstlerischen Schaffens. Auf diesem Hintergrund wäre sein erstes Manifest als metaphorischer Vollzug einer Initiationszeremonie zu deuten. Zu den zentralen rituellen Themata der Initiation gehören – bei afrikanischen wie bei asiatischen Völkergruppen, unabhängig davon, ob es sich um religiöse, soziale oder sexuelle Weihen handelt – die drei charakteristischen (in ihrer Abfolge gelegentlich vertauschten) Stufen der *Krankheit*, des *Untergangs* und der *Elevation;* bei MARINETTI entsprechen diesen Initiationsstadien der *Unfall* mit dem Automobil, der *Sturz* in den Graben, das Aufstehen – die *Auferstehung* – aus der schlammigen Tiefe, die mit dem Mutterleib (Fruchtblase) und dem Totenreich (Lethe), mit Geburt und Wiedergeburt gleichermassen zu assoziieren ist. Den entscheidenden Aufenthalt in dieser Tiefe – Ort der Krise und des Übergangs – umschreibt MARINETTI wie folgt:

> Oh, mütterlicher Graben, fast bis zum Rand mit schmutzigem Wasser gefüllt! Oh, schöner Abflussgraben einer Fabrik! Ich

---

95 *V. C.* Baumgardt, *Geschichte des Futurismus* (Reinbek 1966), pp. 126*sqq;* F. T. Marinetti, ‹Contro i professori›.[Mai 1910], in id., *Teoria e invenzione futurista* (Milano 1968), pp. 262*sqq.* – Marinetti hat die Philosophie Friedrich Nietzsches wohl nicht nur durch die literarische Vermittlung Morassos (möglicherweise auch d'Annunzios) rezipiert, wie oft angenommen wird (Bergman; Baumgardt); es kann fast als sicher angenommen werden, dass Marinetti den deutschen Philosophen *vor* dem Erscheinen von Morassos nietzscheanischen Zivilisationsentwürfen – also vor 1905/1907 – aus den Texten gekannt hat, und zwar in der *französischen* Edition, die vom Verlag Mercure de France betreut wurde, einem Haus, dem Marinetti ab *(ca.)* 1904 als Autor angehörte.

schlürfte gierig deinen stärkenden Schlamm, der mich an die heilige, schwarze Brust meiner sudanesischen Amme erinnerte ... Als ich wie ein schmutziger, stinkender Lappen unter meinem auf dem Kopf stehenden Auto hervorkroch, fühlte ich die Freude wie ein glühendes Eisen erquickend mein Herz durchdringen[96]!

Wenn MARINETTI, daran anschliessend, noch beschreibt, wie sein schönes Automobil – er scheint die Maschine hier mit sich selbst (dem neuen Ich) zu identifizieren – aus dem Graben gezogen wird und dabei «seine schwere Karosserie des gesunden Menschenverstands und seine weichen Polster der Bequemlichkeit» abstreift, ist die metaphorische Analogiebildung zum menschlichen Geburtsvorgang nicht mehr zu übersehen: *verbeult*, vom *guten* Schlamm bedeckt kommt der Futurist *auf die Welt*, zu «allen *lebendigen* Menschen».

Das zarathustrische Finale von MARINETTIS erstem Manifest klingt im Aufgesang zum zweiten Manifest des Futurismus – es ist zwischen August und Oktober 1909 unter dem imperativischen Titel ‹Tod dem Mondschein!› erschienen[97] – nochmals unverkennbar an; NIETZSCHES antilunatische Polemik, aber auch seine Verherrlichung der grossen männlichen Sonne wird bei MARINETTI – bereits im Titel des Aufrufs – geschickt paraphrasiert:

> Futuristen!
> – Hört, grosse flammenschleudernde Dichter, Brüder! ... Hört! PAOLO BUZZI, FEDERICO DE MARIA, ENRICO CAVACCHIOLI, CORRADO GOVONI, LIBERO ALTOMARE! Verlassen wir Paralysia, zerstören wir Podagra! Wir wollen den grossen futuristischen Schienenweg auf den Gaurisankar, den Gipfel der Welt, legen!

---

[96] U. Apollonio (ed.), *op. cit.*, p. 32. – *Cf.* dazu das fast gleichzeitig mit Marinettis Manifest erschienene Werk von A. van Gennep, *Rites de passage* (P 1909); das in diesem und auch in nachfolgenden Werken anderer Autoren (namentlich M. Eliades) kompetent dargebotene Anschauungsmaterial eröffnet zahlreiche weitere Vergleichsmöglichkeiten zwischen diversen (vor allem schamanischen) Initiationsriten einerseits und Marinettis Schilderung des futuristischen «Unfallgeschehens» anderseits (Bedeutung des Wassers; mythologische Funktion wilder Tiere und dämonischer Mischwesen; Semiotik der Körperbemalung und der Körperverletzung; die abenteuerliche Reise oder die Himmelfahrt als Marginalriten; *etc.*).

[97] ‹Tuons le clair de lune!›, *Poesia*, VII–IX, 1909; in italienischer Fassung nachgedruckt bei F. T. Marinetti, *Teoria e invenzione futurista* (Milano 1968), pp. 13*sqq*; französisch bei G. Lista (ed.), *op. cit.*, pp. 105*sqq*.

> Wir verliessen die Stadt mit einem geschmeidigen, sicheren Schritt, der tanzen wollte und Hindernisse suchte. Um uns und in unseren Herzen die gewaltige Trunkenheit der alten europäischen Sonne, die zwischen weinfarbenen Wolken einhertorkelte. Ja, sie schlug uns mit ihrer purpurtropfenden Fackel mitten ins Gesicht, dann zerplatzte sie, indem sie sich selbst ins Unendliche ausspie[98].

Das zweite futuristische Manifest *beginnt* mit dem Aufbruch, dem Aufstieg: dem fliegerischen Geschehen wird denn auch weit mehr Raum und grössere Bedeutung zugestanden als im Kontext der primär automobilistischen Metaphorik des Gründungstextes. Dazu kommt, dass MARINETTI nun die neunte These des ersten Manifests – das ästhetisch-hygienische Postulat der Massenvernichtung, des militärischen Heroismus, der «schönen Ideen, welche tödlich sind» – in den Vordergrund rückt und mit der erschreckenden, aber auch begeisternden Vision des modernen Luftkriegs verbindet. An die ewig gestrigen Paralysianer richtet der Futurist – warnend und drohend zugleich – seinen Ruf:

> Feiglinge! Feiglinge! ... Was schreit ihr denn wie bei lebendigem Leibe geschundene Iltisse? ... Fürchtet ihr, dass wir eure Hütten einäschern? ... Noch nicht! Wir müssen uns doch wohl im nächsten Winter Heizmaterial besorgen! Inzwischen sprengen wir alle Traditionen in die Luft wie wurmstichige Brücken! ... Krieg? Gewiss! ... Unsere einzige Hoffnung, unsere Existenzberechtigung und unser Wille ... Ja, der Krieg! Gegen euch, die ihr zu langsam sterbt, und gegen alle Toten, die unseren Weg versperren! ...[99].

Der äusserst beziehungsreich instrumentierte Aufruf zur Tötung des Mondscheins ist wiederum auf eine Reihe zarathustrischer Motive abgestützt – namentlich auf des Übermenschen Ansichten «Vom Krieg und Kriegsvolke» und der daraus entwickelten Theorie der Gewalt (des «*du sollst*»)[100]; auch dieser Text, ein rhetorisches Mischwerk, in dem

---

98 Hier zitiert nach der deutschen Fassung (1909) von Jean-Jacques (bei C. Baumgarth, *op. cit.*, p. 240).
99 *Loc. cit.*
100 F. Nietzsche, *Werke* (Mchn 1963), II, pp. 311-313; *cf.* auch den Abschnitt über ‹Vorbereitende Menschen› im Vierten Buch (Sanctus Januarius) der *Fröhlichen Wissenschaft* (II, pp. 165-166): «Denn, glaubt es mir! – das Geheimnis, um die grösste Fruchtbarkeit und den grössten Genuss vom Dasein einzuernten, heisst: *gefährlich leben!*» – Dieser Imperativ wird schon bei d'Annunzio, später bei Marinetti (schliesslich auch bei Mussolini) zur propagandistischen Formel des *vivere pericolosamente* verformt. *Cf. supra*, p. 46, Anm. 51.

dramatische, epische, lyrische Elemente amalgamiert sind, lässt, viel deutlicher noch als das erste Manifest MARINETTIS, die semiologische Entsprechung zwischen dem futuristischen Aufbruch und dem Grundmuster eines Initiationsverfahrens erkennen. MARINETTI lässt seine von göttlichen Irren und exotischen Raubtieren begleiteten Futuristen eine ekstatische Reise antreten, die mit der Bezwingung des Himalajamassivs und dem Bombenkrieg gegen die nachdrängenden «Horden von Paralysia und Podagra» ihr martialisches Ende nimmt: archetypische und mythologische Vorstellungen, Traumbilder und Kindheitserinnerungen, literarische und philosophische Reminiszenzen werden hier – ebenso kühn wie gekonnt – aktiviert und für die futuristische Sache nutzbar gemacht.

Mit einem Heer von tobenden Verrückten und wilden Tieren – sie alle wurden zuvor gewaltsam von zivilisatorischen Zwängen *befreit* – ziehen die Futuristen randalierend durch «die Ruinen Europas», über Berge und Meere – stets verfolgt von den abendländischen Podagrianern und Paralysianern – nach *Asien*. Um sich dieser Verfolgung zu entziehen, lassen die futuristischen Brüder von den Irren eine Luftflotte bauen, mit der sie gemeinsam zu den Höhen des Himalaja aufsteigen wollen, um den Feind von oben – durch massive Bombardierung – vernichtend zu schlagen[101]. MARINETTIS Schilderung erhellt in klarer Voraussicht gewisse Aspekte des modernen Luftkriegs, vor allem aber stellt sie – lange vor ERNST JÜNGER und JULES ROY – die aristokratische Persönlichkeit des Kriegspiloten heraus und verweist auf die fatal relativierende Optik des Fliegers, welcher den Feind nicht mehr als Menschen, nur noch als eine anonyme Masse «ameisenwimmelnder Horden» zu erkennen vermag, deren Tötung zu einer weitgehend automatisierten, moralisch beinah indifferenten Kriegshandlung wird.

Bald werden wir die Bewohner Podagras und Paralysias erreicht haben, denn wir halten unseren Kurs trotz allen Gegenwindes ...
Was zeigt das Anemometer? ... Dieser Wind hat eine Geschwindig-

---

[101] Marinettis titanischer Gigantismus, der auch vor der (poetischen) Erstürmung des *Himalaja*-Gebirges nicht zurückschreckt, scheint bis in die zwanziger Jahre bei zahlreichen Autoren nachgewirkt zu haben: so etwa bei Velimir Chlebnikov, der in seinem ‹Brief an zwei Japaner› (1916) den Vorschlag macht, den Himalaja auf dem Eisenbahnweg zu erschliessen und den Gaurisankar einzunehmen (V. Chlebnikov, *Stichi, proza, stat'i* [...], L 1933, pp. 154–156); *cf.* auch die futuristische Gaurisankar-Szenerie in Tuwims ‹Milion HP› von 1923 (J. Tuwim, *Wiersze wybrane*, Wrocław &c ²1969, pp. 37–38). – *V.* ausserdem J. Nathan, *La Littérature du métal, de la vitesse et du chèque* (P 1971), pp. 76–77 (zu Verhaeren).

keit von hundert Kilometern in der Stunde! Um so besser! ... Ich steige auf zweitausend Meter, um das Plateau zu überfliegen ...
Da, da sind die Horden ... Dort, dort vor uns und schon unter uns! Seht, gerade unter uns, wie zwischen dem Grün der Wiesen und Wälder dieser menschliche Giessbach dahinbraust! ... Dieser Lärm? Das Krachen der Bäume! Ah, ah! Alle sind sie gegen die Wand des Gaurisankars gedrängt! ... Und wir werden ihnen eine Schlacht liefern! ... Hört ihr unsere Motoren, wie sie vor Freude klatschen ... He, grosser Indischer Ozean, heran!
Feierlich folgte er uns, stürzte die Wälle der ehrwürdigen Städte, warf die berühmten Türme um, die in ihrer klingenden Rüstung alten Rittern glichen und die jetzt von dem marmornen Sattelbogen der Tempel heruntergerissen wurden.
Endlich, endlich seid ihr vor uns, ameisenwimmelnde Horden Podagras und Paralysias, die ihr die schönen Abhänge der Berge wie ein schrecklicher Aussatz bedeckt! Flügelschlagend fliegen wir euch entgegen, rechts und links die Löwen, unsere Brüder, und hinter uns die drohende Freundschaft des Ozeans, der uns Schritt für Schritt nachkommt, um jedes Zurückweichen unmöglich zu machen! ... Das ist eine einfache Vorsichtsmassregel, denn wir fürchten euch nicht! ... Aber ihr seid unzählig! ... Wir könnten wohl unsere Munitionen erschöpfen, würden wir alt während des Blutbades! ... ich werde die Schusslinie festsetzen! ... Achthundert Meter! Achtung ... Feuer! ... Oh! Rausch, mit Murmeln des Todes zu spielen! ...
Und ihr könnt sie uns nicht mehr klauen! ... Noch weiter flieht ihr ... Dieses Plateau wird rasch überflogen sein ... Mein Aeroplan rollt auf seinen Rädern, gleitet auf seinen Kufen, und von neuem erhebt er sich! ... Ich richte mich im Winde auf ... Bravo, Verrückten! Auf zum Kampf! Da! ... Ich reisse die Zündung zurück, um glatt zu landen, – Gleitflug, grossartige Stabilität! – mitten im Handgemenge!
Der Sieg ist unser, sicherlich, denn schon werfen die Verrückten ihre Herzen in den Himmel wie Bomben! ... Achthundert Meter! ... Achtung! ... Feuer! ... Unser Blut? ... Ja, all unser Blut, in Strömen, um die kranke Morgenröte der Erde wieder zu färben! ... Wir werden dich zwischen unseren rauchenden Armen erwärmen, arme, siechende, fröstelnde Sonne, die über dem Gipfel des Gaurisankars vor Kälte zittert[102]!

102 Nach C. Baumgarth, *op. cit.*, pp. 246-247.

Mit einem grossen «afrikanischen Roman» des Titels ‹*Mafarka der Futurist*› (Mafarka le Futuriste) schloss MARINETTI das Gründungsjahr der futuristischen Bewegung ab; das Werk dürfte seit 1907 in Arbeit gewesen sein, ist also, zumindest in der Endphase, gleichzeitig mit den ersten futuristischen Manifesten MARINETTIS entstanden[103]. Diese weisen denn auch zahlreiche – thematische wie sprachliche – Ansätze auf, die der «afrikanische Roman» in epischer Breite entfaltet. Erzählt wird in zwölf Kapiteln die Geschichte des königlichen Wüstensohns Mafarka-el-Bar, eines Potentaten, der in neronischer Raserei, unterstützt von kampferprobten Palastwachen und Elitetruppen, vermeintliche oder tatsächliche Feinde – meist ist, ohne genauere Hinweise, von primitiven Negerhorden die Rede – unterschiedslos hinmorden lässt. Die von Mafarka mit grossem Aufwand inszenierten Schlachten spielen sich (wie der Feldzug gegen die Passatisten von Podagra und Paralysia) vor exotischen Kulissen ab: das Kriegsgeschehen ist gewöhnlich begleitet (wird bisweilen auch vorbereitet oder unterbrochen) von grandiosen Orgien, in deren Verlauf, je nach Lust und Laune des Königs, Dutzende, Hunderte, vielleicht Tausende von Frauen und Mädchen der entfesselten Soldateska zum Opfer gebracht werden. Mafarkas Gigantomanie gipfelt, nachdem sie sich bei sexuellen Exzessen und grausamsten Mordtaten bestätigt hat, im *übermenschlichen* Plan, ohne die Hilfe des Weibes einen Sohn zu erzeugen, der – mechanisches Konstrukt und zugleich Lebewesen – geeignet sein müsste, als grosser Diktator die Weltherrschaft zu übernehmen; der kühn konzipierte, halb animalische, halb anthropomorphe Automat gerät zu einer futuristischen Flugmaschine, die sich zuletzt, als technologisch konkretisierter Machtapparat, über ihren Schöpfer erhebt und ihn vernichtet.

Mit ‹*Mafarka*›, diesem scheinbar trivialen Konglomerat aus lyrischen Versatzstücken und dramatisch verdichteten Traumbildern, aus Heldenepos und Abenteuerroman, veranschaulicht MARINETTI auf exemplarische Weise die Thesen seines ersten Manifests, gleichzeitig resümiert er – in fiktionaler Überhöhung – den Werdegang der futuristischen Brüderschaft bis zu deren Durchbruch an die Öffentlichkeit. Der

---

103 Französische Erstausgabe in «fünfter Auflage» [!] bei Sansot; auf dem Umschlag datiert von 1910, auf dem Titelblatt von 1909; die Drucklegung des Romans scheint noch *vor* dem Jahreswechsel abgeschlossen gewesen zu sein (Auslieferung wohl Anfang 1910). Ebenfalls 1910 erschien *Mafarka* in der italienischen Fassung von Decio Cinti; daraufhin kam es (Oktober 1910) zu einem Prozess gegen Marinetti wegen Verletzung der Sittlichkeit. *V.* auch G.P. Lucini, ‹Il sequestro di *Mafarka*›, *La Ragione*, 1910, 4.IV.; neuerdings nachgedruckt in: id., *Marinetti Futurismo Futuristi* (Bologna 1975), pp. 105–117.

Roman ist somit *auch* ein Stück Autobiographie, ist *auch* die Entstehungsgeschichte des marinettianischen Futurismus: die ebenso raffinierte wie reisserische Aufmachung des Stoffs ist keineswegs Selbstzweck, sie bildet lediglich einen trivialliterarischen Raster, der es dem Autor erlaubt, den zeitgenössischen öffentlichen Geschmack – *Art nouveau* und *Art nègre* – zu unterlaufen und propagandistisch, im Sinn einer neuen Lebens-Kunst, darauf einzuwirken.

‹Mafarka der Futurist› stellt gegenüber MARINETTIS programmatischen Thesen keine weiterführenden Ansätze zur Diskussion; der Roman hat primär der Popularisierung des Futurismus zu dienen, und er fasst daher nochmals, in eher konventionellem Rahmen, zusammen, was MARINETTI schon anderweitig erarbeitet und als Theorie formuliert hat. Dies ist wohl auch der Grund dafür, dass in keinem andern marinettianischen Werk der intellektuelle, der künstlerische und mythologische Grundriss des Futurismus so deutlich sichtbar wird: NIETZSCHES Übermensch erscheint hier als barbarischer Abenteurer, der an den typischen Bösewicht bei KARL MAY, zugleich jedoch auch – prospektiv – an den negativen Superhelden heutiger Comics erinnert; die futuristische Sensibilität bleibt im Roman fast ausschliesslich auf die Sphäre von Blut und Boden beschränkt, sie äussert sich als dumpfer Weiberhass, als rauschhafte Hingabe an den Exzess (Ritt, Trunk, Tanz, Kampf, Flug), als naive Überheblichkeit oder animalische Brutalität, und sie braucht, um sich auszuleben, nicht nur ein Arsenal furchtbarster Waffen, sondern auch eine neue polemische Rhetorik. Gerade diese Rhetorik – Mafarkas und seines Autors angestrengte Demagogie – ist es, welche den fatalen Hang des marinettianischen Futurismus zur Glorifizierung der Gewalt besonders deutlich macht: den ganzen Roman durchzieht leitmotivisch die neunte These des futuristischen Gründungsmanifests –

> Wir wollen den Krieg verherrlichen – diese einzige Hygiene der Welt –, den Militarismus, den Patriotismus, die Vernichtungstat der Anarchisten, die schönen Ideen, für die man stirbt, und die Verachtung des Weibes[104].

Und dies wiederum hat zur Folge, dass MARINETTI selbst die Metapher, den Vergleich, das einfache poetische Bild als Ausdruck der Gewalt (und gleichsam als Mittel verbaler Gewaltanwendung) missbraucht, etwa dort, wo er, im Vorwort zu ‹Mafarka›, das eigene Buch wie eine «gut geladene Granate» über den Köpfen der Zeitgenossen explodieren lässt; seinen Mitkämpfern ruft er zu:

---

104 U. Apollonio (ed.), *op. cit.*, p. 34.

Verteidigt [verbietet?] es nicht: schaut lieber zu, wie es, als gut geladene Granate, explodierend über den geknackten Köpfen unserer Zeitgenossen seine Sprünge macht, und dann – tanzt, tanzt den kriegerischen Reigen, watend im Sumpfgelände ihrer Dummheit, ohne dabei das monotone Geplätscher anzuhören[105]!

Im folgenden wird die kaum je abreissende Kette kühner Metaphern bis zur poetischen Karikatur gesteigert, MARINETTI schreckt auch vor opulenter Kitschmalerei nicht zurück, wenn es ihm darum geht, den Leser mit Bildern *herrlicher* Gewalt zu konfrontieren:

> Um jeden Preis muss ich die unermessliche schwarze Flut meiner Feinde aufbrechen und zurückdrängen mit den schneidenden Sporen dieser geschnitzten Mauern, auf dass meine Stadt, ihre Kuppeln wie Segel blähend, weiter schwebe im unendlichen Azur, unter ihren stolzen, von der Trunkenheit der Siege getragenen Rosaminarette und im ultramarinen Schrei der Muezzins[106].

Der «ultramarine Schrei der Muezzins» wird schon wenig später übertönt von einem schrecklichen Frauenschrei, der wie «eine Blutfontäne» aus einer «tödlichen Wunde zu spritzen» scheint; ein Zeltlager kann MARINETTI mit einem Schwarm von Vampiren vergleichen, die am Boden festgepflockt sind, attackierende Reiter mit Frauen *[sic!]*, die ihre Beischläfer ekstatisch umklammern, die «künftigen Tage» des Mafarka mit militärischen Pisten, die den Armeen seiner Wünsche dienlich sein sollen[107].

Von futuristischem Interesse sind in MARINETTIS Roman – nebst der einleitenden Grussadresse an die «grossen brandstiftenden Dichter» – einzig die von Mafarka in zarathustrischer Manier gehaltene «Futuristische Rede», mit der er den Bau des Flugzeugmenschen Gazourmah ankündigt, sowie das Schlusskapitel, welches die «Geburt» des «Helden ohne Schlaf» und die Vernichtung Mafarkas beschreibt; auch in diesen programmatischen Teilen des Buches wirkt die wilde «afrikanische» Metaphorik deutlich nach: Mafarkas agonales Eigenprodukt – ein ikarischer Riese, ein mechanisiertes Fabeltier von der Gestalt eines Vogelmenschen – entledigt sich seines Schöpfers, sobald dieser ihm den Atem eingegeben hat; Gazourmah ergreift diktatorisch die Weltherrschaft, er unterjocht Berge und Meere, und selbst die Sonne zwingt er

---

105 F.T. Marinetti, *Mafarka le futuriste* (P 1909), p. VIII.
106 *Op. cit.*, p. 21.
107 *Op. cit.*, pp. 24–25; 52; 75; 218.

wie eine Sklavin in die Knie, bevor er sie für immer an die Erde kettet. Nachdem der «Held ohne Schlaf» die überalterte Menschheit – darunter auch Coloubbi, die sich für seine Mutter hält und als seine Geliebte in tödlicher Umarmung sterben möchte – dem totalen Chaos anheimgegeben hat, schwingt er sich auf, um mit eigener Kraft, begleitet von selbsterzeugter Sphärenmusik, den freundlichen Planeten Mars zu erreichen.

> Plötzlich, als sich seine [Gazourmahs] Flugweise änderte, bezauberte eine sanfte und seltsame Melodie seine Ohren. Er begriff sogleich, dass sie aus seinen Flügeln kam, die lebendiger und klangvoller waren als zwei Harfen, und er vergnügte sich, trunken vor Begeisterung, damit, diese harmonischen Kadenzen zu modulieren, indem er die Schwingungen Mal für Mal sehnsüchtig in die Länge zog und ihre exaltierte Wiederkehr immer höher schraubte. Dergestalt verwirklichte sich in Gazourmahs Flug endlich die grosse Hoffnung der Welt, der grosse Traum einer totalen Musik ... Der Aufschwung aller Gesänge der *Erde* vollendete sich in seinen grossen inspirierten Flügelschlägen! ... Hehre Hoffnung der *Poesie!* Wunsch nach Verflüchtigung! Edle Ratschläge des Qualms und der Flammen! ...[108]

Damit ist Mafarkas futuristische Prophezeiung erfüllt[109], und auch dem marinettianischen Evolutionsgesetz ist Genüge getan, wonach die *jungen, starken* und *gesunden* Söhne ihre verbrauchten Väter eigenhändig zu liquidieren haben.

> Ich verherrliche den gewaltsamen Tod, der die Jugend krönt, den Tod, der uns ereilt, wenn wir seiner vergöttlichenden Wollust würdig sind! ... Wehe dem, der seinen Körper altern und seinen Geist verwelken lässt! ...[110]

Im Gegensatz zu D'ANNUNZIO strebt MARINETTI keinerlei deskriptive Genauigkeit bei der Darstellung von Flugapparaten oder fliegerischen Ereignissen an. Die futuristischen Maschinen – in erster Linie Automobile und Aeroplane – scheinen nicht durch Motoren, vielmehr durch Muskelkraft angetrieben zu sein und aus mechanischen wie aus organischen Elementen zu bestehen: es sind Raubkatzen (oder Raubvögel) mit modernster technischer Ausstattung. Dies gilt auch (und in besonderem

108 *Op. cit.*, pp. 305-306.
109 *Op. cit.*, pp. 181*sqq;* 211*sqq.*
110 *Op. cit.*, p. 217.

Mass) für Mafarkas künstlichen Sohn, der, entsprechend dem zeitgenössischen Stand der Technik, aus Holz, Metall und Leinwand hergestellt wird, der aber schliesslich weder als Flugmaschine noch als Flugmensch eindeutig zu bestimmen ist:

> Er ist schöner als alle Männer und Frauen der Erde! Seine riesige Gestalt misst zwanzig Ellen, und seine allmächtigen Arme können einen ganzen Tag lang zwei Flügel schlagen, die grösser sind als die Zelte der Beduinen und die Dächer eurer Hütten[111]!

Etwas präziser wird Mafarkas Schilderung dort, wo er die Erbauung Gazourmahs beschreibt; der marginale Hinweis auf eine Mixtur, mit deren Hilfe pflanzliche Stoffe in lebendiges tierisches Gewebe umgewandelt werden können, zeigt ganz klar, dass MARINETTI, offenbar bewusst, technische Realia mit wissenschaftlicher Phantastik oder mythologischen Konnotationen verbindet, um nicht auf die Eindimensionalität naturalistischen Beschreibens festgelegt zu bleiben. *Wer* oder *was* Gazourmah *wirklich* ist, geht auch aus Mafarkas weitschweifigsten Ausführungen nicht hervor: Ein Gott? Ein deifizierter Mensch? Ein geweihter Magier? Ein klassischer *Deus ex machina*[112]?

Man mag mit LUCIANO DE MARIA den *«religiösen Aspekt»* des marinettianischen Evangelismus unterstreichen[113]; als sicher kann jedenfalls angenommen werden, dass Mafarkas futuristische Schöpfung nicht bloss Ausdruck einer neuen Sensibilität, nicht bloss das Produkt einer neuen Ästhetik, sondern Ausdruck und Produkt einer mythenbildenden Leistung ist, zu der MARINETTI die entscheidenden Anstösse wohl aus frühkindlichen Eindrücken in Ägypten und Nordafrika gewann[114]. MARINETTIS ungebrochene Aktualität erweist sich gerade darin, dass er, seiner eigenen Zeit vorgreifend, einen modernen Mythos geschaffen hat, der, personifiziert im gewalttätigen Wüstenkönig Mafarka, im mächtigen Flugmenschen Gazourmah und im «mechanischen Ersatzteil-

---

111 *Op. cit.*, p. 214.
112 Es bliebe zu untersuchen, inwieweit Marinetti die Geburt seines Helden von entsprechenden Mythen des klassischen Altertums abgeleitet hat (*cf.* O. Rank, *Der Mythus von der Geburt des Helden*, Lpzg &c 1909).

113 *V.* de Marias Vorwort zu F.T. Marinetti, *Teoria e invenzione futurista* (Milano 1968), pp. xxiv.
114 *Cf.* F.T. Marinetti, *op. cit.*, pp. 501*sqq*; *v.* auch *ibid.*, ‹Il fascino dell'Egitto› (Kap. 22).

Menschen», noch den Superhelden heutiger Comics prägt und in der Figur des Tarzan oder des Batman eine Nachfolge von grösster Breitenwirkung findet[115].

6

Für MARINETTIS propagandistisches Geschick spricht nicht allein die Tatsache, dass er Paris als Ausgangspunkt der futuristischen Bewegung gewählt hat; es erweist sich auch darin, dass er – gerade um 1909, als in Frankreich der Enthusiasmus über die neusten Erfolge und Errungenschaften der Fliegerei zu nationalem Fortschrittstaumel wurde – seine vehemente aviatorische Metaphorik mit den Leitideen des Futurismus einerseits, mit einem wichtigen Teilbereich der Tagesaktualität anderseits zu verbinden wusste. Wohl war MARINETTI nicht der erste Autor, der das Flugmotiv – ein Relikt antiker Sagenwelten – in Übereinstimmung mit dem damaligen technologischen Wissensstand modernisierte und thematisierte; andere hatten künstlerisch und wissenschaftlich vorgearbeitet, hatten, ohne ein Programm oder eine Privatmythologie davon abzuleiten, die Richtung gewiesen.\* Die Richtung – das heisst: Traumperspektiven, Utopien, antizipierende Theorien; die rasch sich beschleunigende Entwicklung des modernen Maschinismus hat die kühnsten, teils jahrhundertealten technologischen Zukunftsbilder – Telegraphie und Telephonie, Photographie und Phonographie, vor allem jedoch die motorisierten Transportmittel – innert kurzer Zeit durch deren praktische Realisierung der Alltagswirklichkeit einverleibt. «Doch die Ideen, die wir in materielle Gegenstände verwandeln, schweben dem [menschlichen] Geist zunächst während vieler Jahre vor. Eine Umfrage unter den Romanciers vergangener Zeiten, unter wissenschaftlichen Phantasten und besonders unter den Utopisten würde, führte man sie mit einer gewissen Konsequenz durch, aufzeigen, dass die modernen Erfindungen als greifbare Vollendung sehr alter Träume zu betrachten sind und dass sie nicht selten um Jahrtausende zurückliegende Mechanismen erneuern, indem sie sie perfektionieren[116]».

---

115 *Cf.* das entsprechende Anschauungsmaterial bei R.C. Reitberger/W.J. Fuchs, *COMICS* (Mchn 1971).

116 E. Magne, ‹Le machinisme dans la littérature contemporaine›, *Mercure de France*, 1910, 16.I., p. 202.

\* Abb. 1

Diesem Hinweis – er entstammt einer 1909 verfassten Untersuchung zur literarischen Rezeption des zeitgenössischen Maschinismus – ist beizufügen, dass schon damals die künstlerische Phantasie gelegentlich Mühe hatte, mit dem technischen Fortschritt gleichzuziehen oder diesen auch nur adäquat zu rezipieren. Dies gilt im besondern für die mechanische Fliegerei, welche zwischen 1908 und 1910 – rasch populär geworden durch eine Serie spektakulärer Erfolge – definitiv in den Bestand des universellen Maschinismus einging.* Noch waren die Nützlichkeit des Flugzeugs und die Opportunität motorisierten Fliegens umstritten; noch galt die Aviatik als verwegener Schausport, die Rekordleistung und deren materieller Ertrag als Hauptziel, die militärische Verwendbarkeit von Flugapparaten war vorerst noch Wunschtraum progressiver Offiziere und pragmatischer Politiker; noch gab es nicht einmal verbindliche Termini als Grundbegriffe für die moderne Flugtechnik und die entsprechenden fliegerischen Aktivitäten[117]; aber bereits lag, massgeblich von MORASSOS Philosophie des modernen Maschinismus angeregt, eine aviatische Ästhetik vor, welche das Flugzeug als ideale Ausdrucksform einer *neuen Harmonie* zwischen Mensch und technischem Gerät, zwischen Organismus und Apparatur, zwischen natürlicher und mechanisierter Umwelt auffasste.

Das Motorrad markiert das erste Stadium. Diese embryonale Form entwickelt sich weiter. Die Puppe [chrysalide] verwandelt sich und überwindet, in zittrigem Aufschwung, die Räume. Flugtüchtig geworden, verlängert sie sich, legt sich Antennen zu, Flügel, einen Schwanz, ahmt das Insekt und den Vogel nach und wird zum Aeroplan. [...] Wir sind es nicht gewohnt, der Puppe etwas anderes als den Schmetterling entschlüpfen zu sehen. Indes gerät hier der menschliche Genius in Widerspruch zu den immanenten Gesetzen. Als wunderbares Fortbewegungsinstrument eröffnet der nervöse Motor den Weg der Elemente: durch ihn entwickeln Luftschiffe, Monoplane und Biplane, Autos und Motorboote eigene Aktivität, sie erringen sich eine Seele und ein Wort [verbe], sie nehmen am Leben teil. Erstere entleihen beim Volk der Vögel ihre Stabilität, ihre Anmut, ihre Eleganz. Über den Horizonten sehen sie, wenn sie die Spiralen und Ellipsen ihres Fluges drehen, grossen Raubvögeln ähnlich, deren Leichtigkeit zu schweben und niederzustossen sie

---

\* Abb. 10

117 *Cf.* Frs. Pasche, ‹A Messieurs les Linguistes›, *L'Aéronaute*, 1909, 23. X., p. 68; *v.* auch *infra*, pp. 195*sqq.*

imitieren. Ihre Ästhetik besteht weniger in ihren Linien als in der Geschmeidigkeit ihrer Bewegungen[118].

In den Rahmen einer solchen Maschinen-Ästhetik hat sich durchaus – man beachte etwa die zahlreichen Tiervergleiche oder die ästhetische Wertung der Geschwindigkeit – auch MARINETTIS kriegerische Flugmetaphorik integrieren lassen; dies trifft allerdings auf den damaligen trivial- und tagesliterarischen Kontext des Pariser Kulturbetriebs insgesamt zu: seit der Jahrhundertwende hatten zahlreiche Autoren versucht, in der Nachfolge eines MAXIME DU CAMP, eines NADAR oder JULES VERNE, die utopische Tradition der französischen Literatur – und also auch die literarisierte Idee des mechanischen Flugs – mit dem Mythos der modernen Metropole, mit den faktischen Gegebenheiten des zeitgenössischen Maschinismus und, nicht zuletzt, mit einer neuentstandenen Sensibilität, mit neuen Rezeptionsansprüchen des Publikums zu verbinden.
Wegweisende Bedeutung kommt in diesem Zusammenhang – auch für den jungen MARINETTI – der grotesk-utopistischen Romansatire ALFRED JARRYS (Le Surmâle, 1902) sowie der pathetisch überhöhten Großstadtpoesie von EMILE VERHAEREN (Les Villes tentaculaires, 1904) zu: beiden Autoren (jedem auf seine Weise) gelingt es, aktuellste Thematik – so etwa die rasch um sich greifende Mechanisierung des städtischen Alltags, die industrielle und kommerzielle Ausbeutung technologischen Fortschritts, den zeitgenössischen Rekord- und Perfektionierungswahn – literaturfähig zu machen. Dutzende von Adepten sind in der Nachfolge JARRYS oder VERHAERENS gross geworden, manche brachten es zu vorübergehender Berühmtheit, die meisten waren schon bald wieder vergessen, sind heute nur mehr Namen: PAUL-ADRIEN SCHAYÉ, EUGÈNE DEMOLDER, PAUL AROSA.

Im folgenden sei zumindest – nicht aus literarischen, lediglich aus thematischen Gründen – auf einige Autoren hingewiesen, die um 1909, kurz vor und nach den ersten futuristischen Manifestationen, in Paris mit Werken an die Öffentlichkeit getreten sind, welche bereits, genauso wie MARINETTIS damalige Schriften, auf gewisse Realia der zeitgenössischen Aviatik Bezug nehmen, indem sie diese mehr oder minder realistisch widerspiegeln, sie satirisch oder utopisch verfremden.
An erster Stelle wäre hier der Literat und Publizist HENRY KISTEMAEKKERS zu nennen, ein Autor von beachtlicher Produktivität, seinerzeit als unbestrittener Wortführer der *écrivains sportifs* anerkannt, Begründer

---

118 E. Magne, *art. cit.*, p. 210.

des französischen «automobilistischen» Romans (Monsieur Dupont chauffeur, 1908), aber auch einer der frühsten Propagandisten der motorisierten Fliegerei, deren sportliche Möglichkeiten er allerdings höher einzuschätzen wusste als ihre verkehrs- oder transporttechnische Einsatzfähigkeit; immerhin, KISTEMAECKERS war – wie manch ein anderer Zeitgenosse, dem das Ringen um aviatische Rekorde primär Sport und Spass bedeutete – seit BLÉRIOTS Kanalüberfliegung von 1909 davon überzeugt, dass der Mensch (und dies wollte damals nichts anderes heissen als – der *Mann*) endgültig zum «Herrn des Himmels und des Raums», das noch junge Jahrhundert zum «Zeitalter der Flügel» geworden sei: «Et, je vous le dis, un monde encore vient de naître[119].»

In gekonnter Trivialisierung hat schon 1908 der russisch-französische Erfolgsschriftsteller VALENTIN MANDELSTAMM, einst bekannt als Verfasser unterhaltsamer Prosa mit jüdischer, kosakischer oder neuamerikanischer Einfärbung, die Welt der modernen Aviation literarisch urbar gemacht. Unter dem schlichten Titel ‹Ein Flieger› (Un Aviateur) präsentierte er seinem Pariser Publikum – fast zur gleichen Zeit, als WILBUR WRIGHT in Frankreich seine ersten Flüge durchführte – die Lebensgeschichte des Gilles Lebrisard, der durch einen frühkindlichen Traum zum «Aeronauten» bestimmt ist, sich später auch tatsächlich als Konstrukteur einen Namen macht, jedoch von einem amerikanischen Abenteurer und Finanzgenie um seine Erfindung, schliesslich gar um seine Liebste geprellt wird: der heruntergekommene, zusehends dem Wahnsinn verfallende Jerry Smith entführt Lebrisards Freundin auf eine entlegene Insel und verschanzt sich mit ihr in einer düstern Seefestung. Nun – ganz am Ende des Romans – lässt der Autor seinen Helden zur naheliegenden Selbsthilfe greifen: Lebrisard steigt mit der eigenen Maschine zum «grössten Flug» auf, er wagt sich, bei Nacht, über das offene Meer, kann unversehrt und unbemerkt auf der Insel landen, befreit das geliebte Mädchen und startet gleich zum Rückflug. Durch den Motorenlärm wird jedoch auch der Bösewicht geweckt; dieser lässt, als er sich überlistet sieht, mit den Festungskanonen auf das Flugzeug schiessen. Neben Lebrisard sinkt das Mädchen, tödlich getrof-

---

119 H. Kistemaecker, *Lord Will aviateur* (P 1911), pp. 255; 344. – Unter Kistemaeckers zahlreichen, von ihm selbst als ‹komisch› bezeichneten Abenteuer- und Sportromanen findet sich, mit dem Erscheinungsjahr 1909, eine bemerkenswerte, sichtlich an Jules Verne und Alfred Jarry geschulte Science-Fiction-Groteske des Titels *Aeropolis;* leider war dieses Werk in keiner der angefragten schweizerischen, französischen und belgischen Bibliotheken ausfindig zu machen und konnte daher in die vorliegende Untersuchung nicht einbezogen werden.

fen, zusammen – der junge Pilot stirbt der Geliebten nach, indem er seine Maschine über dem Meer zum Absturz bringt.
Die Story – sie folgt jenem modischen Trivialschema, das noch D'ANNUNZIO seinem Fliegerroman zugrundelegt – wäre kaum der Rede wert, hätte der Autor nicht verschiedene (damals keineswegs auf der Hand liegende) Beobachtungen und Überlegungen mit der sentimentalen Heldengeschichte verknüpft. Interessant ist zunächst die Tatsache, dass MANDELSTAMM auf Reminiszenzen literarischer oder geistesgeschichtlicher Art sowie auf mythologische Anspielungen konsequent verzichtet, dafür aber das Flugmotiv aus einem kindlichen Traumerlebnis, gleichsam archetypisch also, entwickelt. Dieses Erlebnis – ein geträumtes Trauma – bildet den thematischen Rahmen der ansonsten allzu vordergründigen Geschichte: der Traum motiviert Gilles Lebrisard dazu, sein Leben der Fliegerei zu widmen, und die Erinnerung an denselben Traum bringt ihn letztlich zur Einsicht, dass die Fliegerei sein Leben als *Opfer* verlangt; die Realisierung des Flugtraums muss durch den Tod abgegolten werden[120].

Im weiteren ist bemerkenswert, dass VALENTIN MANDELSTAMM – wohl als erster Autor überhaupt – die Machenschaften *hinter* den spektakulären Kulissen des Flugsports kritisch aufdeckt, dass er also, mit andern Worten, den Problemkreis des technischen Fortschritts stets in Abhängigkeit von seinem ökonomischen Hintergrund darstellt: die Literatur des Metalls und der Geschwindigkeit muss daher, um glaubwürdig zu sein, funktional mit der Literatur des Bankschecks verbunden bleiben. Diesen Zusammenhang zeigt MANDELSTAMM im zweiten Teil seines Romans («L'Institut Aéronautique Jerry Smith») deutlich auf: der Amerikaner Smith – risikofreudig und romantisch, Geschäfts- und Lebemann zugleich – kommt nach Paris, um sein letztes grosses Unternehmen aufzuziehen; sein Ziel ist es, in jene zukunftsträchtige Domäne einzusteigen, die vorerst einzig Frankreich zu eröffnen scheint, die Flugzeugindustrie. Im Stil des modernen Managers errichtet Smith sogleich einen weltweiten Informations- und Propagandaapparat, finanziert einen Flugwettbewerb, gründet ein Institut, setzt einen wissenschaftlichen Planungsstab ein, spielt Konkurrenten gegeneinander aus und nimmt schliesslich den jungen Lebrisard als Chefkonstrukteur in seinen Dienst, jenen Mann, der «das reine mechanische Genie der lateinischen Rassen» verkörpert.

120 *Cf.* V. Mandelstamm, *Un Aviateur* (P 1908), pp. 7-11, *passim.*

... Jerry Smith, dieser blasierte Triumphator, hätte eher die Absicht gehabt, sein Bedürfnis nach niedagewesenen Eroberungen zu befriedigen, als ein ‹Geschäft› aufzuziehen; kommerziell gesehen, lieferte das Unternehmen schon bald grossartige Resultate: von Woche zu Woche vermochten das Luftschiff und das Flugzeug, dem Geschmack reicher Amateure entsprechend, das bereits veraltete Automobil mehr zu verdrängen; private und auch staatliche Bestellungen gingen nun in grosser Zahl ein [...][121].

Einen dritten Anhaltspunkt findet heutiges Interesse bei MANDELSTAMM dort, wo er Lebrisards aeronautische Ideen – sie sind klar von JULES VERNE und H.G. WELLS markiert – und dessen Flugapparate beschreibt. Gilles Lebrisard, Erbauer eines erfolgreichen mehrmotorigen Aeroplans von WRIGHTschem Typ, hält seine eigene Konstruktion lediglich für eine Übergangslösung und bekennt sich zur Konzeption des Helikopters, dem «Luftschiff der Zukunft», welches «seine Geschwindigkeit wie auch seine Auftriebskraft von rotierenden Luftschrauben empfängt und auf keinerlei Flügel angewiesen ist, welche ihm ohnehin bloss einen zusätzlichen Halt verleihen würden[122]».

VALENTIN MANDELSTAMM nimmt damit Partei für ein System, das führende Aerodynamiker Frankreichs damals noch schroff ablehnten, welches aber in der Tat *Zukunft* haben sollte: die Belletristik greift hier – wenn auch nur um ein paar Jahre – der technischen Entwicklung vor[123].

Als verfehlt sollte sich hingegen die Prognose zweier anderer Autoren erweisen, welche 1909 mit einem gemeinsam verfassten Werk – dem Abenteuerroman ‹*In der Himmelsbläue*› (Dans l'azur) – an die Öffentlichkeit traten; LOUIS GASTINE und LÉON PERRIN spielen darin das Flugzeug gegen das Automobil aus – mit der irrigen Behauptung, ersteres sei letzterem als individuelles Transportmittel überlegen und

---

121 *Op.cit.*, pp. 146–147.
122 *Ibid.*, pp. 167–168.

123 Zum damaligen Stand der Helikoptertechnik (und des ‹Helikopterstreits› zwischen führenden Aerodynamikern) v. *Encyclopédie de l'aviation* (P 1909), pp. 10; 25–26; 35; 58; 65. – Mandelstamm scheint mit den theoretischen Arbeiten Charles Renauds vertraut gewesen zu sein (*cf. op.cit.*, p. 169).

werde ohnehin, aus technischen Gründen, niemals mehrere Passagiere gleichzeitig befördern können[124].

7

Die sensationellste fliegerische Leistung des Jahres 1909 – eines an aviatischen Premieren und Rekorden ohnehin sehr reichen Zeitabschnitts – erbrachte der Franzose LOUIS BLÉRIOT, indem er, nach langwierigen Vorbereitungen, am 25. Juli als erster den Ärmelkanal mit einem Motorflugzeug eigener Bauart *(Blériot XI)* überquerte. Der in technischer und sportlicher Hinsicht gewiss bemerkenswerte, jedoch schon damals allzu hoch eingeschätzte Erfolg BLÉRIOTS sollte weitreichende kulturgeschichtliche Auswirkungen, aber auch politische, militärische und wirtschaftliche Konsequenzen haben; in der Geschichte der mechanischen Luftfahrt markiert der Flug über den Kanal die entscheidende Tendenzwende,* welche unversehens – und für viele Beobachter unerwartet – den definitiven Durchbruch des Aeroplans (gegenüber den lenkbaren Luftschiffen mit Gasauftrieb) ermöglichte. Mit BLÉRIOTS Kanalüberfliegung ist zudem, handelt es sich doch um den ersten motorisierten Flug über offenem Meer, endgültig der ikarische Traum – ein Mythos also – realisiert; der Flug wird somit auch zu einem symbolischen Akt, ist mit entsprechenden kulturellen Konnotationen verbunden, leitet einen neuen technokratischen Heroismus ein, bewirkt eine entscheidende Umgestaltung und Neuorientierung bestehender Weltbilder (Modifikation von Zeit- und Raumerleben durch das Kriterium der Geschwindigkeit), löst einen ungeahnten Fortschrittsenthusiasmus aus, der nun in seltsamer Weise die zeitgenössischen Dekadenzideologien zu durchdringen und sich revolutionärer Denkansätze zu bemächtigen beginnt, macht ausserdem deutlich, wie rasch (und wie weitgehend) schon in jener Pionierzeit die Industrie – mit Unterstützung staatlicher Stellen – neuste technische Errungenschaften zu rezipieren vermochte. BLÉRIOT, selbst Industrieller, konnte schon bald nach seinem Flug – im Oktober 1909 – bestätigen, dass «über 120» Bestellungen für den

---

124 «On plane à deux, mais rarement à trois et presque jamais à quatre. Chacun veut avoir en quelque sorte *ses propres ailes.* L'aviation est par excellence, au contraire de l'automobilisme, la locomotion de l'indépendance.» (Hier zitiert nach P. Versins, *Encyclopédie de l'utopie*, Lausanne 1972, p. 85; die Originalausgabe des Romans war leider nicht erreichbar.)

* Abb. 39

neusten Typ seiner Eigenkonstruktion bei seiner Firma eingegangen seien[125].

Die internationale Presse hat dafür gesorgt, dass BLÉRIOT, der vor seiner Kanalüberquerung eine Serie glückloser Flüge zu verzeichnen hatte und keineswegs als aussichtsreichster Konkurrent gelten konnte, über Nacht zu einer weithin *sichtbaren* Grösse – «zum populärsten Helden der Welt» – wurde[126]. Wohl nie zuvor war mit soviel Aufwand und Konsequenz – unter Zuhilfenahme modernster Kommunikationsmittel – der Ruhm eines zuvor kaum bekannten Zeitgenossen so rasch *gemacht* und wirtschaftlich genutzt worden; BLÉRIOT musste sich von einem Bankett zum andern, von einem Interview zum andern, von einem Aeroclub zum andern geleiten lassen, der Tagesjournalismus stilisierte ihn bald zum Nationalhelden, bald zum kosmopolitischen Genie, bald zum Künder einer neuen Epoche, bald zum Bannerträger des technischen Fortschritts, in Zeitungen und Fachzeitschriften erschienen Annoncen, die mit BLÉRIOTS Namen für hochalpine Kurorte, für stoßsichere Taschenuhren oder für Füllhalter warben, und in kulturellen Zirkeln wurde das Erscheinen eines Zeitgenossen von übermenschlicher Statur gefeiert[127]. LOUIS BLÉRIOT hatte den historisch gewordenen Flug als Teilnehmer eines Preisausschreibens der Londoner Zeitung ‹Daily Mail› unternommen. Die von der Redaktion ausgesetzte Summe betrug £1000; dazu kamen, als der Erfolg gesichert war, 24 000 Francs aus der Hand des französischen Industriellen HENRY DEUTSCH.

Am Sonntag, dem 25. Juli 1909, startete BLÉRIOT (um 04.41 h) in Les Baraques bei Calais; nach einem riskanten Flug von insgesamt 23,5 Meilen (37,8 km) Länge – die *Blériot XI (mod)* war bloss mit einem dreizylindrigen Anzani-Verbrennungsmotor von 25 PS bestückt – landete er (um 05.17 h) auf Northfall Meadow in der Nähe des Schlosses von Dover. Der Journalist CHARLES FONTAINE, Mitarbeiter des Pariser

---

125 M. Lhospice, *L'extraordinaire aventure de Blériot* (P 1964); hier: p. 295.

126 C.H. Gibbs-Smith, *The Invention of the Aeroplane* (Ldn 1966), pp. 210-212.

127 *Cf.* M. Lhospice, *op. cit.;* E. de Maxange, *Louis Blériot* (P 1909). – Ernest Henry Shackleton, der berühmte Polarforscher und Reiseschriftsteller, hielt nach Blériots Flug in einem Kommentar des *Daily Mail* fest, dass nun ‹ein neues Zeitalter in der Welt› angebrochen sei: "Blériot did not get up in any blare of trumpets. In the cold, grey dawn of the morning, before the sun had warmed up things, before it had dissipated the dew-drops, he was in our country. It marks a new era in the world." (Zitiert nach C.H. Gibbs-Smith, *A Brief History of Flying*, Ldn 1967, p. 38.) – *Cf.* E. Pontié, ‹Eine Kulturtat›, *Allgemeine Automobil-Zeitung*, 1909, XXXI, pp. 29-35 [& 11 Abb.].

Blattes ‹Le Matin›, half ihm dabei mit Flaggensignalen, konnte jedoch nicht verhindern, dass BLÉRIOT etwas brüsk zu Boden gehen musste[128]. Aus Hunderten von Berichten, Kommentaren und journalistischen Exkursen sei hier eine vom «25. Juli vormittags» datierte, in Dover aufgegebene Depesche wiedergegeben, die den Flugverlauf in knappen Strichen nachzeichnet:

> Der Morgen war klar mit hellem Sonnenschein und es wehte ein frischer Südwestwind. Der französische Torpedozerstörer ‹Escopette›, der den Flug begleiten sollte, war vorsichtshalber etwas früher von Calais abgefahren, um bei einem Unfalle sofort zur Stelle zu sein. In wundervollem Schwung erhob sich BLÉRIOT zu einer Höhe von etwa 30 m und in stetigem Fluge kreuzte er den Kanal. Der Monoplan kam in East Cliff bei Dover fast zur selben Zeit in Sicht, wie die Nachricht von dem gelungenen Start anlangte. BLÉRIOT flog hier etwa 200 m über der Meeresoberfläche. Er legte die Wasserstrecke in 23 Minuten zurück. Sein Freund FONTAINE hatte sich mit einer grossen Trikolore an dem vorher ausgewählten Landungsplatze hinter dem Schlosse aufgestellt. BLÉRIOT flog über die Schlachtschiffe der Atlantischen Flotte fort, die im Hafen lagen, und die Seeleute empfingen ihn mit brausendem Jubel. Nachdem der Flieger die Küstenwachstation passiert hatte, begann er den Abstieg. Er hob sich aber wieder und kreiste nochmals über dem angrenzenden Tal. Als er dort herabstieg, erfasste ihn plötzlich ein Wirbelwind und drückte die Maschine zu Boden, so dass das Untergestell aufstiess und beschädigt wurde, während BLÉRIOT glücklicherweise nicht verletzt wurde, wie man zuerst glaubte, da er stark hinkte. Doch war das Hinken seinem früheren Unfall zuzuschreiben. Einige Freunde kamen bald im Automobil an und brachten den Aviatiker nach dem Lord Warden-Hotel. BLÉRIOT ist entzückt über seinen Erfolg. Der Torpedozerstörer ‹Escopette›, der Frau BLÉRIOT an Bord hatte, kam erst um 6 Uhr 50 Minuten in Dover an[129].

Am Montag, dem 26. Juli, wurde BLÉRIOT in London von einer vieltausendköpfigen Menge wie ein Staatsoberhaupt begrüsst und gefeiert; Lord NORTHCLIFFE überreichte ihm bei Anlass eines Festakts im Hotel

---

128 C. Fontaine. *Comment Blériot a traversé La Manche* (P 1909).

129 *Wiener Luftschiffer-Zeitung*, 1909, XV, p. 259; *cf.* auch Blériots eigenen Flugbericht in *Daily Mail*, 1909, 26. VII.

Savoy den Preis des ‹Daily Mail›, und am Abend gab der Aero Club im Londoner Ritz ein Bankett zu Ehren BLÉRIOTS[130]. Zwei Tage danach folgte ein ebenso triumphaler Empfang in Paris; mit einem von den amtierenden Ministern BARTHOU und MILLERAND präsidierten Schlussbankett des Aéro Club de France gingen die Festlichkeiten am 31. Juli zu Ende. Die «Apotheose BLÉRIOTS» sollte besiegelt und verewigt werden durch die Errichtung eines Monuments («pour commémorer son glorieux exploit») und einer Statue für BLÉRIOT, den man nun als «einen der grossen Triumphatoren der Menschheit» bejubelte[131].

D'ANNUNZIOS in Erz gegossener Fliegerheld ist hier tatsächlich nicht mehr fern; und noch näher scheint der ligurische Herrenmensch zu rücken, wenn etwa der Bürgermeister zu Dover seinen «Freund BLÉRIOT» mit CAESAR vergleicht, der stets der Devise *Veni vidi vici!* gefolgt sei und nun in beispielloser Mutprobe «die Luft erobert» habe[132], oder wenn ein sonst eher zurückhaltender Publizist verkünden kann, BLÉRIOT habe «als einer der Würdigsten die Fahne des Eroberers geschwungen und sie weithin sichtbar aufgepflanzt[133]».

Die Heroisierung BLÉRIOTS wird auch von der zeitgenössischen Dichtung nicht vermieden, vielfach sogar noch potenziert; so heisst es in einem poetischen Kommentar, den JEAN AICARD bereits am 26. Juli 1909 in ‹Le Figaro› zum Abdruck brachte (in jener Zeitung also, welche ein halbes Jahr zuvor MARINETTIS erstes Manifest auf ihrer Titelseite publiziert hatte):

> *Denn dein Ruhm gehört allen; er ist französisch, also menschlich;*
> *Die Eroberung der Luft braucht Kämpfe ohne Hass,*
>   *Braucht fürwahr grosse Herzen;*
> *Sie macht, dass sich alle Augen zu den Sternen heben,*
> *Sie soll den Krieg und seine Greuel zunichte machen,*
>   *Die Ehrensache der einstigen Eroberer!*

[«Car ta gloire est pour tous; française, elle est humaine; / La conquête de l'air veut des luttes sans haine, // Elle veut des cœurs vraiment

---

130 ‹The First Cross-Channel Flight›, *Aeronautics*, 1909, VIII, pp. 85–91.

131 E. de Maxange, *op. cit.*, p. 24; mit Abb. – M. Lhospice, *op. cit.*, pp. 229–235.

132 ‹Une page du Livre d'Or de l'aviation›, *L'Aéronaute*, 1909, 16. X., p. 56.

133 H. Silberer, ‹Die Eroberung der Luft›, *Wiener Luftschiffer-Zeitung*, 1909, 15. VIII., p. 274.

grands; / Elle fait se lever tous les yeux vers les astres, / Elle doit abolir la guerre et ses désastres, / / Honneurs des anciens conquérants!»][134].

LOUIS BLÉRIOT war, man weiss es, alles andre als der übermenschliche und supermännliche *Eroberer*, den das grosse Publikum in ihm zu sehen wünschte, und dass er hinter dem fiktiven Ruhm, der ihn wie eine mythische Aura umgab (und lähmte), schon bald zurückblieb, ist ebenfalls bekannt. Bereits im Dezember 1909, knapp ein halbes Jahr nach dem Kanalflug, gab BLÉRIOT – entmutigt durch einen schweren Absturz in Konstantinopel – seine Karriere als Sport- und Testpilot auf; zuvor hatte er sich noch an mehreren internationalen Flugwettbewerben (so auch in Brescia) aktiv beteiligt, ohne jedoch an seine früheren Spitzenleistungen anknüpfen zu können[135]. – Blériot war in der Folge – bis zu seinem Tod 1936 – fast ausschliesslich als Konstrukteur und führender Unternehmer der französischen Flugzeugindustrie tätig; sein geschäftlicher Erfolg konnte ihn indes nicht darüber hinwegtrösten, dass sich die von ihm seit 1907 entwickelte Konzeption des Eindeckers, die er für die einzige zukunftsträchtige Bauweise hielt und während vieler Jahre vervollkommnete, nicht durchzusetzen vermochte; erst die spätere Entwicklung des Flugzeugbaus sollte dem Pionier, postum, Recht geben[136].

Als *symbolische* (oder auch, im eigentlichen Wortsinn, als *poetische*) Tat ist BLÉRIOTS Flug über den Ärmelkanal von keinem nachfolgenden Ereignis der Luftfahrtgeschichte egalisiert worden; alles was später kam (LINDBERGHS Atlantiküberquerung von 1927,\* GAGARINS erster Raumflug, 1961, oder die bemannte Mondlandung von 1969), war mit BLÉRIOTS Leistung konnotiert, wirkte bloss als deren Verlängerung, und nicht als technologischer Neuansatz: BLÉRIOTS Name ist auch heute, nachdem sich kaum noch jemand an die ersten Mondfahrer erinnert, ein Begriff; ein Begriff ist er nicht zuletzt für die Belletristik, die ihn seit

---

134 Hier zitiert (und übersetzt) nach Bùi Xuân Bào, *Naissance d'un héroïsme nouveau* (P 1961), p. 20. – Jean Aicard hat in der Folge während vieler Jahre alle bedeutenden Ereignisse der Luftschiffahrt – Rekorde ebenso wie Katastrophen – poetisch kommentiert; im Pariser *Intransigeant* betreute er eine ständige Rubrik des Titels ‹Aviation et Poésie›. – Nicht nur der Dichter-, auch der Volksmund hat Blériot und seine Tat poetisch gefeiert; schon bald nach dem Kanalflug waren zahlreiche Anekdoten, liebenswürdige – gegen England gerichtete! – Witze und geistvolle Wortspiele im Umlauf, kurz – eine neue folkloristische Literaturform war entstanden: die *blériotade* (E. de Maxange, *op. cit.*, pp. 21-22). – Die *Académie française* schrieb nach der Kanalüberquerung einen Dichterwettbewerb zum Thema ‹La Conquête de l'air› aus.

135 M. Lhospice, ‹L'Empreinte du 25 juillet›, *op. cit.*, pp. 293-313.

136 *Cf.* H.G. Stever/J.J. Haggerty, *Der Flug* (Reinbek 1970), pp. 96*sqq*.

\* Abb. 36

Jahrzehnten als Symbolgestalt in eine Reihe mit Ikaros und Daidalos, mit LEONARDO und mit MONTGOLFIER stellt[137].

Damit erhält BLÉRIOTS Name den Rang und die Funktion einer poetischen Metapher. Von einigem Interesse ist nun, im vorliegenden thematischen Zusammenhang, die Tatsache, dass sowohl MARINETTI wie auch GABRIELE D'ANNUNZIO unmittelbar auf BLÉRIOT reagiert haben. Beide stilisieren den berühmten Zeitgenossen auf tendenziöse Weise – nicht anders als die damalige Boulevardspresse, die Trivialliteratur, das Tagesgespräch – zu einem Herrenmenschen modernen Typs und modischen Stils. MARINETTI erwähnt LOUIS BLÉRIOT in dem Anfang 1910 entstandenen Pamphlet ‹Gegen die Professoren› (Contro i professori); der allbekannte Name wird hier demagogisch missbraucht und, mit Blick auf den erwarteten «Krieg mit Österreich», als empfehlendes Gütezeichen für den schönen Heldentod der Flieger plakatiert. In diesem Sinn stellt MARINETTI dem professoralen, «aus dem Staub der Bibliotheken geborenen» Übermenschen einen zynischen BLÉRIOT entgegen, einen barbarischen Technokraten, der dem Fortschritt beliebige Opfer zugesteht:

> Während wir den Krieg mit Österreich abwarten, den wir herbeirufen, gibt es für uns heute auf der Erde nichts Interessanteres als die schönen, die unablässigen und ungenierten Tode der Flieger.
> BLÉRIOT hatte recht, als er schrie: ‹Der Fortschritt wird noch viele, sehr viele Kadaver fordern! ...[138].

Dass allein im *Kampf* die volle Freude sei («sol nella lotta è la gioia»), hatte – nach NIETZSCHE, aber vor MARINETTI – D'ANNUNZIO in seinem antikischen ‹Lob des Lebens› betont[139], und das Leben selbst möge sich in «froher Schnelligkeit» realisieren *(Alcyone)*. Zu einer zeitgemässen

---

137 Schon in *Le Livre des Indépendants* (Ausgabe 1912) wird Blériot – neben Ikaros *[sic!]*, Leonardo da Vinci, Santos-Dumont und Geo Chavez – eine dichterische Würdigung zuteil (P. Bergman, *op. cit.*, p. 276).

138 F.T. Marinetti, *Teoria e invenzione futurista* (Milano 1968), p. 265; später wird Marinetti den Namen Blériots mit den ‹neuen, von der Luftmalerei *[aeropittura]* erkämpften Schönheiten› – mit der Aero-Ästhetik also – in Verbindung bringen (*La Grande Milano tradizionale e futurista*, Milano 1969, p. 248).

139 *Laus vitae* (Milano 1903), Vers 1056; hier zitiert nach P. Bergman, *op. cit.*, p. 230.

Darstellung mechanischer Vorgänge und erlebter Geschwindigkeit ist D'ANNUNZIO allerdings erst nach seinem Flug in Brescia gekommen; der wenig später erschienene Roman ‹Vielleicht, vielleicht auch nicht› lässt eine fast schon «futuristische» Verherrlichung der *velocità* erkennen[140].

Gleichsam als Inkarnation der *rapidità gioiosa* musste dem Dichter, der in Brescia die Demonstrations- und Wettbewerbsflüge BLÉRIOTS beobachten konnte, der gefeierte «Eroberer der Luft» vorkommen. – Die (bereits erwähnte) deutlich heroisierende Portraitskizze BLÉRIOTS aus D'ANNUNZIOS Tagebüchern («– il naso aquilino, la mascella forte, il baffo spiovente, una ciocca di capelli ribelle su la fronte»)[141] erscheint fast unverändert wieder im fiktionalen Kontext von ‹Vielleicht, vielleicht auch nicht›; D'ANNUNZIO stellt die Tagebuchnotiz über den «gallischen Typ» des Genies und des Helden einem längeren Zitat aus BLÉRIOTS Schilderung des Kanalflugs voran, und beides zusammen verarbeitet er zu einem innern Monolog seines Helden Paolo Tarsis:

> Im Geist sah er die stahlgrauen Wasser des Kanals, die steilen Küsten, und hinter dem Stern der Schraube, hinter dem Fächer der drei Zylinder *den einsamen Helden mit seiner Sturmkappe aus braunem Tuch, seiner blauen Mechanikerbluse über dem Rettungsgürtel, mit dem scharfen, hakigen Profil eines Galliers.* Er erinnerte sich, ihn in Montechiari [*i. e.* Brescia] gesehen zu haben; er hatte sogar mit ihm gesprochen. Er entsann sich *des starken Kiefers, der hervortretenden Backenknochen, des widerstrebenden Haarbuschs auf der Stirn,* die über *dem gebräunten Gesicht weiss geblieben war.*
> «Das Torpedoboot ist zurückgeblieben, verschwunden. Ich bin allein jetzt, verloren in der Unendlichkeit der dunklen Wasser. Ich sehe nichts am Horizont: kein Schimmer von Land, kein Rauch von einem Dampfer, kein Mast eines Segelschiffs. In der Stille ringsum nichts als das ewiggleiche Dröhnen des Motors. In der Unbeweglichkeit rings nichts als die ewiggleichen Wogen. Wie viele Minuten sind verstrichen? Ich sehe gegen Osten eine graue Linie, die fortwährend deutlicher wird. Die englische Küste. Ich halte auf die weisslichen Klippen zu. Gerade in Wind und Nebel. Jetzt Hand an die Steuerung, die Augen offen! Stahl und Eisen unter mir: eine

---

140 Noch 1909 [!] hielt d'Annunzio das ‹göttliche› Erlebnis des Fliegens für ‹unausdrückbar›: ‹È una cosa divina – andava ripetendo – e per ora inesprimibile!› (Zit. bei P. Bergman, *op. cit.*, p. 20.).

141 G. d'Annunzio, *Taccuini* (Milano 1965), p. 543.

Flottille von Torpedobooten, ein Geschwader von Schlachtschiffen. Ich sehe die Bewegung der Matrosen, die heraufwinken, höre ihr schwaches Rufen. Handelsdampfer fahren längs der Küste, ihre Fahrtrichtung geht mehr nach links. Ich merke, dass der Hafen in der Nähe sein muss, dass Dover südwestlich von mir liegt. Ich führe eine Wendung aus; der Wind drückt mich nach unten. Ich kämpfe, um wieder hochzukommen. Entdecke plötzlich das Kastell. Ich fliege über das Hafenbecken von Dover. Passiere zwischen zwei Panzerschiffen, komme in eine Art weiter Talsenkung. Das Land liegt unter mir, grün, tiefgewölbt wie die Fläche einer Hand, die sich freundlich unter mir ausstreckt und mich zum Landen einlädt. Beim Abstieg komme ich in einen tückischen Luftwirbel. Voll Ungeduld stelle ich den Motor ab, beschleunige die Landung, komme mit einem heftigen Stoss zu Boden, der mir das Radgestell verbiegt und die Schraube zersplittert. Ich setze den Fuss auf den Boden des vereinigten Königreichs. Ich habe den Kanal überflogen. Die Flügel sind unversehrt.»

Die knappe Erzählung *des Helden* klang in seinem Innern wie rasch aufeinanderfolgende Windstösse in der Takelung eines Schiffes, das im Begriff ist zu kentern. Die ganze Vision zog in blitzartigen Bildern an ihm vorüber. Es war ihm, als erinnere er sich, selbst diese Tat vollbracht zu haben, als habe er das Meer überquert, die Schiffe überflogen, die weissen Klippen gesehen, als sei er selbst in den Schatten der Talsenkung eingetreten, selbst auf dem Rasen gelandet, aber alles wie auf einer unendlich langen Fahrt in einem *grenzenlosen Flug*, über ein *ewiggleiches* und *ewigwechselndes Meer*, *über eine Flut wie die des Lethe*, in der sein Erinnern der irdischen Ufer versank[142].

Dokument, Fiktion und persönliche Reminiszenzen hat D'ANNUNZIO, ohne die Nahtstellen zwischen den einzelnen Textschichten zu verwischen, in diesem Abschnitt mit bemerkenswertem Geschick zusammengefügt; dem zitierten Auszug kommt auch insofern grosse Bedeutung zu, als er das Thema einführt, welches am Schluss des Romans wieder aufgenommen, variiert und zur Apotheose erweitert wird: mit viel rhetorischem Aufwand beschreibt D'ANNUNZIO den Flug des Paolo Tarsis vom italienischen Festland nach Sardinien (ein Unternehmen,

---

142 G. d'Annunzio, *Vielleicht, vielleicht auch nicht* (Lpzg 1910), pp. 164–165 (Hervorhebungen von mir, *F.P.I.*); cf. die Dokumentation bei M. Lhospice, *op. cit.*, pp. 175*sqq;* 184*sqq.*

welches bei Erscheinen des Buches noch nicht verwirklicht war); die zwischen Pathos und larmoyanter Sentimentalität schwankende Schilderung ist als Paraphrase auf BLÉRIOTS lakonischen Bericht zu lesen, dem D'ANNUNZIO auch hier diverse Realia und einige wörtliche Wendungen entnimmt. Zitiert sei bloss der Eingang dieses berühmt gewordenen Romanschlusses:

> Er sah ringsum nichts mehr als Wasser, Wasser, Wasser in einer unendlichen, lichten Einsamkeit, in der er ohne Störung, ohne Änderung unbeweglich auf seinen flachen Schwingen zu schweben schien. Es war die grosse halkyonische Heiterkeit der mythischen Zeiten, die erste Morgenfrühe ohne Windhauch, ohne Welle. Und wie diese vollkommene Einförmigkeit das Gefühl der Bewegung verschwinden liess, so verschlang die Stille jedes Geräusch. *Der Gang der Maschine fand seinen Widerhall und glich der Bewegung des Herzens und der Adern*, die der Mensch nicht hört, wenn er mit sich und der Welt in Einklang ist. Ein plötzlicher Glanz traf die ganze Oberfläche des Meeres, wie der Schlegel des Musikers, der das Fell der Pauke mit einem einzigen sicheren Schlage trifft. Er wandte sich um, und *seine Wange war mit Gold übergossen, Seine Tragflächen leuchteten*, alle Klippen schienen durch die Bespannung, die Metallteile funkelten, eine glitzernde Strasse zeichnete sich auf dem Wasser ab. Es war die Sonne[143].

Das Zitat macht deutlich, wie sehr D'ANNUNZIO in seiner bald romantisch, bald antikisch dekorierten Welt befangen bleibt, in einer Scheinwelt, die noch heil genug ist, um einer Handvoll schöner Helden als Refugium zu dienen. Für den nietzscheanisch geprägten Ästheten ist die Maschine – in diesem Fall das Flugzeug – eine ideale Erweiterung des menschlichen Körpers, ein reiches technisches Potential menschlicher Möglichkeiten und als solches – das geeignete Vehikel einer höheren Lebensform. Das ganz unproblematische, gleichsam organische Zusammenwirken von Mensch und Maschine, aus welchem D'ANNUNZIO die höhere Lebensform hervorgehen sieht, ist Ausdruck einer ästhetisch getarnten Fluchtbewegung und soll die Unfähigkeit zu zwischenmenschlichem Zusammenwirken als aristokratische Weigerung rechtfertigen: selbst die Sonne, das von Zarathustra dithyrambisch besungene Gestirn, bestätigt den Triumph des motorisierten Übermenschen, indem sie dessen einsamen Aufstieg begleitet.

---

143 *Op. cit.*, p. 381.

## 8

Dass BLÉRIOTS Kanalflug weit mehr als dies – mehr als bloss ein heroisches Solo mit anschliessender Preisverleihung – war, sollte schon gleich nach dem Ereignis manifest werden: in die Begeisterungsstürme der französischen Presse, welche die Kanalüberquerung als eine nationale Leistung von internationaler Tragweite feierte[144], mischten sich die eher nüchternen, teilweise warnenden Stimmen ausländischer Beobachter, welche, über den aktuellen Anlass hinausweisend, die politischen und militärischen Implikationen des BLÉRIOT-Flugs zur Diskussion stellten. Namentlich britische Blätter waren es, die nun, plötzlich alarmiert, in umfangreichen Leitartikeln die Tatsache darzutun hatten, dass Englands Insularität endgültig der Vergangenheit angehörte; der Kommentator des ‹Daily Mail›, jener Zeitung also, welche den Wettbewerb zur Traversierung des Ärmelkanals ausgeschrieben hatte, hielt – bereits am 26. Juli 1909 – lakonisch fest, das britische Inseldasein sei vorbei, und ganz von selbst werde jetzt die Phantasie zum Zug kommen, um die Konsequenzen, die sich aus der völlig neuen Situation ergeben können, auszumalen. – Die Phantasie der Briten hatte allerdings schon vor BLÉRIOTS geglücktem Flug diverse Blüten getrieben, Hirngespinste, die sich im Frühsommer 1909 zur wohl ersten Ufo-Hysterie verdichtet und «sogar das englische Kriegsministerium mit einiger Besorgnis erfüllt» hatten: die Londoner Presse wusste auf Grund zahlloser Meldungen aus dem östlichen Küstengebiet von geheimnisvollen Luftfahrzeugen zu berichten, die, zumindest nachts, für kurze Zeit und in geringer Höhe über dem britischen Festland erschienen, Scheinwerfer aufleuchten liessen, manchmal auch landeten, um bald darauf wieder seewärts zu verschwinden[145]. Da die sehr unterschiedlich beschriebenen Flugobjekte in praktisch allen Meldungen als *deutsche* Luftschiffe identifiziert waren, musste die Möglichkeit feindlicher Spionagemissionen in Betracht gezogen und überprüft werden; viel eher jedoch dürfte die damalige Massenhysterie Ausdruck einer wachsenden Germanophobie in weiten Kreisen der britischen Bevölkerung gewesen sein. Kaum ein Jahrfünft danach hat der Erste Weltkrieg die phantastische Schwarzseherei der Engländer nicht bloss bestätigt, sondern – als erlebte Realität – gleichsam noch überboten. – «Es ist ein leichtes, sich darüber Rechenschaft abzulegen, dass die seit Jahresfrist erzielten Fortschritte

---

144 *V. M.* Lhospice, *op. cit.*, pp. 229-235 (Pressestimmen).

145 Entsprechende Berichte und Reportagen aus *Daily Express* und *Daily Mail* sind zusammengefasst in *Wiener Luftschiffer-Zeitung*, 1909, XI/XII.

geeignet sind, die Kriegstheorien einschneidend zu modifizieren und die traditionellen Verteidigungsmittel zu bedrohen, auf welche diese Insel bislang zählen konnte.»

Solches gibt ‹The Morning Post› seinen Lesern nach dem Kanalflug BLÉRIOTS zu bedenken[146], und Sir ALAN COBHAM zeigt die daraus folgende rüstungspolitische Konsequenz auf, wenn er schreibt: «Der Tag, an dem Blériot den Kanal überflog, markierte das Ende unserer insularen Sicherheit und den Anfang einer Zeit, in der Britannien nach einer andern Form der Verteidigung – nebst den Schiffen – wird suchen müssen[147].»

Als Beispiel englischer Vor- und Voraussicht sei ein Abschnitt aus der schon zu Beginn des Jahres 1909 in London erschienenen militärtheoretischen Prospektivstudie ‹Luftkriegführung› (Aerial Warfare) hier eingerückt; der Verfasser, R.P. HEARNE, gibt zunächst eine gründliche Einführung in die Geschichte des Flugwesens, zeigt die technologischen Probleme der Aeronautik sowie den aktuellen Stand der Entwicklung anhand der neusten Ballon-, Luftschiff- und Flugzeugtypen auf. Im Hauptteil der Studie legt HEARNE die Verwendungsmöglichkeiten von Luftfahrzeugen «bei der künftigen Kriegführung» dar; einen eventuellen deutschen Luftangriff gegen England stellt sich der sachkundige Autor wie folgt vor:

> Wenn eine deutsche Luftflotte unsere navalen Streitkräfte an Punkten wie Sheerness und Portsmouth beschädigt, so öffnet sie damit der deutschen Seeflotte samt Truppentransportschiffen den Weg nach Englands Küste ... Erfolgreiche nächtliche Angriffe auf Sheerness oder Dover und Portsmouth mit der Vernichtung grosser Teile der englischen Flotte würden unsere Ost- und Südküste auf einige Stunden zugänglich machen, und diese Zeit würde die deutsche Flotte zu Truppenlandungen benützen. Unter dem Schutz der Kanonen der deutschen Kriegsschiffe könnten die Truppen an Land gehen, und in ihren weiteren Bewegungen würden sie wieder durch die Luftschiffe unterstützt. Diese könnten aber auch die übrigen Teile der englischen Seekräfte im Auge behalten, welche in diesem Moment natürlich sich zu konzentrieren suchen würden.
> Weitere Luftschiffangriffe, im Verein mit den Aktionen der noch intakten deutschen Flotte, könnte die britische Flotte nicht mehr aushalten ...[148].

146 Zitiert bei M. Lhospice, op.cit., p. 232.
147 Zitiert (und übersetzt) nach C.H. Gibbs-Smith, The Invention of the Aeroplane (Ldn 1966), p. 210.
148 R.P. Hearne, Aerial Warfare (Ldn 1909); deutsch u.d.T. Der Luftkrieg (Bln 1909).

Schon bald nach der Veröffentlichung der kritischen Bestandsaufnahme von R. P. HEARNE – die Studie und deren warnende Schlussfolgerungen wurden von ausländischen Experten als «gewaltig übertrieben» bezeichnet[149] – legte auf französischer Seite ein Marineoffizier den fiktiven, für die damalige Zeit jedoch durchaus realistischen Bericht über die erste «Seeschlacht der Epoche» vor, «bei der die Luftschiffahrt der Hochseeschiffahrt eine treue und wertvolle Helferin gewesen sein wird[150]». Geschildert wird ein Seegefecht zwischen französischen und nicht näher bestimmten «feindlichen» Marineeinheiten im Gebiet des Ärmelkanals; das französische Geschwader umfasst sechs Panzerkreuzer, von denen jeder mit zwei Aeroplanen bestückt ist, dazu vier Aufklärungs- und vier Unterseeboote sowie einen lenkbaren Aerostat zu Beobachtungszwecken. Der Autor antizipiert in seiner prospektiven Reportage die Verwendung von Kampfflugzeugen, die auf Kreuzern mitgeführt werden und frei ab Deck starten können; zugleich zeigt er, wie im künftigen Luft- und Seekrieg modernste Einrichtungen des Fernmeldewesens effektvoll einzusetzen wären. In keiner Weise wird aber beschönigt, was auch der kommende, weitgehend mechanisierte Krieg an menschlichen Leiden mit sich bringt:

> Ein grosskalibriges Geschoss ist eben erst bei unserem vordern Panzerturm explodiert und schleudert nun eine Vielzahl von Trümmern gegen die Deckung; zwischen den Explosionen hört man Geröchel, das Auseinanderbrechen der Panzerung und das Krachen der einbrechenden Brücken. Männer mit aufgerissenem Leib liegen schreiend und weinend am Boden; andere wieder werfen sich, irr vor Schmerzen, ins Meer ... Im selben Augenblick wird ein Flugzeug, das eben, im Segeln, zur Landung auf unserer Schiffsbrücke ansetzte, von einem Projektil getroffen. Wir haben bereits deren zwei verloren! ...

Dennoch ist des Autors Fazit glorios:

> Auch wenn wir dem Feind nicht die entscheidende Niederlage haben beibringen können, die wir gewünscht hätten, so haben wir auf jeden Fall unsere Mission erfüllt. Aeroplane und Luftschiffe

---

149 *Wiener Luftschiffer-Zeitung*, 1909, VII, pp. 125-126.
150 Lt de vaisseau Levaillant, ‹Le premier combat aéro-naval›, *L'Aéronaute*, 1909, 15. VII., pp. 12-14.

haben uns dabei nachhaltig geholfen: sie vermochten sich bereits am Tag ihrer Lufttaufe mit Ruhm zu bedecken[151].

Der Hinweis auf dieses vergessene Feuilleton sei hier ergänzt durch einen Exkurs über die aviatischen Utopien von H.G. WELLS. Der englische Science-Fiction-Autor gehörte 1909 zu den ersten Kommentatoren des BLÉRIOT-Flugs; im ‹Daily Mail› schrieb WELLS:

> Was bedeutet dies für uns? Eine Bedeutung ragt, meine ich, besonders anklägerisch, für unsern Nationalstolz besonders unangenehm heraus. Dieses Ding [i. e. Blériots Flugmaschine] wurde von A bis Z im Ausland hergestellt ... Im Ausland begann man mit Gleitflügen, als unsere jungen, mit Muskeln und mit Mut versehenen Männer noch den Gefahren des Cricketballs zu trotzen hatten. Das Automobil und sein Motor wurde ‹drüben› entwickelt ... Dort drüben, wo die besitzenden Klassen noch etwas für Bildung übrighaben ..., wo man über alles furchtlos diskutiert und wo es noch Respekt vor der Wissenschaft gibt, dort wurde solches vollbracht ... Das heisst m.E. für uns zuerst und vor allem, dass die Welt nicht auf die Engländer warten kann. Es ist dies nicht die erste Warnung, die an uns ergangen ist. [...] Entweder sind wir ein im wesentlichen unheilbar zurückgebliebenes Volk, oder es stimmt etwas nicht in unserer Ausbildung, oder es gibt etwas Benebelndes in unserer Atmosphäre und in unseren Lebensumständen. Das ist die erste und schwerste Lehre aus Monsieur BLÉRIOTS Tat. Die zweite besteht darin, dass wir trotz unserer Flotte – militärisch gesehen – keine unzugängliche Insel mehr sind[152].

Man beachte (mit Blick auf das vorstehende Zitat), dass selbst ein WELLS vor kleinlichem Nationalismus nicht gefeit ist, wenn es um die Beherrschung der Technik als eines Machtinstruments – in diesem Fall: als eines militärischen Potentials – geht. Der weitsichtige Utopist hatte allerdings, in seiner Perspektive, allen Grund, über die englische Passivität im Bereich des Flugzeugbaus und der Luftverteidigung ungehalten zu sein[153], war er doch während mancher Jahre immer

---

151 *Art. cit.*, p. 14.
152 Zitiert (und übersetzt) nach C.H. Gibbs-Smith, *op. cit.*, p. 212.
153 Laut Gibbs-Smith (*op. cit.*, pp. 211-212) hat das British War Office noch im April 1909 – «as the costs had proved too great» – sämtliche Konstruktionsarbeiten und Flugtests mit englischen Maschinen auf dem Versuchsgelände von Farnborough einstellen lassen.

wieder, bald als kompetenter Wegbereiter, bald als Warner, mit staunenswert präzisen und technologisch bedeutsamen aviatorischen Antizipationen an die Öffentlichkeit getreten. H.G. WELLS ist die erste literarische Gestaltung eines praktisch realisierbaren Flugapparats zu verdanken. In der Erzählung ‹Argonauten der Luft› (Argonauts of the Air) stellte er – schon 1895 – die Genesis einer fliegerischen Obsession dar: einen fanatisierten Erfinder lässt er um das Prinzip (und um die Priorität) des mechanischen Flugs ringen. Dieses Ringen kostet den ruhmlosen Helden das gesamte Vermögen, letztlich auch das Leben. Der von ihm hinterlassene (bei WELLS in Einzelheiten geschilderte) Entwurf eines Aeroplans stimmt mit den zehn Jahre später von den Brüdern WRIGHT und den Brüdern VOISIN erfolgreich getesteten Apparaten theoretisch weitgehend überein. Es handelt sich um ein System, welches (noch ohne die Möglichkeit technischer Verwirklichung) Konstruktionselemente des Doppel- und des Eindeckers ingeniös verbindet. Zwei mit Petrol betriebene Motoren treiben die Luftschraube an; die an einem Aluminiumgestell befestigten Flügel sind beweglich und können eingezogen werden; statt eines Lenkrads wird ein mechanisches Steuerungsgestänge verwendet; die Maschine wird – wie nachmals der WRIGHTsche Biplan – auf einer Laufschiene gestartet.

Auch Filmer, Held der gleichnamigen Erzählung von H.G. WELLS (1908) bleibt als Flugzeugkonstrukteur ohne Erfolg; der Autor arbeitet in diesem Text besonders deutlich den psychologischen Konflikt des Erfinders heraus (Filmers fliegerischen Ambitionen sind durch unbezwingbare Schwindel- und Angstgefühle enge Grenzen gesetzt), die technischen Details des «ersten Aeroplans» werden demgegenüber nirgends spezifiziert (wie überhaupt der aviatisch-aeronautische Aspekt der Geschichte kaum ins Gesichtsfeld rückt): nachdem Filmer seine Flugmaschine mit viel Aufwand fertiggestellt hat, begeht er, um nicht als erster damit aufsteigen zu müssen, Selbstmord[154].

Den bei weitem gewichtigsten Beitrag zur literarischen Aviathematik hat WELLS kurz vor der Kanalüberquerung durch BLÉRIOT in Buchform erscheinen lassen. Es handelt sich um den wenig bekannten Roman ‹Der Luftkrieg› (The War in the Air), ein Werk, das in teils fiktionaler, teils wissenschaftlicher Antizipation den modernen Luftkrieg eindrucksstark zur Darstellung bringt[155].

---

154 *Cf.* H.L. Sussman, *Victorians and the Machine* (Cambridge, Mass. 1968), p. 164.
155 *The War in the Air*, by H.G. Wells (Ldn 1908); deutsche Ausgabe: *Der Luftkrieg*, Roman von H.G. Wells (Stuttgart [*ca.* 1909]). – Ab 1908 erschien auch eine auf neun Bände geplante Werkauswahl von H.G. Wells in russischer Sprache (*Sobranie sočinenij D. G. Uėl'sa*, SPb 1908*sqq*).

WELLS geht von der Hypothese aus, dass die mechanisierte Luftfahrt unbegrenzte Entwicklungs- und Anwendungsmöglichkeiten in sich schliesse, Möglichkeiten, welche dazu angetan sind, die bestehenden gesellschaftlichen Verhältnisse und die darin aufgehobenen individuellen Lebensformen revolutionär umzugestalten oder gar – sie durch eine beispiellos perfekte, weltweit wirksame Vernichtungstat definitiv zu destruieren; die Menschheit würde somit schlimmstenfalls – und WELLS ist geneigt, den schlimmsten Fall anzunehmen – den eigenen Untergang vermittels einer gigantischen Kriegsmaschine in Szene setzen.
WELLS erzählt die Geschichte dieses Untergangs, erzählt sie, als wäre es eine wahre Geschichte, als wäre die Erzählung – *Geschichte.* Die Luftfahrt wird, nach WELLS, innert weniger Jahre auf den technologischen Höchststand gebracht; als Prestigeunternehmen und Machtinstrument bleibt sie fast ausschliesslich – zu militärischen Zwecken – in Regierungsbesitz. Bald schon verfügt jeder Staat über eine geheime Luftflotte, und mit dem Anwachsen des Flugmaschinenparks werden auch die gegenseitigen Drohungen und Bedrohungen immer lauter. Der Ausbruch des Luftkriegs steht unmittelbar bevor: bei WELLS (wie bei seinem Landsmann R.P. HEARNE) sind es die Deutschen, welche die Feindseligkeiten eröffnen, Deutsche, welche zunächst Amerika, dann Asien, zuletzt die ganze Erde mit Krieg überziehen. Der Himmel wird zum Schauplatz chaotischer Luftschlachten, in Staffeln oder einzeln ziehen Kampfluftschiffe *(fighting airships)* über das Feindesland, Schwärme von Aeroplanen *(aeroplanes)* begleiten und schützen sie dabei, Städte, Handelsplätze, Transportmittel werden im Vorübergehn – («as they pass») – zerbombt, das «Gebäude der menschlichen Gesellschaft» stürzt ein, alle Kriegs- und Abwehrmassnahmen erweisen sich gegenüber dem «erbarmungslosen Regen der Zerstörung» als wirkungslos. Indes kennt der totale Luftkrieg weder Sieger noch Besiegte: er wirft die technisch hochentwickelte Zivilisation so weit zurück, dass die wenigen Überlebenden («an urban population sunken back to the state of a barbaric peasantry») noch Jahrzehnte danach – allmählich degenerierend, die letzte Vernunft zugunsten pseudoreligiöser Bindungen aufgebend, sich hingebend dem Einfluss eines diabolischen weiblichen Prinzips und einem «bösen Wesen namens Alkohol» – in Höhlen und Ruinen hausen, verurteilt zu animalischem Daseinskampf, durch rätselhafte Krankheiten ebenso verängstigt wie durch die Ungewissheit über den Ausgang und Abschluss des «Kriegs in der Luft» (dauert er irgendwo vielleicht noch fort, wird er sich erneuern?), ständig bedroht vom Sterben, vom Aussterben.
Als WELLS seine Katastrophenvision des modernen Luftkriegs publik machte – die flugtechnischen Daten und Fakten der belletristischen

Darstellung scheint er (wie auch der Literat VALENTIN MANDELSTAMM) den grundlegenden Vorarbeiten RENARDS entnommen zu haben – wurde ihm selbst aus Fachkreisen vorgeworfen, er überschätze und dramatisiere die offensiven Einsatzmöglichkeiten «des Luftschiffs und der Flugmaschine» für die Zukunft; bereits die italienischen Luftangriffe auf Tripolis, die Bomberraids des Ersten Weltkriegs sollten indes die negative WELLSsche Utopie in manchen Einzelheiten bestätigen; weitgehend realisiert, teilweise sogar von der Wirklichkeit überholt wurde ‹Der Luftkrieg› durch die atomare Vernichtung Hiroshimas, durch die massiven Materialschlachten über Vietnam[156].

Man könnte den WELLSschen «Luftkrieg» als eine *realistische* Utopie (als warnende Vergegenwärtigung des *wirklich* Möglichen) bezeichnen, die von eindeutiger politischer Parteinahme ebenso deutlich markiert ist wie von wissenschaftlich-technischen Realia, vom Wissen um die Unzulänglichkeit menschlichen Strebens; diese Skepsis hat sich bei WELLS, der zwei Weltkriege erleben und seine negative Utopie aufs genauste verwirklicht sehen musste, zuletzt zur Resignation verdichtet und in einer tief pessimistischen Utopie – ‹Der Geist am Ende seiner Möglichkeiten› (The Mind at the End of Its Tether, 1945) – Ausdruck gefunden: der menschliche Geist ist jetzt, nach WELLS, endgültig bankrott gegangen: die neue Wirklichkeit konfrontiert ihn mit Aufgaben, die nicht mehr er, nur noch *übermenschlicher* Wille zu bewältigen vermöchte.

Der halb wissenschaftliche, halb phantastische Realismus der WELLSschen Utopie soll im folgenden anhand einiger Textauszüge dokumentiert werden. Das in allen seinen strategischen Verästelungen geschilderte, gelegentlich von den Kommentaren eines «Zuschauers» begleitete Kriegsgeschehen nimmt seinen Anfang im Berner Oberland, wo italienische und französische, schweizerische, deutsche und britische Luftstreitkräfte aufeinanderstossen und bei dieser Gelegenheit auch erstmals ihre unter strenger Geheimhaltung gebauten Waffensysteme erproben. Auf dieses fast noch idyllische Scharmützel folgt die Schlacht von Nord-Indien, in der die gesamte Englisch-Indische Luftwaffe engagiert ist und restlos aufgerieben wird. Gleichzeitig greift der Krieg nach Nord-Amerika hinüber. Die Neue Welt wird, in kurzer Abfolge, durch deutsche und asiatische Invasionsarmeen okkupiert. Nachdem

---

156 *Cf.* auch H.G. Wells, *The Work, Wealth and Happiness of Mankind* (Ldn ²1934), pp. 138–143 («The New Road and the Airway»), eine globale, wiederum recht skeptische Standortsbestimmung aus der Zwischenkriegszeit.

die «Deutschen» New York zerbombt, die Niagara-Kraftwerke besetzt und das Land in weitem Umkreis zur Wüste gemacht haben, kommt es auf dem amerikanischen Kriegsschauplatz zur Konfrontation mit den «Asiaten», zur «Luftschlacht am Niagara». Die WELLSsche Utopie bleibt, bei der Detailbeschreibung dieser Schlacht, an dramatischer Intensität kaum hinter MARINETTIS afro-asiatischen Kriegsvisionen zurück, erreicht allerdings an keiner Stelle die bisweilen geradezu prophetische Metaphorik von ‹Tod dem Mondschein!› oder ‹Mafarka der Futurist›.

Eine Zeitlang noch, nachdem sie sich gegenseitig erblickt hatten, machte keine der Flotten den Versuch zum Angriff. Die Deutschen zählten siebenundsechzig grosse Luftschiffe und nahmen in einer Höhe von zwölfhundert Metern halbmondförmige Aufstellung. Sie hielten eine Entfernung von etwa anderthalb Längen ein, so dass die Hörner des Halbmonds fünfzig Kilometer auseinander waren. Dicht im Schlepptau der äussersten Geschwader jedes Flügels waren ungefähr dreissig bemannte Drachenflieger; doch waren diese zu klein und zu fern, als dass der Zuschauer sie hätte unterscheiden können. [...] Die beiden Flotten schienen es mit dem Beginn des Kampfes nicht eilig zu haben. Die Asiaten flogen weit nach Osten, wobei sie ihre Geschwindigkeit erhöhten und zugleich stiegen, bildeten dann eine lange Kolonne und kamen zurück, indem sie gegen die deutsche linke Flanke aufstiegen. Die Geschwader der letzteren wendeten, um diesem seitlichen Vorrücken zu begegnen, und plötzlich zeigte da und dort ein kleines Funkengeflacker, ein knatterndes Geräusch an, dass das Feuer eröffnet war. Eine Weile bemerkte der Zuschauer auf der Niagarabrücke keinerlei Wirkung. Dann flogen, gleich einer Handvoll Schneeflokken, die Drachenflieger zum Angriff, und ein Gewirr roter Funken wirbelte aufwärts, ihnen entgegen. [...] Dann begannen plötzlich auf beiden Seiten, von Geschossen getroffen, [...] Luftschiffe aus der Schlachtlinie zu sinken. Die Reihe der asiatischen Schiffe machte eine Schwenkung und stürzte sich in oder über (es war von unten aus schwer zu erkennen) die zersprengte Linie der Deutschen, die sich zu öffnen schien, um ihr Platz zu machen. [...] In kurzer Zeit war der ganze Kampf eine einzige grosse Wirrnis, die in der Hauptsache südwestlich gegen den Wind trieb. Mehr und mehr ward alles zu einer Reihenfolge von Gruppenzusammenstössen. Hier flammte ein ungeheures deutsches Luftschiff erdwärts, umgeben von einem Dutzend flacher asiatischer Fahrzeuge, die jeden seiner Versuche, sich noch zu retten, vereitelten. Dort hing ein anderes, dessen Mannschaft sich gegen die Krieger eines ganzen Schwarms von japanischen Flugmaschinen verteidigte. Und hier wiederum sank ein asiatischer Riese, der von einem Ende zum andern in Flammen stand, aus der Schlacht. [...] Vielleicht hundert Meter über dem Wasser kam von Süden her, rasch wie Walküren durch die Luft reitend, auf den seltsamen Rossen, die die künstlerische Inspiration Japans von der Technik Europas empfangen hatte, eine lange Reihe asiatischer Krieger. Die Flügel flatterten ruckweise, klick-klack – klitter-klack – und die Maschinen flogen aufwärts; die Flügel breiteten sich aus und standen still, und der Apparat schwebte waagrecht durch die Luft. So stiegen sie und sanken und stiegen wieder. [...] Plötzlich fiel etwas vom Zenit herab; etwas wie eine Tonne oder ein riesiger Fussball!

Krach! Mit einem ungeheuren Geräusch schmetterte es herab. Es war zwischen die gelandeten asiatischen Aeroplane gefallen, die auf Rasen und Blumenbeeten in der Nähe des Stroms lagen. Sie flogen in Fetzen und Trümmer; Rasen, Bäume und Kies wurden in die Luft geschleudert und fielen wieder zu Boden. Die Flieger, die noch immer am Kanalufer entlang lagen, wurden wie Säcke umhergeworfen; Windwirbel flogen über die schäumenden Wasser. Alle Fenster des Hotellazaretts, die noch einen Augenblick zuvor blinkend den blauen Himmel und die Luftschiffe widergespiegelt hatten, wurden zu ungeheuren, schwarzen Höhlen. [...] Und während sie sich so herabsenkten, wurden sie auch vernehmbar – ein Gemisch von Geschrei und Gestöhn, von Krachen und Pochen und Pulsieren, von Ausrufen und Schüssen. Die verkürzten schwarzen Adler an den Vorderteilen der deutschen Luftschiffe machten tatsächlich den Eindruck, als kämpften sie mit, als flögen ihre Federn ... [...] In langen, steigenden und fallenden Wellenlinien dahintreibend, fochten und kämpften die Ungetüme. Sie waren wie Wolken, die kämpften, wie Puddings, die sich gegenseitig zu morden versuchten. Sie wirbelten und kreisten umeinander und hüllten die Ziegeninsel und Niagara eine Zeitlang in ein rauchiges Dämmerlicht, durch das die Sonne in Strahlen und Pfeilen brach. Sie zerstreuten sich und sammelten sich und zerstreuten sich wieder, sie fochten und kreisten über den Stromschnellen und zwei Meilen und weiter nach Kanada hinein und wieder über die Fälle zurück. Ein deutsches Luftschiff fing an zu brennen, und die ganze Masse entfernte sich von ihm, stieg in die Höhe, zerteilte sich und

liess es einsam in der Richtung nach Kanada zu sinken und im
Sinken explodieren[157].

Dass WELLS an dieser Stelle verhältnismässig ausgiebig zu Wort kommt,
ist einerseits durch die Tatsache gerechtfertigt, dass ‹Der Luftkrieg› zu
seinen am wenigsten bekannten und am meisten unterschätzten erzählerischen Arbeiten gehört, anderseits vermögen die angeführten Textbeispiele bei retrospektiver Betrachtung zu belegen, wie präzis der Autor
seine wissenschaftlich-phantastischen Zukunftsbilder des Luftkriegs zu
fassen wusste. Es entbehrt nicht der tragischen Ironie, dass selbst ein
LOUIS BLÉRIOT, als führender Flugpionier und als nüchtern abwägender
Fabrikant, die von WELLS futurologisch vorgezeichnete Entwicklung der
Fliegerei nicht wahrhaben wollte: nachdem sich BLÉRIOT im Dezember
1909 vom aktiven Flugsport zurückgezogen hatte, um sich ganz der
industriellen Produktion seiner Monoplane und der Ausbildung junger
Piloten zu widmen, konnte er noch zuversichtlich unterstreichen, dass er
kurzfristig «Sport und Tourismus», längerfristig «die Luftpost und den
kommerziellen Lufttransport» für die fortan wichtigsten Nutzanwendungen der motorisierten Fliegerei, den offensiven Kriegseinsatz von
Luftfahrzeugen jedoch für unwahrscheinlich und für unzweckmässig
halte. Entgegen seiner eigenen Prognose und – wohl auch – entgegen
seiner innern Überzeugung wurde BLÉRIOT allerdings schon bald, als
Beauftragter der französischen Regierung, zu einem der quantitativ wie
qualitativ bedeutendsten Hersteller modernster Kampfflugzeuge[158];
Ruhm und materielle Interessen haben alle Träume verdrängt, auch
diesen – den anspruchslosesten: «Die Flugmaschine wird für den Krieg
eine furchtbare Waffe werden und darum helfen, die *Kriege seltener zu
machen*[159].»

Gerade die Techniker, die Wissenschafter (und nicht nur Politiker oder
Militärs) waren es, welche schon damals, wider besseres Wissen oder aus
fataler Naivität, einen unkritischen Zukunftsglauben zur Schau trugen,
einen oftmals schwärmerisch zelebrierten Optimismus, der den technischen Fortschritt um jeden Preis durchzusetzen und als notwendige
Vorbedingung für einen permanenten Zuwachs an Lebensqualität zu
rechtfertigen suchte. In diesem Sinn konnte etwa der deutsche Ingenieur
N. STERN – ein Beispiel stehe hier für viele – schon um 1909 von der

---

157 Hier (deutsche Übersetzung) zitiert
nach L. Adelt (ed.), *Der Herr der Luft*
(Mchn &c 1914), pp. 396–408, *passim*.

158 M. Lhospice, *op. cit.*, pp. 295–309.
159 W. Kress, *Aviatik* (Wien 1905); *cf.*
auch W. Kress, ‹The Conquest of the
Air› [I–II], *Aeronautics*, 1909, I, p. 4; II,
p. 11. Hervorhebung von mir, *F.P.I.*

«grossen Einigung der Welt» vermittels neuer technologischer Systeme künden:

> Die grundsätzliche Bedeutung der Luftschiffahrt und der Flugmaschine liegt nicht in ihrer militärischen, sondern in ihrer *kulturellen* Wirkung. Nicht in den Zank und Hass der Parteien soll sie eingreifen, sie soll – wörtlich genommen – «über den Parteien» stehen. Hilft sie auf der einen Seite Weltkriege vermeiden, so fördert sie direkt den Friedensgedanken, indem sie ein Glied bildet, die Nationen zueinander zu führen, die Menschheit zu einen. Die grosse Einigung der Welt, die Schiffahrt, Eisenbahnen, Automobile eingeleitet haben, führt die Zeit der Luftschiffahrt weiter. Der Flugmaschine aber fällt die besondere Rolle zu, weil sie als anspruchsloses, leicht erschwingbares Werkzeug in die Breite geht [sic]. Dann kommt die Zeit, von der Zarathustra träumt: «Alle Grenzen werden überflogen werden ...»[160].

Besser (und früher) als der sachkundige Experte wusste ein autodidaktischer Denker wie NIKOLAJ FEDOROV über die militärische Vereinnahmung der jeweils neusten technischen Errungenschaften Bescheid; in einer 1906 (postum) erschienenen Schrift FEDOROVS heisst es dazu:

> Alles dient gegenwärtig dem Krieg, es gibt keine einzige Entdeckung, deren kriegerische Nutzanwendung von den Militärs nicht ins Auge gefasst würde, keine einzige Erfindung, die sie nicht für militärische Zwecke einzusetzen bemüht wären[161].

## 9

Während in Frankreich Aeroplane verschiedener Bauart das nationale Fluggeschehen beherrschten und bestimmend auf dessen Entwicklung einwirkten, war die deutsche Fliegerei – von zivilen und militärischen Behörden massiv gefördert – klar vom lenkbaren Luftschiff des Systems Zeppelin dominiert und hatte noch kaum Erfolge bei der Konstruktion und Erprobung von «Drachenfliegern» (so die damals übliche Bezeich-

---

160 N. Stern, ‹Die Flugzeuge›, in *Die Eroberung der Luft* (Stuttgart &c 1909), p. 390.
161 N.F. Fedorov, *Filosofija obščago dela* (Vernyj 1906), I, p. 4.

nung für *Aeroplan*) aufzuweisen. Die fliegerischen Leistungen der Brüder WRIGHT und die rasch aufeinanderfolgenden Flugrekorde französischer Piloten wurden zwar auch in Deutschland zur Kenntnis genommen und in Fachkreisen gewürdigt, gewannen jedoch keine nennenswerte Resonanz und Popularität; gerade den französischen Test- und Wettbewerbsflügen gegenüber verhielt sich das deutsche Publikum recht reserviert, zu gross war noch der Gegensatz zwischen dem volkstümlichen Grafen ZEPPELIN einerseits und dem Typ des fliegerischen Abenteurers, wie ihn etwa LAMBERT, LATHAM oder SANTOS-DUMONT verkörperten, anderseits; zwischen dem zigarrenförmigen, gemächlich dahinziehenden Luftschiff und den ebenso wendigen wie lärmigen Ein- und Doppeldeckern, die viel sichtbarer mit der Person des Piloten verbunden und weitgehend von dessen sportlicher und technischer Fertigkeit abhängig waren[162].

Immerhin fanden auch in Deutschland ab 1909 erfolgreiche und vielbeachtete Demonstrationsflüge mit motorisierten Drachenfliegern statt (JATHO; GRADE), die grösseren Veranstaltungen – Berlin, auch Wien – standen aber ganz im Zeichen ausländischer Rekordflieger. Das bedeutendste Aufsehen und beträchtliches Ansehen erwarben sich die Franzosen ARMAND ZIPFEL und HUBERT LATHAM.

Als erster (und einziger Teilnehmer) kam im Januar 1909 ZIPFEL mit seinem *Voisin*-Doppeldecker zur «Berliner Flugwoche» aufs Tempelhofer Feld, wobei er das deutsche Publikum mit einem mässigen Flug in 3 m Höhe über eine Distanz von rund 1000 m zu begeistern vermochte, obwohl damals Flughöhen von 100 m (und mehr) in Frankreich an der Tagesordnung waren. – Als «Vogel-Mensch» wurde ein halbes Jahr nach ZIPFEL auch HUBERT LATHAM angekündigt; zur Einweihung des Flugfelds Johannisthal absolvierte LATHAM zwischen dem 23. und 27. September – kurz zuvor hatte er mit grossem Erfolg am internationalen Meeting von Reims teilgenommen – mehrere Schauflüge, in deren Verlauf er, am letzten Tag, mit seiner *Antoinette*[*] – ausser Programm – die 10 km lange Strecke von Tempelhof nach Johannisthal in 14′31″ zurücklegte: es war der erste Überlandflug auf deutschem Boden, eine Leistung, die dem sportlichen Piloten ausser begeistertem Applaus auch ein polizeiliches Strafmandat wegen «groben Unfugs» einbrachte.

Was in französischen Fliegerkreisen bereits alltäglich geworden war, wurde in Deutschland als spektakuläre und säkulare Sensation gefeiert, wurde im Stil und im Sinn eines mythischen Ereignisses kommentiert; ein Korrespondent der ‹*Deutschen Zeitschrift für Luftschiffahrt*› hat

---

162 A.F., ‹Fortschritte in Deutschland›,
*Illustrierte Aeronautische Mitteilungen*,
1909, p. 863.

\* Abb. 10 (2)

LATHAMS Wettbewerbsflüge beim Meeting von Reims, entsprechend dem Berliner Werbeplakat von GIPKENS, als übermenschliche Leistung eines anthropomorphen «Riesenvogels» beschrieben:

> Wenn er in den Strahlen der Sonne von dort ganz hinten über Dörfer und Chausseen hoch, hoch in den Lüften angesegelt kam und in majestätischer Ruhe in 150 m Höhe vor den Tribünen vorüberzog und brausender Jubel zu ihm emporstieg, dann hörte man kein Motorrasseln mehr – sah keinen Propeller. – dann schwand alles Mechanische, alles das Menschenauge noch Störende, dann zog dort im klaren Äther ein Riesenvogel vorüber. So muss es ausgeschaut haben in prähistorischen Zeiten, als Flügelungeheuer auf Beute ausflogen. Und stärker als je kommt die von den Vätern ererbte Sehnsucht über einen nach Freiheit, nach Unabhängigkeit. Gewiss, in der Luft konnten sich auch die FARMANS, VOISINS, CURTISS' u.a.m. behaupten, allein da sah man den Menschen, wie er in einer Maschine, seiner unvollkommenen Schöpfung, den Kampf mit den Elementen aufnahm. – Nur bei LATHAM schwand dies alles, da zog immer und immer wieder der Riesenvogel an mir vorüber – ein Bild, wie man es sich in seinen harmonischen Formen nicht schöner denken kann[163].

Da auch 1909 keinem deutschen Piloten und keiner deutschen Konstruktion der fliegerische Durchbruch gelang, sahen sich gewisse Pressestimmen zu nationaler Resignation veranlasst: «Wir Deutschen sind zum Fliegen nun einmal nicht geboren. Die wendigeren Franzosen sind uns von Natur aus in dieser Kunst überlegen[164].»

Etwas optimistischer gab sich damals HERMANN MÜLLER-BOHN, der in einer volkstümlichen Vortragsreihe «über die Entwicklung der Luftschiffahrt von ihren ersten Anfängen bis zu ihrer gegenwärtigen Vervollkommnung» zwar die amerikanischen und französischen Flugmaschinen (vor allem das WRIGHTSCHE System) zu würdigen wusste, jedoch festhielt, «dass auch die deutsche Technik auf dem Posten gewesen» war und namentlich in HANS GRADE, einem Flieger und Konstrukteur, der 1909 die ersten erfolgreichen Aufstiege realisiert hatte, einen würdigen Vertreter «deutscher Fliegerkunst» gefunden hatte, auf den es «stolz» zu sein gelte; durch nationalistisches Pathos versucht MÜLLER-

---

163 *Illustrierte Aeronautische Mitteilungen* [der Deutschen Zeitschrift für Luftschiffahrt], 1909, pp. 862–863.

164 W. Lochner, *Als die Luftfahrt noch ein Abenteuer war* (Mchn s.a.), p. 24.

BOHN die deutliche Unterlegenheit der deutschen Drachenfliegerei im internationalen Vergleich wettzumachen:

> Es erfüllt uns Deutsche mit Freude und gerechtem Stolze, dass deutsche Männer es waren, die sich durch ihren Geist, ihre staunenswerte Tatkraft, ihre deutsche Gründlichkeit auch hier wieder als Bahnbrecher eines grossen, die ganze Welt zur staunenden Bewunderung hinreissenden Gedankens erwiesen haben. Die Namen ZEPPELIN, PARSEVAL und GROSS und derjenige des jüngsten Meisterfliegers HANS GRADE werden immerdar in der Geschichte der Flugtechnik einen leuchtenden Glanz haben, und die weitere Entwicklung der Flugtechnik in Deutschland, durch die ein frischer tatkräftiger Zug geht, wird mit Sicherheit zeigen, dass auch auf diesem Gebiete menschlichen Schaffens und Wissens in Zukunft das bisher bewährte Wort seine Geltung behalten wird:
> «*Deutschland in der Welt voran*[165]»!

Wenige Jahre danach, vollends aber bei Anbruch des Ersten Weltkriegs war Deutschland in der Welt der motorisierten Fliegerei tatsächlich weit «voran»; nachdem am 21. April 1912 das Reichskomitee, dem die Förderung deutscher Flugtechnik oblag, zur «National-Flugspende» aufgerufen und innert weniger Monate freiwillige Beiträge in Höhe von 7,23 Millionen Mark eingenommen hatte, empfing die deutsche Fliegerei aus industriellen und militärischen Kreisen so starke Impulse, dass sie schon bei Kriegsbeginn ausser dem Geschwindigkeitsrekord sämtliche ausländischen Weltrekorde gebrochen hatte.

Seit der grossen, primär als patriotische Werbeaktion konzipierten und geschickt mit dem Emblem des Reichsadlers und dem trutzigen Bild des schwer gerüsteten deutschen Ritters verbundenen «Flugspende» von 1912 verlief parallel zur Entwicklung der deutschen Luftfahrt ein nationalistischer Propagandafeldzug, der weit über den Ersten Weltkrieg hinaus fortgeführt wurde und schliesslich zum nationalsozialistischen Spektakel entartete: der Berliner Lokalheld des Jahres 1909, HANS GRADE, gab noch im Zweiten Weltkrieg, nachdem er von der Reichspropaganda systematisch zum Nationalhelden aufgebaut worden war, einer Elitestaffel der Luftstreitkräfte den Namen ...[166] Nochmals sei in diesem Zusammenhang auf H.G. WELLS verwiesen, der wohl als erster den nietzscheanischen Übermenschen deutsch-nationaler We-

---

165 H. Müller-Bohn, *Vom Ballon zum Aeroplan* (Gotha 1910), p. 46.
166 R. Italiaander, *Spiel und Lebensziel* (Bln 1939), pp. 48–49 (Abb.).

sensart – personifiziert im arisch-aristokratischen Prinzen Karl Albert –
mit der Antiutopie des imperialistischen Luftkriegs in Verbindung
brachte:

> [...] die seltsame, harte Romantik des Prinzen Karl Albert war es,
> die den zaudernden Kaiser für das Projekt [eines Luftkriegs gegen
> Amerika] gewann. Prinz Karl Albert war überhaupt der Mittelpunkt des Weltdramas. Er war der *Liebling des imperialistischen Geistes in Deutschland* und das Ideal des neuen aristokratischen Empfindens – *des neuen Rittertums,* wie man es nannte –, das dem Sturz des Sozialismus (infolge seiner inneren Spaltung und seines Mangels an Disziplin und der Vereinigung des Kapitals in den Händen weniger grosser Familien) folgte. Knechtische Schmeichler verglichen ihn mit dem Schwarzen Prinzen, Alcibiades, dem jungen CÄSAR. Vielen erschien er als die *Offenbarung des* NIETZSCHE*schen Übermenschen. Er war gross und stark und blond und männlich,* und wundervoll unmoralisch. Seine erste grosse Tat, die Europa in Bestürzung versetzte und fast einen neuen trojanischen Krieg hervorrief, war seine Entführung der Prinzessin Helena von Norwegen und seine glatte Weigerung, sie zu heiraten.
> Darauf folgte seine Heirat mit Gretchen Krass, einer jungen Schweizerin von unvergleichlicher Schönheit. Dann kam – was ihn selbst beinahe das Leben kostete – die mutige Rettung von drei Schiffern, deren Boot in der Nähe von Helgoland gekentert war. Um dieser Tat und um seines Siegs über die amerikanische Yacht ‹Defender› willen verzieh ihm der Kaiser und ernannte ihn zum Befehlshaber der neuen aeronautischen Waffe der deutschen Armee. Er entwickelte diese mit staunenswerter Energie und grossartigem Geschick: denn er war – wie er sagte – entschlossen, «Deutschland Erde, Meer und Himmel zu Füssen zu legen». Die *nationale Leidenschaft für Aggression* fand in ihm ihren höchsten Vertreter und erreichte durch ihn ihre Verkörperung in diesem erstaunlichen Krieg. Aber sein faszinierender Einfluss war mehr als ein bloss nationaler; in der ganzen Welt beherrschte seine erbarmungslose Kraft die Seelen, so wie die napoleonische Legende die Seelen beherrscht hat[167].

Der sichtbarste deutsche Beitrag zum Flugjahr 1909 war die Frankfurter
*ILA,* eine aeronautische Leistungsschau mit internationalem Einzugsge-

167 H.G. Wells, *Der Luftkrieg* (Stuttgart s. a.), pp. 110–111; Hervorhebungen von mir, *F.P.I.*

biet und internationaler Resonanz – neben der «1ʳᵉ Exposition Internationale de la Locomotion Aérienne», die vom 25. September bis 17. Oktober 1909 im Pariser *Grand Palais* stattfand,\* das grösste derartige Unternehmen jener Zeit[168]. Während der *ILA* – sie dauerte mehrere Monate (Juli/Oktober 1909), hatte aber keine nennenswerten fliegerischen Höhepunkte aufzuweisen – erschien in Frankfurt am Main eine umsichtig redigierte «Wochenrundschau», welche über das internationale Fluggeschehen, vor allem jedoch über den Stand der deutschen Flugtechnik orientierte, dabei aber auch gewichtige Beiträge von allgemein wissenschaftlichem oder rein fachlichem Interesse vorlegen konnte[169]. Den wissenschaftlichen Ertrag dieser Ausstellung haben BERNHARD LEPSIUS und RICHARD WACHSMUTH in einer zweibändigen «Denkschrift» zusammengefasst – ein eindrückliches Kompendium, das «ein nahezu vollständiges Bild aller für die Luftschiffahrt wichtigen Gebiete» zur Darstellung brachte, darunter so bedeutende, damals noch kaum bearbeitete Aspekte der Fliegerei wie das «Luftschiffahrtsrecht», die «Hygiene der Aeronautik» oder das Problem der photographischen Luftaufnahme[170].

Als auffällig – zumal im Vergleich mit der Pariser Luftfahrtausstellung – ist für die *ILA* die Tatsache anzumerken, dass der «Drachenflieger» (das motorisierte Flugzeug) damals, gegenüber dem Luftschiff und dem Luftballon, eine untergeordnete Rolle spielte und jedenfalls nicht als das Luftfahrzeug der Zukunft gelten konnte: der Ruhm des Grafen ZEPPELIN, des «Alten vom Bodensee», überschattete die Bemühungen jüngerer Motorflieger (die Pionierleistungen AUGUST EULERS etwa) vor allem deshalb, weil deren militärische Nutzanwendung – in Deutschland die unabdingbare Voraussetzung jeglichen fliegerischen Erfolgs! – keineswegs feststand und daher von offizieller Seite auch nicht entsprechend gefördert wurde. Als im Oktober auf Veranlassung des preussischen Luftschiffer-Hauptmanns GEORG VON TSCHUDI, eines weithin bekannten Ballonfahrers, die Frankfurter *ILA*-Fliegerwoche zur Durchführung gelangte, gab es in Deutschland noch keinen einzigen brevetierten Motorflugpiloten und kaum einen ernstzunehmenden Konkurrenten für die ausländischen Teilnehmer, von denen in der Folge LOUIS BLÉRIOT und der belgische BARON DE CATERS (mit je sieben Preisen) die herausragenden Leistungen erbrachten; die wenigen deutschen Teilnehmer vermochten ihre Maschinen entweder gar nicht oder dann bloss für

---

168 M. Geisenheyner/P. Supf, *Frankfurt am Main* (Ffm 1959); mit Abb., Plänen, Texten zur *ILA*.

169 *ILA-Wochenrundschau* (Ffm 1909-1910); insgesamt 236 pp.

170 *Denkschrift der Ersten Internationalen Luftschiffahrts-Ausstellung zu Frankfurt am Main* (Bln 1910), I-II.

---

\* Abb. 2, 9

bescheidene «Minutenflüge» in der Luft zu halten. Eine Ausnahme machte einzig EULER, dem es, nach mancherlei Misserfolgen, immerhin gelang, «in schönem gleichmässigen Fluge viermal den Flugplatz der ILA» zu umkreisen – womit der «Preis für den weitesten Tagesflug» gewonnen war ...: «Gross war die Freude über diesen ersten Sieg eines Deutschen[171]!»

Für Deutschland war die Fliegerei um 1909 noch weitgehend eine Angelegenheit akademischen Charakters und aristokratischen Anstrichs; anders als in Frankreich und Italien hatte sie sich noch nicht als Sport oder als Spiel und schon gar nicht als Ausdruck einer neuen Lebensform, eines neuen individuellen Heroismus durchgesetzt: das Abenteurertum italienischer und französischer Piloten musste auf die Deutschen ebenso befremdlich wirken wie deren riskante Experimentierfreude. In der Fülle der deutschsprachigen aeronautischen Erstpublikationen des Jahres 1909 findet sich denn auch kaum ein Werk von innovatorischer Potenz oder kreativ-utopischer Phantastik; eher macht es den Anschein, als werde in Deutschland bereits Rückschau gehalten, während im Nachbarstaat Frankreich alles erst eigentlich im Aufbruch begriffen ist. Aufschlussreich ist die Tatsache, dass 1909 – von der Hand deutschsprachiger Autoren – neben SILBERERS ‹Grundzügen der praktischen Luftschiffahrt›, RUMPLERS ‹Flugmaschine› oder der Dissertation von HELENE JACOBIUS zum Thema ‹Luftschiff und Pegasus› auch die höchst interessanten, jedoch bereits zehn bis fünfzehn Jahre zuvor verfassten Flugstudien ARNOLD BÖCKLINS in Deutschland erschienen sind[172].

Es kann daher auch kaum überraschen, dass um 1909 die zeitgenössische Fliegerei und das Motiv des Flugs in der deutschsprachigen Belletristik nur marginal reflektiert wurde, wobei – zudem – weniger vom motorisierten Flugzeug als vielmehr vom Freiluftballon und vom Luftschiff (oder Aerostat) des Typs *Zeppelin* die Rede war. Selbst der nachmals berühmte Science-Fiction-Autor HANS DOMINIK macht hier keine Ausnahme, wenn er in seiner (für einen wissenschaftlichen Sammelband verfassten) antizipatorischen Darstellung des internationalen Fluggeschehens im «Sommer des Jahres 1960» am gasbetriebenen Grossraum-Luftschiff als dem für den Personenverkehr (wie für den militärischen Einsatz) besonders geeigneten Fahrzeug festhält, den motorisierten Drachenflieger hingegen bloss am Rand erwähnt ... – die

---

171 M. Geisenheyner/P. Supf, *op. cit.*, pp. 35–37; 88–89.
172 Zur Bibliographie v. ‹Schriftenverzeichnis›, *infra*, pp. 477*sqq.*; zu Böcklin, *infra*, pp. 309–314.

literarische Utopie bleibt in diesem Fall (ganz im Gegensatz etwa zu den Zukunftsvisionen von LASSWITZ oder WELLS) auf den engen Rahmen nationalistischen Wunschdenkens beschränkt[173].

Ebenfalls 1909 erschien – postum – als zweiter Band von MAX EYTHS «Gesammelten Schriften» der (um 1906 entstandene) Roman ‹Der Schneider von Ulm›, die retrospektiv-utopische «Geschichte eines zweihundert Jahre zu früh Geborenen», die der seinerzeit populäre Autor «als sein literarisches Vermächtnis hinterliess[174]». EYTH, als Ingenieur und Schriftsteller einer der ersten deutschsprachigen Autoren, die apologetisch für eine schöne Technik und eine neue technologische Schönheit eingetreten sind, würdigt in überdehnter epischer Breite die laienhaften Flugversuche des Wiener Uhrmachers JAKOB DEGEN sowie des Ulmer Schneidermeisters ALBRECHT LUDWIG BERBLINGER, welch letzterer am 31. Mai 1811, nach einem missglückten Start mit selbstgefertigten Flügeln, vor grossem Publikum «in die Donau plumpste» und damit für den Rest des Jahrhunderts zum Inbegriff ikarischen Grössenwahns wurde. Dieses konservative Vorurteil gegenüber innovatorischen technischen Errungenschaften, deren praktische Verwendbarkeit noch nicht bestätigt ist, und die allgemeine Geringschätzung der poetischen Arbeit des Erfinders und Technikers versucht MAX EYTH mit seinem monumentalen Erzählwerk abzubauen. Den einsichtigen Pfarrer Fischer lässt EYTH nach BERBLINGERS Tod kommentieren:

> Grosse Ideen sterben nicht, und ein Leben, das zweimal geopfert wird, ist kein verlorenes. Einmal hat er es für seinen Lieblingsgedanken darangesetzt, das zweitemal für sein Vaterland. Was wollen Sie mehr? [...] Wäre sein Plan geglückt, so hätten sie ihn zum Halbgott hinaufgedichtet. [...] Er hatte seine Schwächen, und sein Ehrgeiz war stärker als er. Wo aber wären wir alle, wenn nicht etliche von uns ehrgeiziger wären, als gut für sie ist. Sein Unglück war, dass er zu früh geboren wurde, denn was er wollte, war gut, und die Zeit wird ja dazu sagen, ist's nicht in hundert Jahren, so ist es später. Mittlerweile können Sie sich darauf verlassen, dass sie ihm dann ein Denkmal errichten werden, dem Vorkämpfer für eine

---

173 H. Dominik, ‹Die Eroberung der Luft›, in *Die Eroberung der Luft* (Stuttgart &c 1909), pp. 1–36, v. besonders pp. 28*sqq.*

*174 Cf.* Eyths Geleitwort zum ersten Band seiner *Gesammelten Schriften* (Stuttgart &c 1909), p. XI.

der grössten Errungenschaften des menschlichen Geschlechts, dem Schneider von Ulm[175].

Als MAX EYTH um 1906 seine epische Rehabilitierung des Schneiders von Ulm abschloss, lag bereits die Konzeption eines andern, weit bedeutenderen Flugromans deutscher Sprache vor – PAUL SCHEERBARTS ‹Lesabéndio›, ein visionärer «Asteroiden-Roman», dessen markante utopische Perspektive allerdings fast bis zur Unkenntlichkeit von auktorialem Traumgespinst und privaten Mythen verschleiert ist. ‹Lesabéndio›, 1906 entworfen, dann während Jahren überarbeitet und 1913 mit den Illustrationen KUBINS erschienen, steht am Ende einer langen Reihe von Erzählwerken, mit denen SCHEERBART – nach ERICH MÜHSAM der «humorvollste Phantast» und der «phantasievollste Humorist der modernen deutschen Literatur[176]» – einerseits (ähnlich wie EYTH) die Ästhetik moderner Technologie einsichtig machen, anderseits jedoch den eindimensionalen technischen Fortschrittsglauben verulken sowie die militärische, ökonomische oder politische Ausbeutung und Pervertierung wissenschaftlicher Erkenntnisse anprangern wollte[177].

Die Flugmetaphorik ist in SCHEERBARTS Asteroiden-Roman auf natürlichste Weise realisiert: die Bewohner des Planeten Pallas – intelligente Mischwesen, deren Anatomie sich aus tierischen Organen und Extremitäten, aber auch aus Bauelementen technischer Systeme zusammensetzt, Lebewesen, die mit der Art des *homo sapiens* nur die Sprache gemeinsam haben – verfügen von Geburt an (sie werden ungeschlechtlich fortgezeugt und von ältern Pallasianern zu gegebener Zeit wie Nüsse aufgeknackt) über die Fähigkeit des Fliegens, die ihnen einen raschen, fast senkrechten Aufstieg und steiles Niedersegeln erlaubt: die interplanetarische Raumfahrt gehört zum pallasianischen Alltag. – Die Pallasianer haben sich zu einer brüderlichen Gemeinschaft vereint, haben – nicht ohne Konflikte, aber jegliche Gewaltanwendung meidend – eine technisch und künstlerisch hochentwickelte Zivilisation geschaffen, eine beinahe perfekte «Rumpf»-Welt, der allerdings noch die metaphysische Dimension fehlt. Um diese Dimension zu erschliessen, muss die «Rumpf»-Zivilisation der Pallasianer mit einem wolkenförmigen «Kopf»-System verbunden werden. Der Zusammenschluss der Lichtwolke mit dem kleinen Planeten ist recht beschwerlich – technisch zwar durchaus zu verwirklichen, zu vollziehen aber nur von einem Auser-

---

175 *Ed. cit.*, II, pp. 805–806.
176 *Cf.* E. Mühsam, *Namen und Menschen* (Lpzg 1949), pp. 72–81.
177 Im folgenden zitiert nach der *dtv*-Ausgabe von P. Raabe (Mchn 1964).

wählten. Als auserwählter Pallasianer empfiehlt sich der grosse Lesabéndio, «eine Persönlichkeit, die niemals müde wird», ein zeitgenössischer Verwandter von MARINETTIS Gazourmah, dem mechanischen «Helden ohne Schlaf», beseelt von einem ebenso hypertrophierten «Interesse für das Ferne», darüber hinaus jedoch begabt mit höchster technischer Intelligenz, gezeichnet von mystischer Sehnsucht nach der gestirnten Weltseele, eine starke Natur, die nicht auf destruktive Selbsterhebung und Expansion angelegt ist, sondern auf Konzentration, auf Selbstauflösung. Lesabéndio strebt zum «Grösseren», er will sich zum Kopfsystem aufschwingen, um sich – im Tod – mit dem «grossen Führer» zu vereinigen und so das Rumpf- an das Kopfsystem zu koppeln. Der Höhenflug kann aber nur von einer gigantischen Abschussrampe aus unternommen werden, Lesabéndio muss daher einen zehn Meilen hohen Turm errichten lassen. In einer religiös verbrämten Rede begründet Lesabéndio die Notwendigkeit dieses Turmbaus, anschliessend hebt er engelgleich vom Boden ab, um die Pallasianer durch seinen phosphoreszierenden Glanz zu erleuchten:

> «Da wir nun wissen, dass der Stern Pallas ein Kopfsystem hoch über seiner Atmosphäre besitzt ... [...] – da ist der Grössere.» – Lesabéndio reckte sich fünfzig Meter hoch auf und hob alle seine Arme empor und auch seine Rückenflügel. Und sein ganzer Oberkörper begann mächtig zu leuchten, sodass alle, die es sahen, still wurden und sich danach vom Nächsten erzählen liessen, was der grosse Lesabéndio gesagt hatte.

An anderer Stelle präzisiert SCHEERBART, wie man sich die Flugbewegung Lesabéndios vorzustellen hat; beschrieben wird ein Spiralflug von der Spitze des Nuse-Turms:

> Und er sprang von der Turmspitze wieder hoch empor in die dunkle Nachtluft hinauf und schoss dann im grossen Bogen hinunter; wieder warf er den rausgestreckten Körper hinten rum und befestigte wieder den Saugfuss am Hinterkopfe, sodass seine ganze Gestalt wie ein Ring aussah. Und dann liess er wieder bald den einen Flügel und bald den andern Flügel aufgespannt zur Seite herausragen, dass sein Körper in grossen, fein gewundenen, nach unten runtergezogenen Spiralkurven ganz langsam dem Trichtergrunde zuschwebte [...][178].

178 *Op. cit.*, pp. 64–65; 67.

Diese romantisch und idyllisch ausgemalte Flugphantasie ist allerdings mehr als eine kosmische Hanswurstiade, mehr auch als die groteske (hier wie anderswo deutlich durchschlagende) Parodie auf den Maschinenkult der Naturalisten und auf NIETZSCHES Prototyp des Übermenschen; im Gegensatz zu D'ANNUNZIO, zu MORASSO und MARINETTI (eher schon in Übereinstimmung mit WELLS) mobilisiert SCHEERBART seine technologische Einbildungskraft zur Errichtung einer grandiosen, völlig mechanisierten und perfekt funktionierenden Scheinwelt, die er schliesslich, nach harmlos ver-rückter Schilderung, als falsches Paradies entzaubert, als eine allzu heile Hölle, von der es sich, da sie unweigerlich zur Endstation jeglichen materiellen Fortschritts wird, rechtzeitig abzusetzen gilt: Lesabéndio beherrscht zwar (und benutzt) die Technik, jedoch nur, um sie definitiv hinter sich zu lassen, um sich der Mechanisierung zu entziehen und damit – unter Einsatz des eigenen Lebens – die Freiheit zurückzugewinnen: «Und er fühlte, dass er allen Sternen immer näher kam[179].»

Schon sehr früh (und zeit seines Lebens) hat PAUL SCHEERBART den technischen Fortschritt als ein heilloses Überhandnehmen empfunden, und als dessen pathologische Ausläufer – die erstarkende Industrie, die um sich greifende Großstadt, den aufkommenden Sozialismus, den bevorstehenden Weltkrieg. Konkret hat sich SCHEERBART – 1909 – mit der modernen Fliegerei befasst – konkret im Sinn einer realistischen Utopie: in einer keineswegs polemisch, viel eher pedantisch verfassten «Flugschrift» von hinterhältiger Naivität bemühte er sich, angesichts der ersten motorisierten Flugversuche, den Nachweis zu erbringen, dass die (damals noch kaum sichtbare) «Entwicklung des Luftmilitarismus» früher oder später, jedenfalls mit Sicherheit «die Auflösung der europäischen Land-Heere, Festungen und Seeflotten» bewirken würde[180]. Die gleichzeitig mit der berühmten ‹Katerpoesie› veröffentlichte Arbeit SCHEERBARTS hat sowohl bei sachverständigen Militärs wie auch unter Flugtechnikern scharfe Kritik, bestenfalls Spott und Hohn hervorgerufen[181]. Die Heftigkeit der Reaktionen lässt auf die aktuelle Brisanz der SCHEERBARTschen Thesen schliessen; diese können dahingehend zusammengefasst werden, dass die klassische (clausewitzianische) Krieg-

---

179 *Ibid.*, p. 157.
180 *Die Entwicklung des Luftmilitarismus und die Auflösung der europäischen Land-Heere, Festungen und Seeflotten* (Bln 1909). – *Cf.* auch Scheerbarts Beiträge über «das neue Kriegsinstrument» des Luftmilitarismus in *Der Sturm* (1910); *v.* bibliographische Referenzen in P. Scheerbart, *Glasarchitektur* (Mchn 1971), pp. 200-201.
181 *Cf.* u. a. S. Pfankuch, ‹Liegt der Friede in der Luft?›, *Der Sturm*, 1910, XX, 14. VII., pp. 158-159.

führung durch den Einsatz lenkbarer und bemannter Flugkörper nicht nur als überholt, sondern als überflüssig zu gelten habe.

In sechzehn zum Teil umständlich betitelten und anekdotisch verkappten Abschnitten legt SCHEERBART mit betontem Ernst und dennoch mit journalistischer Leichtigkeit dar, wie er sich die Entwicklung der modernen Luftwaffensysteme und die in umgekehrter Richtung dazu verlaufende Abrüstung vorstellt – die schrittweise «Auflösung des veralteten Pulver- und Blei-Militarismus» und, anderseits, das Aufkommen des Dynamitkriegs aus der Luft und der «Revolution von oben» ... SCHEERBART ahnt und sieht – genauso klar wie H.G. WELLS – die Realität des modernen Bombenkriegs voraus, er scheint sich diesen Krieg möglichst «ekelerregend» ausmalen zu wollen, um auf diese Weise eine alte eitle Hoffnung zu nähren: die Hoffnung, man werde durch gegenseitige Abschreckung den «Frieden herstellen».

> Und man wird es tun, denn ein Dynamitkrieg zwischen europäischen Kulturnationen sieht wie ein Völkerverbrechen aus. Es ist einfach haarsträubend, wenn man sich die Wirkungen eines solchen Krieges ausmalt. Und es ist ekelerregend. Das werden auch ganz sicherlich die meisten europäischen Offiziere empfinden und ganz einfach erklären, dass sie bei derartigem Kriegsspiel nicht dabei sein wollen. Man wird plötzlich das ganze Kriegshandwerk verabscheuen – davon bin ich fest überzeugt[182].

Doch der Humorist SCHEERBART ist skeptisch genug, um einzusehen, dass beim «Festefeiern» alle Vorsicht geboten ist und dass sich der Pazifismus nicht gleichzeitig mit der Möglichkeit eines weltweiten Vernichtungskrieges einstellen wird: «Dem oberflächlichen Blick kommt alles so nett vor – und nachher bemerkt man, dass im Kern der Sache ein fürchterliches Gift steckt.»

Trotz dieser schlimmeren Einsicht entwirft SCHEERBART das anakreontisch verspielte Idyll einer befriedeten und heilen Welt, die es sich leisten kann, ihre militärischen Errungenschaften in Kriegsmuseen auszustellen, ihre Kanonen exklusiv zum Salutschiessen einzusetzen, ihre Festungen in zivile Prachtbauten und ihre Torpedoboote in Personendampfer zu verwandeln. SCHEERBART geht es (ganz im Sinn seines politischen Antipoden WELLS) darum, nachdrücklich vor dem barbarischen Wahnsinn eines eben erst möglich gewordenen (und doch bereits drohenden) totalen Luftkriegs zu warnen; er tut dies nun aber nicht,

---

182 *Die Entwicklung des Luftmilitarismus*, p. 37.

indem er eine realistische (weil realisierbare) negative Utopie gestaltet, sondern – durch eine hyperrealistische und daher phantastisch wirkende Darstellung der mit dem zunehmenden «Luftmilitarismus» verbundenen Vorteile, das heisst also: durch die ideale Karikatur einer weltweiten Katastrophensituation. Nicht selten gerät dem Schriftsteller SCHEERBART das liebevoll und detailliert gezeichnete Idyll zu einem unheimlichen Vexierbild, und dann wird, je nach Standpunkt und Perspektive, auch die harmloseste Reflexion bald zur Bedrohung, bald zum Verdikt; so etwa dort, wo SCHEERBART die Einberufung eines «internationalen Militaristenkongresses» fordert, auf dem die ausschliessliche Umrüstung der bestehenden Armeen in Luftstreitkräfte zu erörtern wäre, besonders aber dort, wo sich SCHEERBART für die Stärkung des Luftmilitarismus einsetzt, um einerseits, durch Abschreckung, kriegerische Konflikte zu verhindern und damit, andererseits, gleich auch den Pazifismus abzuschaffen:

> Der Antimilitarismus hat mit allen seinen humanen Reden nichts ausgerichtet. Die Entwicklung ist eben stärker als das Gerede der Menschen. Und das sollten die Kriegsfeinde jetzt ganz besonders fest im Auge behalten, da ihnen die Entwicklung des Luftmilitarismus allmählich klar werden dürfte. Sie habens gar nicht mehr nötig, gegen den Krieg zu eifern; die lenkbaren Luftvehikel haben mehr für die Friedensideen getan als alle Antimilitaristen zusammen. Der Antimilitarismus hat gar keine Existenz-Berechtigung mehr; sein Ende ist da, das sollten die Friedensfreunde recht bald einsehen. Ihre Bemühungen sind ganz nutzlos. Man kann alles ruhig der Entwicklung des Luftmilitarismus überlassen; der wird uns Dynamitkriege bescheeren *[sic]*, und die werden derart wirken, dass man auf allen Seiten vor den Kriegen Angst bekommen wird. [...] Und darum sind alle Militärverhöhnungen jetzt, da die Umrüstung vor der Tür steht, auch nur unfein und nicht vereinbar mit einer noblen Gesinnung. Ich möchte wünschen, dass man diese meine Worte nicht vergisst[183].

---

183 *Ibid.*, pp. 31-32. – Zu Scheerbarts antiutopischem Entwurf *cf.* die pazifistische Versdichtung von Lucien Jeny (*Aviation*, Bourges 1912) über Vergangenheit und Zukunft der Motorfliegerei; auch Jeny formuliert hier die Hoffnung, die Menschheit möge durch die Greuel des Luftkriegs vom Krieg überhaupt abgehalten werden: «... quand l'aviateur, dans l'espace invisible, / Bravera la mitraille et partout sèmera / Dans les airs l'explosif, à force d'être horrible, / De ses propres excès *la guerre un jour mourra.*» (Hervorhebung von mir, *F.P.I.*)

Mit dieser hintergründigen und absurd überspannten Apologie des Luftkriegs weist sich SCHEERBART als einer der ganz wenigen deutschen Autoren aus, die den Beginn der motorisierten Fliegerei zwar begrüsst, gleichzeitig aber davor gewarnt haben, den technischen Fortschritt der Vereinnahmung durch die Militärs zu überlassen und den *homo ludens* dem *homo faber* zu opfern. Wie ernst er selbst die Utopie einer friedlichen Machtergreifung der Dichter und Phantasten gegen die Diktatur der Technokraten genommen hat, beweist seine jahrelange – äusserst gewissenhafte, immer wieder experimentell überprüfte – Arbeit an einem *perpetuum mobile*[184]; und wie sehr sich SCHEERBART mit seiner karikaturesk-idyllischen Kriegsutopie – der literarischen Umsetzung eines vorbehaltsfreien Pazifismus – identifizierte, ist durch seinen Tod bezeugt: der Dichter starb 1915 an Entkräftung, nachdem er während längerer Zeit im Hungerstreik ausgeharrt und damit gegen den Weltkrieg Protest erhoben hatte.

Aus dieser Sicht erweist sich ein frühes, 1893 erstmals gedrucktes Gedicht PAUL SCHEERBARTS als tragikomischer Auftakt zu einem scheinbar heterogenen, in Wirklichkeit äusserst konsequent intendierten Werk, das mit seinen monumentalen Dimensionen und skurrilen poetischen Stukkaturen an die Phantasiearchitekturen des ANTONIO GAUDÍ erinnert; die letzte Strophe des Gedichts hat den Wortlaut:

*Lasst die Erde! Lasst die Erde!*
*Lasst sie, lasst sie, bis sie fault!*
*Über goldnen Schaumgewässern*
*Spielen zahme Silberfische,*
*Ihre langen Flossen zittern*
*In den grünen Himmel*
*meiner Welt.*
*Hasst die Erde! Hasst die Erde*[185]*!*

## 10

Bei Abschluss eines Vortrags im Rahmen der Frankfurter ILA glaubte der Schweizer Ballonfahrer Oberst SCHAECK unterstreichen zu müssen, ein Aufstieg im Freiballon sei von so aussergewöhnlicher *Schönheit*,

184 *Cf.* P. Scheerbart, *Das Perpetuum mobile* (Lpzg ³1910).
185 P. Scheerbart, *Ja... was... möchten wir nicht Alles!* (Bln 1893), H. 1, p. 3.

dass «einzig ein Dichter» dieses Erlebnis adäquat wiederzugeben vermöchte[186]. Man ist versucht, dem Referenten Recht zu geben, wenn man sich die lyrischen Elaborate seiner damaligen Kollegen und Konkurrenten vor Augen hält – so etwa den «Himmelfahrt»-Bericht KONRAD FALKES über die berühmt gewordene Alpentraversierung von 1908; Start und Aufstieg des Ballons *Cognac* schildert FALKE, der die Fahrt als Passagier mitgemacht hat, wie folgt:

> «Alles loslassen! ...»
> Wie ein Mädchen, das der Geliebte in der Freude seiner Kraft auf beide Arme emporhebt, einen Augenblick seltsam erschrickt – es fühlt sich aus dem Zusammenhange des Irdischen gerissen und einer fremden Gnade preisgegeben –: so geht es wie ein Zucken und Erschauern durch die entwurzelte Seele, die plötzlich ohne den leisesten Ruck, von einer unbekannten Macht erfasst, die Erde versinken sieht. Staunende Augen suchen dort unten neben dem Dache der Remise das ausserordentliche Bild, das für uns Erlebnis ist, für immer sich einzuprägen, Arme und Taschentücher werden geschwungen von Menschen, die rasch zusammenschrumpfen wie Zwerge, und deren Rufen zu Puppenstimmen verklingt: während wir noch immer winken und Abschiedsgrüsse tauschen, will mir scheinen, als hätte all unser Gebaren einen neuen, aussergewöhnlichen Sinn, als würde etwas in uns leicht und ledig und spräche zu jenen in der Tiefe: «Unser Reich ist nicht von eurer Welt!»
> Ich blicke auf; über den vielen, vom Ring zusammengefassten Stricken an denen ich mich wie in alter Gewohnheit halte, schwebt der riesige gelbe Ballon, der grosse, ruhige Flieger, der uns wie ein Märchenvogel in lichtes Gewölk emporträgt[187].

Zu diesem pathetischen Aufschwung bildet ‹*Luftschiffers Wunsch*› (von KEHLER) gleichsam die versifizierte Fortsetzung:

*Über uns die gelbe Kugel,*
*Unter uns der Wolken Heer*
*Ziehn wir durch den blauen Äther,*
*Tiefes Schweigen um uns her.*

---

186 Oberst Schaeck, ‹Quelques notes sur les ascensions en ballon libre›, in *Wissenschaftliche Vorträge* [gehalten an der *ILA*] (Bln 1910), pp. 165–176.

187 K. Falke, ‹Himmelfahrt› [1908], in G. A. Guyer, *Im Ballon über die Jungfrau* (Bln 1909), p. 26; *cf.* auch K. Falke, ‹Das Gordon Bennett-Wettfliegen in Zürich›, in *Raschers Jahrbuch*, I, 1910, pp. 434–441.

*Weit die trunknen Blicke schweifen*
*Über Wälder, Berg und Tal:*
*Dort in weiter, weiter Ferne*
*Silbern glänzt der Alpenwall.*

*Selig schweben in den Höhen,*
*Nur umweht von freier Luft,*
*Selig schauen, selig spähen,*
*Unter uns die tiefe Kluft:*
*Wäre doch die Mutter Erde*
*Ewig von uns weg geweht,*
*Unser Korb, die neue Erde,*
*Unser Luftball, der Planet*[188]*!*

Als Ballonfahrer SCHAECK die Schönheiten der «Himmelfahrt» den «Dichtern» zur Beschreibung überantwortete, war ihm wohl noch nicht bekannt, dass ein knappes Jahr zuvor, im Septemberheft der ‹Neuen Rundschau› (1908), ROBERT WALSERS ‹Ballonfahrt› erschienen war, und gewiss hatte er keine Anhaltspunkte dafür, dass ein anderer Schweizer Erzähler, J.C. HEER, zur selben Zeit an einer Novelle über ‹Die Luftfahrten des Herrn Walter Meiss› arbeitete, die schon 1910 von Cotta in Stuttgart herausgebracht und zu einem bemerkenswerten Erfolg werden sollte.

HEERS ‹Schweizer Novelle›, in der «naturfreudigen», der «blühenden und lebhaften» Stadt St. Jakob einsetzend, aber auch hinüberspielend in den welschen Landesteil, später gar nach England, Deutschland und Skandinavien, bringt – idyllisch gehöht und sentimental verbrämt – ein doppeltes, zwischen zwei Männern und zwei Frauen sich entwickelndes Dreieckverhältnis zur Darstellung[189]. Als Protagonisten führt der Erzähler einen zwielichtigen Abenteurer namens Eduard Spiro vor, der «wie ein neuer Irrstern aus den Tiefen des Himmels» unter den biedern Bürgern der Stadt auftaucht und diese mit einem bis anhin unbekannten «Sport» vertraut macht – mit der «Luftschiffahrt[190]». Spiro – von der Damenwelt heimlich bewundert, von den Männern mit Misstrauen beobachtet – führt einen Freiballon mit sich, möchte von St. Jakob aus einige Schauflüge unternehmen und lässt zu diesem Zweck unter der

188 Hier zitiert nach H. Jacobius, *Luftschiff und Pegasus* (Halle 1909), p. 128.

189 J.C. Heer, *Da träumen sie von Lieb' und Glück!* (Stuttgart 1910).

190 Heer versteht unter dem Begriff «Luftschiffahrt» ausschliesslich das *Ballonfahren;* die Bezeichnung «Luftschiff» wird in der Novelle verschiedentlich (unzutreffend) als Synonym für *Ballon* verwendet.

Bevölkerung nach interessierten Mitfahrern fragen. Als Kandidat meldet sich, beauftragt vom ortsansässigen Offiziersverein, der junge, aus guter Familie stammende Hauptmann Walter Meiss zur Teilnahme an Spiros erstem Aufstieg, um die militärische Tauglichkeit (und eventuelle Verwendbarkeit) des Ballons für die schweizerische Landesverteidigung zu prüfen. Die Fahrt verläuft – zwei weitere Passagiere haben sich Meiss angeschlossen – ohne nennenswerte Zwischenfälle; rasch steigt Spiros *Sirius* auf dreitausend, auf dreieinhalbtausend Meter. Walter Meiss erfährt dabei (so der Autor) –

> das Eigenartige einer Luftschiffahrt, namentlich der ersten, dass die erregte Seele keinen Gedanken, auch nicht den stärksten, lange festzuhalten vermag. Zu rasch wechseln die Bilder, zerstreuen die Sinne und lösen sie in ein träumendes Staunen auf. So ging es ihm. Auch erinnerte er sich seiner militärischen Aufgabe. Während ihm der Kapitän von Zeit zu Zeit die Höhenangaben machte, hielt er die Karten ausgebreitet, mass mit dem Zirkel Entfernungen, prüfte die Sichtbarkeit der Gegenstände im Land, stellte mit einem kleinen Theodolit allerlei Winkel fest und notierte sich vieles, musste sich aber gestehen, dass die Beschäftigung mit Instrument und Blatt im Luftschiff Schwierigkeiten bietet, gleichsam nur ein Tasten im Traume ist. Die Gegensätze der Weite des Blicks und der Enge des Papiers sind zu gross.

Auf diese Beobachtung – sie gilt dem Ersterlebnis einer dynamischen Vogelschau, in der sich Nächstes mit Fernstem verbindet – lässt HEER einen Bordbericht folgen, der deutlich macht, wie beim Höhenflug – durch die neue exzentrische Position des Menschen – die Weltsicht relativiert, die Welterfahrung modifiziert wird:

Wie weit hinten lag St. Jakob, noch klar sichtbar, aber wie zu einem Kieselhäufchen zusammengeschrumpft! Eine unendliche Zahl weisser Punkte lag ins Land gesprenkelt, sie waren miteinander verbunden durch weisse und schwarze Fäden. Auf den schwarzen Fäden krochen schwarze Raupen, auf den weissen rieselte da und dort ein dunkles Sandkorn dahin. Die grossen Tupfen waren Städte, die kleinen Dörfer, die weissen Fäden waren Strassen, die rollenden Körner Wanderer, die schwarzen Fäden aber waren Eisenbahnen, die Raupen, die darauf krochen, Bahnzüge – alle Gegenstände so klein, als wären sie das Spielzeug bloss ameisengrosser Zwerge. Wie auf einer von unsichtbarer Hand langsam und stetig von West nach Ost gezogenen Landkarte glitten sie unter den

Fahrenden hinweg. Der «Sirius» schien sich nicht zu rühren, sondern fest wie eine goldene Ampel am Himmel zu hangen, nur das Land wanderte wie in sanftem Strömen dahin. Über das Land glitt geisterhaft der Schatten des Ballons. Hügel und Berge tauchten im westlichen Vordergrund vor den Luftschiffern auf, zogen heran, sanken vor dem «Sirius» in die Tiefe, legten sich unter ihm in die Ebene und erhoben sich wieder hinter ihm aufwachsend in schöne und stattliche Formen. Ein Vergleich zwischen der Karte und dem ostwärts ziehenden Land oder der Blick auf einen westwärts fahrenden Eisenbahnzug belehrte die Reisenden, dass das Luftschiff in einem kräftigen Oststrom des Windes, von dem sie nichts spürten, so rasch wanderte wie ein Zug[191].

Vergegenwärtigt man sich etwa die leidenschaftliche (gleichzeitig mit HEERS ‹Schweizer Novelle› entstandene) Schilderung des Flugs über Pisa, wie D'ANNUNZIO sie in ‹*Vielleicht, vielleicht auch nicht*› vorlegt, so wirkt der glanzlose, durch naive Tiervergleiche und Miniaturisierungsversuche strapazierte Bericht aus Spiros *Sirius* recht unbeholfen, jedenfalls – überholt; dennoch vermag HEER jenes Gefühl des Stillstands wiederzugeben, welches sich, auch bei schnellem Flug, mit zunehmender Höhe verstärkt und die Relativität des Zeit-Raum-Kontinuums physisch spürbar werden lässt. – Wie der Autor seine Handlung im weiteren entwickelt und dass er sie, über eine Reihe stereotyper Peripetien, einem kleinbürgerlichen Happy-End im Stil der COURTHS-MAHLER zuführt, kann hier kein Interesse mehr beanspruchen: erwähnenswert ist lediglich die Tatsache, dass HEER – offenbar im Dialog mit ADALBERT STIFTER, dessen gestalterisches Vermögen er jedoch an keiner Stelle erreicht – auf das ‹Tagstück› aus dem ‹*Condor*› (1840) Bezug nimmt, wenn er die junge Germaine Mercot als Ballonfahrerin an Spiros Seite zeigt, um (gegenüber der braven und ängstlichen Klothilde Geissberger) den Typ der emanzipierten Frau herauszustellen, die ihren Willen kompromisslos und unkonventionell durchzusetzen weiss.

Ein «junges Mädchen» ist auch – nebst dem «Kapitän» und einem namenlosen «Herrn» – an jener Ballonfahrt beteiligt, die ROBERT WALSER 1908 während seines Berliner Aufenthalts, in einer Meistererzählung von höchstem Rang beschrieben hat[192]. Es ist anzunehmen,

---

191 J.C. Heer, *op. cit.*, pp. 40; 41–42.
192 Zuerst erschienen in *Neue Rundschau* (September 1908); im folgenden zitiert nach R. Walser, *Das Gesamtwerk* (Genf &c s. a.), I, pp. 304–307. – Zu Walser Aufenthalt in Berlin *v.* R. Mächler, *Das Leben Robert Walsers* (Genf &c 1966), pp. 108–115.

dass WALSERS Interesse für die moderne Luftfahrt durch das rege Fluggeschehen auf dem von Berlin aus leicht erreichbaren, südöstlich der Stadt gelegenen Versuchsgelände von Johannisthal angeregt und wachgehalten wurde; vermutlich war es dieses vorübergehende, episodisch gebliebene Interesse, welches bei WALSER die Reminiszenz an STIFTERS ‹Condor› ausgelöst hat – die ‹Ballonfahrt› ist ohne dessen grosses Vorbild kaum zu denken. WALSERS kurze Prosa ist, wie der erste Teil der ‹Condor›-Studie, als «Nachtstück» konzipiert und mit ebenso grandiosen wie schlichten Metaphern aus einem archetypisch-weiblichen *régime nocturne* angereichert:

> Die schöne Mondnacht scheint den prachtvollen Ballon in unsichtbare Arme zu nehmen, sanft und still fliegt der rundliche Körper zur Höhe, und nun wird er, kaum, dass man es bemerkt, von feinen Winden nördlich getrieben. [...] Wie schön ist die runde, blasse, dunkle Tiefe. Das liebe, bedeutsame Mondlicht macht die Flüsse silbern kenntlich. Man sieht Häuser da unten, so klein, dem unschuldigen Spielzeug ähnlich. Die Wälder scheinen dunkle, uralte Lieder zu singen, aber dieser Gesang mutet eher wie eine edle, stumme Wissenschaft an. Das Bild sieht den Zügen eines schlafenden, grossen Mannes ähnlich, wenigstens träumt so das jugendliche Mädchen, es lässt seine bezaubernde Hand träge über den Rand des Korbes herabhängen.

Bei der nachfolgenden Fahrtbeschreibung erreicht ROBERT WALSER eine geradezu visionäre Intensität des Blicks *aus der Höhe* (der stets, fasziniert, *in die Tiefe* gerichtet bleibt) – eine optische Intensität, die, durch das Dunkel der Nacht noch gesteigert, auch die psychischen Dimensionen des sich darbietenden Weltbilds erfasst:

> Bekanntes und unbekanntes Menschenleid scheint von unten heraufzumurmeln. Die Einsamkeit verlorener Gegenden hat ihren besonderen Ton, und man meint, dieses Besondere, dieses Unverständliche verstehen, ja sogar sehen zu sollen. [...] Schöne, verlokkende Tiefe! Man hat schon unzählige Stücke Wälder und Felder hinter sich, es ist jetzt Mitternacht. [...] Man sieht in Gegenden hinunter, in die einen der Fuss nie, nie hineintrüge, weil man in gewissen, ja, in den meisten Gegenden nie etwas Zweckvolles zu suchen hat.

Und mit dem Hochdämmern des Morgens – mit einem vertrauten und dennoch unheimlichen Idyll – schliesst auch WALSERS Geschichte:

Es zeigen sich jetzt Farben, und die Dinge werden bestimmter. Man sieht Seen in ihren zeichnerischen Umrissen, wundervoll zwischen Wäldern verborgen, man erblickt Ruinen alter Festungen zwischen altem Laubwerk hochaufragen; Hügel erheben sich fast spurlos, Schwäne sieht man weisslich im Gewässer zittern, und Stimmen des menschlichen Lebens werden sympathisch laut, und man fliegt immer weiter, und endlich zeigt sich die herrliche Sonne, und von diesem stolzen Gestirn angezogen schiesst der Ballon in die zauberische, schwindelerregende Höhe. Das Mädchen stösst einen Schreckensschrei aus. Die Männer lachen.

Im Finale der WALSERschen Ballonfahrt ist STIFTERS Flugvision – bei Vorwegnahme und souveräner Verwendung kafkaesker Erzählmittel – noch einmal resümiert.

Im Flugjahr 1909 setzte man in der Schweiz – anders als in Frankreich, ähnlich wie in Deutschland – weiterhin auf das Prinzip «leichter als Luft» und damit auf die Zukunft des Ballons, des lenkbaren Luftschiffs[193]. Das motorisierte Flugzeug (in der schweizerischen Tages- und Fachpresse gewöhnlich als «Flugmaschine» oder «Drachenflieger» bezeichnet) war damals im eidgenössischen Luftraum noch immer eine höchst ungewöhnliche Erscheinung, erfuhr aber doch, vor allem in militärischen Kreisen, eine gewisse (wenn auch lediglich verbale) Förderung. Wettbewerbs- und Schauflüge, wie sie an den Meetings von Reims, Brescia oder Berlin gezeigt wurden, waren vor 1910 in der Schweiz nicht zu sehen.* Festzuhalten ist jedoch, dass sich zu jener Zeit verschiedene Flugapparate – so etwa der Dreidecker von PAUL BORGNIS, die Doppeldecker von MAIRE und DUFAUX, die Drachenflieger von LIWENTAAL und RECH – im Bau, beziehungsweise im Stadium praktischer Erprobung befanden; dem internationalen Vergleich konnte allerdings keine der schweizerischen Originalkonstruktionen standhalten: die 1909 unternommenen, recht zahlreichen Testflüge endeten ausnahmslos mit enttäuschenden Resultaten, teilweise mit spektakulären Unfällen (LIWENTAAL; HENRY DUFAUX)[194].

Gerade der wenig befriedigende Entwicklungsstand der motorisierten Fliegerei scheint Grund und Anlass dafür gewesen zu sein, dass im selben Jahr – 1909 – gleichzeitig mehrere Institutionen und Organisatio-

---

[193] V. W. Eckinger, *Schweizer Flug-Chronik* (Dübendorf [ca.] 1940), pp. 11–13.

[194] V. E. Tilgenkamp, *Schweizer Luftfahrt* (Zch 1941/42), II, pp. 94–124.

* Abb. 5

nen zur Förderung der schweizerischen Luftfahrt begründet wurden. In Olten trat die konstituierende Versammlung der Eidgenössischen Nationalliga für Luftschiffahrt zusammen; es kam zur Gründung verschiedener Flugvereine («Aero-Gesellschaft Giovanni Segantini»; «Club Suisse d'Aviation»; «Flugsportclub Rorschach»); an der ETH Zürich wurde erstmals (von AFFOLTER) eine Vorlesung «über die Theorie der lenkbaren Luftschiffe und Aeroplane» gehalten. – Schon 1910 gelang dann der schweizerischen Aviatik (mit der Längsüberfliegung des Genfersees* – 66 km in 55 Minuten – durch ARMAND DUFAUX auf einem Rumpfdoppeldecker eigener Konstruktion) der Anschluss an die ausländische Konkurrenz[195].

# 11

In weit höherem Mass als die Schweiz hatte, um 1909, Österreich-Ungarn als eine entlegene Provinz des internationalen Fluggeschehens zu gelten. Zwar gab es in der k.-k. Monarchie bereits mehrere «Aero-Klubs», in Wien bestanden eine «Aeronautische Anstalt» und ein «Flugtechnischer Verein», es gab eine «Österreichische Aeronautische Kommission», ein Direktorium zur Durchführung militärisch-aeronautischer Kurse sowie, im publizistischen Bereich, ein «unabhängiges Fachblatt für Luftschiffahrt und Fliegekunst», welches damals, redigiert von VICTOR SILBERER, unter dem Titel ‹Wiener Luftschiffer-Zeitung› im achten Jahrgang erschien, doch die österreichisch-ungarische Luftfahrt lag, in Theorie und Praxis, deutlich hinter Frankreich und Deutschland, hinter Italien und der Schweiz (auch hinter Russland) zurück: sie war im wesentlichen eine Liebhaberei des Adels und der neureichen Finanzaristokratie, wurde in militärischen Kreisen mit Wohlwollen beobachtet, jedoch nicht merklich gefördert und blieb auf einen vergleichsweise bescheidenen Park konventioneller Luftfahrzeuge – zumeist private Freiballons – beschränkt[196]. Auch in technischer

---

[195] W. Eckinger, *op. cit.*, pp. 70–71. – *Cf.* auch (zur schweizerischen Luftfahrt allgemein) E. Tilgenkamp, *Schweizer Luftfahrt* (Zch 1941–1944), I–III. W. Bierbaum, *Im Aeroplan über die Alpen* (Zch 1910).

[196] *V.* etwa die redaktionelle Notiz ‹Wiener Aëro-Klub›, *Wiener Luftschiffer-Zeitung*, 1909, X, pp. 165–166. – *Cf.* im weitern H. v. Orelli, ‹Flugtechnik in Oesterreich›, *Illustrierte Aeronautische Mitteilungen*, 1909, pp. 378–379; [-u-], ‹Der Flugsport in Oesterreich-Ungarn›, *Flugsport*, 1909, VI, pp. 186–188.

* Abb. 6

Hinsicht war das habsburgische Grossreich, dessen degenerativen Zerfall KARL KRAUS schon damals mit visionärem Scharfblick als eine Krankheit zum Tode diagnostiziert hatte, eine «Welt von gestern».

> Es war eine geordnete Welt mit klaren Schichtungen und gelassenen Übergängen, eine Welt ohne Hast. Der Rhythmus der neuen Geschwindigkeit hatte sich noch nicht von den Maschinen, von dem Auto, dem Telephon, dem Radio, dem Flugzeug auf den Menschen übertragen, Zeit und Alter hatten ein anderes Mass[197].

So konnte HUGO VON HOFMANNSTHAL noch 1908, als den Brüdern WRIGHT über amerikanischem und europäischem Boden bereits eine längere Erfolgsserie motorisierter Flüge gelungen war, im Grafen ZEPPELIN eine moderne Symbolgestalt von existentiellem Pathos erkennen, eine soldatisch-mutige, ausdauernde und aufopfernde «Figur», welche er, «der Dichter», als zutiefst «beseligend», als «eine Synthese zwischen sittlicher Kraft und Materie» dankbar rühmte:

> Ein Mensch wie dieser [Zeppelin] macht für einen Augenblick Mutige aus uns. Das ist die «Produktivität der Taten», von der GOETHE zu ECKERMANN redet, als dieser sich verwundert, dass man ein Phänomen wie NAPOLEON ebenso kostbar finden könne als ein Phänomen wie KANT. Ein Mensch dieser Art tut mehr für das Sittliche der Generation, die ihn erlebt, als sich abmessen lässt[198].

HOFMANNSTHALS nietzscheanisch-d'annunzianische Heldenverehrung wirkt, bezogen auf den alten ZEPPELIN, eher peinlich, konnte aber wohl nicht anders ausfallen, da im kulturellen und gesellschaftlichen Leben der Monarchie sowohl der moderne Herrenflieger vom Typ des Paolo Tarsis wie auch der (etwa von BLÉRIOT oder FERBER verkörperte) Typ eines neuen *homo faber* noch unbekannte Grössen waren: «Donnerstag den 22. April [1909], ist in Wien zum ersten Male ein Mensch mit einer Flugmaschine geflogen». Solches konnte SILBERER in seiner ‹Luftschiffer-Zeitung› berichten, nachdem der französische Flugpionier LEGAGNEUX «nächst den Kaisermühlen» auf einem Apparat FARMANSCHER Bauart ein recht beschämendes Debüt gegeben hatte[199]. Die Lokal-

---

197 S. Zweig, *Die Welt von gestern* (Stockholm 1946), p. 42.
198 H. von Hofmannsthal, ‹Zeppelin› [1908]; hier zitiert nach id., *Prosa* (Ffm 1959), II, pp. 355-357.
199 [Red.], ‹Der erste Flug in Wien!›, *Wiener Luftschiffer-Zeitung*, 1909, IX, pp. 148-149.

presse, von fliegerischen Erfolgen über eigenem Boden nicht eben verwöhnt, wusste das Ereignis als grandiose Tat zu präsentieren: «Er ist geflogen, wahr und wahrhaftig geflogen! In einer Höhe von 1½ bis 2 m über dem Erdboden hat heute früh LEGAGNEUX [...] eine Strecke von nahezu 300 m fliegend zurückgelegt[200].»

Nochmals verging ein halbes Jahr, bis VICTOR SILBERER, der kritische, gelegentlich hart abrechnende Kommentator des in ganz Europa chronisch gewordenen «Luftschiffer-Fiebers»[201], einen echten Erfolg – die Wiener Schauflüge von BLÉRIOT – registrieren konnte:

> Wien ist spät dazu gekommen, den Menschenflug zu sehen. Aber das Zaudern hatte sein Gutes: was LOUIS BLÉRIOT am Nachmittag des 23. Oktober [1909] auf der Simmeringer Heide zeigte, war vollendet, die dreimalhunderttausend Wiener, die das entlegene Flugfeld umsäumten, empfingen den Eindruck des neuen Wunders in seiner ganzen Grösse, sie sahen nicht erst, wie die Luft erobert wird, sondern dass sie erobert ist. Zu Flugversuchen sind die Wiener – abgesehen von der kläglichen Produktion des FARMAN-schen Apparates mit Legagneux, die vom Flug so gut wie gar nichts an sich hatte – niemals eingeladen worden; die Stadien des Vorbereitens, des Tastens blieben ihnen fremd, der erste Flieger, der in Wien erschien, war darüber hinaus, Versuche ankündigen zu müssen, war seiner Sache sicher, er konnte fliegen. Man sah das neue, buchstäblich himmelstürmende Werk des Menschengeistes unvermittelt vor sich und genoss seine Grossartigkeit wie den Anblick eines Berges, der unmittelbar aus der Ebene emporragt; und vollkommen wie seine Leistung war denn auch der Triumph des Mannes, der sie vollbrachte.

Der von HOFMANNSTHAL mit viel Pathos heroisierte ZEPPELIN tritt nun – nach BLÉRIOTS präzisen Demonstrationen – selbst in Wien hinter den «echten modernen Arbeiter» zurück, «der mit ruhiger Energie studiert und probiert, um die Pläne einer kühnen Phantasie in Wirklichkeit umzusetzen[202]».

Dass der vom rasch um sich greifenden Flugenthusiasmus ausgelöste Fortschrittsoptimismus selbst in Aviatikerkreisen keineswegs – auch nach BLÉRIOTS Kanalflug – vorbehaltslos geteilt wurde, geht aus einem

---

200 So das *Wiener Fremdenblatt* (nach H. Silberer, *art. cit.*, p. 148).

201 [Red.], ‹Der erste Schauflug in Wien: Riesenfiasko und – Ende›, *Wiener Luftschiffer-Zeitung*, 1909, XII, p. 204.

202 [Red.], ‹Blériot in Wien›, *Wiener Luftschiffer-Zeitung*, 1909, XXI, pp. 389-391.

Grundsatzartikel der ‹Wiener Luftschiffer-Zeitung› hervor, der mit der Warnung schliesst, man möge von den zunehmend höher werdenden Geschwindigkeiten der Verkehrsmittel und namentlich des Flugzeugs keinen entsprechenden Gewinn an Zeit – somit auch an Geld! – erwarten; das Gegenteil werde der Fall sein:

> Die Schreier merken nicht, dass sie sich im Kreise bewegen wie Brunnenpferde. Tatsache ist, dass, *je toller die «Verkehrsmittel»* (o berauschendes Wort!) *hin und her sausen, die Menschen immer weniger Zeit haben.* Ja, unser Zeitalter ist geradezu dadurch charakterisiert, dass man «keine Zeit» hat[203].

Ein anderer Warner, KARL KRAUS, hat den Fortschritt – ebenfalls 1909, ebenfalls in Wien und ebenfalls mit einem Himmel voller Luftschiffe vor Augen – zunächst als fatale Verkehrseuphorie erkannt, welche den Zuwachs an Geschwindigkeit mit Zeit- und Geldgewinn gleichsetzt; in einem diesbezüglichen Beitrag für den Münchner ‹Simplizissimus› schreibt KRAUS:

> Es war, als ob nicht ein Ziel die Eile der Welt geboten, sondern die Eile das Ziel der Welt bedeutet hätte. Die Füsse waren weit voran, doch der Kopf blieb zurück und das Herz ermattete. Weil aber so der Fortschritt vor sich selbst anlangte und schliesslich auf Erden nicht mehr ein noch aus wusste, legte er sich eine neue Dimension bei. Er begann Luftschiffe zu bauen; doch an Garantien der Festigkeit konnte er es mit jenen, die bloss Luftschlösser bauen, nicht aufnehmen. Denn die haben die Phantasie, mit der sie selbst dann noch wirtschaften können, wenn alles schief geht. Was immer aber der Fortschritt weiter beginnen mag, ich glaube, er wird sich bei den Katastrophen des Menschengeistes nicht anstelliger zeigen, als ein Geologe beim Erdbeben. Er wird uns, wie hoch er sich auch versteige, keine Himmelsleiter errichten[204].

Für KRAUS war die Eroberung des Himmels, die Eroberung natürlichen Lebens- und Bewegungsraums durch den Menschen überhaupt – nicht mehr, aber auch nicht weniger als hybrider Frevel wider die Natur: dumm und brutal; einmal erreicht, ist das Ziel, ob Nordpol oder Mondwüste, «eine Stange, an der eine Fahne flattert, also etwas, das

---

203 H. Silberer, ‹Das Fliegen›, *Wiener Luftschiffer-Zeitung*, 1909, XVII, pp. 289-291; Hervorhebung von mir, F.P.I.

204 K. Kraus, ‹Der Fortschritt› [1909]; hier zitiert nach id., *Grimassen* (s.l., s.a.), pp. 226-231.

ärmer ist als das Nichts, eine Krücke der Erfüllung und eine Schranke der Vorstellung», denn die «Bescheidenheit des menschlichen Geistes ist unersättlich». Und als Fazit:

> Man hat so lange den Walrossen Gedichte vorgelesen, bis sie schliesslich die Entdeckung des Nordpols mit verständnisvollem Kopfnicken begleiteten. Denn die Dummheit war es, die den Nordpol erreicht hatte, und sieghaft flatterte ihr Banner als Zeichen, dass ihr die Welt gehört. Die Eisfelder des Geistes aber begannen zu wachsen und rückten immer weiter und dehnten sich, bis sie die ganze Erde bedeckten. Wir starben, die wir dachten[205].

Doch KARL KRAUS geht – wiederum mit Blick auf die Anfänge der motorisierten Fliegerei – noch weiter; in einem offenen Brief an sein Publikum erklärte er schon 1908, die Kriegsapokalypse der ‹Letzten Tage der Menschheit› von 1922 vorwegnehmend: *«Den Weltuntergang aber datiere ich von der Eröffnung der Luftschiffahrt.»* Und im weitern führt KRAUS, als unerbittliche Kampfansage an die kriminelle Stupidität des *homo sapiens*, mit grosser Rhetorik aus:

> Wir waren kompliziert genug, die Maschine zu bauen, und wir sind zu primitiv, uns von ihr bedienen zu lassen. Wir treiben einen Weltverkehr auf schmalspurigen Gehirnbahnen.
> Aber siehe, die Natur hat sich gegen die Versuche, eine weitere Dimension für die Zwecke der zivilisatorischen Niedertracht zu missbrauchen, aufgelehnt und den Pionieren der Unkultur zu verstehen gegeben, dass es nicht nur Maschinen gibt, sondern auch Stürme! «Hinausgeworfen ward der grosse Drache, der alle Welt verführt, geworfen ward er auf die Erde ... Er war nicht mächtig genug, einen Platz im Himmel zu behaupten.» Die Luft wollte sich verpesten, aber nicht «erobern» lassen. Michael stritt mit dem Drachen, und Michel sah zu. Vorläufig hat die Natur gesiegt. Aber sie wird als die Klügere nachgeben und einer ausgehöhlten Menschheit den Triumph gönnen, an der Erfüllung ihres Lieblingswunsches zugrundezugehen. Bis zum Betrieb der Luftschiffahrt gedulde sich das Chaos – dann kehre es wieder[206]!

205 K. Kraus, ‹Die Entdeckung des Nordpols› [1909]; *op. cit.*, pp. 259–268.
206 K. Kraus, ‹Apokalypse› [1908]; *op. cit.*, pp. 189–198.

Den schönen, in ‹*Des Luftschiffers Giannozzo Seebuch*› (1800) festgehaltenen Flugtraum JEAN PAULS hält KRAUS für ausgeträumt; die «dichterische Verklärung», welche, hundert Jahre vor der lärmigen Erstürmung des Himmels durch den «Drachen»-Flieger, den Aufstieg der Montgolfieren umgeben hat, ist hybridem Fortschritts- und Profitdenken gewichen, welches, nach KRAUS, dereinst «die Elemente empören», den Untergang der Menschheit besiegeln könnte. Dass die moderne Technik gerade dort, wo sie «zu sich selbst kommt», die Schranken und Gesetze der organischen Natur durchbricht, «den Flügelschlag durch den Propeller» ersetzt[207], hat Karl KRAUS, angesichts der raschen Perfektionierung der Flugtechnik zu primär ökonomischen und militärischen Zwecken, als einer der ersten Kulturkritiker seiner Zeit klar gesehen und ohne Beschönigung herausgestellt; KRAUS ist, da er sich um die eigene Popularität kaum bemühte, auf einsamem Posten geblieben – ähnlich wie SCHEERBART, dessen liebenswürdigen, jeanpaulisch aufgehellten Skeptizismus er, der Apokalyptiker, allerdings nicht teilen mochte: «Man träumt oft, dass man fliegen könne. Jetzt träumt es die Menschheit: aber sie spricht zu viel aus dem Schlaf[208]».

Der scharfsinnigen SCHEERBARTschen Apologie des modernen Luftkampfs ist, als sarkastischer Abgesang auf die Eroberung des Himmels (angesichts der Realität des Weltkriegs), eine Glosse von KARL KRAUS gegenüberzustellen, deren bestürzende Aktualität durch das nachstehende Zitat unterstrichen sei:

> Deutsche Sätze wie die fünf Seiten bei JEAN PAUL, in denen der Aufstieg in einer Montgolfiere beschrieben wird, können heute nicht mehr zustandekommen, weil der Gast der Lüfte nicht mehr die Ehrfurcht vor dem näheren Himmel mitbringt und bewahrt, sondern als Einbrecher der Luft die sichere Entfernung von der Erde zu einem gleichzeitigen Attentat auf diese selbst benützt. Der Aufstieg des Luftballs *[sic]* war eine Andacht, der Aufstieg des Luftschiffs ist eine Gefahr für jene, die ihn nicht mitmachen. *Weil die Luft «erobert» ist, wird die Erde bombardiert. Es ist von allen Schanden dieser Erde die grösste, dass jene einzige Erfindung, die die Menschheit den Sternen näher bringt, ausschliesslich dazu gedient hat, ihre irdische Erbärmlichkeit, als hätte sie unten nicht genügend Spielraum, noch in den Lüften zu entfalten!* Und selbst hier noch ein

207 H. Freyer, ‹Zur Philosophie der Technik›, *Blätter für deutsche Philosophie*, 1929, II, p. 199.
208 K. Kraus, *Beim Wort genommen* (Mchn 1955), p. 88.

sittlicher Rangunterschied: zwischen dem Mut, der jene grauenvolle Sicherheit, statt eines Arsenals ein Schlafzimmer zu treffen, bestialisch bestätigt, immer von neuem vergessend, was es bedeute, und dem Fleiss, der mit der Bombe noch einen Witz hinunterschickt und gar den eines «Weihnachtsgrusses». Selbst da wieder die greuliche *Vermischung des Gebrauchsgegenstandes, nämlich der Bombe, mit dem Gemütsleben,* nämlich dem Scherz oder Gruss: der Greuel grösstes, jene äusserste Unzucht, durch die sich ein im Reglement verarmtes Leben auffrischt, die organische Entschädigung für Zucht und Sitte, der Humor des Henkers, die letzte Freiheit einer Moral, die die Liebe auf den Gerichtstisch gelegt hat[209].

Im Vergleich mit solchem Fortschrittsfazit wirkt HOFMANNSTHALS Würdigung des männlich-martialischen Muts naiv und jedenfalls weltfremd; noch im ‹*Andreas*›-Fragment, an dem HOFMANNSTHAL während zehn Jahren – ab 1907 (bis 1911), dann wieder von 1912 und sporadisch bis zum Kriegsende – gearbeitet hat, findet die Elevation des Menschen zur Herrlichkeit und zur schöpferischen Ekstase in der abgenutzten zoomorphen Metapher vom majestätisch kreisenden Adler ihren unzeitgemässen Ausdruck:

> Andreas war zumut wie noch nie in der Natur. Ihm war, als wäre diese mit einem Schlag aus ihm selber hervorgestiegen: *diese Macht, dies Empordrängen, diese Reinheit zuoberst.* Der herrliche Vogel schwebte oben allein noch im Licht, mit ausgebreiteten Fittichen zog er langsame Kreise, der sah alles von dort wo er schwebte, sah noch ins Finazzertal hinein, und der Hof, das Dorf, die Gräber von Romanas Geschwistern waren seinem durchdringenden Blick nahe wie diese Bergschluchten, in deren bläuliche Schatten er hinabäugte, nach einem jungen Reh oder einer verlaufenen Ziege.

HOFMANNSTHAL, der in seinem ‹*Brief des Lord Chandos an Francis Bacon*› (1902) den Zerfall der sichtbaren Welt «in Teile» und «wieder in Teile» beklagt hatte, ersetzt nun die vereinzelnde Lupenoptik durch

---

209 *Op. cit.,* p. 402; Hervorhebungen von mir, *F.P.I.;* entsprechende Texte über den Krieg, die Technik und die Kriegstechnik *v.* in K. Kraus, *Weltgericht* (Mchn &c *s. a.*).

den Blick von oben, in dem die Vereinigung und Vereinheitlichung der auseinandergebrochenen Welt-Teile erneut möglich zu werden scheint:

> Andreas umfing den Vogel, ja er schwang sich auf zu ihm mit einem beseligten Gefühl. Nicht in das Tier hinein zwang es ihn diesmal, nur des Tieres höchste Gewalt und Gabe fühlte er auch in seine Seele fliessen. Jede Verdunkelung, jede Stockung wich von ihm. Er ahnte, dass ein Blick von hoch genug alle Getrennten vereinigt und dass die Einsamkeit nur eine Täuschung ist. [...] Eine unsagbare Sicherheit fiel ihn an: es war der glücklichste Augenblick seines Lebens[210].

Hier ist jenes zarathustrische Streben nach dem «höheren Menschen», jenes fatale Warten auf den Mann von Mut noch nicht überwunden, von dem NIETZSCHE – schon er durch die Optik der «Adlers-Augen» zur Illusion verführt – allzu wortgewaltig kündet:

> Habt ihr Mut, o meine Brüder? Seid ihr herzhaft? *Nicht* Mut vor Zeugen, sondern Einsiedler- und Adler-Mut, dem auch kein Gott mehr zusieht?
> Kalte Seelen, Maultiere, Blinde, Trunkene heissen mir nicht herzhaft. Herz hat, wer Furcht kennt, aber Furcht *zwingt;* wer den Abgrund sieht, aber mit *Stolz.*
> Wer den Abgrund sieht, aber mit Adlers-Augen, – wer mit Adlers-Krallen den Abgrund *fasst:* der hat Mut[211]. –

NIETZSCHES und HOFMANNSTHALS hohe Lieder auf den Mutigen – Zarathustra oder Zeppelin? – wurden durch die Realität der modernen Kriegführung rasch relativiert, ja: sogar in ihr Gegenteil verkehrt; auch hier brachten die neuen Waffensysteme und Waffengattungen, vor allem der Einsatz von Bombenflugzeugen, schon im Ersten Weltkrieg eine totale, bis heute weiterwirkende Umwertung früherer Werte und Wertvorstellungen mit sich. *Wer* ist der letztlich Mutige? Die Antwort gibt wiederum KARL KRAUS, der klarer und früher als die meisten seiner Zeitgenossen erkannt hat, was von der Moral der Mutigen zu halten ist:

---

210 H. von Hofmannsthal, «Andreas» (Fragment eines Romans, 1907/1911–1912/1918); hier zitiert nach dem Erstdruck in *Corona*, I, 1930, i, pp. 7–50; Hervorhebung von mir, *F.P.I.*

211 F. Nietzsche, *Werke* (Mchn 1963), II, p. 524.

Heldentum ist heute der Zwang, den Tod zu erwarten. [...] Ist Mut auch der Wille, der den Zwang verhängt? Dieser lässt nur noch die Freiheit, anonym den Tod über den andern zu verhängen. Ist auch dieses Mut? [...] Wenn Mut überhaupt im Bereich physischer Auseinandersetzung denkbar ist, so könnte er wohl eher dem Unbewaffneten zuzuschreiben sein, der dem Bewaffneten gegenübersteht, als umgekehrt. Die so entwickelte Waffe bedingt es nun, dass der Mensch im neuen Kriege zugleich bewaffnet und unbewaffnet ist, indem er noch eine Waffe gebraucht, gegen die er persönlich unwehrlos *[sic]* ist, zugleich ein Feigling und ein Held. [...] Die neue Waffe setzt den höchsten Mut bei dem voraus, den sie bedroht, und die höchste Feigheit bei dem, der sie anwendet[212].

## 12

Der Einsatz von Luftfahrzeugen zu militärischen Zwecken war, schon um 1909, auch im zaristischen Russland ein dringliches, obwohl materiell keineswegs gesichertes Postulat höchster Regierungs- und Armeefunktionäre, was zur Folge hatte, dass einerseits die flugtechnische Forschung nachhaltig gefördert und andererseits der Flugsport bereits in seinen ersten Anfängen mit staatlicher Unterstützung als paramilitärisches Unternehmen organisiert wurde. Der Zar selbst anerkannte 1909 den Allrussischen Aero-Club als einen «kaiserlichen» *(imperatorskij)* Verein und versicherte diesen der Unterstützung durch den Hof[213]. Das Organ des Aero-Clubs, die Zeitschrift ‹*Der Luftschiffer*› (Vozduchoplavatel') brachte noch im selben Jahr eine grosse Abhandlung des Titels ‹*Lenkbare Luftschiffe und der Krieg*› zum Abdruck[214], eine Arbeit, der bereits die Einzelpublikation von BOROZDIN über die «zeitgenössische Luftschiffahrt und deren Anwendung zu Kriegszwecken» vorangegan-

212 K. Kraus, *Beim Wort genommen* (Mchn 1955), pp. 439–440.
213 Der Allrussische Aero-Club (‹Vserossijskij Aèro-Klub›, gegründet 1904) wurde um 1909 von Graf I.V. Stenbok-Fermor präsidiert; zu den rund 200 Mitgliedern gehörten damals so einflussreiche Persönlichkeiten wie P.A. Stolypin (Ministerpräsident), Fürst P.N. Trubeckoj, Fürstin Z.A. Šachovskaja, L.K. Artomonov (Armeegeneral) und Graf D.M. Grabbe (Staatssekretär); v. das Protokoll der IV. Generalversammlung des Aero-Clubs (15.XII.1908) sowie die Mitgliederliste in der Zeitschrift *Vozduchoplavatel'*, 1909, I, pp. 33–37; 1909, XI, pp. 812–816.
214 S.A. Nemčenko, ‹Upravljaemye aèrostaty i vojna›, *Vozduchoplavatel'*, 1909, XII, pp. 858–871.

gen war[215]. Als Auftragsarbeit des russischen Kriegsministeriums hatte V. V. TATARINOV einen der frühsten Helikoptertypen überhaupt entwikkelt und ein entsprechendes Testmodell gebaut, welches er im Sommer 1909 – erfolglos und daher bald schon heftig angefeindet – offiziell vorführte[216].

Der allgemeine (theoretische wie praktische) Entwicklungsstand der russischen Fliegerei um 1909 wurde von einem redaktionellen Mitarbeiter der damals neugegründeten Moskauer Zeitschrift für ‹Luftschiffahrt und Sport› (Vozduchoplavanie i sport) wie folgt beschrieben: «[...] wir bummeln jetzt in Sachen Eroberung der Luft zuhinterst am Schwanz, wir bringen in dieser Richtung nicht nur nichts Neues hervor, sondern wissen nicht einmal fremde Versuche ordentlich nachzuahmen[217].»

Diese ungünstige Bilanz ist vom Verfasser wohl bewusst polemisch pointiert worden, um die Flaute, in der sich die russische Fliegerei nach den Pionierleistungen eines Možajskij offensichtlich befand[218], wenigstens verbal etwas zu beleben. Dennoch kann, aus heutiger Sicht, unterstrichen werden, dass Russland im internationalen Vergleich auch um 1909 keineswegs «am Schwanz» der fliegerischen Entwicklung stand – eine Tatsache, welche durch die nachfolgenden Fortschritte (namentlich im Bereich der Aerodynamik und der russischen Flugtechnik) bestätigt wurde[219].

215 N. Borozdin, *Zavoevanie vozdušnoj stichii* (Varšava 1909).
216 V. N-v, ‹22 avgusta i Tatarinov›, *Vozduchoplavatel'*, 1909, VIII, pp. 512-516; kurz zuvor war in *Vozduchoplavatel'* (1909, VI-VII, pp. 417-426) die russische Übersetzung eines Patents (für «rein dynamischen Flug») veröffentlicht worden, welches Tatarinov in Frankreich angemeldet hatte. – Zu Tatarinovs peinlichem Misserfolg bei der Vorführung seines unausgereiften Modells v. den kritischen Bericht in *Illustrierte Aeronautische Mitteilungen*, 1909, pp. 859-860.
217 ‹Iz istorii vozduchoplavanija v Rossii›, *Vozduchoplavanie i sport*, 1909, 24.IX., Nr. 1.
218 A.F. Možajskij, Offizier der Russischen Kaiserlichen Flotte, hatte schon 1881 das Patent für einen grossdimensionierten Flugapparat *(vozduchoplavatel'nyj snarjad)* erhalten; 1885 wurde die Maschine von Možajskij selbst konstruiert und getestet, doch ging sie beim ersten Startversuch in Brüche. Ob Možajskij damals tatsächlich geflogen ist, bleibt umstritten.
219 *V.* zur Entwicklung der motorisierten Fliegerei, der Flugtechnik und der Flugzeugindustrie in Russland (vor dem Ersten Weltkrieg): V.A. Popov (ed.), *Vozduchoplavanie i aviacija v Rossii do 1917 goda* (M 1956); N. Morozov, *Sredi oblakov* (L 1925); D.I. Vinogradov, ‹Vozduchoplavanie›, in *Ènciklopedičeskij slovar' Izd-stva ‹Granat›* (M ⁷[1911]), X, Sp. 671-708, besonders (über den aktuellen Stand der motorisierten Luftfahrt) Sp. 695-708 (mit Bibliogr.); V. Najdenov, ‹Aèroplan v svoem istoričeskom razvitii i ego èlementarnaja teorija›, *Vozduchoplavatel'*, 1909, II-III/IV (in Fortsetzungen); *cf.* auch *infra*, ‹Schriftenverzeichnis›.

Im übrigen bezeugen zahlreiche Publikationen – darunter eine reiche Auswahl französischer und deutscher Fachliteratur in russischer Übersetzung[220] – das Interesse weiter Kreise an wissenschaftlich-technischen sowie an historischen Fragen der Luftfahrt: ab 1909 erschienen in mehreren Städten Russlands – von Odessa bis St.Petersburg – neue, gewöhnlich von den ortsansässigen Sektionen des Aero-Clubs begründete und herausgegebene Zeitschriften, deren Beiträge primär der Theorie und Praxis moderner Fliegerei galten; 1909, nach jahrelangen fliegerischen Selbstversuchen, veröffentlichte N.B. DELAUNAY (Delone), Professor der Mechanik an der Technischen Hochschule in Kiev, eine populäre – zugleich die grundlegende, damals allerdings noch umstrittene – Anleitung zum Bau und zum Betrieb leichter Segelflugzeuge (*planery*, von frz. «planeurs»[221]); ebenfalls 1909 brachte B.N. VOROB'EV den ersten Band seiner ‹*Bibliothek der Luftschiffahrt*› heraus, eines verlegerischen Unternehmens, das, redaktionell von JU.N. GERMAN betreut, bis 1913 Bestand hatte[222]. – VOROB'EV zählte im übrigen zu den führenden Mitarbeitern des 1909 von S.S. ŠČETININ in Petersburg eröffneten Flugzeugwerks, der ersten russischen Fabrik dieser Art überhaupt (1-oe Rossijskoe Tovariščestvo Vozduchoplavanija), und er war es, dem wenig später die bedeutsame Unterstützung KONSTANTIN CIOLKOVSKIJS, des theoretischen Begründers der Astronautik, zuteil wurde; in einem persönlichen Brief an VOROB'EV fasste CIOLKOVSKIJ seinen grossen utopischen Entwurf (dessen Verwirklichung erst nach dem Zweiten Weltkrieg eingeleitet wurde) als schlichtes Credo zusammen: «[...] die Menschheit wird nicht ewig auf Erden bleiben, vielmehr wird sie auf ihrer Jagd nach Licht und nach Weite, zunächst noch bescheiden, über die Grenzen der Atmosphäre hinausdringen, um sich daraufhin den gesamten Raum des Sonnensystems *[vsë okolosolnečnoe prostranstvo]* zu erobern[223].»

220 U.a. A. Bauman, *Rasčet aëroplanov* (SPb 1909); A. fon-Parseval'. *Aërostaty i aëroplany* (SPb 1909); prof. Maršis, *Čelovek-ptica* (SPb 1910).

221 N.B. Delone. *Ustrojstvo deševago i legkago planera i sposoby letanija na nem* (Kiev 1909).

222 *Biblioteka Vozduchoplavanija/ Bibliothèque de Navigation aérienne* (1909*sqq*, Nr. 1*sqq*), ab 1910 (Nr. 10*sqq*) unter dem Titel *Vestnik vozduchoplavanija* in SPb erschienen.

223 Zitiert (und übersetzt) nach B.N. Vorob'ev, ‹Vstreči s Konstantinom Ciolkovskim›, in *Ciolkovskij v vospominanijach sovremennikov* (Tula 1971), p. 31; Ciolkovskijs Brief ist von 1911 datiert.

Während noch um 1909 keine Flugmaschine russischen Typs auch nur annähernd die Leistungsfähigkeit ausländischer Apparate erreichte[224], hatte der in Moskau wirkende Physiker N.E. ŽUKOVSKIJ bereits ‹Die theoretischen Grundlagen der Aeronautik› erarbeitet und damit internationale Anerkennung gefunden. Als erster Forscher überhaupt hatte ŽUKOVSKIJ das Experiment als integrierten Teil wissenschaftlicher Methodik im Bereich der Aeromechanik eingeführt: unter ŽUKOVSKIJS Anleitung war 1902 an der Universität Moskau der erste Windkanal zu Versuchszwecken erstellt worden; 1904 hatte ŽUKOVSKIJ in Kučino (bei Moskau) ein Aerodynamisches Institut gegründet, um seine Helikoptertheorien experimentell zu überprüfen[225]. Den Höhepunkt seiner wissenschaftlichen Karriere erreichte ŽUKOVSKIJ 1909, als er in Kučino das Phänomen der Autorotation erstmals physikalisch darlegen und in einer Formel konkretisieren konnte; im selben Jahr (am 21.September 1909) hielt ŽUKOVSKIJ an der Kaiserlichen Technischen Hochschule von Moskau seine Antrittsvorlesung – in dem für 400 Hörer vorgesehenen Auditorium fanden sich, laut zeitgenössischen Berichten, 800 Studierende und Besucher ein: nicht zuletzt ein Beweis für die damals ungewöhnliche *Popularität der mechanischen Fliegerei*[226], zu deren Vätern ŽUKOVSKIJ – zumindest als Theoretiker – noch heute mit gutem Recht gezählt wird[227].

---

224 Weder der Doppeldecker von Ja.M. Gakkel' noch die Maschine von E.P. Sverčkov erwies sich 1909 als flugtüchtig; erfolgreicher waren dagegen die Gleit-Flugversuche von S.V. Muratov (auf einem Doppeldecker-Segelflugzeug), von B.I. Rossinskij (auf einem *planeur* eigener Konstruktion, mit dem 1908 die erste fliegerische Flussüberquerung in Russland [Kljaz'ma] gelungen war) und von Andrej Tupolev, dem nachmals berühmten Schüler Žukovskijs. (*V.* u.a. N. Zelenev, ‹Aviacija›, *Bol'šaja sovetskaja ènciklopedija*, M 1929, I, Sp. 155–172; mit Abb.).

225 Žukovskijs Forschungs- und Testergebnisse sind zusammengefasst im *Bulletin de l'Institut Aérodynamique de Koutchino*, I (SPb 1906); II (M 1909).

226 *Cf.* etwa diese Aufzeichnung von A.M. Red'ko: «In der Tat gibt es heute manches, was sich die Weisen niemals haben träumen lassen. Und das erste, was sich vor fünf Jahren wohl niemand hätte träumen lassen, ist die Tatsache, dass man im Winter *anno domini* 1910 von zwei Dingen reden würde: von den Aeroplanen und der Seelenwanderung! ... Und wirklich – was für ein Idyll: da steigen Luftschiffe, Monoplane und Biplane auf, bemannt mit triumphierenden Piloten; und um sie herum – gefiederte *[pernatye]* Mütterchen und Grossmütterchen im Federkleid *[v per'jach]*, welche zwitschern, pfeifen und ihren Söhnen und Enkeln aus der Hand fressen!» (*Literaturno-chudožestvennye iskanija*, L 1924, p. 198).

227 S. Strijevski, *N. Joukovski* (M 1958); A. Kosmodem'janskij, *Očerki po istorii mechaniki* (M ²1964), pp. 123–221.

In einem kenntnisreich zusammenfassenden Bericht über den aktuellen Stand und die Entwicklungsperspektiven der Aviatik nach Abschluss des Flugjahrs 1909 (gewiss auch - zwar unausgesprochen - mit Berücksichtigung der jüngsten Forschungsergebnisse ŽUKOVSKIJS) zog M.L. FRANK in der angesehenen «literarisch-politischen» Monatsschrift ‹*Der russische Gedanke*› (Russkaja mysl') das folgende Fazit:

> Der erste und schwierigste Schritt ist bereits getan. Es ist gelungen, eine Bresche in jene Wand zu schlagen, welche dem Menschen bislang den Zugang zum lockenden Luftraum verschlossen hielt. Aus dem zweidimensionalen Raum - von der Erdoberfläche - ist der Mensch nun in die dritte Dimension vorgedrungen, ist endlich in den offenen Krieg um die Beherrschung des Luftmeers eingetreten. Noch handelt es sich dabei um einen Partisanenkrieg, noch wagen erst ein paar wenige die gefahrvollen Attacken, und noch viel Zeit und Arbeit, noch manch ein Opfer wird die vollständige Eroberung [des Himmels] kosten[228].

FRANKS zweideutige Verwendung militärischer Termini lässt offen, ob hier bloss - wie es in der damaligen aeronautischen Literatur durchaus üblich war - metaphorisch argumentiert wird, oder: ob der Autor auf diese Weise konkrete Anspielungen, vielleicht auch seine Befürchtungen in bezug auf die Militarisierung des Flugwesens zum Ausdruck bringt. Grund zu solchen Anspielungen und Befürchtungen gab es für aufmerksame Beobachter damals jedenfalls genug - war es doch kein geringerer als ŽUKOVSKIJ, welcher der russischen Armeeführung schon wenig später seine umfassende Theorie des Luftbombardements zur Verfügung stellte, als Beauftragter der zuständigen Behörden die bei den Patentämtern eingereichten Erfindungen auf deren militärische Nutzbarkeit hin überprüfte und schliesslich auch die theoretische Ausbildung der russischen Kampfpiloten sowie ein «fliegendes Laboratorium» (für militärische Testflüge) organisatorisch betreute[229].

Auch in Russland wurden um 1909 die ersten Flugfelder eingerichtet, die ersten Wettbewerbs- und Schauflüge durchgeführt,* die ersten Luftfahrt-Ausstellungen gezeigt, neue Komitees und Sektionen des nationa-

---

* Abb. 14

228 M.L. Frank, ‹Itogi sovremennago vozduchoplavanija›, *Russkaja mysl'*, 1910, kn. XI, otd. ii, p. 103.
229 S. Strijevski, *op. cit.*, pp. 50*sq;* 54*sqq;* zu Žukovskijs militärwissenschaftlichen Arbeiten (namentlich zu den ballistischen Studien) *cf. ibid.*, p. 50.

len Aero-Klubs gegründet. Nebst Petersburg konnte sich zu jener Zeit allein die am Schwarzen Meer gelegene Hafenstadt Odessa als bedeutendes Zentrum der russischen (und internationalen) Fliegerei behaupten; schon vor 1909 hatten dort Ballonfahrten und einzelne Versuchsflüge stattgefunden, berühmte «vaterländische» Piloten wie UTOČKIN oder A. A. VAN-DER-ŠKRUF waren in Odessa zu ihren ersten Flügen aufgestiegen[230].

Dem damaligen Fluggeschehen in und um Odessa sind zwei brillante Stücke aus JURIJ OLEŠAS Erinnerungsprosa gewidmet[231]. Als Zehnjähriger hat OLEŠA, der später zu einem Erzähler von klassischem Rang erwachsen ist, die Resonanz von BLÉRIOTS Triumph im Süden Russlands mit intensivster Anteilnahme – gleichsam physisch – erlebt und ist, fast gleichzeitig, durch einen merkwürdigen Zufall auch mit dem fliegerischen Tageshelden seiner Heimatstadt bekannt geworden – mit dem Radrennfahrer, Rekordautomobilisten, Flugzeugbauer und Piloten SERGEJ I. UTOČKIN. OLEŠAS ebenso präzises wie liebevolles Konterfei des berühmten Fliegers unterscheidet sich, bedingt nicht nur durch die kindliche Erzählperspektive, sondern auch durch die bewusst antiheroische Haltung des Autors, deutlich von jenem gängigen Bild des aristokratischen, mit übermenschlichen Zügen ausgestatteten Meisterfliegers, das in der deutschen, der italienischen, auch in der französischen Literatur noch vor dem Ersten Weltkrieg zum Klischee geworden ist. OLEŠA führt seinen UTOČKIN als *lustige*, zum Heldentum denkbar ungeeignete, daher potentiell auch *tragische* Figur vor: nicht als einen besonderen Menschen, vielmehr als – Sonderling.

> In der kleinen Bude nimmt UTOČKIN einen Erfrischungstrunk zu sich. Die Menge spricht vom grossen Rennfahrer. *«Utočkin»* – hört man. *«Rotfuchs»* – sagt man und erinnert daran, dass er stottert.
> Die Menge teilt sich. Der grosse Rennfahrer tritt heraus. Ohne Mütze. Und mit ihm noch ein paar andere Leute. Ebenfalls Rothaarige. Er führt sie an. Auf dem Velodrom hatte er Peterson besiegt, auch Bader.

---

230 [Red.], ‹Vozduchoplavanie v Rossii›, *Aëro i avtomobil'naja žizn'*, 1910, I, pp. 6–10; *cf.* auch (zur Chronologie) L. Šesterikova, *Daty istorii otečestvennoj aviacii i vozduchoplavanija* (M 1953), pp. 48–49 und *passim*.

231 *Die Kette* («Cep'», 1929); *Ich blicke in die Vergangenheit* («Ja smotrju v prošloe», 1928); im folgenden zitiert (und übersetzt) nach Ju. Oleša, *Povesti i rasskazy* (M 1965).

(Man hält ihn für einen Sonderling. Man hat ein humoristisches Verhältnis zu ihm. Niemand weiss - warum. Als einer der ersten war er auf dem Fahrrad, auf dem Motorrad, auf dem Automobil gefahren, als einer der ersten begann er zu fliegen. Man lachte. Bei seinem Flug von Petersburg nach Moskau stürzte er ab, verletzte sich schwer. Man lachte. Er war ein Champion, doch in Odessa dachte man, er ist der Stadttrottel.)
Ich schaue mir den UTOČKIN an.
Gekleidet ist er in etwas, das an einen Sack gemahnt, etwas Zerschmutztes, etwas, das glänzt und oben einen Ausschnitt hat. Er mampft noch an einer Kremschnitte. Seine Hände stecken in Lederfäustlingen. Wie Flieder bröselt das Gebäck über die Handschuhe. Persischen Flieder hat er auf seinen Lippen, auf den Wangen[232].

OLEŠAS Kindheitserlebnisse auf dem Flugfeld vor Odessa hat - 1909 - der um zwei Jahre ältere VALENTIN KATAEV mit Begeisterung geteilt, jedoch erst viel später schriftlich festgehalten; in seinem bedeutenden, an JURIJ OLEŠA anknüpfenden autobiographischen Alterswerk - vor allem in seinem Lenin-Buch sowie in der grossangelegten Bilanz eines «zerbrochenen Lebens» - vergegenwärtigt KATAEV noch einmal jenes ferne Jubeljahr, das auch für ihn durch die Namen BLÉRIOT und UTOČKIN markiert bleibt.

Wieso kommt es, dass ich auch heute deutlich das Zirpen des schwachen «Gnome» höre und den Geruch von Rizinusöl, Staub und Benzin spüre? Wieso kommt es, dass es mir so viel Vergnügen bereitet, darüber zu schreiben? Wahrscheinlich rührt das daher, dass auch ich als vierzehnjähriger Junge mich für die Luftfahrt begeisterte und im Gras lag, atemlos auf den berückenden Moment wartend, wo sich vor meinen Augen das Wunder des Aufflugs vollzog, die Verwandlung eines erdgebundenen Körpers in einen fliegenden. Bloss erlebte ich das nicht bei Paris, sondern in Odessa, auf dem Schiessfeld, wo damals ebenfalls fast täglich Flüge veranstaltet wurden.
In der Steppe standen neuerbaute Flugzeughallen, aus deren breiten Toren die Aeroplane herausgebracht wurden: ringsum bewegten sich geschäftig Herren in halbsportlichen Pariser Anzügen, grauen Cutaways, mit Zylindern, wie MAX LINDER einen trug, und Knöpfgamaschen - keinen Deut anders als bei Paris, in

---

232 Ju. Oleša, *op. cit.*, p. 250.

Bourget oder Issy-les-Moulineaux, mit dem einzigen Unterschied,
dass die Herren ortsansässige Reiche waren, Bankiers und Industrielle aus Odessa: Anatra, Ksidias, Baron Reno. Was die Piloten
betraf, so kannten wir Odessaer Jungen sie alle durch die Bank. Es
waren die Idole der Moldavanka und des Peresyp, der Friseur
Chioni, der Arbeiter Kostin, der Schauermann Efimov, der Rennfahrer SERËŽA UTOČKIN, einfache Leute, grösstenteils Bewohner
der Arbeitervorstädte, die mit fremden Maschinen flogen, um sich
das tägliche Brot zu verdienen.

Ebenso wie bei Paris zirpte am Odessaer Sommerhimmel der
schwache «Gnome-Rhône»-Motor, und tief über der Erde, hinter
den Stangen der Funkentelegrafenkompanie, fast am Rande des
Schiessfeldes mit den alten Zielscheiben und den Sandsäcken, flog
langsam ein Aeroplan, der mir in jener fernen Zeit als die künstlich
vervollkommnete und konstruktivere Variante eines Insekts, etwa
einer gewöhnlichen Libelle, erschien. Obwohl seither mehr als
fünfzig Jahre vergangen sind, erstehen jedesmal, wenn ich mich
Paris nähere und die Worte «Le Bourget» oder «Orly» höre, vor
meinen Augen Bilder aus den ersten Jahren der Luftfahrt[233].

An diese Stelle aus der ‹Kleinen eisernen Tür› (Malen'kaja železnaja
dver' v stene) schliesst KATAEV, mit teilweise fast wörtlichen Übereinstimmungen, wieder an mit einigen Episoden aus dem ‹Zerbrochenen
Leben› (Razbitaja žizn'): in sorgsamen, auch im Detail exakten Strichen – das Jahr 1910 wird nicht angegeben, sondern ist durch das
Erscheinen des Halleyschen Kometen signalisiert! – zeichnet der Autor
seine Erinnerungsbilder auf – das steppenartige Flugfeld bei Odessa;
seine Versuche, die damaligen Schauflüge photographisch festzuhalten;
die internationale Luftfahrtausstellung, an der er sich mit einem selbst
gebastelten BLÉRIOT-Modell beteiligen wollte ...[234]

... Die Morgensonne, welche durch die Seidenplane des Zeltes
drang, beschien mit ihrem hellen, doch besänftigten Licht einige
am Boden stehende und in der Luft hängende echte, grosse
Aeroplane mit Motoren und sagenhaft schönen Propellern aus
dreischichtigem poliertem Holz mit den verschiedenfarbigen Abziehbildchen der Fabrikmarken. Mit ersterbendem Herzen erkannten wir den Flugapparat «schwerer als Luft» der Brüder WRIGHT,

233 Hier zitiert nach W. Katajew, *Die kleine eiserne Tür* (Bln 1970), pp. 127-128.

234 *Cf.* den Ausstellungshinweis ‹Odesskaja vystavka (Salon vozduchoplavanija)›, *Aėro i avtomobil'naja žizn'*, 1910, VIII, p. 23.

der, sich auf etwas Ähnliches wie Skilatten stützend, gleichsam auf
der Erde ruhte, – erkannten seine beiden horizontalen und die zwei
vertikalen Tragflächen: vor uns stand auf molligen Rädchen mit
aufgeblasenen Gummireifen ein hoher formschöner «Farman-16»,
es schimmerte sein messingener Benzintank, und der sternförmige,
mit Lamellen versehene stählerne Motor der Firma «Gnome»
konnte mit seiner konstruktiv-zweckmässigen Schönheit jedermann
aus dem Häuschen bringen; Begeisterung lösten auch seine gebogenen Gleitkufen und das vorn angebrachte Höhensteuer aus ... [....]
Die Aeroplane waren für uns nicht bloss Flugapparate, sie kamen
uns gleichzeitig auch wie Musikinstrumente vor – mit den zum
Klingen gespannten Saiten ihrer Stahldrähte ...[235]

Es versteht sich, dass weder KATAEV noch OLEŠA damals Gelegenheit
hatten, an einem der Flüge über ihrer Heimatstadt Odessa als Passagiere teilzunehmen; beide – KATAEV wie OLEŠA – sind der Flugthematik
jedoch treugeblieben und haben diese später, auf Grund eigener
fliegerischer Erfahrungen, vertieft, gelegentlich auch zum Anlass für
philosophische Exkurse genommen[236].

Vom gleichen Jahr wie KATAEVS und OLEŠAS Kindheitserinnerungen an
die ersten Flüge über Odessa – vom Herbst 1909 – ist der Erlebnisbe-
richt des um eine gute Generation ältern (1870 geborenen) Schriftstellers ALEKSANDR IVANOVIČ KUPRIN datiert, der damals, vom Odessaer
Aerodrom aus, eine Ballonfahrt in die Gegend von Bol'šoj Fontan
unternehmen konnte und bei dieser Gelegenheit, zusammen mit den
Journalisten I.M. CHEJFEC (Heifetz) und I.A. GORELIK, die Lufttaufe
erhielt. KUPRINS Reportage – sie ist zuerst in den ‹Odessaer Nachrich-
ten› (Odesskie novosti) erschienen und bald darauf von der Moskauer
Zeitschrift für ‹Luftschiffahrt und Sport› (Vozduchoplavanie i sport)

---

235 V. Kataev, *Razbitaja žizn' ili Volšebnyj rog Oberona* (M 1973), p. 121; das Buch entstand in den Jahren 1969/1972.

236 So V. Kataev in seinem autobiographischen Romanessay *Der heilige Brunnen* («Svjatoj kolodec», als Buch 1967), für dessen Ich-Erzähler während eines Transatlantikflugs die Relativität der Zeit erstmals erlebbar und damit einsichtig wird; v. auch Kataevs Fluggedichte aus den frühen zwanziger Jahren («Polet»; «Letjat!») sowie den Lyrikband *Lët* (M 1923). – Cf. Ju. Olešas autobiographische Kurzgeschichte *Der Flug* («Polet», 1936).

übernommen worden[237] – kann, da sie unmittelbar nach der Fahrt niedergeschrieben wurde und somit als ein Zeugnis von besonderer Authentizität gelten darf, die ausserordentliche Erinnerungsstärke der beiden jüngeren Autoren (namentlich KATAEVS) bestätigen, welche ihre frühkindlichen Eindrücke erst Jahrzehnte später schriftlich fixiert und literarisch aufgearbeitet haben. – Die Tatsache, dass KUPRIN seine erste Fahrt im Freiballon unter dem Kommando von S.I. UTOČKIN absolviert hat, ermöglicht den reizvollen Vergleich zwischen dem damals entstandenen KUPRINschen Pilotenportrait einerseits, den entsprechenden Reminiszenzen JURIJ OLEŠAS und VALENTIN KATAEVS andererseits. In einem meisterlichen, höchst einprägsamen Medaillon vergegenwärtigt – und verewigt – KUPRIN die Gestalt jenes «eigenartigsten Menschen», dem er je begegnet sei:

UTOČKIN ist der Abgott von Fischern wie von Radfahrern, von sensationshungrigen Frauen aller Rang- und Altersstufen, von Strassenjungen. Von sich selbst pflegt er in humorvollem Ton zu erzählen: «Ich b-bin sehr p-populär in Odessa. Wenn ich im Auto durch eine Strasse fahre, laufen mir die Jungen nach und necken mich – *Utočkin, Feuerfuchs!*» Und in der Tat: rot ist er, dieser rothaarige, hellwimprige, blauäugige, überdurchschnittlich grosse, kurzhalsige und langarmige Mann mit seinem zwischen den Schultern versinkenden Kopf – und tatsächlich sind in seiner eher schmalen, aber massigen Gestalt animalische Wendigkeit, Kraft und Geschicklichkeit zu ahnen. Wahr ist auch, dass sich die Kinder mit ihrer ebenfalls animalischen Beobachtungsgabe nur selten in ihren treffenden Spitznamen irren. Er ist auf der ganzen Welt der passionierteste Sportsmann, den man sich überhaupt vorstellen kann. Fast alle Sportarten hat er ausprobiert, doch ist er, da er in jeder Sparte Höchstleistungen erbrachte, jeweils gleich wieder zu einem andern Sport übergegangen. So ist aus ihm ein erstklassiger Radrennfahrer geworden, und auf allen Rennbahnen Europas hat er Ruhm geerntet; danach fand er an Automobilkonkurrenzen

---

237 A. Kuprin, ‹Nad zemlej›, *Vozduchoplavanie i sport*, 1909, I–II (in Fortsetzung; der Schluss des Textes [III] wurde, entgegen der redaktionellen Vorankündigung, *nicht* nachgedruckt); im folgenden zitiert (und übersetzt) nach der Werkausgabe A.I. Kuprin, *Sobranie sočinenij* (SPb 1912), VI, pp. 404–421.

Gefallen, in deren Verlauf er schreckliche Geschwindigkeiten entwickelte – bis zu hundertfünfzig Kilometer in der Stunde; darauf folgten Segelregatten, dann wieder brutalste, blutige Boxkämpfe, danach bereits – die Ballonfahrten. Und jetzt versucht er sich an Aeroplanen.

Damit ist also genau jener Punkt in UTOČKINS Biographie – Herbst 1909 – erreicht, an dem der Lokal- und Tagesheld Odessas auch für den jungen KATAEV und den noch jüngeren OLEŠA zu einer festen Grösse wurde – mit seinen ersten Erfolgen in der motorisierten Fliegerei. ALEKSANDR KUPRIN berichtet darüber:

> S.I. UTOČKIN sprach von seinem liebsten Traum – von den Aeroplanen. Und da stellte es sich heraus, dass alle seine Taschen vollgestopft waren mit Stössen von aviatischen Fachzeitschriften. Hingerissen erzählte er von den Flügen eines BLÉRIOT, eines LATHAM, eines WRIGHT und vieler andern, bei denen er in die Schule gegangen war und noch immer ging. Er sprach davon, dass er nächstens nach Paris zu VOISIN fahren wolle[238].

Wie seine Nachfahren in der literarischen Welt Odessas, so lässt schon KUPRIN keinen Zweifel daran, dass er UTOČKIN nicht als schneidigen Übermenschen sehen möchte, vielmehr zeigt er seinen schlichten Helden als einen Mann des Volks, als einen Mann der Zukunft: im rothaarigen stotternden Proletarier erkennt er den unverbrauchten Pionier- und Experimentiergeist des «neuen Menschen».
KUPRINS Bericht über die Ballonfahrt vom 13. September 1909 ist reich an interessanten Beobachtungen und Reflexionen. Nur auf einen Aspekt soll hier noch eingegangen werden – auf die Bedeutung der fliegerischen Sehweise und Sichtweite für das Weltverständnis. KUPRIN hat wie manch ein Autor seiner Zeit (man denke, vergleichend, an D'ANNUNZIO, an WALSER) das Abenteuer des Fliegens primär als ein Abenteuer des Sehens erlebt; bezeichnend dafür ist nicht zuletzt der Titel zu seinem Text: «*Über der Erde*» (Nad zemlej). Nachfolgend sei nun jene aufschlussreiche Stelle angeführt, welche die beim Fliegen eintretende Relativierung (oder gar Eliminierung) des gewohnten Raum-Zeit-Erlebens als einen fatalen Verlust ethischer Wertorientierung bewusst macht:

---

238 *Ed. cit.*, VI, pp. 412–413.

Verblüffend war es, die Menschen aus der Luft zu betrachten: es machte den Anschein, als wären nur gerade die Köpfe in Bewegung und gleich darunter schauten die Fußspitzen hervor, die ihrerseits lange schwarze Schatten werfen, und es schien auch, als träten all diese Menschen am Ort, ohne je einen Schritt voranzukommen. Doch am ungewöhnlichsten war die Empfindung plötzlichen und völligen Losgerissenseins *[otorvannost']* von den Menschen. Wir in dem kleinen Ballonkorb bildeten zu viert gleichsam eine Welt für uns, und niemand mehr hatte mit uns das geringste zu schaffen, so wie auch wir uns um niemanden mehr zu kümmern brauchten. [...] Alles, was ich unter mir sehe, kommt mir nur gerade langweilig vor, spricht mich in keiner Weise mehr an, scheint eine erdachte und vollkommen uninteressante Karte zu sein. *Und dieses Gefühl der Gleichgültigkeit gegenüber der Erde ist derart ausgeprägt, dass es mich selber in Erstaunen versetzt.* Der Ballon steigt, doch seine Bewegung ist für uns völlig unfühlbar. Wir stehen still. Ich verspüre bloss die Empfindung der eigenen körperlichen Schwerelosigkeit [...][239].

Indem ALEKSANDR KUPRIN den mit der Flughöhe umgekehrt proportional zunehmenden Verantwortungs- und Sympathieschwund gegenüber jener – in der Vogelschau miniaturisierten – Erde registriert, der man eben erst noch selber angehört, von welcher man sich nun aber, fliegend, «losgerissen» hat, nimmt er Überlegungen vorweg, die erst viel später, angesichts der verheerenden Zerstörungspotenz der Luftwaffe im Zweiten Weltkrieg und der (technisch wie moralisch *möglich* gewordenen) Vernichtung ganzer Städte durch den Abwurf atomarer Bomben, ernsthaft angestellt und – so etwa bei MAX FRISCH, bei GÜNTER ANDERS – problematisiert wurden.

Kurz nach seiner Ballonfahrt machte KUPRIN, wiederum in Odessa, die Bekanntschaft des damals populären Zirkuskünstlers IVAN MICHAJLOVIČ ZAIKIN, der sich, wie UTOČKIN, zum Piloten berufen fühlte, dem jedoch keine Maschine zur Verfügung stand. Fast ein Jahr sollte es noch dauern, bis ZAIKIN die Möglichkeit erhielt, auf einer modernen Flugmaschine – dem aus Frankreich importierten *Farman* der Brüder PTAŠNIKOV – erste Übungsflüge durchzuführen. KUPRIN seinerseits wagte schon bald danach, als Passagier ZAIKINS, seinen ersten motorisierten Flug; auch diesen, einen unglücklich und beinahe tragisch verlaufenen

---

[239] *Ibid.*, pp. 409-410; Hervorhebung von mir. *F.P.I.*

Aufstieg hat KUPRIN in der Folge höchst anschaulich beschrieben. In der gesamten europäischen Literatur jener Pionierjahre der motorisierten Fliegerei gibt es wohl keinen andern Tatsachenbericht, dem so viele technische Details aus der damaligen Flugpraxis zu entnehmen wären oder der mit vergleichbarer Anschaulichkeit und Authentizität die einzelnen (auch psychologischen) Phasen des fliegerischen Erlebnisses festhielte – gewiss aber bietet die KUPRINsche Prosaskizze («Mein Flug») die früheste Darstellung eines Flugzeugabsturzes aus der Sicht eines unmittelbar Beteiligten[240].

KUPRIN schildert wiederum das exklusive Angstgefühl vor dem Start sowie dessen rasches und vollständiges Verschwinden während des Flugs; umständlich, mit geradezu photographischer Präzision werden – ähnlich wie bei KAFKA – die langwierigen Flugvorbereitungen an und in der Maschine beschrieben; und:

> Danach die Empfindung raschen Hingleitens über die Erde – und Angst!
> Ich fühle, wie sich der Apparat, ein gleichsam lebendiger Organismus, um einige Meter über die Erde erhebt, wieder auf die Erde zurückfällt, über sie hinrollt und erneut aufsteigt. Dies waren die unangenehmsten Sekunden meiner zufälligen Reise durch die Luft. Endlich zwingt ZAIKIN seine Maschine – fast scheint er sie vergewaltigen zu wollen – unversehens zu einem abrupten Aufstieg.
> Der Gegenwind hebt uns hoch, als wäre der Apparat ein Spielzeugdrachen. Schon ist die Angst verflogen. Ganz bewusst sage ich, dass ich mich daran erinnere, wie wir nach links hielten, nach links und immer weiter nach links. Und da passierte nun auch unsere tragische Katastrophe. War uns der Gegenwind zuvor ein Freund und Helfer, so machten sich, als wir ihm den Rücken darboten, unsere – das heisst: meine und des Piloten – dreizehn Pud Gewicht bemerkbar – plus Propeller plus der 50-PS-Gnome-Motor plus der Wind, den wir jetzt im Rücken hatten.

240 ‹Moj polet›, *Sinij žurnal*, 1911, 8.I., Nr. III; im folgenden zitiert und übersetzt nach der Werkausgabe A.I. Kuprin, *Sobranie sočinenij* (M 1958), VI, pp. 624–627. – Der von Kuprin beschriebene Flug fand am 12.XI.1910 auf dem Aerodrom bei Odessa statt; er endete mit einem Absturz (aus 40 m Höhe), wobei die Maschine Totalschaden erlitt. Zaikin wurde daraufhin von den Besitzern wegen fahrlässiger Zerstörung des Flugapparats (Typ *Farman*) eingeklagt, von Kuprin jedoch öffentlich gegen die Anschuldigungen in Schutz genommen. Zaikins Karriere als Pilot war damit allerdings beendet: er kehrte als Artist zum Zirkus zurück. – Zum «Fall Zaikin» *cf.* den Pressebericht in *Aëro i avtomobil'naja žizn'*, 1910, XXIII, pp. 19–20; als Grund für den Absturz wird hier «Überbelastung» des Flugapparats (durch einen Passagier) angegeben.

Zunächst sah ich ZAIKIN etwas tiefer als auf meiner Augenhöhe. Plötzlich bemerkte ich seinen Kopf fast schon auf der Höhe meiner Knie. Wir – weder ich noch (wie ich später erfuhr) er – hatten auch nur für eine Sekunde die Empfindung von Angst – die Angst war schon vorbei. Mit seltsam gleichgültiger Neugier stellte ich fest, dass wir zum jüdischen Friedhof getragen wurden, wo sich auf engem Raum rund dreitausend Menschen aufhielten.

Um diese Menschen nicht in Panik zu versetzen oder gar zu gefährden, riss ZAIKIN, der in «völliger Kaltblütigkeit» und dennoch blitzschnell alle Risiken erfasst hatte, die Maschine scharf nach links, sackte sofort durch und – stürzte mit seinem Passagier ab; für ZAIKIN und KUPRIN verlief der Unfall glimpflich, sie kamen mit geringfügigen Verletzungen davon:

> Alles geschah wie im Märchen, die Zeit, die Gefahr, der Wert des eigenen Lebens – alles war irgendwie vergessen, merkwürdiger Gleichmut hatte uns ergriffen[241].

Was die Dramatizität der meisten Flugmythen ausmacht – die ikarische Dialektik von Aufstieg und Absturz –, ist auch in der modernen, vom realen Fluggeschehen ausgehenden Literatur beibehalten worden. Die Voraussetzungen dafür wären von allem Anfang an gegeben: schon die früheste Experimentierphase der Motorfliegerei forderte – zwischen September 1908 und November 1911 – einhundert Todesopfer. Dazu kommt, dass sich damals die meisten Unglücksfälle bei Test- und Demonstrationsflügen, mithin also vor den Augen eines mehr oder minder zahlreichen Publikums ereigneten. Es kann daher – von den mythologischen Konnotationen und stoffgeschichtlichen Prämissen abgesehen – nicht überraschen, dass das Motiv des Flugzeugabsturzes in der europäischen Belletristik bereits um 1909 mehrfach aufgegriffen und in der Folge (vollends dann während des Weltkriegs) vielfältig thematisiert worden ist.

Im Herbst 1910 stürzte LEV MACIEVIČ, der erste Instruktions- und Testpilot Russlands, mit einer Maschine vom Typ *Farman* über dem Petersburger Flugfeld tödlich ab; er war das 19. Opfer in der Geschichte der motorisierten Fliegerei[242]. Unmittelbar nach dem Absturz – er ereignete sich während eines «Flugfests» im Beisein einer «zahlreichen

---

241 *Ed. cit.*, VI. pp. 625–627. *passim*.
242 C. Dollfus/H. Bouché, *Histoire de l'Aéronautique* (P 1932), p. 593.

Menge»[243] – verfasste NIKOLAJ MOROZOV, der als Schüler MACIEVIČS das Fluggeschehen an Ort und Stelle mitverfolgt hatte, ein kurzes Unfallprotokoll. Dem Text ist unter anderm die folgende Aufzeichnung zu entnehmen:

> Der Aeroplan kam plötzlich ins Schlingern, schien – wie ein Schmetterling, der die Flügel faltet – in der Mitte auseinanderzubrechen und begann wie ein Blatt Papier im Zickzack herabzufallen, und ihm voran stürzte, immer schneller werdend, die dunkle Gestalt eines Menschen. Dies dauerte kaum eine halbe Minute, zog sich indes wie eine Ewigkeit hin: bei vollem Bewusstsein spürte und begriff man, dass MACIEVIČ in die Umarmung des Todes flog, der ihn unten erwartete, und dass es für ihn keinerlei Rettung mehr gab ... Die zahlreiche Menge schien auf ihrem Platz erstarrt zu sein. Erst nachdem schon alles, was durch die Luft geflogen war, weit entfernt im Feld lag, ertönte der Schreckensschrei Tausender von Menschen, ein Schrei, den niemand je vergessen wird, der ihn gehört hat.

Im weitern beschreibt MOROZOV die Bergung der Flugzeugtrümmer und der sterblichen Überreste des Toten; er nimmt an, MACIEVIČ habe die verhältnismässig schwache Maschine bei seinem forcierten Höhenflug überfordert. An der Unglücksstelle bietet sich ihm das folgende Bild:

> Das war einst der mir vertraute Aeroplan No. 20 – jetzt ein chaotischer Haufen von Leinwandfetzen, zerrissenen Drähten und gebrochenem Holzgestänge. Dies alles lag eng an die Erde geschmiegt – so, als fürchtete es, sich zu erheben. Und ein paar Schritte davon entfernt war im harten Rasenboden eine Einbuchtung zu sehen, welche die Form eines Menschen mit ausgerissenen Gliedern hatte. Unheimlich war es, da hinzusehen ... Schweigend begaben wir uns wieder zu den Flugzeugtrümmern.
> Am Himmel schienen bereits die Sterne auf. Alles in der Natur war still, lautlos[244].

---

243 Das Flugfest (‹Pervyj Vserossijskij Prazdnik Vozduchoplavanija›) dauerte vom 8./21.IX.–1./14.X.1910; L.M. Macievič verunfallte am 24.IX./7.X.1910 (*cf.* L. Šesterikova, *op.cit.*, pp. 48–49).

244 N. Morozov, *Sredi oblakov* (L 1924), pp. 32–33; *v.* zur Person Macievičs *ibid.*, pp. 24–31; *cf.* auch den Nekrolog in *Krymskij vestnik*, 1910, 28.IX., Nr. 249.

Zu LEV MACIEVIČS Bekanntenkreis gehörte auch der Erzähler und Dramatiker LEONID ANDREEV. Im September 1910 hatte ANDREEV wiederholt den Schauflügen des populären Piloten als Zuschauer beigewohnt; an jeder Form von «technischem Können», an Erfindungen und Entdeckungen jeglicher Art, besonders aber an den zeitgenössischen «Erfolgen der Aviation» war er leidenschaftlich interessiert: «Jeder geglückte Flug brachte LEONID NIKOLAEVIČ [ANDREEV] in äusserste Erregung. Er sagte, er könne nicht gleichgültig bleiben, wenn er einen Apparat am Himmel sehe – er selber hätte auch fliegen wollen[245].» Besonders beeindruckt zeigte sich ANDREEV von dem souveränen – gleichsam «antiken» – Verhältnis der modernen Flieger «zum Leben wie auch zum Tod»; er nahm ihre Leistungen als Beweis dafür, «dass die Menschheit im Verlauf der jahrhundertelangen Kulturentwicklung keineswegs entartet und weder an Geist noch an Körper schwach geworden» sei[246].

Drei Jahre nach MACIEVIČS Tod schrieb ANDREEV unter dem bezeichnenden Arbeitstitel ‹Übersterbliches› (Nadsmertnoe) eine Erzählung, die, einerseits, als Epitaph für den abgestürzten Rekordpiloten, anderseits als metaphorisch-verkappte Selbstdarstellung des Autors zu lesen ist[247]. In seinem schlicht instrumentierten Text vergegenwärtigt LEONID ANDREEV den letzten Tag im Leben des Fliegeroffiziers Jurij Puškarev (*alias* LEV MACIEVIČ); die Erzählung besteht zum grösseren Teil aus Reflexionen, inneren Monologen und Traumfragmenten des Protagonisten, lässt indes technische oder zeitgeschichtliche Realia weitgehend ausser acht. Puškarev stellt sich selbst als edlen Schwärmer dar, er ist – wie D'ANNUNZIOS Paolo Tarsis – Held und Künstler zugleich, darüber hinaus erweist er sich als sportlicher Kamerad, als liebender Gatte und glücklicher Vater: ein Übermass an Tugend macht ihn zur Trivialfigur. Diesen Puškarev stattet ANDREEV, nicht eben glaubwürdig, mit der grossen träumerischen Seele und dem heroischen Fatalismus eines Übermenschen aus, für den «der Himmel das ewige Ziel allen Strebens, Suchens und Hoffens» geblieben ist, ein Ziel somit, welches jenseits des Lebens liegt und folglich nur im Tod erreicht werden kann, oder aber – durch die Überlistung des Todes. Der stets «ausgeglichene, ruhige und klare» Jurij Puškarev möchte dem Tod, ohne ihn eigentlich zu fürchten,

---

245 A. Andreev, ‹Iz vospominanij o L. Andreeve›, *Krasnaja nov'*, 1926, IX, p. 209.

246 *Art. cit.*, p. 222.

247 Der Text ist neuerdings nachgedruckt (u.d.T. *Polet*, ‹Der Flug›) in der zweibändigen Werkausgabe L. Andreev, *Povesti i rasskazy* (M 1971); nach dieser Edition wird im folgenden zitiert und übersetzt.

den Stachel nehmen, indem er ihm sein – irdisches – Glück entgegenhält, seine Gesundheit, seine Kraft, seine Liebe. «Die Affirmation des ewigen Lebens und die Negation des Todes war – das Glück, und etwas anderes kann Glück auch gar nicht sein.» Solch «einfache und reine» Gedanken teilt Puškarev mit seiner Frau Tat'jana, welche sein hohes Streben auf jede Weise unterstützt.
Seinen geistigen Höhenflug möchte Puškarev durch einen Höhenrekord, den er auf einer Maschine vom Typ *Nieuport* zu erringen hofft, konkretisieren. Ohne sich allzu sehr vorbereitet zu haben, wagt er den Aufstieg; und kaum hat er sich von der Erde gelöst, fühlt er sich auch schon «in einer andern Welt, in einem andern, einem leichten und, wie der Traum selbst, unbegrenzten Element». Nochmals schaut er in die Tiefe, schaut hinunter «auf die unbeweglich, einem Tintenfleck ähnliche Masse des Pöbels»:

> «Ich bin schon hoch oben», dachte Jurij Michajlovič [Puškarev] bei sich: «Schon so hoch, aber es muss noch höher gehen: hier tut sich ja eine solche Weite auf, dass man ebenso gut vorwärts und nach oben, zurück und nach unten gehen kann; ich kann, wie auch immer ich will: alles ist meine Bahn.»

Immer höher steigt Puškarev, bald schon fühlt er sich als ein «seltsamer menschlicher Stern», der sich für alle Zeiten von der Erde gelöst hat, von jener schäbigen Erde, die nun tief unter ihm wie ein Dampfkessel raucht. Das überirdische und «übersterbliche» Glück des einsamen Fliegers wird mehr und mehr zu triumphalem Pathos; die ekstatische Vereinigung des Menschen mit der Maschine bildet nicht nur den fliegerischen, sondern auch den erzählerischen Höhepunkt in ANDREEVS Text:

> Nun waren er und seine geflügelte Maschine eins geworden, seine Hände waren ebenso fest und gleichsam körperlos geworden wie das Holz des Steuerrads, auf dem sie lagen und mit dem sie in ehernem Bund zu *einem* richtunggebenden Willen verschmolzen waren. Und wenn das lebendige Blut in den heissen Venen der Hände zirkulierte, so zirkulierte es auch im Holz und im Eisen; an den Flügelenden waren seine Nerven, sie spannten sich bis zum äussersten Punkt, und als Spitze seiner Flügel empfand er die süsse Frische des Luftstroms, das Flackern der Sonnenstrahlen. Wollte er nach links, nach unten, nach oben, so flog auch die Maschine nach links, nach unten oder nach oben; er hätte nicht einmal sagen können, wie solches durch ihn geschah: es ergab sich einfach so, wie

er es haben wollte. Und diesem Triumph seines zielstrebigen Willens wohnte jene herbe und beherzte Heiterkeit inne, welche auf Aussenstehende wie Trübsal wirkt und die das Antlitz des Kriegers und Triumphators in Geheimnis hüllt.

Obwohl Puškarev als modernistisch kostümierter Ritter ohne Furcht und Tadel den dekadenten d'annunzianischen Helden vom Schlage eines Paolo Tarsis in geradezu polemischer Schärfe entgegengesetzt ist, lässt die ausgreifende Schilderung des Vermählungsakts zwischen Mensch und Maschine mit aller Deutlichkeit erkennen, wie stark ANDREEV in der künstlerischen und weltanschaulichen Abhängigkeit GABRIELE D'ANNUNZIOS befangen bleibt. Der angeführte Textauszug stimmt stellenweise fast wörtlich mit jenem Passus in D'ANNUNZIOS ‹Vielleicht, vielleicht auch nicht› überein, welcher die Beschreibung des Todesflugs von Giulio Cambiaso einleitet; und der nachfolgende Monolog des um den Höhenrekord kämpfenden Puškarev ist nahezu identisch mit den Reflexionen des Paolo Tarsis, der sich auf seinem Flug ebenfalls «in unberechenbarer Höhe» und schon «jenseits des Lebens wie ein Hingeschiedener» bewegt – herausgefordert von der eigenen inneren Stimme, welche ihn immer «höher und höher» steigen heisst.

[...]
– Jurij Michajlovič sprach es laut und seltsam aus:
«Nein!»
Seine Worte wären, bei dem Lärm des Motors, für niemand andern vernehmlich gewesen, sich selbst aber hörte er; und laut sprach er aus, was noch in seinen aufwühlenden Nachtträumen, in der schwerfälligen Erscheinung des verschlafenen, mit Holzspalten beschäftigten Offiziersburschen, im Bild der lieben Gesichter und der lieben Augen von der erregten Seele als ein ungewöhnliches Glück erkannt worden war. Er sagte:
«Nein! Auf die Erde werde ich nicht mehr zurückkehren.»
Er sprach diese merkwürdigen Worte, die ihn zum Tod verurteilten, aus, und dann schwieg er still: auch hier hielt er an seiner Vorliebe für das Schweigen fest, an diese seine angenehme Gabe. Und ruhig setzte er seinen ungestümen Wettlauf in den Raum fort.

Zunächst findet Puškarevs Über-Mut in kühnen Figurenflügen – «hinauf und hinunter, rückwärts und wieder voran, schroff zur Seite – bis zum Entsetzen nach links und nach unten» – heroischen Ausdruck; dann wieder überlässt sich der Pilot seinen Träumen, seinem Schicksal:

«Immer höher will ich steigen. Mein Körper wird von mir wegfliegen und abstürzen, ich aber steige noch höher, mein lieber Junge, mein geliebtes Kind – ich steige immer höher. Ich gehe in die Höhe. Ich gehe. In Wallung kommt meine Seele, sie will sich dem Leib entringen, sie will den höchsten und den fernsten Flug – ich steige höher, steige ohne Ende.»

Jurij Puškarevs Rekordflug endet – wie auch derjenige des Giulio Cambiaso bei D'ANNUNZIO – mit dem Absturz, dem Tod:

Zur Erde kehrte er nicht mehr zurück. Das, was aus der Höhe, um sich selbst sich drehend, niederfiel und auf der Erde als die Schwere zerschmetterter Knochen und menschlichen Fleisches aufschlug – das alles war bereits nicht mehr *er*, war kein Mensch mehr, war niemand. Die irdische Anziehungskraft, das tote Gesetz der Gravitation hatte ihn vom Himmel zurückgeholt, hatte ihn heruntergerissen und zur Erde geschleudert, doch das, was herabfiel, kam als ein kleiner Klumpen zurück, zerschlug sich, lag nun still und tödlichflach darnieder – es war dies nicht mehr Jurij Michajlovič Puškarev. Er kehrte nicht auf die Erde zurück[248].

## 13

Den faktographischen Skizzen NIKOLAJ MOROZOVS und ALEKSANDR KUPRINS sowie der Erzählung von LEONID ANDREEV seien hier noch zwei zu gleicher Zeit entstandene utopische Entwürfe gegenübergestellt, welche – beide – für den «Übergang» in eine ideale, vom irdischen Hier und Jetzt jedoch sehr weit entfernte Neue Welt Raumschiffe vorsehen, deren phantastische Bauart mit den damals leistungsstärksten Flugapparaten BLÉRIOTS und FARMANS auf geradezu komische Weise kontrastiert.

Der erste Hinweis gilt FEDOR SOLOGUBS utopistischer ‹Legende im Werden› (Tvorimaja legenda), einer grossangelegten, vom Autor zwischen 1907 und 1914 in mehreren Fortsetzungen edierten Romantrilogie, deren Kernstück – die Kapitel ‹Blutstropfen› (Kapli krovi) und

248 *Ed. cit.*, II, pp. 217–234, *passim*. – *Cf.* dazu auch die triviale Flug- und Liebesgeschichte von Pan («Aèroplan», *Vse novosti literatury, iskusstva, teatra, techniki i promyšlennosti*, 1910, I, pp. 10–12), in der mit lyrischer Larmoyanz der Absturz des Piloten Petr Ivanovič Smirnov bei einem Rekordflug geschildert wird.

‹Königin Ortrud› (Koroleva Ortruda) – 1908/1909 in Moskau erschienen sind. Es handelt sich bei dieser von SCHOPENHAUER und von NIETZSCHE, von der Bilder- und Spiegelwelt des späten Symbolismus, aber auch vom dekadenten Zeitgeist des russischen *fin de siècle* inspirierten Legende um ein literarisch eher dürftiges, philosophisch jedoch höchst komplexes – rein eklektisches – *work in progress*, das letztlich, nach verschiedenen apokalyptischen Peripetien, in den «stolzen Traum» eines durch die Kunst «umgestalteten» Lebens ausmündet, das heisst auch: in den anarcho-individualistischen Wunschtraum von einer neuen, «völlig freien», nur mehr an erotischen und ästhetischen Kriterien orientierten Gesellschaftsordnung[249].

Was nun an dieser Stelle interessiert, ist nicht FEDOR SOLOGUBS – wenig überzeugende, wenn auch recht attraktiv vorgeführte – gesellschaftspolitische Utopie, sondern die Präsentation, die Erläuterung, die Erprobung des von Trirodov, einem übermenschlichen Künstler-Diktator, gebauten Raumfahrzeugs, mit dessen Hilfe sich der zarathustrische Ekstatiker und seine gläubige Anhängerschaft der Lynchjustiz einer entfesselten «Schwarzhundertschaft» entziehen, sich in den Weltraum absetzen, um im fernen Reich der Vereinigten Inseln die Herrschaft zu übernehmen:

> Feurige Buchstaben auf den Wolken verkündeten:
> König Georgij [*i.e.* Trirodov], Königin Elizaveta und Erbprinz Kirill sind gerettet und nähern sich Palma [der Hauptstadt des vereinigten Inselreichs] in einem Luftschiff.
> Am Morgen senkte sich auf den Strand von Palma eine riesengrosse, prachtvolle kristallene Kugel, die einem Planeten glich. Die Tür der Kugel öffnete sich und König Georgij I. betrat die Erde seines neuen Vaterlands, um ein Land zu regieren, das von Stürmen gesättigt war[250].

Mit TRIRODOVS Machtübernahme in Palma endet die *Legende;* ob und wie sich die zugleich antiautoritär und totalitaristisch konzipierte Uto-

---

249 Nachfolgend zitiert aufgrund der von Sologub autorisierten (und einzig vollständigen) Fassung in deutscher Sprache: *Totenzauber,* I–II (Mchn 1913); *cf.* zur Entstehung, zur philosophischen und literarischen Konzeption des Romans J. Holthusen, *Fedor Sologubs Romantrilogie* ('s-Gravenhage 1960).

250 *Ed. cit.*, pp. 227–228.

pie – letztlich bloss eine schöngeistige Spekulation – beim Umbau schlechter Wirklichkeit bewährt, bleibt bei SOLOGUB dahingestellt.

Die als bewohnbare Hohlform konstruierte und mit eigener Atmosphäre versehene Kristallkugel – Trirodovs Raumschiff – wird von SOLOGUB über zwei Kapitel hin (76; 77) genaustens beschrieben, gewinnt aber keinen deutlichen Umriss, bleibt, formal wie funktional, der Vorstellbarkeit entzogen. SOLOGUBS technologische Einbildungskraft ist in keiner Weise wissenschaftlich fundiert, sie beschränkt sich vielmehr auf die Montage passender Zitate aus Werken der klassischen Science-fiction und deren Verbindung mit des Autors eigener transrealer Phantastik.

Trirodovs grossdimensionierte Kristallkugel – sie erinnert an ähnliche Gebilde aus dem Weltraumarsenal von PAUL SCHEERBART – ist als ein in sich geschlossenes, sich selbst erhaltendes, sich aus sich selbst erneuerndes System angelegt, kurz: als künstlicher, beliebig navigierbarer Stern, der sich für interplanetarische Expeditionen bestens eignet. Der Erfinder hat dieses gigantische Raumfahrzeug zur Hälfte in seinem Park vergraben und als Orangerie getarnt, um es «dem unreinen menschlichen Blick» zu entziehen. Das Treibhaus, ein schwüles, exotisch ausgestattetes Interieur im Stil von HUYSMANS dient Trirodovs schönen Zöglingen – Frauen und Kindern – zunächst als «freie Schule», wird jedoch, sobald es zu ersten Übergriffen von aussen kommt, innert kurzer Zeit für die Flucht ins All umgerüstet und startklar gemacht. Die Struktur der Raumkapsel beschreibt SOLOGUB wie folgt:

> Das Skelett des Treibhauses bestand aus massiven, leichtgebogenen Stahlschienen. Manche von diesen Schienen reichten von der Erde bis zum Mittelpunkt der Kuppel. Sie glichen den Meridianen eines riesigen Globus. Die anderen Schienen, an den Schnittpunkten zusammengelötet, umgaben das Treibhaus mit Kreisen, die parallel zur Erde lagen. Der Durchmesser dieser Kreise wurde nach oben immer enger. [...] In diesem Stahlrahmen, aus denen die Wände des Treibhauses zusammengeflochten waren, waren dicke, konvex geschliffene grünlich-blaue Scheiben eingefasst. Sie waren sehr wenig durchsichtig. Dem aussen Stehenden war es fast unmöglich, zu sehen, was drinnen geschah. Nur wenn man lange und aufmerksam hineinsah, begannen vor den Augen undeutliche Umrisse aufzutauchen. Von innen aus konnte man aber alles sehen, was draussen geschah. [...] Der Boden des Treibhauses schien die Fortsetzung des Gartenbodens zu sein. In Wirklichkeit aber war es aufgeschüttete Erde.

> Die ganze innere Bodenfläche des Treibhauses bestand aus einförmigen Hügeln. Sie glichen Abschnitten einer sphärischen Oberfläche. Ihre eintönige Regelmässigkeit schien merkwürdig. Aber diese Regelmässigkeit erklärte sich aus dem Bau des Treibhauses. Der Boden des Treibhauses stellte eine Anzahl von Plattformen dar, die aus Stahl aufgebaut waren. Jede Plattform hatte das Aussehen eines genauen Abschnittes einer Sphäre. Alle zusammen hätten die ganze Oberfläche einer Kugel ergeben. [...]
> Einer an den andern sich fügend, bildeten die Hügel des Treibhauses an ihrer Basis regelmässige Sechsecke. Zwischen diesen Sechsecken führten gleichmässige, mit Sand bestreute Wege. Auf diesen Wegen konnte man das ganze Treibhaus durchqueren, ohne einen Hügel zu besteigen.
> Auf den Hügeln waren an verschiedenen Stellen des Treibhauses Bassins verschiedener Form angebracht. Tief in die Erde eingefasst, mit Bäumen und Sträuchern aus fernen Ländern umpflanzt, glichen sie Teichen und Seen[251].

Im weiteren lässt SOLOGUB durch seinen Helden erläutern, wie das Raumschiff zu starten und auf Kurs zu bringen ist; wie die Erdanziehung überwunden und die Schwerelosigkeit während des Flugs nutzbar gemacht werden kann; und schliesslich: welche Lösungen für das Problem der Energieerhaltung und der wechselnden atmosphärischen Druckverhältnisse in Frage kommen. Trirodovs Ausführungen sind grösstenteils von grotesker Hilflosigkeit und Simplizität (etwa dann, wenn die Erdatmosphäre auf interplanetarischen Flügen durch luftdicht schliessende Türen im Raumschiff gleichsam festgehalten werden soll); wo die technologische Utopie – in Detailfragen – konkretisiert ist, gewinnt der Rapport an Interesse und an Originalität, obwohl SOLOGUB gerade an solchen Stellen bedenkenlos auf andere Autoren (namentlich auf WELLS) zurückgreift, um der eigenen Argumentation zumindest einen Anschein von kühner Wissenschaftlichkeit zu verleihen[252].

Zur Frage, wie der «Mechanismus der Schwerkraft» umgangen oder überwunden werden könne, meint SOLOGUBS Trirodov:

---

251 *Ibid.*, pp. 52–55.
252 Von H.G. Wells scheint Sologub sowohl die sphärische Form des Trirodovschen Raumschiffs wie auch die Idee eines speziell legierten Schutzplättchens zur Abwehr von Schwerkrafteinflüssen auf die Kapsel übernommen zu haben (*cf.* H.G. Wells, *The First Men in the Moon*, Lpzg 1902; Kap. II, III, IV); bei Wells trägt die Raumkapsel ihrer Form entsprechend die Bezeichnung ‹the Sphere›, die von Mr. Cavor erfundene Antigravitationslegierung heisst hier ‹Cavorite›.

Um die Schwerkraft der Erde zu überwinden, kenne ich zwei Wege. Ich habe noch nicht endgültig beschlossen, welcher zu wählen sei. Der erste Weg wäre, die molekularen Kräfte auf der Oberfläche der Glaswände zu zerlegen. Der andere, die psychischen Kräfte der Abgelebten auszunützen. Diese Kräfte werden vom Tod nicht vernichtet. Sie vergeistigen unaufhörlich die Natur, indem sie die Materie in Energie verwandeln. Die Natur, erst grob und leblos, wird immer vergeistigter und feiner.

Für Trirodovs Idee der Nutzung psychischer Kräfte von Verstorbenen zur Energiegewinnung im Weltraum glaubt HOLTHUSEN bei EDGAR ALLAN POE («The Power of Words») eine mögliche Quelle gefunden zu haben[253]; als wahrscheinlicher darf angenommen werden, dass sich SOLOGUB auf die materialistische Apologie des Ahnenkults und die Resurrektionstheorie des russischen Philosophen NIKOLAJ FEDOROV bezieht, dessen einschlägige Schriften erstmals 1906 - postum - in Buchform erscheinen konnten, genau zu jenem Zeitpunkt also, da FEDOR SOLOGUB mit der Niederschrift seines grossen Romans begann[254].

Georgij Trirodov, der nachmalige König eines fernen Archipels, wird von SOLOGUB als «ein dem grossen Publikum wenig bekannter, aber talentvoller und verfeinerter russischer Dichter» charakterisiert, der «die Aufmerksamkeit der Kenner und Liebhaber der schönen Literatur durch seine Novellen und Gedichte von seltsamer Form und psychopathischem Inhalt auf sich gelenkt» habe; er führe «einen einsamen und seltsamen Lebenswandel», sei sehr vermögend, habe kaum soziale oder politische Interessen. Ob und inwieweit dieses Robotbild des dekadenten Poeten der Jahrhundertwende autobiographisch zu deuten ist, muss offenbleiben. Wichtig ist die Tatsache, dass SOLOGUB einen «übermenschlichen», bald an NIETZSCHE, bald an OSCAR WILDE erinnernden Künstlertyp einführt, um von diesem ein technisches System entwickeln zu lassen: Trirodovs Höhenflug ist nichts anderes als eine symbolistische Volute, sein Raumschiff - eine konsequent, beinah fanatisch realisierte Metapher. Es erstaunt daher auch nicht, dass der Konstrukteur des technischen Wunderwerks weder von dessen Verwendungsmöglichkei-

---

253 J. Holthusen, *op. cit.*, pp. 46–47.
254 N. F. Fedorov, *Filosofija obščago dela*, I (Vernyj 1906); gerade durch seine «materialistische» Auferstehungslehre scheint Fedorov auch auf das Schaffen Vladimir Majakovskijs eingewirkt zu haben *(Klop)*.

ten noch von den nun erreichbar gewordenen Zielen eine klare Vorstellung hat. Trirodov scheint keinen Erfahrungs- oder Realitätsgewinn anzustreben (wie die Helden eines D'ANNUNZIO, eines WELLS), vielmehr ist er, umgekehrt, auf der Suche nach dem Ideal und somit auf der Flucht vor der Wirklichkeit; sein Aufstieg bleibt von räumlichen Bezugspunkten unabhängig, die Reise ins All ist nur noch Ausdruck subjektiven Zeiterlebens, für das es nirgends Ankunft gibt:

> Aber ist denn nicht allein die Möglichkeit angenehm, von dieser Welt fortzugehen, wo ein Pogrom eine patriotische Heldentat genannt wird, wo die Dichter Hass gegen Menschen anderer Rassen predigen, wo Haufen angesammelter Reichtümer verfaulen, während die Menschen Hungers sterben?

Auf diese resignative Frage - sie markiert ohne Zweifel SOLOGUBS eigene politische Position[255] - folgt wiederum eine unverkennbare Trirodovsche Fluchtreaktion:

> Ja, ich will, wenn es nötig sein wird, nach dem Monde übersiedeln. Sollte mich ein Traum betrügen, dann werde ich mich einem andern zuwenden. Mir genügt das eine Leben nicht, ich will mir viele andere schaffen. Mögen die Menschen, wenn sie wollen, mit mir gehen. Wenn sie mich verlassen, kann ich auch ohne sie auskommen[256].

Gleichzeitig mit SOLOGUBS Utopie einer postsyndikalistischen insularen Gesellschaft, deren führende Mitglieder - Prototypen eines neuen *schönen* Menschenschlags - nur mehr an ästhetische Gesetze gebunden sind, ist auch der epische Zukunftsentwurf von ALEKSANDR BOGDANOV entstanden, ein marxistisch grundierter Thesenroman des Titels ‹Roter Stern› (Krasnaja Zvezda), in dem, nebst einer abenteuerlichen Rahmenhandlung, das Modell einer idealen, wenn auch keineswegs konfliktfreien sozialistischen Gesellschaftsordnung dargeboten und die schwierige Konstruktion des neuen *proletarischen* Menschen gleichsam als Laborexperiment geschildert wird[257].

---

255 *Cf.* L. Andreev/M. Gor'kij/F. Sologub (red.), *Ščit* (M ³1916).
256 F. Sologub, *op. cit.*, p. 58.
257 Bogdanovs *Krasnaja Zvezda* ist 1908 erstmals erschienen; eine zweite Ausgabe folgte kurz nach der Oktoberrevolution (1918). - Im folgenden wird nach der deutschen Ausgabe *Der Rote Stern* (Mchn 1974) zitiert.

BOGDANOV, ein bedeutender, auf vielen Gebieten versierter Forscher und Gelehrter, hat seinen Roman nicht primär als Kunstwerk, auch nicht als technische Utopie, sondern – in allen wesentlichen Aussagen – als politisches Manifest konzipiert; eine vergleichende Analyse seines aus wissenschaftlichen Erkenntnissen abgeleiteten Weltmodells und der spekulativen, von magischen Vorstellungen überlagerten Utopie FEDOR SOLOGUBS steht noch aus, könnte aber, von der unterschiedlichen politischen Position der beiden Autoren abgesehen, wertvolle Einsichten in den Grenzbereich zwischen szientistischem und künstlerischem «Kultur»-Schaffen eröffnen. Ein derartiger Vergleich sei nun im folgenden, wenigstens partiell, angestellt; im Vordergrund steht auch hier die Präsentation des technischen Systems, durch dessen Einsatz die Reise nach Utopia erst möglich wird.

Im Gegensatz zu SOLOGUB, dessen Held sich eskapistisch auf die Eroberung des Monds – des Leitsterns der Poeten! – kapriziert, lässt ALEKSANDR BOGDANOV die Hauptgestalt seines Romans, einen jungen russischen Naturwissenschaftler, von Marsbewohnern auf der Erde abholen und zum Roten Stern entführen, wo er sich plötzlich einer um 300 Jahre weiter fortgeschrittenen Zivilisation gegenübersieht. Leonid, so heisst der antiquierte *homo sapiens*, wird von den progressiven Marsianern, welche die Machtübernahme auf dem Planeten Erde und – so will es der Kolonisierungstheoretiker Sterni – die Ausmerzung der gesamten Menschheit planen, aufs härteste getestet. Das raffiniert manipulatorische und subtil repressive Versuchsprogramm, dem Leonid dauernd ausgesetzt bleibt, der wachsende Protest des Erdenbürgers gegen die marsianische Bevormundung und, letztlich, Leonids Mord an Sterni sowie seine dramatische Rückkehr auf den fernen Heimatplaneten – dies sind die entscheidenden Handlungsphasen der BOGDANOVschen Ich-Erzählung[258].

BOGDANOV stellt den Helden Leonid als einen genialischen Physiker vor, der in einer «Abhandlung über die Elektrone *[sic]* und die Materie» die theoretischen Grundlagen zur praktischen Lösung des Schwerkraftproblems erarbeitet habe: die «freie Bewegung in der Luft» und die «Verbindung zwischen den Planeten» sei damit für die Menschheit in den Bereich des Möglichen gerückt. Im Gespräch mit einem marsia-

---

258 *Cf.* zu Bogdanovs Romanwerk die Untersuchung von K. Lewis/ H. Weber, ‹Zamyatin's We, the Proletarian Poets, and Bogdanov's Red Star›, *Russian Literature Triquarterly*, XII, 1975, pp. 253–278; *v.* ausserdem das Nachwort («Bogdanovs Warnung») von G. Maschke zur deutschen Ausgabe, *op.cit.*, pp. 131–140; als Erscheinungsjahr für Bogdanovs Roman gibt Maschke (*ibid.*, p. 131) fälschlicherweise 1907 an.

nischen Abgesandten erfährt nun Leonid, dass «das Problem bereits gelöst» sei und dass interplanetarische Flüge längst zur Alltagspraxis ausserirdischer Zivilisationen gehörten:

> Unsere Gesellschaft hat in vielen wichtigen Dingen die akademische Welt überholt. Die Radium-Elemente und deren Zersetzung waren uns lange vor CURIE und RAMSAY bekannt, und unseren Genossen gelang eine weit tiefer gehende Analyse der Materie. Auf diesem Weg ahnten wir die Möglichkeit des Bestehens von Elementen, die die Erdkörper abstossen, und vervollkommneten die Synthese dieser Minus-Materie, wie wir sie abgekürzt nennen.

Und der Marsianer Menni fährt fort:

> Nach dieser Methode verfertigten wir die Flugapparate. Sie bestehen aus gewöhnlichem Material, enthalten aber ein Reservoir, das mit der nötigen Menge der Materie der negativen Art gefüllt ist. Dann galt es noch, diesem Apparat die gebührende Bewegungsschnelligkeit zu verleihen. Für die irdischen Flugmaschinen genügt ein elektrischer Motor mit Luftschrauben, für die interplanetare Bewegung freilich genügen diese Mittel nicht. Dort verwenden wir eine völlig andere Methode, mit der ich Sie später bekannt machen werde[259].

Durch diese fiktive, nicht eben plausible technologische Erklärung motiviert BOGDANOV den anschliessenden Marsflug Leonids und seiner Begleiter. Der Flug verläuft in zwei Phasen. Zunächst muss die Startplattform des eigentlichen Marsschiffs erreicht werden; dies geschieht vermittels eines kleinen, in Mennis Stadtwohnung parkierten Flugapparats «aus Metall und Glas». Der von BOGDANOV detailliert beschriebene Apparat hat im wesentlichen das Aussehen eines «Kahns», er lässt sowohl Bauelemente zeitgenössischer lenkbarer Luftschiffe wie auch gewisse Charakteristika eines Propellerflugzeugs mit Heckantrieb erkennen, ist aber – «dank der Minus-Materie» – nicht auf «die wichtigtuerischen und ungelenken Flügel» gewöhnlicher Aeroplane angewiesen.
Ein ganz anderes Aussehen hat das grosse Raumschiff der Marsianer, mit dem – nach einer Flugzeit von etwa zweieinhalb Monaten – der rote Nachbarplanet der Erde erreicht werden soll. Das Ätheronneff *(èteronef)* weist, wie das sphärische Mondflugzeug bei WELLS und die fliegende

---

[259] A. A. Bogdanov, *op. cit.*, pp. 10–13. *passim.*

Kristallkapsel bei SOLOGUB, eine deutlich ausgeprägte Rundform auf; es ist «fast kugelförmig», und mit seinen «abpolierten Enden» erinnert es «an das aufgestellte Ei des Kolumbus»:

> Selbstverständlich war diese Form gewählt worden, um bei möglichst kleiner Oberfläche die grösstmögliche Ausdehnung zu erhalten, das heisst, bei dem geringsten Aufwand von Material die der Abkühlung ausgesetzte möglichst geringe Fläche. Was das Material anbelangte, so schien dieses aus Aluminium und Glas zu bestehen[260].

Bei BOGDANOVS Ätheroneff handelt es sich – der Vergleich mit der von SOLOGUB imaginierten Konstruktion drängt sich auch hier auf – um eine gigantische Flugkapsel, welche, ausser dem zentral angeordneten Maschinenraum, diverse «Seitenstuben» (so zum Beispiel einen Wasser- und einen Sauerstoffraum, eine Bibliothek, einen Turnsaal sowie ein Rechenzentrum) umfasst; als Baumaterialien verwenden auch die BOGDANOVSCHEN Marsianer vorwiegend Edelmetalle und Glas (sowie Kristall); an der Decke des Raumschiffs befinden sich die Reservoire für die Minus-Materie, «deren Repulsion alles auf dem Ätheroneff zu paralysieren» vermag; alle Innenräume sind von gleissendem Kunstlicht erfüllt und werden «gleichmässig» geheizt; die übrigen Teile der Maschine sind «durch verschiedene Zylinder miteinander verbunden», bestehen aus unzähligen «elektrischen Spulen, Akkumulatoren, Mess- und Kontrollgeräten, können aber vom diensttuenden Techniker dank einem ausgeklügelten Spiegelsystem jederzeit vollständig überblickt werden[261].

Das Ätheroneff erreicht eine «Beschleunigung von zwei Zentimetern», seine Geschwindigkeit – sie kann beliebig erhöht werden – bleibt in keiner Phase des Flugs konstant, sie verändert sich unablässig «nach dem Gesetz der arithmetischen Progression». Leonid erinnert sich nach

---

260 *Ibid.*, p. 19.
261 *Ibid.*, p. 23-26 («Aetheroneff»); *cf.* die z.T. sehr ähnliche Beschreibung des Raumschiffs Integral bei Zamjatin (*My*, entstanden um 1920; in vollständiger Fassung erstmals erschienen 1952 in New York): «Als ich an Bord des Integral ging, waren schon alle auf ihren Plätzen. Durch das gläserne Deck sah ich tief unten neben Telegraphen, Dynamos, Transformatoren, Höhenmessern, Ventilen, Zeigern, Motoren, Pumpen und Röhren winzige Menschen wimmeln. Im Kommandoraum beugten sich die Leute vom Amt für Wissenschaft über Tabellen und Instrumente, neben ihnen stand der zweite Konstrukteur mit seinen beiden Assistenten.» (Eintragung Nr. 34) – Zamjatins Romanhandlung ist über weite Strecken direkt (satirisch) auf Bogdanovs *Roten Stern* bezogen.

seiner Rückkehr vom Roten Stern: «Wir bewegten uns dem Gesetz der Schwerkraft zufolge, doch fielen wir hinauf, und zwar um fünfhundertmal langsamer, als auf der Erde ein Körper von gewöhnlicher Schwere fällt.» - Wie aber wird die absolut «gleichmässige Beschleunigung» des Ätheroneffs erreicht? Der marsianische Ingenieur Menni gibt auf eine diesbezügliche Frage Leonids die folgende Antwort:

> Die bewegende Kraft des Ätheroneffs ist einer jener radiumausstrahlenden Stoffe, die uns in grossen Mengen hervorzubringen gelang. Wir fanden ein Mittel, um die Zerlegung der Elemente ums Hunderttausendfache zu beschleunigen; dies geschieht in unseren Motoren durch ein äusserst einfaches elektrisches Verfahren. Durch unsere Methode wird eine ungeheure Menge Energie entbunden. Die Teilchen der zerfallenen Atome besitzen im Flug, wie Ihnen bekannt ist, eine zehntausendmal grössere Geschwindigkeit als das Artilleriegeschoss. Wenn diese Teile nun aus dem Ätheroneff bloss nach einer einzigen bestimmten Richtung fliegen können, - das heisst, durch einen einzigen Kanal zwischen den sonst undurchdringlichen Wänden, - dann bewegt sich der Ätheroneff in der entgegengesetzten Richtung, wie der Rückschlag beim Gewehr. Da Ihnen das Gesetz der lebendigen Kraft bekannt ist, werden Sie ja auch wissen, dass ein unbedeutender, milligrammgrosser Teil pro Sekunde völlig genügt, um unserem Ätheroneff die regelmässige Beschleunigung zu verleihen[262].

In BOGDANOVS umfangreichen Erläuterungen zur Konstruktion und Ausrüstung des Raumschiffs kann nur gerade diese Passage - dargelegt wird das Prinzip eines Raketenantriebs - als originell oder, zumindest, als interessant gelten, wohingegen der Grossteil seiner, des Wissenschafters, Projektbeschreibungen geradezu banal wirken im Vergleich mit dem fliegenden Treibhaus des Belletristen SOLOGUB; die künstlerisch imaginierte Utopie ist in diesem Fall um eine Dimension - um die Dimension der Phantasie - reicher als wissenschaftlich fundiertes (und entsprechend determiniertes) Fortschrittsdenken. Im übrigen bleiben die sozialistischen Weiterungen, welche Leonid-BOGDANOV seinem Marsabenteuer abgewinnt, ebenso dürftig wie der staats- und gesellschaftspolitische Neuansatz, den Trirodov-SOLOGUB für sein balearisches Inselreich bereithält; die beiden Entwürfe sind auch dort auf einen Nenner zu bringen, wo es um den technologischen Aspekt der Utopie geht: BOGDANOV und SOLOGUB betrachten, jeder auf seine

---

262 *Op. cit.*, p. 21.

Weise, den technischen Fortschritt theoretisch als Voraussetzung, praktisch als Vehikel einer revolutionären Umgestaltung bestehender Gesellschaftsformen.

Das ungebrochen positive, oft pathetisch verunklärte Technikverständnis, welches damals, unter Wissenschaftern ebenso wie unter Dichtern, Künstlern, Philosophen, weithin vorherrschend war, wurde allerdings, was SCHEERBART und KARL KRAUS besonders eindrücklich bezeugen, nicht durchwegs geteilt. Warnende – ironische oder skeptische – Stimmen wurden bereits um 1909 auch in Russland laut, blieben jedoch unverstanden oder gingen unter in der allgemeinen Euphorie, welche die ersten motorisierten Flüge ausgelöst hatten.

Der enthusiastischen, blind fortschrittsgläubigen und nicht selten religiös getönten Ausrufung einer «städtischen Zeitungs-Plakat-Maschinen-Flugzeug-Kultur[263]», wie sie in den ekstatischen Versen eines WHITMAN, eines VERHAEREN oder des frühen F. T. MARINETTI angekündigt worden war, setzte schon um 1909 der damals vierundzwanzigjährige VIKTOR (VELIMIR) CHLEBNIKOV die eschatologische Vision einer total maschinisierten Stadtwelt entgegen, die sich jeglicher Kontrolle entzieht und schliesslich auch den Menschen in ihre fatale Gewalt zwingt.

CHLEBNIKOVS ‹Kranich›-Poem (Žuravl'), von dem hier die Rede ist, wurde 1909, nachdem der Dichter in Petersburg erste literarische Kontakte aufgenommen hatte, konzipiert und niedergeschrieben. Im Frühjahr 1910 erschien ein Teil (rund zwei Drittel) des heute bekannten Textes in der Sammelschrift ‹Das Richtergärtchen› (Sadok sudej), einem schmalen Almanach, der als Gründungsdokument des russischen Futurismus gelten darf; 1914 brachte DAVID BURLJUK das apokalyptische Finale des Poems separat unter dem Titel ‹Der Aufstand der Dinge› (Vosstanie veščej) in der von ihm betreuten Ausgabe der CHLEBNIKOVschen ‹Schöpfungen› (Tvorenija) zum Abdruck[264].

Von entscheidender Bedeutung für die Interpretation des Poems ist dessen werk- und zeitgeschichtlicher Hintergrund. Als CHLEBNIKOV im

263 K. Čukovskij, ‹Ėgo-futuristy i kubofuturisty›, *Šipovnik*, kn. XII, SPb 1914, p. 125.
264 Im folgenden wird nach der von N. Stepanov unter dem ursprünglichen Titel *Žuravl'* («Der Kranich») veröffentlichten vollständigen Fassung zitiert (und übersetzt); diese ist abgedruckt in V. Chlebnikov, *Poėmy* (L 1928), pp. 76–82 (*cf.* dazu die Hinweise und Kommentare des Herausgebers, *ibid.*, pp. 9–11; p. 311). – Die einzige bisher vorliegende deutsche Übersetzung (in der von P. Urban edierten Werkausgabe V. Chlebnikov, *Poesie* [‹Werke›, I], Reinbek 1972) ist fehlerhaft und kann daher im folgenden nicht herangezogen werden.

Herbst 1908 nach Petersburg übersiedelte, um seine naturwissenschaftlichen Studien fortzusetzen und Publikationsmöglichkeiten für eigene literarische Arbeiten zu suchen, war der russische Symbolismus bereits im Begriff, seinen eben erreichten Höhepunkt zu überschreiten, ALEKSANDR BLOK rüstete sich zum selbstkritischen Fazit, junge Kräfte – die noch ungeordneten Garden der Akmeisten, Klaristen, Futuristen – drängten nach, selbst die Koryphäen des Literaturbetriebs – BRJUSOV, BELYJ, VJAČESLAV IVANOV – plädierten, indem sie Kunst und Literatur auf das moderne Kriterium der Wissenschaftlichkeit festzulegen versuchten, für einen poetologischen Neuansatz, sie unterstrichen den experimentellen Charakter künstlerischen Schaffens und begrüssten den kommenden Dichter als einen heiteren Handwerker von Zarathustras Gnaden, die Dichtung der Zukunft – als eine fröhliche Wissenschaft[265].
CHLEBNIKOV, dem genialischen, zwischen Kunst und Wissenschaft noch schwankenden Zuzüger, scheint es nicht schwer gefallen zu sein, die sich auflösenden oder neu sich formierenden literarischen Kreise Petersburgs zu betreten. Schon bald nach seiner Ankunft wurde er mit einer Gruppe zumeist jüngerer Autoren bekannt, aus deren Mitte wenig später führende Vertreter sowohl des Akmeismus wie des Futurismus hervorgehen sollten. CHLEBNIKOV selber hatte sich damals noch nicht auf ein bestimmtes poetologisches Koordinatensystem festgelegt, schloss sich zunächst der spätsymbolistischen, von IVANOV und BRJUSOV dominierten «Versakademie» an, anerkannte jedoch bald den nachmaligen Klaristen MICHAIL KUZMIN als seinen «Lehrmeister» und wandte sich letztlich – unter dem Einfluss seines Altersgenossen VASILIJ KAMENSKIJ, durch dessen Vermittlung er in der Folge mit MATJUŠIN, ELENA GURO und den Brüdern BURLJUK bekannt wurde – der resolut «zukünftlerischen» Avantgarde zu. Damit war CHLEBNIKOV faktisch – obzwar *avant la lettre* – Futurist geworden, und Futurist sollte er, jetzt ausschliesslich literarisch engagiert, bis zu seinem Tod, 1922, bleiben[266].
CHLEBNIKOVS Dichtung, ein balladeskes, lose strukturiertes Gebilde von rund 200 Versen, hat die Entstehung, das verheerende Wirken und

---

[265] ‹Vom fröhlichen Handwerk und vom geistvollen Frohsinn› des modernen Dichters handelt ein bedeutender, ebenfalls um 1908/1909 enstandener und stark von Nietzsches Einfluss gezeichneter Essay Vjačeslav Ivanovs (*Po zvezdam*, SPb 1909, pp. 220-246). – V. dazu auch Andrej Belyjs Thesen über ‹Die Zukunft der Kunst› (1907) sowie dessen grossangelegte Studie über ‹Lyrik und Experiment› (1909), die er, ergänzt durch umfangreiche Kommentare, in seinen Sammelband *Symbolismus* aufnahm (A. Belyj, *Simvolizm*, M 1910, pp. 231-285; 567-618).

[266] *Cf.* u.a. V. Kamenskij, *Ego – moja biografija velikogo futurista* (M 1918), pp. 96; 102; und *passim*.

plötzliche Verschwinden eines gigantischen Vogelwesens zum Gegenstand. Ein kleiner Junge – «er träumt wohl, träumt mit offenen Augen» – sieht vom Petersburger Zarenfriedhof aus, wie die «langen Hälse» der Fabrikschlote zu schlingern beginnen, wie sie schaukeln und wanken. Der böse Kindertraum erweist sich als wirkliches, wenn auch unheimliches Geschehen. Ein Passant, vom Autor als berichtendes Ich eingeführt, bald jedoch zugunsten aperspektivischer Darstellung wieder fallengelassen, weiss zu ergänzen:

> *Doch was ist das? Wirbelnd hüpft stromabwärts*
> *In Handgestalt ein Eisenhaken.*
> *Hoch über den Wogen, als diese sich gelegt,*
> *Glich er einem Geschenk zum Gedenken an das Knochengerüst der*
> *Arme.*
> *[...]*
> *Eherne und scharfsinnige Paläste in grimmiger Feuersbrunst –*
> *Wie eine Flamme, die hochschiesst aus der Glut –*
> *Versahen, am Ort tretend, das Wunderwesen mit Beinen.*

[«No čto že? Skačet vdol' reki v kakom-to vichre / Železnyj, kisti ruki podobnyj, krjuk. / Stoja nad volnami, kogda oni stichli, / On pochodil na podarok na pamjat' kostjaku ruk! / (...) / Železnye i chitroumnye čertogi v kakom-to jarostnom požare, / Kak plamen', voznikajuščij iz žara, / Na mesto stanovjas', davali čudu nogi.»]

Das wunderliche Wesen – es ist Vogeltier und Flugmaschine, Kranich und Kran zugleich; wie von selbst erwächst es aus Elementen der großstädtischen Umwelt, es fügt sich, immer mächtiger und widriger werdend, aus Kaminen, Bahnschienen, Stahlkarosserien zusammen, erhebt sich, ein metallenes Skelett, das drohend über der Stadt steht, um der Menschheit den Untergang anzusagen, den gnadenlosen «Aufstand der Dinge», der um vieles schlimmer sein werde als die Übeltaten magischer Bösewichte («zlej ne byl i koščej»). – Der Riesenkranich bedient sich der meuternden, gegen die Menschen verschworenen Dinge, um das eigene Stahlgerippe zu perfektionieren und es – das heisst also: sich selbst – zu einem martialischen Flugkörper aufzurüsten. Aus einer Brücke entsteht das Brustbein, aus schweren Eisenhaken – die Krallen, aus wild aufschiessenden und tanzenden Schienen – die Beine, aus einem Bündel von Fabrikkaminen – der Hals[267]. Die Rebellion der

---

267 Zum Motiv des Dingaufstands v. u. a.
N. Chardžiev/V. Trenin, *Poėtičeskaja kul'tura Majakovskogo* (M 1970),
pp. 110–114; neuerdings auch
N. Stepanov, *Velimir Chlebnikov* (M 1975), pp. 97–102.

Dinge wider die Menschheit endet mit einem karnevalesken, wohl von
Dostoevskij (vielleicht auch von Nikolaj Fedorov) angeregten Spuk:
den Gräbern entsteigen die Toten, und die Leichen vermählen sich den
toten Dingen, sie heben an zum Flug, verschwören sich – wie die
gewaltsam verdinglichte Materie – gegen die Lebenden.
Damit endet auch jener erste Teil des Poems, den Chlebnikov 1909 als
Beitrag zum ‹Richtergärtchen› verfasste; in dem später beigefügten
Schlusspart erweitert Chlebnikov die großstädtische Schauerballade
zur apokalyptischen Vision einer total technisierten, in ihrer Lebenssubstanz aber degenerierten, vor den Toten, vor Dingen und Leichen
kapitulierenden und somit zum Untergang verurteilten Welt. – Die
auferstandenen Toten schliessen sich der Meuterei der Dinge an, sie
schwingen sich zum Riesenskelett des Kranichs auf, verbinden sich mit
dessen mechanischen Teilen, hüllen diese «in ihr Fleisch», machen das
Flugzeug zu einem göttlichen Vogelwesen. Tanzend zeigt sich der
Kranich am Himmel über der Stadt, die er nun völlig in seiner Macht
hat; das strenge Kranichregime wird von den Menschen auch dann
noch beklatscht, als der mechanische Abgott – dem Drachen des
Volksmärchens gleich – ein Kleinkind nach dem andern zum Frass
begehrt und gelassen verspeist. Während der menschenfressende Vogel
sich dem Tanz hingibt, sinken die Stadtbewohner zur Anbetung auf die
Knie. Und:

> *Der Kranich tanzt immer schriller und wirrer,*
> *Er fegt mit dem Flügel die Massen hinweg,*
> *Er ziert seinen Schnabel mit menschlichem Fleisch.*
> *Er hüpft und tanzt wie krank in wildem Tanz.*
> *So wie ein Primitiver auf dem Leib des besiegten Feindes tanzt.*
> *Oh, wie er vor Lust sein Bein zum Himmel schleudert!*

[«Žuravl' pljašet zvončee i gol'če ešče, / On ljudskie krylom razmetaet
polčišča, / On kljuv odel ostatkami ljudskogo mjasa. / On skačet i
pljašet v pripadke dikogo pljasa. / Tak pljašet dikar' nad telom pobeždennogo vraga. / O, ėta v nebo zakinutaja v veselii noga.»] Ebenso
unvermittelt wie Marinettis Flugzeugmensch schwingt sich schliesslich
der Chlebnikovsche Riesenvogel, Verwüstung und Elend hinterlassend, zum Himmel auf, um für immer zu entschwinden:

> *Doch eines Tags erhob er sich und flog davon.*
> *Und ward nie mehr gesehen.*

[«No odnaždy on podnjalsja i uletel vdal'. / Bol'še ego ne vidali.»]

In CHLEBNIKOVS Poem sind verschiedene – mythologische und poetologische, werk- und zeitgeschichtliche – Bedeutungsebenen zu einem dichten semantischen Komplex gebündelt. Im vorliegenden Zusammenhang sei lediglich festgehalten, dass der Text jener utopistischen, zugleich aber realitätsorientierten Tradition zuzuordnen ist, die von WHITMAN über WELLS zu VERHAEREN und BRJUSOV führt, dass er anderseits jedoch – man beachte die dramatische Präsantation der Großstadtkulisse – als typische Manifestation des frühen Futurismus zu gelten hat.

«Wir werden» – so heisst es im Gründungsmanifest des Futurismus, welches CHLEBNIKOV bekannt gewesen sein mag, als er an seinem ‹Kranich›-Poem arbeitete –

> «die grossen Menschenmengen besingen, die die Arbeit, das Vergnügen oder der Aufruhr erregt; besingen werden wir die vielfarbige, vielstimmige Flut der Revolutionen in den modernen Hauptstädten; besingen werden wir die nächtliche, vibrierende Glut der Arsenale und Werften, die von grellen elektrischen Monden erleuchtet werden; *die gefrässigen Bahnhöfe, die rauchende Schlangen verzehren;* die Fabriken, die mit ihren sich hochwindenden Rauchfäden an den Wolken hängen; *die Brücken, die wie gigantische Athleten Flüsse überspannen,* die in der Sonne wie Messer aufblitzen; die abenteuersuchenden Dampfer, die den Horizont wittern; die breitbrüstigen Lokomotiven, die auf den Schienen *wie riesige, mit Rohren gezäumte Stahlrosse* einherstampfen, und den gleitenden Flug der Flugzeuge, deren Propeller wie eine Fahne im Winde knattert und Beifall zu klatschen scheint wie eine begeisterte Menge[268].»

Der zeitgenössischen Forderung einer «wissenschaftlichen Poesie» (GHIL; BRJUSOV; MARINETTI) ist CHLEBNIKOV mit dem Hinweis begegnet, die Kunst habe die Entwicklung von Wissenschaft und Technik nicht nachzuvollziehen, sondern – umgekehrt – vorwegzunehmen:

> Hat es denn nicht schon Jahrtausende vor der Luftschiffahrt den sagenhaften fliegenden Teppich *[kover-samolët]* gegeben? Und vor

---

268 U. Apollonio (ed.), *op. cit.*, p. 34 (Manifest § 11); Hervorhebungen von mir, F.P.I. – *Cf.* den ersten russischen Kommentar zu Marinettis *Manifest des Futurismus* von 1909 (Panda, ‹Nabroski sovremennosti›, *Večer*, 1909, 8.III.; hier auch umfangreiche Auszüge aus dem Gründungsmanifest); italienische Fassung *v.* bei C.G. De Michelis, *Il Futurismo italiano in Russia* (Bari 1973), pp. 77-84.

zweitausend Jahren das daedalische Griechenland? Kapitän Nemo hat seine Unterwasserreise in JULES VERNES Roman ein halbes Jahrhundert vor der mächtigen Schlacht der Deutschen bei den *[unleserlich]* Inseln unternommen. *[Erfindung der Zeitmaschine bei* WELLS.] Soll also der Künstler auf dem Trittbrett der Wissenschaft, des Alltags, des Ereignisses stehen, und - wo wäre dann sein Platz für die Vorausschau, für die Prophetie und den vorgreifenden Willen[269]?

Den modernen Maschinismus hat als einer der ersten, neben KARL KRAUS, der Literat und Kulturkritiker HUGO BALL kritisch analysiert. In der Maschine erkennt BALL «eine Art Scheinleben», ein «Gespenst», dem «eine gewisse Vernunft» innewohne; die Maschine verbinde diverse, einander vormals fremde «Materien» zu neuer, gleichsam organischer Geschlossenheit - sie sei «der systematisch arbeitende Tod, der das Leben vortäuscht[270]». Genau wie die von BALL beschriebene Maschine - Leben vortäuschend und Leben vernichtend - arbeitet CHLEBNIKOVS Riesenkranich: technischer Fortschritt erweist sich hier (anders als bei den italienischen Futuristen) als fataler Irrtum, als Fort-Schritt weg von der Humanität, hin zum Weltende.

## 14

Schon bald nach seiner Ankunft in Petersburg wurde CHLEBNIKOV mit dem jungen VASILIJ KAMENSKIJ bekannt, der damals das Sekretariat der neu gegründeten Wochenzeitung ‹Frühling› (Vesna) leitete, daneben aber, mit weit grösserem Einsatz, sein eigenes literarisches Debüt vorbereitete. KAMENSKIJ hat sich sogleich - zunächst als Mentor, dann als Schüler - nachhaltig für CHLEBNIKOV und dessen Werk eingesetzt; ab 1909 gehörten beide, CHLEBNIKOV wie KAMENSKIJ, zur Gründungs-«Genossenschaft» des futuristischen Kunst- und Literaturbetriebs[271].*
Für das ‹Richtergärtchen› (jenes Sammelwerk also, welches auch CHLEBNIKOVS ‹Kranich›-Poem enthalten sollte) schrieb KAMENSKIJ eine

269 V. Chlebnikov, *Stichi, proza, stat'i, zapisnaja knižka, pis'ma, dnevnik* (L 1933), p. 275.
270 H. Ball, *Die Flucht aus der Zeit* (Mchn &c 1927), pp. 6-7.
271 *Cf.* V. Kamenskij, *Put' ėntuziasta* (Perm' ²1968), pp. 89*sqq.*

* Abb. 22

Reihe von Gedichten, die er in der Folge – praktisch unverändert – in eine grössere erzählerische Arbeit integrierte: diese Arbeit, der Roman ‹Erdhütte› (Zemljanka), lag bereits 1910 als Einzelpublikation vor: eine durch HAMSUNS ‹Pan› (und wohl auch THOREAUS ‹Walden›) angeregte Schilderung naturverbundenen Lebens, die Geschichte eines Frühlings und einer Liebe als schwärmerisches Manifest gegen die großstädtische Zivilisation[272].

Nachdem KAMENSKIJ seinen ebenso enthusiastischen wie harmlosen literarischen Erstling herausgebracht hatte, gab er die Schriftstellerei – vorübergehend – auf, um sich ganz der Luftfahrt zu widmen. Der abrupte, wenig plausible Übergang «von der Erdhütte zum Aeroplan» war schon im Herbst 1909 von CHLEBNIKOV angeregt und von KAMENSKIJ unverzüglich zum Programm gemacht worden[273]; seinen Freunden hatte KAMENSKIJ «geschworen», Pilot werden zu wollen:

> Und nun, da die gesamte Menschheit sich an der «Eroberung der Luft» ergötzte, jetzt, da auch in Petersburg die ersten Aeroplane über den verdutzten Köpfen schwirrten, nahm ich mir vor, meinem ehrlichen Schwur nachzuleben.
>
> Unausstehlich *[nesterpimo]* zog es mich hin zu den Flügeln des Aeroplans, so sehr zog es mich hin, dass ich auf der Erde Ruhe und Ort verlor.
>
> Nicht bloss mit Worten, sondern in Tat und Wahrheit wollte ich mich nun dieser grössten Entdeckung anschliessen. Was sind Verse, Romane?
>
> Der Aeroplan – das ist die wahrhaftige Errungenschaft unserer Zeit. Der Pilot – er ist der des Höhenflugs würdige Mensch. Wenn wir schon tatsächlich Futuristen sind (wir wurden nun eben Futuristen genannt), wenn wir schon Menschen der motorisierten Jetztzeit sind, Dichter eines universellen Dynamismus, Ankömmlinge und Sendboten aus der Zukunft, Meister der Tat und Tätigkeit, enthusiastische Erbauer neuer Lebensformen, – dann müssen wir, unbedingt, auch Flieger sein.
>
> Also denn: der Geruch von Benzin und verbrauchtem Motoröl, die

---

272 *Die Erdhütte* ist von 1910 datiert; der Text erschien Ende 1910, trägt aber das Erscheinungsjahr 1911. ‹Zemljanka› ist 1961 im Rahmen einer Prosaauswahl V. Kamenskijs nachgedruckt worden (*Leto na Kamenke*, Perm' 1961, pp. 19-54).

273 *Cf.* V. Kamenskij, *Put' ėntuziasta (ed. cit.)*, pp. 103-107.

flache Weite des Flughafens und die startbereiten Apparate – dies möge fortan unser Leben sein[274].

Mit solchen Aussagen scheint KAMENSKIJ zu sich selbst in Widerspruch zu geraten und seine eigene bukolische Apologie des naturnahen Lebens *ad absurdum* zu führen; dem ist jedoch nicht so. KAMENSKIJ fasst die motorisierte Fliegerei keineswegs als eine Erscheinungsform des universell-industriellen Maschinismus auf, das Flugzeug ist für ihn nicht als technisches System oder auch nur als mythologisches Vehikel von Interesse, er verwendet es lediglich als apparatives Hilfsmittel zur Erschliessung (nicht Eroberung) des Luftraums, dem er eine zusätzliche Erfahrungsdimension abzugewinnen hofft und der ihm die ideale Realisierung seiner antizivilisatorischen Lebens-Kunst ermöglichen soll. KAMENSKIJ befindet sich damit in denkbar schroffem Gegensatz zu seinen fortschrittsgläubigen und fortschrittsfreudigen Zeitgenossen: was sich ein MORASSO unter der grossen neuen Waffe der Menschheit – der Maschine – vorstellt, ist bei KAMENSKIJ nichts anderes als eine Krücke, welche dem Menschen die ersehnte Rückkehr zur Natur erleichtert.

KAMENSKIJ war, zumindest vorübergehend, bemüht, die Fliegerei als eine neue Kunst- und Lebensform zu institutionalisieren; er schuf sich einen abenteuerlichen Privatmythos, indem er *realiter* ein poetisches «Flugzeugleben» *(aëroplannaja žizn')* führte, in Pilotenausrüstung zu Dichterlesungen erschien und planmässig an der futuristischen Karriere eines «Künstler-Fliegers» arbeitete[275].

*Stets bin ich aufgelegt zum Singen,*
*Stets bin ich jedermann ein treuer Freund,*
*Ich bin ganz himmlisch wolkenlos,*
*Ich bin der Horizont- und Weltenkreis.*

*Ich bin ein weiser Dichter und auch Flieger,*
*Bin Künstler, Lektor und Bauersmann,*

274 *Ibid.*, pp. 106–107.
275 Erst viel später – in der zweiten Hälfte der zwanziger Jahre – haben sich in Italien «Künstler-Flieger» wie Fedele Azari, Silvio Mix oder der legendäre Guido Keller einen Namen gemacht; im italienischen Futurismus der Zwischenkriegszeit ist die heroisch stilisierte Figur des *artista-aviatore* zu einer faschistischen Symbolgestalt geworden, der sowohl Marinetti wie auch d'Annunzio wortreich Reverenz erwiesen haben.
Als «aviateur de l'encre» hat sich nach dem Weltkrieg auch Jean Cocteau, der den berühmten Roland Garros auf mehreren Flügen begleiten konnte, charakterisiert (*Le Cap de Bonne-Espérance*, entstanden 1916–1919). – Dass Kamenskij als erster *artista-aviatore* überhaupt zu betrachten ist, steht ausser Frage.

*Bin ein ganz auserlesner Redner,*
*Bin rundum der letzte modische Schick.*

*Es tönt wie eine schläfrige Aorta*
*Mein narkotischer Lyrismus –*
*Zwischen Dorf und Kurort überall*
*Rufe ich den Futurismus aus.*
*[...]*

[«Vsegda nastroennyj dlja pesen, / Vsegda dlja vsech ja vernyj drug, / Ja ves' bezoblačno nebesen, / Ja gorizontnyj mirokrug. // Poėt-mudrec i aviator, / Chudožnik, lektor i mužik, / Ja ves' izyskannyj orator, / Ja ves' poslednij modnyj šik. // Zvenit, kak sonnaja aorta, / Moj narkotičeskij lirizm – / Ja ot derevni do kurorta / Provozglašaju futurizm.»][276] Wenn es bei D'ANNUNZIO antikisches Pathos, bei MARINETTI und seinen «futuristischen Brüdern» zynischer Sarkasmus ist, wodurch deren Flugdichtungen grösstenteils charakterisiert sind, so hat KAMENSKIJ wohl als erster den durch keinerlei Reflexion getrübten *Enthusiasmus* zur Intonationsart seiner fliegerischen Lyrismen gemacht. Selbst dort, wo KAMENSKIJ den modernen Maschinismus schwärmerisch besingt, feiert er ihn (und feiert er vor allem die Fliegerei) als einen ekstatischen Triumph der *Natur*, und nicht etwa als einen materiellen Fortschrittsbeweis, der den Triumph des Menschen *über* die Natur bestätigt. Die Apologie des marinettianischen Flugzeugmenschen ist KAMENSKIJS Sache nicht, und ebenso wenig kann er sich einem Fortschrittspessimismus anschliessen, der im Flugzeug nur mehr den todbringenden Riesenvogel zu erkennen vermag:

*Geboren in den Bergen des Ural,*
*Bin ich als ungezähmtes Adlertier geboren [...].*

[«V gorach roždennyj na Urale, / Rožden ja jarostnym orlom ...»][277] Den Flugzeugmenschen versteht KAMENSKIJ demnach nicht als apparatives Mischwesen aus Mensch und Maschine, sondern – umgekehrt – als einen neuen, organisch erweiterten Naturmenschen; diesem fliegenden Naturmenschen möchte der Dichter ewige Jugend und Jugendlichkeit verleihen *(letčiki-molodčiki)*, er soll es sein, der den Traum von der

276 V. Kamenskij, ‹Moja kar'era› [1916]; hier zitiert (und übersetzt) nach id., *Stichotvorenija i poėmy* (M-L 1966), p. 83.
277 *Loc. cit.*

Rückkehr ins verlorene Paradies der Kindheit perpetuiert, indem er sich – sei er nun Adler oder Pilot – der «totalen Fluglust» hingibt: im *Flug* wird die Lust *schön;* der Flugtraum ist der Traum des *verführenden* Verführers[278].

KAMENSKIJ hat sich durch die Fliegerei verführen lassen, um seinerseits zum Verführer werden zu können; er selbst stellt sich auf sympathische Weise als einen Hedonisten und Träumer dar, jegliche Dämonie geht ihm ab, er wirkt – in allen seinen Flugdichtungen – naiv, oft sogar banal: «Er schafft sich seine eigenen Existenzformen und predigt sie auf irr-provokatorische Weise – nicht nur in seinen Liedern, sondern durch seine ganze Lebenshaltung[279].»

Den Drang nach oben, zum Estrich, «auf's Dach» und zum Himmel hin hat VASILIJ KAMENSKIJ – ein «Mensch des Ausbruchs» – seit seiner frühen Kindheit verspürt und zeitlebens beibehalten[280]. Schon in seinem ersten Buch, dem bereits erwähnten idyllisch-lyrischen Roman ‹*Die Erdhütte*› konstatiert KAMENSKIJ:

> Ich suchte mir die höchste Kiefer am Waldrand aus, erwies ihr mit einer Verneigung Reverenz und bestieg sie dann.
> Auf dem höchsten Punkt ihrer Krone fand ich den passenden Platz. In der Gabelung zweier mächtiger Äste begann ich mit dem Bau meines nächtlichen Nests[281].

Aus diesen zweifellos autobiographischen Hinweisen geht hervor, dass KAMENSKIJS Drang nach oben in zweifacher Hinsicht motiviert war: einerseits durch archetypische, naiv-erotische Wunschträume (Baum/Frau), anderseits durch kindlichen Widerstand gegen die Objektivierung der Welt und damit auch gegen die historische Zeit, gegen das Älter- und Erwachsenwerden. Der Flug-Raum ist ein weiblicher, ein nächtlicher Raum; der Fliegende ist geborgen und gefährdet zugleich, der Flug – ein Traum zur Kindheit hin: hinab? hinauf? – Schon hier bildet sich KAMENSKIJS poetischer Raum als ein Vertikalraum heraus; der Baum ist, nach BACHELARD, der Ort der *rêverie perchée*, er ist eine imaginäre Bleibe, sein Astwerk birgt das Nest, sein Wipfel dient dem Höhenflug als Ausgangspunkt, im Wiegen der Wipfel sind der kosmische Pulsschlag und die sanfte Schaukelbewegung der Kinderkrippe

---

278 *Cf.* G. Bachelard, *L'Air et les songes* (P ⁶1968), pp. 29*sqq.*
279 N.N. Evreinov, *Teatralizacija žizni* (M 1922), p. 10.
280 *Cf.* S. Ginc, *Vasilij Kamenskij* (Perm' 1974), pp. 78–93; *v.* auch B. Gusman, ‹Vasilij Kamenskij›, *Očarovannyj strannik*, VIII, 1915, pp. 10–11.
281 Hier zitiert (und übersetzt) nach S. Ginc, *op. cit.*, p. 76.

gleichermassen adäquat übersetzt. Doch erst im Traum – vielleicht auch im offenen Flugzeug – wird «das luftige Leben in höchstem Perfektionsgrad» erfahrbar[282].

Der vermeintliche Bruch zwischen KAMENSKIJS neoprimitivistischen literarischen Anfängen und seiner späteren Hinwendung zur motorisierten Fliegerei ist in Realität nichts anderes als eine Übergangsphase innerhalb einer durchaus kontinuierlichen werkbiographischen Entwicklung: das Flugzeug wird, auch auf metaphorischer Ebene, nicht *gegen* den Adler, sondern *als* Adler eingesetzt; jedenfalls hat KAMENSKIJS Flugzeug mehr Ähnlichkeit mit dem Adler HOFMANNSTHALS als mit MARINETTIS Gazourmah. Was KAMENSKIJ dennoch mit den Futuristen verbindet, ist die programmatische Dynamik seiner Einbildungskraft, ist aber auch – obwohl in völlig anderem Verständnis – das zentrale Motiv der Vereinigung von Mensch und Maschine: schon nach seinen ersten Flugversuchen (sie wurden im Beisein V.A. LEBEDEVS auf einem *Farman*-Doppeldecker durchgeführt) fühlte sich KAMENSKIJ «derart beflügelt, dass er sich nicht länger für einen Erdenbürger halten mochte», er setzte sich gänzlich «in die Luft» ab und «verschmolz mit Leib und Seele mit dem Aeroplan[283]». Die für KAMENSKIJ charakteristische Poetisierung des Lebens ist von NIKOLAJ EVREINOV, dem Theoretiker einer *Theatralisierung des Lebens*, als künstlerisches Prinzip erkannt und umschrieben worden: «Sein [KAMENSKIJS] ganzer Futurismus – und nicht bloss der Futurismus in seinen Werken, sondern auch [der Futurismus] in seinem Leben und in dessen gesamter Anlage –, das ist keineswegs die Frucht eitler Einbildungskraft, ist weder Originalitätssucht noch Pose, sondern etwas, das organisch aus dem Verhältnis des Dichters zum Leben her rgeht[284].»

Im Lauf des Jahres 1910 – unmittelbar nach Erscheinen seines dichterischen Erstlings – wandte sich KAMENSKIJ, von seinen futuristischen Freunden ermutigt, für mehrere Jahre der praktischen Fliegerei zu. Neben EFIMOV, VASIL'EV, ROSSINSKIJ, UTOČKIN, LEBEDEV gehörte KAMENSKIJ schon bald zum engen Kreis der ersten Motorflugpiloten Russlands[285].

Die Schwierigkeit des «Künstler-Fliegers» bestand zunächst darin, dass er nicht über ein eigenes Flugzeug verfügte und daher nur vereinzelt – als Passagier – auf fremden Apparaten zum Einsatz kam. Bald ent-

---

282 V. G. Bachelard, *La Poétique de la rêverie* (P 1968); *cf.* besonders Kap. III, V.

283 V. Kamenskij, *Put' ėntuziasta (ed. cit.)*, p. 107.

284 N.N. Evreinov, *op.* und *loc. cit.*

285 V. Kamenskij, *op. cit.*, pp. 107*sqq.*

schloss sich KAMENSKIJ zu einer ausgedehnten Europareise, in deren Verlauf er die neusten Modelle der deutschen, französischen und italienischen Luftfahrtindustrie kennenlernen und zusätzlichen Flugunterricht nehmen wollte. Über Berlin, wo er seinen Lieblingsautor, KNUT HAMSUN, als flugbegeisterten Zeitgenossen kennenlernte – begab sich KAMENSKIJ nach Paris und von dort, tagtäglich, auf das Flugfeld von Issy-les-Moulineaux, wo «fast alle Erfinder der französischen Konstruktionen» ihre Apparate erprobten. Während einiger Zeit arbeitete KAMENSKIJ im Montagewerk von LOUIS BLÉRIOT, um sich die für das Schulfliegen notwendigen Vorkenntnisse anzueignen; bei BLÉRIOT selbst erhielt KAMENSKIJ im Anschluss daran mehrere Privatstunden, doch verzichtete er auf weiteren Unterricht, als er zur Zahlung einer prohibitiven Versicherungsprämie aufgefordert wurde: «Ich fasste den Entschluss, meine fliegerische Arbeit in Russland fortzusetzen und dort auch das Examen als Flugzeugpilot abzulegen.»

Bevor KAMENSKIJ zum Besuch der Ersten Weltausstellung der Luftschiffahrt nach London weiterreiste, hatte er noch Gelegenheit, in Issy so prominente Autoren wie ANATOLE FRANCE, MAURICE MAETERLINCK, PIERRE LOTI, EMILE VERHAEREN, HENRI BERGSON und GERHART HAUPTMANN auf den Zuschauerrängen zu sehen. Von London führte KAMENSKIJS Route über Mailand nach Rom und Neapel:

> Übrigens haben mir neapolitanische Studenten berichtet, dass hier vor kurzem die Mailänder Futuristen aufgetreten seien und für die Befreiung Italiens von den unzähligen Museen und Antiquariaten gekämpft hätten, welche das «Land des Lebens» in archäologische Friedhöfe verwandelten.
> Recht so!
> Doch was es da an Gemeinsamem mit uns, den russischen Futuristen, gibt, ist mir unverständlich; aber die *[rasejskie?]* ‹Kritiker› wollen uns weiterhin MARINETTI & Co. aufschwatzen, und überhaupt schmieren sie jeglichen Unsinn zusammen.
> Auf Wiedersehn, Neapel!

Nach Zwischenhalten in Florenz, Venedig und Wien kehrte KAMENSKIJ, wiederum über Berlin, nach Petersburg zurück.

> Die Köpfe der gesamten Menschheit sind zum Himmel gereckt und sind starr geworden vor Verwunderung über die Eroberung des Luftraums.
> Jeder Tag bringt neue Rekorde, neue Errungenschaften und – neue Tode furchtloser Helden.

Mir stockt, wenn ich das Dröhnen eines fliegenden Apparats vernehme, der Atem: warum denn bin nicht ich der Glückspilz, sondern ein anderer?

Bald nach seiner Rückkehr konnte KAMENSKIJ, durch die Vermittlung LEBEDEVS, der inzwischen die Direktion der Petersburger Fluggenossenschaft übernommen hatte, ein Flugzeug vom Typ *Blériot* mit *Anzani*-Motor erwerben.* Auf dem stadtnahen Aerodrom von Gatčina mietete er einen Hangar; schon nach wenigen Simulationsflügen wagte KAMENSKIJ den ersten selbständigen Aufstieg:

> Ich sterbe vor Glück ...
> O, mögen andere Piloten doch ihre Höhenrekorde aufstellen, mögen sie weiss der Teufel wie verwegen fliegen und Tausende von Preisen bekommen – ich beneide sie nicht, nein! Dieser mein erster kleiner Flug, meine luftige Frechheit, mein reinblütiges Wagnis und der erfolgreiche Aufstieg – das war ein derart grandioses Fest meines Lebens, ein derartiger persönlicher Sieg, dass ich es fürwahr von Ewigkeit zu Ewigkeit nie mehr vergessen werde[286].

KAMENSKIJ selbst fasst dieses fliegerische Grund- und Hochgefühl bei anderer Gelegenheit in aphoristischer Kürze zusammen:

> Hat man den Kopf mal windig *[vejno]* hochgerissen, so lässt sich auch der Sinn der Kultur erklären[287].

Obwohl KAMENSKIJ selbst das Schreiben aufgegeben hatte, pflegte er auch weiterhin literarische Kontakte; als er im Sommer 1911 nach Perm' übersiedelte, um in seiner engeren Heimat Schauflüge durchzuführen, verliess er einen Freundeskreis, zu dem nun, unter andern, der Prosasatiriker ARKADIJ AVERČENKO sowie die Versdichter VOINOV, KNJAZEV und SAŠA ČERNYJ gehörten.

Trotz mannigfaltigen Bemühungen und gelegentlich recht hektischen Umtrieben blieb KAMENSKIJS Pilotenlaufbahn ohne Erfolg; sie war indes immer wieder, vor allem im Unglück, vom Glück begünstigt: gleich beim ersten Start in Perm' rammte KAMENSKIJ einen Gartenzaun, der Flugapparat wurde erheblich beschädigt, der Pilot selbst kam mit

---

286 *Loc. cit.*, passim; *cf.* bei S. Ginc, *op. cit.*, Abb. 8 (die photographische Aufnahme zeigt Kamenskij und Lebedev vor dem Start zu einem gemeinsamen Flug; 1911).

287 V. Kamenskij, ‹Poėmija o Chatsu›, *Strelec* (Pg 1915), I, p. 75.

* Abb. 23

dem Schrecken davon[288]. KAMENSKIJ entschloss sich, nachdem ihm doch noch ein paar bescheidene Flüge gelungen waren, für einen Studien- und Trainingsaufenthalt nach Polen zu reisen. Im Herbst 1911 traf er in Warschau ein, um bei der dortigen Flugschule Aviata weiterführenden Unterricht zu nehmen.* Auf diversen Maschinen vom Typ *Blériot* und *Taube-Daimler* bereitete sich KAMENSKIJ auf die Brevetierung vor. Am 9. November 1911 wurde er diplomiert und erhielt «den Titel eines Flugzeugpiloten» *(pilot-aviator)*. Anschliessend unternahm KAMENSKIJ eine Polen-Tournee, um sich an Demonstrationsflügen zu beteiligen und Vorträge über die zeitgenössische Luftfahrt zu halten[289]; damals scheint er auch die Niederschrift eines poetisch-autobiographischen Berichts über sein *‹Fliegerleben›* (Arbeitstitel: Žizn' aviatorskaja) geplant, vielleicht sogar begonnen zu haben, doch ist von diesem Projekt nichts erhalten geblieben.

Nach mehrmonatigem Aufenthalt in Polen und nach einem schweren Flugunfall, der ihn beinahe das Leben gekostet hätte, kehrte KAMENSKIJ in den Ural zurück[290]. Dort gründete er im August 1912 den Chutor Kamenka, ein landwirtschaftliches Gut, und damit war auch seine Karriere als Pilot abgeschlossen. In der Folgezeit betätigte sich KAMENSKIJ vorwiegend als Bauer und Jäger, wandte sich nebenbei wieder vermehrt der literarischen Arbeit zu. Ganz gab er seine fliegerischen Interessen jedoch nicht auf: zusammen mit A. A. POTAPOV und I. D. IRTEGOV, zwei befreundeten Technikern, konstruierte KAMENSKIJ nach eigenen Entwürfen einen sogenannten *aèrochod*, den er als *glisseur* auf Wasser- und Schneeflächen einzusetzen gedachte; allerdings gedieh die Konstruktion nie über das Stadium des Prototyps hinaus[291].**

Inzwischen – um 1912/1913 – hatten KAMENSKIJS frühere Futuristenfreunde durch verschiedene Kollektivpublikationen und -aktionen in Moskau von sich reden gemacht; ihnen schloss sich nun auch der ehemalige «Künstler-Flieger» an: bereits Ende 1913 gehörte VASILIJ KAMENSKIJ – neben MAJAKOVSKIJ und DAVID BURLJUK – zum Kerntrupp des Moskauer Futurismus. – Vom Dezember 1913 bis zum März

---

288 *V.* Abb. 9 (1911) bei S. Ginc, *op. cit.*
289 *Cf.* dazu V. Kamenskij, *Polet Vasilija Kamenskogo na aèroplane v Varšave* (Erstdruck in *Tango s korovami*, 1914, als «železobetonnaja poèma»); *v.* N. Chardžiev/V. Trenin, *op. cit.*, p. 38.
290 Kamenskij stürzte am 29. Mai 1912 bei einem Schauflug in der Nähe von Częstochowa über sumpfigem Gelände ab; sein Apparat erlitt dabei Totalschaden. Die polnische Presse meldete anderntags den Tod des verunfallten Piloten (*v.* V. Kamenskij, *Put' èntuziasta*, ²1968, p. 133). Von Kamenskijs Flugunfall ist das Finale der ersten futuristischen Oper (*Pobeda nad solncem*, 1913; Buch von Kručenych, Musik von Matjušin, Ausstattung von Malevič) inspiriert.
291 *V.* Abb. 11 bei S. Ginc, *op. cit.*

* Abb. 24   **Abb. 25

1914 war KAMENSKIJ als Rezitator und Vortragsredner an der Grossen Futuristen-Tournee beteiligt, welche in zahlreiche Städte Süd- und Westrusslands, des Don- und Wolgagebiets sowie Kaukasiens führte[292]. Anlässlich dieser Tournee verfasste KAMENSKIJ ein Referat, das erstmals am 20. Februar 1914 in das Vortragsprogramm aufgenommen und unter dem Titel ‹Aeroplane und die Poesie der Futuristen› angekündigt wurde; mit demselben Referat trat KAMENSKIJ auch an einem futuristischen Tee- und Leseabend im Moskauer Polytechnischen Museum auf. Der populäre «Künstler-Flieger» hatte sich für die weitgehend improvisatorische Veranstaltung gelbe Flicken an seine Jacke nähen und einen Aeroplan auf die Stirn malen lassen; der Text seines Vortrags ist nicht bekannt, doch sind KAMENSKIJS Grundgedanken in der Vorankündigung stichwortartig zusammengefasst:

> ÜBER DEN EINFLUSS TECHNISCHER ERFINDUNGEN AUF DIE ZEITGENÖSSISCHE POESIE. DIE ROUTEN DER RIESENDAMPFER, DIE REICHWEITEN VON AUTOMOBILEN UND AEROPLANEN, WELCHE DIE ERDE KLEINER WERDEN LASSEN, GEBEN EINE NEUE VORSTELLUNG VON DER HEUTIGEN WELT. DER NEUE MENSCH. DIE NEUE LEBENSFORM. DIE NEUEN SCHÖNHEITSBEGRIFFE. AEROPLANE, MOTOREN, PROPELLER, AUTOMOBILE, KINO, KULTUR – IN DEN VERSEN DER FUTURISTEN. DER WORTBAU DER MEISTERSCHAFT[293].

In Moskau liess KAMENSKIJ um 1914 auch einen neuen Gedichtband eigener Produktion erscheinen, eine Sammlung von «Eisenbetonpoemen» unter dem Titel ‹Tango mit Kühen›; die schmale Broschüre – sie wurde bis heute nie wieder nachgedruckt – enthielt nebst andern lyrischen Kuriositäten auch das Gedicht über den «Flug des VASILIJ KAMENSKIJ auf einem Aeroplan in Warschau[294]». Kurz nacheinander folgten dann KAMENSKIJS Beiträge zu verschiedenen futuristischen Sammelwerken, durch intensive Schreibarbeit und Vortragstätigkeit wusste sich der «himmelblauäugige Flieger» bald einen Namen zu machen[295], und da er, im Gegensatz zu seinen futuristischen Mitstreitern, auch zu andern künstlerischen Lagern und sogar zur verachteten Generation der «Väter» (so etwa zu REPIN und ŠALJAPIN, zu KUPRIN

---

[292] N. Chardžiev, ‹Turné Kubo-futuristov 1913-1914gg.›, in *Majakovskij* (M 1940), pp. 401–427.
[293] V. Kamenskij, *op. cit.*, p. 140.
[294] Cf. *supra*, p. 174, Anm. 289.
[295] Cf. den autobiographischen Bericht von B. Goriély, *Les Poètes dans la Révolution russe* (P 1934), p. 70 und *passim*.

und MAKSIM GOR'KIJ) freundschaftliche Kontakte unterhielt, gewann – und behielt – er die Sympathien eines breiten Publikums; in dem Mass, wie KAMENSKIJS Popularität anwuchs, verminderte sich allerdings die Qualität seines künstlerischen Schaffens: mehr und mehr verfiel er in volkstümliche oder volkstümelnde Rhetorik, seine ursprüngliche Einbildungskraft verflachte zu plakativer Simplizität, und schon in den ausgehenden zwanziger Jahren unterschied sich KAMENSKIJS Personalstil nur mehr durch seine unverblümte Naivität vom nivellierten Agitpropstil der Epoche (durch eine Art von Naivität, welche in der Folgezeit selbst seine – ernstgemeinten – Lenin- und Stalingedichte mit einer gewissen Heiterkeit umgab). Dennoch hat KAMENSKIJ auch später – namentlich als Essayist und Memoirist – Wertvolles zur Sowjetliteratur beigetragen.

Die von KAMENSKIJ seit 1914 (bis etwa 1925) in grosser Zahl produzierten Flugdichtungen sind inzwischen kaum wieder nachgedruckt worden und müssen oft an entlegener Stelle – in Zeitungen und Almanachen, in Privatdrucken und seltenen Erstausgaben – ausfindig gemacht werden. Nicht zuletzt dies mag ein Grund dafür sein, dass die umfassende Würdigung des ersten europäischen «Künstler-Fliegers» noch immer aussteht[296].

## 15

Mit wacher, bisweilen zynischer Skepsis, gelegentlich aber auch mit eschatologisch geprägter Resignation hat seit 1909 der knapp dreissigjährige ALEKSANDR BLOK das Überhandnehmen des Maschinismus und die Mechanisierung der großstädtischen Zivilisation beobachtet und kommentiert. Von BLOKS Auseinandersetzung mit der technizistischen Moderne, welche «das neunzehnte, das eherne, / das wahrlich grausige Jahrhundert» eben erst abgelöst, jedoch keineswegs durch eine bessere Welt ersetzt hatte, zeugen seine damaligen Briefe, seine Tagebücher, verschiedene Gelegenheitsgedichte, vor allem aber das grosse, zwischen

---

296 Weitere Flugdichtungen – nebst den schon genannten – hat Kamenskij u. a. in seine Lyrikbände *Mädchen barfuss* («Devuški bosikom», Tiflis 1917), *Frühlingsflötenklang* («Zvučal' vesnejanki», M 1918) sowie in die *Ausgewählten Gedichte* («Izbrannye stichi», M 1934) aufgenommen. Zu erwähnen sind ferner Kamenskijs Werkauswahl *Auch das gibt's* («I èto est'», Tiflis 1927) und der Aktionsroman *Die 27 Abenteuer des Hort Joyce* («27 priključenij Chorta Džojca», M-Pg 1924), dessen XI. Kapitel «In einer Höhe von 8000 Meter» spielt.

1910 und 1921 entstandene Poem ‹*Vergeltung*› (Vozmezdie), eine poetische Summa des vergangenen Jahrhunderts und eine visionäre Vorschau auf das neue Zeitalter[297].

Auch BLOK fragt – gedrängt von seinem «Hass gegen die verschiedenen Fortschrittstheorien» – nach dem Menschen, fragt nach der Zukunft einer Menschheit, die sich von den übermächtig gewordenen und expansiv um sich greifenden Maschinen in die Defensive gedrängt sieht.

> *Das zwanzigste Jahrhundert ... Noch unbehauster,*
> *Noch schrecklicher ist des Lebens Düsternis [geworden]*
> *(Noch schwärzer und [noch] ungeheuerlicher*
> *Ist [jetzt] der Schatten von Luzifers Flügel).*
> *Die rauchenden Dämmerbrünste*
> *(Prophezeiungen über unsre Zeit),*
> *In der Höhe das Schreckgespenst*
> *Eines drohenden geschwänzten Kometen,*
> *Das erbarmungslose Ende von Messina*
> *(Unbezwingbar bleiben die Naturgewalten),*
> *Und das unablässige Geheul der Maschine,*
> *Welche Tag und Nacht das Unheil schmiedet,*
> *Das schreckliche Bewusstsein, dass alles,*
> *Was man bislang dachte und glaubte, Trug ist,*
> *Und der erste Aufstieg eines Flugzeugs*
> *In die Wüste unbekannter Sphären ...*

Und dann die Frage:

> *Nun denn, Mensch? – Durchs Stahlgeheul,*
> *Im Feuer, in Pulver und Rauch,*
> *Welch feurige Fernen haben*
> *Sich deinem Blick eröffnet?*
> *Wovon kündet das nie verstummende Geratter der Maschinen?*
> *Wozu zerteilt der heulende Propeller*
> *Des Nebels Kälte und – die Leere?*

[«Dvadcatyj vek ... Ešče bezdomnej, / Ešče strašnee žizni mgla / (Ešče černee i ogromnej / Ten' Ljuciferova kryla). / Požary dymnye zakata / (Proročestva o našem dne), / Komety groznoj i chvostatoj / Užasnyj

---

[297] Dem Poem *Vozmezdie* sind die oben zitierten Verse (I, 1–2) entnommen (A. Blok, *Sobranie sočinenij*, M–L 1960, III, pp. 295–344).

prizrak v vyšine, / Bezžalostnyj konec Messiny / (Stichijnych sil ne prevozmoč'), / I neustannyj rev mašiny, / Kujuščej gibel' den' i noč', / Soznan'e strašnoe obmana / Vsech prežnich malych dum i ver, / I pervyj vzlet aėroplana / V pustynju neizvestnych sfer ... [...] Čto ž, čelovek? – Za revom stali, / V ogne, v porochovom dymu, / Kakie ognennye dali / Otkrylis' vzoru tvoemu? / O čem – mašin nemolčnyj skrežet? / Začem – propeller, voja, režet / Tuman cholodnyj – i pustoj?».][298]

Die Anfänge der motorisierten Fliegerei hat BLOK mit grossem Interesse, aber ohne jede Begeisterung beobachtet; die Demonstrations- und Wettbewerbsflüge, denen er seit Beginn des Jahres 1910 wiederholt beiwohnen konnte, faszinierten ihn nicht mehr – und nicht weniger – als Naturkatastrophen, politische Morde oder die französischen Ringkämpfe im Petersburger Zirkus:

> Alle diese scheinbar so unterschiedlichen Fakten haben für mich einen [umfassenden] *musikalischen* Sinn. Fakten aus sämtlichen Lebensbereichen pflege ich, soweit sie meiner Einsicht zu einem bestimmten Zeitpunkt zugänglich sind, nebeneinanderzustellen, und ich bin überzeugt, dass sie in ihrer Gesamtheit stets einen einheitlichen musikalischen Elan *[napor]* ergeben[299].

Und zu diesem musikalischen Elan gehörte, nach BLOKS eigener Aussage, auch das charakteristische Geräusch des Flugzeugpropellers, der die Welt durch «einen neuen Ton» bereichert habe[300].

In einem Brief an die Mutter unterstrich ALEKSANDR BLOK im Frühjahr 1910, er erkenne in der modernen Fliegerei «etwas Altertümliches», etwas, das «der Menschheit vorbestimmt» gewesen sei und «folglich – etwas Erhabenes[301]». An diesen Gedanken scheint der Autor ein halbes Jahr danach wieder angeknüpft zu haben, als er ein dreistrophiges Gedicht des Titels ‹Aeroplan› (1910) niederschrieb und noch einmal – wörtlich – festhielt, es sei «etwas Altertümliches» *[čto-to drevnee]* an den «toten Flügeln» des Aeroplans, der «in unentschieden schwankendem Flug / über dem Abgrund» durch die Luft taumele[302].

Der Aeroplan ist zugleich Gegenstand und Adressat des Gedichts; Flugmaschine und Pilot sind in eins gesetzt, sie werden unterschiedslos als «du» angesprochen, und verkörpert ist dieses «du» – wie CHLEBNI-

---

298 *Ed. cit.*, III, pp. 305-306.
299 Aus Bloks ‹Vorwort› zu *Vozmezdie* (ed. cit., p. 297).
300 V. Pjast, *Vospominanija o Bloke* (Pb 1923), p. 51.
301 Brief vom 24.IV.1910; nach *ed. cit.*, III, pp. 506-507.
302 *Ibid.*, p. 197; v. auch E.G. Ėtkind, *Razgovor o stichach* (M 1970), pp. 125-126.

KOVS ‹Kranich› – in einem «stählernen leidenschaftslosen Vogel», der sich, technisch zur Anti-Natur perfektioniert, der natürlichen Umwelt (und damit auch dem Menschen) völlig entfremdet hat:

> *Wie kannst du fliegen und Kreise ziehn*
> *Ohne Liebe, ohne Seele, ohne Gesicht?*

[«Kak ty možeš' letat' i kružit'sja / Bez ljubvi, bez duši, bez lica?».] Hier wird bereits als gesichertes Faktum vorausgesetzt, dass der Mensch, indem er sich der Maschine vermählt und deren Bestandteil wird, seiner Bestimmung («den Schöpfer zu preisen») nicht mehr gerecht werden kann; und damit geht er, körperlich wie geistig, unweigerlich auch jeder Menschlichkeit verlustig. Wo natürlicherweise das Herz sitzt, trägt der mechanisierte *homo technicus* – einen Verbrennungsmotor, einen Propeller; wenn der Motor (das Herz) zu arbeiten aufhört, ist es nicht bloss um das Flugzeug, sondern auch um dessen Piloten geschehen – und umgekehrt. Die Katastrophe, den Absturz bei einem Meeting, vergegenwärtigt BLOK wie folgt:

> *Geh, flieg und streife durch die grauen Sphären,*
> *Mag das Orchester auf der Tribüne noch so tosen –*
> *Während der leichten Walzermusik*
> *Kommt das Herz zum Stillstand – wie auch der Propeller.*

[«V serych sferach letaj i skitajsja, / Pust' orkestr na tribune gremit / No pod legkuju muzyku val'sa / Ostanovitsja serdce – i vint.»][303]

BLOKS Metapher greift weit über die technischen Realia und den noch kaum getrübten Fortschrittsoptimismus der aviatorischen Pionierzeit hinaus. Als Dichter gelangt ALEKSANDR BLOK – wie KAFKA und RILKE – zu Einsichten, die erst viel später, bei NIKOLAJ BERDJAEV, auch philosophisch relevant werden: so die Erkenntnis, dass Mechanisierung und Maschinisierung notwendigerweise zur extremsten «Objektivation der menschlichen Existenz» führen; die solcherart objektivierte, das heisst –

---

303 *Cf.* hierzu Chodasevičs Gedicht *An einen Flieger* («Aviatoru», 1914), dessen letzte (V.) Strophe intentionell und motivisch genau mit Bloks Schlusszeilen übereinstimmt: «Ach, sorvis' i bol'šimi zigzagami / Upadi, razdrobivši chrebet, – / Gde tribuny rascvečeny flagami, / Gde narod – i orkestr – i bufet.» Die Übereinstimmungen gehen (wörtlich) so weit, dass die Vermutung naheliegt, Chodasevič habe den poetischen Raum seines Fluggedichts (Tribüne, Orchester, Musik) sowie die abschliessende Aufforderung zum Sterben («sorvis'», «upadi») direkt von Blok übernommen. *V. V.* Chodasevič, *Putem zerna* (M 1920), p. 9.

die nach aussen projizierte Innenwelt des Menschen ist zwar, als Aussenwelt, Menschenwerk, bleibt aber, für den Menschen selbst, unbewohnbar und entwickelt schliesslich ein antihumanes Eigenleben. «Die massenmässige technische Organisierung des Daseins vernichtet jede Individualität, jede Eigenart und Originalität und drückt allen Dingen den Stempel der Unpersönlichkeit und Antlitzlosigkeit auf. Die ganze Produktion gewinnt einen anonymen Charakter und wird zum seelenlosen Betrieb. Zerstört wird dabei nicht nur der individuelle Charakter der äusseren plastischen Seite des Lebens, sondern auch die individuelle Eigenart der menschlichen Persönlichkeit[304].»

Dies ist, in NIKOLAJ BERDJAEVS philosophischer Formulierung, der Grundgedanke, den BLOK mit seiner Anrufung des «stählernen leidenschaftslosen Vogels» vorweggenommen und auf metaphorischem Plan ausgestaltet hat.

Denselben Gedanken nimmt ALEKSANDR BLOK in einem zweiten, gleichzeitig entstandenen, jedoch erst 1912 definitiv redigierten Gedicht von 12 Strophen Umfang nochmals auf[305]; das Manuskript trägt eine Widmung an den russischen Piloten V. F. SMIT, der im Mai 1911 vor BLOKS Augen bei einem Schauflug abgestürzt war und dessen Tod für den Dichter paradigmatische Bedeutung gewann: er bestätigte die unheilige und unheilvolle Schicksalsgemeinschaft, durch welche der Mensch mit der Maschine, der Organismus mit dem Mechanismus, die Natur mit der Antinatur bereits unlöslich verbunden war. Die vermeintliche Freiheit des Fliegers stellt BLOK denn auch als ebenso extreme wie fatale Ausprägung existentieller Unfreiheit dar, und er präfiguriert damit bildhaft den HEIDEGGERschen Begriff der Geworfenheit. Aufschlussreich ist die Tatsache, dass sich dieser Text, im Gegensatz zu den oben besprochenen Versen, nun nicht mehr an den «Aeroplan», sondern an den «Aviatiker» (Aviator) richtet; der Autor markiert dadurch allerdings nicht eine prinzipiellen *Unterschied* zwischen den beiden Gedichten, vielmehr kann er auf diese Weise die auffallende *Ähnlichkeit* von Mensch und Maschine veranschaulichen: Aeroplan und Aviatiker finden sich zusammen, um gemeinsam den mechanisch-organischen Komplex eines neuen Flug-Vogel-Menschen herauszubilden.

Auch in dieser Dichtung verwendet BLOK ein Flugmeeting – mit Zuschauertribüne und «allem Irdischen», was dazugehört – als zeitgeschichtliche Szenerie; und wiederum lässt er den Piloten, der um den

---

304 Hier zitiert nach N. Berdjajew. *Der Mensch und die Technik* (Zch 1971), pp. 28–29.

305 Im folgenden wird der Text («Aviator») zitiert und übersetzt nach der Werkausgabe A. Blok. *ed. cit.*, III, pp. 33–34.

Preis eines «kläglichen Weltrekords» den Aufstieg gewagt hat, mit seiner Maschine abstürzen: das «Tier mit den verstummten Schraubenflügeln» zerschellt auf der Erde, und im Trümmerhaufen sind Körper- und Maschinenteile kaum noch auseinanderzuhalten.

*Im Drahtgewirr des Apparats ragt*
*– toter als jeder Hebel – ein Arm ...*

[«V spleten'i provolok mašiny / Ruka – mertvee ryčaga ...»] Offen bleibt die Frage, weshalb es zum Absturz kommen musste: hatte der Pilot durch seine herrische Erhebung über die Natur das Schicksal – und damit seinen Tod – provoziert? Oder hatte ihn die nietzscheanische «Begeisterung der Selbstvergessenheit» dazu veranlasst, selbst den Tod – den Heldentod – zu wählen?

*Oder hat dein unglückseliges Gehirn*
*Der grause Anblick künftiger Kriege vergiftet:*
*Ein nächtlicher Drachenflieger, der bei Nieselregen*
*Über der Erde Dynamit abwirft?*

[«Il' otravil tvoj mozg nesčastnyj / Grjaduščich vojn užasnyj vid: / Nočnoj letun, vo mgle nenastnoj / Zemle nesuščij dinamit?»]
Die dritte und letzte von ALEKSANDR BLOKS rhetorischen Fragen verleiht seiner Flugdichtung eine negative, utopische Perspektive, deren Wirklichkeitsbezug schon bald danach durch den Weltkrieg, der an verschiedenen Fronten als Luft- und Bombenkrieg geführt wurde, Bestätigung finden sollte. Doch für eine Umkehr – für die Selbstverweigerung des Menschen vor der technologischen Herausforderung – vermochte BLOK schon damals, mehrere Jahre vor Kriegsbeginn, keine Chance mehr zu sehen: «Bereits war der Geruch von Versengtem, von Eisen und von Blut zu verspüren[306].»

Unter den russischen Autoren seiner Zeit ist VALERIJ BRJUSOV, ein enzyklopädisch informierter, schon vor der Jahrhundertwende (und weit darüber hinaus) permanent als Mittler zwischen den «zwei Kulturen» engagierter Berufsliterat, der erste gewesen, der den ikarischen Mythos mit der aktuellen Realität der Aviatik verbunden und poetisch gestaltet hat[307]. BRJUSOVS zahlreiche Flugdichtungen – ihre Anfänge sind auf

---

306 Vorwort zu *Vozmezdie* (ed. cit., III, p. 296).

307 *Cf.* K. S. Gerasimov, «"Šturm neba" v poèzii Valerija Brjusova», *Brjusovskie čtenija 1963 goda* (Erevan 1964), pp. 130–153.

1890, ihre Höhepunkte auf die Jahre zwischen 1920 und 1924 zu datieren – lassen insofern eine progressive auktoriale Position erkennen, als sie durchweg jenen ungebrochenen wissenschaftlich-technischen Fortschrittsoptimismus zum Ausdruck bringen, dem so gegensätzliche Zeitgenossen wie LENIN und MARINETTI angesichts der frühen motorisierten Flugversuche gleichermassen gefolgt sind und von dem noch die gesamtsowjetische Elektrifizierungskampagne der zwanziger Jahre getragen war. Das eschatologische Technikverständnis eines BLOK, eines RILKE oder gar eines KARL KRAUS mochte BRJUSOV in keiner Phase seines Schaffens – auch nicht während des Weltkriegs – teilen.

Die Luft- und Bombenschlachten des ersten Weltkriegs, unter denen die unbeteiligte Zivilbevölkerung besonders zu leiden hatte, betrachtete BRJUSOV lediglich als eine temporäre Verirrung menschlichen – vor allem *deutschen* – Geistes; gleichzeitig aber konnte er die Heldenflieger feiern, welche «unter den Wolken einen ehrbaren Kampf» ausfochten[308].

Die antihumanen Entelechien der modernen technischen Systeme, welche sich (namentlich im Maschinenbau) schon damals ansatzweise verselbständigten und destruktiv auszuarten begannen, scheint BRJUSOV nicht erkannt zu haben.

Es sei «charakteristisch», so hält noch 1911 KORNEJ ČUKOVSKIJ in einem Essay über ‹Aviation und Poesie› fest, «dass unter den russischen Dichtern einzig und allein BRJUSOV die Eroberung der Luft als *seinen eigenen – einen persönlichen – Sieg* empfunden» habe[309].

Tatsächlich hat BRJUSOV – ein kompetenter Kenner nicht bloss der materialistisch-utopistischen Philosophie FEDOROVS und der Raketentheorie CIOLKOVSKIJS, sondern auch der EINSTEINschen Relativitätslehre – die «Eroberung der Luft» von allem Anfang an mit grösster persönlicher Anteilnahme beobachtet und ist in der Folge zu ihrem poetischen Chronisten geworden. In einem Feuilleton über ‹Die Epoche der Wunder› notierte er rückblickend:

> Ich habe einem der ersten Flüge auf der Welt beigewohnt (unweit von Paris, in Juvisy anno 1906), ein neben mir stehender alter Franzose begann buchstäblich zu weinen, und während er den kunstvollen Kurvenflug eines [Apparats vom Typ] ‹Farman› beob-

---

308 *An die Stahlvögel* (‹K stal'nym pticam›, 1915); *cf.* auch *Aeroplane über Warschau* (‹Aéroplany nad Varšavoj›, 1914).
309 K.I. Čukovskij, ‹Aviacija i poèzija›, *Reč'*, 1911, 8.V., Nr. 124.

achtete, sagte er zu mir: «Jetzt kann ich ruhig sterben! Seit meiner Jugendzeit habe ich mir nur eines erträumt: solange am Leben zu bleiben, bis die Franzosen das Fliegen erlernt haben würden[310]».

Abgesehen davon, dass Brjusov diese rührende Reminiszenz aus naheliegenden Prioritätsgründen wohl vordatiert und somit faktische Unstimmigkeiten in Kauf genommen hat, dürfte es sich bei der Aussage des namenlosen «alten Franzosen» eher um ein Selbstbekenntnis des Autors als um ein authentisches historisches Zeugnis handeln[311]. Bestärkt wird diese Vermutung durch ein Gespräch, das MAKSIMILIAN VOLOŠIN mit BRJUSOV, den er seit Herbst 1908 persönlich kannte, kurz vor dessen Tod geführt und bald danach aufgezeichnet hat:

> *Brjusov:* «Von drei Dingen habe ich in meiner Kindheit geträumt: davon, wie der Mensch fliegen wird ... Davon, wie man auf Distanz miteinander reden wird ... und von interplanetarischen Flugverbindungen. Es war mir vergönnt, noch zu Lebzeiten die Luftschiffahrt und die Radiotechnik verwirklicht zu sehen.
> Wer weiss – vielleicht wird sich auch mein dritter Traum verwirklichen[312].»

‹*Den ersten Aviatikern*› (Pervym aviatoram) ist ein vom 2. September 1908 datiertes Gedicht BRJUSOVS gewidmet – ein Text, dessen Niederschrift wohl unmittelbar durch das damalige Fluggeschehen und den

---

310 V. Brjusov, ‹Èpocha čudes›, *Novaja žizn'*, 1918, 1.VI., Nr. 1.

311 Zu dieser Vermutung geben mehrere Unstimmigkeiten hinreichenden Anlass: so wurde etwa – entgegen Brjusovs Bericht – das Flugfeld von Juvisy (Port-Aviation) erst im *Mai 1909* eröffnet, konnte also 1906 nicht Schauplatz «eines der ersten Flüge» gewesen sein; ausserdem gab es um 1906 noch keinen frei navigierbaren Flugapparat vom Typ *Farman:* als flugtüchtig erwies sich erst Henry Farmans nachmals berühmte Maschine «No. III», deren Prototyp 1909 in Bouy getestet wurde; 1907 hatte Farman auf einem Apparat von Voisin den französischen Jahresrekord (Flugdauer: 1'14''; Distanz: 1030 m) aufgestellt. Soweit Brjusovs Biographie heute bekannt ist, hat sich der Dichter im Sommer *1908 erstmals* in Westeuropa (ab Oktober in Paris) aufgehalten (*v.* K. Močul'skij, *Valerij Brjusov,* P 1962, pp. 138-139); die von ihm beigebrachten fluggeschichtlichen Fakten können mit Bezug auf *diesen* Zeitpunkt (Herbst 1908) als zutreffend gelten (*cf.* C. H. Gibbs-Smith, *The Invention of the Aeroplane,* L 1966; Appendix III [‹Table of the First powered Flights and Take-offs›, 1903-1908], pp. 292-299).

312 M. Vološin, «Vospominanija o Brjusove»; undatiertes Typoskript aus dem Archiv von V. A. Manujlov (*IRLI,* Puškinskij Dom, Fond Vološina); hier zitiert (und übersetzt) nach *Brjusovskie čtenija 1963 goda* (Erevan 1964), p. 47.

persönlichen Augenschein des Dichters in Frankreich angeregt wurde[313]. Die erste Strophe ist als heroisch-rhetorischer Aufruf an die modernen Ikaroiden konzipiert:

> FARMAN, WRIGHT *oder wer du auch seist!*
> *Beeile dich! Die letzte Stunde ist angebrochen!*
> *Das Suchschiff ist im Hafen eingelaufen,*
> *Uns locken nun des Himmels Weiten!*

[«Farman, il' Rajt, il' kto b ty ni byl! / Speši! nastal poslednij čas! / Korabl' iskanij v gavan' pribyl, / Prostory neba manjat nas!»]

BRJUSOV setzt sich im weitern für die Rehabilitierung des daedalischen Handwerks ein, welches nun «die Möglichkeiten unmöglicher Träumereien» zu prüfen und gegebenenfalls zu verwirklichen habe; die motorisierte Fliegerei sei nichts anderes als die Erfüllung von «Prophetien» aus alter Zeit:

> *Wir bringen die Ernte von Jahrhunderten ein.*
> [«My urožaj stoletij žnem.»]

Und:

> *So lasst uns das Vermächtnis unsrer*
> *Grossen Ahnen in die Tat umsetzen! Den Erdball*
> *Wollen wir uns völlig unterwerfen,*
> *Wollen uns der vervierfachten Krone rühmen.*

[«Tak! my ispolnim zaveščan'e / Velikich predkov. Šar zemnoj / My polno primem v obladan'e, / Gordjas' koronoj četvernoj.»]

Schon hier wird, wie BRJUSOVS Versen zu entnehmen ist, die «Eroberung der Luft» als ein - humanistisch getarntes - Manöver zur *Eroberung der Erde* vorgeführt: der technische Fortschritt wäre somit primär ein Instrumentarium menschlicher Machterweiterung. Für BRJUSOV ist derartiger Machtzuwachs ein durchaus positives, sogar notwendiges Kriterium echter Progressivität; das Menschengeschlecht wird sich in dem Mass perfektionieren und zum idealen Übermenschentum entwickeln, als es sich die *Erde* – nicht den *Himmel!* – untertan macht: den *Himmel* hält sich auch der *homo technicus* als Freiraum für seine exzentrische Einbildungskraft offen. Die sozialpolitischen, ökologischen, militärischen Implikationen solchen Fortschrittsglaubens hat BRJUSOV

---

[313] V. Brjusov. *Sobranie sočinenij* (M 1973). I, p. 537.

in Ansätzen zwar beobachten, jedoch – offenbar – nicht mehr gründlich bedenken können. – Dass er in seinen letzten Lebensjahren die von ihm erarbeitete technizistische Metaphorik unverändert auf die nachrevolutionäre Situation Russlands übertragen, sinngemäss also die Erstürmung des Himmels der Erstürmung des Winterpalais gleichsetzen konnte, lässt entweder auf naive Verkennung der damaligen wissenschaftlich-technischen Umwälzung schliessen oder ist als ein theatralischer Akt der Selbsttäuschung zu deuten.

Im Sommer 1909, während seines zweiten Aufenthalts in Westeuropa, konnte BRJUSOV, der sich wiederum für eine Weile in Paris niederliess, nicht nur den beispiellosen Triumph BLÉRIOTS, sondern auch die nachfolgende epidemisch um sich greifende Fortschrittseuphorie aus nächster Nähe miterleben.

In Paris ist BRJUSOV damals wohl auch mit RENÉ GHIL zusammengetroffen, dessen theoretische Grundlegung einer «wissenschaftlichen Poesie» kurz zuvor in einem Band der Reihe «L'Esprit du temps» erschienen und von BRJUSOV bereits besprochen worden war[314]. BRJUSOV hatte die Konzeption einer «poésie scientifique» sofort aufgegriffen, hatte sich, da seine eigene poetologischen Entwürfe und seine dichterische Praxis weitgehend damit übereinstimmten, nachhaltig für die Rezeption der GHILschen Theorie in Russland eingesetzt.

In seiner umfänglichen, zu einer eigenständigen Abhandlung ausgearbeiteten Besprechung fordert BRJUSOV den unmittelbaren Anschluss der Literatur an die Aktualität: die schöne Literatur müsse durch eine wissenschaftlich fundierte Literatur ersetzt werden, welche «unverbrüchlich mit der Gegenwart verbunden» sei; wie die Wissenschaft, so sollte auch die Poesie eine Erscheinungsform des Gedankens (und nicht bloss des Gefühls) sein: «Die Kenntnis wissenschaftlicher Gegebenheiten soll dem Dichter neue Horizonte eröffnen, soll ihm einen unausschöpflichen, permanent sich vergrössernden Vorrat neuer Themen für sein Schaffen bereitstellen – nicht private, nicht ortsgebundene, sondern umgreifende, universale Themen.» – Die Poesie müsse den Raum der Wissenschaft, die Wissenschaft den Raum der Poesie erweitern; allein das Zusammenwirken von Kunst und Technik ermögliche die Schaffung einer wahrhaftig epochalen Kultur. In Übereinstimmung mit CHLEBNIKOV unterstreicht VALERIJ BRJUSOV den futurologischen Charakter künstlerischer Kreation: «Die Poesie kann, indem sie ihre Methode intuitiver Synthetisierung nutzbar macht, zur Künderin des

---

314 R. Ghil, *De la Poésie scientifique* (P 1909); V. Brjusov, «Naučnaja poèzija», *Russkaja mysl'*, 1909, VI, ii, pp. 155–167.

Künftigen *[predugadčicej buduščego]* werden und damit dem Dichter den alten Namen eines *vates*, eines Propheten also, zurückgeben[315].»
In einem späteren Versuch über den ‹Sinn der Gegenwartsdichtung› weist BRJUSOV darauf hin, dass der russische Futurismus die Forderungen der «wissenschaftlichen Poesie» als zentrale Postulate in die eigene Kunstpraxis übernommen und in unmittelbarem Kontakt zur großstädtischen Realität modifiziert habe[316]; die Futuristen hätten dadurch, dass sie die «neuen Rhythmen» des Gegenwartslebens in neue, dynamisierte Ausdrucksformen umzusetzen vermochten, eine bedeutsame – künstlerisch zwar wenig überzeugende – innovatorische Bewegung in Gang gebracht. Die futuristische Revolution habe sich zum Ziel gesetzt, «die ‹Elektrifizierung› und ‹Motorisierung› des Alltags» im Bereich der Kunst simultan nachzuvollziehen, die neoromantische Metaphorik der Symbolisten auszublenden und statt dessen zeitgenössische Realia – so etwa «die ersten Erfolge des Aeroplans und des Luftschiffs», «das Telephon, das Automobil und den Kinematographen» – in die Dichtung einzuführen.

> Doch wieviele der neuen wissenschaftlichen Theorien, welche die heutige Weltanschauung zutiefst verändert haben, sind von der Kunst noch immer nicht rezipiert, sind noch immer nicht in künstlerische Formen umgesetzt worden – angefangen beim «Prinzip der Relativität»! Die neuen Ideen, zunächst nur einem Kreis von spezialisierten Gelehrten zugänglich, verbreiten sich, durchdringen das gesamte Leben und warten nun darauf, auch von der Poesie durch deren eigene Methoden ausgedrückt zu werden. Die Weltschau der Menschheit verändert sich völlig: soll denn die Weltschau der Poesie unverändert bleiben?

Die Poesie dürfe, meint BRJUSOV, nicht davon ablassen, ständig neue Ausdrucksformen zu schaffen: nur so sei sie in der Lage, mit dem wissenschaftlich-technischen Fortschritt gleichzuziehen.

> Unter normalen Bedingungen vollzieht sich die Erarbeitung neuer Kunstformen und die Aneignung eines neuen Lebensinhalts schrittweise und auf kaum merkliche Art. Anders ist es in revolutio-

---

315 V. Brjusov, *art. cit.*, passim.
316 V. Brjusov, ‹Smysl sovremennoj poėzii›, *Chudožestvennoe slovo*, II, M 1920–1921; im folgenden zitiert (und übersetzt) nach V. Brjusov, *Sila russkogo glagola* (M 1973), pp. 156–185.

nären Perioden bestellt, so in der Epoche der Romantik und teils auch des Symbolismus, in höchstem Mass jedoch in unserer Epoche. Das «Neue» ist ganz wie ein Strom in unser Leben eingebrochen und hat dessen Struktur wie auch das ganze Bewusstsein des Menschen völlig verändert, und ebenso einschneidend wird sich nun dementsprechend die Literatur und deren äussere Erscheinungsform ändern müssen. Die zeitgenössische Literatur und vor allem die zeitgenössische Poesie steht vor einer anspruchsvollen Aufgabe: sie muss solche neue Formen herausbilden, welche den neuen Lebensinhalt umfassend auszudrücken vermögen.

Eine historische Rechtfertigung dieses Thesenkatalogs hatte Brjusov spätestens seit 1910 unter der Hand – eine utopistische, von 1742 datierte Schrift des Jean-Jacques Rousseau, die 1801 (unter dem Titel ‹*Le Nouveau Dédale*›) erstmals erschienen, jedoch ohne Echo geblieben war; der durch Pierre Paul Plan im Oktober 1910 veranstaltete Nachdruck gab Brjusov Gelegenheit, auf die mögliche Vorwegnahme wissenschaftlicher und technischer Erkenntnisse durch Autoren «schöner Literatur» hinzuweisen[317].

Das von René Ghil übernommene Postulat einer *poésie scientifique* suchte Brjusov – namentlich nach der bolschewistischen Revolution, die er, da sie ihm die Realisierung seiner optimistischen Bildungsideale zu verheissen schien, vorbehaltslos begrüsste – in einer Reihe von Abhandlungen und Vorträgen zu präzisieren, aber auch, als Dichter, praktisch zu verwirklichen[318].

Brjusov ist auf dem Aussenposten der «wissenschaftlichen Poesie» allein geblieben; auch die für sein Anliegen günstigen Bedingungen der sowjetischen Kulturrevolution konnten ihm nicht zum Durchbruch, schon gar nicht zur Popularität verhelfen. Gewisse – geringe – Nachwirkungen hatte die «wissenschaftliche Poesie» einzig auf die junge Dichtung des Proletariats, Ansätze dazu finden sich bei Autoren wie Kirillov, Gerasimov, Gastev, doch ist bereits hier – genau wie in der deutschen proletarischen Versdichtung – die «Wissenschaftlichkeit» der Poesie durch eine Überfülle von Metaphern religiösen Ursprungs verbrämt und heilsgeschichtlich erweitert. Valerij Brjusov war sich

317 Avrelij [*i. e.* V. Brjusov], ‹Iz inostrannych žurnalov (Ž.-Ž. Russo - aviator)», *Russkaja mysl'*, 1910, XI, ii, pp. 184–186; Brjusov bezieht sich auf P.P. Plans Publikation in *Mercure de France*, 1910, 15. X., Nr. 320.

318 *Cf.* besonders Brjusovs späte Gedichtbücher, darunter *Mig* (Bln-Pb 1922), ein Band, in den auch das 1920 verfasste dramatische Fragment «Pifagorejcy» (Pythagoreer) aufgenommen wurde; *Dali* (M 1922); *Mea-Speši* (M 1924; postum).

der Schwierigkeit, der Problematik seines Unterfangens bewusst; auch muss ihm klargeworden sein, dass er die eigene künstlerische Entwicklung durch seine poetologischen Prämissen eher einschränkte als förderte. Dennoch hielt BRJUSOV bis zuletzt am Konzept der «wissenschaftlichen Poesie» fest – auch noch dann, als er eingesehen hatte, dass es «unmöglich» sei, nach dem Prinzip der Wissenschaftlichkeit «Gedichte zu schreiben, die ‹für jedermann› verständlich sind»[319]. Seine letzte Lyriksammlung, ‹Mea› (1924), musste der Autor, um *überhaupt* verständlich zu bleiben, mit einem kritisch erklärenden Apparat versehen; in einem Entwurf für das Nachwort notierte er: «Ich halte dafür, dass der Dichter nicht nur das Recht, sondern geradezu die Pflicht hat, sich auf der Höhe des aktuellen Wissensstands zu halten. Gedichte sind kein Spass, und ein Lyrikbuch ist eine ebenso ‹seriöse› Lektüre wie irgendein wissenschaftliches Werk[320].»

Die von ihm selbst geforderte, thematisch wie formal einzulösende Wissenschaftlichkeit der Poesie, hat BRJUSOV nur partiell erreicht; jedoch wirkt er gerade dort, wo er seiner Poetologie am nächsten kommt, künstlerisch am schwächsten, und was – ausser einem Rest von Poesie – dann übrigbleibt, ist gewöhnlich nicht viel mehr als gereimte Populärwissenschaft. BRJUSOVS Scheitern dürfte damit zusammenhängen, dass er, einerseits, für seine neue wissenschaftlich-poetische Thematik (sie reicht vom Pythagoreismus bis zur Relativitätstheorie) keine adäquat-innovatorische Kunstform zu schaffen vermochte, und dass er anderseits für ein ideales Publikum zu schreiben hoffte, welches zum Autor trotz ungleichem Kenntnisstand in einem gleichrangig dialogischen Verhältnis stehen sollte, was, nach BRJUSOV, allein schon auf Grund identischer *Interessen* möglich wäre. Gerade in seinem Scheitern wird BRJUSOV zur reinen Verkörperung jenes Künstler-Gelehrten, dessen Robotbild ANDREJ BELYJ 1907 in einem programmatischen Aufsatz über ‹*Die Zukunft der Kunst*› skizziert hat: der Künstler (gleichviel, ob Komponist oder Architekt, ob Maler oder Dichter) sei primär ein Kenner und Könner; das Wissen aber zersetze das Werk; die technische Evolution der Künste mache den Autor zum Sklaven; kein Künstler könne sich mehr «von der technischen Vergangenheit» lösen; «der heutige Künstler verwandelt sich mehr und mehr in einen Gelehrten»; «im Prozess dieser Verwandlung entfernen sich von ihm die letzten Ziele der Kunst»; durch den technischen Fortschritt würden die Grenzen zwischen Kunst und Wissenschaft allmählich abgebaut, verwischt;

---

319 *Cf.* Brjusovs aufschlussreiches Vorwort zum Gedichtbuch *Dali* (1922); Nachdruck in V. Brjusov, *ed. cit.*, III, pp. 71–73.

320 Erstdruck des von 1924 datierten Projekts in V. Brjusov, *ed. cit.*, III, pp. 579–580.

die Kunst werde somit zu einer spezifischen Form der Wissenschaft, und sie falle folglich der «Macht der Methode» anheim, verliere ihren schöpferischen Kern, werde gegenstandslos: «Erkenntnis für eine Erkenntnis ohne Gegenstand». – Von solcher Einsicht leitet BELYJ die Prognose ab, es werde zu einem «totalen Formzerfall in der Kunst» kommen: jedes Werk werde für sich selber Form – und nichts als Form – sein[321]. BELYJS Ausblick wird, soweit er auf den Grenzbereich zwischen den «zwei Kulturen» gerichtet ist und die Verdrängung künstlerischen Schaffens durch wissenschaftliches Denken registriert, vom späten VALERIJ BRJUSOV sowie von manchen seiner Zeitgenossen *in praxi* aufs genauste bestätigt; was hingegen den von BELYJ beobachteten «Formzerfall» und die damit verbundene Tendenz zur «Gegenstandslosigkeit» *(bezpredmetnost')* betrifft, so konnten diese Phänomene schon früher – in der Malerei des Impressionismus, bei CÉZANNE, bei den französischen Kubisten – erkannt werden[322].

---

[321] A. Belyj, *Simvolizm* (M 1915), pp. 449–453.

[322] *Cf.* dazu die offensichtlich von Belyj beeinflusste, möglicherweise direkt von ihm angeregte Analyse des «Formzerfalls» in der bildenden Kunst (Picasso und der Kubismus) sowie in der Literatur des Futurismus bei N. Berdjaev, *Krizis iskusstva* (M 1918).

# II Aviatorische Terminologie
## und poetisches Vokabular um 1909

*Als ich bemerkte, dass die alten Zeilen sogleich verblassten, wenn die in ihnen verborgene Zukunft zum Alltag der Gegenwart wurde, begriff ich, dass die Heimat des Schöpferischen die Zukunft ist. Von dort weht der Wind der Götter des Worts.*\*

VELIMIR CHLEBNIKOV

# 1

In seinem programmatischen Aufsatz über RENÉ GHIL und dessen Grundlegung einer ‹wissenschaftlichen Poesie›[1] hält VALERIJ BRJUSOV, unter Berufung auf SULLY-PRUDHOMME, fest, «dass aus dem zeitgenössischen Ideengut nichts in die Sphäre der Poesie» einzudringen vermöge, in jenen literarischen Distrikt, der noch immer – «wie schon im 17. Jahrhundert» – von Amor dominiert sei[2]; und er fährt fort: «Es ändern sich die Ansichten der Menschheit gegenüber der Natur und dem Universum, zu Fragen von Gut und Böse; es ändern sich sämtliche zwischenmenschlichen Beziehungen; es ändern sich alle Lebensformen; der Poesie jedoch scheint nichts von all dem aufzufallen. Welche Probleme auch immer die heutige Gesellschaft aufwühlen – die Poeten wagen es nicht, sich ihrer anzunähern, sie lallen weiterhin, wie eh und je, ihre Liedchen – über die Mondnächte, über die Anmut des Frühlings, über die Schönheit des Meeres, über den Mund der Geliebten, über die Flöte des Hirten.» – Trotz den einschlägigen poetologischen Vorarbeiten eines BAUDELAIRE und ungeachtet des aktuellen Vorbilds eines VERHAEREN sei die zeitgenössische Dichterschaft – so kommentiert BRJUSOV seine Beobachtungen – nach wie vor unfähig, Bilder aus dem aktuellen Realitätskontext «in den Kreis der Poesie einzuführen» – : «Wir leben in einer Welt der Telegraphen, Telephone, Börsen und Theater, der akademischen Sessionen, der Ozeandampfer und Expresszüge, doch die Dichter fahren fort, mit Bildern zu operieren, die uns völlig fremd geworden sind, die nur mehr in Versen vorzukommen pflegen und welche die Welt der Poesie in eine unlebendige, bloss mittelbare Welt verwandeln[3].»

---

\* [Motto:] V. Chlebnikov. *Tvorenija* (L s.a.). p. 8.

1 *Cf.* R. Ghil. *De la poésie scientifique* (P 1909).
2 V. Brjusov. ‹Naučnaja poèzija›, *Russkaja mysl'*, 1909. VI. ii, p. 160.
3 *Loc. cit.*

Auf seine pauschale – gelegentlich polemisch verschärfte und daher nicht selten auch verfehlte – Kritik lässt BRJUSOV, immer wieder auf GHIL zurückgreifend, eine Reihe von Thesen und Postulaten folgen, welche sich schliesslich zu einer eigenständigen wissenschaftlichen Poetik verdichten, zu einem theoretischen Grundkonzept, an dessen Differenzierung und Erweiterung BRJUSOV während vieler Jahre (und noch kurz vor seinem Tod) arbeiten wird[4]. Dieses Konzept beruht auf der willkürlich deklarierten Prämisse, dass poetisches Schaffen – als ein primär *intellektuelles* Phänomen – von wissenschaftlicher Invention qualitativ nicht zu unterscheiden sei; der ewiggestrigen Versbelletristik, welche lediglich den «Eindrücken und persönlichen Erlebnissen» ihres Autors «ephemeren Ausdruck» verleihe, wolle nun die moderne, wissenschaftlich fundierte Poesie ihr «Ideal einer bewussten, reflektierenden Kunst entgegenhalten, welche mit Bestimmtheit weiss, was sie will, und die mit der Aktualität untrennbar verbunden ist». Die Poesie habe nun, so meint BRJUSOV (wiederum im Anschluss an RENÉ GHIL), «vermittels ihrer *eigenen Methode* jene Probleme aufzuarbeiten, welche die besten Köpfe der Menschheit beschäftigen und deren Lösung auch von unserer Wissenschaft – im Rahmen *ihrer* Mittel und Möglichkeiten – versucht wird»: «Die Kenntnis wissenschaftlicher Fakten muss dem Dichter neue Horizonte eröffnen, sie wird ihm einen unausschöpflichen, permanent sich vergrössernden Vorrat von neuen – nicht privaten, nicht regionalen, sondern allgemein gültigen, universellen – Themen für sein Schaffen an die Hand geben.»

Dichtung und Wissenschaft müssten einander wechselseitig ergänzen; Vorrecht (und Aufgabe) der Poesie – der Kunst ganz allgemein – sei es, durch «die kreative Kraft der Intuition» zwischen den Elementen der anorganischen und der organischen Welt Zusammenhänge aufzuspüren, «welche das exakte Wissen noch nicht festgehalten hat, und neue Wege zu erahnen, auf denen die Wissenschaft neuen Errungenschaften entgegengehen kann[5]».

Während sich um 1909 VALERIJ BRJUSOV durch seine Kritik am thematischen und formalen Konservatismus der europäischen (besonders der russischen) Gegenwartsliteratur sowie durch seine expliziten Forderungen nach einem progressiven, am modernen «Leben» geschulten Kunstschaffen zum Apologeten der «wissenschaftlichen Poesie» machte (was

---

4 *Cf.* Brjusovs diesbezügliche Arbeiten über den ‹Sinngehalt der Gegenwartspoesie› (*Smysl sovremennoj poèzii*, 1920/1921) sowie über die ‹Synthetik der Poesie› (*Sintetika poèzii*, 1925); ferner: Brjusovs Eigenkommentare und Vorreden zu den Gedichtbüchern *Mig* (1922), *Dali* (1922), *Mea* (1924); *v.* dazu V. Brjusov, *Sobranie sočinenij*, III, VI (M 1974, 1975).

5 V. Brjusov, *art. cit.*, pp. 161-162.

– wenn auch indirekt – seine definitive Abkehr von der Dichtung des russischen Symbolismus bestätigte), war eine nachrückende, ausserhalb des zünftischen Literaturbetriebs agierende Autorengeneration – die internationale Avantgarde des Futurismus – ihrerseits im Begriff, die von BRJUSOV beklagten Mißstände zu beheben; dies allerdings scheint dem professoralen «Helden der Arbeit[6]» ebenso entgangen zu sein wie die Tatsache, dass Vertreter sowohl der künstlerischen als auch der szientistischen Intelligenz schon zu jener Zeit – mit Blick auf die technischen Fortschritte und die praktischen Erfolge der Fliegerei – das Instrumentarium bereitgestellt hatten, welches in der Folge, für fast zwei Jahrzehnte, eine ungeahnte (primär sprachschöpferische) Entwicklung erfahren und – namentlich in Italien und Russland – zur Herausbildung eines wissenschaftlich engagierten Literaturschaffens führen sollte.

2

Den paradigmatischen Brückenschlag zwischen den zwei Kulturen hat schon um 1910 GUILLAUME APOLLINAIRE geleistet, indem er – mit einem ironischen Programmgedicht – den glücklosen französischen Flugpionier CLÉMENT ADER *als Künstler* zu rehabilitieren versuchte[7]. ADERS poetische Tat besteht darin, als erster das Flugzeug moderner Bauart *benannt* zu haben: noch im 19. Jahrhundert schuf er dafür die Bezeichnung «avion» (nach *lat.* «avis», Vogel)[8]. Die von GUILLAUME APOLLINAIRE an ADER gerichteten Verse werden, aus heutiger Sicht, nur dann voll verständlich, wenn man ihren sprachgeschichtlichen Hintergrund zur Kenntnis nimmt – die Tatsache, dass um 1910 (und bis in die Zeit des Ersten Weltkriegs) für das Flugzeug *frz.* der Begriff «aéroplane» in Gebrauch war, das Wort «avion» indes – sofern man es überhaupt kannte – als Kuriosum galt. Wenn also der Dichter APOLLI-

---

6 *Cf.* M. Cvetaeva, ‹Geroj truda (Zapisi o Valerii Brjusove)›, *in* ead., *Proza* (NY 1953), pp. 203-270.

7 *V.* dazu G. Lista, ‹Apollinaire et la conquête de l'air›, *Revue des lettres modernes*, XII, 1973, p. 128 (Anm. 9).

8 Nach A. Dauzat *et al.* (*Nouveau dictionnaire étymologique et historique*, P ²1964, p. 61) wurde das Wort um 1890 erstmals von Ader verwendet; *cf.* dagegen P. Robert (*Dictionnaire alphabétique et analytique de la langue française*, P &c 1953, I, pp. 370*sqq*), der die Wortbildung ebenfalls Ader zuschreibt, sie jedoch auf *1875* datiert. Zu C. Ader *v.* G. de Manthé, *Clément Ader* (Toulouse &c 1936). *Cf.* im weitern (zur Geschichte der aviatorischen Terminologie im Französischen) E. Petit, *Les Aviations* (P 1973), pp. 19-27.

NAIRE den Techniker ADER zu einer Wortschöpfung beglückwünscht, die erst viel später, nach allmählicher Verdrängung eines zuvor weitverbreiteten Begriffs, in die Umgangs- und Schriftsprache integriert werden sollte, gesteht er ihm poetischen Rang zu, erkennt er in ihm den Künstler, und überdies beweist er bemerkenswerte Sensibilität für die im allgemeinen schwer einzuschätzende potentielle Durchschlagskraft eines Neologismus:

> *Ader wurde Dichter und benannte das Flugzeug.*
> *O Volk von Paris, ihr, Marseille und Lyon,*
> *All ihr französischen Ströme, ihr französischen Berge,*
> *Bewohner der Städte und ihr, Leute vom Land,*
> *Das Instrument zum Fliegen heisst Flugzeug.*
> *Dieses süsse Wort hätte Villon entzückt,*
> *Die künftigen Dichter werden es in ihre Reime setzen.*

[«Ader devint poète et nomma l'avion. // O peuple de Paris, vous, Marseille et Lyon, / Vous tous fleuves français, vous françaises montagnes / Habitants des cités et vous gens des campagnes, / L'instrument à voler se nomme l'avion. // Cette douce parole eût enchanté Villon, / Les poètes prochains la mettront dans leurs rimes.»][9]

APOLLINAIRE selbst verwendet ADERS Terminus in seinem Gedicht als «magisches» Reimwort (sillon::avion), er zitiert das Flugzeug als ikarisches Vehikel herbei:

> *Das Flugzeug! Das Flugzeug! auf dass es sich erhebe in die Lüfte,*
> *Auf dass es über die Berge schwebe und die Meere überquere,*
> *Auf dass es sich wie Ikarus die Sonne ansehe ...*

[«L'avion! l'avion! qu'il monte dans les airs, / Qu'il plane sur les monts, qu'il traverse les mers, / Qu'il aille regarder le soleil comme Icare (...)»].
Im übrigen verlacht APOLLINAIRE die akademischen Grammatiker, welche für das Flugzeug «ein gelehrtes Wort geschmiedet» hätten, dem jede Leichtigkeit abgehe: der Begriff sei durch einen «stummen Hiatus» charakterisiert und werde stets von einem «Esel» (*âne* zu «aéropl*ane*») begleitet, woraus sich – statt einer künstlerischen – eine künstliche Verbindung ergebe, «lang wie ein Wort aus Deutschland».

---

9 Hier und im folgenden zitiert (und übersetzt) nach der Werkausgabe G. Apollinaire, *Œuvres poétiques* (P 1965), pp. 728–729.

Der poetischen Ehrenrettung ADERS durch GUILLAUME APOLLINAIRE kommt – mit Blick auf BRJUSOVS Thesen – insofern besondere Bedeutung zu, als hier ein Dichter für einen Techniker, mit dem er sich durch Erfinder- und Pioniergeist verbunden fühlt, Partei nimmt. APOLLINAIRE macht nicht bloss aktuellste wissenschaftliche Realia, die Errungenschaften und Fortschritte der motorisierten Fliegerei, zum Thema seines Gedichts, er greift auch in eine terminologische Debatte ein, welche damals auf gesamteuropäischer Ebene recht lautstark ausgetragen wurde und zu deren Exponenten führende Vertreter beider Kulturen – der Wissenschaft wie der Kunst – gehörten. Die zentrale, den verschiedenen Sprachgebieten gemeinsame Problemstellung ergab sich aus der Frage, auf welche Weise die neuen Realia im Bereich der Luftfahrt linguistisch erfasst werden sollten: die «Eroberung des Himmels» durch den Menschen gab hinreichenden Anlass zur Erweiterung des einschlägigen Vokabulars und damit auch zur Mobilisierung dichterischer Einbildungskraft. Die seit 1909 in grosser Zahl entstandenen aviatorischen Neologismen wurden, sofern es sich um praxisbezogene Neuschöpfungen handelte, gewöhnlich von der Tagespresse oder in der auflagestarken populärwissenschaftlichen Fachliteratur erstmals zur Diskussion gestellt; manche jener Neologismen sind rasch – teils definitiv, teils nur als ephemere Modewörter – zu umgangssprachlichem Allgemeingut geworden, andere wiederum haben lediglich im Rahmen individueller Mythologien oder eines poetischen Personalstils Bedeutung gewonnen.

Die von APOLLINAIRE mit poetischem Wortwitz apostrophierte Bezeichnung für das Flugzeug («aéroplane») war um 1910 allgemein in Gebrauch und galt, im Gegensatz zum ADERschen «avion», als terminologisch gesicherter Bestandteil des Vokabulars. Der Begriff «aéroplane» war in Frankreich seit 1855 bekannt, nach der Jahrhundertwende wurde er mit zunehmender Häufigkeit – mündlich wie schriftlich – zu «aréoplane» verballhornt und gelegentlich auch in der Form «aéroplan» (analog zu den neueren Bezeichnungen «monoplan», «biplan», «multiplan») verwendet. Noch vor Kriegsbeginn wurde dann das längst kanonisierte Wort durch ADERS individuelle Neubildung abgelöst: selbst in amtlichem Sprachgebrauch (und vor allem in militärischen Kreisen) trat nun «avion» an die Stelle von «aéroplane». Neben datierbaren Neologismen wie «aérocèle» (1907), «aérobus» (1908), «aérostier» (für *Pilot*, 1909) oder «survol» (für *Überfliegung*, 1909) fanden in der französischen Tagespresse um 1910 folgende – oft recht kurzlebige – aviatorische Vokabeln Verwendung: «appareil (de locomotion aérienne)»; «appareil/machine (volant/e)»; «planeur»; «glisseur»; «hydroplane»; «cycloplane» (oder «aéro-vélo»); «aéro» (analog zu «vélo», «auto»); «auto aérienne» – für Flugapparate unterschiedlicher Bauart[10]; «aéronaute», «aviateur» – für *Pilot;* «aéronautique»; «aviation», «navigation aérienne», gelegentlich «avionnerie» – für *Fliegerei* (Aviatik); als Adjektiv dazu (vereinzelt): «aviatoire»[11]; für die Tätigkeit des Fliegens wurden – nebst dem geläufigen «voler» – okkasionell Verben wie «avier», «avionner» (u.ä.) gebraucht.

In einer 1909 verfassten Adresse ‹An die Herren Linguisten› unterbreitete Frs. Pasche eine Reihe von Vorschlägen zur Erstellung eines «einfachen», «ausdrucksstarken» und «populären» aviatorischen Vokabulars, durch welches Fremdwörter, Fachausdrücke sowie individuelle Neubildungen ersetzt werden sollten; so wollte Pasche etwa die französische Bezeichnung für *Pilot* («aviateur») ersetzt sehen durch «volateur» (gegenüber «voleur», *Dieb*), das homonymische Verbum «voler» (für *fliegen/stehlen*) – durch «volater» (oder «motoplaner»)[12].

Einen ähnlichen Vorschlagskatalog von Neologismen zur englischen «aeronautischen Terminologie» hat schon Ende 1908 Herbert Chatley bei der Royal Society of Arts eingereicht. Der Verfasser stellt sich die Aufgabe, für die verschiedenen Flugzeugtypen eine einheitliche Nomenklatur zu schaffen; die damals geläufigen Grundbegriffe – «(flying) machine»; «(a) heavier-than-air machine»; «flyer»; «aeroplane»; «monoplane»; *etc.* – möchte er durch eine Reihe von Neubildungen präzisieren, durch Begriffe, welche eine genaue Vorstellung des durch sie bezeichneten Typs vermitteln (so z.B. «monoplanar» für *Eindecker;* «tiered» oder «biplanar» für *Doppeldecker;* «double» für ein doppeltes Transversalchassis; «uniplanar» für eine Konstruktion mit rechtwinklig angebrachten Tragflächen): ein Flugzeug vom Typ *Farman-Voisin* hätte demnach als «doubletiered-uniplanar» bezeichnet werden müssen. Chatleys Empfehlungen haben sich offenbar nicht als zweckmässig erwiesen, jedenfalls ist keiner der von ihm vorgeschlagenen Neologismen in den englischen Sprachgebrauch oder auch nur in die Fachliteratur eingegangen[13].

---

10 Dass Apollinaire nach seinem lyrischen Plädoyer für ‹Ader l'aérien› und für die Einführung des ‹französischen Worts› *l'avion* in den dichterischen Sprachgebrauch nicht mehr auf die Adersche Neuschöpfung zurückgegriffen, sondern eigene Begriffsbildungen wie *la volante machine* («Zone») oder *l'aviatique* («Guerre») verwendet hat, sei an dieser Stelle als bemerkenswertes Faktum festgehalten.

11 *E.g.* bei V. Mandelstamm (*Un Aviateur*, P 1908, p. 110) für ‹aviatisch›, ‹aviatorisch›, etwa in der Verbindung ‹études aviatoires›.

12 Frs. Pasche, ‹A Messieurs les linguistes›, *L'Aéronaute*, 1909, 23.X., p. 68.

13 H. Chatley, ‹Aeronautical Terminology›, *Aeronautics*, 1908, december, p. 94.

Einen qualitativ beachtlichen Stand hatte um 1909 die aviatorische Terminologie im deutschsprachigen Raum erreicht; nebst ein paar wenigen antikisierenden Neubildungen nach französischem und englischem Modell («aeroplan»/«Aeroplanist»; «Monoplan»/«Monoplanist»; «Aviatik»/«Aviatiker») gab es schon zu jener Zeit eine Vielzahl von eigenständigen deutschen Neologismen, die grösstenteils seit der Jahrhundertwende entstanden waren. Dazu gehören manche Zusammensetzungen mit «flug-» (Flugzeug; Flugapparat; Flugmaschine) und «flieg-» (Drachenflieger; Schraubenflieger; Gleitflieger), aber auch die vielen – meist älteren – Analogiebildungen zur traditionellen nautischen Nomenklatur (Luftschiff; Luftschiffer; Luftschifferei; *etc.*). – Noch nicht gefestigt war demgegenüber der deutsche Sprachgebrauch für «Pilot»: der beginnende teutonische «Kampf gegen das Fremde»[14] liess Ausdrücke wie «Aëroplanist» oder «Monoplanist»[15] gar nicht erst aufkommen, förderte jedoch abstruse Eindeutschungen wie «Aviater» oder die undifferenzierte Verwendung des äusserst populären Begriffs «Flieger», der sowohl den Piloten als auch das Flugzeug bezeichnen konnte[16].

## 3

Nicht zuletzt durch das von RENÉ GHIL und VALERIJ BRJUSOV geforderte «Zusammenwirken zwischen Kunst und Wissenschaft»[17] hat sich, noch vor Kriegsbeginn, gerade in Russland ein besonders umfangreiches Vokabular aviatorischer Neologismen herausgebildet. Seit 1909 wurden in der russischen Fach- und Tagespresse, aber auch – auf der andern Seite – in literarischen Zeitschriften und Almanachen Diskussionen geführt, deren erklärtes Ziel es war, eine möglichst vollständige Nomenklatur für alle Belange des Flugwesens zu erstellen. – «Das ‹luftige› Gefühl *[‹vozdušnoe› čuvstvo]* kommt darin zum Ausdruck, dass ihnen [den Brüdern WRIGHT] die Worte, die Begriffe fehlten, um zu definieren und auszusagen, was der Mensch, wenn er zum Vogel wird,

---

14 H. Adams, *Flug* (Lpzg 1909), p. 136.
15 Cf. *Wiener Luftschiffer-Zeitung*, 1909, XVII, p. 290.
16 *Flugzeug*, Analogiebildung zu ‹Fahrzeug›, geht als Neologismus möglicherweise auf den deutschen Flugpionier Otto Lilienthal (gest. 1896) zurück, wurde aber (wie frz. ‹avion›) erst viel später in den allgemeinen Sprachgebrauch aufgenommen; so ist noch H. W. L. Moedebeck 1909 (in *Illustrierte Aeronautische Mitteilungen*, p. 478) mit seinem Vorschlag, ‹Flieger› (für *Flugapparat*) durch ‹Flugzeug› zu ersetzen, um Verwechslungen mit ‹Flieger› / ‹Pilot› zu vermeiden, alleingeblieben.
17 V. Brjusov, *art. cit.*, p. 161.

empfindet. Der Automobilismus hat uns eine Masse neuer Ausdrücke beschert, doch für das Fliegen auf mechanischen Apparaten wird es notwendig sein, eine Menge besonderer Begriffsbestimmungen zu schaffen, welche unabdingbar sind für das wechselseitige Verständnis und für den Austausch von Eindrücken, die mit der Luftschifferei verbunden sind[18].»

Wortführende Vertreter der beiden Kulturen, Techniker wie Kunstschaffende, trugen zur Schaffung einer aeronautischen Terminologie gleichermassen bei, oft aus ähnlichen Motiven, mit ähnlichen Mitteln.

Nachfolgend sei nun – unter besonderer Berücksichtigung der Flugterminologie – auf ein paar exemplarische, teils völlig vergessene Versuche zur Ergänzung und Erneuerung des russischen Wortbestands in unmittelbarem Anschluss an den wissenschaftlich-technischen Fortschritt hingewiesen.

Ende 1909 liess ein gewisser F. KUPČINSKIJ in der Petersburger Tageszeitung ‹Novaja Rus'› ein Verzeichnis «praktischer Termini der Luftfahrt» erscheinen, welches die einschlägigen, meist aus dem Französischen übernommenen Fachausdrücke durch schlichte russische Neubildungen ersetzen sollte; der Autor empfahl die von ihm selbst geschaffene Nomenklatur der speziellen Aufmerksamkeit von Luftschiffahrern und Publizisten, hoffte auf die «Bestätigung» seiner Neologismen durch die Akademie der Wissenschaften und erklärte sich überzeugt davon, dass das neue Vokabular schon bald Eingang in die umgangssprachliche Praxis finden würde[19]. KUPČINSKIJ brachte an die hundert «neue, ihrer Herkunft nach rein russische Wörter oder völlig russifizierte Ableitungen von allgemein gebräuchlichen Wurzeln» in Vorschlag, Neologismen also, deren semantischer Kern für jeden russisch Sprechenden sofort erkennbar und einsichtig sein konnte. In seinem Vokabelkatalog stellte der Verfasser den «französischen Wörtern» oder den ins Russische «übersetzten Ausdrücken» lateinischen und griechischen Ursprungs eigene Neubildungen (gelegentlich auch ältere russische Begriffe) gegenüber, von denen er annahm, sie würden «von den Lesern besser verstanden» als die entsprechende «ausländische Terminologie». Der nachstehende Auszug aus KUPČINSKIJS Liste ist daher nicht nur wegen der diversen – zum grössten Teil okkasionell gebliebenen – Neologismen von Interesse, sondern auch aufgrund der jeweils angeführten

18 [Anon.], ‹Aviacija›, Aëro, I, 1909, maj. p. 4.
19 F. Kupčinskij, ‹Vnimaniju rabotnikov vozducha: Praktičeskie terminy vozduchoplavanija›, Novaja Rus', 1909, 12./25. XI., p. 4.

fremdsprachigen (*resp.* lehnübersetzten) Termini, welche um 1909 in der russischen Presse und wohl auch in der Umgangssprache gewöhnlich verwendet wurden. Die Auswahl beschränkt sich auf zentrale Begriffe der Flugterminologie, im wesentlichen auf substantivische Komposita mit den Stammelementen «-*let*»/«*let*[o]-» («-flug»/«flug-»/«flieg-») und «*vozduch*[o]-» («luft-»); die individuellen Wortneubildungen Kupčinskijs sind mit [*] bezeichnet; die russischen (*resp.* russifizierten) Ausdrücke werden durch ihr deutsches (oder ein fremdsprachiges) Aequivalent ergänzt.

| *Russische Bezeichnung um 1909* (Fremd-/Lehnwort) | *Russische Neubildung 1909* (nach Kupčinskij) | *Deutsche Entsprechung*[20] *um 1909* (*evtl.* Fremd-/Lehnwort) |
|---|---|---|
| aviator | letatel' | Flieger (Pilot); Luftschiffer |
| aëroplan | vozduchoplan* | Flieger (Flugzeug) |
| monoplan | odnoplan* | Monoplan; Eindecker |
| biplan | dvuplan* | Biplan; Zwei-/Doppeldecker |
| poliplan | mnogoplan* | [Multiplan] |
| aviatika | letanie | Luftfahrt; Flug (*schwerer* als Luft) |
| aëronavtika | vozduchoplavanie | Luftschiffahrt; Flug (*leichter* als Luft) |
| apparat | mašina | [Flug-] Apparat |
| dirižabl' | upravljaemyj | Luftschiff |
| ëllis | vint | [Luft]schraube; *frz.* «hélice» |
| motor | dvigatel' | Motor |
| planer | samolët[21] | Segel-, Gleitflieger |
| – | vozducholët* | Flugapparat (*schwerer* als Luft) |
| – | vozduchoplan* | Flugapparat (*leichter* als Luft) |
| aërodrom | letokrug* | Flughafen/-feld |
| pilot | 1. rulevoj | 1. Luftschiffahrer, Führer |
|  | 2. letovoj* | 2. Flieger |

20 Zusammenstellung dieser Rubrik (aufgrund zeitgenössischer deutschsprachiger Fachliteratur zur Flugtechnologie sowie verschiedener Organe populärwissenschaftlichen Inhalts) von mir, *F. P. I.*

21 Zur Etymologie und zur Geschichte des Worts *samolet* v. L. Uspenskij, *Slovo o slovach* (M ²1957), pp. 236–238.

| | 3. planovoj* | 3. Gleitflieger, Segler |
|---|---|---|
| rekord | lučšelët* | Flugrekord *(allg.)* |
| – | vyšelët* | Höhenrekord |
| – | dal'nolët | Streckenrekord (Reichweite) |
| – | skorolët* | Geschwindigkeitsrekord |
| – | pervolët* | Erstflug |
| – | letospor* | Flugwettbewerb |
| – | letopad* | Absturz (während des Flugs) |
| – | letostrach* | Flugangst |

Über mangelnde Aufmerksamkeit für seine wortbildnerischen Versuche hatte sich KUPČINSKIJ nicht zu beklagen. Die von ihm vorgeschlagene, mehrheitlich aus schwachen (abgeleiteten) Neologismen bestehende aviatorische Nomenklatur wurde in der Folge vielfach erörtert, scheint aber kaum Befürworter gefunden zu haben; jedenfalls wurde der Aufruf des Verfassers an Fachjournalisten und aktive «Luftarbeiter», sie möchten das neu bereitgestellte Wortmaterial ab sofort in ihrer beruflichen Praxis erproben, nicht befolgt.

Die Poetizität solcher Wort-Spiele und -experimente haben – jenseits nomenklatorischer Bedeutungszwänge – fast gleichzeitig mit den Technikern auch die Dichter entdeckt. Die «budetljanischen» (zukünftlerischen) Literaten aus dem Kreis um DAVID BURLJUK, allen voran CHLEBNIKOV und KAMENSKIJ, waren seit 1909/1910 theoretisch bemüht, seit 1912/1913 praktisch bestrebt, die Innovationsfähigkeit sprachlichen Materials abzuklären und poetisch zu erproben. Namentlich VIKTOR (VELIMIR) CHLEBNIKOV arbeitete – als erster unter den präfuturistischen Wortkünstlern – systematisch und mit wissenschaftlicher Akribie an der Erneuerung der russischen Lexik; von seinen diesbezüglichen Versuchen und Erfahrungen wurden später die zentralen Postulate des Kubo-Futurismus abgeleitet – die Forderung nach «Wort-Novität» *(slovonovšestvo)* nach dem selbsttragenden Dichterwort *(samocennoe/samovitoe slovo)*, nach «Wort-» und «Redeschöpfung» *(slovo-/rečetvorčestvo)*, nach permanenter sprachlicher Innovation als Prinzip und als «Rechtfertigung» moderner Poesie[22].

22 *Cf.* u.a. die frühen Programmschriften der Moskauer Futuristen («Gileja»-Gruppe; Kubo-Futurismus), darunter vor allem das futuristische Gründungsmanifest *Eine Ohrfeige dem öffentlichen Geschmack* («Poščečina obščestvennomu vkusu»), welches 1912, signiert von D. Burljuk, A. Kručenych, V. Majakovskij, V. Chlebnikov, als Ingress zum gleichnamigen Sammelwerk der «Hyleaner» erschienen ist; weitere Texte *v.* bei V. Markov (ed.), *Manifesty i programmy russkich futuristov* (Mchn 1967).

Die formalpoetische «Wortbau»-Technik *(slovopostroenie)* der Futuristen stand von allem Anfang an erklärtermassen im Dienst des «Heute»[23], als dessen Emblem (und Gegenfigur zur «Galeere des Gestern») der «Aeroplan» galt[24]; es kann daher kaum überraschen, dass unter den aktuellen Realia, welche in der frühen futuristischen Dichtung thematisiert wurden, die Aviation an erster Stelle zu nennen ist. Gerade da, wo der technische Fortschritt oder dessen Errungenschaften zum Anlass und Gegenstand künstlerischer Gestaltung werden, erweist sich das poetische Schaffen manch eines Futuristen als «wissenschaftlich» in dem Sinn, wie BRJUSOV es gefordert hat: der vermeintliche «Abgrund zwischen den Methoden der Wissenschaft und der Kunst» kann im Idealfall – so bei CHLEBNIKOV, beim jungen KAMENSKIJ – für die literarische Arbeit zu einem mächtigen «Energiereservoir» werden[25].

Ein ‹*Muster von Wortneuheiten in der Sprache*› (Obrazčik slovonovšestv v jazyke) – mehrere Dutzend aus der Wurzel «[-]let-» («flieg-»/ «[-]flug») hergeleitete individuelle Neologismen sowie eine Reihe analoger Neubildungen mit «par-» («gleit-») und «re[j]-» («schweb-») – hat CHLEBNIKOV für das programmatische, Ende 1912 ausgelieferte Sammelwerk ‹*Eine Ohrfeige dem öffentlichen Geschmack*› (Poščečina obščestvennomu vkusu) zusammengestellt[26]; der Text (neben und nach dem experimentellen Prosapoem ‹*Ljubcho*› – 1907/1909 – die umfangreichste «Redeschöpfung» CHLEBNIKOVS) folgt hier in deutschsprachiger Nachdichtung:

---

23 Die unterschiedlichen poetologischen Verfahren der russischen Futuristen bei der *umfangmässigen* Erweiterung des Vokabulars durch willkürliche und abgeleitete Wörter› (Punkt 1 des Gründungsmanifests von 1912; *v. supra*) sind schon früh zum Gegenstand sekundärliterarischer Erörterung geworden: am gründlichsten bei K. Čukovskij, ‹Ėgofuturisty i kubo-futuristy›, *Šipovnik*, kn.XII, SPb 1914, pp. 97–135, *passim; v.* auch *id.*, ‹Obrazcy futurističeskich proizvedenij (Opyt chrestomatii)›, *op.cit.*, pp. 139–154; beides in überarbeiteter Fassung nachgedruckt in: K. Čukovskij, *Sobranie sočinenij* (M 1969), VI, pp. 202–259; *cf.* – zum folgenden – K. Čukovskij, ‹Aviacija i poėzija›, *Reč'*, 1911, 8.V.; *v.* ferner die theoretischen Überlegungen von V. Šklovskij (*Voskrešenie slova*, SPb 1914); *cf.* neuerdings F. Scholz, ‹Die Anfänge des russischen Futurismus in sprachwissenschaftlicher Sicht›, *Poetica*, 1968, IV, pp. 477–500, und D. Tschižewskij, ‹Der russische Futurismus und die dichterische Sprache›, *Archiv für das Studium der neueren Sprachen und Literaturen*, CCIX, 1972, i. pp. 76–97.

24 I. V. Ignat'ev, ‹Ėgo-futurizm› [1913], in: V. Markov (ed.), *op. cit.*, p. 45.

25 Ju. Tynjanov, ‹O Chlebnikove›, *in* id., *Archaisty i novatory* (L 1929), pp. 591–592.

26 Nachgedruckt in V. Chlebnikov, *Stichi, proza, stat'i, zapisnaja knižka, pis'ma, dnevnik* (L 1933), pp. 253–255.

Ich eile, mich zu der überaus bemerkenswerten, von Ihnen, M.G., aufgeworfenen Frage zu äussern.

Der Flieger eignet sich zur allgemeinen Bezeichnung, aber zur Beurteilung des gegebenen Fluges wählt man besser den Fluger (Reiter, Fahrer), aber auch andere, die ihre eigene, jede ihre besondere Schattierung haben, zum Beispiel der «erfolglose Flieger» (Kriecher), der «berühmte Fligger», Ritter, Schnitter, und der Flüggel (Büttel). Schliesslich ist noch der Fleucher möglich, die Fleucherin, nach dem Muster Läufer (Käufer). Die Sache der Flugd – die Luftschiffahrt. Im Sinne des für den Flug geeigneten Zubehörs kann man «flügig» (zügig) verwenden, zum Beispiel «die für ihre Flügigkeit berühmte Takelage BLÉRIOTS».

Für Frauen eignet sich der Ausdruck «Flügerin» (Läuferin, Tänzerin).

Von «flügig» ist der Komparativ «flügiger», der «flügigste Himmelsflug der Welt». Meister im Flugzeugen (Leser, das Lesen) – ist der Flügger oder der Fluglichste Russlands, der Fluglicht der Stadt Petersburg, Goldfleucher, Flügold.

Laufen, Läufer – fliegen, Fleucher, das Fleugen.

Die im Flugzeug sitzenden Menschen (die Passagiere) verdienen den Namen «Flugling». «Sieben Fluglinge waren an Bord», Zögling, Feigling.

Flugzeug. Fleugzeug – die Gesamtheit der zum Flug oder Fleug nötigen Dinge.

Die eigentlichen Spiele des Fliegens sollte man als den «Flieg» bezeichnen (Lauf). Die Erscheinung des Fliegs, aber auch die allgemeine Institution kann als «Flugd» bezeichnet werden, zum Beispiel die «Erfolge der russischen Flugd im Jahre 1909», «die Flugd dauerte nicht lange».

Die allgemeine Kompliziertheit des Begehens der Luft (des Himmels) kann man bezeichnen ...

Die Flucht (Staat), «Russlands militärische und industrielle Flucht über dem Norden der Welt».

Das Wort «Flucht» kann auch im Sinne von Geschwader (Eskadron) verwendet werden. «Die Flucht Japans». Zwei kampfbereite Fluchten trafen aufeinander.

Völker, die in der Luftfahrt erfahren und fähig sind, kann man als «Flieger-» oder Fluchtvölker bezeichnen. Die «Fluchtgesellschaft». Die «Gefahren der Fliegerei» (Lauferei), als Erscheinung des menschlichen Lebens.

Fliegerei – Luftfahrt als Bekundung der Aktivität des Lebens. Das «Geflieg» ist die gesamte Flugausrüstung, das Gerät zur Flugd.

«Blériot überflog in seinem Geflieg den Ärmelkanal». Unumgänglich nötig braucht er das Fluger, im Sinne von Gerät (Ruder).
Fliegenstag (Namenstag) ist der Tag des Flugs, wir waren zum Fliegenstag; Fliegenstagsfeier.
Der Flugner – der Aviatiker – ein über die Grenzen seines Landes hinaus bekannter Flugner [GUYOT].
Fliegenschaft. «Flugdmannschaft», «Fliegejahr».
Der Fliegd – Ort und Handlung des Flugs – Luftfahrtpark.
Fliegplatz – Aerodrom. Fliegplatzfläche.
Fliegicht, Flugicht – Zubehör und Luftfahrtsgerät, überhaupt ein Ort, der mit dem Fliegen zu tun hat.
Der Fliegel – Fliegel ist der Anzug des Fluglings.
Die Fleuchte – Aufenthaltsort der Fluglinge.
Der Flügler (Einflügler), Droschke – Zweispänner, die Maschine des Luftfahrers.
Blériots Flügler, Fünfflügler.
«Doppelspanner».
«Himmelskosaken» – ein Kosakenluftgeschwader.
Flugdausstellung.
Fleugzubehör.
Befliegigung – die Fähigkeit des Fliegens.
Flieglehre – die Lehre vom Flug; Flieglust. Fliegangst.
Fliegeschreck. Der Fliegengott – der Gott der Luftfahrt.
Fliegezug – ein Luftgeschwader.
Flughöhe – Höhe des möglichen Aufsteigens.
Ein «Fliegewerk», «Fliegezubehör».
Der Fliegefluss – Luftströmungen, Flugwege.
Fliege, Fliegen sind Teile der Luftschiffahrt.
«Russische Fliegen». Fliegige Zukunft.
Die Wurzeln: segeln, schweben sind brauchbar für Zeuge, die schwerer als Luft sind.
Ein Luftsegler. Die Segd dauerte nicht lange.
Seglig, ein Segliger. Die Seglungen in der Luft über dem Fliegplatz haben begonnen.
Die Flugel (Kugel) – Zubehör der Luftfahrt.
«Tat. fleugte in seiner Flugel».
Ein Segelt – Gerät zum Segeln in der Luft (Planeur).
Seglerei. Segelschaft. Seglung.
Hub (heben) – die Zeit des Aufsteigens in die Höhe.
Wisch ist die Zeit der grössten Geschwindigkeitsentwicklung im Flug.
Schwebler – Gerät zum Schweben.

Schwebicht – Platz für Bewegung im Himmel.
Schwepper, Schweppel – Zubehör zum Schweben. Schwebing.
Himmelschwebing.
Himmelschweb ist der Weg im Himmel.
Ein Schwing ist die Entfernung, die von dem Apparat bei einem Stoss der Flügel zurückgelegt wird. Flügelschwing – ein fliegendes C.[27]

Den zahlreichen vokabularischen Vorschlägen, welche CHLEBNIKOV in diesem Text – als Antwort auf eine «überaus bemerkenswerte» diesbezügliche Fragestellung – unterbreitet und durch eigene Erläuterungen sowie diverse Satzbeispiele ergänzt, liegt ein Wortbildungsverfahren zugrunde, dessen poetologisches Prinzip – Modernisierung durch Traditionalisierung – in einer lakonischen, vom Autor an unauffälliger Stelle eingerückten Formel zusammengefasst ist:

*Der Fliegengott – (Stribog) – der Gott der Luft[schiff]fahrt.*

[«Letij bog – Stribog – bog vozduchoplavanija.»] Indem CHLEBNIKOV den altslavischen, schon im ‹Igor-Lied› (Slovo o polku Igoreve, 1185–1187) erwähnten Windgott (Stribog) zum modernen «Fliegengott» *(letij bog)* macht und ihn als solchen mit der zeitgenössischen Aviatik in Verbindung bringt, verdeutlicht er – auf metaphorischer Ebene – sein Vorgehen bei der Schaffung von Neologismen: «verarmte» russische Wortfamilien, «abgestorbene» slavische Wortwurzeln sollen durch kombinatorische oder derivative Kunstgriffe wiederbelebt, semantisch bereinigt und bereichert werden[28]. CHLEBNIKOVS Verfahren einer archaisierenden Spracherneuerung – man hat es gelegentlich als Ausdruck nationalchauvinistischer Intoleranz missverstanden[29] – läuft der Aktualität und Modernität seiner Thematik keineswegs zuwider, diese wird vielmehr, gerade durch die innovatorische Aufarbeitung archaischen Wortmaterials, ihrerseits als Faktum eines weit zurückreichenden Traditionszusammenhangs vergegenwärtigt.
Zweifellos hat CHLEBNIKOV das Aufkommen der motorisierten Luftfahrt als reale Fortsetzung entsprechender – mythologischer und ritueller – Vorgänge gedeutet; dabei ist er, gemäss seinen eigenen neoprimiti-

27 V. Chlebnikov, *Poesie* (Reinbek 1972), pp. 31–32.
28 *Cf.* V. Chlebnikov, ‹Naša osnova› [§ 1], *in* id., *Stichi* [&c] (L 1933), pp. 228–234.
29 *Cf.* K. Čukovskij, *Sobranie sočinenij* (M 1969), VI, pp. 238; 253.

vistischen Bestrebungen, von urtümlichen, meist orientalischen Märchen- und Sagenstoffen ausgegangen. CHLEBNIKOV rechtfertigt und empfiehlt den Rückgriff auf solche Stoffe als ein zuverlässiges Verfahren zur Erkenntnis der modernen Welt. In seinem Traktat ‹Über den Nutzen des Studiums von Märchen› (O pol'ze izučenija skazok, 1914/1915) spricht er davon, wie sich die Gegenwart in der Vergangenheit immer wieder als Zukunft angekündigt habe[30].

«Jahrtausende, Dutzende von Jahrhunderten hat die Zukunft in der Märchenwelt geschwelt und ist plötzlich zum heutigen Lebenstag geworden. Die Voraussicht der Märchen geht an dem Stab, auf den sich der Blinde der Menschheit stützt.» So sei – beispielsweise – «der im Himmel schwebende FARMAN[31]» durch den sagenhaften fliegenden Teppich *(kover-samolët)* präfiguriert gewesen:

> «Aber wenn zur Lösung der Aufgabe des Teppich-Flugzeugs uns die Forschungen der exakten Wissenschaften in ihrer Anwendung zu den Bedingungen des Fliegens gebracht haben, sind es nicht diese exakten Wissenschaften, die angewandt werden zur Lehre von der Gesellschaft, die uns zur Lösung der Aufgabe vom Saka-Vati-Galagalajama führen? Diesem nächsten Teppich-Flugzeug des Erfindens? So nennen ihn die indischen Weisen. Dank dem Teppich-Flugzeug erstreckte sich das Meer, zu dem es alle Völker zog, plötzlich über jeder Hütte, jeder Rauchfahne. Der grosse Weg aller Völker hat gleichmässig durch eine gerade Linie jeden einzelnen Punkt des Erdballs mit jedem andern verbunden, von dem die Seefahrer träumten.
>
> Und so träumte dunkel dem Samenkorn Menschheit die erwachsende Blüte Menschheit, und das Teppich-Flugzeug besiedelt die Märchenwelten früher, als es sich erhebt am finsteren Himmel

---

30 Erstdruck in V. Chlebnikov, *op. cit.*, pp. 196–197; die deutsche Fassung dieses Textes (in: V. Chlebnikov, *Prosa, Schriften, Briefe*, Reinbek 1972, pp. 93–94) ist wegen diverser Fehlübersetzungen unbrauchbar.

31 Henry (Henri) Farman (1874–1958), französischer Flugpionier; bekanntgeworden als Konstrukteur des Voisin-Farman-Doppeldeckers, mit dem er am 30.X.1908 den ersten Überlandflug (26,5 km von Bouy nach Reims) durchführte. Sehr früh schon – noch vor dem erwähnten Rekordflug – ist Farman in die Dichtung eingegangen (*v.* V. Brjusovs Gedicht *Komu-to* vom 2.IX.1908; jetzt nachgedruckt *in* id., *Sobranie sočinenij*, [M 1973], I, p. 537).

Grossrusslands als der schwergewichtige, von den Menschen beseelte Schmetterling FARMANS[32].»

In mythologischen Texten, in Märchen und Sagen sieht CHLEBNIKOV jenes Postulat VALERIJ BRJUSOVS beispielhaft verwirklicht, wonach die Kunst (und insbesondere die Poesie) auch in dem Sinn szientifisch sein müsse, dass sie den Wissenschaften – vermittels metaphorischer Präfiguration – modellbildend und wegweisend vorgreife. CHLEBNIKOV sieht solche «Wissenschaftlichkeit» jedoch grundsätzlich im Denken und Schaffen des Menschen angelegt, daher kann er auch keinen prinzipiellen Unterschied in der Funktions- oder Erscheinungsweise von Kunst und Wissenschaft, Phantasie und Berechnung erkennen: die Forderung nach einer «wissenschaftlichen Poesie» erweist sich unter diesem Gesichtspunkt als tautologischer Kurzschluss. Von der «Wissenschaftlichkeit» (wie von der Providenzialität) seiner eigenen dichterischen Versuche war CHLEBNIKOV zutiefst überzeugt, er entwickelte seine Kunst auf dem Boden und in Übereinstimmung mit den «modernen Wissenschaften», um der allgemein gewordenen «geistigen Wissensarmut» abzuhelfen[33] und der Menschheit einen «Prospekt in die Zukunft» zu eröffnen[34].

Bei aller formalen Ähnlichkeit zwischen den terminologischen Vorschlägen KUPČINSKIJS und CHLEBNIKOVS ist doch nicht zu übersehen, dass die beiden Autoren von verschiedenen, sogar gegensätzlichen Absichtserklärungen ausgehen. Während KUPČINSKIJ bei der Erstellung seines Begriffskatalogs primär auf die praktische Verwendbarkeit und somit auf Simplizität und etymologische Transparenz des neu zu schaffenden Wortmaterials bedacht ist, geht es CHLEBNIKOV, umgekehrt, darum, durch primitivistische Neologismen die Modernität als aktuelle Realisierung archaischer Präfigurationen, wie sie in Mythen und Märchen gegeben sind, bewusst zu machen. Nicht unmittelbare Verständlichkeit

---

32 *Cf.* dazu eine entsprechende (undatierte) Tagebuchnotiz Chlebnikovs (in *Stichi* [&c], p. 275): ‹Er [Brjusov?] sagte, die Kunst müsse mit Wissenschaft und Technik, mit dem grossgeschriebenen Handwerk gleichziehen. Aber gab es denn nicht schon Jahrtausende vor der Luftschiffahrt den sagenhaften fliegenden Teppich? Und vor zwei Jahrtausenden – die dädalischen Griechen?›

33 V. Chlebnikov, *Tvorenija* (L s.a.), pp. 10–11.

34 V. Chlebnikov, *Neizdannye proizvedenija* (M 1940), p. 358; Brief vom 8.VIII.1909 an V. Kamenskij.

strebt CHLEBNIKOV mit seinen «Wortneuheiten» an, vielmehr bleibt er um «die direkte Hinwendung zum Volk der Gefühle» bemüht, um eine magische Redeweise also, wie sie in den – zumeist unverständlichen, aber unmittelbar wirksamen – Zaubersprüchen, Beschwörungsformeln oder Gebeten des «Heidentums» zum Ausdruck kommt. Im Unterschied zu KUPČINSKIJ bedient sich CHLEBNIKOV (obzwar auf «wissenschaftlicher» Basis) eines *poetischen* Wortbildungsverfahrens; mit KUPČINSKIJ teilt er lediglich die Überzeugung, dass die Spracherneuerung als Reinigungsprozess aufzufassen sei und eine konsequente Russifizierung des Wortmaterials bewirken müsse[35].

## 4

«Eines der gewaltigsten Ereignisse des zwanzigsten Jahrhunderts besteht darin, dass der Mensch, nachdem er über der Erde zu fliegen gelernt hatte, sogleich aufhörte, sich darob zu wundern.» Dieser Satz – er registriert «ein Faktum von ungeheurer Bedeutung» – entstammt einer Notiz MAKSIM GOR'KIJS aus dem Jahr 1927; die bedauernde Feststellung, wonach man angesichts der modernen Fliegerei und ihrer ungeahnt raschen Fortschritte das Staunen allzu gründlich verlernt habe, gilt – in unserem Zusammenhang – auch für die russische Poesie: im Sinne CHLEBNIKOVS haben sich einzig VASILIJ KAMENSKIJ und VLADIMIR MAJAKOVSKIJ um die Erweiterung der Literatursprache durch ein zeitgemässes aviatorisches Vokabular bemüht.

---

35 *Cf.* dazu V. Chlebnikov, *Stichi* [&c]. pp. 225-227; in der *loc. cit.* abgedruckten Programmschrift (‹O stichach›, 1920) kanonisiert Chlebnikov die magische Redeweise des Zauberers als authentischen Ausdruck eines ‹höheren Verstands›, als Vorform und Vorbild dichterischen Schaffens überhaupt. – Genau in diesem Sinn deutet A. Kručenych die wortbildnerische Arbeit des ‹Chlysten V. Šiškov›, der in seinen Zungenreden den ‹echten Ausdruck einer sich verwindenden [?; *mjatuščejsja*] Seele› gefunden und die ‹religiöse Ekstase› in ‹Rede-Muster› *[obrazec-reč']* wie das folgende umgesetzt habe: ‹... nosochtos lesontos futr lis natrufuntru natiosinfur kresorefire kresentre fert čeresantroulmiri umilisantlu ...› (A. Kručenych, *Vzorval'*, SPb 1913, ohne Seitenangabe). – Chlebnikov hat, nach dem Zeugnis eines seiner Zeitgenossen, ‹für sich die Entdeckung gemacht, dass zwischen dem Wort-Begriff *[slovo-ponjatie]* und dem Wort-Laut *[slovo-zvuk]* eine ganze Skala emotionaler Bedeutungen liege, welche sich logischer Definition entziehen› und sich daher um so besser für die Verwendung in poetischen Texten eignen (A. Lejtes, ‹Chlebnikov – kakim on byl›, *Novyj mir*, 1973, I, p. 228).

36 M. Gor'kij, ‹Zametki čitatelja›, *Krug* (M 1927), p. 163.

Unmittelbar an CHLEBNIKOVS «Muster»-Text scheint KAMENSKIJ mit seinem kurzen wortbildnerischen Gedicht ‹Ich fliege› (Leču, 1918) anzuknüpfen; es lautet:

> *Ich fliege übern See*
> *Vollführe eine Fliegung*
> *Der fliegrische Geist*
> *Fliegt mit mir.*
> *Fliegrischkeit in Gedanken*
> *Widerspiegle ich Flugheit –*
> *Tief ist der flügge Blick*
> *Der Flug ist sicher und stabil*
> *Und weit der Fliegozean.*
> *Es macht flugechten Spass*
> *Flugistisch zu entfliegen*
> *Im flüggischen Frühling.*

[«Leču nad ozerom / *Letajnost'* soveršaju / *Letivyj* duch / Letit so mnoj. / *Letvistost'* v mysljach / *Letimost'* otražaju – / *Letkij* vzor glubok / Let veren i ustojčiv / *Letokean* širok. / *Letistinnaja* radost' / *Letisto* uletat' / *Letinnoju* vesnoj.»][37]

Als KAMENSKIJ, fast ein Jahrzehnt nach CHLEBNIKOV, diese Verse niederschrieb, hatte sich – der moderne Luftkrieg war für Russland bereits zur fatalen Realität geworden – auch der Volksmund derartiger aviatorischer Neubildungen angenommen; ein von SOF'JA FEDORČENKO aufgezeichnetes Soldatenlied (Narod na vojne) sei hier als Beispiel angeführt:

> *Das Flugzeug ist am Siedepunkt*
> *mehr als ein Riesensamovar,*
> *so wie unser Flugervolk*
> *sind keine Kameraden sonst.*
> *Hoch fliegt der Flieger,*
> *er kennt kein Bangen nicht,*
> *durch den Himmel schraubt sich das Flugzeug*
> *und verlacht die Infanterie.*

37 Hier zitiert (und probeweise übersetzt) nach I.S. Ežov/E.I. Šamurin (ed.), *Russkaja poèzija XX veka* (M 1925), p. 177; Hervorhebung der aviatorischen Wortneubildungen Kamenskijs von mir. *F. P. I.*

> *Bringen wir dem Flieger bei,*
> *unserm hübschen Jüngelchen,*
> *nach Soldatenart und -plan*
> *umzugehn mit dem Eroplan.*
> *Über alle Ausländer wird er*
> *wie ein Vogel fliegen,*
> *hat er sie mal überquert,*
> *kehrt dann zu uns zurück.*

[«Raskipelsja *samolet* / pušče samovarišča, / kak naš *letčeskij* narod / nikaki tovarišči. / Vysoko *letčik* letaet, / nikakich zabot ne znaet, / *samolet* po nebu v'etsja, / nad pechotoju smeetsja. / Prisposobim *letčika*, / chorošego molodčika, / po soldatskim po planam / potrudit'sja *eroplanom*. / Po vsem zagranicam / poletit on pticej, / tam perebrataetsja / da do nas vertaetsja.»][38]

Die Verwendung der damals noch wenig gebräuchlichen, inzwischen jedoch in die Alltagssprache eingegangenen Bezeichnungen für den Piloten («letčik») und das Flugzeug («samolët», neben verballhorntem «eroplan») ist ein interessanter Beleg dafür, dass sich «Wortneuheiten» dann (und nur dann) auch ausserhalb ihres «poetischen Raums» durchzusetzen vermögen, wenn sie in der umgangssprachlichen Praxis sanktioniert und gefördert werden[39]. Solche Förderung hat kaum einer von den zahllosen futuristischen Neologismen erfahren; CHLEBNIKOVS «letčik» bildet hier die Ausnahme[40].

---

38 Zitiert und übersetzt nach L. Borovoj, *Put' slova* (M 1974), p. 140.

39 Chlebnikov ist in späteren Jahren zur Einsicht gekommen, dass ‹das neue Wort *allein*› – wenn es vom tragenden Kontext der Volkssprache isoliert bleibe – nicht ins allgemeine ‹Bewusstsein› zu dringen vermöge (V. Chlebnikov, *Stichi* [&c], p. 270).

40 Cf. *supra*, p. 199 (Anm. 21). – Borovoj (*op. cit.*, p. 139) räumt dem Dichter Chlebnikov das Verdienst ein, das Wort *letčik* als erster verwendet und in die Dichtersprache (*Trizna*, 1914-1915) eingeführt zu haben; derselbe Begriff findet sich jedoch schon in der *1913* entstandenen Erzählung *Der Flug* (‹Polet›, ersch. 1914) von L. Andreev (cf. *supra*, pp. 148-151). – Mit seiner um 1918 erneut vorgeschlagenen Bezeichnung für künftige Himmelsfahrzeuge *(nebochody)*, welche ‹über der erneuerten Erdkugel schweben› sollten, hat Chlebnikov den erst in den sechziger Jahren entstandenen, von der russischen Schrift- und Umgangssprache sogleich rezipierten Neologismus *lunochod* (für ein Mondfahrzeug) modellhaft vorgebildet (*v.* A. Lejtes, *art. cit.*, pp. 229-230; L. I. Skvorcov, ‹Lunochod›, *Russkaja reč'*, 1971, III, pp. 71-78). – *Cf.* dagegen F. Scholz (*art. cit.*, p. 496): ‹Von den vielen tausend Neologismen der Futuristen ist nicht ein einziger [sic] zum Allgemeingut der russischen Sprachgemeinschaft geworden [...]›

Weitere Versuche der Erneuerung und Festigung des aviatorischen Vokabulars im Bereich der russischen Literatursprache gab es erst wieder nach der Oktoberrevolution, als die Flugthematik vom Proletkult und von der Linken Front der Futuristen erneut aufgegriffen, die «Eroberung des Himmels» als Metapher für die bolschewistische Machtergreifung eingesetzt wurde[41]. Als «Versuch eines verbalen Flugs in die Zukunft» hat NIKOLAJ ASEEV die revolutionäre «Wortarbeit» der Linken Front bezeichnet[42]. Diese «Wortarbeit» *(slovesnaja rabota)* wurde wohl am entschiedensten, gewiss am nachhaltigsten von VLADIMIR MAJAKOVSKIJ gefördert. Schon bald nach der Revolution hatte MAJAKOVSKIJ, unter dem bestimmenden – bisher noch kaum untersuchten – Einfluss NIKOLAJ FEDOROVS und KONSTANTIN CIOLKOVSKIJS, diverse futurologische Fragestellungen der Luftfahrt thematisiert, hatte sie in den Kontext seiner politischen Metaphorik eingebaut. Dass er dabei, entsprechend seiner eigenen Forderung nach aktueller Thematik und innovatorischer Wortarbeit[43], auch um die Erweiterung der Flugterminologie bemüht war, kann beispielhaft anhand des Agitpoems ‹*Der fliegende Proletarier*› (Letajuščij proletarij) aufgezeigt werden, einer grossen Propagandadichtung, welche der Autor im Frühjahr 1925

---

41 *V.* zum zeitgeschichtlichen Kontext sowie zum ‹allgemeinen Charakter der sprachlichen Aktivität der Revolutionszeit› A. M. Seliščev, *Jazyk revoljucionnoj epochi* (M 1928), pp. 23*sqq* und *passim;* Seliščev registriert allerdings keinen einzigen Neologismus aus dem Bereich der Fliegersprache.

42 Zitiert bei V. Majakovskij/O. Brik, ‹Naša slovesnaja rabota›, *Lef,* 1923, I, p. 41. *Cf.* auch N. Aseev (ed.), *Lef* (M 1923).

43 Nicht die Idee bringe das Wort hervor, sondern das Wort gebäre die Idee, heisst es in Majakovskijs Programmschrift *Zwei Čechovs* (‹Dva Čechova›, 1914); das Wort müsse über den ‹toten Punkt der Deskription› hinaus befreit werden; so müsse auch ‹jeder Schriftsteller sein neues Wort einbringen› und es in den ‹Gesetzeskodex des menschlichen Gedankens› eintragen. In einer andern (gleichzeitig entstandenen) Schrift (‹Bez belych flagov›) hält Majakovskij fest: ‹Unser Ringen um neue Wörter für Russland ist ein Erfordernis des Lebens.› Die ‹nervöse Belebtheit der Städte› erfordere eine neue Redeweise, ein neues Vokabular, die Überprüfung des gängigen Wortmaterials mit Bezug auf ‹jedes gegenwärtig existente Objekt, jede neu aufgetretene Impression›: ‹Wenn die alten Bezeichnungen uns wenig überzeugend erscheinen, so schaffen wir unsere eigenen. Die unnützen werden vom Leben hinweggefegt, die notwendigen in die Redeweise einverleibt werden.› Und: ‹Diese sprachschöpferische Tätigkeit für die Menschen von morgen ist unser Neuerertum, das uns rechtfertigt.› (Beide Texte sind nachgedruckt in: V. Majakovskij, *Polnoe sobranie sočinenij,* M 1955, I, pp. 294–301; 321–324.)

für den ‹*Boten der Luftflotte*› (Vestnik Vozdušnogo Flota) verfasste[44]. In der definitiven Textfassung finden sich, unter andern, die folgenden aviatorischen Neologismen:

| | |
|---|---|
| «*Aėrorosta*» | «Aerorosta» |
| *aviobol* | Avioball (analog zu *engl.* «football») |
| *aviobol'nyj* | [avioballerisch] |
| *aviomilicija* | Aviomiliz |
| [*voznja*] *aėroplanova* | Flug[zeug]lärm |
| *aėrocipedy* | Aerozipede *[Pl.]* |
| *aėrostolovye* | Aerokantinen |
| *aėrobitva* | Luftschlacht |

Diese Neubildungen (sowie die zahlreichen im Text integrierten Fachausdrücke)[45] machen nun deutlich, dass sich MAJAKOVSKIJ bei seiner Wortarbeit kaum noch an das CHLEBNIKOVsche Russifizierungsprinzip hält, dass er vielmehr, in Übereinstimmung mit den Zielen des proletarischen Internationalismus, auf allgemein verständliche *fremdsprachige* Versatzstücke (wie griech. *aer[o]-* oder lat. *avi[o]-*) zurückgreift und diese durch lexikalische Elemente aus der russischen Gegenwartssprache ergänzt[46]. Die meisten seiner Flugtermini hat MAJAKOVSKIJ seit 1921 aufgrund solchen kombinatorischen Verfahrens geschaffen: «aėrostancija» (‹*150 000 000*›, 1921); «aviadni» (‹*Aviadni*›, 1923); «aėrokrylyj» (‹*Izdevatel'stvo aviatora*›, 1923). Daneben finden sich Analogiebildungen (etwa zu französischen Modewörtern) wie «avio» (‹*Razve u*

---

44 Textkritischer Nachdruck in V. Majakovskij, *op. cit.* (M 1957), VI, pp. 311–361.

45 *Cf.* u.a. ‹èskadril'› (Vers 611); ‹abordaž› (V. 632); *etc.*

46 Dieses Verfahren hat Majakovskij auf breiter Front zur Anwendung gebracht, als er sich in den Jahren 1923 / 1925 mit zahlreichen Agitpropgedichten für die Liquidierung ‹des aviatorischen Analphabetismus in der [sowjetischen] Bevölkerung› (A. Jakovlev, *Cel' žizni*, M ³1972, p. 51) und für die von Lenin und Stalin initiierte Volkskampagne zur Begründung einer sowjetischen Luftflotte einsetzte; der Autor hat dabei u.a. den Versuch unternommen, das Anliegen des ‹Dobrolet› dadurch zu popularisieren, dass er als neue Form der Agitationspoesie die allgemeinverständliche ‹aviačastuška› schuf, eine literarische Mischform aus folkloristischen (kompositorischen) und modernistischen (sprachinnovatorischen) Elementen; eine von Majakovskij geplante Sammlung eigener Agitverse über die sowjetische Luftfahrt (‹Sam projdis' po nebesam›) ist nie zum Abschluss gekommen; *cf.* indes die sowjetischen Flug- und Flugzeuggedichte (darunter auch Arbeiten von Majakovskij) in *Šturm neba* (Char'kov 1924) und in *Aviakul'turu v rabočij klub* (M 1925).

*vas ...*», 1923) oder «aëro» («*Pjatyj Internacional*», 1922), aber auch russische Neubildungen wie «letonedelja» für Flugwoche («*Aviadni*», 1923) und «samoletovy spiny» (für Flugzeugrumpf, in «*Dva maja*», 1925)⁴⁷.

Bei der überwiegenden Mehrzahl der in den zwanziger Jahren entstandenen aviatorischen Neologismen handelt es sich um schwache, grösstenteils mit dem Grundelement *aëro-* kombinierte Neubildungen, denen keinerlei Originalität mehr zugebilligt werden kann; ein paar Wortbeispiele seien nachfolgend als Beleg dafür herangezogen, wie wenig CHLEBNIKOV durch seine wortbildnerische Vorarbeit auf die nachrevolutionäre russische Dichtung einzuwirken vermochte:

«aëro-sbornik» (Sammlung von Texten über zeitgenössische Fliegerei); «vozduchoflot» (Luftflotte); «Dobrolët» (freiwillige Gesellschaft der Freunde der Luftflotte; gegr. 1923; *Abk.:* ODVF); «aviomysli» (Gedanken oder Aphorismen zur modernen Fliegerei, etwa vergleichbar mit *frz.* «blériotades»); «aëro-krepost'» (für «fliegende Festung»); «aëropoëma»; «aërokoran» *(ukr.);* «avio-inžener»; *etc.*

Auf die frühen zwanziger Jahre geht auch die bemerkenswerte, von KAZIMIR MALEVIČ eingeführte Bezeichnung der Planiten (*planity*, von «aëro-plan») zurück; die hoch über der Erde schwebenden Planiten sollten, nach einem utopischen städtebaulichen Konzept MALEVIČS, den Semljaniten (*zemljanity*, für «Erdbewohner», wohl in Analogie zu *selenity*) als Behausungen dienen und die Grundlage einer neuen (überirdischen) Zivilisation bilden:

> In ihnen werden die Geräusche künftiger Musik ertönen, die neuen Stimmen im neuen Chor der Planiten. Im Hinblick auf sie muss alles geplant und koordiniert werden. Die Bauwerke der Semljaniten müssen in ihrer Planung und ihren Bewegungen sowohl im Raum als auch auf der Erde aufeinander abgestimmt werden⁴⁸.

47 *V.* im weitern A. Humesky, *Majakovskij and His Neologisms* (NY 1964). - Von seinem eigenen, wohl in enger Anlehnung an Chlebnikov formulierten Postulat, der Dichter habe ‹das Arsenal alter Wörter› nach brauchbaren – russischen – Elementen zur Bezeichnung ‹neuer Gegenstände› zu durchsuchen, ist Majakovskij selbst im Lauf der Jahre mehr und mehr (zugunsten einer ‹Amerikanisierung› oder jedenfalls ‹Internationalisierung› des russischen Wortschatzes) abgewichen (*cf.* noch den von 1914 datierten Aufsatz ‹Der Krieg und die Sprache›, in: V. Majakovskij, *op. cit.*, M 1955, I, pp. 325-328).

48 K. Malewitsch, ‹Suprematismus I/46› [1924], *in* id., *Suprematismus* (Köln 1962), p. 274; die russische Originalfassung dieser Schrift ist bisher nicht im Druck erschienen; *v.* auch *infra*, pp. 322-328.

Ebenfalls in den zwanziger Jahren hat sich, nach MALEVIČ, ein anderer Vertreter der russischen künstlerischen Avantgarde als Wortbildner einen Namen gemacht: VLADIMIR TATLIN. Durch Kontamination seines Familiennamens mit dem Verbum *letat'* (fliegen) gelangte TATLIN zu dem Neologismus *Letatlin*, einem Begriff, den er seit *ca.* 1929 zur Bezeichnung des von ihm konstruierten Flugapparats und als verbales Emblem für seine ikarische Privatmythologie verwendete. Von grösstem Interesse ist das Faktum, dass nicht bloss TATLINS wortbildnerische Technik, sondern auch die Konstruktion seiner Maschine auf Anregungen von CHLEBNIKOV zurückgeht[49] – eine Tatsache, welche die zeitgenössische Kunstkritik offenbar zum Anlass nahm, TATLINS Maschinenkunst als «technischen Chlebnikovismus» zu bezeichnen[50]. .

Was TATLIN selbst, im Zusammenhang mit seinen aerodynamischen Studien und im Hinblick auf die künstlerische Bewältigung des Flugproblems, verschiedentlich postuliert hat, stimmt mit der BRJUSOVSchen Forderung überein, wonach künstlerische Arbeit wissenschaftlich beglaubigt und wissenschaftliche Arbeit künstlerisch inspiriert sein sollte, um als *modern* gelten zu können[51]; in diesem Sinn heisst es bei TATLIN: «Ein Künstler, der mit den verschiedensten Materialien Erfahrung hat (und, ohne Ingenieur zu sein, das ihn interessierende Problem studiert hat), muss unzweifelhaft darin seine Aufgabe sehen, die technischen Probleme mit Hilfe neuer Beziehungen zwischen Materialien zu lösen und damit neue Möglichkeiten der Verdichtung zu schaffen; er wird versuchen, eine neue, komplizierte Form zu entdecken, die dann natürlich zur weiteren Entwicklung in technischer Hinsicht vervollständigt und perfektioniert werden muss. Der Künstler muss, im Gegensatz zur Technik, in seinem Werk neue Beziehungen zwischen Materialien herstellen.» – Durch seine Beschäftigung mit Problemen der Materialkonstruktion im künstlerischen und technischen Bereich, vor allem jedoch bei der langwierigen Arbeit an seiner Flugmaschine ist TATLIN schliesslich «zu der Überzeugung gekommen, dass die Berührung des Künstlers mit der Technik neues Leben in seine festgefahrene Arbeitsweise bringen» würde[52].

---

49 V. Tatlin, ‹Zangezi›, *Žizn' iskusstva*, [Pg] 1923, 8.V., p. 15.

50 K. Zelinskij, ‹Letatlin›, *Večernjaja Moskva*, 1932, 6.IV.; T. Andersen (ed.), *Wladimir Tatlin* (Ausstellungskatalog Kunstverein Mchn 1970).

51 V. Brjusov, *art. cit.*, p. 161.

52 V. Tatlin, ‹Iskusstvo v techniku› [1932]; hier zitiert nach T. Andersen (ed.), *op. cit.*, p. 63; *v.* im übrigen *infra*, pp. 330–333.

# III Der Erste Weltkrieg (Aviatik und Literatur zwischen Blériot und Lindbergh)

> *Die moderne Nekrophilie. Der Glaube an die Materie ist ein Glaube an den Tod. Der Triumph dieser Art Religion ist eine entsetzliche Abirrung. Die Maschine verleiht der toten Materie eine Art Scheinleben. Sie bewegt die Materie. Sie ist ein Gespenst. Sie verbindet Materien untereinander und zeigt dabei eine gewisse Vernunft. Also ist sie der systematisch arbeitende Tod, der das Leben vortäuscht. – Was jetzt losgebrochen ist, das ist die gesamte Maschinerie und der Teufel selber.*[\*]
> HUGO BALL (1914)

## 1

Der fortschrittsfreudige Enthusiasmus, von dem die motorisierte Fliegerei seit 1909 begleitet und getragen war, stand bis zum Beginn des Ersten Weltkriegs – besonders in Frankreich, Deutschland und den USA – für weite Kreise im Zeichen einer umfassenden Völkerverständigung. Nach der Flugwoche von Reims und dem Meeting von Brescia wurde die Luftfahrt sehr rasch als eine neue Form der Massenunterhaltung kanonisiert, die zahlreichen Demonstrations- und Wettbewerbsflüge vermochten überall in Europa das grosse Publikum zu begeistern, oft fanden die Veranstaltungen, ergänzt durch musikalische oder schaustellerische Darbietungen, unter jahrmarktähnlichen Bedingungen statt,[\*] gesellschaftliche Schranken wurden dadurch weitgehend abgebaut, das stets aktuelle Risiko tödlicher Abstürze – allein 1910 gab es 29 Flugtote – erhöhte die Attraktivität der flugsportlichen Anlässe und schuf eine atmosphärische Spannung, wie sie, im engeren Rahmen eines Zirkusprogramms, bei akrobatischen Nummern aufzukommen pflegt. Der bald tragische, bald komische Konflikt zwischen dem Sensationsbedürfnis einer passiven Zuschauerschaft (welche sich im übrigen durch Entrichtung des Eintrittspreises stillschweigend auch das Anrecht auf Darbietungen mit tödlichem Ausgang erkauft) und der ebenso riskanten

---

/\* [Motto:] H. Ball, *Flucht aus der Zeit* (Mchn &c 1927), pp. 6; 16.

\* Abb. 3–5

wie ingeniösen Einzelleistung des Wettkampfpiloten ist schon in den Pionierjahren der Fliegerei belletristisch thematisiert beziehungsweise – so bei KAFKA, bei BLOK und ANDREEV – als Metapher für die Konfliktsituation zwischen der «Masse» und dem «Dichter» gestaltet worden. Die technischen Fortschritte der Vorkriegszeit haben, nach WERNER SOMBART, «bewirkt, dass unser Interesse immer mehr und mehr darauf gerichtet worden ist, *wie* eine Sache gemacht wird und wie sie funktioniert, ganz gleich, wozu sie dient». Als Beispiel für die kapitalistische – einzig auf Gewinn, nicht aber auf Sinn angelegte – Vereinnahmung modernster technischer Errungenschaften durch die Industrie nennt SOMBART, unter anderm, die zeitgenössische Luftfahrt: «Wir erschauern beim Aufstieg einer Flugmaschine und denken gar nicht mehr daran, dass dieser Apparat einstweilen nur dazu dient, unser Variétéprogramm um eine sensationelle Nummer zu bereichern und (bestenfalls) ein paar Schlossergesellen zu reichen Leuten zu machen. Und so fort in allen Dingen[1].»

SOMBARTS Verdikt mag, ökonomisch betrachtet, durchaus seine Berechtigung haben, lässt jedoch – ein Jahr vor Ausbruch des Weltkriegs! – die mit der Industrialisierung der Flugzeugproduktion verbundenen militärischen Interessen ebenso unberücksichtigt wie um 1913 immerhin deutlich erkennbaren Möglichkeiten einer zivilen, auf gesellschaftliche Nutzung (wie Transport, friedliche Exploration) ausgerichteten Luftfahrt.

Das nach 1909 in der europäischen Tagespresse immer wieder registrierte und wortreich kommentierte «Flugfieber» entwickelte sich bei manch einem Anlass zur Massenhysterie, förderte aber auch pazifistische und internationalistische Bestrebungen, stärkte ganz beträchtlich die private Erfinder- und Entdeckerfreude, gab dem Fortschrittsoptimismus, dem Glauben an die wissenschaftlich-technische Machbarkeit einer besseren Welt (und eines neuen Menschen) Auftrieb[2]. Dass es sich hierbei eher um momentane Stimmungen oder hochgemute Manifestationen des Zeitgeists als um feste Überzeugungen gehandelt haben dürfte, liegt auf der Hand.

Als Beleg für die um 1909/1910 in weiten Bevölkerungskreisen vorherrschende internationalistische Gestimmtheit (die jedoch keineswegs – wie die Geschichte recht bald bestätigen sollte – auf entsprechender politischer Gesinnung beruhte) sei hier bloss die Tatsache genannt, dass

---

1 W. Sombart, *Der Bourgeois* (Mchn &c 1913), p. 426.

2 *Cf.* dazu *e. g.* F. Mallet, *La Conquête de l'air et la paix universelle* (P 1910). – *V.* auch *supra* (zu Scheerbart), pp. 115–118, *cf.* ausserdem: H. W. L. Moedebeck, *Fliegende Menschen!* (Bln 1909), p. 93.

zu jener Zeit mehrere führende Organe der europäischen aeronautischen Fachpresse spezielle Rubriken zur Propagierung und Förderung des Esperantismus eröffneten: die künstliche Weltsprache sollte die Grenzen der Nationalsprachen in ähnlichem Sinn überwinden helfen, wie die moderne Fliegerei damals geographische oder politische Grenzen zu überwinden begann. Mit besonderem Nachdruck setzte sich in jenen Vorkriegsjahren ERNEST ARCHDEACON, der prominenteste und zugleich populärste Veteran unter den Pionieren der europäischen Fliegerei, für die Idee des Esperantismus ein[3].

Ein aufmerksamer Beobachter wie SAZERAC DE FORGE konnte immerhin gewichtige Hinweise dafür finden, dass die Entwicklung der modernen Verkehrsmittel auch «eine progressive gesellschaftliche Evolution» bewirkt habe; die motorisierte Fliegerei bedeute «einen neuen faktischen Schritt zur Vermengung von Ideen, Kenntnissen, Sitten», einen Schritt, «der unweigerlich und ganz allmählich auch die gegenseitige Annäherung der Völker, die Vermischung der Rassen und die Vereinigung der Staaten nach sich ziehen» werde: «– Wir lernen einander besser kennen, wir haben intensivere literarische [sic], wirtschaftliche und gesellschaftliche Kontakte.» SAZERAC DE FORGE scheut nicht davor zurück, seinen Optimismus bezüglich der «Zukunft der Fliegerei» in eine idyllische politökonomische Utopie ausmünden zu lassen: «Die Zölle also werden verschwinden; was aber geschieht dann mit den

---

3 *Cf.* J. Leblanc, ‹De l'Aéroplane à l'Espéranto› [Interview mit E. Archdeacon], *L'Aéronaute*, 1909, I, pp. 10–11; ausserdem: W. Köppen, ‹Luftschiffahrt und Esperanto›, *Illustrierte Aeronautische Mitteilungen*, 1909 [19.V.], pp. 403–409; über den «pazifizierenden Einfluss» der Fliegerei auf die moderne Zivilisation und über die völkerverbindende Funktion der künstlichen «Hilfssprache» [Esperanto] äussert sich auch F. Ferber in seiner berühmt gewordenen Schrift zur Theorie und Praxis der motorisierten Aviation (id., *L'Aviation*, P &c ⁵1909, pp. 148*sqq*). – *Cf.* dazu (nach dem Weltkrieg) B. F. Dolbins Forderung nach einem esperantistischen «Gedankenflugzeug»: «Der Schnelligkeit, mit der die räumlichen Entfernungen der Erdvölker bewältigt werden konnten, fehlte die Parallelerscheinung auf geistigem Gebiet. Das *Gedankenflugzeug* musste entwicklungsnotwendig erfunden werden. Die Erfindung des Esperanto durch Dr. L. L. Zamenhof ist, derart betrachtet, bloss als technisches Verständigungsvehikel zu bezeichnen. Damit aber ist implicite die Forderung gestellt, ständig an der Verbesserung dieses Vehikels zu arbeiten. Dieser Erfindung – wie jeder technischen Erfindung menschlichen Geistes – haften Mängel an, die behebbar sind, und behoben werden müssen, soll der Gebrauch der Erfindung keine Sportangelegenheit bleiben.» (B. F. Dolbin, ‹Die Technifizierung der Verständigung›, in *Internationale Ausstellung neuer Theatertechnik: Katalog, Programm, Almanach*, Wien 1924, pp. 38-39).

Grenzen? Für die Luftfahrt, welche keinerlei Grenze und keine Hindernisse kennt, wird es auch keine Nationalität mehr geben[4].» – In Wirklichkeit war die politische Szene Europas schon damals weit weniger von internationalistischer Verbrüderung als vielmehr – zumal hinter den sichtbaren Kulissen der Diplomatie – von wirtschaftlichem Prestige- und Konkurrenzdenken sowie von entsprechenden militärischen Bestrebungen gekennzeichnet. Bereits 1909, noch während seines Pariser Aufenthalts, hat LENIN die gesamteuropäische Aktualität als Vorkriegssituation erkannt; gegenüber MAKSIM GOR'KIJ hielt er in diesem Sinn fest, der Krieg würde «unausweichlich» sein: «Die kapitalistische Welt hat den Zustand der Fäulnis und des Zerfalls erreicht, und schon jetzt beginnen sich die Menschen mit den Giften des Chauvinismus und Nationalismus zu verderben. Ich denke, wir alle werden den gesamteuropäischen Krieg noch erleben[5].»

Tatsächlich hatten sich damals, namentlich in Frankreich und in Deutschland, nicht nur die Grossindustrie und einschlägig interessierte militärische Kreise, der Flugtechnologie bemächtigt: auch die Piloten selbst waren von allem Anfang bemüht, ihre persönlichen Erfolge materiell so weit als möglich zu nutzen – mit welchen Kunden sie es dabei zu tun bekamen, scheint die «Helden des Tages» nicht sonderlich beschäftigt zu haben. FERDINAND FERBER, der als Hauptmann der französischen Armee aus eigener Erfahrung und Anschauung sprechen kann, schreibt – um 1909 – dazu: «Eine seltsame Sache: die meisten Erfinder von Flugmaschinen denken einzig und allein an deren militärische Anwendung! Selbst die Brüder WRIGHT sind solchen Irrungen nicht entgangen. Anderseits unterlassen es die Träumer nicht, zu versichern, dass gerade das Aufkommen der Flugmaschine den Krieg ausschalten werde.

Wir waren hingegen stets der Auffassung, der Aeroplan müsste in erster Linie zu friedlichen Zwecken eingesetzt werden – wie das Automobil; doch wie das Automobil, so wird auch der Aeroplan für Kriegszwecke eine wunderbar nützliche Maschine sein[6].»

---

4 L. Sazerac de Forge, *L'Homme s'envole* (P &c 1909), pp. 84–85.
5 Zitiert bei M. Gor'kij («V.I. Lenin», *in* id., *Sobranie sočinenij*, M 1952, XVII, p. 18).
6 F. Ferber, *op. cit.*, p. 156; durch seine eher skeptischen, streng wirklichkeitsbezogenen Überlegungen ist Ferber schon damals zur Einsicht gelangt, dass «die Fortschritte der Zivilisation» dem Menschen zwar «eine immer grössere Sicherheit» gewähren, die «individuelle Freiheit» und das Eigentumsrecht aber – gleichzeitig – mehr und mehr einschränken würden (*op. cit.*, pp. 145–146; 154–155). – *Cf.* dagegen C. Ader, *L'Aviation militaire* (P 1911).

Nichts könne demnach «weniger utopisch» sein als der Einsatz von Aeroplanen zur Unterstützung kämpfender Landheere, bestätigt der Aviationspublizist W. ROLLS: «Und die Dringlichkeit, mit der das [französische] Kriegsministerium alle fliegerischen Versuche registrieren lässt, belegt zur Genüge das Interesse, welches ihnen überall in der Welt an höchsten militärischen Stellen gewidmet wird[7].»

Seit 1909 waren «höchste militärische Stellen» sowie die führenden Unternehmungen der Kriegs- und Maschinenindustrie gleichermassen bemüht, den noch weitgehend von individuellen Leistungen abhängigen Fortschritt der motorisierten Fliegerei durch ehrenvolle Auszeichnungen oder bedeutende Geldpreise zu fördern.* Solche Förderung geschah – oft mit massivem Einsatz propagandistischer und finanzieller Mittel – gewöhnlich in der Form flugsportlicher Grossveranstaltungen, wobei die erzielten Wettbewerbsrekorde jeweils den neusten Entwicklungsstand der Aviatik markierten, zugleich aber vergessen liessen, dass die Fliegerei damit bereits zum Politikum geworden war. Dieser aus heutiger Sicht banale, damals aber nicht ohne weiteres durchschaubare Sachverhalt wurde 1910 in RIECKENS ‹Aeronautischem Kalender› einer in Berlin erscheinenden Fachpublikation für industrielle Technik, mit aller Deutlichkeit zur Sprache gebracht: «So hat denn auch die Militärbehörde der Flugtechnik in den verschiedenen Ländern eine grössere Beachtung geschenkt und in Frankreich, wo sie zur Zeit noch [sic] am höchsten entwickelt ist, bedauert man heute, sie nicht früher und ausschliesslicher für die Landesverteidigung reserviert zu haben. Bei uns in Deutschland ist das Kriegsministerium sowohl dem Bau als auch der allgemeinen Unterstützung der deutschen Flugtechnik durch Stiftung von Preisen näher getreten, die Firma Kathreiner-München hat einen Preis von 50000 M. für einen Überlandflug von Berlin nach München gestiftet, der Bleichröderpreis von 10000 M. steht noch zur Verfügung, die von der Lanzpreisstiftung verbliebenen 10000 M. sind in zwei Teilpreisen von 7000 M. und 3000 M. unter den Lanzpreisbedingungen für deutsche Aviatiker zu gewinnen, denen der Berliner Verein für Luftschiffahrt in Gemeinschaft mit dem Kaiserlichen Automobil-Klub einige weitere Preise von 2000, 1500 und 1000 M. anfügte[8].» – Recht explizit plädiert auch der deutsche Infanterie-Hauptmann und Militär-

7 W. Rolls, *Comment vole un aéroplane* (P ²1909), p. 150; *cf.* auch (zur militärischen Anwendung von Flugmaschinen) A. Berget, *La Route de l'air* (P 1909), pp. 268–275.

8 J. Riecken, *Aeronautischer Kalender*, III, 1910, pp. 86–87.

* Abb. 45

theoretiker ALFRED MEYER in einer 1909 veröffentlichten Schrift für die Bereitstellung von Luftfahrzeugen zum Kriegseinsatz: «Wahrlich man darf uns nicht der Phantasterei zeihen, wenn wir angesichts der Erfolge unseres Zeppelin für das Wohl unserer wackeren Jungens, die da draussen kämpfen werden [sic], auch die Ausnutzung des Weges durch die Luft als unentbehrlich erachten. Und gottlob hat es ja den Anschein, dass sich unsere Heeresverwaltung auch hier nicht vom Ausland wird überholen lassen[9].»

Den in dieser Zeit (und vollends während des Kriegs) sich vollziehenden Übergang von der dynamischen Fortschrittsideologie der Pioniere zum statischen Mythos der Modernität, der später die zwanziger Jahre in allen Lebensbereichen dominieren sollte, hat wohl am prägnantesten BLAISE CENDRARS zur Darstellung gebracht: in seinem Abenteuerroman ‹Moravagine› (entstanden 1912/1926) vergegenwärtigt CENDRARS die an Sport und Luxus, an wirtschaftlichem Wachstum und technischem Über-Mut orientierten Vorkriegsjahre, in denen man sich plötzlich «mit der ganzen Welt verbunden» fühlte und vorbehaltslos an die Machbarkeit einer besseren Zukunft glaubte:

> Es wird viel ausgegeben. Geld spielt keine Rolle. Appetit, Fröhlichkeit, Luxus, Gesang, Tanz, neue Rhythmen. Vielköpfige Familien. Rekorde. Reisen. Längengrade, Höhen, Illustrierte, Sport. Man diskutiert über Pferdestärken. Man arbeitet nach den modernsten Verfahren. Man ist über die letzten Errungenschaften der Technik informiert. Man glaubt blind an die neuen Irrlehren. Man setzt täglich sein Leben aufs Spiel. Man gibt sein Bestes. Man verausgabt sich rücksichtslos. Fremd und weit weg ist in diesem Milieu die dem Biedermann so teure Tradition. Und doch lebt Frankreich nur in dir, nur du bist echt, du wunderbares Volk von Levallois-Perret und Courbevoie, Volk im blauen Kittel, Volk der Autos, der Flugzeuge. Ihr alle seid brave Leute, patente Kerle.
> Eines Tages, als wir uns in den Schenken und Schnapsbuden von Saint-Cloud herumtrieben, stiessen wir auf eine Gruppe von dreiundzwanzig lärmenden jungen Männern, die Champagner soffen. Es war die Besatzung des Flugzeugs Borel, des Bambusapparats, des Aeroplans mit variablen Anstellwinkeln, der eben in knapp acht Tagen alle Zeit- und Höhenweltrekorde geschlagen hatte, mit einem, zwei, drei, vier, fünf, sechs, sieben, acht, neun, zehn, elf,

---

9 A. Meyer, *Der Krieg im Zeitalter des Verkehrs und der Technik* (Lpzg &c 1909), p. 15.

zwölf, dreizehn, vierzehn, fünfzehn, sechzehn, siebzehn, achtzehn, neunzehn, zwanzig, einundzwanzig, zweiundzwanzig, dreiundzwanzig Passagieren.*
Das ist Arbeit, das nenne ich Leistung[10].

Sehr klar stellt CENDRARS den qualitativen Unterschied zwischen sportfliegerischem Exhibitionismus und echtem aviatorischem Pioniergeist heraus; in den Kapiteln Fliegerei (‹Aviation›) und Krieg (‹Guerre›) zeigt er am Beispiel Moravagines und des heruntergekommenen Flugzeugkonstrukteurs Champcommunal, wie aus der kommerzialisierten Demonstrations- und Wettbewerbsfliegerei der Vorkriegszeit unmittelbar die Kriegsfliegerei hervorgehen konnte:

> «Alle Banken machen mit. Du wirst sehen, was ich aus einer einzigen Maschine alles heraushole», erklärte mir Moravagine. «Ruhm, Glück, Ehrungen, Begeisterung, Taumel der Massen. Ich werde der Herr der Welt sein. Ich lasse mich zum Gott ausrufen. Du wirst sehen, ich krempel alles um ... Na, was ist, kommst du wirklich nicht mit? Nein? Gut, reden wir nicht mehr davon. Übrigens wäre es jetzt sowieso zu spät. Dein Platz ist schon von einem Ölbehälter besetzt, da können wir einen ordentlichen Treibstoffvorrat mitnehmen. Das Flugzeug ist fix und fertig. In drei Tagen geht's los ... Schade, dass du nicht mitkommst. Du hättest filmen können. Ich hatte mit dir gerechnet, ich wollte eine Kamera mitnehmen. Na ja, macht auch nichts, haben wir eben keinen Film. Sonst klappt alles wunderbar. Nur du kneifst ... Ich weiss schon, du sehnst dich nach Ruhe, du willst dich wieder in deine Bücher vergraben. Lieber Gott, du hast eben noch Lust zum Nachdenken, du hast ja immer über einen Haufen Dinge nachgedacht und überlegt und beobachtet, du hast dich ja immer bemüssigt gefühlt,

---

10 Hier zitiert nach B. Cendrars, *Moravagine der Moloch* (Zch 1975), pp. 239–240; Cendrars' karikatureske Schilderung der «dreiundzwanzig lärmenden jungen Männer», welche kollektiven Flugrekorden nachjagen, ist im Text zwar auf *(ca.)* 1912 datiert, dürfte aber konkret auf einen realen, eher merkwürdigen als bemerkenswerten fliegerischen Wettstreit bezogen sein, der im März 1911 zwischen Breguet und Sommer, zwei populären Pionieren der französischen Fliegerei, ausgetragen worden war: am 23. März hatte Louis Breguet einen Aufstieg mit 11 Passagieren unternommen und damit einen Weltrekord aufgestellt, musste diesen jedoch schon anderntags (24. März) seinem Konkurrenten Roger Sommer überlassen, der mit einem vollen Dutzend jugendlicher Passagiere einen erfolgreichen Flug zu absolvieren vermochte (C. Dollfus/H. Bouché, *Histoire de l'Aéronautique*, P 1932, p. 243, Abb.).

* Abb. 15

alles abzumessen, dir jede Spur zu merken und dir Notizen zu machen, von denen du gar nicht weisst, wo und wie du sie einordnen sollst. Überlass das doch den Polizeiarchivaren. Hast du denn immer noch nicht begriffen, dass ihr einpacken könnt mit eurem Geist? Dass die Bertillonage mehr wert ist als eure ganze Philosophie? Ihr macht euch lächerlich mit eurer metaphysischen Angst, ihr seid einfach feige, ihr fürchtet euch vor dem Leben, vor den Menschen der Tat, vor der Tat selbst, vor der Unordnung. Aber die ganze Welt ist eine einzige grosse Unordnung, mein Lieber. Unordnung herrscht bei den Pflanzen, den Steinen, den Tieren, Unordnung in der Vielfalt der menschlichen Rassen, Unordnung regiert das Leben der Menschen; das Denken, die Geschichte, Schlachten, Erfindungen, Handel und Kunst, die Theorien, die Leidenschaften und die Systeme – alles Unordnung. Das ist immer so gewesen. Wie wollt ihr Ordnung hineinbringen? Und was für eine Ordnung? Was sucht ihr eigentlich? Es gibt keine Wahrheit. Es gibt nur die Tat, die Tat, die einer Million verschiedener Motive gehorcht, die vergängliche Tat, die Tat, die allen nur möglichen und vorstellbaren Zufälligkeiten unterworfen ist, die antagonistische Tat. Das Leben. Leben, das ist Verbrechen, Diebstahl, Eifersucht, Hunger, Lüge, Sauerei, Dummheit, Krankheiten, Vulkanausbrüche, Erdbeben und Leichenhaufen. Das änderst du auch nicht, mein Freund. Oder willst du noch anfangen, Bücher zusammenzuschmieren?»

Moravagine hatte recht. Drei Tage später, am 2. August 1914, an einem Sonntag, dem Tag, da sie ihren wunderbaren Flug antreten sollten, brach der Krieg aus, der grosse Krieg[11].

Man weiss, in welchem Mass der Anspruch auf militärische Superiorität und die Rüstungsprogramme der Kriegsindustrie – nicht nur in Deutschland – die technische Entwicklung der Luftfahrt beschleunigt haben, und man weiss auch, wie entscheidend die moderne Kriegführung durch den Einsatz motorisierter Aufklärungs- und Bombenflug-

---

11 B. Cendrars, *op. cit.*, pp. 249–251.

zeuge im Ersten Weltkrieg modifiziert worden ist[12]. Als punktuelle Belege für die technische Entwicklung der Luftfahrt zwischen 1909 und dem Ende des Weltkriegs – für eine Entwicklung, die innert knapp zehn Jahren vom fliegenden Dreirad zur fliegenden Festung geführt hat – seien nachfolgend einige Flugrekorde (mit Vergleichswerten der Jahre 1909/1910, 1913/1914, 1920) angeführt, welche die Leistungskurve der Fliegerei im genannten Zeitraum veranschaulichen[13].

|          | Strecken-rekord* | Höhen-rekord** | Geschwindigkeits-rekord*** |
|----------|------------------|----------------|----------------------------|
| 1909**** | 83.263           | 509            | 34.06                      |
|          | 145.531          | 1486           | 47.84                      |
| 1913     | 634.541          | 20079          | 126.67                     |
| 1920     | 1189.998         | 33113          | 171.04                     |

\* geschlossene Flugstrecke (mit Rückkehr zum Startort); ohne Zuladung; ohne Passagier; Angabe der Distanz in *miles*
\*\* Höhenangabe in *feet*
\*\*\* in *miles/h* (Mph)
\*\*\*\* jeweils *erster* und *letzter* Rekord des Jahres (1909)

Dem technischen Leistungszuwachs, den die motorisierte Fliegerei zwischen 1909 und 1920 zu verzeichnen hatte, entsprechen – im Bereich der europäischen Flugzeugindustrie – einerseits die Entwicklung der Produktionsziffern, andererseits die Erweiterung und Perfektionierung des flugtechnologischen *know how*. Über die stärkste Luftflotte verfügte zu Beginn des Krieges die französische Armee (1500 Flugzeuge); auf deutscher Seite standen damals *ca.* 1000 Luftfahrzeuge (davon 258

12 *Cf.* dazu u. a. E. Pacoret, *Le Machinisme universel* (P 1925), pp. 428–440; W. Guldimann, *Flieger und Panzer und ihr Einfluss auf den Wandel der modernen Kriegführung* (Frauenfeld 1946); E. Tilgenkamp, ‹Die weltgeschichtliche Entwicklung der Luftwaffe von 1910 bis 1942›, *in* id., *Schweizer Luftfahrt* (Zch 1941/1942), II, pp. 257–272 (mit zahlreichen Abb.); als umfassendste, zugleich detaillierteste Darstellung *v.* C. Dollfus/H. Bouché, *op. cit.* (*cf.* besonders Kap. IV, ‹L'Aéronautique de la Guerre [1914–1918]›, pp. 267–356, mit vielen Abb., Karten *etc.*, aber auch – *passim* – die Abschnitte ‹L'Aéronautique et les Guerres›, ‹Les débuts de l'aviation militaire›, ‹L'industrie d'aviation›); als zuverlässige Zusammenfassung *v.* C. H. Gibbs-Smith, *A Brief History of Flying from Myth to Space Travel* (Ldn 1967), besonders Kap. VI; eine synthetisch-geistesgeschichtliche Darstellung gibt P. Renouvin, *La Crise européenne et la Première Guerre mondiale* (P ⁵1969), Kap. V.

13 Angaben nach ‹Aeronautics› in *Encyclopedia Americana*, vol. I (NY 1965).

Flugzeuge) zum Kriegseinsatz bereit. Demgegenüber verfügten die USA lediglich über *ca.* 100 Flugzeuge (1915); ähnlich gering war der Bestand an Militärflugzeugen in Italien, England und Russland. Insgesamt wurden zwischen 1914 und 1918 von den kriegführenden Nationen an die 200000 Flugzeuge hergestellt, davon 41500 in Frankreich, 12000 in Italien und rund 48000 in Deutschland[14].

Die waffentechnische und kampftaktische Entwicklung des Motorflugzeugs während des Ersten Weltkriegs charakterisiert der Militärwissenschafter WERNER GULDIMANN wie folgt: «Vorerst sah man im Flugzeug nur das wertvollste und neuzeitlichste Aufklärungsmittel; erst mit der Erstarrung der Fronten machte sich allmählich ein entscheidender Wechsel geltend. An Stelle der Fernaufklärung traten die Nahaufklärung und die fliegerische Unterstützung der Artillerie. Die Häufung von Zielen, die von der eigenen Artillerie nicht mehr zu erfassen waren, eröffnete die Möglichkeit einer Verlängerung der Artilleriewirkung durch Bombenwurf aus Flugzeugen, und das natürliche Bestreben beider Gegner, sich der lästigen Beobachtung durch feindliche Flieger, namentlich der gefährlichen Artilleriebeobachtung zu erwehren, führte zu den ersten Formen des Luftkampfes, woraus wiederum die Schlachtfliegerei entstand[15].» – Das Ausmass und die Rapidität dieser Entwicklung lässt sich etwa am Beispiel der Schlacht um Amiens (August 1918) aufzeigen, für die auf alliierter Seite 1904 Kriegsflugzeuge, auf deutscher Seite deren 365 bereitstanden; durch die Bildung von fliegenden Massenverbänden und durch die intensive Zusammenarbeit der Luftwaffe mit den Bodenstreitkräften wurde damals eine völlig neue Kampftaktik erprobt, welche ihrerseits die moderne Kriegführung entscheidend modifiziert haben[16].

Massgebend für die Herausbildung eines neuen, martialisch überhöhten fliegerischen Heroismus – jenes Heldenkults, der bei ERNST JÜNGER schon in den frühen zwanziger Jahren ästhetisch veredelt und gerechtfertigt werden sollte – konnte jedoch nicht die rasch zunehmende Vermassung des Kriegsgeschehens sein, welche die im Kampf engagierten Individuen zu anonymem Menschenmaterial zusammenballte, sondern es mussten – umgekehrt – Voraussetzungen geschaffen werden, die

14 *Cf.* C. Dollfus/H. Bouché, *op. cit.*, p. 352; *v.* auch die zeitgenössische Darstellung von L. Bairstow, *Progress of Aviation in the War* (Ldn 1919). Separatdruck aus *The Aeronautical Journal*; über die zahlenmässige Stärke der Luftstreitkräfte bei den Alliierten und den Mittelmächten zu Beginn des Krieges scheint noch immer keine Klarheit zu bestehen; entsprechende Angaben dazu weichen jedenfalls auch in der neueren Fachliteratur beträchtlich voneinander ab.
15 W. Guldimann, *op. cit.*, p. 14.
16 *Op. cit.*, pp. 14–16; *v.* auch Kap. IV–V.

eine zeitgemässe Reaktivierung der Zweikampfsituation «Mann gegen Mann» ermöglichte. Diese Voraussetzungen waren im Ersten Weltkrieg durch die Fliegerei gegeben: mit völlig neuen Mitteln und auf völlig neuem Schauplatz stellte der Luftkampf die archetypische Situation des Duells, des Turniers, des auf Leben und Tod ausgetragenen Zweikampfs wieder her.* Die in der Regel mit leichten Maschinengewehren bestückten einsitzigen Jagdflugzeuge dienten den Piloten zugleich als Rüstung und als Waffe, die Luftgefechte selbst waren, im Gegensatz zu den Kampfaktionen der Infanterie, weithin sichtbar, und es galten für sie, wie für die ritterlichen Turniere des europäischen Mittelalters, besondere moralische Normen, aber auch ungeschriebene Privilegien und Verhaltensregeln, die unter anderm bestimmten, dass Piloten, welche hinter den feindlichen Linien zur Landung gezwungen würden, von ihren Gegnern zum Essen einzuladen seien, oder dass die über feindlichem Boden im Luftduell getöteten Flieger mit allen militärischen Ehren bestattet werden sollten[17].

17 So hat etwa Marcel Gravière-Silver in einem pathetischen Kriegsgedicht explizit festgehalten, es gebe «nichts Mittelalterlicheres» *(rien de plus médiéval)* als den modernen Luftkampf (zit. bei Bùi Xuân Bào, *Naissance d'un héroïsme nouveau*, P 1961, pp. 26, 28). – Einen antikisch-heroischen Kontext hat sich der englische Versdichter Wilfred Owen (*Poems*, postum 1920) für seine private Flugmythologie geschaffen. In einem schwärmerischen Schreiben an seine Mutter (aus dem Militärdienst, 1916) erläutert der 23jährige Autor seine «grosse Idee», Kampfflieger zu werden; um seine Absicht zu bekräftigen, ruft Owen eine Reihe von griechischen Göttern und Helden gleichsam als Zeugen auf: «*By Hermes, I will fly. Though I have sat alone, twittering, like even as it were a sparrow upon the housetop, I will yet swoop over Wrekin with the strength of a thousand Eagles, and all you shall see me light upon the Racecourse, and marvelling behold the pinion of Hermes, who is called Mercury, upon my cap. [...] If I fall, I shall fall mightily. I shall be with Perseus and Icarus, whom I loved; and not with Fritz, whom I did not hate. To battle with the Super-Zeppelin,* when he comes, *this would be chivalry more than Arthur dreamed of.* – Zeppelin, the giant-dragon, the child-slayer, I would happily die in any adventure against him ...*»* (W. Owen, *Collected Letters*, Ldn &c 1967, p. 408; Hervorhebungen von mir, *F. P. I.*) – Owen ist 1918 im Kriegsdienst gefallen. – Zum Verhältnis zwischen den alten Flugmythen und der modernen Kampffliegerei schreibt (bereits aus der Sicht des 2. Weltkriegs) W. Muschg: «An den alten Mythos erinnert nur noch die seltsame Tatsache, dass dieses Fliegen auf den Verlust des Himmels hinauszulaufen scheint. Die Rekorde hetzen sich gegenseitig in immer grössere Höhen, weil die Unendlichkeit zur Leere geworden ist, und diese Leere ist im Begriff, sich in die Hölle zu verwandeln, vor der wir unter der Erde Schutz suchen.» («Der fliegende Mensch in der Dichtung», *Neue Schweizer Rundschau*, VII, 1940, p. 452.)

* Abb. 29–30, 43–44

## 2

Der Kampferfolg der Jagdflieger blieb während des Ersten Weltkriegs im wesentlichen auf die «rasche Ermordung» des Gegners beschränkt, liess sich aber, anders als bei den Bodentruppen, durch die Anzahl der Abschüsse – also rein quantitativ – exakt bestimmen. Die Abschussquote war damit zum Gradmesser des neuen fliegerischen Heldentums geworden: gegenüber den ingeniösen «Rittern der Luft» hatten sich nun definitiv die jugendlichen «Asse» durchgesetzt, allen voran der deutsche Baron MANFRED VON RICHTHOFEN, der sich, bevor er selbst (im Alter von sechsundzwanzig Jahren) getötet wurde, als erfolgreichster deutscher Jagdflieger nationalen Ruhm erwarb. Die meisten Flugasse kamen schon in jungen Jahren zu höchstem Ansehen und erlangten beispiellose Popularität, sie profitierten von jenem präfaschistischen Kult der maskulinen Jugendlichkeit und der *giovanezza novatrice*, den schon die frühen Futuristen (namentlich MARINETTI und BOCCIONI, in Russland KAMENSKIJ) gepflegt hatten; viele von ihnen – GUYNEMER, MANNOCK, BALL, BISHOP, BOELCKE – verloren in Luftkämpfen das Leben, doch sie alle scheinen davon überzeugt gewesen zu sein, dass sie in persönlicher Stellvertretung die Ehre ihrer Nation zu retten oder zu mehren hatten. «Ihre Tapferkeit belegte sich selbst, oder wenn man es so sagen wollte, ihr Kriegsglück. Die brennenden Flugzeuge des gefallenen Gegners beleuchteten ihren Weg zu Ruhm und Ehre. Die Infanteristen konnten ihre gefällten Feinde nicht angeben. Sie konnten keine Zeugen benennen.» So beschreibt RUDOLF NOWOTNY, der als Angehöriger der deutschen Wehrmacht im Zweiten Weltkrieg über 250 Abschüsse für sich buchen konnte, die privilegierte Kampfsituation der Jäger-«Asse», welche dreissig Jahre zuvor massgeblich zur Entstehung des modernen Kriegsheroismus beigetragen hatten[18]. Schon damals wurden die Flieger-Asse als Volkshelden gefeiert und wie Halbgötter verehrt, sie waren – nicht nur in Deutschland – Gegenstand eines

18 Hier zitiert nach D. Kühn, *Luftkrieg als Abenteuer* (Mchn 1975), p. 101.

beispiellosen säkularisierten Heiligenkults[19]. Die Piloten selbst scheinen dem Bild, das man sich von ihnen zu machen beliebte, nachgelebt zu haben, ihre Selbstaussagen und Erinnerungen bezeugen jedenfalls, dass dem christlichen Gott im ›Luftkampf‹ eine recht bedeutsame Rolle zukam. *«Gott sieht wirklich auf mich»*, heisst es in einem der letzten Briefe ALBERT BALLS, der mit knapp einundzwanzig Jahren – nachdem er selbst 43 Gegner getötet hatte – in einem Fliegerduell ums Leben kam[20].\*– «Wie ein König, mit Bomben beladen», *«über alles Irdische erhaben,* ruhig und sicher dahinfliegend, kommt man sich *wie ein Gott vor!»* bezeugt – auf der andern Seite – ein deutscher Kriegspilot:

> Und dann denkt man an die Soldaten, die da unten kämpfen und sich jeden Meter blutig erobern müssen, und an die Verluste! – und ich? *Wie ein Gott* schwebt man über all diesen Schauern und schleudert seine Blitze auf den Feind! Man denkt an keine Gefahr, fliegt ruhig seine Bahn und tut *seine Pflicht*[21].

Schon aus den frühsten Selbstzeugnissen europäischer Kampfflieger geht hervor, dass die Aggressivität des Piloten und somit auch die Destruktivität seiner Kriegshandlungen proportional zur Flughöhe zunimmt: der Pilot kann sich, da ihm «die Erde wie ein Spielzeug» zu Füssen liegt, «über alles Irdische erhaben» fühlen, und er ist umso eher bereit, seine Bomben und Granaten abzuwerfen, als er den Schauplatz der Zerstörung lediglich zu überfliegen, nicht aber zu betreten hat:

---

19 *Cf.* u.a. H. Bordeaux, *La Vie héroïque de Guynemer* (P 1918), die erste hagiographische Darstellung eines modernen Fliegerhelden; in *op. cit.* (p. 63) werden von Guynemers Beichtvater die folgenden Worte angeführt: «Il [Guynemer] croyait à la *présence de Dieu* dans ce *lieu saint* et le respectait [...]. Ses *sentiments chrétiens* seront une force, un soutien dans les luttes aériennes. Il combattra avec d'autant plus d'ardeur qu'il jouira d'une *conscience en paix avec son Dieu*.» (Hervorhebungen von mir, *F. P. I.*) Der rein destruktive Heroismus des Kriegspiloten ist hier bereits religiös gerechtfertigt und zur kultischen Handlung verklärt; *cf.* auch die postume Stilisierung Guynemers zum «Erzengel» durch Maurice Rostand (*L'Archange*, P 1925). *V.* ferner: Gen. G. Valle, *Angelo Berardi: Eroico navigatore dell'aria* (Bari 1919); M. Nadauds ‹Erinnerungen aus dem Luftkrieg› (*En plein vol*, P 1916); J. Ajalbert, *La Passion de Roland Garros* (P 1926).
20 J. Terraine, *Europa im 20. Jahrhundert* (Wien &c 1975), p. 132.
21 Zitiert (u. d. T. ‹Wie ein König, mit Bomben beladen, wie ein Gott!›) bei K. Kraus, *Widerschein der Fackel* (Mchn 1956), pp. 177–178; Hervorhebungen von mir, *F. P. I.*; nachfolgendes Zitat, *ibid.*, p. 178.

\* Abb. 33

... grüne Wiesen und Wälder wechseln mit dem braunen Acker und darin liegen die Dörfer wie weisse und rote Flecken. Hier ist alles öde und grau, als ob ein Strom von Lava über das Land geflossen wäre. Auf der Erde Loch bei Loch, in den Dörfern Rauchsäulen; das Aufblitzen der platzenden Geschosse folgt unmittelbar dem Feuerschein und Getöse der grossen Geschütze, und überall Dampf, Rauch und Feuerbrände – eine Hölle!

Der Flieger scheint die «Hölle» als herrliches Spektakel zu erleben, sein Kriegshandwerk beschränkt sich auf das Ausklinken der Bomben, es ist ihm, als mechanisch organisierte Destruktion, so weitgehend entfremdet, dass ihn die Folgen seines Tuns persönlich nicht mehr *berühren:* wohl kann der Pilot die Konsequenz eines Bombenabwurfs rational erfassen, gefühlsmässig vermag er dieser auf Fernwirkung angelegten Drucktastenhandlung nicht mehr gerecht zu werden. Bereits in den grossen Luftschlachten und den Bomberraids des Ersten Weltkriegs konkretisiert sich, *in nuce,* die Problematik individueller Verantwortung innerhalb der modernen Kriegsmaschinerie, welche die «Verquickung von Technik und Destruktivität» zu einem sich selbst regelnden Automatismus ausgebildet und schliesslich – mit der Atombombe – die Möglichkeit der durch *einen* auslösenden Handgriff bewerkstelligten Massenvernichtung geschaffen hat[22].

Auf die Tatsache, dass sich der fliegende Mensch sehr rasch «über alles Irdische erhaben» fühlen und die Erde durch zerstörerischen Zugriff von oben «einnehmen» konnte, verweist der junge DRIEU LA ROCHELLE in seinem Gedicht ‹*Letzte Nachricht: Die Erde ist eingenommen*› (Derniere nouvelle: La Terre est prise, 1919):

*Die ERDE ist rund in der Hand des Menschen*
*Die Reife hatte ihre volle Rundung erlangt*
*Geschälte Frucht im Mund*

---

22 E. Fromms Hinweis darauf, dass die Luftkämpfe und Bombenflüge während des 1. Weltkriegs «nur wenig Zerstörung angerichtet» hätten und im wesentlichen auf Einzelaktionen beschränkt geblieben seien, ist militärhistorisch nicht haltbar (id., *Anatomie der menschlichen Destruktivität*, Stuttgart 1974, p. 314): so zeigt etwa der massive Fliegereinsatz in der «Grossen Schlacht in Frankreich» (21.III.1918) oder in der Luftschlacht um Amiens (8.VIII.1918), bei der an die 2000 Kriegsflugzeuge zum Einsatz kamen, operationell «bereits ein modernes Bild» (W. Guldimann, *op. cit.,* pp. 12*sqq*).

*Allerorten gibt es eine Gegenwart des Geistes*
*Nervöse Geometrie*
*Die Linien der Kugel sind sensibel wie die Fibern die bis zum Rand*
*des Körpers reichen*
*Die Meridiane sind über meine Schultern gebreitet*
*Der Äquator ist mein Gürtel*
*Ich spüre meinen gegenfüsslerischen Bruder*
*[...]*

[«La Terre est ronde dans la main de l'homme / La maturité a gagné toute la rondeur / Fruit pelé dans la bouche / Une présence d'esprit est dans tous lieux / Géométrie nerveuse / Les lignes de la sphère sont sensibles comme les fibres qui vont jusqu'au bord du corps / Les méridiens caparaçonnent mes épaules / L'équateur est ma ceinture / Je me sens mon frère antipodique (.:.)»]²³

Die «Erhabenheit» des Menschen über «alles Irdische» hat, etwas später, der russische Futurist NIKOLAJ ASEEV in die formelhafte Metapher *«durch die Welt – ein Schritt»* gefasst: *«wir attackieren / eine solche / Höhe»*, dass uns die Erde nur mehr wie ein fliegendes «Staubkorn» vorkommt; früher sind wir wie Mäuse durchs Leben gehuscht, jetzt genügt ein «Menschenschritt», um die Erde einzunehmen²⁴.

Für den deutschen Literaten LEONHARD ADELT ist der Flug «sichtbares Ziel für eine Tatkraft, die über handgreiflichen Nutzen auf ideelle Reiche weist»:

> Brunst und Inbrunst sind von gleicher Artung: das Ich will über sich hinaus ins Bleibende. Was kämpferisch nach aussen schlägt, ist noch als gröbster Knüttel Sinnbild jenes Dranges, für den wir den Begriff der Seele fanden. Geld, Ruhm, Gefahr sind nichts als der konkrete und subjektive Ausdruck, dass Werte auf dem Spiele stehen. Wir werten nach dem Einsatz, und der höchste Einsatz ist das Leben: ihr meine Freunde, liebt ihr deshalb die Gefahr? Werft euer Leben von euch und springt nach, werft euer leichtes Leben in

---

23 Hier zitiert (und übersetzt) nach J. Nathan, *La Littérature du métal* (P &c 1971), p. 118; ‹Dernière nouvelle› entstammt dem 1919 erschienenen Gedichtbuch *Fond de cantines* von Pierre Drieu la Rochelle.

24 N. Aseev, ‹Čerez mir – šag›, *Lef*, 1923, I, pp. 42–44; Hervorhebung von mir, *F.P.I. – V.* (schon zehn Jahre früher) Majakovskijs Bemerkungen zur Relativierung des räumlichen Erlebens durch die *Geschwindigkeit* moderner Verkehrsmittel, vor allem des Aeroplans (‹Neizvestnye stat'i Vladimira Majakovskogo›, *Voprosy literatury*, 1970, VIII, p. 175).

die Lüfte und lernt fliegen! Die wilde Freude nach dem Siege ist das gewonnene Bewusstsein eines Wertes, den ihr aufs Spiel setzt, um ihn zu erkennen: ist das bewusste Leben, das sich vom Tode aus belebt[25].»

Diese nietzscheanisch eingefärbten, noch vor Kriegsbeginn formulierten Phrasen und Paraphrasen über die «wilde Freude nach dem Sieg» scheinen unmittelbar zu jenem «deutschen Buch» hinzuführen, welches 1917 unter dem Titel ‹*Der rote Kampfflieger*› bei Ullstein in Berlin und Wien erschienen ist; es handelt sich um das Erinnerungswerk des bereits erwähnten Rittmeisters MANFRED FREIHERRN VON RICHTHOFEN. Am Beispiel dieses deutschen Meisterpiloten, der mit 80 (oder 81) Abschüssen zum unübertroffenen As des Ersten Weltkriegs und zu einem seiner prominentesten Opfer wurde, hat KARL KRAUS – durch eine Auswahl unkommentierter Zitate – deutlich zu machen versucht, auf welche Weise sich die Menschheit, seitdem sie die «Eroberung der Luft» versucht, die Erde unterwirft[26]. Die angeführten Textauszüge ergeben insgesamt eine Selbstdarstellung des jugendlichen Kriegshelden, wie sie monströser kaum zu denken ist; der umjubelte Kampfflieger, der stets unter Gottes persönlicher Obhut, versehen mit dem Segen des deutschen Volkes zu handeln glaubte und dessen melancholische Gesichtszüge man auf zeitgenössischen Photographien durchaus sympathisch finden könnte, erweist sich in seinen Memoiren als ein sadistisch-nekrophiler Wüstling, dessen vornehmlich gegen Menschen gerichteter Destruktionszwang die rassistischen Säuberungs- und Vernichtungsaktionen der späteren Waffen-SS exemplarisch – wenn auch in beschränktem Umfang – vorwegnimmt. RICHTHOFEN kann deshalb als Vorbild und Vorläufer jener nachrückenden Generation gelten, die seinem «deutschen Buch» dazu verhalf, innert zwei Jahrzehnten grossdeutsche Wirklichkeit zu werden: «Es liegt wohl *im Blute eines Germanen*, den Gegner, wo man ihn auch trifft, über den Haufen zu rennen, besonders natürlich feindliche Kavallerie. Schon sah ich mich an der Spitze meines Häufleins eine feindliche Schwadron zusammenhauen und war ganz *trunken vor freudiger Erwartung*.» Bereits als Frontkämpfer bei den Bodentruppen konnte sich RICHTHOFEN von der «wilden Kriegsbegeisterung» des «deutschen Volks» getragen fühlen, und es versteht sich, dass ihm dieses offenbar permanente Hochgefühl bei seiner militärflie-

25 L. Adelt (ed.), *Der Herr der Luft* (Mchn &c 1914), p. VII [Vorwort].
26 K. Kraus, *Beim Wort genommen* (Mchn 1955), p. 88.

gerischen Karriere besonders zustatten kam. «Man kann sich», bekennt RICHTHOFEN, «für alles begeistern»:

> So hatte ich mich mal für eine Weile *für dieses Bombenfliegen begeistert*. Es machte mir einen *unheimlichen Spass, die Brüder da unten zu bepflastern*. Oft zog ich an einem Tage zweimal los. [...] Endlich ist man in einer ruhigeren Luftschicht und kommt allmählich zu dem *Genuss des Bombenfluges*. Es ist *schön*, geradeaus zu fliegen, ein *bestimmtes Ziel* zu haben und einen *festen Auftrag*. Man hat nach einem Bombenwurf das Gefühl: Du hast etwas geleistet, während man manchmal bei einem Jagdflug, wo man keinen abgeschossen hat, sich sagen muss: Du hättest es besser machen können. *Ich habe sehr gern Bomben geworfen.* [...] Und so konnten wir noch manches erreichen. Mein Beobachter schoss [aus dem Flugzeug] feste mit dem Maschinengewehr unter die Brüder, und wir hatten einen *wilden Spass* daran[27].

Nach seinen erfolgreichen Bombardierungsflügen über Russland wurde RICHTHOFEN als Jagdpilot an der Westfront eingesetzt, wo er – wissend, dass sein «Publikum» nur immer «Pilotenblut regnen» sehen wollte – nach kurzer Zeit, zuerst im Kampf gegen die Engländer, dann gegen die Franzosen, seinen legendären Ruhm errang[28]. Das billige Vergnügen, das der deutsche Spiesser noch bei BRECHT, ÖDÖN VON HORVÁTH oder GEORGE GROSZ auf dem Jahrmarkt und in der Schiessbude findet, hatte – auf der «höheren» Realitätsebene der Jagdfliegerei – bereits ein RICHTHOFEN zum aristokratischen Privatspass, aber auch zur vaterländischen Ehrensache gemacht:

> Diesmal hatte ich wieder Glück und hatte *meinen zweiten Engländer* an dem Tage abgeschossen. [...] Wolff war mit seiner Gruppe während der Zeit am Feinde gewesen und hatte selbst *einen erledigt*. Auch Schäfer hatte *sich einen zu Gemüte geführt*. [...] Da plötzlich bäumt sich das feindliche Flugzeug auf – ein sicheres Zeichen des Getroffenseins, gewiss hatte der Führer *Kopfschuss oder so etwas* – das Flugzeug stürzt, und die Flächen des feindlichen Apparates klappen auseinander. Die Trümmer fallen ganz in der

---

27 Dieses und die nachfolgenden Zitate aus Richthofens Erinnerungsbuch nach K. Kraus, *Weltgericht* (Mchn &c s.a.), pp. 192-199, *passim;* Hervorhebungen von mir, F. P. I.

28 *V.* u. a. C. Dollfus/H. Bouché, *op. cit.*, pp. 308-309; mit Abb.

Nähe *meines Opfers.* Ich fliege an meinen Bruder heran und *gratuliere* ihm, das heisst wir winkten uns gegenseitig zu ... Wir waren *befriedigt* und flogen weiter. Es ist *schön,* wenn man mit seinem Bruder so zusammen fliegen kann. [...] - Die *Freude* war ganz *ungeheuer.* [...] Sechs Engländer hatten die beiden Brüder [RICHTHOFEN] also an einem Tage abgeschossen, das ist zusammen eine ganze Fliegerabteilung.\*[...] Wenn ich einen Engländer abgeschossen habe, so ist meine *Jagdpassion* für die nächste Viertelstunde beruhigt. Ich bringe es also nicht fertig, zwei Engländer unmittelbar hintereinander abzuschiessen. Fällt der eine herunter, so habe ich *das unbedingte Gefühl der Befriedigung.* Erst sehr, sehr viel später habe ich mich dazu überwunden und mich zum *Schiesser* ausgebildet.

### 3

Angesichts derartiger Realia musste es nicht nur dem Kulturkritiker KARL KRAUS schwerfallen, die Kriegsereignisse zu kommentieren, die Belletristik vor allem hatte noch kaum die notwendigen künstlerischen Register ausgebildet, um die *Modernität* dieser Ereignisse zu vergegenwärtigen und die *Wirklichkeit* der mechanisierten Materialschlachten adäquat zur Darstellung zu bringen. Dem durch die Kriegsindustrien massiv beschleunigten technischen Fortschritt hatte die Kunstliteratur nichts Vergleichbares gegenüberzustellen; die von den Futuristen und Expressionisten initiierte experimentelle Dichtung wurde noch während des Krieges durch jene Art von «Erfahrungsliteratur» abgelöst, die einerseits von RICHTHOFEN zu ERNST JÜNGER und GERD GAISER, anderseits von HENRI BARBUSSE zu MALRAUX und ANTOINE DE SAINT-EXUPÉRY führte, die im übrigen aber - mit Ausnahme der bereits um 1911 in den tripolitanischen Schützengräben von MARINETTI entwickelten neuen Worttechnik («parole in libertà») - keinerlei innovatorische Ansätze erkennen liess, welche über das bereits um 1910 Erreichte hinausgewiesen hätten. Das vom Ersten Weltkrieg eröffnete «Zeitalter der Zeugenschaft» hat vielmehr zur Förderung subliterarischer Ausdrucksformen und faktographischer Genres (Tagebücher, Korrespondenzen, Reportagen, Erinnerungen) beigetragen: «Man hätte annehmen können, dass diese grosse Umwälzung die geläufigen Ausdrucksweisen - die Substanz, den Geist des Romans etwa - erneuern würde. Doch es kam nicht dazu[29].»

29 *Cf.* P. Renouvin, *op. cit.*, pp. 726-728.

---

\* Abb. 30, 34, 35

Dass Literatur und Kunst während des Krieges (und noch Jahre danach) in konservativer Abwartehaltung verharrten, während sich, zu gleicher Zeit, Wissenschaft und Technik ebenso progressiv wie produktiv entwickelten, mag im spezifischen Charakter der künstlerischen Vorkriegskultur Europas begründet gewesen sein: die antizipatorische Belletristik der Jahrhundertwende (WELLS, CIOLKOVSKIJ, ANATOLE FRANCE) und die aggressiven Zivilisationsentwürfe der Marinettisten hatten, lange vor dem Weltkrieg, die Möglichkeit eines totalen, mit Hilfe von Maschinen und Megamaschinen geführten «Kriegs der Welten» aufgezeigt, Möglichkeiten, die später, bis in alle technischen und taktischen Details, von der Realität eingeholt werden sollten[30]; die europäische Kriegsdichtung war also eigentlich bereits *vor* Ausbruch des Weltkriegs geschrieben und konnte daher in der Kriegs- und frühen Nachkriegszeit weder auf thematische noch auf formale Reserven zurückgreifen.

In seinem Vorwort zum IX. Band der russischen WELLS-Edition wies EVGENIJ ZAMJATIN – 1919 – mit besonderem Nachdruck auf die antizipatorische Reichweite und Präzision des WELLS'schen Romans über den modernen Luftkrieg (The War in the Air, 1908) hin: «Vor fünfzehn [sic] Jahren war es ein phantastischer Roman; jetzt ist er alltäglich geworden. Vor fünfzehn Jahren waren erstmals gewisse unklare Angaben über die angeblich von den amerikanischen Brüdern WRIGHT erfundenen Aeroplane durch die Presse gehuscht. Die Welt hat an den geflügelten Menschen nicht geglaubt: man hielt dies schlicht für eine Zeitungsente. Und die drohenden Wolken des Weltkriegs, die sich über dem eigenen Haupt zusammengezogen hatten, bemerkte man nicht: machte es doch den Anschein, als hätte sich die Menschheit vom Tier schon sehr weit entfernt. Und für jene wenigen, die den nahenden Zusammenbruch der gesamten alten europäischen Kultur voraussagten, hatte man wohl bloss ein Lächeln übrig – für so unerschütterlich, fest und ewig hielt man diese Kultur. – Indes gab es trotz allem einige wenige Vorausschauende. Heute, da all das Unwahrscheinliche alltäglich geworden ist, kommt es einem einfach seltsam vor: wie ist es denn

---

30 Weit prägnanter und präziser (auch viel früher) als die Futuristen hat Friedrich Nietzsche die destruktiv-organisierende Funktion der Maschine und des Megamaschinismus im 2. Band von *Menschliches, Allzumenschliches* umschrieben: «Die Maschine lehrt durch sich selber das Ineinandergreifen von Menschenhaufen, bei Aktionen, wo jeder nur eins zu tun hat: sie gibt das Muster der Partei-Organisation und der Kriegsführung. Sie lehrt dagegen nicht die individuelle Selbstherrlichkeit: sie macht aus vielen *eine* Maschine, und aus jedem einzelnen ein Werkzeug zu *einem* Zwecke.» (id., *Werke*, Mchn ²1960, I, pp. 965-966).

dazu gekommen, dass alle mit Blindheit geschlagen waren? Seltsam auch, dass nicht alle das bemerkt haben, was einigen wenigen sichtbar war[31].»

Was einigen wenigen, bevor noch der Weltkrieg das «Unwahrscheinliche» automatisiert und zur Alltäglichkeit verkehrt hatte, *sichtbar* war, ist allzu vielen, wie sich bald schon herausstellen sollte, trotz den *Erfahrungen* dieses Krieges verborgen geblieben. Zu den Uneinsichtigen gehörten auch – und nicht zuletzt – zahlreiche Literaten: neben einer mehrheitlich sozialistisch eingestimmten Anti-Kriegsdichtung gab es die gegenläufige Tendenz einer von aristokratischem Selbstverständnis getragenen Literatur, die den Krieg schöngeistig zu veredeln suchte, ihn bald als reinigendes Gewitter, bald als heroisches Welttheater in Szene setzte; von RILKES ‹*Fünf Gesängen*› (1914) über APOLLINAIRES lyrische Kriegs- und Liebeserklärungen an Lou (1915) bis hin zu YEATS' Heldengedicht auf den im Luftkampf gefallenen Major ROBERT GREGORY (An Irish Airman Foresees His Death, 1919), STEFAN GEORGES ‹*Drei Gesängen*› (1921) und ERNST JÜNGERS Apologie einer neuen heroischen Kriegskunst lässt sich, quer durch die Literaturen Europas, jene geistige Kraftlinie verfolgen, die dann im faschistischen Italien und im nationalsozialistischen Deutschland bewusst wieder aufgenommen und ideologisch nutzbar gemacht wurde.

Unter den philosophischen Brocken, die ERNST JÜNGER in seine Kriegstagebücher und in die Aufzeichnungen für ‹*Das abenteuerliche Herz*› integriert hat, finden sich diverse Fragmente zur Rechtfertigung und Rehabilitierung des Krieges[32]. JÜNGER betrachtet «die *heroische* Weltanschauung als verbindlich» für den *modernen* Menschen überhaupt; was «priesterliche Kunst» einstmals durch die Errichtung dämonischer Gestalten am Eingang zu den Kultstätten erreicht habe, vermöge in einem entmythologisierten Zeitalter am ehesten noch der Krieg zu leisten, und dies sei auch «der tiefere Grund, aus dem vernichtende Kriege die vorzüglichen Eingangspforten in entscheidende Abschnitte des Seelentumes sind»: wenn einst der Dämon die menschliche Seele der «Gewänder des Denkens» entkleidet und sie dadurch «zur völligen Hingabe» vorbereitet hat, so ist es nun der Krieg, welcher den Menschen «seines Gleichgewichtes beraubt» und ihn einem magischen «Höhlensystem der Räusche und Träume» zuführt, «in dem ein neuer

---

31 Zitiert (und übersetzt) nach G. Dž. Uélls, *Vojna v vozduche* (Pb 1919), pp. 7-8.

32 *V.* E. Jünger, *Werke* (Stuttgart *s. a.*), I; id., ‹Das abenteuerliche Herz› [erste Fassung], in *Werke* (Stuttgart *s. a.*), VII, pp. 25-176.

Schwerpunkt gültig wird³³». Auf dem Umweg über klassische Leseerfahrungen gelangt JÜNGER in die geistige Domäne des Marinettismus, der den Krieg als «einzige Hygiene der Welt» aufgefasst und entsprechend propagiert hat; auch JÜNGERS «Hoffnung ruht in den jungen Leuten», in den «Seelen von Grandezza», sie ruht «im Aufstand», welcher «des *Sprengstoffes* bedarf, damit der Lebensraum leergefegt werde für eine neue Hierarchie».

‹*Das abenteuerliche Herz*› enthält eine Passage, in der JÜNGER den «prachtvollen Gang» einer industriellen Maschinenanlage beschreibt, deren «sichere, gesteuerte Energie» ihn an «das schreckliche Gebrüll der Kraft» erinnert, welches der Pilot vom Flugzeugmotor erzwingt:

> Gestern noch, bei einem nächtlichen Spaziergang durch entlegene Strassen des östlichen Viertels, in dem ich wohne, bot sich ein einsames und finster heroisches Bild. Ein vergittertes Kellerfenster öffnete dem Blick einen Maschinenraum, in dem ohne jede menschliche Wartung ein ungeheures Schwungrad um die Achse pfiff. Während ein warmer, öliger Dunst von innen heraus durch das Fenster trieb, wurde das Ohr durch den prachtvollen Gang einer sicheren, gesteuerten Energie fasziniert, der sich ganz leise wie auf den Sohlen des Panthers des Sinnes bemächtigte, begleitet von einem feinen Knistern, wie es aus dem schwarzen Fell der Katzen springt, und vom pfeifenden Summen des Stahles in der Luft – dies alles ein wenig einschläfernd und sehr aufreizend zugleich. Und hier empfand ich wieder, was man hinter dem Triebwerk des Flugzeuges empfindet, wenn die Faust den Gashebel nach vorn stösst und das schreckliche Gebrüll der Kraft, die der Erde entfliehen will, sich erhebt oder wenn man nächtlich im D-Zug sich durch die zyklopische Landschaft des Ruhrgebiets stürzt, während die glühenden Flammenhauben der Hochöfen das Dunkel zerreissen und inmitten der rasenden Bewegung dem Gemüte kein Atom mehr möglich scheint, das nicht *in Arbeit* ist. Es ist die kalte, niemals zu sättigende Wut, ein sehr modernes Gefühl, das im Spiel mit der Materie schon den Reiz gefährlicherer Spiele ahnt und der ich wünsche, dass sie noch recht lange nach ihren eigentlichen Symbolen auf der Suche sei³⁴.

In der zweiten, 1938 publizierten Fassung des Textes ist der letzte Satz dieses Abschnitts ersetzt durch eine explizite Aussage über jene «gefähr-

---

33 *Werke*, VII, p. 143.
34 *Ed. cit.*, pp. 153-154.

licheren Spiele», mit denen der moderne Heroismus ernstzumachen hat; die d'annunzianische Vermählung von Mensch und Maschine wird hier in deutscher «Artung» wiederholt:

> Hoch über den Wolken und tief im Innern der funkelnden Schiffe, wenn die Kraft die silbernen Flügel und die eisernen Rippen durchströmt, ergreift uns ein stolzes und schmerzliches Gefühl – das Gefühl, im Ernstfall zu stehen, gleichviel ob wir in der Luxuskabine wie in einer Perlmutterschale dahintreiben oder ob unser Auge den Gegner im Fadenkreuz des Visiers erblickt[35].

Hingegen hat JÜNGER eine längere Passage aus der ersten Fassung – Erwägungen über den rassischen Adel und die hohe Sensibilität deutschen Soldatentums unter den Bedingungen des neuzeitlichen Luftkriegs – nicht in die Zweitfassung (‹Das Lied der Maschinen›) aufgenommen; die einschlägigen Abschnitte dieses Textes lauten in der Redaktion von 1929:

> In den letzten beiden Jahren habe ich zuweilen mit Fliegern verkehrt, einmal auch einige Herbstwochen auf einem Flugplatze gelebt. Es ist dies gute Gesellschaft, weil sich in ihr ‹das für diese Zeit mögliche Höchstmass an Rasse› zusammendrängt, *ein gesteigertes Arbeiter- und Soldatentum*, ausgeprägt in ein gutes Metall, mit einem in Dienst gestellten Intellekt und doch nicht ohne eine gewisse Freizügigkeit und *aristokratische Leichtigkeit*.
> Sehr fesselten mich eingehende Gespräche über den Luftkampf während der letzten Jahre des Krieges, und ich versäumte keine Gelegenheit, mich über die geringsten Daten ins Bild setzen zu lassen, schon um von der Menge ganz wunderbarer Gestalten zu hören, die sich unter so eigenartigen und einmaligen Bedingungen *in der Zone einer explosiven Vitalität*› entfalteten[36].

Zu der von JÜNGER berufenen «Menge ganz wunderbaren Gestalten» aus dem explosiven Vitalitätsbereich des Luftkriegs gehörte, an prominentester Stelle, auch MANFRED VON RICHTHOFEN, jener viel bewunderte Fliegerheld, der dank seiner herausragenden Abschussleistung

---

35 ‹Das abenteuerliche Herz› [zweite Fassung], *ibid.*, p. 226.
36 *Op. cit.*, p. 154; Hervorhebungen von mir, *F. P. I.*

zum Symbol einer «Lebensgesundheit» geworden war, die – wiederum in JÜNGERS Worten – «den blutigen Schnitt nicht scheut[37]».
Charakteristisch für ERNST JÜNGERS Forderung nach einem modernen Heroismus ist die Tatsache, dass er den proletarischen Maschinenkult ästhetisch durchaus mit dem aristokratischen Kult des Meisterfliegers zu verbinden (und zu versöhnen) weiss, ohne dabei allerdings die qualitativen Unterschiede zu berücksichtigen, welche zwischen dem industriellen Maschinismus und der individuellen Verfügbarkeit einzelner Maschinen bestehen.
In seiner ‹Chronik aus den Grabenkämpfen 1918› berichtet JÜNGER von einer ersten prägenden Begegnung mit dem «starken Geist» der deutschen Kampfflieger, der «mit Macht seine Form zu schaffen weiss»: von einem befreundeten Staffelführer, dem zwanzig nachweisbare Abschüsse gelungen sind, wird JÜNGER – als Infanterieoffizier – zu einer Siegesfeier eingeladen[38]:

> In diesen Männern glaube ich *eine noch unbekannte Erscheinung des Menschen zu wittern,* der ich gerade im letzten Jahr, und zwar etwa von der Cambraischlacht an, immer häufiger begegnet bin. Beim Anblick mancher Gesichter fällt es mir wie Schuppen von den Augen; es ist, als ob aus ihnen der erste Gruss eines neuen, *rätselhaften und gefährlicheren Lebens* spräche, das man mit *Lust und Schrecken* bejaht.

Auf diese d'annunzianische Rechtfertigung des *vivere pericolosamente* lässt Jünger einen Exkurs folgen – zur Frage, wer «diese Flieger denn überhaupt» seien? Die Antwort erfolgt auf einem Niveau, welches sich zuvor schon für die Trivialliteratur, namentlich für die triviale Heldendichtung über die ersten Fliegerasse als tragfähig erwiesen hatte: die Kriegspiloten gehören zu jenen adligen Geschlechtern, «denen der Geist des Reitergefechts *seit Jahrhunderten im Blute steckt*», und «*sie wittern* bereits den Elementargeist, der sich in den Atomen von Stahl und Sprengstoff und in den knisternden Funken der Zündung zu regen beginnt»; damit ist, ähnlich wie bei MARINETTI, jene edle Krieger-

---

37 ‹Das abenteuerliche Herz› [zweite Fassung], *ibid.*, p. 232.
38 Das folgende und alle weiteren Zitate aus ‹Das Wäldchen 125 (Eine Chronik aus den Grabenkämpfen 1918)› [ersch. 1925] nach E. Jünger, *Werke*, I, pp. 366–370; Hervorhebungen von mir, *F. P. I.*

«Rasse», welche schon immer «ein eisiges Hirn über glühendem Herzen» getragen hat, mit dem modernen Typ des *homo technicus* vermählt:

> Zwar änderten sich Zeiten und Mittel, aber *der kühne Sinn dem Tode gegenüber* blieb bestehen. – Sie alle jedoch, woher sie auch kommen, verbindet die hohe Spannung der Tat, jener *Geist des Kampfes und der blutigen Arbeit*, wie er vielleicht in diesen kleinen Gemeinschaften seine stärkste Prägung gefunden hat. Wenn man den weiten Flugplatz betritt, auf dem eine der mächtigen Maschinen neben der anderen bebend und brüllend zum Kampf gerüstet steht, dann fühlt man wohl, dass hier nur das starke Herz bestehen kann. Feurigere Rosse erwarteten den Krieger nie. Aber es genügt nicht, dass der Geist sich zwingt, sie zu bändigen; er wird unterliegen, wenn er ihre Donnerstimme nicht *mit Lust und Übermut* vernimmt. – Ja, der Kampf ist ihre grosse Leidenschaft, *die Lust, das Schicksal herauszufordern und Schicksal zu sein*. Das fühlen sie, wenn sie nach dem Start sich als ein klirrendes Geschwader von Raubvögeln ins Ungewisse werfen.

An solchen Stellen wird die von JÜNGER mit etlichem Aufwand angelegte metaphorische Tarnung fadenscheinig; die Banalität des Bösen tritt daher um so deutlicher zutage, der pathetisch stilisierte Heroismus erweist sich – im eigentlichen Wortsinn – als *obszön*, und obszön ist Jüngers eigenes Lebensgefühl dort, wo er, während «ein fliegender Mensch als brennende Fackel zur Erde stürzt», sein ästhetisches Erlebnis hat[39].


4

«Wie seltsam – am schwächsten von allen reagierten auf den Krieg die Futuristen, welche ihn in Friedenszeiten auf jede nur erdenkliche Art verherrlicht hatten.» Diese polemische, vom Oktober 1914 datierte Bemerkung GEORGIJ IVANOVS kann für den russischen und den italieni-

---

39 Ähnliche Feststellungen und Reflexionen finden sich auch in Jüngers übrigen Kriegstagebüchern (*In Stahlgewittern*, 1920; *Feuer und Blut*, 1925).

40 G. Ivanov, ‹Ispytanie ognem›; hier zitiert nach V. Šklovskij, *Žili-byli* (M 1966), p. 309.

schen Futurismus gleichermassen gelten[41]. Dem ist allerdings beizufügen, dass die führenden Futuristen Russlands, MAJAKOVSKIJ und CHLEBNIKOV, noch während des Krieges von ihren Schlachtparolen abrückten, um sich der internationalen pazifistischen Front einzugliedern. Demgegenüber haben die Akmeisten (namentlich GUMILEV) sowie mehrere Vertreter der ersten Symbolistengeneration (MEREŽKOVSKIJ, BAL'MONT, SOLOGUB, SERGEJ SOLOV'EV) unverändert an ihrer Apologie des «heiligen» und «herrlichsten Krieges» festgehalten[42], während die futuristische Avantgarde Italiens beinahe vollzählig und mit einmütiger Begeisterung in den Krieg zog, um den eigenen kämpferischen Aufrufen nachzuleben; dass dabei einige – unter ihnen BOCCIONI, CERVI, TOMMEI, ERBA und SANT'ELIA – den Tod erlitten, sei zum mindesten hier erwähnt: als Beleg für die nekrophile, von sadomasochistischen Zwängen bestimmte Tendenz des futuristischen Lebenskunstwerks[43]. PAOLO BUZZI hat diese Tendenz in einem seiner Kalligramme auf die folgende Formel gebracht[44]:

MORTE alla VITA

VITA alla MORTE

Alle wesentlichen Elemente der modernen technologischen Nekrophilie – pseudoreligiöse Verehrung der Geschwindigkeit und des maschinellen Perfektionismus; Kulturhass und Glorifizierung des Krieges; Misogynie und autistische Junggesellenerotik – sind schon in MARINETTIS Gründungsmanifest des Futurismus von 1909 zu einer präfaschistischen Ideologie zusammengefasst. MARINETTI plädiert für die «Liebe zur Gefahr», er fordert «Mut, Kühnheit und Auflehnung» als *dichte-*

---

[41] *Cf.* u.a. Chlebnikovs Entwicklung von dem frühen ‹Aufruf› (*Vozzvanie*, 1908) zum «heiligen und unausweichlichen, zum kommenden und bereits nahen Krieg» gegen die «Habsburger» und «Hohenzollern» bis hin zu seinen Anti-Kriegsdichtungen von 1916 (*Vojna v myšelovke; Nevol'ničij bereg; etc.*); ein ähnlicher Gesinnungswandel lässt sich am Werk Vladimir Majakovskijs und, ausserhalb der futuristischen Bewegung, bei Valerij Brjusov beobachten (*v.* besonders die aus dem ersten Kriegsjahr stammenden Polen-Gedichte in Brjusovs Versammlung *Sem' cvetov radugi* (Sektion ‹Želtyj›; 1916).

[42] *Cf.* die knappe, gut dokumentierte Übersicht von B.V. Michajlovskij (*Russkaja literatura XX veka*, M 1939, pp. 411-420); *v.* ausserdem die umfassende Abhandlung von O. Cechnovicer, *Literatura i mirovaja vojna* (M 1938) sowie neuerdings die resümierende Untersuchung von V.P. Vil'činskij, ‹Literatura 1914-1917 godov› (in *Sud'by russkogo realizma*, L 1972, pp. 228-276).

[43] *Cf.* M. Isnenghi, *Il mito della grande guerra* (Bari 1973).

[44] P. Buzzi, *Ellisse del vento* (1915); kallitypographische Tafel, die 1916 im Cabaret Voltaire ausgestellt war.

*rische* Qualität, er führt die «angriffslustige Bewegung», den Salto mortale, die Ohrfeige, den Faustschlag und die Saalschlacht als *ästhetische* Kampfmassnahmen ein; und er ruft seine «Brüder» dazu auf, den «Mann, der das Steuer hält» und «die schönen Ideen, für die man stirbt», zu besingen: «Wir wollen den Krieg verherrlichen – diese einzige Hygiene der Welt –, den Militarismus, den Patriotismus, die Vernichtungstat der Anarchisten ...»[45]

Diese futuristischen Grundforderungen wurden in zahlreichen weiteren Manifesten (mit besonderem Nachdruck von UMBERTO BOCCIONI) zu detaillierten Aktionsprogrammen und Verhaltensmustern ausgearbeitet, MARINETTI selbst brachte sie – etwa in dem poetischen Traktat gegen den Mondschein (1909), im ‹*Mafarka*›-Roman (1909) oder in der monumentalen Groteske vom ‹*Monoplan des Papstes*› (1912) – erstmals exemplarisch zur Anwendung. Für die Marinettisten wurde in der Folge Italien – *la patria* – zur nationalen Verkörperung des futuristischen Individualismus, den neuen Heroismus definierten sie als «Geschwindigkeit», durch welche die Nation gelenkt werde, den Krieg begrüssten sie als eine «intensivierte» Fortsetzung ihrer künstlerischen Aktivitäten, das Kriegshandwerk gab ihnen Gelegenheit, ihre Kunst im Kampf zu erproben und den «aggressiven Charakter» der Schönheit *in praxi* walten zu lassen[46].

MARINETTI, der an beiden Weltkriegen aktiv teilnahm, arbeitete bereits ab 1911 als Frontberichterstatter, zunächst im libyschen Tripolis, dann in der Türkei; 1912 legte er seine erste Kriegsdichtung vor (La Bataille de Tripoli), eine ästhetische Abhandlung über die maschinisierte Kriegstechnik und zugleich eine Apologie des Krieges um des Krieges willen («la guerra per la guerra» als *art pour l'art*); und darauf folgte eine in «befreiten Worten» abgefasste Schlachtbeschreibung (Zang Tumb Tuuum: Adrianopoli Ottobre 1912, 1914), die nebst diversen Kanonaden und andern dramatischen Kriegshandlungen auch vereinzelte Szenen aus Luftkämpfen, Beobachtungs- und Bombenflügen vergegenwärtigt. Die emotionalen Sensationen eines Militärpiloten – visuelle und akustische Eindrücke, Erinnerungen und Reflexionen während des Flugs – versucht MARINETTI in einer tabellarischen Darstellung synchron wiederzugeben[47],[*] oder er bedient sich zu diesem Zweck – an anderer Stelle – einer besonderen typographischen Satztechnik,

---

45 Hier zitiert nach U. Apollonio (ed.), *Der Futurismus* (Köln 1972), pp. 33–34; *cf.* auch *supra*, pp. 72–74.

46 *Cf.* Punkt 7 des Gründungsmanifests (U. Apollonio, *op. cit.*, p. 33).

47 «Carta Sincronica dei suoni rumori colori immagini odori speranze voleri energie nostalgie tracciata dall'aviatore Y.M.», in: F.T. Marinetti. *Teoria e invenzione futurista* (Milano 1968). pp. 592–593.

[*] Abb. 68, 70

durch welche die fliegerischen Vorgänge visualisiert werden[48]; diese Worttechnik ist später, als poetische Ausdrucksform, zum Vorbild von APOLLINAIRES und PAOLO BUZZIS Kalligrammen geworden.*
In MARINETTIS «befreiten Worten» präsentiert sich ein Luft-Boden-Angriff etwa wie folgt:

> Türme kanonen-mannhaftigkeit-flüge aufrichten entfernungsmesser verzückung ‹bumbum› 3 sekunden ‹bumbum› wellen lächeln lachen schick-schack piff-paff gluckgluck-gluckgluck versteckspielen kristalle jungfrauen fleisch juwelen perlen jod salze brom röckchen gas liköre blasen 3 sekunden bumbum offizier weisse entfernungsmesser kreuz feuer ticktack lautverstärker ansteigen-auf-4-tausend-meter alles-nach-links genug alles-halt 7-gradneigung aufrichtung pracht strahl durchbohren unermesslichkeit blau-weib entjungferung erbitterung gänge schreie labyrinth matratzen schluchzen durchbrechen wüste bett präzision entfernungsmesser eindecker galerie beifall eindecker = balken-rose-rad-trommel bohrer-viehbremse[49]

Der präfaschistische Männlichkeitswahn, die metaphorische Verbindung von Sexualität (Entjungferung) und blutiger Aggressivität, die Identifizierung des weiblichen Körpers mit dem Körper des Feinds, der banale Vergleich einer Ejakulation mit der explodierenden Bombe – dies alles ist in MARINETTIS Schlachtbeschreibung klischeehaft vorgebildet und wird in seinen späteren «befreiten» Werken bis zur Trivialität demonstrativ wiederholt. Die adäquate Ausdrucksform für seinen obszönen Sadismus findet MARINETTI in der parallelisierenden Aufreihung sexueller und militärischer Reizwörter; so etwa in dem 1919 erschienenen «Explosivroman» ‹8 seelen in einer bombe› (8 anime in una bomba), wo die folgenden «Formeln» zu poetischer Übereinstimmung gebracht werden: «MÄNNLICHES GLIED = *entjungfern – vulva befruchtung – küsse blut, etc.*» / «SCHRAPNELL = *spalten – feindlicher leib – krieg – tränen blut, etc.*[50]».

---

48 *Op. cit.*, pp. 603; 642.
49 F.T. Marinetti, *Battaglia Peso + Odore* (1914); hier zitiert nach der deutschen Fassung («SCHLACHT = GEWICHT + GERUCH») bei C. Baumgardt, *Geschichte des Futurismus* (Reinbek 1966), pp. 250–251. – *Cf.* Marinettis ‹Technisches Manifest der futuristischen Literatur› (1912) sowie – im besonderen – das ‹Supplement zum technischen Manifest der futuristischen Literatur› (1912), beides (deutsch) in: U. Apollonio, *op. cit.*, pp. 74–85.

* Abb. 69

Die kultur- und lebensfeindliche Aggressivität des frühen Marinettismus hat ERICH FROMM als bösartig-destruktive Nekrophilie qualifiziert, MARINETTI selbst erscheint bei ihm als «lebenslanger Faschist» dessen «Ideale [...] im Nationalsozialismus und in den zu Anfang des Zweiten Weltkriegs angewandten Methoden ihre volle Verwirklichung finden sollten[51]». Tatsache ist, dass MARINETTI schon vor dem Krieg ein politisches Programm entwickelt hatte, welches ausser der massiven militärischen Aufrüstung einen verstärkten «kolonialistischen Expansionismus» Italiens sowie die «Entautorisierung der Toten, der Alten und der Opportunisten zugunsten einer wagemutigen Jugend» forderte, ein Programm, das später – 1919 – die ideologische Plattform des präfaschistischen *Partito futurista* bildete[52]. MARINETTIS Bedeutung als Theoretiker einer «faschistischen», expansionistisch angelegten und aggressiv geführten Politik ist nun aber keineswegs adäquat herausgestellt, wenn man ihn, den patriotischen Futuristen, «in die Nähe» MUSSOLINIS und HITLERS rückt; vielmehr wäre festzuhalten, dass bei kaum einem politischen Denker seiner Generation die *Realität* des totalen faschistischen Staats mit vergleichbarer Präzision antizipiert wurde. In MARINETTIS futuristisch befreiter Rhetorik ist nicht nur das Wörterbuch, sondern auch das Aktionsprogramm des faschistischen Unmenschen so gut wie vollständig enthalten.

Dass MARINETTI – hier im Gegensatz zu WELLS – seine bis in alle Details exakte Vision des aufkommenden nationalsozialistischen Faschismus[53] nicht als Antiutopie, sondern, ganz im Gegenteil, als Zukunftsmodell formuliert und gleich auch die zu dessen Verwirklichung notwendigen (politischen, ideologischen, militärischen) Massnahmen aufgezeigt hat, sollte die Möglichkeit *kritischen* Verstehens nicht ausschliessen, einer Lesart, welche MARINETTIS einschlägige Texte auch *entgegen* den erklärten Intentionen des Autors ernstzunehmen vermag:

50 F. T. Marinetti, *Teoria e invenzione futurista*, p. 758; *v.* auch die Studie von M. Gallot, ‹Parole en liberté et liberté de parole›, *Europe*, mars 1975, pp. 65–74.

51 E. Fromm, *op. cit.*, pp. 310–314; *cf.* auch L. Mumford, ‹Der Kult des Anti-Lebens›, in id., *Mythos der Maschine* (Wien 1974), pp. 748–755.

52 *V.* F.T. Marinetti, ‹Movimento politico futurista› (1913) sowie ‹Democrazia futurista (Dinamismo politico)› (1919), in id., *op. cit.*, pp. 289–292; 297–407.

53 Beiden Elementen – dem «nationalen» wie dem «sozialistischen» – kam in Marinettis politischen Programmen zentrale Bedeutung zu (*cf.* R. Barilli, ‹Marinetti e il nuovo sperimentalismo›, *Il Verri*, XXXIII–XXXIV, 1970, pp. 89–102; *v.* besonders pp. 96–97). Auf spezifische, eher für Hitlers als für Mussolinis Faschismus-Konzeption kennzeichnende Weise sind bei Marinetti «rhetorische Bekenntnisse zum revolutionären Geist mit der Vergötterung der Technik und mit destruktiven Zielen» vermengt (E. Fromm, *op. cit.*, p. 313).

es bleibt das Versäumnis der europäischen Vorkriegskritik, im Marinettismus bloss die modische Tendenz, nicht aber die politische Potenz erkannt zu haben.

MARINETTI selbst hat vor der faschistischen Machtergreifung immer wieder (und stets in gleichbleibendem Sinn) seine politische Position durch plakative Metaphern veranschaulicht, doch verhallte seine aufwendige, zur Publikumsbeschimpfung neigende Rhetorik zumeist ungehört und jedenfalls unverstanden: indem man den Marinettismus als Bürgerschreck verharmloste, ersparte man ihm die kritische Befragung ebenso wie den Nachweis seiner Legitimität. Solche Unterschätzung bezeugt noch der berühmte, von 1922 datierte ‹Brief des Genossen Gramsci über den italienischen Faschismus›, ein Dokument, das LEV TROCKIJ in seine Essaysammlung zum Thema ‹Literatur und Revolution› (1923) aufgenommen hat: MARINETTIS politische Thesen werden hier bereits als überholt abgeschrieben, die Marinettisten insgesamt – als Salonrevoluzzer und weltfremde Pseudoproleten – gründlich verkannt[54].

Im Zusammenhang mit der Flugthematik kann, ausser den genannten Texten, lediglich das um 1916 von MARINETTI verfasste Manifest über ‹Die neue Religion – Moral der Geschwindigkeit› ein gewisses Interesse beanspruchen[55]. Diese bedeutsame Verlautbarung ist im wesentlichen von den Postulaten des futuristischen Gründungsmanifests abgeleitet, sie lässt aber zum erstenmal die Umrisse einer technokratischen Gesellschaftsphilosophie erkennen, welche die moderne Zivilisation (im Sinn von LEWIS MUMFORD) als Megamaschine auffasst, als einen mächtigen Komplex von ineinandergreifenden organischen und apparativen Teilstücken, die ihrerseits durch natürliche oder künstlich aufgearbeitete Energieträger in Gang gehalten werden. Eine neue Religion – die

---

54 *Cf.* (deutsche Neuausgabe) L. Trotzki, *literatur und revolution* (Bln 1968), pp. 136–137. – *V.* im weitern Marinettis Vortrag vom Frühjahr 1924 über den ‹Weltfuturismus› und dessen politische Ziele (*Il Verri*, XXXIII–XXXIV, 1970, pp. 26–31): das damals von Marinetti formulierte futuristische Postulat einer totalen «Militarisierung» des menschlichen Gehirns wurde, wie seine übrigen Forderungen, *metaphorisch* aufgefasst; auch den Ruf nach «Disziplin» und «Stärke», nach einer gesellschaftlichen «Ordnung», die mit der «Präzision» einer Maschine zu funktionieren hätte, deutete man noch immer primär als poetischen, nicht als politischen Imperativ (v. *art. cit.*, p. 29).

55 Nachdruck der französischen Fassung (‹La nouvelle religion – morale de la vitesse›, 1922) bei G. Lista (ed.), *Futurisme* (Lausanne 1973), pp. 366–370; *cf.* dazu die Replik (auf die italienische Erstfassung) bei G. Apollinaire (‹La nouvelle religion de la vélocité›, *Mercure de France*, 1916 [16.X.]), nachgedruckt in id., *Anecdotiques* (P 1955), pp. 218–220.

«Moral der Geschwindigkeit» – dominiert dieses ganze System. Permanente Dynamik gilt als oberstes Gebot, Stillstand ist gleichbedeutend mit dem Tod und muss folglich mit allen Mitteln – durch extremen Leistungsdruck – vermieden werden. – Der ideale Leistungsdruck kommt (ausser beim Spitzensport) *im Krieg* zustande, und MARINETTI kann denn auch die Armee als den «zentralen Motor der Nation» und dessen «göttliche Geschwindigkeit» als die «Synthese allen in Aktion befindlichen Muts» bezeichnen. Die neue Religion der Geschwindigkeit soll, nach MARINETTI, klassische Wertvorstellungen liquidieren und sich selbst als neue exklusive Kategorie des Guten durchsetzen, wobei die «Missachtung von Hindernissen», das «Verlangen nach dem Neuen und Unerforschten» sowie «Modernität» und «Hygiene» vorrangige Bedeutung gewinnen. MARINETTIS Aufzählung der «göttlichen» Kriegsinstrumente, seine Aufforderung, «den FEIND in die Luft zu jagen, bevor er uns selbst hochgehen lässt», steigert sich stellenweise zum ekstatischen Gebet:

> Wie sind sie ruhmreich und glanzvoll, diese Kriege, wo die Gestirne – Projektile und Artilleristen zugleich – sich gegenseitig an Geschwindigkeit überbieten, um einem grösseren Stern zu entkommen oder einen kleineren zu zerschmettern.

Es versteht sich, dass im Rahmen einer martialischen «Religion der Geschwindigkeit» dem Kriegsflugzeug die höchste, die eigentlich «göttliche» Aufgabe vorbehalten bleibt:

> Rasen rasen fliegen fliegen Gefahr Gefahr tausend hundert tausend Gefahren weit leicht gewichtig gründlich und entfesselt, Gefahr von oben, Gefahr unter den Füssen, rechts links drinnen draussen den Tod verspüren einatmen trinken. Militarisierte Revolution des Ineinandergreifens. Präziser konziser Lyrismus. Geometrischer Glanz. Um grössere Frische und ein intensiveres Leben zu geniessen als auf den Flüssen und auf dem Meer, muss man mit Höchstgeschwindigkeit in eisigem Gegenwind fliegen. Als ich zum erstenmal mit dem Piloten BIÉLOVUCIC flog, fühlte ich, wie sich meine Brust auftat – gleich einem riesigen Loch, in dessen Abgrund sich der ganze Azur des Himmels geschmeidig, frisch, stürmisch und genüsslich stürzte. Der langsamen Sinnlichkeit von Spaziergängen an der Sonne und im Blumenmeer ist die wilde farbgebende Massage des irren Winds vorzuziehen. Zunehmende Leichtigkeit. Empfindung unendlicher Wohligkeit. Man entsteigt dem Aeroplan mit elastischem Sprung. Die Luftfahrt hat einen von einer Last

befreit. Man klebt nicht mehr an der Strasse, man hat jenes Gesetz, welches den Menschen zum Kriecher macht, überwunden[56].

MARINETTI weist sich durch diese pseudoreligiösen Phrasen – (durch sein schwelgerisches Pathos überhaupt) – als Gesinnungsverwandter eines RICHTHOFEN aus, aber auch als geistiger Kampfgefährte GABRIELE D'ANNUNZIOS, den er noch wenige Jahre zuvor zum Feindbild seiner futuristischen Brüderschaft gemacht hatte[57].

D'ANNUNZIO selber war während des Krieges als Pilot im Einsatz (und verlor dabei ein Auge), er, der Autor des ersten europäischen Romanwerks über das moderne «Fliegerleben», «besass genügend Eitelkeit, seinen eigenen Manifesten gerecht zu werden[58]», er setzte sich mit Nachdruck für die Aufrüstung der italienischen Luftwaffe und für die Förderung der militärfliegerischen Ausbildung ein, er hielt Reden auf Flugplätzen, verfasste Aufrufe und Tagesbefehle, führte den aviatorischen Kriegsruf *Eia!Eia!Eia!Alalà!* ein und schloss seine eigene Karriere als Militärpilot mit dem vielbeachteten Flug über Wien[*] (9.VIII.1918) ab[59]. – Die literarische Gestaltung des Luftkriegs wollte D'ANNUNZIO nicht wagen, er begnügte sich mit publizistischen und oratorischen Bekenntnissen zum Interventismus, rief zur «Befreiung und Säuberung» der von Italien beanspruchten Gebiete auf und besang die italienischen Kampfflieger bald als «Streiter Christi», bald als antikische Helden und Brüder[60].

Den ikarisch-aggressiven Drang nach oben haben schon während des tripolitanischen Wüstenkriegs, in dessen Verlauf (1911/1912) die italienischen Streitkräfte erstmals auch mit Flugzeugen in die Kampfhand-

---

56 Alle Zitate übersetzt nach der französischen Version bei G. Lista, *op.cit.*, pp. 367–369, *passim.*
57 Zum Verhältnis Marinetti/d'Annunzio v. L. Altomare, *Incontro con Marinetti* (Roma 1954), pp. 59–70. – *Cf.* Aragons kritische Analyse der von Apollinaire, von Marinetti, d'Annunzio (u.a.) gefeierten ‹Schönheiten des Krieges› (id., ‹Beautés de la Guerre et leurs reflets dans la littérature›, *Europe*, mai/juin 1964, pp. 132–137).
58 G. Masur, *Propheten von gestern* (Ffm 1965), p. 156.
59 *V.* dazu die unter dem Titel ‹Cielo di Vienna› gesammelten Dokumente bei S. Laredo de Mendoza (ed.), *La Carlinga armoniosa* (Milano 1929), pp. 111–118; das Vorwort zu dieser ersten italienischen ‹Anthologie der Flügel und des Gluteifers› verfasste Marinetti.
60 Über d'Annunzios Leistungen als Militärflieger und als Propagandist der ‹Ala d'Italia› *cf.* die apologetische Biographie von A. Sodini, *Ariel Armato* (Verona 1931), hier besonders Kap. IV, §§ v–ix; d'Annunzios Bordprotokoll eines Bombardierungsfluges (‹volo magnifico›!) ist abgedruckt *ibid.*, pp. 462–464; *v.* im weitern *op.cit.*, Kap. III, § xi.

[*] Abb. 27, 28

lungen eingriffen, MARINETTI und seine Gefolgsleute als Manifestation futuristischer Lebenskunst gefeiert: als Realisierung des (zuerst von D'ANNUNZIO, später von MUSSOLINI geforderten) «gefährlichen Lebens»; ihre Lebendigkeit und Jugendlichkeit glaubten sie dort adäquat verwirklicht zu sehen, wo sie sich mit den Kriegspiloten identifizieren konnten, welche die feindlichen Zeltlager mit «göttlichen» Bomben belegten. In MARINETTIS Anthologie der futuristischen Dichter (I Poeti Futuristi, 1912) finden sich die frühsten Echos auf das libysche Kriegsabenteuer; bei ENRICO CAVACCHIOLI (‹Fuga in Aeroplano›) heisst es:

> *Wer holt uns vor dem Mond oder der Sonne ein? Niemand.*
> *Höhnisch lacht der Motor in den heissen Zylindern, schallend,*
> *monoton, wollüstig, isochron.*
> *Das Gestell der* Himmelsmaschine
> zittert wie ein Skelett,
> *das am dunklen Abend, im Februarwind,*
> *an einer trunkenen Weide baumelt.*
> *Vorwärts! Vorwärts! Jagen wir wie ein Wurfgeschoss*
> *bis zur Sonne! Weiter hinaus! In die Bahn fremder Welten!*
> *Sind wir dann aber frei,*
> *oh Herr, dessen Stimme dem Sturme gleicht,*
> *gib uns die* Kraft, uns selbst zu betrachten,
> *mit unverfälschten, reinen Augen!*

[«Chi ci raggiungerà prima del sole e della luna? Nessuno. / Il motore sghignazza negli arsi cilindri lunghi scrosci / di risa, monotone, isocrone, voluttuose. / L'armatura della macchina celeste, vibra come uno scheletro / che si dimeni al vento di febbraio in una sera oscura, / appeso a un salice ubriaco. / Avanti! Avanti! Fulminiamo come un proiettile terribile / fino al sole! più in là! nell'orbita dei mondi ignoti! / Ma quando saremo più liberi, o signore che hai bocca d'uragano / dacci la forza di contemplare noi stessi, con occhi semplici e buoni!»]

RICHTHOFENS ‹roter Kampfflieger› scheint bei CAVACCHIOLI vorweggenommen und mit dem d'annunzianischen Ikaroskult verschmolzen zu sein:

> *Der Propeller hat in die feurige Weide des Himmels*
> *eine Spur gezogen. Steigen wir unbeirrt hinauf!*
> *Der Wind benetzt unser Haupt,*
> *und unter dem* Druck raubgieriger Hände *strecken sich*
> *die starren Steuer!* Nach oben! Noch höher!
> Rote Adler sind wir mit stählernen Krallen

> *und kreisen am* Firmament unserer Wünsche!
> *Wir betrachten die Welt aus zwei geblendeten Augen-Sonnen!*

[«L'elica ha tagliato nella pastura ardente del cielo / il solco! ... Ascendiamo dunque impassibili! Il vento si bagna la testa, / ed i volanti rigidi, si tendono, sotto l'impulso / delle mani rapaci! In alto! Ancora più in alto! / Noi siamo le aquile rosse dagli artigli d'acciaio / roteanti nel cielo del nostro desiderio! / Guardiamo le cose coi due soli degli occhi abbacinati!»]

Und der Schluss:

> *Wir können auf* eure Nomadenzelte
> *die* Bomben unserer Begierde *werfen!*
> Kunden bringen, dass wir lebendige Menschen sind!
> *Als allererste die Strassen des Himmels bestimmen!*
> *Brachliegende Lande dem Verkehr erschliessen,*
> *während die Sterne am Morgenhimmel verbleichen!*
> *Wie der Sämann die Saat Träume auswerfen!*
> *Wir werden vielleicht im Leib einer unvermuteten Welt versinken,*
> *wenn ihr Wundkanal uns verschlingt:*
> *aber tausend Kilometer* von der Erde entfernt![61]

[«Possiamo lanciare le bombe della nostra cupidigia / sui vostri attendamenti di beduini infrolliti! / Portare l'annuncio che siamo uomini vivi! / Stabilire la via del cielo, primi tra i primi! / Aprire il traffico delle terre oziose / guardando le stelle impigrire nell'alba! / Scaraventare i sogni come manate di grano! / Schiacciare gli ignavi col peso fuggente della corsa infinita! ... / Sprofonderemo anche nel ventre d'un mondo improvviso / se il tunnel della sua ferita c'ingoî: / ma a mille chilometri dalla terra!»]

---

61 Hier auszugsweise zitiert nach der deutschen Fassung bei C. Baumgardt, *op. cit.*, pp. 271–272; italienischer Nachdruck (aus Cavacchiolis *Cavalcando il sole*, 1914) bei V. Scheiwiller (ed.), *piccola antologia di poeti futuristi* (Milano 1973), pp. 48–50; Hervorhebungen von mir, *F. P. I.*

## 5

Es ist bemerkenswert (und dennoch kaum bemerkt worden bisher), dass die europäische Flugdichtung seit D'ANNUNZIO (‹Vielleicht, vielleicht auch nicht›) und MARINETTI (*‹Mafarka der Futurist›*) in der Regel eine erzählerische (oder lyrische) Perspektive aufweist, die auf eine *erhöhte* Position des Autors schliessen lässt – erhöht nicht im Sinn eines omnipräsenten auktorialen «Ich», das über Handlung, Schauplatz und Personal *erhaben* ist und frei darüber verfügen kann; vielmehr: erhöht in jenem konkret-räumlichen Sinn, wie es erst durch die moderne Fliegerei möglich geworden ist. Das heisst mit andern Worten: die meisten zwischen BLÉRIOTS Kanalüberquerung (1909) und LINDBERGHS Atlantikflug (1927) entstandenen literarischen Texte mit aviatorischer Thematik – und ganz besonders die einschlägigen Werke der Kriegsdichtung – gehen von der Prämisse aus, dass die Position des Autors (und somit auch seine darstellerische Optik) mit derjenigen des Piloten identisch ist; dass also das Fluggeschehen nicht aus der Froschperspektive des aussenstehenden Betrachters vorgeführt wird, sondern, umgekehrt, aus der – fiktiven oder realen – Vogelperspektive des am Flug unmittelbar Beteiligten: man denke an die einprägsame Beschreibung der *von oben* – aus dem Motorflugzeug des Paolo Tarsis – gesehenen Kulturlandschaften Italiens bei D'ANNUNZIO *(‹Vielleicht, vielleicht auch nicht›)*, an die *aus der Sicht des Piloten* geschilderten Bombardierungsflüge bei MARINETTI (*‹Tod dem Mondschein!›*), schliesslich an das erzählerische Werk eines SAINT-EXUPÉRY, der den Beruf des Piloten und die Berufung des Poeten voll zur Übereinstimmung gebracht und die auktoriale Vogelperspektive künstlerisch definitiv legitimiert hat.

Neben (und teilweise auch *entgegen*) dieser allgemeinen Tendenz zur Annäherung – oder auch zur Identifikation – zwischen der Darstellungsoptik des Autors und der Erlebnisperspektive des Piloten hat sich nun aber seit der Kriegszeit, welche das Flugzeug *realiter* zu einem Instrument organisierter Destruktion hat werden lassen, eine andere, vorwiegend *kritisch* ausgerichtete Tendenz entwickelt, welche namentlich von pazifistischen Kräften und politisch progressiven Schriftstellern getragen war – die Tendenz zu einer demokratischen Betrachtungsweise, welche die Leistungen und die Problematik der modernen Fliegerei *von unten*, gleichsam vom Bürgersteig her, zu erfassen sucht, und das bedeutet auch (unter den Bedingungen des Luftkriegs): aus der Sicht der Betroffenen, der Opfer.


Ein bedeutendes Beispiel solcher Betrachtungsweise findet sich in ROBERT MUSILS ‹*Nachlass zu Lebzeiten*›, der 1936 als Einzelpublikation erschien, dessen Hauptstücke jedoch zwischen dem Kriegsende und den späten zwanziger Jahren entstanden sind. In der autobiographisch angelegten Erzählung ‹Die Amsel› beschreibt MUSIL – aus der Froschperspektive «einer Kampflinie in Südtirol, die sich von den blutigen Gräben der Cima di Vezzena an den Caldonazzo-See zurückbog» – einen mit Eisenlanzen durchgeführten Luftangriff, dessen Ziel offenbar er selbst gewesen ist: nicht ohne Not scheint MUSIL mit dem Leben davongekommen zu sein, die überstandene Todesgefahr vermittelte ihm das rauschhafte Selbstgefühl eines Auserwählten, der sich in Gottes Gnade weiss, und den gegen ihn gerichteten Lanzenwurf erlebte er – wohl nicht zuletzt wegen der technischen und taktischen Novität des Angriffs – als ein Verhängnis von kosmischem Ausmass[62]; die pathetische Rhetorik, mit der MUSIL das todbringende «Singen» der Lanzenbombe und die Dankbarkeitsekstase des Überlebenden vergegenwärtigt, lässt bereits die Katastrophe von Hiroshima ahnen:

> Über unsere ruhige Stellung kam einmal mitten in der Zeit ein feindlicher Flieger. Das geschah nicht oft, weil das Gebirge mit seinen schmalen Luftrinnen zwischen befestigten Kuppen hoch überflogen werden musste. Wir standen gerade auf einem der Grabkränze, und im Nu war der Himmel mit den weissen Schrapnellwölkchen der Batterien betupft wie von einer behenden Puderquaste. Das sah lustig aus und fast lieblich. Dazu schien die Sonne durch die dreifarbigen Tragflächen des Flugzeugs, gerade als es hoch über unseren Köpfen fuhr, wie durch ein Kirchenfenster oder buntes Seidenpapier, und es hätte zu diesem Augenblick nur noch einer Musik von MOZART bedurft. Mir ging zwar der Gedanke durch den Kopf, dass wir wie eine Gruppe von Rennbesuchern beisammenstanden und ein gutes Ziel abgaben. Auch sagte einer von uns: Ihr solltet euch lieber decken! Aber es hatte offenbar keiner Lust, wie eine Feldmaus in ein Erdloch zu fahren. In diesem Augenblick hörte ich ein leises Klingen, das sich meinem hingerissen emporstarrenden Gesicht näherte. Natürlich kann es auch umgekehrt zugegangen sein, so dass ich zuerst das Klingen hörte und dann erst

---

62 Eisenlanzen (sogenannte «fléchettes») wurden zu Beginn des Krieges vor allem von der deutschen, teilweise auch von der italienischen Luftwaffe als Bombardierungsgeschosse verwendet, kamen jedoch wegen ihrer geringen Treffsicherheit nur vereinzelt zum Einsatz (E. Pacoret, *op. cit.*, p. 436). Musils detaillierte Schilderung eines derartigen Fliegerangriffs (in der europäischen Belletristik gewiss ein Unikat!) ist daher auch aus militärhistorischer Sicht von Interesse und sei nachfolgend in zwei längeren Auszügen angeführt.

das Nahen einer Gefahr begriff; aber im gleichen Augenblick wusste ich auch schon: es ist ein Fliegerpfeil! Das waren spitze Eisenstäbe, nicht dicker als ein Zimmermannsblei, welche damals die Flugzeuge aus der Höhe abwarfen; und trafen sie den Schädel, so kamen sie wohl erst bei den Fußsohlen wieder heraus, aber sie trafen eben nicht oft, und man hat sie bald wieder aufgegeben. Darum war das mein erster Fliegerpfeil; aber Bomben und Maschinengewehrschüsse hört man ganz anders, und ich wusste sofort, womit ich es zu tun hätte. Ich war gespannt, und im nächsten Augenblick hatte ich auch schon das sonderbare, nicht im Wahrscheinlichen begründete Empfinden: er trifft!

Und weisst du, wie das war? Nicht wie eine schreckende Ahnung, sondern wie ein noch nie erwartetes Glück! Ich wunderte mich zuerst darüber, dass bloss ich das Klingen hören sollte. Dann dachte ich, dass der Laut wieder verschwinden werde. Aber er verschwand nicht. Er näherte sich mir, wenn auch sehr fern, und wurde perspektivisch grösser. [...]

Und plötzlich war das Singen zu einem irdischen Ton geworden, zehn Fuss, hundert Fuss über uns, und erstarb. Er, es war da. Mitten zwischen uns, aber mir zunächst, war etwas verstummt und von der Erde verschluckt worden, war zu einer unwirklichen Lautlosigkeit zerplatzt. Mein Herz schlug breit und ruhig; ich kann auch nicht den Bruchteil einer Sekunde erschrocken gewesen sein; es fehlte nicht das kleinste Zeitteilchen in meinem Leben. Aber das erste, was ich wieder wahrnahm, war, dass mich alle ansahen. Ich stand am gleichen Fleck, mein Leib aber war wild zur Seite gerissen worden und hatte eine tiefe, halbkreisförmige Verbeugung ausgeführt. Ich fühlte, dass ich aus einem Rausch erwache, und wusste nicht, wie lange ich fort gewesen war. Niemand sprach mich an; endlich sagte einer: ein Fliegerpfeil! und alle wollten ihn suchen, aber er stak metertief in der Erde[63].

Eine vergleichbare, über den individuellen Erfahrungsbereich allerdings weit hinausgreifende Betrachtungsweise liegt einem ebenso düstern wie trivialen Stimmungsbild aus ALEKSANDR BLOKS Essay über ‹Intelligenz und Revolution› (Intelligencija i revoljucija, 1918) zugrunde; aus russi-

---

63 Hier zitiert nach R. Musil, *Prosa, Dramen, späte Briefe* (Hamburg 1957), pp. 521-535, *passim; cf.* dazu die Prosastudie ‹Ein Soldat erzählt› (*ibid.*, pp. 575-577), welche als Erstfassung der Erzählung ‹Die Amsel› zu betrachten ist; *v.* auch eine entsprechende Tagebucheintragung Musils vom 22.IX.[1915?] in id., *Tagebücher, Aphorismen, Essays und Reden* (Hamburg 1955), p. 175.

scher Sicht präsentiert sich die «Erbärmlichkeit des ‹grossen europäischen Krieges›» wie folgt:

> Was ist der Krieg?
> Sümpfe, Sümpfe; Sümpfe mit Gras bewachsen, mit Schnee zugeweht. Im Westen tastet Nacht für Nacht ein trübsinniger deutscher Scheinwerfer. An einem sonnigen Tag erscheint ein deutscher Fokker am Himmel, hartnäckig nimmt er stets den gleichen Weg, als liesse sich dadurch noch am Himmel ein Pfad trampeln. Seinen Kurs markieren zerfliessende Rauchbäusche, weisse, graue, rötliche; was bedeutet, dass wir ihn beschiessen (meist erfolglos, so wie uns die Deutschen). Der Fokker geniert sich, er zögert, gibt sich aber Mühe, seinen Sudelweg einzuhalten. In gewissen Abständen wirft er Bomben ab. Die Stelle, auf die er zielt, haben auf den deutschen Stabskarten Dutzende von Fingern durchlöchert. Die Bombe trifft manchmal in einen Friedhof, manchmal zwischen eine Viehherde, manchmal in eine Menschenherde. Am häufigsten fällt sie natürlich in den Sumpf. Tausende von Rubeln versinken im Morast. Die Soldaten beobachten das, krank vor Langeweile und aus Untätigkeit wirr. Die alten Vorkriegsgewohnheiten haben sich breit gemacht: das Laster, das Kartenspiel, das Saufen, die Zanksucht, der Klatsch. Europa hat den Verstand verloren. Jahrelang verbringt die Elite der Menschheit, die Intelligenz, ihr Leben in den Sümpfen, hockt aus Überzeugung (ob das nicht ein Symbol ist?) auf dem schmalen Tausendwerst-Streifen, der sich Front nennt.
> Die Menschen sind winzig, die Erde ist riesengross[64].

## 6

Obwohl die russische Armee bereits bei Kriegsbeginn über rund 250 leichte Flugzeuge sowie über einige der von IGOR' SIKORSKIJ konstruierten viermotorigen *Muromec*-Bomber verfügte, blieben die zaristischen Luftstreitkräfte ohne jede Bedeutung.* Der Grund dafür lag darin, dass Russland weder über eine leistungsfähige Flugzeugindustrie noch über die notwendigen Ausbildungsmöglichkeiten für Militärpiloten verfügte; so konnte auch der während des Krieges von D.P. GRIGOROVIČ entwickelte Hydroplan *M-5* (1915) und *M-9* (1916) nicht mehr in die

---

[64] Hier zitiert nach A. Blo[c]k, *Ausgewählte Aufsätze* (Ffm 1964), p. 71.

* Abb. 43

entscheidenden Kampfhandlungen einbezogen oder gar gegen den taktisch überlegenen deutschen Fokker eingesetzt werden, und noch im Bürgerkrieg der frühen zwanziger Jahre blieb die militärische Anwendung des Flugzeugs fast ausschliesslich auf Explorations- und Kommunikationsaufgaben beschränkt[65]. Entsprechend gering ist denn auch die Bedeutung aviatorischer Motive in der russischen Kriegs- und Bürgerkriegsliteratur. Wo aber – wenn auch nur beiläufig – solche Motive gestaltet werden, bleiben sie, wie etwa bei ISAAK BABEL', jeglicher Heroisierung entzogen, ja, sie werden, zumeist aus der Sicht wehrloser Opfer, als Bilder und Szenen apokalyptischen Grauens vorgeführt:

> Zu Mittag kamen wir mit dem von Kugeln durchsiebten Leichnam Trunovs, unseres Schwadronskommandeurs, nach Sokal'. Er war am Morgen im Kampf gegen feindliche Flugzeuge gefallen. Alle Schüsse hatten Trunov ins Gesicht getroffen, seine Wangen waren durchlöchert, und die Zunge war herausgeschossen. Damit es nicht so schrecklich aussehe, wuschen wir dem Toten das Gesicht, so gut es ging, legten ihm seinen kaukasischen Sattel im Sarg unter den Kopf und gruben ihm mitten in der Stadt, im Stadtpark neben dem Don, ein würdiges Grab[66].

So beginnt BABEL'S Geschichte vom ‹*Schwadronskommandeur Trunov*› (Ėskadronnyj Trunov', 1925), einem der «berühmten Helden» aus BUDENNYJS Reiterarmee, die sich in ungleichem und demzufolge äusserst verlustreichem Kampf gegen feindliche Panzertruppen legendären Ruhm erworben hat. BABEL' macht aus seinem Paška Trunov ein russisches Frontschwein, zeigt ihn bald als brutalen Schlächter, bald als sentimentalen Kriegs- und Saufkumpan, konfrontiert ihn schliesslich – und damit knüpft er an die einleitende Begräbnisszene an – mit den schwerbewaffneten Flugzeugen des Majors FOUNT-LE-ROY; Trunov, der vielbewunderte Reiter und Schütze, stellt sich, obwohl bereits verletzt, dem für ihn aussichtslosen Zweikampf: mit seinem Maschinengewehr bezieht er einen exponierten Posten, «um den Feind wenn möglich abzuschiessen». Die amerikanischen Flugzeuge («vier Bomber, die zwischen den blinkenden Schwanenwolken dahinglitten») lassen nicht

---

[65] *Cf.* dazu die Kriegserinnerungen des russischen Piloten und Flugzeugkonstrukteurs A.S. Jakovlev (*Cel' žizni*, M ³1972, pp. 46*sqq*); zur technischen Entwicklung der russischen «Hydroaviation» v. N. Morozov, *Sredi oblakov* (L 1924), pp. 255*sqq;* ferner: S. Vinogradov, *V derznovennom polete* (M 1975), pp. 7*sqq.*

[66] Hier und im folgenden zitiert nach I. Babel, *Die Reiterarmee* (Lpzg 1975), pp. 107–114; *passim*.

lange auf sich warten, Trunovs Schwadron hat sich bereits in den nahen Wald abgesetzt, und von dort aus beobachtet nun auch der Ich-Erzähler das donquijoteske Kampfgeschehen zwischen dem Kosakenkommandeur und dem Bombergeschwader von FOUNT-LE-ROY.

> Die Flugzeuge zogen immer engere Kreise über der Station, stiessen knatternd herab und beschrieben einen Bogen. Rot blinkte die Sonne auf dem Gelb ihrer Flügel.
> Derweilen sassen wir, die 4. Schwadron, im Walde. Dort im Walde erlebten wir den ungleichen Kampf zwischen Paška Trunov und dem Major der amerikanischen Armee Reginald FOUNT-LE-ROY. Dem Major und seinen drei Bombenwerfern waren Kühnheit und Bravour nicht abzusprechen. Sie stiessen bis auf dreihundert Meter herab. Zunächst brach Andrjuška, dann Trunov im Feuer der Maschinengewehre zusammen. Die Gurte, die die Unsrigen verschossen, machten den Amerikanern nicht das geringste aus. Sie flogen weiter, ohne die Schwadron im Walde zu bemerken. So konnten wir nach Verlauf einer halben Stunde die Leichen der Gefallenen holen. Den Leichnam Andrjuška Vosmiletovs nahmen zwei seiner Verwandten mit, die in unsrer Schwadron dienten, und Trunov, unsern toten Kommandeur, überführten wir nach dem gotischen Sokal' und beerdigten ihn dort an einem würdigen Platz, mitten in der Stadt, auf einem Blumenbeet[67]. –

---

67 Eine Notiz aus Babel's Kriegstagebuch lässt darauf schliessen, dass die Schilderung des Luftangriffs auf den von Trunov gehaltenen Posten auf Tatsachen beruht; in seiner Aufzeichnung vom 14.VII.1920 erwähnt Babel' einen «abgeschossenen amerikanischen Piloten» (Frank Moscher) sowie einen «Brief von Major Fount-le-Roy» über die militärische und politische Stärke der Bolschewiken (I. Babel', *op. cit.*, p. 180; *cf.* id., ‹Dnevnik konarmii›, *Russkaja mysl'*, Nr. 3087, [Paris] 1976, 22.I.; *v.* ferner: I. Babel', ‹Iz planov i nabroskov k 'Konarmii'›, *Literaturnoe nasledstvo*, LXXIV, 1965, pp. 490–499). – In Babel's Entwürfen zur *Reiterarmee* finden sich zwei Notizen zur Geschichte vom ‹Schwadronskommandeur Trunov›; es heisst dort u.d.T. ‹Polnische Luftwaffe. Kampf vor Lwów›: «Die Reiterarmee geht zurück. Vor wem? Vor zwanzig Flugzeugen. Das Geheimnis ist offenbar, die Medizin gefunden. Moscher hat recht. *Die Flugzeuge wirken demoralisierend.* – [...] – Briefe von Major Fount-le-Roy an den Stab in New York. – *Die erste Begegnung mit der westeuropäischen Technik.* – Sie kommen immer morgens. / Kampf vor Lwów. – Den Kampf mit den Flugzeugen beschreiben. – Dann Reflexion.» (Zit. nach *Die Reiterarmee*, p. 204; *cf. ibid.*, p. 205; Hervorhebungen von mir, *F. P. I.*)

Weniger dramatisch als BABEL'S Frontgeschichten sind die frühen
literarischen Darstellungen von Bombenabwürfen über städtischen Ballungszentren (wie etwa Paris, Warschau), von Luftangriffen auf bedeutende Kunstdenkmäler oder gegen die Zivilbevölkerung. Solchen barbarischen «Piraten»-Akten hat VALERIJ BRJUSOV - wohl als erster unter
den progressiven europäischen Autoren - eine Reihe von ausdrucksstarken Dichtungen gewidmet[68].

Vom 24. Dezember 1914 ist BRJUSOVS Gedicht ‹Aeroplane über Warschau› (Aėroplany nad Varšavoj) datiert. Der Autor bringt die Erwartungsangst der Zivilbevölkerung vor den deutschen Bombenangriffen in
einprägsamen Momentaufnahmen zum Ausdruck; er bedient sich dabei
einer Wechseloptik, die es ihm erlaubt, das Geschehen bald aus der
Vogelperspektive der feindlichen Piloten, bald aus der Sicht der bedrohten Stadtbewohner darzustellen:

> *So wie die Schwalben vor dem Gewitter tief*
> *Über flachen Wiesengründen gleiten, –*
> *So schweben auch – dort, schau! – als Zeichen dafür,*
> *Dass das Kampfgewitter naht, die Aeroplane.*
>
> *Ein Augenblick nur – und ein langer, langer Schauer*
> *Überläuft die Strasse; gleich wird die Menschenmenge*
> *Ins Freie stürzen und den Gehsteig dicht bevölkern,*
> *Und starr nach oben richten sich nun alle Blicke.*

Nach dieser Exposition kehrt BRJUSOV die Perspektive um, er zeigt die
Stadt nun aus der Sicht der deutschen «Luftpiraten»:

> *Und die Luftpiraten, die mit ruhiger Hand*
> *Den Flug ihrer Maschinen lenken, bohren dort*
> *Ihren Blick durch den bläulichen Dunst –*
> *So wie auch wir da unten auf dem Grund.*
>
> *Sie werden sehen, wie im Dunkel die Quadrate*
> *Der Dächer und die Rhomben der Gebäude verschwinden ...*

[68] Die mehrheitlich zwischen Sommer 1914 und Herbst 1915 entstandenen Gedichte sind zusammengefasst in dem Band *Sem' cvetov radugi* (1916), hier zitiert (und übersetzt) nach V. Ja. Brjusov, *Sobranie sočinenij* (M 1973), II, pp. 140*sqq; passim.*

*Mit dem Anflug eines Lächelns schwenken
Die zwei Deutschen am Himmel ihre Bomben!*

[«Kak pred grozoj kasatki nizko / Skol'zjat nad rovnost'ju poljany, - / Tak v znak, čto grozy boja blizki, / - Vzgljani, - parjat aėroplany. / / Mig, - i prodol'nyj, dolgij trepet / Projdet po ulice; metnetsja / Tolpa, i trotuar oblepit, / I vzor za vzorom v vys' vop'etsja. / / (...) / / A tam, vozdušnye piraty, / Spokojno pravja let mašiny, / Vonzjat skvoz' par golubovatyj / Svoj vzor, kak my, na dno ravniny. / / Uvidjat, kak temnejut zybko / Kvadraty kryš i zdanij romby ... / S kakoj zmejaščejsja ulybkoj / Kačnut dva nemca v nebe bomby!»][69]

In seinem von 1915 datierten Gedicht ‹An die Stahlvögel› (K stal'nym pticam) würdigt Brjusov die Verdienste, die sich die «friedliche Avantgarde» der Pioniere von Leonardo da Vinci bis zu den Brüdern Wright um die Fliegerei erworben haben, und er konfrontiert diese Verdienste mit dem unheilvollen Missbrauch moderner Flugmaschinen zu militärischen Zwecken. Auch Brjusov war angesichts der spektakulären Erfolge der Vorkriegsfliegerei der Überzeugung, die Menschheit würde, nachdem sie die «Schranken der Stämme, der Völker und Staaten» überwunden habe, «ohne Hass und Tadel, ohne die einstigen Zwistigkeiten und Tücken» auskommen können:

*Doch weit gefehlt! Unter den Lasurbeherrschern,
Welche den Zenit in ihre Gewalt genommen hatten,
Fanden sich - als Helfershelfer der Furien,
Gefährlicher als Blitze, schlimmer als ein Sturm -
Auch jene, die jetzt kleinen Kindern den Tod bringen!*

*Nicht in den ehrenhaften Kampf unter den Wolken
Steuern sie eilends ihren Flug,
Vielmehr als hinterhältige Feinde kommen sie
Um Mitternacht und schleudern ihr Feuer
Auf Frauen und Greise herab aus den Höhen!*

---

69 *Ibid.*, p. 150 [Strophen I-II, IV-V]. - *Cf.* das fast gleichzeitig entstandene, thematisch ähnlich gefasste Kriegsgedicht *Zeppeline über Paris* («Ceppeliny nad Parižem», 1915) von Maksimilian Vološin (neuerdings nachgedruckt in *Den' poėzii*, M 1971, p. 151).

[«I čto že! mež carej lazuri, / V svoi vladen' ja vzjavšich tverd', / Našlis', podsobnikami furij, / Opasnej molnij, chuže buri, / Te, čto nesut mladencam smert'! // Ne v čestnyj boj pod oblakami / Oni, speša, stremjat polet, / No v polnoč', tajnymi vragami, / Nad ženščinami, starikami / Svergajut svoj ogon' s vysot!»][70]

7

Gegen die entfremdende Pervertierung der Fliegerei während des Kriegs und gegen deren organisatorische Vereinnahmung durch die Oberste Heeres-Leitung haben auch in Deutschland diverse progressive Literaten – unter ihnen namentlich die proletarischen Autoren des expressionistischen Jahrzehnts – Protest erhoben; eine Reihe beredter Beispiele dafür sind in HERWARTH WALDENS Zeitschrift ‹Der Sturm› sowie in FRANZ PFEMFERTS ‹Aktion› zu finden. – Rückblickend, zusammenfassend schreibt um 1918 RUDOLF PAULSEN in einem kultur- und zeitkritischen Essay: «Wir lebten schon vor dem Kriege in einer Beschleunigung, die ihren Ursprung in den technischen Erfindungen hatte oder zu haben schien. Natürlich musste, ohne dass es zum Bewusstsein kam, allen Bestrebungen, die Zeit zu überwinden, das heisst, zu sparen, irgendein Metaphysisches zugrunde liegen oder parallel gehen. Scheinbar diente das Flugzeug dazu, den Raum zu überwinden und Ethisches zu bringen, seine praktische Ausnutzung aber zeigte sofort, dass es vorläufig nur Beschleunigung unseres Lebenstempos beabsichtigte. Der Krieg schien wie eine Katastrophe zu kommen, auf die alles in rasender Eile hingearbeitet hatte, in einem ungeheuer raschen Leerlauf aller Maschinen, die nicht ethischen Raum einfingen, sondern Zeit in Streifen schnitten und hinter sich warfen. [...] Der Krieg als Aussenwelterlebnis scheint zunächst nichts zu sein als eine Beschleunigung zum Tode, ähnlich unserem ganzen Kulturdasein vor seinem Ausbruch. *Da ist es neben der Religion vor allem die Kunst, die nach einem Ausgleich sucht, die sich sträubt, sich restlos in dem Feuerofen des Geschehens verbrennen zu lassen, und sei es nur, dass sie dem Chaos irgendeine künstlerische Frucht als Kosmos entreisse*[71].»

70 Hier zitiert (und übersetzt) nach V. Ja. Brjusov, *op. cit.* (M 1974), III, p. 349 [Strophen V–VI].

71 R. Paulsen, ‹Das Tempo unserer Zeit und der Expressionismus›, *Das literarische Echo*, 1918, III; hier zitiert nach P. Raabe (ed.), *Expressionismus* (Mchn 1965), p. 149. – *V.* auch W. Rothe (ed.), *Expressionismus als Literatur* (Bern &c 1969), pp. 181*sqq.*

In diesem Sinn konnte schon bald nach Kriegsbeginn HUGO BALL, der den zeitgenössischen Maschinenkult in kritischer Voraussicht als «moderne Nekrophilie» erkannt hatte, ironisch kommentieren: «Der Krieg beruht auf einem krassen Irrtum. Man hat die Menschen mit den Maschinen verwechselt. Man sollte die Maschinen dezimieren, statt die Menschen. Wenn später einmal die Maschinen selbst und allein marschieren, wird das mehr in der Ordnung sein. Mit Recht wird dann alle Welt jubeln, wenn sie einander zertrümmern[72].»

Durch sarkastische, bisweilen zu Kalauern verzerrte Lyrismen versuchte OTTO NEBEL die Schrecken des Bombenkriegs einerseits, die offizielle Glorifizierung der deutschen Luftwaffe anderseits wortspielerisch *ad absurdum* zu führen; ein entsprechender Passus in NEBELS zyklischem Poem ‹Zuginsfeld› (1918/1919) lautet:

*Die hohe Hut*
*Obhut*
*Kopfbedeckung*
*Fliegende Hüter*
*Meine Flieger*
*Flugstaffel*
*Stoffel*
*Staffelstab*
*Staffelei*
*AFLEI*
*(Artilleriefliegerei)*
*IFLEI*
*(Infantriefliegerei)*
*Das neue Deutsch*

---

[72] H. Ball, *Die Flucht aus der Zeit* (Mchn 1927), p. 34. – Den Zusammenhang zwischen Nekrophilie und Maschinenkult demonstriert besonders einprägsam Blaise Cendrars, wenn er seinen Moravagine, einen zwerghaften Krüppel von hoher Intelligenz, den Drill der Schlosswache beobachten und «die grossen weissen Kürassiere» wegen der automatisierten Präzision ihres Taktschritts bewundern lässt: «Mich erschreckte [als Kind] die abgezirkelte Mechanik ihrer knappen, abgehackten Bewegungen, und ich suchte die Feder, die sie antrieb, wie plumpe, funkelnde Automaten. Aus dieser Zeit stammt wahrscheinlich meine Liebe zur Maschine.» Und später: «Die Menge bewegt sich ganz anders als sonst, geduckt, hastig. Jeder Passant ist ein mechanisches Spielzeug.» Die Hassliebe zur Maschine erleichtert es Moravagine, dem Moloch, Menschen wie wertloses «Spielzeug» zu eliminieren.
(B. Cendrars, *Moravagine*, Zch 1975, pp. 37; 75.)

*Ei ei*
*Im alten Deutsch-Tand*
*Lorelei*
*BOGOHL*
*Welcher Kohl*
*B omben-G eschwader O berste H eerings-L eitung*
*Jagdstaffel*
*JASTA*
*Kopfjäger*
*Basta*
*Puszta*
*SCHUSTA*
*Immer langsam*
*SCHUSTA ist SCHUtz-STAFFel*
*Affe*
*Immer schneller*
*Wir fliegen schon*
*Da kommt man nicht auf den Grund*
*Bleiben Sie bedeckt*
*DER KOFL*
*Das ist KOmmandeur der FLiegen*
*Glück ab*
*KOFL schustert*
*Leister, bleibe nicht bei Schustern!*
*Beileibe nicht*
*Schuster, leiste bei deinem Bleiben!*
*Beigeiste*
*Exzellenz, ich bleibe dabei, ich fliege nicht, es bleibt bedeckt*
*Lügen Sie nicht! Fliegen Sie nicht, fliege ich*
*Exzellenz fliegen am ganzen Leibe*
*Allewetter*
*Wie wir gebaut sind*[73]

Die NEBELsche Verskarikatur auf den deutschen Luftmilitarismus erinnert, in formaler Hinsicht, einerseits an SCHEERBARTS pazifistische Phantastik, anderseits an MARINETTIS befreite Wortkunst, welch letzterer, in ideologischer Hinsicht, die ‹*Zuginsfeld*›-Dichtung klar entgegengesetzt ist; es erweist sich hier, dass mit zunehmender Ästhetisierung des Sprachmaterials die politische Aussage an Schärfe verliert, dass das

73 O. Nebel, *Zuginsfeld* (Darmstadt &c 1974), pp. 67–68.

belletristische Experiment – wo es *l'art pour l'art* wird – als Vehikel unterschiedlicher, sogar kontroverser ausserliterarischer Postulate eingesetzt und auch manipuliert werden kann.

Mit der Realität der Fliegerei ist PAUL KLEE während des Krieges in direkte Berührung gekommen; den Tagebüchern des Malers ist zu entnehmen, dass er im Sommer 1916 von der Infanterie zur Luftwaffe umgeteilt und als Anstreicher von Militärflugzeugen, später als Begleiter von Flugzeugtransporten eingesetzt wurde. Für KLEE ist der Luftkrieg zu einem «wahrhaft festlichen Akt des Bösen» geworden, zu einem beängstigend schönen Spektakel von letzter Grausamkeit[74]. Schon bald nach Kriegsausbruch hatte KLEE notiert:

> Ich habe diesen Krieg in mir längst gehabt. Daher geht er mich innerlich nichts an.
> Um mich aus meinen Trümmern herauszuarbeiten, musste ich fliegen. Und ich flog. In jener zertrümmerten Welt weile ich nur noch in der Erinnerung, wie man zuweilen zurückdenkt[75].

Realistische Flug- und Flugzeugmotive sind in PAUL KLEES damals entstandenen Werken (vorwiegend Zeichnungen) kaum zu finden; es überwiegen die unheimlich verfremdeten Darstellungen herabstürzender Maschinen und Dämonen sowie fliegender Engel- und Vogelwesen.

MARCEL PROUST, der die Stadt Paris «im Jahre 1914 in fast wehrloser Schönheit die Bedrohung durch den nahenden Feind hatte erwarten sehen», hat die deutschen Angriffsflüge über der Weltmetropole als rein ästhetisches – bisweilen zwar traumatisch empfundenes und apokalyptisch ausgedeutetes – Geschehen erlebt;[*] aus gehöriger und komfortabler Distanz pflegte PROUST die feindlichen Flugzeuge und Luftschiffe am nächtlichen Himmel zu beobachten, die summenden Geschwader wollten ihm, da der räumliche Bezug zwischen dem Betrachter und den in der Luft zirkulierenden Aeroplanen ständig wechselte, somit auch permanent relativiert wurde, bald als harmlose Mückenwolken, bald als neue kosmische Konstellationen vorkommen[76]. In einer zum Dialog ausgeweiteten Reflexion bemüht sich PROUST (im abschliessenden Teil der ‹*Suche nach der verlorenen Zeit*›) um die Klärung der für ihn zentralen Frage nach der Vereinbarkeit ethischen Engagements und

---

74 P. Klee, *Tagebücher* (Köln 1957), pp. 357*sqq.*
75 Cf. *op. cit.*, pp. 323-325; *passim.*
76 Cf. *infra*, p. 362.

[*] Abb. 31, 32

ästhetischer Kontemplation. Konkret stellt sich diese Frage dem Erzähler angesichts der unablässigen Feindflüge deutscher Maschinen über Paris: wie ist es möglich, dass er das *Böse* (die gegnerischen «Mordinstrumente») als *schön* («himmlisch») erkennen und empfinden kann? PROUST schreibt dazu:

> Monsieur de Charlus äusserte mir gegenüber seine Bewunderung für die Flieger, und da er niemals darauf verzichten konnte, seiner Deutschfreundlichkeit ebenso freien Lauf zu lassen wie seinen sonstigen Neigungen – wenn auch die eine wie die anderen verleugnend – setzte er noch hinzu: «Im übrigen muss ich dabei doch sagen, dass ich genau so sehr die Deutschen bewundere, wenn sie in ihre *Gothas* steigen. Und erst die *Zeppeline:* stellen Sie sich nur vor, was für ein Mut dazu gehört! *Sie sind eben einfach Helden. Was macht es schon, dass sie ihre Bomben auf Zivilisten werfen,* da ja doch Batterien auf sie gerichtet sind? Haben Sie Angst vor den deutschen Flugzeugen oder vor einem Artilleriegeschütz?» Ich bekannte, ich hätte keine, aber vielleicht täuschte ich mich. Da meine Trägheit mir die Gewohnheit mitgeteilt hatte, meine Arbeit immer von einem Tag auf den folgenden zu verschieben, stellte ich mir zweifellos vor, es könne mit dem Tod ebenso sein. Warum sollte man Angst vor einer Kanone haben, die, wie man überzeugt ist, an diesem gleichen Tage einen nicht treffen wird? *Im übrigen fügten die vereinzelt in meinen Gedanken aufsteigenden Vorstellungen von Bombenabwürfen und meinem eventuellen Tod für mich zu dem Bilde, das ich mir beim Auftauchen deutscher Luftschiffe machte, nichts Tragisches hinzu,* bis zu dem Tage, an dem ich von einem von ihnen, einem vor meinen Augen hin und her geschüttelten und an einem bewegten Himmel von streifigen Nebelschwaden überwallten, einem jener *Flugzeuge, die ich mir, obwohl ich wusste, dass sie Mordinstrumente waren, immer nur als sternenhaft und himmlisch vorgestellt hatte,* am Abendhimmel die Bewegung eines auf uns gezielten Bombenabwurfs ausgehen sah.

Und an dieser Stelle leitet PROUST zu einem Gedanken über, den in gleichem Sinn auch ROBERT MUSIL – im Anschluss an einen mit persönlicher Todesgefahr verbundenen Luftangriff – formuliert hat[77]:

> Die originale Wirklichkeit einer Gefahr wird ja erkennbar nur in jenem ganz neuen Faktor, den man nicht auf irgend etwas bereits

---

77 Cf. *supra,* pp. 249–250.

Bekanntes zurückführen kann und den man als persönliches Erlebnis bezeichnet; oft – so auch hier – konzentriert er sich auf den Umriss einer Linie, einer Linie in diesem Fall, die einer Absicht entsprach: einer Linie, hinter der eine verborgene, sie umformende Macht stand, während zugleich auf der Concordebrücke rings um den drohenden und bereits eingekreisten Aeroplan her, ganz als ob in den Wolken sich die Brunnen der Champs-Elysées, der Place de la Concorde und der Tuilerien widerspiegelten, die Leuchtfontänen der Scheinwerfer in den Himmel aufstiegen, auch ihrerseits absichtsvolle Linien, doch Linien, denen die Absicht der Vorsicht und des Schutzes, Absichten mächtiger und weiser Männer zugrunde lagen, denen ich – wie anderen eines Nachts in meinem Quartier in Doncières – dankbar war, dass sie ihre Kräfte in den Dienst der Aufgabe stellten, mit so vollendeter Präzision über uns zu wachen. Die Nacht war ebenso schön wie 1914, als Paris ebenso bedroht war. Der Mondschein war wie mildes stetes Magnesiumlicht, das uns erlaubte, ein letztes Mal die nächtlichen Bilder jener schönen Stadtansichten, der Place Vendôme, der Place de la Concorde, zu betrachten, an denen ich in meinem Grauen vor den Granaten, die sie vielleicht zerstören würden, *gerade infolge des Kontrastes zu ihrer noch intakten Schönheit eine Art von besonderer Fülle* wahrnahm, als ob sie sich weiter nach vorne drängten, um ihre wehrlosen Architekturen den Einschlägen darzubieten[78].

Auch der tschechische Erzähler und Feuilletonist JAROSLAV HAŠEK hat die Entwicklung des Luftmilitarismus mit Sorge beobachtet, fand jedoch im kaiserlich-königlichen Österreich der Vorkriegszeit eher Anlass zu spöttischen Glossen als zu kulturpessimistischen Exkursen: «Österreich besass vor dem Kriege drei lenkbare Luftschiffe, achtzehn unlenkbare Luftschiffe und fünf Flugzeuge. Das war Österreichs Luftmacht.»

HAŠEKS Sorge galt denn auch keineswegs in erster Linie der Militarisierung und Industrialisierung des Flugwesens, sondern vielmehr der Tatsache, dass sich die europäische Fliegerei – als wissenschaftlich progressivste Sparte des damaligen Maschinismus – schon im Vorfeld des Krieges gegen den Menschen hat mobilisieren lassen und zu desser wachsenden Abhängigkeit von technischen Systemen beigetragen hat.

78 Zitate nach M. Proust, *Auf der Suche nach der verlorenen Zeit* [I–III] (Ffm 1967), pp. 3852–3854; Hervorhebungen von mir, *F. P. I.*

Das Überhandnehmen des modernen Maschinismus, die damit verbundene Objektivierung – das heisst auch: die Entmündigung – der Persönlichkeit zeigt HAŠEK bereits 1911 in einem Feuilleton auf[79], indem er den braven Soldaten Schwejk zu einer österreichischen Fliegerabteilung versetzt, wo dieser als Putzer zum Einsatz kommt, schon bald aber «als Ballast» auf Dienst- und Übungsflüge mitgenommen wird, mehrmals – ohne ernste Folgen – abstürzt und schliesslich, bei Anlass des grossen militärischen Flugfests in Wiener Neustadt, selber zum Piloten avanciert; mit einem ängstlichen rumänischen Major als Nutzlast startet Josef Schwejk unvorbereitet zu einem Flug in südwestlicher Richtung. Nach dramatischer Alpenüberquerung gerät die Maschine in den Einflussbereich eines schweren Gewitters, Schwejk macht sich Mut, indem er laut vor sich hinsingt, der Major seinerseits fällt von einer Ohnmacht in die andere; HAŠEK gestaltet nun auf seine Weise die völlige Hilflosigkeit der beiden Flieger, die sich einem Apparat ausgeliefert sehen, den sie nicht beherrschen und der für sie folglich zum lebensbedrohenden Automaten wird, zu einem fatalen *deus ex machina:*

> Unter ihnen zuckten Blitze, wütete ein Gewitter.
> Mit herausgewälzten Augen blickte der Major vor sich hin und fragte mit pfeifender Stimme: «Wann wird das enden?»
> «Einmal schon», antwortete lächelnd der brave Soldat Schwejk, «wenigstens sind wir mit dem Herrn Lajtnant immer irgendwo abgestürzt!»
> Sie waren bereits über der Schweiz und flogen gegen Süden.
> «Nur Geduld, bitte gehorsamst», meinte der brave Soldat Schwejk, «bis das Benzin ausgeht, müssen wir herunterfallen.»
> «Wo sind wir denn?»
> «Über irgendeinem Wasser, melde gehorsamst, sehr viel Wasser ist zu sehen, wir wern wahrscheinlich ins Meer falln.»
> Major Gregorescu fiel in Ohnmacht. Sein dicker Bauch keilte sich zwischen die Stangen, so dass er fest in dem Metallgestänge hängen blieb[80].

---

79 J. Hašek, ‹Dobrý voják Švejk působí u aeroplanů› (datiert vom 28.VII.1911). Nachdruck in *Spisy Jaroslava Haška* (Praha 1957), X, pp. 121-124.
80 Hier zitiert nach J. Hašek, *Der Tolpatsch* (Zch 1964), pp. 422-423.

HAŠEKS Geschichte gewinnt an dieser Stelle tragikomisches Kolorit und erinnert, wohl kaum zufällig, an KAFKAS Feuilleton über die Aeroplane in Brescia; die fliegerischen Antihelden bleiben bei HAŠEK allerdings nur vorübergehend im bedrängenden Gestell der Technik hängen, der Erzähler lässt sie unter Palmen glimpflich landen und gesteht ihnen sogar, nicht ohne Ironie, einen neuen Weltrekord zu. Das *happy end* kann über HAŠEKS eigentliches Anliegen – mit *lachenden*, bisweilen auch mit *hohnlachenden* Wahrheiten für die Menschenwürde einzustehen, sie gegen den objektivierenden und nivellierenden Zeitgeist zu verteidigen – nicht hinwegtäuschen.

8

Die von KARL KRAUS während des Kriegs verfasste dramatische Dichtung über ‹*Die letzten Tage der Menschheit*› (1915/1919) ist zu einem apokalyptischen Abgesang auf die moderne Zivilisation geworden, zu einem von Meteorregen, Flammenlohen und Weltendonner begleiteten Finale, dessen Grauen selbst von der «Stimme Gottes» nicht mehr anders als mit einer Bankrotterklärung quittiert werden kann: «*Ich habe es nicht gewollt*[81].»

Im II. Akt (30. Szene) lässt KRAUS – «irgendwo an der Adria», «im Hangar einer Wasserfliegerabteilung» – die Schalek über das Problem «der persönlichen Tapferkeit» beim Kriegseinsatz sinnieren; die Schalek befragt dazu einen Fregattenleutnant, den KRAUS offensichtlich mit den Zügen des Barons VON RICHTHOFEN ausgestattet hat. Die Schalek möchte vom Leutnant erfahren, was er als Bomberpilot «erlebe» und wie er sich nach seinen Einsätzen «fühle»; die Antwort des «Kämpfers» lautet:

DER FREGATTENLEUTNANT: Ja, das ist sonderbar – wie wenn ein König plötzlich Bettler wird. *Man kommt sich nämlich fast wie ein König vor, wenn man so unerreichbar hoch über einer feindlichen Stadt schwebt. Die da unten liegen wehrlos da – preisgegeben.* Niemand kann fortlaufen, niemand kann sich retten oder decken. *Man hat die Macht über alles.* Es ist etwas Majestätisches, alles

---

81 Hier und im folgenden zitiert nach der Werkausgabe K. Kraus, *Die letzten Tage der Menschheit* (Mchn 1957); Hervorhebungen von mir, *F. P. I.*

andere tritt dahinter zurück, etwas dergleichen muss in Nero vorgegangen sein.

Und weiter:

> DIE SCHALEK: Das kann ich Ihnen nachempfinden. Haben Sie schon einmal Venedig bombardiert? Wie, Sie tragen Bedenken? Da werde ich Ihnen etwas sagen. Venedig als Problem ist auch langen Grübelns wert. Voll von Sentimentalität sind wir in diesen Krieg gegangen.
> DER FREGATTENLEUTNANT: Wer?
> DIE SCHALEK: Wir. Mit Ritterlichkeit hatten wir ihn zu führen vorgehabt. Langsam und nach schmerzhaftem Anschauungsunterricht haben wir uns das abgewöhnt. Wer von uns hätte nicht vor Jahresfrist noch bei dem Gedanken geschauert, über Venedig könnten Bomben geworfen werden! Jetzt? Konträr! Wenn aus Venedig auf unsere Soldaten geschossen wird, dann soll auch von den Unsern auf Venedig geschossen werden, ruhig, offen und ohne Empfindsamkeit. Akut wird das Problem ja erst werden, bis England –
> DER FREGATTENLEUTNANT: Wem sagen Sie das? Seien Sie beruhigt, ich *habe* Venedig bombardiert.

Im Epilog zu den ‹Letzten Tagen› lässt KRAUS die mit ihrer Selbstvernichtung beschäftigte Menschheit «von oben» zur Besinnung rufen; der Ruf findet jedoch kein Gehör, die «Stimmen von oben» verkünden den «Gegenstoss», die mahnenden Worte werden zum vernichtenden Blut- und Aschenregen: die Apokalypse realisiert sich als Invasion der Erde durch die Marsianer. Diese lassen am Himmel «ein grosses blutiges Kreuz» als Menetekel erscheinen, doch die Antwort «von unten» – von den hochzivilisierten Erdbewohnern – bleibt blanker Hohn:

> *Wer macht uns das nach, uns macht man nichts vor,*
> *wir achten kein Amen, wir scheuen kein Omen!*
> *Solang unser Kaiser den Kopf nicht verlor,*
> *schreckt uns kein Astronom mit seinen Phantomen!*

Selbst den nun einsetzenden Blutregen weiss die Menschheit zu ihrem eigenen Verdienst umzudeuten, indem sie ihn kausal mit dem modernen Luftkrieg verknüpft:

> *Unser neuester Trick, das muss man nur wissen,*
> *das hat unser Kriegsrat längst beschlossen.*
> *Wir haben doch den Feind in der Luft zerrissen,*
> *so kommt eben das Blut von oben geflossen.*

Daraufhin beschliessen die Marsianer, den Planeten Erde «mit sämtlichen Fronten auszujäten» und aufzuräumen «mit allen vermessenen Erdengewürmen, / die sich erfrechen, die Sphären zu stürmen, / und wie immer sie sich gewendet haben, / das Bild der Schöpfung geschändet haben»; die lange Liste des zu vernichtenden Erdengewürms schliesst mit einem Hinweis auf die

> *Hochstapler der Höhen und Schwindler der Tiefen,*
> *Hyänen, die Leben und Tod beschliefen,*
> *Flieger, die an dem Irdischen haften,*
> *Sklaven der neusten Errungenschaften,*
> *in Tort und Technik bestens erfahren,*
> *elektrisch beleuchtete Barbaren,*
> *die vor dem Tod noch den Einfall hatten,*
> *ihn mit allem Komfort fix auszustatten,*
> *so dass er bei jenen behaglich gelebt,*
> *die auf der Flucht vom Ursprung das Kriegsziel erstrebt!*

Und das marsianische Weltgericht lautet wie folgt:

> *Nicht abgeneigt einem Verständigungsfrieden,*
> *hat das Weltall sich folgendermassen entschieden:*
> *Wir vom Mars sind gar nicht eroberungssüchtig.*
> *Doch greift man was an, so greift man es tüchtig.*
> *Zum Heil des Alls und all seiner Frommen*
> *haben wir eure Methoden angenommen.*
> *Sowohl um zu forschen wie um zu töten*
> *war uns eure Wissenschaft vonnöten.*
> *Durchs Fernrohr betrachtet war euer Stern uns nur Schnuppe:*
> *wir besahn den martialischen Zwerg durch die Lupe!*
> *Wir woll'n nur ein wenig das Wetter erheitern,*
> *doch nimmer an euch unsre Grenzen erweitern.*
> *Die Prüfung war schwer. Vernehmt das Ergebnis:*
> *Wir planen mit euch ein besondres Erlebnis.*
> *Fern sei es von uns, euch zu annektieren,*
> *wir würden dadurch an Prestige verlieren.*
> *Zu friedlicher Arbeit dem Kosmos zu nützen,*

> *wollen wir nur die eigenen Grenzen schützen.*
> *Entschlossen, auf euern Besitz zu verzichten,*
> *wollen wir das Geschäft ganz anders verrichten.*
> *Die Kriegskosten werdet ihr freilich bezahlen,*
> *da der Schuldner getilgt wird aus den Annalen,*
> *damit auf Ewigkeitsdauer die Sphären*
> *sich über Störung der Harmonie nicht beschweren,*
> *nicht greife in den verschlossenen Äther*
> *die Hand der Denker und Attentäter,*
> *und kein Schlachtendonner, kein Handelstauschen*
> *je dringe zu unserm verschwiegenen Rauschen!*
> *Habt lange genug im Weltall gesprochen.*
> *Die Ewigkeit ist bereits angebrochen.*
> *Lang wartetet ihr und warteten wir,*
> *wir harrten geduldig, ihr hofftet mit Gier.*
> *Und damit doch auf eurer noch hoffenden Erde*
> *nun endlich der endliche Endsieg mal werde,*
> *und damit sich dagegen kein Widerspruch regt,*
> *haben wir sie erfolgreich mit Bomben belegt!*[82]

Realität und Erfahrung des mechanisierten Luftkriegs haben einerseits zur Entstehung jenes neuen Heroismus beigetragen, welcher den modernistischen Mythos der Maschine erstmals mit erhabenem Lebensgefühl verband und sich selbst, eben dadurch, als Gegenstand *literarischer* Gestaltung durchzusetzen vermochte; anderseits kam es, namentlich unter politisch progressiven Autoren, schon während des Kriegs zu einer humanistischen Tendenzwende, in deren Folge die Fliegerei – nun weitgehend befreit von mythologischen Konnotationen, unabhängig auch von nationalem, militärischem oder technokratischem Prestigedenken – mehr und mehr als *zivilisatorische* Errungenschaft erkannt, beziehungsweise als solche gegen entfremdenden Missbrauch verteidigt wurde.

Neben – oder zwischen – den rasch auseinanderstrebenden Entwicklungslinien der heroischen und der humanistischen Flugdichtung der Nachkriegszeit erhielt (mit Autoren wie EVGENIJ ZAMJATIN und ALEKSEJ TOLSTOJ, HANS DOMINIK und dem späten H.-J. ROSNY *aîné*) die aviatorische Science-fiction, welche seit 1909 in stetig sich verkürzenden

---

82 *Cf.* dazu die gleichzeitig mit der Krausschen Tragödie entstandene Marsutopie von Max Heinrich (*Ein Flug auf den Marsplaneten und eine Reise um den Mars*, Bln 1918), in deren Anhang der «Weltkrieg auf dem Mars» imaginiert wird; die Invasion erfolgt hier in umgekehrter Richtung: der Weltkrieg wird von der Erde auf den Mars ausgeweitet.

Abständen von der *Wirklichkeit* des technischen Fortschritts eingeholt (oder widerlegt) wurde und für ein Jahrzehnt stark an Popularität verlor, neuen und erneuernden Auftrieb. Besonders aufschlussreich ist in diesem Zusammenhang die Entstehung einer philosophisch fundierten «wissenschaftlichen Phantastik», die sich nicht mehr mit der Projektion intellektueller Abenteuer auf exotische oder ausserirdische Schauplätze begnügt; die vielmehr – generell – die ethische Problematik und die politischen Implikationen eines Fortschrittsdenkens herausstellt, welches einzig das Kriterium der Praktikabilität gelten lässt. Doch nicht die Neuansätze und Antizipationen der engagierten Sciencefiction zwischen den beiden Kriegen stehen hier zur Diskussion; auch soll nun nicht am Detail untersucht werden, wodurch die aviatorische Kriegsliteratur in Europa die Herausbildung eines modernen faschistischen Heroismus ermöglicht und gefördert hat; ebenso wird darauf verzichtet, jene humanistische Tradition aufzuzeigen, die – unmittelbar reaktiv – aus dem Kriegserleben jüngerer Autoren hervorgegangen ist, eine fast ausschliesslich von Piloten getragene, im wesentlichen auf Frankreich beschränkte Tradition, als deren bedeutendste Vertreter (nach GARROS) JOSEPH KESSEL, ANDRÉ MALRAUX und ANTOINE DE SAINT-EXUPÉRY zu gelten haben[83]. Anhand von SAINT-EXUPÉRYS grossen Fliegerromanen – ‹Südkurier› (Courrier Sud, 1928) ‹Nachtflug› (Vol de nuit, 1931) ‹Der Menschen Erde› (Terre des hommes, 1939) ‹Flug nach Arras› (Pilote de guerre, 1942) – lässt sich die qualitativ bedeutsame Transformation des elitären Selbstbewusstseins des Kampf- und Pionierfliegers zum politischen Verantwortungsbewusstsein des Post- und Linienpiloten beispielhaft nachvollziehen: die aristokratische Berufung des Fliegers wird zum schlichten Tagwerk und gewinnt somit auch soziale Relevanz; der Flug ist nicht mehr Erhebung über die Natur, sondern redliches Bemühen, mit dieser in harmonischem Einklang zu bleiben; das Fliegen: ein Vorgang, dem man sich eher überlässt, als dass man ihn – sich selbst zur Feier oder anderen zum Schaden – erzwingt; ein Beruf schliesslich, der die individuelle Höchstleistung ganz in den Dienst der Allgemeinheit stellt und daher in besonders hohem Mass ethisch determiniert ist. Unter solchen Voraussetzungen verliert für den Piloten auch der Tod an Faszination, das Sterben wird entheroisiert, der tödliche Absturz ist als Berufsrisiko hinzunehmen, er gilt als Betriebsunfall.

83 Über die erzählerische Flugdichtung
   der Zwischenkriegszeit in Frankreich
   referiert ausführlich Bùi Xuân Bào,
   *op.cit.* (P 1961).

Die schon bald nach dem Krieg einsetzende, in den späten zwanziger Jahren sich vollendende Entheroisierung der Fliegerei verändert auch das Verhältnis zwischen Mensch und Maschine. Die Flugmaschine büsst ihre pseudomythologische Aura weitgehend ein; sie ist nicht mehr bloss eine ikarische Prothese des menschlichen Körpers, vielmehr übernimmt sie nun, da auch der Pilot zum Techniker geworden ist, die Funktion eines Werkzeugs, eines «Instruments der Analyse». Das Flugzeug ist, nicht anders als der Stosskarren, ein primär auf Funktionalität und Nützlichkeit angelegtes Hilfsmittel; mit zunehmender technischer Perfektion nimmt die Maschine allmählich den Charakter eines Automaten an, und dies wiederum erlaubt es dem Piloten, seine Aufmerksamkeit mehr und mehr auf Phänomene und Probleme zu verlagern, welche «jenseits der Apparatur» liegen: er findet, «vermittels der Apparatur», zur alten Natur zurück, «zur Natur des Gärtners, des Seemanns oder des Dichters».

> So sind wir denn zu Physikern geworden, zu Biologen [...]. So beurteilen wir denn den Menschen in kosmischem Maßstab, beobachten ihn durch unsre Bullaugen wie durch wissenschaftliche Instrumente. So werden wir denn erneut zu Lesern unserer Geschichte[84].

## 9

Der von SAINT-EXUPÉRY 1926 erstmals essayistisch umrissene, später in mehreren autobiographischen Romanen gestaltete Prototyp des *zivilen* Piloten vermochte sich, als literarische Figur, bis heute ebenso wenig durchzusetzen wie der weit populärere Typ des Kampfpiloten, des Aufklärungsfliegers oder des Kosmonauten; seine perfekteste Verkörperung fand der «reine Heros der zivilen Luftfahrt» nicht in der belletristischen Fiktion, sondern in der Person des fünfundzwanzigjährigen Amerikaners CHARLES A. LINDBERGH, dem im Mai 1927 die Erstüber-

---

84 A. de Saint-Exupéry, ‹Terre des hommes› (1939); hier zitiert (und übersetzt) nach id., *Œuvres* (P 1961), pp. 170; 172; *cf.* auch *op. cit.*, Kap. III (‹L'Avion›) und IV (‹L'Avion et la planète›); *v.* ferner Saint-Exupérys kleine Schriften in id., *Un sens à la vie* (P 1956) sowie das Sonderheft der Zeitschrift *icare* (XXX, 1964) zum Thema ‹St-Ex: écrivain et pilote›, mit Beiträgen von N. H. Guillaumet, J. Israël, G. Trocmé, E. Petit, J. Cau, J. Roy, A. de Saint-Exupéry *u. a.*

querung des Nordatlantiks in Richtung Europa gelang und der danach, für viele Jahre, als «der berühmteste Mann der Welt» galt[85].

Durch LINDBERGH wurde der zuerst von den Fliegerassen des Weltkriegs praktizierte, stark nationalistisch eingefärbte und nach antiken Vorbildern stilisierte aviatorische Heroismus in entscheidender (bis heute nachwirkender) Weise umgedeutet; diese neue Sinngebung ist geschichtlich - und politisch - ebenso folgenreich geworden wie LINDBERGHS beispielhafte fliegerische Leistung.

Als LINDBERGH, aus New York kommend, am 21. Mai - nach einem Alleinflug von 5810 Kilometer Länge und 33,5 Stunden Dauer - in Le Bourget bei Paris landete, waren für die weitere Entwicklung der Luftfahrt, für das technologische Denken ganz allgemein, aber auch für ein modernes Verständnis weltpolitischer Zusammenhänge und Zusammenarbeit neue Maßstäbe gesetzt. Mit gutem Recht konnte ein Kommentator des Pariser ‹Figaro› den Nonstopflug über den Atlantik als ein Ereignis von globaler Bedeutung bezeichnen und darauf hinweisen, dass LINDBERGH die von BLÉRIOT eröffnete Pionierphase der motorisierten Luftfahrt abgeschlossen habe, um eine qualitativ «neue Periode» einzuleiten[86].* LINDBERGHS persönliche Innovationsleistung ist wesentlich durch seine Herkunft bestimmt: erstmals seit den frühen Gleit- und Flugversuchen der Brüder WRIGHT übernimmt nun, zwei Jahrzehnte später, wiederum Amerika die Führung im Bereich der Luftfahrttechnik und des Flugzeugbaus, und damit setzt sich auch in Europa vermehrt jene ambivalente, bald kindliche, bald fanatische, jedenfalls typisch amerikanische Fortschrittsbegeisterung durch, die - wie SOMBART schon vor dem Krieg beobachtet hatte - auf den modernen Grossunternehmer «als Triebkraft wirkt» und gerade in den USA «diesen kindlich-fröhlichen Zug in das Geistesleben hineinträgt»: «Stimmung des Kindes. Stimmung des Kolonialmenschen. Aber auch Stimmung des technischen Menschen. Denn wenn die sinnlose Idee des ‹Fortschritts› irgendwelchen Sinn hat, so sicher nur im Bereiche des technischen Könnens[87].»

Als Amerikaner kann LINDBERGH europäischen Klischeevorstellungen in keiner Weise entsprechen; der hochgewachsene junge Mann mit seinen linkischen Bewegungen und dem stets kindlichen Gesichtsausdruck ist vom noblen Herrenflieger d'annunzianischer Prägung typologisch ebenso weit entfernt wie von den populären «Erzengeln» der

---

85 *Cf.* u.a. G. Lindbergh, *'Plucky' Lindbergh* (Los Angeles 1927); dazu den Flugbericht von C.A. Lindbergh, *WE* (NY &c 1928).

86 Général Duval, ‹Le vainqueur de l'Atlantique›, *Le Figaro*, 1927 [23.V.].

87 W. Sombart, *op. cit.* (Mchn &c 1913), pp. 425-426.

* Abb. 36

französischen und deutschen Luftwaffe im Ersten Weltkrieg. LINDBERGHS Persönlichkeit widersetzt sich jedweder schöngeistigen Projektion; er selbst versteht die Fliegerei nicht mehr als Abenteurertum oder als aristokratische Sportart, sondern – bereits im Sinn von ANTOINE DE SAINT-EXUPÉRY – als einen anspruchs- und verantwortungsvollen Beruf, welcher von dem, der ihn ausübt, permanenten Totaleinsatz verlangt und kaum noch Spielraum für individualistische Eskapaden offenlässt. Mit LINDBERGH wird der Pilot zum Schwerarbeiter, er ist Techniker und Handwerker zugleich, er bereitet seine Flüge in zahlreichen Tests planmässig vor, Geduld, Konzentration, Intelligenz sind bei ihm höher veranschlagt als fliegerischer Mut und Übermut, sein Pflichtgefühl bewahrt ihn vor heroischen Ambitionen; dem Kampf allerdings – dem Kampf gegen die Naturkräfte, gegen die eigene Müdigkeit, gegen Angst und Einsamkeit – weicht auch LINDBERGH, hat er einmal die technischen Unsicherheitsfaktoren auf ein vertretbares Minimum reduziert, nicht aus: Natur ist für ihn kein Verhängnis mehr, dem man sich widerstandlos – und dennoch mit heroischer Geste! – unterwirft, vielmehr erweist sich die Natur bisweilen als feindliches Element, das den Flieger zur Konfrontation zwingt, von ihm jedoch nicht durch Gewalt, sondern allein durch Geschicklichkeit und äusserste Willensanstrengung bezwungen werden kann[88].

Der beispiellose Triumph, der LINDBERGH nach seiner Ankunft in Paris zuteil wurde – rund 200 000 Menschen hatten sich zu seiner Begrüssung auf dem Flugfeld eingefunden –, vermochte nur für kurze Zeit darüber hinwegzutäuschen, dass «die Epoche der Helden» bereits vorbei war und dass sich mit CHARLES A. LINDBERGH ein Meisterpilot neuen Typs durchgesetzt hatte – ein nüchterner, recht biederer und völlig geheimnisloser Zeitgenosse, der sich dem grossen Publikum geradezu zur Identifikation darbot. Die von LINDBERGH angeführte Pilotengeneration hat sich bis heute als durchhaltefähig erwiesen; zu ihren Nachfahren gehören – geistig wie physiognomisch unverkennbar – Weltraumpioniere wie JURIJ GAGARIN oder, noch später, die Besatzungen der *Apollo*- und *Sojuz*-Raumschiffe. Aus den gleichen Gründen wie LINDBERGH, jedoch um vieles rascher als er sind auch die amerikanischen Mondfahrer der frühen siebziger Jahre beim Publikum (und bei den Massenmedien, denen sie ihren weltweiten Ruhm zu verdanken hatten) in Vergessenheit geraten: Helden, die sich als zuverlässige Techniker und als

---

88  V, dazu C.A. Lindbergh, *op. cit.*; *cf.* ausserdem Saint-Exupérys autobiographischen Essay ‹Der Pilot und die Naturgewalten› (1939), in dem der Autor seinen fast anderthalbstündigen Zweikampf *(lutte)* mit einem gefährlichen Zyklon beschreibt *(Un sens à la vie,* P 1956, pp. 187–204).

brave Familienväter empfehlen, ansonsten aber keine besonderen Kennzeichen oder Eigenschaften aufzuweisen haben, können ein auf *action* erpichtes Publikum bestenfalls punktuell – durch eine besonders risikoreiche Einzelleistung – an ihrer Person interessieren.

LINDBERGH hat den nietzscheanischen, mit Adlerschwingen, Adleraugen und Adlerkrallen ausgestatteten Übermenschen endgültig verdrängt, er hat die Elevation des lyrischen Ichs und die mythologische Himmelfahrt durch seine *reale* Tat demonstrativ entzaubert. An die Stelle des pathetisch-einsamen Adler-Menschen,[*] der durch NIETZSCHES und D'ANNUNZIOS Vermittlung für eine ganze Dichtergeneration zum Vorbild geworden war, ist nach LINDBERGH der charakterlich und intellektuell mediokre Fliegertyp des *homo faber* getreten, der zwar – noch in diesen Tagen – einem weitreichenden Identifikationsbedürfnis entgegenkommt, der jedoch, anderseits, die Herausbildung eines neuen, den Tagesruhm überdauernden Heldenkults verhindert: der Heroismus wird demokratisiert und zivilisiert, der Held selbst ist «ein Mensch wie du und ich».

Darauf bleibt wohl die Tatsache zurückzuführen, dass seit LINDBERGHS Pionierflug – seit jenem Zeitpunkt also, da die Luftfahrt nicht mehr primär als ritterlicher Sport oder als pseudomythologisches Experiment, sondern als wissenschaftlich vorbereitetes, wirtschaftlich abgesichertes Unternehmen aufzufassen ist – immer wieder der Ruf nach *echten* Helden laut wird, nach Helden, die sich *in Aktion* zeigen und die Aktion auch erzeugen, indem sie aus eigener Kraft, durch Geschicklichkeit, durch List und persönlichen Mut überlegene Gegner bezwingen, unlösbar scheinende Probleme oder naturgegebene Schranken *mit Bravour* bewältigen.

LE CORBUSIER beschreibt den neuen Helden, wie er sich in der Person eines LINDBERGH, eines COSTE, eines MERMOZ profiliert hat, als den eigentlichen Anti-Abenteurer, als einen Mann, der das Risiko seines Unternehmens weder scheut noch herausfordert, der es vielmehr planmässig auszuschalten weiss: «Ein schönes Abenteuer – das will heute heissen: ‹Ich beabsichtige dieses oder jenes Ziel zu erreichen, und darauf werde ich mich in jeder Weise vorbereiten. Ich werde den geeigneten Moment abwarten. Ich werde das verwirklichen, was ich mir vorgenommen habe. Es wird gelingen. Ich werde ankommen. Ich werde zur gewünschten Zeit an dem zuvor bestimmten Ort anlangen – ruhig und lächelnd, als Sieger und nicht als Märtyrer.› Die echten Helden sind sauber, rein, Herren ihrer selbst. Sie sind weder struppig noch

---

[*] Abb. 46–49

zerlumpt oder gar blutbeschmiert. Götter pflegen zu lächeln. Dies nennt man Charakterstärke[89].»

Die nach LINDBERGH eingetretene, von ihm – durch entsprechende Selbstaussagen – geradezu verursachte Ernüchterung, ist mit ein Grund dafür, dass sich in der künstlerischen wie auch in der trivialen Belletristik der dreissiger Jahre nicht dieser neue, humanistisch geläuterte Heroismus durchgesetzt hat, sondern das aggressive Heldentum der Kriegsasse und der fliegenden Abenteurer. Tatsache bleibt jedenfalls, dass weder LINDBERGH noch irgendein späterer Pionier der Luft- oder Weltraumfahrt als feste Grösse in die europäische Literatur eingegangen ist.
Die maschinisierte und maschinell organisierte Zivilisation hat dem Menschen sein eigenes Handwerk entfremdet; diese innere Entfremdung wiederum hat dazu geführt, dass die Verantwortung des Einzelnen für sein Tun zu einer Frage der äusseren Distanz geworden ist. Und damit hat, auf der andern Seite, auch die Literatur den frei entscheidenden und handelnden Menschen als *Helden* verloren[90].
In der Flugliteratur nach LINDBERGH haben sich zwei neue, «demokratische» Tendenzen herausgebildet, welche nicht mehr vorab die heroische Einzelleistung, sondern das fliegerische Kollektiv und dessen gesellschaftlich-politisches Engagement zum Gegenstand belletristischer Darstellung machten. Einerseits wird – etwa bei MALRAUX, bei SAINT-EXUPÉRY – die Fliegerei (als *Erlebnis*) zum Paradigma menschlichen Trachtens und Handelns überhaupt, der fliegerische Individualheroismus zu einem heroischen Humanismus ausgeweitet, und nicht selten – so bei KONSTANTIN BIEBL – wird das Fluggeschehen wiederum in einen mythologischen Bezugsrahmen verlegt, poetisch verinnerlicht und ver-

---

89 Hier zitiert (und übersetzt) nach der Ausgabe Le Corbusier. *Sur les 4 routes* (P 1970). p. 143.
90 Dies gilt. wie W. H. Auden einleuchtend darzulegen weiss. nicht zuletzt für die Kriegsliteratur: «Das Aufkommen der Maschine hat die direkte Beziehung zwischen der Absicht eines Menschen und der Ausführung seiner Tat zerstört. Wenn der heilige Georg dem Drachen Aug in Auge gegenübertritt und ihm den Speer ins Herz bohrt. kann er mit vollem Recht sagen: ‹Ich schlug den Drachen›; wenn er aber aus siebentausend Meter Höhe eine Bombe auf den Drachen fallen lässt. dann besteht. wenn auch die Absicht. ihn zu töten, dieselbe ist, seine Handlung im Niederdrücken eines Hebels, und die Bombe. nicht der heilige Georg. besorgt das Töten.» (W. H. Auden. *Des Färbers Hand*, Gütersloh *s. a.*, p. 105.)

allgemeinert[91]. Auf der andern Seite erscheint die Fliegerei (als zivilisatorische und zivilisierende *Errungenschaft*) seit 1930 mit zunehmender Häufigkeit in realistisch-faktographischer Darstellung: der russische «Redakteur-Konstrukteur» SERGEJ TRET'JAKOV hat mit seiner Textcollage über die *Čeljuskin*-Aktion von 1934 das erste bedeutsame Beispiel dafür gegeben; es handelt sich um einen «Bericht über die Fahrt des [Expeditionsschiffs] ‹*Čeljuskin*›, über seinen Untergang im Eismeer, über sechzig Tage heroischen Kampfes des festgeschlossenen Kollektivs kühner sowjetischer Polarfahrer auf einer treibenden Eisscholle, über die von der Sowjetregierung planmässig organisierte, von der leidenschaftlichen Anteilnahme der werktätigen Millionenmassen des Sowjetlandes getragene Rettung der Schiffbrüchigen durch die todesmutigen Flieger, die *Helden der Sowjetunion*[92].» – Hier wird sowohl der «heroische Kampf» der schiffbrüchigen Polarfahrer wie auch die heroische Rettungsaktion der «todesmutigen Flieger» als kollektives, völlig in die (sozialistische) Gesellschaftsordnung integriertes – und entsprechend nivelliertes – Heldentum vorgeführt.

Auf exemplarische Weise kommt der Bankrott der individuellen Heldentat, kommt auch die Demokratisierung und Kollektivisierung des modernen Heroismus in BERTOLT BRECHTS Auseinandersetzung mit dem *Lindbergh*-Stoff zum Ausdruck. Nachdem BRECHT 1927/1928 in seinem launigen Plädoyer ‹*Für einen deutschen Ozeanflug*› das souveräne Recht des Staats bekräftigt hatte, «von Leuten, die auf einem bestimmten Gebiet die Nation repräsentieren, Mut zu verlangen[93]», schrieb er, unter dem unmittelbaren Eindruck von LINDBERGHS Atlantikflug, ein Radiolehrstück, mit dem jüngeren Hörern klargemacht werden sollte, dass die – als solche bewunderungswürdige – individuelle Leistung des Fliegers nur aufgrund engster und solidarischer Zusammenarbeit aller Beteiligten im Dienst einer höheren Idee möglich war. Das kurze Lehrstück trug denn auch den bezeichnenden Titel ‹*Der Flug der Lindberghs*› (1928/1929)[94]; LINDBERGH verkörpert demnach, in BRECHTS Deutung, nicht nur all jene namenlosen Helfer, die zu seinem

---

91 A.M. Píša hat das Erscheinen der Biebl'schen Ikaros-Dichtung (*Nový Ikaros*, 1929) als Beginn einer Tendenzwende *zurück* «zum Geist, zu dessen Innerlichkeit und Kraft» begrüsst; Píšas umfängliche Rezension (‹Die Bedeutung von Biebls *Neuem Ikaros*›, 1929) ist nachgedruckt in id., *Dvacátá léta* (Praha 1969), pp. 328–340.

92 S. Tretjakow (red.), *Tscheljuskin* (M-L 1934), p. 5; deutschsprachige Originalausgabe.

93 B. Brecht, ‹Notizen über die Zeit›, in id., *Werke* (Ffm 1967), XX, pp. 31–32.

94 Im folgenden zitiert nach der Werkausgabe (*op. cit.*, II, pp. 565–585; *passim*).

Erfolg beigetragen haben, sondern auch die glücklosen Pioniere, welche - wie NUNGESSER und COLI - an derselben Aufgabe gescheitert sind: sie alle bilden das Kollektiv «der Lindberghs». In diesem Sinn lässt BRECHT den umjubelten Flieger nach seiner Ankunft in Le Bourget völlig unheroisch formulieren:

> *Ich bin Charles Lindbergh. Bitte tragt mich*
> *In einen dunklen Schuppen, dass*
> *Keiner sehe meine*
> *Natürliche Schwäche.*
> *Aber meldet meinen Kameraden in den Ryanwerken von San Diego*
> *Dass ihre Arbeit gut war.*
> *Unser Motor hat ausgehalten*
> *Ihre Arbeit war ohne Fehler.*

In einer späteren Fassung des Stücks (*‹Der Ozeanflug›*, 1949/1950) hat BRECHT auf jede Individualisierung des Helden verzichtet und sogar LINDBERGHS Namen durch die Kollektivbezeichnung «Die Flieger» oder einfach durch den Ausdruck «derundder» ersetzt. Der Grund für diese Säuberung lag nun allerdings darin, dass LINDBERGH, wie BRECHT in einem Schreiben an den Süddeutschen Rundfunk festhielt, «bekanntlich zu den Nazis enge Beziehungen unterhalten» und auch «in den USA als Faschist eine dunkle Rolle gespielt» hatte[95]: nicht bloss der einstige Held als Person, sondern der individuell-repräsentative Heroismus schlechthin war damit ein für allemal diskreditiert. BRECHT selbst stellte der Neufassung seines Lehrstücks den folgenden Prolog zum besseren Verständnis - und zur Warnung - des Publikums voran:

> *Hier hört ihr*
> *Den Bericht über den ersten Ozeanflug*
> *Im Mai 1927. Ein junger Mensch*
> *Vollführte ihn. Er triumphierte*
> *Über Sturm, Eis und gefrässige Wasser. Dennoch*
> *Sei sein Name ausgemerzt, denn*
> *Der sich zurechtfand über weglosen Wassern*
> *Verlor sich im Sumpf unserer Städte. Sturm und Eis*
> *Besiegte [sic] ihn nicht, aber der Mitmensch*
> *Besiegte ihn. Ein Jahrzehnt*
> *Ruhm und Reichtum und der Unselige*
> *Zeigte den Hitlerschlächtern das Fliegen*

95 *Op. cit.*, II, p. 2\* (Anm.).

> *Mit tödlichen Bombern. Darum*
> *Sei sein Name ausgemerzt. Ihr aber*
> *Seid gewarnt: Nicht Mut noch Kenntnis*
> *Von Motoren und Seekarten tragen den Asozialen*
> *Ins Heldenlied*[96].

Kurz nach der Urfassung des ‹Ozeanflugs› schrieb BRECHT – 1929 – ‹Das Badener Lehrstück›, welches am Beispiel einiger abgestürzter Flugpioniere die Problematik des technischen Fortschritts in einer paradigmatischen Gerichtsverhandlung zur Diskussion stellt[97]. Ein «gelernter Chor» figuriert als Ankläger der selbstherrlichen Flieger und als Kollektivanwalt der um das «Brot» des Fortschritts geprellten «Menge». Erst nach ihrem Absturz – zu spät – kommen die Flieger zur Einsicht:

> *Wir beteiligten uns an den Arbeiten unserer Kameraden.*
> *Unsere Flugzeuge wurden besser*
> *Wir flogen höher und höher*
> *Das Meer war überwunden*
> *Schon waren die Berge niedrig.*
> *Uns hatte erfasst das Fieber*
> *Des Städtebaus und des Öls.*
> *Unsere Gedanken waren Maschinen und*
> *Die Kämpfe um Geschwindigkeit.*
> *Wir vergassen über den Kämpfen*
> *Unsere Namen und unser Gesicht*
> *Und über dem geschwinderen Aufbruch*
> *Vergassen wir unseres Aufbruchs Ziel.*

Der gelernte Chor und bald auch die aufgeklärte Menge bringen den gestürzten Fliegern bei, dass ihr Einsatz für den Fortschritt solange in keiner Weise zu rechtfertigen sei, als der Fortschritt nicht das Brot, wohl aber Hass und Gewalt mehre:

> *Die Armut hat zugenommen in unseren Städten*
> *Und es weiss seit langer Zeit*
> *Niemand mehr, was ein Mensch ist.*

---

96 *Ibid.*, p. 3\*.
97 *Ibid.*, pp. 587–612; danach wird im folgenden *(passim)* zitiert. – Brecht selber hat *Das Badener Lehrstück* «unfertig» gelassen, es jedoch zum Abdruck freigegeben, da es, falls es aufgeführt würde, «immerhin einen kollektiven Apparat» organisiere (*ibid.*, p. 3\*).

> *Zum Beispiel: während ihr flogt, kroch*
> *Ein euch Ähnliches am Boden*
> *Nicht wie ein Mensch!*

Angesichts der streng dialektischen Anklageerhebung tritt einer der abgestürzten Flieger die Flucht nach vorn an, er setzt sich wider besseres Wissen über die Argumente des Chorführers und die Bedürfnisse der Menge hinweg und präsentiert sich dem Volksgericht in der pathetischen Pose des Siegers; und einmal mehr wird D'ANNUNZIOS Apologie eines modernen Fliegerheldenkults vorgetragen:

> *Aber ich habe mit meinem Fliegen*
> *Meine grösste Grösse erreicht.*
> *Wie hoch immer ich flog, höher flog*
> *Niemand.*
> *Ich wurde nicht genug gerühmt, ich*
> *Kann nicht genug gerühmt werden*
> *Ich bin für nichts und niemand geflogen.*
> *Ich bin für das Fliegen geflogen.*
> *Niemand wartet auf mich, ich*
> *Fliege nicht zu euch hin, ich*
> *Fliege von euch weg, ich*
> *Werde nie sterben.*

Der uneinsichtige Flieger wird nun ohne Pardon «ausgetrieben», und damit ist auch der blinde – oder verblendete – Fortschrittsglaube aus der modernen Arbeitswelt verwiesen. Bei der aufgebrachten Menge finden einzig die «gestürzten Monteure» Gnade, die Monteure – nicht die Helden! – sind es schliesslich, die von der Menge «den Auftrag» übernehmen, «wieder aufzubauen unser Flugzeug»:

> *Beginnt!*
> *Um für uns zu fliegen*
> *An den Ort, wo wir euch brauchen*
> *Und zu der Zeit, wo es nötig ist. Denn*
> *Euch*
> *Fordern wir auf, mit uns zu marschieren und mit uns*
> *Zu verändern nicht nur*
> *Ein Gesetz der Erde, sondern*
> *Das Grundgesetz:*
> *Einverstanden, dass alles verändert wird*
> *Die Welt und die Menschheit*

*Vor allem die Unordnung*
*Der Menschenklassen, weil es zweierlei Menschen gibt*
*Ausbeutung und Unkenntnis.*
*[...]*
*Und wir bitten euch*
*Verändert unsern Motor und verbessert ihn*
*Auch vergrössert Sicherheit und Geschwindigkeit*
*Und vergesst auch nicht das Ziel über dem geschwinderen Aufbruch.*

In der letzten Szene seines agitatorischen Lehrstücks lässt BRECHT die begnadigten Monteure in klugem «Einverständnis» mit der Menge aufmarschieren: unter den Kommandos des Führers des gelernten Chors – *«marschiert!»* – ziehen sie im Gleichschritt aus zur «Vervollständigung der Wahrheit» und zur «Verbesserung der Welt[98]».

---

98 Dem im *Badener Lehrstück* denunzierten Typ des Herrenfliegers hat Brecht – kurz vor Kriegsausbruch – eines seiner parabolischen ‹Svedenborger Gedichte› *(Mein Bruder war ein Flieger)* gewidmet: «Mein Bruder war ein Flieger / Eines Tags bekam er eine Kart / Er hat seine Kiste eingepackt / Und südwärts ging die Fahrt. // Mein Bruder ist ein Eroberer / Unserm Volk fehlt's an Raum / Und Grund und Boden zu kriegen, ist / Bei uns ein alter Traum. // Der Raum, den mein Bruder eroberte / Liegt im Guadarramassiv / Er ist lang einen Meter Achtzig / Und einen Meter fünfzig tief.» (*op. cit.*, IX, pp. 647-648) – *Cf.* auch (ebenfalls im Rahmen der ‹Svedenborger Gedichte›, 1933-1938) Brechts Kinderlied über den fliegenden Schneider von Ulm (‹Ulm 1592›), *ibid.*, pp. 645-646; einen aufgeklärten (stellenlosen) Zivilpiloten (Sun) lässt Brecht episodisch in seinem Parabelstück *Der gute Mensch von Sezuan* (1938/1940) auftreten.

# IV Futuristische Flugdichtung

> *Oho! Die Welt beginnt ja erst, ihre Jugend ist auch unsere Jugend. Die Flügel der Wrights, der Farmans und Blériots sind unsere Flügel. Wir, die Zukünftler, müssen fliegen, müssen ein Flugzeug ebenso zu lenken verstehen wie ein Fahrrad oder den Verstand.\**
> 
> VASILIJ KAMENSKIJ

## 1

Die Tatsache, dass MARINETTI im Gründungsmanifest des Futurismus die *Nike von Samothrake* – geflügelte Symbolgestalt des Siegs – zum Gegenstand einer ikonoklastischen Attacke gemacht hat (§4), hat keineswegs zufälligen Charakter: der aggressive Männlichkeitswahn der «jungen und starken *Futuristen*», zu deren erklärten Zielen seit 1909 die Zerstörung kultureller Werte und Traditionen, die agitatorische Verherrlichung des Kriegs sowie die bedingungslose «Verachtung des Weibes» (§9) gehörten, hielt sich in der Folge während Jahren an einem archaischen Sinnbild schadlos, welches für sie zum Inbegriff all dessen geworden war, was sie durch «die vielfarbige, vielstimmige Flut der Revolutionen in den modernen Hauptstädten» beseitigen und durch ein technizistisches, betont maskulines Zivilisationsverständnis ersetzen wollten (§11) – Konservatismus und Akademismus, Moralismus und Feminismus (§10)[1].

Dass MARINETTI den in pathetischer Pose verharrenden Torso der *Nike* gleich schon bei der Gründung des Futurismus als Kampfmetapher eingesetzt und auch später – in diversen Schriften und Reden – als solche beibehalten hat, gehört mit zu seinem Programm; die zu musealem Schrottgut gewordene Siegesgöttin repräsentiert nicht nur jene abendländische Vergangenheit, welche die Futuristen mit «Spitzhacken», «Hämmern» und «Äxten» niederzureissen sich anschickten, sondern auch MARINETTIS eigene künstlerische Vergangenheit – seine Herkunft von spätsymbolistischen Vorbildern wie GUSTAVE KAHN, MAETERLINCK oder VERHAEREN. Indem MARINETTI die samothrakische *Nike* durch den Vergleich mit einem «aufheulenden Auto», welches *schöner* als die Göttin sein soll, polemisch abwertet, markiert er einer-

---

\* [Motto:] V. Kamenskij, *Put' ėntuziasta* (Perm' ²1968), p. 96.

1 V.U. Apollonio (ed.), *Der Futurismus* (Köln 1972), pp. 33–34; *cf.* auch *supra*, pp. 66–71.

seits die progressive Position der ersten Futuristen gegenüber den Kalvarienbergen der Kultur, anderseits einen Wendepunkt in seiner persönlichen Werkbiographie sowie den darauf folgenden futuristischen Neuansatz. Doch die Gestalt der *Nike* hat bei MARINETTI noch eine weitere metaphorische Dimension; obwohl die Göttin vordergründig zur Kennzeichnung einer kulturrevolutionären Kehre und einer privaten *Konversion* verwendet wird, steht sie doch auch für eine *Kontinuität* ein – der grosse ikarische Flugtraum, an dem MARINETTI zeitlebens festgehalten und den er konsequent zu einer individuellen Mythologie ausgebaut hat, ist in der monumentalen, mit mächtigen Schwingen versehenen *Nike von Samothrake* ideal verkörpert[2].

Schon in seinen präfuturistischen Gedichtbüchern hatte MARINETTI einem dionysisch-ikarischen Fliegerideal gehuldigt, ohne jedoch über das von NIETZSCHE und D'ANNUNZIO vorgezeichnete metaphorische Rahmenwerk hinauszugreifen.

In der Lyriksammlung ‹*Die Eroberung der Sterne*› (La Conquête des Etoiles, 1902) ist auch bei MARINETTI – der kämpferische Titel kann nicht darüber hinwegtäuschen – der Dichtertraum noch heil; die angestrebte Evasion in die Weite und Höhe himmlischer Unendlichkeit bleibt hier durchaus identisch mit der Elevation des lyrischen Ichs:

> *Ich glaube nur noch an meinen grossen erhellenden Leuchtturmtraum.*
> *Ich glaube nur noch an seine goldene Riesenpupille,*
> *die wie ein Augustmond*
> *die Tiefen der Nächte durchstreift!*

---

2 Zur Gestalt der Nike von Samothrake als Emblem einer «contradiction d'esprit» zwischen dem Mechanischen und dem Klassischen *cf.* weitere Beispiele bei R. Banham, *Die Revolution der Architektur* (Reinbek 1964), p. 194. – Zur Bedeutung der Nike- und Venus-Gestalt (sowie der Gioconda) im Theoriebereich der europäischen Avantgarde *v.* G. Lista (ed.), *Futurisme* (Lausanne 1973), pp. 33-34. – G. Bachelard, der die Psychologie der materiellen Einbildungskraft in mehreren grossangelegten Untersuchungen abgehandelt hat, weist in seiner Studie über ‹Die Luft und die Träume› darauf hin, dass die Flugphantasie – wie auch der Flugtraum – nicht mit statischen, sondern mit dynamischen, «in Deformation begriffenen Formen» arbeite; aviatorische Metaphern seien grundsätzlich als zukunftsorientiert zu betrachten: «La psychologie de l'élément aérien est la moins ‹atomique› de toutes les quatre psychologies qui étudient l'imagination matérielle. Elle est essentiellement *vectorielle*. Essentiellement, toute image aérienne a *un avenir*, elle a un vecteur d'envol.» (*L'air et les songes*, P [6]1968, p. 30). Im Anschluss an Bachelard darf somit wohl gesagt werden, dass die künstlerische Vereinnahmung der Flugidee nicht nur für die Ästhetik, sondern – allgemeiner – für die Psychologie des Futurismus als typisch gelten kann.

[«Je ne crois plus qu'en mon grand Rêve illuminant de phare. / Je ne crois plus qu'en sa prunelle énorme d'or, / comme une lune d'août, / qui vagabonde aux profondeurs des nuits!»][3] - Explizit als «romantisches Abenteuer» bezeichnet MARINETTI den Höhenflug der Künstlerseele in dem Band ‹Zerstörung› (Destruction, 1904); es heisst dort an einer Stelle:

> *Hurra!... nehmen wir Abschied, meine Seele, schwingen wir uns hinaus*
> *über den Bereich entfesselter Muskelkraft,*
> *hinweg über die Grenzen von Raum und Zeit,*
> *hinaus aus der Schwärze des Möglichen, hinein in den absurden Azur,*
> *um es dem romantischen Abenteuer der Sterne gleichzutun.*

[«Hurrah!... partons, mon âme, évadons-nous / par-delà le ressort des muscles déclanchés, / par-delà les confins de l'espace et du temps, / hors du possible noir, en plein azur absurde, / pour suivre l'aventure romantique des Astres.»][4]

Die Gründung des Futurismus brachte dann auch den endgültigen Bruch mit der «unreinen Erde», MARINETTI erlebte seine poetische Wiedergeburt - wie er sie in der ekstatischen ‹Ode an Pegasus› (A mon Pégase, 1908) angekündigt hatte: Pegasus, «stürmischer Gott einer Rasse aus Stahl», reckt sich nun raumtrunken zum Sternenflug und wirft sich mit lautem Motorengebell ins «grosse Bett der Nacht»[5]. Die mythologische Drapierung des Maschinismus fällt somit dahin, sie wird ersetzt durch die geheimnislose «geometrische und mechanische Schönheit» moderner Industrieprodukte, die Flugmaschine ihrerseits wird zur apollinisch-dädalischen Metapher, und als solche tritt sie jetzt an die Stelle des ausgetriebenen Mythos[6]. - «Der Futurismus beruht auf einer

---

3 Aus ‹Contre les Syllogismes›; hier zitiert (und übersetzt) nach *Teatro F. T. Marinetti* (Roma 1960), I, p. XV.
4 Aus ‹Le Soir hindou›; hier zitiert und übersetzt nach *Teatro F. T. Marinetti*, I, loc. cit.; *cf.* F. T. Marinetti, ‹L'Amant des Etoiles›, *Revue Blanche*, XXIV, 1901, p. 433.
5 Cf. *supra*, pp. 64-65.
6 *Cf.* F. T. Marinetti, ‹Lo splendore geometrico e meccanico e la sensibilità numerica› (Manifest vom 18.III.1914), in id., *Teoria e invenzione futurista* (Milano 1968), pp. 84-92; schon im futuristischen Gründungsmanifest von 1909 und im Technischen Manifest der futuristischen Literatur (1912) hatte Marinetti eine Ästhetik des Geometrismus gefordert; dieses Postulat hat namentlich auf die futuristische Malerei und Plastik eingewirkt (Boccioni, Severini; v. *infra*, pp. 304 *sqq*).

vollständigen Erneuerung der menschlichen Sensibilität, die eine Folge der grossen wissenschaftlichen Entdeckungen ist. Wer heute den Fernschreiber, das Telephon, das Grammophon, den Zug, das Fahrrad, das Motorrad, das Auto, den Überseedampfer, den Zeppelin, das Flugzeug, das Kino, die grosse Tageszeitung (Synthese eines Tages der Welt) benutzt, denkt nicht daran, dass diese verschiedenen Arten der Kommunikation, des Transportes und der Information auf seine Psyche einen entscheidenden Einfluss ausüben[7].»

Besonders tiefgreifend ist das «neue Weltgefühl», ist die von MARINETTI registrierte «neue Sensibilität» von der *Geschwindigkeit* geprägt, jenem modernen zivilisatorischen Phänomen, welches als Produkt und als Gradmesser des wissenschaftlich-technischen Fortschritts zu gelten hat[8]. Schon im Gründungsmanifest des Futurismus (§4) figuriert die «Schönheit der Geschwindigkeit» als ästhetisches Postulat: sie soll «die Herrlichkeit der Welt» bereichern. In fast allen seinen späteren Manifesten hat MARINETTI auf dieses Postulat zurückgegriffen, er hat es stets von neuem zur Diskussion gestellt, hat als zeitgemässestes Vehikel zu seiner Verwirklichung das Flugzeug empfohlen: «Warum soll man sich noch der vier verbitterten, gelangweilten Räder bedienen, *wenn man sich vom Boden loslösen kann? Befreiung der Worte, ausgebreitete Flügel der Phantasie*, analoge Synthese der mit einem Blick umfassten, in ihrer Gesamtheit in essentiellen Worten enthaltenen Erde[9].» – Der Aufstieg im Aeroplan vermittelt dem futuristischen Himmels- und Bilderstürmer das sensationelle Gefühl, eine zum Spielball geschrumpfte Erde unter sich zu haben und diese kraft «drahtloser Phantasie» voll verfügbar und begreiflich machen zu können. Die neusten technischen Errungenschaften bedeuten – wiederum nach MARINETTI – «für den aufmerksamen Beobachter» ganz besonders «viele Veränderungsmöglichkeiten unserer Sensibilität, denn sie haben die folgenden bedeutenden Phänomene geschaffen»:

1. *Beschleunigung des Lebens,* das heute einen raschen Rhythmus hat. Physische, intellektuelle und sentimentale Balanceakte *auf*

---

7 F.T. Marinetti, ‹Zerstörung der Syntax [...]› (11.III.1913); hier zitiert nach U. Apollonio, *op. cit.*, p. 119.

8 *V.* u. a. F. Strowski, *L'Homme moderne* (P 1931); A. Siegfried, *Aspekte des 20. Jahrhunderts* (Mchn s. a.); P. Rousseau, *Histoire de la vitesse* (P 1963).

9 F.T. Marinetti, ‹Technisches Manifest der futuristischen Literatur› (11.V.1912); hier zitiert nach U. Apollonio, *op. cit.*, p. 80; Hervorhebungen von mir, *F. P. I.*

*dem gespannten Seil der Geschwindigkeit* zwischen sich widersprechenden Magnetfeldern. Vielseitige und gleichzeitige Bewusstseinslagen in ein und derselben Person.
2. Abscheu vor allem Alten und Bekannten. *Liebe zum Neuen*, zum Unvorhergesehenen.
3. Abscheu vor dem ruhigen Leben, *Liebe zur Gefahr* und Heroismus im täglichen Leben.
*(etc.)*[10]

Das Leben soll zum Kunst-Werk werden, die Kunst ist als Lebens-Kunst aufzufassen, in diesem Sinn auch als politischer Akt: «Kunst ist Revolution, Improvisieren, Schwung, Begeisterung, Rekord, Elastizität, Vornehmheit, Edelmut, Überfluss an Güte, Aufgehen im Absoluten, Kampf gegen alle Fesseln, luftiger Tanz auf den brennenden Gipfeln der Leidenschaft, Zerstörung der Trümmer *im Anblick der göttlichen Geschwindigkeit,* neue Wege, *Hunger und Durst nach dem Himmel ... fröhliche Flugzeuge, die nach der Unendlichkeit lechzen*[11] ...»

Das «stürmische Bedürfnis», die Ästhetik zu befreien, die Künste und ihre formalen Gattungen zu entfesseln, um sie in ein dynamisches Chaos zu verwandeln, ist für MARINETTI zum Imperativ geworden, als er «in einer Höhe von zweihundert Metern über die mächtigen Schlote von Mailand flog»; Befreiung kann und soll auch dem Menschen zuteil werden, wofern es gelingt, «die scheinbar unbeugsame Feindschaft [zu] besiegen, die unser menschliches Fleisch vom Metall der Motoren trennt»: «Nach dem Reich der Lebewesen beginnt das Reich der Maschinen. Durch Kenntnis und Freundschaft der Materie, von der die Naturwissenschaftler nur die physikalisch-chemischen Reaktionen kennen können, bereiten wir die Schöpfung des MECHANISCHEN MENSCHEN MIT ERSATZTEILEN vor. Wir werden ihn vom Todesgedanken befreien, und folglich auch vom Tode, dieser höchsten Definition logischer Intelligenz[12].»

Die Erschaffung eines derartigen «mechanischen Menschen» hatte MARINETTI schon 1909 in seinem programmatischen Roman ‹*Mafarka*

---

10 Es folgen weitere 14 Punkte zur ‹Zerstörung der Syntax›; hier zitiert nach U. Apollonio, *op. cit.,* p. 120; Hervorhebungen von mir, *F. P. I.*

11 F.T. Marinetti, ‹Jenseits vom Kommunismus› (Dezember 1919); hier zitiert (Hervorhebungen von mir, *F. P. I.*) nach C. Baumgardt, *Geschichte des Futurismus* (Reinbek 1966), p. 158.

12 F.T. Marinetti, ‹Technisches Manifest [...]›; hier zitiert nach U. Apollonio, *op. cit.,* pp. 74; 81.

*der Futurist*› (Mafarka le Futuriste) mit aller Ausführlichkeit geschildert: es handelt sich, wie bereits gezeigt wurde, um den Flugzeugriesen Gazourmah, der von Mafarka ohne «Mithilfe» oder «Mitschuld» des Weibes gezeugt, von einem Heer schwarzer Sklaven aufgebaut, mit einem mechanischen Herzen, einem Thorax aus Holz und metallenen Flügeln ausgestattet wird und der sich schliesslich, Schlaf und Tod überwindend, von der Erde in Richtung Mars absetzt. In Gazourmahs «grossen inspirierten Flügelschlägen» schwingen «alle Lieder der Welt» mit; sein Aufstieg wird zu einer von Sphärenmusik begleiteten Apotheose: der *mechanische Mensch* erweist sich als Träger der neuen *geometrischen* Schönheit[13].

## 2

Von tiefer «Abscheu vor der Erde», von höchster Ekstase des Aufstiegs ist MARINETTIS monumentale Versgroteske ‹*Der Monoplan des Papstes*› (Le Monoplan du Pape, 1912) gekennzeichnet; Mafarkas agitatorische Rhetorik wird in diesem «politischen Roman in freien Versen» (so der Untertitel) formal zu einem lyrischen Monolog diszipliniert, kommt jedoch immer wieder in eingeschobenen «futuristischen Reden» zum Durchbruch. Auf rund 350 Druckseiten entwickelt MARINETTI eine karnevaleske Abenteuerstory, die in ihrer konsequent durchgehaltenen Absurdität an PAUL SCHEERBARTS Astralnovelletten oder, aus heutiger Sicht, an trivial-heroische Comics erinnert[14].

«Sehr hoch hinaus» und «hinein in den Himmel» lässt sich MARINETTI von seiner ätherischen – «drahtlosen» – Einbildungskraft tragen: sein lyrisches Ich, Flieger und Flugzeug zugleich, feiert die eigene rebellische Auferstehung, wirft sich wagemutig in die Luft, um – «fern von der Vulva, diesem düstern obligatorischen Collegium» – zur Selbstfindung zu gelangen[15]. Die Trunkenheit der Elevation verkehrt sich (wie schon in MARINETTIS ‹*Tod dem Mondschein!*› von 1909) recht bald in das nekrophile Bedürfnis, aus der aggressiv ratternden Flugmaschine Städte zu beschiessen und deren Bewohner wie Ungeziefer zu vernichten. Da ihm dazu allerdings die technischen Vorrichtungen fehlen, begnügt sich

---

13 V. *supra*, pp. 75-80.

14 Zur Entstehungsgeschichte von Marinettis ‹politischem Roman› v. G. Lista, ‹Sur un vol de Beaumont ou 'Le Monoplan du Pape'›, *Europe*, mars 1975, pp. 53-64.

15 F.T. Marinetti, *Le monoplan du Pape* (P 1912), pp. 8-9; 11; 254.

der futuristische Pilot damit, die Erde zu bekotzen und zu bespeien, die Kirche und das Kirchenvolk zu verhöhnen, die Gelehrten und Politiker zu verunglimpfen, die «lastende soziale Maschine» und die «triste Mechanik der Gesetze», ja sogar das beengende Kontinuum von Raum und Zeit im dichterischen Höhenflug zu überwinden: *«Gegen euch revoltiere ich!»*

Anderseits lässt sich der Herrenflieger während seines Raids in kraftmeierische Dialoge mit Vulkanen, Wolken und Sternen ein, wobei er – ähnlich wie Gazourmah – Dimensionen annimmt, die seinem gigantomanischen Selbstgefühl entsprechen: der Pilot verwandelt sich, nachdem ihm bei der Überfliegung des Vatikans die geplante Papst-Entführung gelungen ist, in eine riesige lebende Bombe, um schliesslich als «mechanischer Mensch» den Feindflug nach dem verhassten Österreich anzutreten.

*«Zerstören! Man muss zerstören!... man muss zerstören ohne Ende! ...»* – So lautet MARINETTIS politische, so lautet auch seine ästhetische Devise[16]. Das fiktive Ich, in welchem der Flieger und das Flugzeug, aber auch der Autor (als Person und Erzähler) zum revoltierenden Wir vereint sind, wird von MARINETTI polemisch gegen all jene Traditionen und Institutionen eingesetzt, deren Abschaffung er schon im Gründungsmanifest des Futurismus sowie in zahllosen Reden, in publizistischen und belletristischen Texten gefordert hatte. Besonders radikal rechnet MARINETTI in ‹Der Monoplan des Papstes› mit dem Klerus und Klerikalismus der römisch-katholischen Kirche ab, nicht minder kompromisslos setzt er sich aber auch mit dem spezifisch italienischen Mütterlichkeits- und Weiblichkeitswahn auseinander. Während seines gigantomanischen Höhenflugs über dem «grossen Leib Italiens[17]» streckt der Pilot, seinen Aeroplan in eine Guillotine verwandelnd, Hunderte von Frauen nieder, und in einer kühnen Blitzaktion hisst er den Papst, die «monströse Ratte der Herzkloaken», an einer Kette vom Heiligen Stuhl und lässt den verhassten «Monopolisator des menschlichen Ideals» hilflos unter dem Flugzeugrumpf baumeln; auf dem Umweg über Mailand wird der Papst in das italienisch-österreichische Grenzgebiet entführt, wo es inzwischen zu ersten Kriegshandlungen

---

16 *Op.cit.*, pp. 346–348.
17 Die Nation selbst – *frz.* «Italie», *ital.* «Italia» – ist, grammatikalisch betrachtet, weiblichen Geschlechts; und so – als gulliverisches Weibsbild – ist «Italien» denn auch im vorliegenden dichterischen Kontext aufzufassen. Die deutsche Übersetzung vermag, da ihr in diesem Fall die Möglichkeit, das grammatikalische mit dem natürlichen Geschlecht auf bewusst zweideutige Weise zu identifizieren, fehlt, Marinettis Metapher nur unvollkommen wiederzugeben.

gekommen ist, und schliesslich, nach schier endlosen Drohungen und Demütigungen, wirft ihn der Pilot über der Adria ab: in Rom sollen fortan – so verkündet MARINETTIS futuristisches *alter ego* in einer Brandrede an «Sozialisten! Deputierte und Minister!» – die «grossen Raubvögel» das Kommando übernehmen, jene mechanischen Riesen, welche (wie schon Gazourmah, der «Held ohne Schlaf») die Schwäche des Fleisches, die irdische Schwerkraft, ja sogar den Tod überwinden werden. Es versteht sich, dass auch MARINETTIS motorisiertes Flugzeug-Ich, welches kraft seines eisernen Willens und eines Herzens aus Stahl luftsportliche Höchstleistungen erbringt, der heldischen Bruderschaft zugehört – einmal als «raubgierige Bestie», die nach «endlosem Heroismus und nach dem Unmöglichen» lechzt; dann wieder als engelhaftes, gleichsam organisch mit dem Monoplan verwachsenes Maschinenwesen, das sich «leicht, frei und kraftvoll» zu den Sternen erhebt.

Mit dem ‹Monoplan› – der Text, schon 1908 konzipiert, ist im wesentlichen 1911 entstanden und noch im selben Jahr, am 29. November, «in den Schützengräben von Sidi-Messri bei Tripolis» abgeschlossen worden[18] – leitet MARINETTI zu seinen «befreiten» Kriegsdichtungen der Jahre 1912 bis 1919 über: mit einer grotesken Hasstirade gegen den österreichischen Erzfeind, dessen Armeen nun «durch die Blutbahnen» des italienischen Giganten «von einem roten Schrecken zum andern» fliehen, schliesst das Poem. – Doch nicht etwa nur thematisch, auch sprachlich markiert MARINETTI den Übergang zu einer neuen Schaffensphase. Die aktionistische Story der Papstentführung wird als innerer Monolog vorgeführt, und dieser, schwankend zwischen lyrischem Pathos und groben Vulgarismen, ist stilistisch so disparat angelegt, wie es der absurden Dramatizität der geschilderten Ereignisse entspricht. Aus dem in ‹Der Monoplan des Papstes› mit grosser Konsequenz praktizierten Prinzip des Stilbruchs hat MARINETTI wenig später – erstmals 1912 – das Postulat einer befreiten Syntax abgeleitet und die folgenreiche Ästhetik der *parole in libertà* entwickelt[19].

MARINETTIS futuristischer Maschinenkult – und im besonderen die Herausbildung seiner ikarischen Privatmythologie – erreicht um 1912, mit dem Erscheinen von ‹Der Monoplan des Papstes› und mit den ersten Manifestationen der «drahtlosen» marinettianischen Phantasie, einen ersten Höhepunkt; gleichzeitig beginnen sich aber auch jene kritischen

18 *Cf.* Marinettis Hinweis in *op. cit.*, p. 348.
19 *Cf.* F.T. Marinetti, ‹Zerstörung der Syntax [...]› (1913); deutsch bei U. Apollonio, *op. cit.*, pp. 119–130.

Stimmen zu mehren, welche die kultur- und menschenfeindliche Maschinisierung der Kunst wie des Lebens als reale Gefahr registrieren und auch lautstark davor warnen.

In WALDENS ‹Sturm› hat ALFRED DÖBLIN 1913 mit einem antimarinettianischen Pamphlet hart auf die mechanistische Kunst- und Lebensauffassung des italienischen Futurismus reagiert[20]; zu MARINETTIS befreiter «Worttechnik», zur Mythologisierung des modernen Maschinismus, zu Werken wie ‹Der Monoplan des Papstes› oder ‹Zang Tumb Tumb› heisst es bei DÖBLIN[21]: «Jetzt fängt Ihr Manifest [zur Befreiung der Wortkunst] und Ihre Bemühung an, ausserordentlich heftige Grimassen zu schneiden und zudringlich zu der dreimal heiligen Sachlichkeit zu werden ... *Sie meinen doch nicht etwa, es gäbe nur eine einzige Wirklichkeit, und identifizieren die Welt Ihrer Automobile, Aeroplane und Maschinengewehre mit der Welt?* Wir sollen einzig das Meckern, Paffen, Rattern, Heulen, Näseln der irdischen Dinge imitieren, das Tempo der Realität zu erreichen suchen, und dies sollte nicht Phonographie, sondern Kunst, und nicht nur Kunst, sondern Futurismus heissen[22]?»

Mit ganz ähnlichen Vorbehalten und Einwendungen hat sich schon im Gründungsjahr des Futurismus GIAN PIETRO LUCINI vom marinettianischen Futurismus abgesetzt. In seinem berühmt gewordenen, persönlich an FILIPPO TOMMASO MARINETTI gerichteten Brief vom 4. Februar 1909 legte LUCINI die Beweggründe seiner Abkehr dar und führte aus, wie er selbst «den Futurismus überwunden» habe[23].

LUCINI wirft MARINETTI vor, die Kunst «als ganz gemeine Ware auf den Markt» geworfen, die Ästhetik aus dem Gleichgewicht gebracht und sie damit fruchtloser Polemik sowie stümperhaftem Zugriff ausgesetzt zu haben. Wie nach ihm DÖBLIN, so mahnt bereits auch LUCINI den fortschrittsgläubigen MARINETTI zur Mässigung, zur Respektierung naturgegebener Grenzwerte im Bereich der Kunst und im menschlichen Leben überhaupt. Die Anspielung auf MARINETTIS ikarische Ambitio-

---

20 A. Döblin, ‹Futuristische Worttechnik (Offener Brief an F. T. Marinetti)›, *Der Sturm*, III, 1913, Nr. 150/151; auszugsweise nachgedruckt bei C. Baumgarth, *op. cit.*, pp. 89–91.

21 Marinettis *Zang Tumb Tumb* ist 1914 in Mailand erschienen; schon am 16. II. 1913 hatte der Autor im Berliner Choralion-Saal diverse Passagen aus diesem Dichtwerk vorgetragen; möglicherweise bezieht sich Döblin direkt – wenn auch unausgesprochen – auf Marinettis Lesung.

22 Hier zitiert nach C. Baumgarth, *op. cit.*, p. 90; Hervorhebung von mir, *F. P. I.*

23 Lucinis Schreiben wurde erstmals (zusammen mit weiteren epistolarischen und kritischen Materialien) gedruckt u. d. T. ‹Come ho sorpassato il Futurismo› (in *La Voce*, 1913, 10. IV.); neuerdings nachgedruckt (mit Kommentaren) in G. P. Lucini, *Marinetti Futurismo Futuristi* (Bologna 1975), pp. 137 *sqq*; 144–156; deutsche Fassung (gekürzt) bei C. Baumgarth, *op. cit.*, pp. 225–230.

nen ist unmissverständlich, wo es bei LUCINI heisst: «Sicher, *excelsius:* immer nach oben, vorwärts, über die Wolken, über die Sterne hinaus, so weit Du willst, zur Eroberung der Unendlichkeit. Aber das Leben hat und wird immer eine Grenze in unserem Wissen haben. So hat auch die Kunst ihre Grenze, denn sie ist Leben. Auch die Schönheit hat eine Grenze, weil sie ein lebender Organismus ist[24].»
Nachfolgend hält LUCINI gegenüber MARINETTI fest, das Grauenhafte, Ungeheuerliche und Groteske sei als «Phänomen in der Geschichte der internationalen Literatur nicht neu», es habe schon immer zur Kunst gehört, sei – bei SHAKESPEARE, CALDERÓN, MARINO, BRUNO – integrierter Bestandteil des Schaffens gewesen; die «Schönheit des Grauens» stelle jedoch niemals «die ganze Schönheit» dar, und die Ästhetik des Hässlichen dürfe, solange der Kunstanspruch bestehe, nicht mit dem Ästhetischen schlechthin gleichgesetzt werden. – Seine antifuturistische Deklaration hat GIAN PIETRO LUCINI in einem 1910 erschienenen Gedicht des Titels ‹*Protest gegen die Maschinen, welche laufen und fliegen*› (Protesta contro le machine che corrono e che volano) metaphorisch veranschaulicht[25]. Mit zum Teil direkten Allusionen auf MARINETTIS technologische Metaphorik markiert LUCINI seine Gegenposition zur futuristischen Ästhetik, wenn er schreibt:

*[...]*
*Ich hasse die* Maschinen *der Raserei:*
*ich verwende sie, ich lenke sie, ich unterjoche sie*
*mit Verachtung, die Stuten aus Stahl,*
*unvollkommene Geräte, weil die* Welt *rennt,*
*und ich will sie übertreffen.*
*Aber brüllende, kreischende, dröhnende,*
*Automobil, Aeroplan*
*mein Gedanke ist schneller,*
*er irritiert euch, er fordert euch heraus, er hat euch besiegt,*
*rot und aus Gold, höchste Reinheit.*
*Auf zum Kampf, nähert euch ihm!*
*Schwindel! Ihr fresst euch gegenseitig auf, indem ihr das Leben*
*auffresst.*

*Auf, zu den* Sternen *der Eroberung,*
*hinauf zum Lichtmeer,*
*das euch blendet und sich auflöst,*

24 Nach C. Baumgarth, *op. cit.*, p. 229.
25 Erstdruck in *La Ragione*, 1910, 27.VIII.; neuerdings nachgedruckt in G.P. Lucini, *op. cit.*, pp. 129-136.

> *ewig und doch immer gleich!*
> *Los, Maschinen, um das Unendliche zu überrennen,*
> *das sich von euch in grossen Ellipsen ausbreitet:*
> *hinauf, über die Gestirne zu den Sonnenfinsternissen!*
> *Mein Gedanke auferlegt euch*
> *Graben und Bollwerk:*
> *dort, wo aufmerksam und einsam der Fussgänger angelangt ist,*
> *dort brechen die Maschinen nicht herein*[26].
> *[...]*

[«Odio le Machine *(sic)* di frenesia: / le uso, le comando, le opprimo / di me con disprezzo, cavalle d'acciajo, / strumenti imperfetti, perché corre il Mondo / ed io lo voglio sopravanzare. / Ma ruggenti, stridenti, rombando. / Automobile, Aeroplano, / il mio Pensiero è più rapido / v'irrita, vi sfida, vi ha vinto / rosse e d'oro, sondore sovrano. / Su, in gara, avvicinatelo! / Vertigine! vi divorate col divorare la via. / Su, per le Stelle a conquista, / su per il mare di luce, / che vi abbaglia e discioglie / eterno e sempre uguale! / Su Machine, a travolger l'Infinito, / che si allarga da voi in ampii elissi: / su, per gli Astri alli eclissi del Sole! / Il mio Pensiero v'impone / fossato e bastione: / la, dove giunse attento eso litario pedone, / la, non irrompono Machine.»]

Wenn wiederum einige Jahre später – 1914 – der russische Kritiker und Übersetzer KORNEJ ČUKOVSKIJ in einem launigen Essay über Ego-Futuristen und Kubo-Futuristen den jungen MAJAKOVSKIJ gegen MARINETTI ausspielt, so tut er dies, indem er den italienischen Altmeister als Scharlatan entlarvt[27]: «*Substrahieren Sie von Marinetti die Aeroplane, die Motoren, die Autos – nichts wird von Marinetti übrigbleiben*[28]*!*»

26 Hier übersetzt nach *op. cit.*, pp. 130 bis 131; Hervorhebungen vom Autor, G. P. L.; nach *loc. cit.* auch das folgende Originalzitat.

27 Im Januar 1914 hatte Marinetti zusammen mit einigen Gesinnungs- und Kampfgenossen eine Vortragsreise nach Russland angetreten, in deren Verlauf er (in Petersburg und Moskau) sechs Vorträge hielt. Marinettis Auftritte lösten zahlreiche Prioritätsstreitigkeiten aus und waren von lang anhaltenden polemischen Auseinandersetzungen unter verschiedenen Fraktionen des russischen Futurismus gefolgt. (*Cf.* C.G. de Michelis, *Il Futurismo italiano in Russia*, Bari 1973).

28 K. Čukovskij, ‹Égo-futuristy i kubo-futuristy›, *Šipovnik*, kn. XXII, SPb 1914, p. 124; *cf.* dagegen Michail Matjušins Zugeständnis, wonach Marinetti als Dichter «das Propellergeräusch gut wiedergegeben» habe (M. Matjušin, ‹Russkie kubo-futuristy›, *Rossija*, I, Torino 1974, p. 145).

Kritische und polemische Kommentare wie diejenigen von ČUKOVSKIJ, von DÖBLIN oder LUCINI können nun aber nicht darüber hinwegtäuschen, dass die von MARINETTI ab 1908 systematisch entwickelte und bis zur Klischeehaftigkeit strapazierte aviatorische Metaphorik eine ungewöhnlich weitreichende, über Sprachgrenzen und literarische Gattungsbereiche hinausgreifende Expansion erfahren hat, deren unmittelbare (bislang nicht untersuchte) Auswirkungen sich aufgrund vielfacher Textbelege bis in die mittleren vierziger Jahre – die Spätzeit des *secondo futurismo* – nachweisen lassen, bei APOLLINAIRE, CENDRARS, COCTEAU und IGOR' SEVERJANIN ebenso wie bei den italienischen Marinettisten (von ACQUAVIVA, ALTOMARE, AZARI, BUZZI und CAVACCHIOLI bis hin zur Arrièregarde der SÁNZIN, SCURTO, BELLOLI und MARIA GORETTI)[29].

# 3

MARINETTI selbst war der Überzeugung, dass «der Ruhm unserer Zeit» einstmals darin bestehen würde, «die höchste Anstrengung zur Realisation eines wahrhaftigen Luftlebens *[vita aerea]* unternommen zu haben»; die Leistungen der modernen Fliegerei hätten «den Stellenwert des Meer- und Erdenlebens vermindert» und «das menschliche Drama von der Erde in den Himmel» verlegt[30]. Dieser kosmischen Verlagerung und Neuorientierung der menschlichen Sensibilitätssphäre hat MARI-

---

29 Textproben der genannten italienischen Autoren finden sich unter anderm in den folgenden Anthologien: S. Laredo de Mendoza, *La Carlinga armoniosa* (Milano 1929); id. [&] A. Russo, *Ali e squadriglie* (Milano 1933); *Antologia di aeropoeti*, P.E.N., II, iii–iv, Roma 1939; G. Pattarozzi, *Carlinga di aeropoeti futuristi di guerra* (Roma 1941); vereinzelte aeropoetische Texte *v.* schon in *Antologia della Diana* (Napoli 1918); *cf.* auch A. Viviani, *Dal verso libero all'aeropoesia* (Torino 1942). – Zur Situation der Flugdichtung in Frankreich (vor dem Ersten Weltkrieg) *v.* G. Lista, ‹Apollinaire et la conquête de l'air›, *Revue des lettres modernes*, XII, 1973, pp. 115–129; mit bibliographischen Hinweisen.

30 *Cf.* F.T. Marinettis Vorrede zu der von S. Laredo de Mendoza herausgegebenen Anthologie *La Carlinga armoniosa* (Milano 1929), p. 7.

NETTI bei seiner dichterischen Arbeit sehr früh schon Rechnung getragen, und mit gutem (wenn auch keineswegs mit exklusivem) Recht konnte er später das Verdienst für sich in Anspruch nehmen, die moderne Weltliteratur um die Sparte der «Luftpoesie» – der *aeropoesia* – erweitert zu haben.

Während einer internationalen Vortragsreise, die ihn 1911 unter anderem auch nach Berlin führte und mit der expressionistischen ‹Sturm›-Avantgarde HERWARTH WALDENS zusammenbrachte, verkündete MARINETTI den ästhetischen Imperativ der Modernolatrie *(modernolatria)*, eine Forderung, die künstlerisch adäquat beantwortet werden könne durch die neuen Ausdrucksformen der «Luftpoesie», der «Luftmalerei», der «Luftmusik», wie der italienische Futurismus sie entwickelt habe: dichtende, zeichnende und singende Luftfahrzeuge *(macchine aeree)* sollten als «neues Personal» der Kunst eingesetzt werden und ein «immer intensiveres Luftleben» ermöglichen. Die Ästhetik dieses «Luftlebens» wäre, nach MARINETTI, geprägt durch die in «fünf sechs siebentausend Meter» Höhe eintretenden fliegerischen Seelenzustände *(stati d'animo aerei)*, durch die neue, aus der Vogelschau sich ergebende Schönheit der Landschaft sowie durch die moderne «Eleganz» der Flugapparate. – Nebst dem «kosmischen biologischen biochemischen Luftmaler Enrico Prampolini» konnte MARINETTI in Berlin – zumindest dem Namen nach – bereits eine respektable Gruppe von «Luftmalern» und «Luftmalerinnen» vorstellen, zu denen, nebst dem nachmals berühmten FILLIA, auch BENEDETTA, MARINETTIS Ehefrau, gehörte[31].

Der antimarinettianischen Kritik scheint fast durchwegs – sieht man von der bedeutenden Ausnahme LUCINIS ab – entgangen zu sein, dass MARINETTIS Beitrag zur modernen Kunst nicht primär in seinem schriftstellerischen Werk, sondern in seiner Vita zu suchen ist, in dem bewusst auf Provokation angelegten «Luftleben» des futuristischen «Luftdichters», der, um kein Klassiker zu werden, die Kunst mit seiner persönlichen Existenz (und nicht etwa bloss, wie DÖBLIN und ČUKOVSKIJ meinten, mit seinem privaten Maschinenkult) identifizierte: die «Unsterblichkeit der Kunst» und die «Unsterblichkeit des Künstlers» sind somit gleichermassen als Fiktion entlarvt. Die «Entmachtung der Toten» und des Todes gehört zu MARINETTIS *politischem* Programm[32]. In diesem Sinn hat MARINETTI für die heutige Ästhetik ebenso funda-

---

31 *V.* F.T. Marinettis autobiographischen Bericht ‹Una sensibilità italiana nata in Egitto› (darin das Kap. ‹Sensibilità futurista della Potsdamplatz di Berlino›, XI) in id., *La Grande Milano* (Milano 1969), pp. 231–233; *v.* auch *ibid.* Kap. XV (‹Il primato della aeropoesia della aeropittura e della aeromusica›, pp. 247–250), wo von der «exklusiven Kraft» der *aeropoesia* di Rede ist (p. 249).

32 *Cf.* C. Baumgarth, *op. cit.*, p. 156.

mentale Vorarbeit geleistet wie NIETZSCHE für die Philosophie und Theologie des 20. Jahrhunderts.

Mit bemerkenswerter, bisweilen geradezu impertinenter Konsequenz hat MARINETTI bis zuletzt – auch noch in seiner späten Faschismuseuphorie – am Postulat der *aeropoesia* festgehalten; die aviatorische Thematik ist für sein gesamtes, seit 1908 entstandenes Werk als Generallinie aktuell und verbindlich geblieben: zum erstenmal setzt sie sich in ‹*Mafarka der Futurist*› programmatisch durch, wird in der Folge für MARINETTIS Manifeste, Deklarationen und Aktionen zur metaphorischen Richtschnur, bestimmt weitgehend (vor allem durch das Vorbild von ‹*Tod dem Mondschein!*› und ‹*Der Monoplan des Papstes*›) die Motivik seiner Kriegsdichtungen, um schliesslich in den Kontext faschistischer Rhetorik abzusinken. Fast alle grösseren Texte aus MARINETTIS Spätwerk sind ganz oder teilweise aeropoetisch thematisiert. – Die Prosastudien zu ‹*Der Zauber Aegyptens*› (Il fascino dell'Egitto, 1933) lässt MARINETTI ausmünden in die «Afrikanische Simultaneität eines Negerpiloten»; mit der sensationellen «Simultaneität» einer morgendlichen Luft- und Seeschlacht schliesst MARINETTIS ‹*Aeropoem vom Golf von Spezia*› (L'Aeropoema del Golfo della Spezia, 1935); und als Finale zu ‹*Das nicht humane Poem der Technizismen*› (Poema non umano dei tecnicismi, 1940) wählt MARINETTI die simultan-poetische Beschreibung einer Gefechtsübung mit Fliegereinsatz[33]. – Aeropoetische und aeromusikalische Elemente, lyrischen Dialog und lärmige Geräuschkulisse verbindet MARINETTI in der «radiophonischen Trisynthese» ‹*Violetta und die Aeroplane*› (Violetta e gli aeroplani, gesendet 1937), einem Hörspiel, in dem er zum erstenmal bestimmte Aspekte der Zivilluftfahrt (Flugpost) zur Darstellung bringt[34].

Erst 1931, als die Aeropoesie längst in die futuristische Praxis eingegangen war, liess MARINETTI, inzwischen zum Synthetiker geworden, sein diesbezügliches «Manifest» erscheinen[35]. Die vom «Aeropoeten» *(aeropoeta)* zu erbringende schöpferische Tat besteht nach MARINETTI darin, «den derzeitigen Triumph der Aviation zu verbalisieren und zu glorifizieren», jenen zivilisatorischen Triumph, welcher den Menschen zu immensem Stolz berechtige. Im übrigen sind die ästhetischen Prämissen

---

33 F. T. Marinetti, *Teoria e invenzione futurista* (Milano 1968), p. 240.

34 Der Text ist abgedruckt in *Teatro F. T. Marinetti* (Roma 1960), I, pp. 227–261.

35 Ein paar Jahre nach der Erstveröffentlichung übernahm Marinetti den Text des Manifests in das einleitende Kapitel («Decollagio») zu *L'Aeropoema del Golfo della Spezia* (1935), jetzt nachgedruckt in F. T. Marinetti, *Teoria e invenzione futurista* (Milano 1968), pp. 1005 *sqq.*

der Aeropoesie – «Religion der Geschwindigkeit», Liebe zur Gefahr, kosmische Erweiterung der Sensibilität, «Verschmelzung des Menschen mit dem Apparat» – nicht so «absolut neu», wie MARINETTI es verkündet, und auch sein bildhafter Hinweis, wonach «die sphärisch gebogene Perspektive» der Aeropoesie «mit der Horizontlinie der alten Poesie» keinerlei Ähnlichkeit mehr habe, wirkt ebenso wenig überzeugend wie die hochgemute Behauptung, die Aeropoesie werde «schliesslich sämtliche Gesetze der literarischen Gravitation siegreich überwinden», da die aeropoetologischen Grundideen unmittelbar dem «Leben der Lufthäfen und des Flugs» entstammten. Solche Überlegungen waren nun allerdings – nach 1930 – keine Novität mehr; schon viele Jahre zuvor hatte etwa GUILLAUME APOLLINAIRE Ähnliches gedacht und gefordert; 1917 schrieb er im «neuen Geist» der damaligen Zeit: «Im Bereich der Inspiration kann doch heute die Freiheit der Dichter nicht weniger gross sein als jene einer Tageszeitung, welche auf einem einzigen Blatt die unterschiedlichsten Materien behandelt und die entferntesten Länder durcheilt. Man fragt sich deshalb, warum der Dichter nicht eine zumindest gleich grosse Freiheit geniessen sollte und warum ihm, im Zeitalter des Telephons, der drahtlosen Telegraphie und der Luftfahrt, grössere räumliche Zurückhaltung auferlegt sein sollte[36].»

Eine Dynamisierung der poetischen Metapher als Folge der durch die modernen Transportmittel eingetretenen Dynamisierung des Lebensgefühls hatte auch – mit Blick auf CENDRARS – JEAN EPSTEIN beobachtet; in seinem Essay über ‹Die Poesie von heute› (1921) heisst es: «All dies bewirkt auch, dass die moderne Metapher zu einer recht ungenauen Metapher von grosser Spannweite und mit extremem Spielraum wird. Sie umgreift Kilometerdistanzen, man wird ihr daher wirklich nicht vorwerfen können, sie vernachlässige die Flöhe[37].»

Welches sind nun aber die *praktischen* Anforderungen, welche MARINETTI an die Aeropoeten stellt? Die wichtigsten Punkte aus dem 22 Paragraphen umfassenden Manifest seien nachfolgend in Kürze festgehalten:

Der Aeropoet arbeitet grundsätzlich mit «befreiten Worten»; *schön (bella)* wird die Aeropoesie dann sein, wenn sie «die neuen lobenden Adjektive *leicht zenitisch [zenitale]*» verdient; «wie ein Bordradio» soll der Aeropoet das «Zentrum eines weltweiten akustischen Netzes» bilden, um auf diese Weise eine «Synthese der Welt» zu schaffen; in

---

36 G. Apollinaire, ‹L'Esprit nouveau› (1917); hier zitiert (und übersetzt) nach J. Nathan, *La Littérature du métal* (P&c 1971), p. 121.

37 J. Epstein, *La Poésie d'aujourd'hui* (P 1921), p. 139.

aeropoetischen Werken sollen keine «irdischen Bilder» für die «visuellen, auditiven und taktilen Sensationen» des Flugerlebnisses verwendet werden, sondern ausschliesslich abstrakt-«geometrische Figuren» (wie zum Beispiel «ovoidischer Schmerz» oder «polyedrische Wolke»); Aeropoesie muss das «Gefühl des *alles hängt von mir ab*» und des «*niemand befiehlt mir*» vermitteln; der Aeropoet bedient sich mit Vorteil der «Nomenklatur der plastischen Künste und speziell derjenigen der Musik», da letztere das kosmische Prinzip am reinsten wiedergebe; Imaginationskraft und Metaphernbildung dürfen sich nicht an «klassischen menschlichen Gefühlen und der klassischen Harmonie der menschlichen Anatomie» orientieren; es sollen die Rotationsgeräusche des Propellers sowie die «doppelte Pulsation des Motors und des Herzens» aeropoetisch wiedergegeben werden; der häufige Gebrauch von Verben und das Prinzip der Wortwiederholung sollen «das Wettkampffieber, welches das Luftleben anregt», zum Ausdruck bringen; alogische Verwendungen von verbalen Tempora sind geeignet, «die Verschiedenartigkeit der Positionen des Flugapparats und die absolute Inbesitznahme der Luft» anschaulich zu machen; die Aeropoesie hat auch die «theatralische Magie der Überraschung» zu verstärken[38].

38 F.T. Marinetti, *op. cit.*, pp. 1006-1008.
— Eine instrumentell-poetologische Grundlage für die futuristische Flugdichtung hatte Marinetti (in Zusammenarbeit mit Fedele Azari) bereits 1929, mit dem ersten italienischen Flugwörterbuch *(Primo dizionario aereo italiano)* geschaffen; als «typische Qualitäten» dieses Wörterbuchs sind hervorzuheben: «absolute Italienität aller Vokabeln», «unzweideutige Klarheit, auch zum Zweck rascher Popularisierung», «technische Präzision», leichte Sprechbarkeit *(vitalità parlata)*, da das Wörterbuch «aus Vokabeln gebildet ist, welche unter Piloten wirklich und täglich in Gebrauch sind» (F.T. Marinetti in seinem Vorwort zu *La Carlinga armoniosa*, Milano 1929, p. 7; die Originalausgabe des *Dizionario* war leider nicht erreichbar). – Recht ergiebig ist der Vergleich des *Dizionario* mit den um 20 Jahre früher (in ganz anderem ideologischem Zusammenhang) entstandenen aviatorischen Wortbildungsmustern Chlebnikovs (v. *supra*, pp. 200-204); so entspricht etwa die Forderung nach «absoluter Italianität» (bei Marinetti/Azari) genau dem Wunsch nach «reinen», einzig aus slawischen Wortbauelementen gefertigten Neologismen bei Chlebnikov (auch bei Kupčinskij).

39 Das ‹Manifest der Aeropoesie› muss in engem Zusammenhang mit Marinettis (ebenfalls 1931 verfasstem Programm für ‹Das aeroradiotelevisionistische Theater› *(Il teatro aeroradiotelevisivo)* gesehen werden; dieses Programm – es liegt bisher nur in der italienischen Originalfassung vor – ist als Synthese und als bedeutsame theoretische Erweiterung des von Marinetti und Azari begründeten futuristischen «Lufttheaters» aufzufassen *(cf.* den Nachdruck in *Teatro F.T. Marinetti*, I, Roma 1960, pp. 207-211).

MARINETTI greift vom lyrischen in den dramatischen Schaffensbereich hinüber, wenn er – im Schlusspassus seines Manifests – den *Rundfunk* als das «natürliche Vehikel» und als ideales Medium der Aeropoesie bezeichnet[39]. Damit ist nun auch der Anlass zu einem kurzen Rückgriff auf Theorie und Praxis des italienischen «Lufttheaters» *(aeroteatro)* gegeben[40].

4

Schon während des Ersten Weltkriegs war MARINETTI, angeregt von den choreographischen Innovationen der *ballets russes*, von NIJINSKYS «geometrisch reiner Tanzkunst» und vom «freien Tanz» der ISADORA DUNCAN, mit seinem ‹*Manifest des futuristischen Tanzes*› (Manifesto della danza futurista, 1917) hervorgetreten[41]. Dem Text des Manifests hatte MARINETTI, unter anderm, eine genaue Anleitung zur Gestaltung eines «Fliegertanzes» beigefügt: eine mit azurfarbigen Schleiern, einem Brustpropeller und einem Tragflügelhut versehene Tänzerin sollte auf einer 4 m² grossen Landkarte in neun *mouvements* Start und Flug eines Monoplans pantomimisch darstellen. Analog zu MARINETTIS Aerochoreographie entwarf wenig später der Maler, Typograph und Verleger FEDELE AZARI, der seit 1915 selber «zahlreiche expressive Flüge und aerotheatralische Versuche» durchgeführt hatte, das futuristische «Lufttheater» als zeitgemässe Ausdrucksform für die *sensibilità* des Maschinenzeitalters. Gemäss AZARIS Konzeption – sie ist in einem 1919 formulierten Manifest ausführlich erläutert[42] – soll «der Himmel zu einem wahrhaftigen Theater» umgestaltet werden, die italienischen Piloten («Akrobaten *par excellence*») haben als «Raumjongleure», als «unermüdliche bizarre und sehr persönliche Clowns» in diesem Lufttheater aufzutreten. Von MARINETTI übernimmt AZARI die Forderung, der Flieger müsse das Flugzeug als «Verlängerung seines Körpers», die Drähte und Kabel – als Verlängerung seiner eigenen Knochen, Nerven, Muskeln begreifen und beherrschen lernen, damit jeder Flug zum

---

40 *Cf.* dazu die synthetische Abhandlung von M. Verdone, *Teatro del tempo futurista* (Roma 1969); hier im besonderen das Kap. ‹Continua il 'Ciclo delle macchine'›, pp. 315–327.

41 Frz. Fassung (1920) u. d. T. ‹La danse futuriste› neuerdings nachgedruckt bei G. Lista (ed.), *Futurisme* (Lausanne 1973), pp. 266–270.

42 F. Azari, ‹Théâtre aérien futuriste› (1920), in: G. Lista, *op. cit.*, pp. 271 bis 273.

«präzisen Ausdruck des Seelenzustands des Piloten» werde[43]. Alle denkbaren Seelenzustände können, laut AZARI, aerotheatralisch zur Anschauung gebracht werden: Ungeduld und Zorn – durch *loopings;* Nostalgie und Mattigkeit – durch lange Segelflüge; Nachlässigkeit und Sorglosigkeit – durch Tragflächenschaukeln; *etc.* – Im weitern zeigt AZARI die technischen Möglichkeiten zur «Komposition echter Dialoge und grosser dramatischer Aktionen» im Luftraum; diese können durch eine spezifisch aviatorische Zeichensprache verdeutlicht und ergänzt werden – durch musikalisch stilisierte Motorengeräusche, durch futuristische Bemalung der im Lufttheater eingesetzten Aeroplane und Zeppeline,* durch das Abbrennen von Feuerwerken aus den fliegenden Maschinen, durch Abwurf von Farbstaub, Fallschirmen, Puppen, Ballons *etc.*:

> Über den unzähligen, am Boden liegenden Zuschauern werden buntscheckige oder getarnte Aeroplane bei Tag in jenen Farbzonen, welche sich aus dem abgeworfenen Staub gebildet haben werden, Tänze vorführen, und des Nachts werden sie in den Lichtgarben der Scheinwerfer mobile Konstellationen und Tanzfiguren bilden.

Bei MARINETTI heisst es dazu (in einer ebenfalls von 1919 datierten Programmschrift zur politischen Grundlegung des Futurismus) ergänzend[44]:

> Das Proletariat der Genies an der Regierung wird das kostenlose Theater für alle und das grosse futuristische Luft-Theater verwirklichen. Die Musik wird über die Welt herrschen. Jeder Platz wird sein grosses Instrumentalorchester und seinen Chor haben. Auf diese Weise wird es überall Brunnen der Harmonie geben, aus denen Tag und Nacht der musikalische Genius sprühen und bis zum Himmel steigen wird, um den harten, dunklen, abgedrosche-

---

43 Die Vergegenwärtigung extremer «Seelenzustände» ist schon früh zu einem Postulat der futuristischen Ästhetik geworden (*v.* dazu die bildnerische Gestaltung verschiedener «Seelenzustände» durch U. Boccioni in der Serie *Stati d'animo,* 1911); *cf.* Boccioni (u. a.): «Wie man sieht, gibt es bei uns nicht nur Abwechslung, sondern auch Chaos und Zusammenstoss der völlig entgegengesetzten Rhythmen, die wir trotzdem zu neuer Harmonie zusammenführen. – So gelangen wir zu dem, was wir ‹Malen der Seelenzustände› nennen.» (*Der Sturm,* 2. Ausstellung, Bln 1912, p. 18).

44 F. T. Marinetti, ‹Al di là del Comunismo› (1920), in id., *Teoria e invenzione futurista* (Milano 1968), pp. 409–424.

* Abb. 71, 72

nen und verkrampften Rhythmus des täglichen Lebens zu färben, zu verfeinern, zu kräftigen und zu erfrischen. Anstelle der Nachtarbeit werden wir die Nachtkunst haben. Musiker-Trupps werden sich ablösen, um den Glanz der Tage und die Lieblichkeit der Nacht zu verhundertfachen. [...] In Zusammenarbeit mit der Entwicklung der industriellen Maschinerie wird das Proletariat der Genies jenes Höchstmass an Löhnen und jenes Mindestmass an Handarbeit möglich machen, die ohne Produktionsrückgang allen intelligenten Menschen die Freiheit zu denken, zu schaffen und künstlerisch zu geniessen, gewährleisten können[45].

Aufgabe des Lufttheaters soll es, wie AZARI betont, jedenfalls sein, für weite Bevölkerungskreise zu einer «prächtigen Schule des Heroismus» zu werden; sich als «erstes wirklich demokratisches Theater» bei einem nach Millionen zählenden Publikum durchzusetzen; die weitere Entwicklung der italienischen Zivilluftfahrt und Flugzeugindustrie zu fördern; und schliesslich: den endgültigen Sieg des Futurismus über den Passéismus zu erringen.
Ob der Prioritätsanspruch bei der Erfindung des «Lufttheaters» tatsächlich AZARI, MARINETTI und ihren futuristischen Gesinnungsfreunden (etwa den Kunstpiloten SILVIO MIX oder GUIDO KELLER) zuzugestehen sei, ist fraglich: zumindest Vorformen eines modernen «Lufttheaters» hatte (schon kurz nach der Jahrhundertwende) PAUL SCHEERBART als «Astralpantomimen» und Flugballette konzipiert, und als Anregung für das zeitgenössische Theater schlug er um 1909 eine ‹Riesenpantomime mit Fesselballons› vor[46]; als theatralische Attraktionen wurden bereits um 1913 auch in Russland akrobatische Schauflüge durchgeführt, wobei die erste «Todesschlinge» von P. N. NESTEROV geflogen und in der Folge auch nach diesem bedeutenden Pionier benannt wurde[47].
Am stärksten war das futuristische Lufttheater, wie AZARI und MARINETTI es theoretisch begründet und praktisch realisiert haben, von

---

45 Hier zitiert nach C. Baumgarth, *op. cit.*, p. 159.
46 Unter diesem Titel erschienen in *Das Theater*, I, 1909/1910, p. 92.
47 L. Šesterikova, *Daty istorii otečestvennoj aviacii* (M 1953), pp. 61 bis 62; *cf.* auch die verschiedenen, durch Nesterov möglicherweise direkt angeregten Fluggedichte des ukrainischen Futuristen Mihailo Semenko, der ebenfalls den theatralischen Charakter der «todesschlingenden» Schauflüge hervorhebt (M. Semenko, *Derzannja*, Kiïv 1914; *v.* dort *e. g.* das Gedicht ‹Der Pilot› *(A viator)*.

*musikalischen* Ideen geprägt. Für die musikalische Gestaltung der Schauflüge wurde, als Geräuschkomponist, der Maler und Tontechniker LUIGI RUSSOLO herangezogen, und dieser entwickelte eine Reihe spezieller Vorrichtungen, welche es erlaubten, die Phonstärke der Flugzeugmotoren nach oben oder nach unten zu regulieren und dem Lärm ein jeweils unverwechselbares (bald «männliches», bald «weibliches») Timbre zu geben[48]. Dem ist beizufügen, dass bereits 1913, also sechs Jahre vor AZARIS Manifest, der Komponist F. BALILLA PRATELLA seine ersten futuristischen Musiken vorgeführt hat, darunter – wie PAOLO BUZZI berichtet – eine aviatorische «Helden»-Oper, deren «zweiter Akt den Tod eines mit seinem Flugapparat vom Himmel stürzenden Fliegers klanglich wiedergeben sollte[49]». Ebenfalls 1913, am 11. August, hat der Geräuschkomponist LUIGI RUSSOLO in Mailand die ersten vier seiner «Geräuschnetze» *(réseaux de bruits)* durch die von ihm selbst konstruierten «Geräuschapparate» *(appareils bruiteurs)* abspielen lassen, darunter die musikalische Pantomime eines «Zusammentreffens von Autos und Aeroplanen[50]».

Schliesslich ist zu vermerken, dass auch KRUČENYCHS und MATJUŠINS futuristische Oper ‹Sieg über die Sonne› (Probeda nad solncem), die 1913 in St. Petersburg uraufgeführt wurde, einen Flugzeugabsturz zur Erhöhung der Dramatizität auf die Bühne bringt[51].

Zeitlebens hat MARINETTI an der Utopie eines totalen Luftlebens, welches er sich als wagnerianisch instrumentiertes Gesamtkunstwerk gedacht haben mag, festgehalten, hat sich propagandistisch um die Popularisierung seiner Idee sowie um deren permanente künstlerische Fortentwicklung bemüht. Zum Höhepunkt dieser Bemühungen ist – um 1929 – die Begründung der futuristischen Luftmalerei *(aeropittura)* geworden, deren ästhetische Prämissen MARINETTI schon anlässlich seines ersten Propagandafeldzugs nach Berlin – 1911 – öffentlich dargelegt hatte; als programmatisches Hauptwerk der Luftmalerei galt nun FEDELE AZARIS bildnerische Gestaltung der Flugperspektiven von

---

48 G. Lista, *op. cit.*, p. 272.

49 P. Buzzi, ‹Pis'mo iz Italii (Muzyka)›, *Apollon*, 1913, VIII, p. 82; um welches Werk es sich bei der von Buzzi erwähnten ‹Oper› handeln soll, ist nicht auszumachen (‹Inno alla vita›, op. 30, 1913?); eine weitere Pilotenoper – *Der Flieger Dro* (L'Aviatore Dro) – hat Pratella 1920 in Lugo zur Aufführung gebracht.

50 *Cf.* den (anonymen) Bericht über das erste Konzert der futuristischen Geräuschmacher *(Premier concert des bruiteurs futuristes)* vom September 1913; jetzt nachgedruckt bei G. Lista, *op. cit.*, pp. 317–318.

51 *V.* Text und Kommentar bei G. Erbslöh (ed.), *Pobeda nad solncem* (Mchn 1976).

1926, eine Arbeit, für die im Saal der Futuristen an der XV. Biennale von Venedig ein besonderer Platz reserviert war[52].

Vom Konzept der Luftmalerei leitete BOCCIONI die Idee einer Luftplastik *(aeroscultura)* ab; in der futuristischen Küche *(cucina futurista)* MARINETTIS und FILLIAS galt eine «luftmalerische Mahlzeit» mit «geometrisch» angeordneten, im fliegenden Aeroplan – 1000 m über der Erde – eingenommenen Speisen als echt futuristische Attraktion[53]; und schliesslich wurde die *aerovita* noch durch die Kunst der *aeroerotica* bereichert, was allerdings die marinettistischen Autoren des «zweiten Futurismus» nicht daran hinderte, ihre Luftpoesie rechtzeitig in den Dienst des Faschismus zu stellen und sowohl MUSSOLINIS wie auch HITLERS Luftwaffe pathetisch zu besingen[54].

Es versteht sich daher fast von selbst, dass das «Luftleben» der Futuristen den faschistischen Zusammenbruch nicht zu überdauern vermochte: das Kriegsende bedeutete für die heroische *aerovita futurista* den Bankrott.

Dennoch sind MARINETTIS aeroästhetische Ideen nicht folgenlos geblieben: seit den mittleren sechziger Jahren – 1965 baute CHARLES FRAZIER seine navigierbare Luftskulptur *(Aerial Sculpture)* – drang die Kunst, diesmal vorwiegend von Nordamerika her, erneut «zum Himmel selber vor»: man konstruierte Luftarchitekturen, inszenierte Luftballette; 1969 präsentierte OTTO PIENE seine aufgepumpten Polyäthylenschläuche als «Himmelsereignisse», und etwa gleichzeitig begannen «Luft»-Künstler wie CARL FREDERIK REUTERSWÄRD, ROCKNE KREBS oder BARRON KRODY mit Hilfe von Laserstrahlen bewegliche Lichtplastiken und Lichtarchitekturen auszuführen[55]. Als stärkstes Faszinosum des «Luftlebens» erweist sich allerdings nach wie vor – namentlich im Bereich der bildenden Kunst – die mythologische Vorstellung des individuellen (wenn auch maschinengebundenen) Menschenflugs, als dessen bedeutendster Pionier heute der belgische Flugzeug- und Luftschiffplastiker PANAMARENKO gelten kann[56].

---

52 ‹Manifeste de l'aéropeinture› *(ital.* 1929; *frz.* 1931) von Marinetti, Balla, Benedetta, Dottori, Fillia, Prampolini, Somenzi und Tato; jetzt (frz.) nachgedruckt bei G. Lista, *op. cit.,* pp. 224–227; *v.* auch *infra,* pp. 301*sqq.,* 316*sqq.*

53 F.T. Marinetti, *La Cucina futurista* (Milano 1932); deutsch (von Cyril Malo) u.d.T. ‹Die futuristische Küche›, *Der Querschnitt,* 1932, IX, pp. 655–659.

54 *Cf.* u.a. R. Vasari, *Flugmalerei, moderne Kunst und Reaktion* (Lpzg 1934).

55 *Cf.* D. Davis, *Vom Experiment zur Idee* (Köln 1975), pp. 99*sqq.*

56 *V.* dazu F.P. Ingold, ‹Künstler und/oder Ingenieur›, *Kunst-Nachrichten,* XII, 1976, v, pp. 129–134; mit Abb.

# V Die Flugidee in der modernen Malerei und Architektur

> *Es ist nicht geschehen mit der Tat des Prometheus, der Überwindung der Natur, ihrer Einspannung in Maschinen; es gibt noch mehr Lasten zu ziehen als Holzfuder und Steinblöcke. Nicht mehr hat alle Natur und Wirklichkeit dem Künstler zu sein als der starke Gaul, den er peitscht, der ihm seinen schweren Wagen zieht: aber alle Werte ruhen auf diesem Wagen. Mit Hü und Hott zieht er gerade den Wagen, aber wenn der Künstler will, so kann er fliegen und als eine Bremse hinter dem Ohr des Gaules summen und die Schindmähre stechen und brummen.* \*
> ALFRED DÖBLIN

## 1

In der modernen Malerei – von der Jahrhundertwende bis hin zu den revolutionären «Kunstismen»[1] der Vor- und Nachkriegszeit – kommt der aviatorischen *Thematik* vergleichsweise geringe Bedeutung zu, während anderseits die aviatorische Optik ein neues Sehen erschliesst, welches den horizontalen, impressionistisch eingestellten Blick aus dem fahrenden Eisenbahnzug durch die dynamische Vogelperspektive ergänzt und damit nicht nur «das Gesicht der Erde» völlig verändert, sondern auch die gesamte nachfolgende Kunstentwicklung determiniert[2]. Die Welt, die sich dem fliegenden *homo velox* zu Beginn des Jahrhunderts in neuer «geometrischer Schönheit» eröffnet hat, ist nicht zuletzt auch für die Malerei, der solche Erlebnisqualitäten wie Simultaneität oder Relativität zuvor unbekannt, jedenfalls unerreichbar waren, zur schöpferischen Provokation geworden.

Wie sich die neue «geometrische Schönheit» in der Optik des Fliegers ausnimmt, wie die Erde selbst, aus der Vogelperspektive betrachtet, zum Projektionsfeld neuer Weltanschauungen, neuer Hoffnungen und

---

\* [Motto:] A. Döblin, *Die Zeitlupe* (Freiburg &c 1962), p. 11.

1 *Cf.* H. Arp/E. Lissitzky (ed.), *Die Kunstismen* (Erlenbach &c 1925).

Wünsche wird, hat der Schriftsteller PAUL MORAND in seinem aviatorischen Roman ‹Orientpfeil› (Flèche d'Orient, 1932) aufgezeigt; während eines Flugs von Paris nach Bukarest kann MORANDS Held, der exilrussische Fürst Dimitri, sein «Miniaturistenauge» dem neuen Erlebnishorizont anpassen:

> Ein neuer Planet ist uns geschenkt. Die Landschaft bietet sich nicht mehr bloss als eine Abfolge von frei hängenden Dekorationen, Vorhängen aus Blattwerk, Podesten aus Gips, Erderhebungen und Steinkulissen dar, welche sich dem Blick auf Schritt und Tritt in die Quere stellen. Die Welt bietet, betrachtet man sie von oben nach unten, ein von der alten Perspektive und von den gestrigen Farben befreites Bild: *Winkel, Geraden, Kreise, neuste Probleme* ... Die Fluss-Reptilien lassen ihre befestigten Tiefen erkennen, die Seen ihre dunklen Vereisungen, die entvölkerten Strassenzüge verleihen den Städten, die wie grosse Glücksräder aussehen, eine Art Ruhmeskrone. So also – *kariert, parzelliert, geometrisch* – präsentierte sich das untenliegende Universum den Blicken des fliegenden Landvermessers[3].[*]

Aus der Vogelperspektive des Fliegenden wird die Erde nicht als konvexe, sondern – paradoxalerweise – als konkav gekrümmte Fläche wahrgenommen, und die «gerade Linie der Fliegerei» erweist sich letztlich stets als «eine gekrümmte Linie», es ist fast schon ein «kosmischer Begriff, der sich dem Menschen aufgezwungen hat, als er anfing, in der Luft zu reisen[4]». Der Schriftsteller ANDRÉ SIEGFRIED macht sich dazu – retrospektiv – die folgenden Gedanken: «Unter diesen Umstän-

---

2 Von der «ausserordentlichen Transformation der Anschauung der Dinge» durch das moderne zivilisatorische Phänomen der Geschwindigkeit handelt, mit besonderer Berücksichtigung der motorisierten Fliegerei, Fortunat Strowski in seinen Essays zur Standortsbestimmung des «modernen Menschen» (id., *L'Homme moderne*, P 1931). – Schon 1905 hatte Morasso deklarativ festgehalten, dass das «künftige Bewusstsein» weitgehend von der Maschine geprägt sein würde (*cit.* bei R. Tessari, *Il Mito della macchina*, Milano 1973, p. 45): «La macchina sarà il principale modellatore delle future coscienze.» – *Cf.* auch A. Siegfried, *Aspekte des 20. Jahrhunderts* (München s. a.), besonders *(op. cit.)* die Kapitel ‹Das Zeitalter der Geschwindigkeit›, ‹Das Zeitalter der Meridiane› und ‹Das Zeitalter der Technik›. Ausserdem: C. Pichois, *Vitesse et vision du monde* (Neuchâtel 1973); W. Embler, ‹Flight: A Study of Time and Philosophy [...]›, in *Arts in Society* (Madison 1971), pp. 306-323.

3 P. Morand, *Flèche d'Orient* (P 1932), pp. 59-60. Hervorhebungen von mir. F.P.I.

4 F. Strowski, *op. cit.*, p. 63.

[*] Abb. 73 a, b

den ist das Universum, wie wir es uns mehr und mehr vorstellen, kein Universum eines EUKLID mehr, es entspricht vielmehr einer Geometrie eines LOBATSCHEWSKI [Lobačevskij] oder eines RIEMANN, die im Grunde vielleicht realistischer sind als die anderen. Wir müssen uns an die Idee gewöhnen, dass es vielleicht keine Parallelen gibt und dass die Lote auf derselben Geraden sich doch schneiden. Das ist jedenfalls das, was sich auf dem Erdball feststellen lässt, wenn man im Rahmen der grossen Entfernungen denkt, deren Überwindung das Flugzeug uns leicht gemacht hat. [...] Wenn wir versuchen, die allgemeine Lehre aus diesen Dingen zu ziehen, kommen wir dahin, zu begreifen, dass die gerade Linie eines EUKLID heute in kosmischer Hinsicht weniger real ist als die gekrümmten Linien der nicht-euklidischen Geometrien. Sobald die Entfernungen grösser werden, erscheint die gekrümmte Linie, die jene des Lichtes ist, als die echte kosmische Wirklichkeit. Sie ist es auch, die sich durch die Praktiken des Flugzeuges mehr und mehr aufzwingt. So ist der Widersinn von gestern zum Sinn von heute geworden. LOBATSCHEWSKI, der lange Zeit als ein genialer Phantast galt, erscheint uns jetzt als ein Vorläufer[5].»

SIEGFRIED hält diesbezüglich – noch ganz im Sinn der Futuristen – mit Nachdruck fest, es müsse angesichts des wissenschaftlich-technischen Fortschritts «alles» geändert werden – «unsere Maßstäbe, unsere Methoden, unsere Beziehungen, unsere Wertstufungen, mit andern Worten unsere Zivilisation schlechthin»: «Gestern noch wurde sie von der Kultur beherrscht, heute zwingt sich die Technik auf. Es scheint, dass ein neues Zeitalter heraufkommt, von dem wir noch nicht einmal den Namen kennen.»

Implizit wird hier auf die seit der Jahrhundertwende eingetretene, bis heute nicht ausgeglichene Phasenverschiebung zwischen intellektueller und emotionaler Rezeption der in immer kürzeren Abständen anfallenden naturwissenschaftlichen oder technologischen Erkenntnisse hingewiesen. Bezüglich der künstlerischen, also primär emotionsgebundenen Aufnahme (und Nutzbarmachung) aviatorischer Errungenschaften ist eine derartige Phasenverschiebung schon innerhalb der avantgardistischen Vorkriegskunst Europas festzustellen; so hielten etwa die Kubisten mehrheitlich noch an ihren statisch-zeichenhaften «Ding»-Bildern fest, als die italienischen Futuristen die «Sensation» des Fliegens bereits für sich entdeckt und die dynamisch-simultaneistische Vogelschau des Fliegens als Prämisse eines neuen Sehens legitimiert hatten[6].

Als erster hat wohl FILIPPO TOMMASO MARINETTI diese Erlebnisqualitäten – er spricht vom «Chaos der neuen Sensibilitäten» – ästhetisch

---

5 A. Siegfried, *op. cit.*, pp. 180-181; 185.

vereinnahmt und einem modernen Schönheitsideal zugeordnet; als Kategorien der «geometrischen und mechanischen Schönheit» bezeichnet er, in futuristischem Verständnis, ausser der «Geschwindigkeit» die «gebändigte Kraft» und den «aggressiven Optimismus» des maschinisierten Menschen, die «drahtlose Phantasie», die «Ubiquität», den «Lakonismus», die «Simultaneität» und die Synthetik, durch welche die neuzeitlichen Transport- und Kommunikationsmittel «charakterisiert» seien, sowie «die enthusiastische Imitation der Elektrizität und der Maschine». Die künstlerische Bedeutung dieser Erlebnis- und Sensibilitätskategorien hat MARINETTI ansatzweise schon in seinen ersten Manifesten – seit 1909 – herausgearbeitet, jedoch erst 1914, im Zusammenhang mit der futuristischen «Wortbefreiung» *(parole in libertà)*, theoretisch begründet und für die (literarische) Praxis nutzbar gemacht[7].

Gleichzeitig und in Übereinstimmung mit MARINETTI hat GINO SEVERINI die ästhetischen Kategorien der neuen Sensibilität auch für die bildende Kunst als verbindlich erklärt; in einem 1913/1914 entstandenen Text über die bildnerischen Analogien des Dynamismus schreibt SEVERINI:

> (Schon 1911 mit meinem Bild ‹Reiseerinnerungen› [Ricordi di viaggio] – erste futuristische Ausstellung in Paris, Februar 1912 – hatte ich intuitiv die Möglichkeit erfasst, den Horizont der bildnerischen Emotion bis ins Unendliche auszudehnen und die Einheit von Ort und Zeit durch eine Malerei des Erinnerns völlig zu zerstören, die in einem einzigen bildnerischen Komplex Wirklichkeitsformen zusammenfügte, die ich in der Toskana, in den Alpen, in Paris usw. wahrgenommen hatte.)

6 *Cf.* einen diesbezüglichen ironischen Kommentar von Louise Faure-Favier (*Les Chevaliers de l'air*, P 1923, p. 252): «Quant à la vision aérienne qui bouleverse les plans, je m'étonne qu'elle n'attire pas ces anarchistes de l'art qu'on appelle cubistes. Ils se croient cubistes parce qu'ils font flageoler les murailles [...], mais le vrai cubisme, c'est l'avion qui le leur révélera.» – *Cf.* auch (zur Ästhetik des neuen Sehens in der Theorie und Praxis des Kubismus) M. Grygar, «Kubizm i poëzija avangarda», in *Structure of Texts and Semiotics of Culture* (The Hague &c 1973), pp. 59-101.

7 F.T. Marinetti, ‹La Splendeur géométrique et mécanique et la sensibilité numérique› (1914; auch ital.), in: G. Lista (ed.), *Futurisme* (Lausanne 1973), pp. 147-152; zu Marinetti *v.* auch *supra*, pp. 80-82.

In unserer Zeit des Dynamismus und der Simultaneität kann man ein Stück Wirklichkeit nicht mehr von den Erinnerungen, den bildnerischen Anziehungen oder Abstossungen trennen, die seine *expansive Aktion gleichzeitig* in uns wachruft und die ebenso viele abstrakte Wirklichkeiten sind, Anhaltspunkte zur Erreichung der Gesamtaktion des in Frage stehenden Stückes Wirklichkeit.

Ausserdem können die Spiralformen und die schönen Kontraste von Gelb und Blau, die unsere Intuition eines Abends entdeckte, als sie *die Bewegung einer Tänzerin miterlebte, später* aus bildnerischer Anziehung oder Abstossung, oder aus beiden Gründen, *in den konzentrischen Flügen eines Flugzeuges oder der Fahrt eines Schnellzuges wiedergefunden* werden.

Im Einklang mit der neuen, «universell gewordenen bildnerischen Sensibilität» hat Severini einen detaillierten Formen- und Farbenkanon ausgearbeitet, der die marinettianischen Kriterien der «Geschwindigkeit», der «Simultaneität», der «Modernität» gleichermassen berücksichtigt und der – wohl zum erstenmal in der kunsttheoretischen Literatur der Neuzeit – explizit die «Unterdrückung der geraden Linie, die statisch und amorph wie eine Farbe ohne Nuancen ist, und [die Unterdrückung] der parallelen Linien» fordert; zudem werden verlangt: simultaner Kontrast von Linien, Flächen und Volumen (konstruktive Durchdringung); arabeskenartige, rhythmische Konstruktionen (zur Vergegenwärtigung qualitativer Quantitäten); dynamische Komposition, die – der neuen geometrischen Schönheit entsprechend – «in jeder Richtung nach dem Raum hin offen» bleibt («vertikal rechteckig oder quadratisch und sphärisch»). Und weiter heisst es bei Severini:

Eine der wissenschaftlichen Ursachen, die unsere Sensibilität verwandelt und sie zum grössten Teil unserer futuristischen Wahrheiten geführt haben, ist die Geschwindigkeit. Die Geschwindigkeit hat uns eine neue Auffassung des Raumes und der Zeit und folglich des Lebens selbst vermittelt. So ist es vollkommen logisch, dass unsere futuristischen Werke der gesamten Kunst unserer Epoche ihren Stempel aufdrücken mit der *Stilisierung der Bewegung*, die eine der direktesten Lebensäusserungen ist.

Schliesslich plädiert Severini für die Abschaffung nicht nur der Museen und sämtlicher Privatkollektionen, sondern – des Bildes, der Statue überhaupt, da diese «Kunstformen» den futuristischen Innovationsdrang und die schöpferische Freiheit des Künstlers «beschränken»:

Unsere bildnerischen Schöpfungen hingegen müssen in der freien Luft leben und sich in architektonischen Zusammenhängen vollenden, mit denen sie sich in die aktive Zusammenwirkung der äusseren Welt teilen, deren spezifisches Wesen sie darstellen[8].

Die aviatorische *Thematik* – die gegenständliche Darstellung von Luftfahrzeugen aller Art in der Perspektive erdgebundener Betrachter oder Beobachter – hat mit dem Aufkommen der motorisierten Fliegerei nicht etwa an Aktualität gewonnen, sondern ist dieser, innert kurzer Zeit, fast gänzlich verlustig gegangen. Die seit den Versuchen der Montgolfiers rasch sich vollziehende Perfektionierung des Menschenflugs[9], vor allem jedoch die Maschinisierung und Automatisierung der Luftfahrt zu Beginn des 20.Jahrhunderts hat das Interesse der bildenden Kunst an diesem grossen Thema in umgekehrt proportionalem Verhältnis zu dessen fortschreitender Entmythologisierung schwinden lassen.

Abgesehen von Robert Delaunay, der sich ab 1909 (und über den Weltkrieg hinaus) mit den Errungenschaften der zeitgenössischen Fliegerei – mit der langgezogenen Ovoidalform des Luftschiffs, mit diversen Flugtypen und Flugzeugteilen – bildnerisch auseinandergesetzt hat[10], ist kaum einer unter den führenden Gestaltern der europäischen Moderne mit der Realität der motorisierten Luftfahrt künstlerisch in Berührung gekommen.* Vereinzelte aviatorische Motive finden sich, ausser in der «Luftmalerei» des italienischen Futurismus[11], bei Henri Rousseau, Natalija Gončarova und Kazimir Malevič, haben jedoch meist nur Dekorations- oder Fetischcharakter und werden schon bei den Surrealisten (Max Ernst) durch bewusste Remythologisierung ironisch verfremdet: für Eluard ist das «Flugzeug» *(avion)* schlicht ein

---

8 G. Severini, ‹L'Art plastique néo-futuriste›, vollständig (in frz. Fassung) nachgedruckt bei Lista, *op. cit.*, pp. 186–189; deutsch (leicht gekürzt und auf «September-Oktober 1913» datiert) u.d.T. ‹Die bildnerischen Analogien des Dynamismus› in: U. Apollonio (ed.), *Der Futurismus* (Köln 1972), pp. 162–169 [Hervorhebungen von mir, *F.P.I.*].

9 Das grundlegende Kompendium zur bildnerischen Gestaltung der Flugidee *vor* Montgolfier ist Jules Duhem zu verdanken (*Musée aéronautique avant Montgolfier*, P 1943).

10 *Cf.* neuerdings B. Dorival, *Robert Delaunay* (P &c 1975), pp. 53 («Hommage à Blériot›, 1914); 57; 59; 97; 138–140 (zur künstlerischen Gestaltung des Palais d'Aviation, 1937); *v.* auch F.P. Ingold, ‹Aeroplane um 1909›, *Revue d'Allemagne*, V, 1973, iii, pp. 714–716.

11 V. *supra*, pp. 298–299.

* Abb. 56

Synonym zu «Aeroplan» *(aéroplane)* oder bestenfalls – frei nach SIGMUND FREUD – «ein sexuelles Symbol, das dazu dient, rasch mal von Berlin nach Wien zu gehen», doch erweist sich das «Symbol» für die Zivilluftfahrt als wenig ermutigend, denn «Flugzeuge fürchten die Gärten, und sie haben dazu allen Grund» ...[12]

Nicht nur die grossen motorisierten Luftfahrzeuge der frühsten Experimentier- und Pionierzeit – etwa der dreimotorige Monoplan MOŽAJSKIJS (1882) oder CLÉMENT ADERS dampfbetriebene, mit einem Propellerwerk aus Vogelfedern bestückte «Fledermaus» (1890) – hatten auf uneingeweihte Zeitgenossen die Wirkung künstlerischer (vielleicht gar dämonischer) Phantasiegebilde: als technisches System scheint das Flugzeug noch in den zwanziger Jahren, als es bereits in der Zivilluftfahrt (und somit auch in der materiellen Sphäre des Alltags) integriert war, einen «phantastischen Eindruck» gemacht zu haben. Im allgemeinen konnten die damaligen Luftfahrzeuge, bei all ihrer technischen Komplexität, tatsächlich noch weitgehend als Produkte menschlicher Einbildungskraft gelten, einer schöpferischen Kraft, die mit der Phantasie des Künstlers, des Dichters durchaus «verwandt» ist, sich von dieser jedoch insofern unterscheidet, als sie ihr Werk nicht *frei* (aus einer unbeschränkten Fülle von Assoziationsmöglichkeiten) schafft, sondern – im Gegenteil – unter dem massiv *einschränkenden* Druck natürlicher Gegebenheiten sowie technischer und wirtschaftlicher Anforderungen. Vergleicht man nun aber, im aviationsgeschichtlichen Kontext, die Wirkungsweise künstlerischer Einbildungskraft einerseits, wissenschaftlich-technischer Phantasie anderseits von ihren jeweiligen Errungenschaften her, so ergibt sich der bemerkenswerte Schluss, dass die bildnerische Konkretisierung des Fluggedankens in der Kunst (Ikaros- und Pegasos-Darstellungen, die «geflügelten» Sandalen des Hermes, der «fliegende Besen», der «fliegende Teppich») keinerlei Querverbindungen zur Realität der modernen Fliegerei aufweist[13], während schon die frühsten wissenschaftlich-phantastischen Entwürfe fliegender Objekte und Apparaturen* technische Details erkennen lassen, die später – oft erst nach Jahrhunderten – bei der Konstruktion flugtüchtiger Maschinen Verwendung gefunden haben[14]; der russische Design-Theoretiker A. K. TOPORKOV schreibt dazu: «Die Phantasie folgt hier [im bildnerischen Bereich der Kunst] dem Gegebenen und Fertigen, doch deformiert sie es zu wenig. Die freie Phantasie erweist sich in Wirklichkeit als befangen und kraftlos. Bei der Konstruktion eines Flugzeugs gibt es eine weit grössere Freiheit, eine Freiheit, die Bedingungen

12 P. Eluard, *Œuvres complètes* (P 1968), I, p. 726.

* Abb. 1

entspringt, welche jedweder Märchenhaftigkeit diametral entgegengesetzt sind. Freiheit wird hier erreicht durch Befolgung der allerstrengsten und härtesten Forderungen der Wirklichkeit, doch handelt es sich dabei nicht um blosse Unterwürfigkeit gegenüber dem rohen Faktum. Die für uns unmittelbar gegebene Wirklichkeit wird analytisch ausgeweitet, jedes einzelne Element wird gesondert sowie in Verbindung mit andern [Elementen] untersucht. Die Analyse mehrt die Möglichkeiten, anstelle sichtbarer Einfachheit haben wir nun eine höchst komplexe Versuchsanordnung vor uns und können mit weit umfassenderen Möglichkeiten operieren. Wir haben die Wahl, können auslesen. Kurz, hier ist die Phantasie der Vernunft nicht entgegengesetzt, sondern befindet sich mit ihr im Einklang. [...] Die Konstruktion von Flugzeugen lehrt uns eher als die kritische Analyse von Dichtwerken, was Vollkommenheit ist. Diese ergibt sich vor allem als Ergebnis eines äusserst strengen Ausleseverfahrens.

Die kritische Überprüfung einzelner Elemente und die sorgsame Abwägung aller Details – dies mag auf den ersten Blick jegliches Gefühl der Unmittelbarkeit zum Absterben bringen. Mag der Stil dieses oder jenes Schriftstellers grammatikalisch gesehen auch unkorrekt sein, so kann er doch durch seine unmittelbare Ausdruckskraft Gefallen finden – die Poesie braucht sich nicht um die Grammatik zu kümmern. Die Konstruktion von Flugzeugen lehrt uns umgekehrte Kriterien und Wertungen. Einzig die sorgfältige Auslese führt zur Vollkommenheit. Es dürfen keinerlei grammatikalische Fehler gemacht werden[15].»

13 *Cf.* dazu einen entsprechenden Hinweis von Kazimir Malevič (aus ‹Suprematismus, I/46›, 1923): «Auf technischem Gebiet haben sich allerdings schon einige ‹Dummköpfe› zusammengefunden. Sie leugneten die Bedeutung eines antiken Kampfwagens für die Gegenwart und haben dafür Automobile, Aeroplane, Luftschiffe und die elektrische Beleuchtung erfunden. [...] Wir aber lassen uns ruhig Dummköpfe nennen und lehnen die antiken Formen für die Gegenwart nach wie vor ab. Gemeinsam mit den Dummköpfen auf technischem Gebiet werden wir uns weiter bemühen, das neue Gebäude auf rechtwinkliger Grundlage zu errichten. Wir werden uns ganz bewusst nicht in die antiken Formen zwängen lassen. *Kein Flieger wird auf den Gedanken kommen, mit Merkurs Flügelchen an den Fersen und nackt Flugversuche zu unternehmen.* [...] Die Wege der Wissenschaft sind unerforschlich, aber die Wege der Ästhetik sind noch viel geheimnisvoller. Auf ihnen kann unsere Jugend in Zentauren, Sphinxe, Pans und Faune verwandelt werden, ohne dass sie überhaupt ahnt, dass sie eigentlich in der Zeit der Aeroplane lebt.» (K. Malewitsch, *Suprematismus*, Köln 1962, pp. 281-282; Hervorhebung von mir, *F.P.I.*).

14 *V.* hierzu die umfassende Abhandlung von Jules Duhem, *Histoire des idées aéronautiques avant Montgolfier* (P 1943).

15 A.K. Toporkov, *Tehničeskij byt i sovremennoe iskusstvo* (M 1929), pp. 171-174.

Durch die von Toporkov dargelegten Zusammenhänge und Gegensätze zwischen künstlerischen und technischen Konstruktionen ist auch die bemerkenswerte Tatsache bedingt, dass Entwürfen, Modellen und Prototypen von Flugapparaten um so *mehr* ästhetische Bedeutung zuwächst, je *weniger* sie realen technologischen Anforderungen und konkreter (etwa wirtschaftlicher, militärischer) Nutzanwendung genügen können[16]. Als grosse – und einzige – Ausnahme ist hier Leonardo da Vinci zu nennen, der in seinem Schaffen die künstlerische mit der wissenschaftlichen Phantasie kreativ zu versöhnen und auf höchster Ebene zu konkretisieren vermochte[17].

Nachfolgend sei nun, in aller Kürze, auf einige weitgehend vergessene Beiträge europäischer Kunstschaffender zur aviatorischen und aeronautischen Forschung zwischen 1880 und 1930 hingewiesen, ausserdem auf entsprechende – künstlerische – Vorschläge und Utopien zur zivilen (beziehungsweise zivilisatorischen) Nutzbarmachung moderner flugtechnischer Systeme.

## 2

Mit dem Problem des Fliegens – hauptsächlich mit dem Vogelflug, aber auch mit der technischen Verwirklichung des Menschenflugs – hat sich während eines halben Jahrhunderts der Maler Arnold Böcklin «neben seiner Kunst» sehr ernsthaft, jedoch ohne durchschlagenden Erfolg auseinandergesetzt[18]. Böcklins diesbezügliche Bemühungen sind einerseits durch eine respektable Reihe von schriftlichen und zeichnerischen Flugstudien belegt[19], anderseits wurden sie anlässlich mehrerer Flugversuche mit eigens entwickelten Gleitapparaten konkretisiert.* – Sowohl bei seiner theoretischen Arbeit wie auch beim Bau seiner Prototypen und bei der Durchführung seiner Testflüge hat Böcklin bewusst auf jegliches wissenschaftliche Rüstzeug verzichtet. Zeitlebens hielt er – selbst nachdem ihm seine Irrtümer und Trugschlüsse von kompetenter

---

16 *Cf.* dazu meine Überlegungen zu Panamarenkos Flugstudien und Flugobjekten (F. P. Ingold, «Künstler und/oder Ingenieur?», *Kunst-Nachrichten*, XII, 1976, v. pp. 129-134).

17 *Cf.* dazu die illustrierte Sammelschrift *Leonardo da Vinci als Ingenieur* (Zch 1954).

18 *V.* die Dokumentation von F. Runkel/C. Böcklin (ed.), *Neben meiner Kunst* (Bln 1909).

19 *Cf.* dazu Arnold Böcklins ‹Aufsätze über den Vogelflug›, in *op. cit.*, pp. 151-179; mit Abb.

\* Abb. 51 a, b

Seite unwiderlegbar aufgezeigt worden waren – an der Idee des rein dynamischen Flugs fest, an einer Fiktion, die er durch die fälschliche Analogisierung des erstrebten antriebsfreien Menschenflugs mit dem Flug der Vögel gewonnen hatte; er fand sich lediglich zum Eingeständnis bereit, weder für den Aufstieg von *unten* (Boden-Luft) noch für den Flug bei Windstille eine technisch brauchbare Lösung gefunden zu haben. Bei all seinen Flug- und Gleitversuchen ist BÖCKLIN daher von der praktischen Prämisse ausgegangen, es müsse von einer Anhöhe weg gestartet werden, damit der Apparat die notwendige Anfangsgeschwindigkeit und damit auch den notwendigen Auftrieb erlange. Genau in diesem Sinn pflegte BÖCKLIN – vor skeptischen Fachleuten ebenso wie vor interessierten Laien – seine Flugidee stets von neuem zu erläutern; AUGUST STADLER berichtet: «Ich erhielt den Eindruck, dass er fest überzeugt war, die Zukunft gehöre der Flugmaschine und nicht dem Ballon. Seine konstruktiven Gedanken gründeten sich auf eine sorgfältige und fortgesetzte Beobachtung des Vogelfluges; bei Spaziergängen machte er mich darauf aufmerksam, wie Möven und andere Vögel immer mit verhältnismässig grosser Anstrengung zunächst einen etwas erhöhten Punkt zu gewinnen suchen, um dann, von demselben hinabgleitend, eine gewisse Anfangsgeschwindigkeit zu erlangen, die ihnen dann im weitern ein anscheinend spielendes Fliegen gestatte. Er suchte sich dann Klarheit zu verschaffen über die Wirkung, welche die Stellung der Flügel auf die Flugrichtung ausübe, indem er Kartonstücke von verschiedener Grösse, Form und Zusammengesetztheit bei verschiedenen Windverhältnissen fallen liess; ich selbst jedoch habe diesen Experimenten nicht beigewohnt. – Eines Tages brachte er mir eine Mappe, welche Skizzen einer Flugmaschine und mechanische Aufstellungen über die Funktion des Ganzen und seiner Teile enthielt[20].»

Und CARLO, einer von ARNOLD BÖCKLINS Söhnen, weiss zu bestätigen: «Nur von einer Höhe aus, sagte er ständig, wäre es möglich, überall hin zu fliegen. Dabei war er niemals um sein Leben besorgt. Immer hat er, kühn und stolz, *va banque* gespielt. Auch in der Malerei war diese Art Tollkühnheit sein Prinzip. Er pflegte gern zu sagen: ‹Jedes Bild ist ein neuer Versuch auf Gut Glück.› – Während er also anfangs noch damit rechnete, von einem Ballon in die Höhe getragen zu werden, wollte er später ganz nach Art eines Vogels aufsteigen. Aber immer glaubte er, dazu der Hilfe des Windes bedürfen zu müssen. Ohne Wind, erklärte er, weder fliegen zu können, noch zu wollen[21].»

Den in dieser Reminiszenz erwähnten Flugapparat, der von einem

---

20 *Op. cit.*, pp. 291–292.
21 *Op. cit.*, pp. 294–295.

Ballonfahrzeug aus gestartet werden sollte, hat BÖCKLIN um 1855 entworfen und in der Folge auch selber konstruiert. In der Reitschule der päpstlichen Kavalleristen in Rom konnte er, nach persönlicher Vorsprache beim Vatikan, die Brauchbarkeit seiner Erfindung praktisch erproben; wie der Flugapparat im einzelnen ausgesehen hat und wie die Versuche verlaufen sind, ist nicht bekannt. BÖCKLINS zweiter Flugversuch – er kann weder datiert noch lokalisiert werden – scheint nur knapp die Weite eines gewöhnlichen Sprungs erreicht zu haben; BÖCKLIN hielt dabei, wie ALBERT SCHMIDT bestätigt, einen leinwandbespannten Rahmen – *ein Bild?* – waagrecht mit beiden Händen über dem Kopf, «nahm einen kräftigen Anlauf und flog mit einem Schwung über den Festungsgraben[22]». Ebenso unergiebig verlief (in den späten siebziger Jahren) ein dritter Versuch, bei dem BÖCKLIN seinen Sohn HANS in der Nähe von Florenz zu einem Aufstieg starten liess: die Tragfläche – wiederum ein bespannter Rahmen in Rechteckform – war nun auf rund 4,5 m$^2$ vergrössert und zusätzlich mit einer Öffnung versehen, die es dem Flieger erlauben sollte, sich den Rahmen so umzuhängen, dass er ungefähr in Gürtelhöhe fixiert werden konnte: der Schwerpunkt wurde dadurch in die Tragfläche selbst verlagert, was den Versuch – aus einfachen physikalischen Gründen – scheitern lassen musste.

Ende der siebziger Jahre, als BÖCKLINS Ruhm international bereits gefestigt und die materielle Existenz seiner Familie gesichert war, konnte sich der Künstler erneut – nunmehr auch mit grösserem Aufwand an Zeit und Geldmitteln – der Realisierung langgehegter fliegerischer Vorhaben widmen. Ab 1880 war BÖCKLIN für rund drei Jahre in intensiver Arbeit mit der Konstruktion eines neuen Flugapparats und mit dessen praktischer Erprobung beschäftigt. BÖCKLIN hielt sich damals (er hatte die Schweiz aus gesundheitlichen Rücksichten im Sommer 1880 verlassen) an wechselnden Orten in Italien auf; mit dem Bau seines ersten Flugzeugs begann er, unterstützt von mehreren Malerfreunden, 1881 in Florenz; als Versuchsgelände hatte er, auf Vorschlag eines einheimischen Bekannten, den Campo Caldo, ein grosses, sanft abfallendes Hügelfeld bei Vigliano, gewählt.

Aufgrund seiner während Jahren exakt aufgezeichneten und in eigenen Kleinversuchen sorgsam überprüften Beobachtungen des Vogelflugs kam BÖCKLIN nun zum Entschluss, einen Drachenflieger zu bauen, der, mit einer möglichst grossen Tragfläche versehen, für längere antriebslose Schwebeflüge geeignet sein sollte. BÖCKLINS Apparat war als Dreidecker – in der später von den Brüdern WRIGHT und zahlreichen anderen Pionieren verwendeten Form eines Kastendrachens – geplant;

---

22 *Op. cit.*, pp. 37-38.

die Konstruktion wurde mit Hunderten von Bambusstäben, mit Fichtenholzstangen, mit Draht- und Schnurverspannungen ausgeführt und mit besonders leichten, zu grossen Flächen zusammengenähten Leinwandstücken bespannt. Der BÖCKLINSCHE Glisseur, dessen Aufbau alle wesentlichen Strukturelemente des Aeroplans erkennen lässt, wird wie folgt beschrieben:

> Dieser Kastendrachen bestand aus zwei Flügeln und einem Schwanz, die durch Fichtenholz und Bambusstangen zu einem einheitlichen System verbunden waren. Zwischen den beiden Flügeln sollte der Mensch Platz nehmen. Diese Flügel bestanden aus drei wagerecht [sic] übereinander in gleichen Abständen angeordneten Flächen. Die mittlere ruhte auf der Achse, die die beiden Flügel, den Schwanz und die Gondel trug. Um die einzelnen Flächen widerstandsfähiger zu machen, waren sie aus drei quadratischen Bambusflächen zusammengesetzt, die mit Leinwand bespannt waren. Die senkrechten Stützen zwischen den einzelnen Flächen wurden aus Fichtenholz geplant. In den Diagonalen waren Versteifungen aus dünnem Stahldraht gezogen. Der Schwanz, über dessen Form sich keiner der Teilnehmer mehr ein Bild machen kann, bestand gleichfalls aus einem System von drei übereinander gelagerten Flächen. In der Gondel waren Walzen mit Hebelgriffen angebracht, durch die der Schwanz sowohl auf- und abwärts bewegt, als auch seitlich zu der horizontalen Ebene geneigt werden konnte. So bot der Apparat das Bild eines riesigen Vogels, und BÖCKLIN hoffte, ohne Motor, lediglich durch die Kraft des Windes, sich in der Luft behaupten zu können[23].

Wegen eines kurz vor dem geplanten Testflug einsetzenden Gewitters, in dessen Verlauf der mühsam aufgebaute Flugapparat durch Hagelschlag vollständig zerstört wurde, erfuhren BÖCKLINS aviatorische Vorhaben weitere Verzögerungen; als ein Jahr nach dem erfolgten Missgeschick ein neuer Versuch – diesmal mit einem Zweidecker unternommen – ebenso scheiterte, gab BÖCKLIN seine geplante Testserie auf, ohne jedoch von der Idee des freien Schwebeflugs abzugehen. Im

23 *Op. cit.*, pp. 89-90; ausser den vier Söhnen Böcklins beteiligten sich an der Konstruktion der Maschine die Maler Sigmund Landsinger, Friedrich A. Schmidt, Heinrich Wüscher, Hans Sandreuter, Viktor Zurhelle und Hans von Marées (*op. cit.*, pp. 83-86).

Sommer 1883 nahm BÖCKLIN während eines Aufenthalts in Berlin Kontakt zu militärischen Kreisen auf, um die technische und materielle Basis seiner Flugstudien solider zu gestalten; es gelang ihm auch tatsächlich, den Kommandeur des in Berlin stationierten Eisenbahner-Regiments und die Offiziere der damals neu gegründeten Luftschifferabteilung zur praktischen Förderung seines Projekts zu gewinnen. Wiederum verfertigte BÖCKLIN in langwieriger Kleinarbeit und mit Unterstützung einer handwerklichen Hilfskraft «aus schwachen Holzleisten und Leinwand» ein Fluggestell, das der Gestalt eines Vogels mit ausgebreiteten Flügeln nachgebildet war. BÖCKLIN selber gedachte die Maschine vor geladenem Publikum einzufliegen, eine kräftige Windböe machte dem Versuch – wie schon auf dem Campo Caldo – ein vorzeitiges Ende: der Flugapparat brach auseinander, ohne sich auch nur vom Boden abgehoben zu haben. BÖCKLIN gab dennoch nicht auf, leitete schon bald die Vorbereitungsarbeiten zu neuen Flugversuchen ein, bekam jedoch dafür keine behördliche Genehmigung mehr.

In der Folge setzte sich BÖCKLIN – er war inzwischen (Mitte 1885) nach Zürich umgezogen – wiederum während Jahren mit flugtechnischen und flugtheoretischen Problemen auseinander; er führte einen recht umfangreichen diesbezüglichen Briefwechsel mit hochgestellten zivilen und militärischen Persönlichkeiten, hielt Vorträge, entwarf Pläne für eine allgemeine Mechanik des Flugs, verfasste verschiedene, einzig durch persönliche Beobachtungen begründete Studien zur Theorie des Vogelflugs und konzipierte schliesslich – um 1890 – eine grosse, als Monoplan gedachte Flugmaschine, die erstmals mit einem starren Rumpf und mit einer «vorwärtstreibenden Kraft» versehen sein sollte. Die später von BÖCKLIN angefertigten Zeichnungen machen deutlich, dass der alternde Meister unverändert am Prinzip des Schwebeflugs festgehalten und lediglich vorgesehen hat, den natürlichen Auftrieb durch Propellerschaufeln zu verstärken, welche der Pilot manuell (über eine Kurbel) hätte betätigen müssen[24]. Dieses letzte, noch immer phantastisch anmutende, technisch jedoch am meisten ausgereifte Projekt kam nicht mehr zur Ausführung, obwohl BÖCKLIN den Physiker HERMANN L.F. VON HELMHOLTZ sowie den Ingenieur WERNER VON SIEMENS daran zu interessieren (wenn auch nicht davon zu überzeugen) vermochte: nach 1894 und bis zu seinem Tod scheint sich ARNOLD

---

24 Eine spätere, offenbar von Carlo Böcklin stammende Mitteilung, wonach zu Arnold Böcklins letztem Flugzeugentwurf auch eine *motorisierte* Variante bestanden habe, lässt sich nicht belegen (cf. *op. cit.*, p. 280).

BÖCKLIN, vor allem wohl aus gesundheitlichen Gründen, nie wieder um die Verwirklichung seiner fliegerischen Pläne bemüht zu haben. Er starb 1901 – als Maler hoch berühmt, als Flugpionier bereits vergessen – im Alter von 74 Jahren.

Am besten hat der greise HELMHOLTZ BÖCKLINS intuitive, einerseits bewusst wissenschaftsfeindliche, anderseits unbewusst vorwissenschaftliche, jederzeit aber rein künstlerische Arbeitsweise erfasst, als er nach der erwähnten Unterredung seine Eindrücke wie folgt umschrieb: «Im Anfange glaubte ich es mit einem dilettantischen Schwärmer zu tun zu haben, denn alles, was er [BÖCKLIN] vorbrachte, war so unwissenschaftlich ausgedrückt, als nur irgend möglich. Als ich aber dann die ganze Sache prüfte, überraschte mich die Klarheit, mit welcher der Maler ohne positive mathematische Vorkenntnisse Formeln zum Ausdruck brachte, deren Richtigkeit ich anerkennen musste[25].»

Umfangmässig bescheidener, in der erfinderischen Substanz aber ebenso bemerkenswert wie die Arbeiten BÖCKLINS sind die flugtechnischen Entwürfe GIOVANNI SEGANTINIS[26]. Durch seinen Studienfreund und späteren Schwager CARLO BUGATTI, mit dem zusammen er in den siebziger Jahren die Abendkurse an der Brera besucht hatte, wurde SEGANTINI erstmals auf die Aktualität des Fluggedankens aufmerksam gemacht: BUGATTI selbst hatte sich mit technischen und handwerklichen Problemen der Fliegerei auseinanderzusetzen, als er aus vorliegenden Konstruktionsplänen seines Vaters für ein *perpetuum mobile* eine Flugmaschine entwickelte. Unter BUGATTIS Einfluss begann SEGANTINI, der inzwischen über die Vorberge am Comersee nach Savognin gezogen war und fast ausschliesslich als Freiluftmaler arbeitete, mit der systematischen Beobachtung des Vogel- und Insektenflugs. Wie vor ihm schon BÖCKLIN, jedoch völlig unabhängig von dessen Flugstudien gelangte auch Segantini zur Überzeugung, dass der Menschenflug in Analogie zum Flug der Vögel verwirklicht werden müsse. SEGANTINI blieb nun allerdings nicht bei der Idee des Schwebe- oder Gleitflugs stehen, sondern erarbeitete, möglicherweise dem Vorbild LEONARDOS folgend, die Konzeption eines mit beweglichen Schwingen bestückten und durch menschliche Muskelkraft betriebenen Flugapparats; weder Pläne noch Ideenskizzen zu dieser Maschine sind erhalten geblieben. Hingegen zeigt ein Flugzeugentwurf aus SEGANTINIS letzten Lebensjahren, dass

25 *Op. cit.*, p. 279.
26 *V.* dazu E. Tilgenkamp, *Schweizer Luftfahrt* (Zch 1941/1942), II, pp. 71–77; hier auch Erstveröffentlichung einer ‹Flugzeugskizze› von Giovanni Segantini (*op. cit.*, p. 73); in Segantinis eigenen Schriften (*Schriften und Briefe*, 1909) finden sich keine Hinweise auf seine Beschäftigung mit dem Flugproblem.

der Künstler – unter Beibehaltung des Schwingen- oder Ruderprinzips für die Fortbewegung – den gekrümmten Vogelflügel zugunsten des geraden Libellenflügels aufgegeben und die Muskelkraft durch einen Motor – möglicherweise eine Dampfmaschine – ersetzt hat.* Weitere Zeichnungen SEGANTINIS sind nicht bekannt; auch müssen die in Savognin (um 1890) fertiggestellten Bauelemente zu einem Flugzeugmodell sowie die diesbezüglichen Skizzen als verloren gelten.

Noch zu Lebzeiten GIOVANNI SEGANTINIS begann dessen Sohn GOTTARDO, der sich später ebenfalls der Malerei zuwenden sollte, mit der Projektierung und dem Bau von Flugmodellen; er ging dabei nicht mehr von der Naturbeobachtung aus, sondern stützte sich von Anfang an auf die wissenschaftlich-technischen Vorarbeiten grosser Pioniere und Forscher wie LANGLEY. Bereits als knapp Zwanzigjähriger – um 1900 – entwarf GOTTARDO SEGANTINI eine Flugmaschine mit vier horizontal rotierenden, von einem Elektromotor [!] angetriebenen Tragflächen und einem zusätzlichen, vorn am Chassis befestigten Zugpropeller; es dürfte sich dabei um einen der frühsten Helikopterentwürfe modernen Typs handeln[27].

Im Gegensatz zu BÖCKLIN und den beiden SEGANTINIS hat sich CARL STEIGER nicht als Dilettant, sondern als wissenschaftlich ernstzunehmender Laie mit dem Problem des Menschenflugs befasst; er ist nicht als Künstler zu technologischen Fragestellungen gelangt, sondern hat – umgekehrt – nach einem viersemestrigen (vorzeitig abgebrochenen) Studium an der Technischen Hochschule in München den Weg zur Kunst gefunden, hat sich (von 1881 bis 1883) als Maler ausbilden lassen und ist in der Folge auch künstlerisch tätig geblieben, ohne jedoch seine technischen Interessen und Kenntnisse aufzugeben[28].

Seine bleibenden, zum Teil wegweisenden Leistungen hat STEIGER ausnahmslos im Bereich der Flugforschung und der Flugzeugtechnolo-

---

27 Diese Konzeption ist weder durch zeitgenössische Skizzen noch durch das einzige (von Kesselring in Zürich ausgeführte) Modell dokumentiert; der Weiterentwicklung von Gottardo Segantinis Entwurf sollte die um 1909 erfolgte Gründung der «Aero-Gesellschaft Giovanni Segantini» dienen (cf. Art. 3 der Vereinsstatuten), eine Unternehmung, der allerdings keinerlei Resonanz beschieden war (Tilgenkamp, op.cit., II, p. 75). – «Die Brüder Henri und Armand Dufaux konstruierten just zur gleichen Zeit, da [Gottardo] Segantini seine Versuche in Maloja betrieb, in Genf den ersten grösseren Hubschrauber der Welt, den, bei einem Totalgewicht von 17 kg, vier horizontal drehende Luftschrauben von je 450 g mitsamt einer Nutzlast von 6½ kg in die Luft hoben.» (loc.cit.).

28 Zum Werk und Wirken C. Steigers v. Tilgenkamp, op.cit., II, pp. 61-71; ausserdem: W. Eckinger (ed.), *Schweizer Flug-Chronik, 1909-1914* (s.l., s.a.), pp. 68-70.

* Abb. 52

gie erbracht. Die von ihm seit den mittleren achtziger Jahren durchgeführten physikalischen Experimente und Flugversuche, seine Projektskizzen und Abhandlungen, seine zahlreichen Modelle und Prototypen sichern ihm unter den Pionieren des späten 19. und des beginnenden 20. Jahrhunderts einen bedeutenden Rang[29].

STEIGERS Entwürfe lassen, verglichen mit jenen BÖCKLINS, die Handschrift des Künstlers kaum erkennen, seine Einbildungskraft wirkt nicht über die Schranken physikalischer Gesetze und Lehren hinaus, sie gewinnt ihre Potenz in der Beschränkung, verliert dadurch aber den Spielraum, auf den die *künstlerisch*-schöpferische Phantasie angewiesen ist. Auch bei CARL STEIGER bewahrheitet sich, was eingangs im Anschluss' an die Thesen TOPORKOVS festgestellt werden konnte: die höchste «künstlerische» Wirkung geht von jenem Flugobjekt aus, dessen praktische «Unbrauchbarkeit» (zu fliegerischen Zwecken) schon vor der Konstruktion feststand; es handelt sich um das von STEIGER um 1914 gebaute, ausschliesslich für physikalische Messungen bestimmte Phantom «eines riesigen, dem Albatros nachgebildeten Vogels mit weitausholenden, 14 Meter klafternden Flügeln und beweglichen Federpartien[30]», eine Arbeit, welche durchaus *auch* als Kunstwerk – etwa als Beitrag zur futuristischen «Luftplastik» – aufgefasst werden könnte.

3

Im Grenzbereich zwischen Kunst und Technik untersteht das Werk nicht mehr nur ästhetischen Kriterien, es ist nicht mehr allein durch die «gute Form» oder durch eine «höhere Bedeutung» zu rechtfertigen, sondern muss in gleichem Mass auch den ausserästhetischen, bisweilen sogar antiästhetischen Erfordernissen seiner Nutzanwendung entsprechen können; aus diesem längst unübersehbar gewordenen Spannungsfeld disparater Interessen und Wertvorstellungen ist das moderne Design als paraästhetisches, die beiden Sphären gleichermassen umgreifendes Phänomen hervorgegangen. Das wiederum hat, schon bald nach der Jahrhundertwende, zum Zusammenbruch einer exklusiv künstleri-

---

29 Von C. Steiger v. die folgenden Schriften: *Vogelflug und Flugmaschine* (Mchn 1891); *Flugwiderstand und Segelflug* (Zch &c 1911); ‹Zum arbeitslosen Flug der grossen Segler›, *Bulletin Ae.C.S.*, VIII; X; XI, Bern 1917.

30 Tilgenkamp, *op. cit.*, pp. 71–72; mit Abb.

schen, betont wissenschafts- und fortschrittsfeindlichen Geschmacksdiktatur geführt, die in der Folge – seit den frühen zwanziger Jahren – durch die neue Ästhetik einer von Ingenieuren und Designern gemeinsam verwirklichten Produktionskunst abgelöst wurde. Diese Entwicklung ist im wesentlichen von der Kunst selbst ausgegangen; getragen war sie von jenen künstlerischen Kräften, welche dem traditionsgebundenen «öffentlichen Geschmack» um 1910 mit dem Postulat bedingungsloser Modernolatrie entgegentraten: FILIPPO TOMMASO MARINETTI hatte auch dazu das Signal gegeben, als er – in einer berühmt gewordenen Metapher seines ersten futuristischen Manifests – die Nike von Samothrake mit dem aufheulenden Rennwagen, «dessen Karosserie grosse Rohre schmücken», ästhetisch überholte[31].

«Die Grundfesten der produktivistischen Meisterschaft befinden sich in der Tiefe des Lebens, und nicht auf dem Parnass. Der alte Pegasus ist tot.* FORDS Automobil hat ihn ersetzt. Nicht mehr die REMBRANDTS sind es, welche den Stil unserer Epoche prägen, sondern die Ingenieure. Doch jene, welche die Überseeschiffe, die Flugzeuge und die Expresszüge konstruieren, wissen noch nicht, dass sie die Schöpfer einer neuen Ästhetik sind.» – Diese Worte – sie sind von 1923 datiert, gehören dem russischen Kunst- und Designtheoretiker NIKOLAJ TARABUKIN – markieren ebenso anschaulich wie präzis die neu angesetzte ästhetische Nahtstelle, durch welche die «produktivistische Meisterschaft» seither mit dem freien (dem befreiten) Kunstschaffen verbunden ist[32].

Schon kurz nach dem Ersten Weltkrieg hatte sich, für ein breiteres Publikum und selbst für die zünftige Kunstkritik noch kaum sichtbar, an jener Nahtstelle die bis heute nachwirkende Idee des transportablen, aus Fertigelementen zu errichtenden «Typenhauses» *(maison-type)* konkretisiert, ein industriell-architektonisches Projekt der Firma VOISIN, welches der junge LE CORBUSIER damals vehement aufgriff, um – wie es seiner eigenen Forderung entsprach – die Baukunst endgültig mit der Wissenschaft zu versöhnen: «Bisher hatte es den Anschein, als müsste ein Haus mit dem Boden verankert sein, durch die Tiefe seiner Fundamente und das Gewicht seiner dicken Mauern; dieses Haus war das Symbol der Unwandelbarkeit, es war das ‹Geburtshaus›, die ‹Wiege der Familie› usw.; dass das *Maison Voisin* eines der ersten Häuser ist, bei denen sich diese Konzeption ins genaue Gegenteil verkehrt, ist durchaus kein Zufall. Die Wissenschaft vom Bauen hat in letzter Zeit eine überwältigende Entwicklung durchgemacht. Die Baukunst hat im Be-

---

* Abb. 38

31 Cf. *supra*, pp. 280*sqq.*
32 N. Taraboukine, *Le dernier tableau* (P 1972), p. 73.

reich der Wissenschaft festen Fuss gefasst. – Die Darlegung des Problems deutet in sich selbst schon die Mittel zur Verwirklichung an und bestätigt nachdrücklich die ungeheure Revolution, die sich gerade im Bereich der Architektur vollzieht. Wenn die Baukunst sich in einem solchen Ausmass verändert, dann werden die geltenden Gesetze der Ästhetik automatisch über den Haufen geworfen[33].»
Die VOISIN-Flugzeugwerke hatten ihre Produktion, nachdem mit Kriegsende das Auftragsvolumen – 10 400 Aufklärungs- und Bombenflugzeuge hatte Voisin zwischen 1914 und 1918 gebaut – stark zurückgegangen war, teilweise auf den industriellen Bausektor verlagert und in diesem Zusammenhang zwei Prototypen – eine Standard- und eine Luxusausführung – des *Maison Voisin* entwickelt.* Die architektonischen Neuerungen bestanden bei diesem Haustyp einerseits in ihrer Herstellungsweise (maschinelle Vorfabrikation der wesentlichen Bauelemente, Werkmontage auf dem Fliessband, Errichtung in einem einzigen Arbeitsgang), anderseits in der vom Flugzeugbau hergeleiteten Eigentümlichkeit, den Dachfirst parallel zu den Schmalseiten des rechteckigen Grundrisses zu führen, den Giebel also über der Breit- beziehungsweise über der Vorderseite des Hauses zu errichten. LE CORBUSIER führt dazu weiter aus: «Inzwischen ist man im Flugzeugbau dabei, sich die Errungenschaften der Serienproduktion zunutze zu machen. Ein Flugzeug ist ein kleines Haus, das fliegen und dem Sturm widerstehen kann. Die kämpferischen Architekten haben sich entschlossen, in den Flugzeugfabriken ihre Häuser zu bauen; sie beschlossen, dieses Haus wie ein Flugzeug zu bauen; mit den gleichen strukturellen Methoden, mit Rahmenwerk aus leichtem Material, mit Metallgurten und röhrenförmigen Trägerstützen[34].»
Dem typisierten Hausbau ordnet LE CORBUSIER auch einen typisierten Hausbewohner zu, der die neuartige Konstruktion mit dem «neuen Geist» der Zeit erfüllen soll: «Diesen Häusern aus leichtem Metall, elastisch und stabil wie die Karosserie eines Autos oder der Rumpf eines Flugzeugs, liegt ein geistvoller Plan zugrunde: sie bieten all den Komfort, den ein kluger Mann sich nur wünschen kann. Um in einem solchen Haus zu wohnen, muss man den Geist eines Weisen haben, beseelt vom *Esprit Nouveau*. Eine Generation wird kommen, die wissen wird, wie man in den *Maisons Voisin* lebt[35].»

33 L. C.-S. [: Le Corbusier]. «Les Maisons Voisin», *L'Esprit nouveau*, I, [1920], pp. 211–215; hier: p. 211.
34 *Art. cit.*, p. 214.
35 *Art. cit.*, p. 215. – *Cf.* zu Le Corbusiers Konzeption der *Maison Voisin* die einlässlichen Kommentare von Reyner Banham, *Die Revolution der Architektur* (Reinbek 1964), pp. 190*sqq.*

* Abb. 57

Auch später noch, namentlich in seinen Studien zur ‹kommenden Baukunst›, hat LE CORBUSIER die Vorbildlichkeit der serienmässigen Herstellung sowie der apparativen Formgebung moderner Flugzeugtypen für den Hausbau bestätigt[36]: die neuzeitliche «Wohnmaschine» *(machine à habiter)* sollte nach dem Konstruktionsprinzip und mit dem schlichten Komfort der zeitgenössischen Flugmaschinen erstellt werden: «Das Flugzeug zeigt uns, dass ein richtig gestelltes Problem auch seine Lösung findet. Fliegen zu wollen wie ein Vogel, hiess das Problem falsch stellen, und die ‹Fledermaus› Aders kam von der Erde nicht hoch. Eine Maschine zum Fliegen zu erfinden ohne alle Erinnerungen, die sich an irgend etwas der reinen Mechanik völlig Fremdes knüpften, das heisst ein Traggerüst und eine Triebkraft ausfindig zu machen, hiess das Problem richtig stellen: binnen weniger denn zehn Jahren konnte jedermann fliegen[37].»

In LE CORBUSIERS einleitenden Thesen zum Kapitel über «Die Flugzeuge» heisst es unter anderm:

> Das Flugzeug gehört zweifellos zu den Erzeugnissen höchster Auslese im Rahmen der modernen Industrie.
>
> Darum darf man das Zeugnis ausstellen, dass das Flugzeug die Erfindungskraft, die Intelligenz und die Kühnheit auf den Plan gerufen hat: *die Phantasie und die kühle Vernunft*. Derselbe Geist hat den Parthenontempel erbaut.
>
> Ich will mich im Hinblick auf die Architektur in die geistige Verfassung des Flugzeugerfinders versetzen.

---

36 Le Corbusier, *Vers une architecture* (P 1923); deutsch u. d. T. *Kommende Baukunst* (Stuttgart &c 1926).

37 *Kommende Baukunst* (Stuttgart &c 1926), pp. 88; 91. – *Cf.* dazu einen Hinweis von Banham (*op. cit.*, p. 202, Anm. 25): «Erwähnenswert ist, dass er [Le Corbusier] das Problem der Überwindung des Luftwiderstandes und das der Steuerung nicht berührt – das heisst, er erörtert das Problem des Fliegens auf eine Art, wie Chanute und Lilienthal es getan haben; ob er das allerdings in Kenntnis ihrer Arbeiten tut, bleibt unklar. Ironischerweise hatte die *Ader* [-Fledermaus] sich gerade, kurz bevor die [von Ozenfant und Le Corbusier redigierte] Zeitschrift *L'Esprit nouveau* ihr Erscheinen einstellte, als flugfähig erwiesen. Diese Tatsache wurde in ihren Seiten ohne Kommentar und nur mit der Bemerkung veröffentlicht, dass sie zum Ruhme Frankreichs als Pionierland der Fliegerei beitrage! Das Problem der Überwindung des Luftwiderstandes bzw. das der Stromlinienform wird in einem späteren Teil von *Vers une architecture* erörtert, jedoch ohne Bezug auf das Flugwesen!»

Die Lehre, die das Flugzeug erteilt, liegt nicht so sehr in den gestalteten Formen, und, dies sei zuallererst vermerkt, man muss lernen, in einem Flugzeug nicht einen Vogel oder eine Libelle, sondern eine Maschine zum Fliegen zu erblicken; die Lehre des Flugzeugs liegt in der Logik, die bei Aufstellung des Problems die Weisungen erteilte und zu seiner erfolggekrönten Verwirklichung führte. In unserem Zeitalter findet ein Problem, sobald es nur einmal aufgestellt ward, auch seine schicksalbestimmte Lösung[38].

Dass durch «das Aufkommen der Luftfahrzeuge die Existenzbedingungen tiefgreifend modifiziert werden» würden, hat schon 1909 der französische Wissenschaftler und Publizist ALPHONSE BERGET in seiner umfassenden Abhandlung über die Entstehung, die technischen Bedingungen und zivilisatorischen Möglichkeiten der motorisierten Fliegerei festgehalten, wobei er jedoch vor Illusionen und «allzu raschen» Veränderungen warnte: «Noch lange werden wir keine ‹Luft-Taxis› *[aéro-taxis]* sehen, und der Stadtverkehr wird sich noch auf viele Jahre hinaus erdgebundener Fahrzeuge bedienen. Aber es ist unzweifelhaft, dass die Architektur eines Tages vor der Notwendigkeit stehen wird, die Häuser für die Luftfahrzeuge mit erhöhten ‹Anlegeplätzen› zu versehen. Die Überdachungen werden flachen Terrassen weichen müssen, welche sich für Starts und Landungen eignen. Im übrigen werden die Aufstiege künftig wohl keine Anlaufstrecke mehr erfordern: sie werden an Ort und Stelle vor sich gehen, da die Flugmaschinen ohne jeden Zweifel halb Helikopter, halb Aeroplan sein werden – die einzige Kombination, welche die Sicherheit der Landung von Luftfahrzeugen auf kleiner Fläche und bei sehr grossen Geschwindigkeiten wird gewährleisten können; und auf den Terrassen der grossen Hotels werden wir möglicherweise sogar Hangars für Luftschiffe sehen *[aéronats?]*! Sicher ist jedenfalls, dass die ‹Stadt der Zukunft› nicht mehr das gleiche Aussehen haben wird wie die heutige Stadt, und dass die Ambition ihrer reichen Bewohner stets der Luft zugewandt sein wird,\* die klarer, gesunder und nicht so überfüllt ist[39].»

Diesem illusionslosen und doch recht kühnen Zukunftsbild lässt sich, als retrospektive Entsprechung, ein Erinnerungstext von LE CORBUSIER gegenüberstellen, der sich – zufällig – auf das Erscheinungsjahr von BERGETS Studie bezieht; in seinem Essay über den ‹Luftweg› (La Route d'air, 1939) schreibt LE CORBUSIER genau dreissig Jahre später: «Eines

---

38 *Op. cit.*, pp. 87–88.
39 A. Berget, *La Route de l'air* (P 1909), pp. 274–275.

\* Abb. 42

Abends im Frühjahr 1909 hörte ich von meiner Studentenbude aus, am Quai Saint-Michel, ein Geräusch, welches zum erstenmal den ganzen Himmel von Paris erfüllte: zuvor hatten die Menschen nur eine einzige brüllende und donnernde Stimme von oben vernommen: das Gewitter. An meinem Dachfenster verrenkte ich mir den Hals, um den unbekannten Lärmerzeuger zu suchen. Graf DE LAMBERT war, nachdem er sich in Juvisy von der Erde ‹gelöst› hatte, nach Paris vorgedrungen, um in 300 Meter Höhe den Eiffelturm zu überfliegen.
Das war unerhört! Nun konnten also unsere Träume – auch die kühnsten – Wirklichkeit werden.
An diesem Abend herrschte in Paris grösste Freude.
In jenem Frühjahr 1909 war die Chimäre von den Menschen behändigt und hoch über die Stadt hinausgeführt worden[40].»
Das Flugzeug habe nicht nur den Weg durch die Luft erschlossen, sondern auch – so fügt LE CORBUSIER bei – «dem Städtebau die Möglichkeit gegeben, sich von der Höhe dieses neuen Weges aus zum erstenmal der Dringlichkeit und Unermesslichkeit seiner Aufgabe bewusst zu werden, indem es die versteckten und grauenerregenden Wunden der Städte habe sichtbar werden lassen»; der Blick von oben habe aber auch eine «neue Dimension der Dinge mit all ihren glanzvollen Möglichkeiten» eröffnet.

> Wir wussten, dass unsere Städte in Unwürde versunken waren, in der Verachtung der meisten ihrer Bewohner, in der Gleichgültigkeit vor dem Schicksal des Menschengeschlechts, der Gesellschaft, der Familie und so vieler empfindsamer Wesen.
> Wir wussten es; doch wir hatten keine Ahnung, wie ungeheuerlich, wie hassenswert diese Unsauberkeit, diese Unaufrichtigkeit der Stadt gegenüber ihren Einwohnern gewesen ist. Das Flugzeug hat uns zur Einsicht verholfen. Das Flugzeug hat den Blick dafür. Das Flugzeug klagt an.
> [...] Mit seinem Adlerauge blickt das Flugzeug auf die Stadt hinunter. Es betrachtet London, Paris, Berlin, New York, Algier, Buenos Aires, Saõ Paulo. Welch eine düstere Bilanz!
> Das Flugzeug entdeckt, dass die Menschen ihre Städte nicht zur

---

40 In Wirklichkeit fand Lamberts Rekordflug nicht frühlings, sondern am 18. Oktober 1909 statt; auf einer Maschine vom Typ Wright umkreiste der Pilot in rund 400 Meter Höhe den Eiffelturm; insgesamt blieb er während 49 Minuten und 39⅖ Sekunden in der Luft, wobei er eine Strecke von 48 Kilometern zurücklegte (A. van Hoorebeeck, *La Conquête de l'air*, Verviers 1967, I. p. 80).

Zufriedenheit der Menschen gebaut haben, nicht um sie glücklich zu machen, *sondern um auf deren Kosten Geld zu verdienen.* [...]
Das Flugzeug exploriert, es ist flink, hat einen raschen Blick, ermüdet nicht. Mehr als das: es taucht ein in die grausame Wirklichkeit. Mit seinem unerbittlichen Auge durchschaut es das Elend der Städte und photographiert es für jene, welche nicht den Mut haben, sich die Dinge von oben anzusehen.
So verhält es sich mit den grossen Städten des hastigen, grausamen und gierigen 19. Jahrhunderts.
Das Flugzeug schafft auf höchster Stufe einen neuen Bewusstseinszustand, einen modernen Bewusstseinszustand. Man muss die Städte aus ihrem Unglück herausholen; man muss deren angefaulten Teil vernichten; man muss andere Städte erbauen[41].

### 4

Gleichzeitig mit LE CORBUSIER, aller Wahrscheinlichkeit nach jedoch ohne Kenntnis von dessen grundlegenden Vorarbeiten zur «kommenden Baukunst» hat in Russland KAZIMIR MALEVIČ, Begründer und Wortführer der suprematistischen Ästhetik, das Flugzeug als formale Metapher in seine Bild- und Architekturwerke integriert. MALEVIČs diesbezügliche Studien sind im wesentlichen aus der *Unovis*-Ästhetik hervorgegangen, jener Kunstlehre also, die MALEVIČ zwischen 1919 und 1922 für die Vitebsker «Union der Neuen Kunst» entwickelt und später zu einer komplexen Architekturtheorie ausgestaltet hat[42]. Schon vor dem Ersten Weltkrieg hatte MALEVIČ die moderne Fliegerei wiederholt zum Thema bildnerischer Gestaltung gemacht (‹*Der Tod des Menschen gleichzeitig in Aeroplan und Eisenbahn*›, 1913; ‹*Der Flieger*›, 1914; ‹*Fliegendes Flugzeug*›, 1915), und ab 1916 hatte er aus diesen motivischen Ansätzen – in einer Reihe von «dynamischen Kompositionen» – die künstlerische Formel des «Aero»-Suprematismus *(aèrovidnyj supre-*

---

41 Le Corbusier, *Sur les 4 routes* (P ²1970), pp. 134–151, *passim.*
42 Malevičs theoretisches Werk ist nur zu einem geringen Teil in der (russischen) Originalfassung zugänglich; der schriftliche Nachlass des Künstlers liegt bisher nicht gedruckt vor. In Übersetzung sind u. a. die folgenden Werkausgaben erschienen: *Die gegenstandslose Welt* (Mchn 1927); *Suprematismus* (Köln 1962); *Essays on Art* (1915–1928), I–II (Copenhagen 1968); *De Cézanne au suprématisme* (Lausanne 1974); *Ecrits* (P 1975). *Cf.* auch T. Andersen, *Malevich* (Amsterdam 1970); mit zahlreichen Abb.

*matizm)* entwickelt; dieser neuen Darstellungsweise lag die kombinatorische Gruppierung stereotyper Strukturelemente (Tragflächen, Rumpf, Fahrgestell, Propeller *etc.*) moderner Flugzeuge zu Grunde ein Verfahren, das es MALEVIČ ermöglichte, auf neutralem Bildgrund frei schwebende geometrische Formen (Rechteck, Dreieck, Kreis *etc.*) assoziativ anzuordnen und dynamisch zu deformieren.*

Als Phänomen einer aus dem «neuen Leben» hervorgegangenen «neuen Schönheit» wurde die zeitgenössische Luftfahrt dann in Vitebsk auch zum Gegenstand theoretischer Erörterung. Um der neuen dynamischen Schönheit adäquaten Ausdruck verleihen zu können, müsse die «Technik der Kunst» der «Technik der Maschine» angeglichen werden, schrieb MALEVIČ in einer Abhandlung von 1922, dies dürfe allerdings nur unter der strikten Voraussetzung erfolgen, dass dem Kriterium der Nützlichkeit im ästhetischen Bereich keinerlei ausschlaggebende Bedeutung vorbehalten bleibe:

> Die höchste Kraftentfaltung, heute mit dem Wort ‹Dynamik› bezeichnet, drückt die Harmonie der Bewegung in neuen Formen aus. Diese Formen sind eingeteilt in die Technik der Maschine und die Technik der Kunst – auch eine Art Maschine, die die Kraft des Ausdrucks wahrnehmbar machen soll. Auf diese Weise drückt die eine wie die andere die Dynamik der Erscheinungen in verschiedenen Formen aus, nur dass die eine von reinen Nützlichkeitserwägungen ausgeht, die andere von ästhetisch-künstlerischen. Das führt zu einer gewissen Nivellierung, die es unmöglich macht, die reine Dynamik der Wechselbeziehung zwischen der Vielfalt der kosmischen Einheit und den schöpferischen Erscheinungen auf unserer Erde auszudrücken[43].

In dem 1924 verfassten ‹Suprematistischen Manifest Unovis› resümiert MALEVIČ seine zentralen, bereits früher in verschiedenen theoretischen Schriften abgehandelten Thesen zur Grundlegung einer Neuen Kunst, welche in enger Verbindung mit der zeitgenössischen Wissenschaft und Technik entstehen sollte[44]. Wie LE CORBUSIER, der das neue Bauen durch ein neues Wohnen zu legitimieren suchte und zu diesem Zweck auch gleich den neuen Typ des Hausbewohners entwarf, fordert auch MALEVIČ die Schaffung eines neuen «Verbrauchers» für die Kunst der Gegenwart, und es ist ihm klar, dass dieser «Verbraucher» nur dort in

---

43 K. Malewitsch. *Suprematismus* (Köln 1962), p. 204.
44 *Op. cit.*, pp. 283–286.

* Abb. 58, 59, 61

Erscheinung treten kann, wo es gelingt, den alten Menschen in einen Erdenbürger neuen Typs umzugestalten. Nach vollendeter Umgestaltung des Menschen wäre auch dessen Lebenssphäre neu zu gestalten; MALEVIČ greift weit über die städtebaulichen Utopien eines SANT'ELIA hinaus[45], wenn er den Vorschlag einbringt, «die neuen Behausungen der neuen Menschen» sollten in den Weltraum verlegt werden:

> Die provisorischen Behausungen der neuen Menschen müssen sowohl im Weltraum als auch auf der Erde den Aeroplanen angepasst sein. Ein so beschaffenes Heute wird sich auch morgen bewähren. Wir Suprematisten schlagen daher die gegenstandslosen Planiten als Grundlage für die gemeinsame Gestaltung unseres Seins vor. Wir Suprematisten werden uns Bundesgenossen für den Kampf gegen die veralteten Formen der Architektur suchen. [Denn:] Der Sieg über den Eklektizismus garantiert eine neue Lebensform einheitlicher Ordnung. Die Verbindung von Formen verschiedener Epochen verschwindet in diesem gesäuberten, gesunden Lebensbewusstsein. Wir müssen uns vom Eklektizismus befreien und uns rückhaltlos zum Heute bekennen. – Alles, was noch dem Gestern angehört, ist eklektisch: der Karren, der primitive Pflug, das Pferd, die Heimarbeit, die Landschaftsmalerei, die Freiheitsstatuen, Triumphbogen, Fabrikessen und vor allem – die Gebäude im antiken Stil. – Alles das ist Eklektizismus, wenn man es vom Zeitalter des Aeroplans und des Funks her betrachtet. Selbst das Automobil gehört eigentlich schon in die Rumpelkammer, auf den Friedhof des Eklektizismus, wie der Telegraph und das Telephon auch[46].

Eine etwas genauere Beschreibung der als navigierbare Raumstationen gedachten Wohnhäuser und -siedlungen findet sich in MALEVIČs Suprematismus-Studie I/46 von 1923:

> Schwebende Planiten [«planity», abgeleitet von russ. *aëroplan*] werden den neuen Plan der Städte und die Form der Häuser der Semljaniten [«zemljanity» (Erdbewohner), von russ. *zemlja*, «Erde»] bestimmen. In ihnen werden die Geräusche künftiger Musik ertönen, die neuen Stimmen im neuen Chor der Planiten. Im

---

45 *Cf.* R. Banham, ‹Sant'Elia und die futuristische Architektur›, in id., *op.cit.*, pp. 101–114.
46 K. Malewitsch, *op.cit.*, pp. 285; 284.

Hinblick auf sie muss alles geplant und koordiniert werden. Die Bauwerke der Semljaniten müssen in ihrer Planung und ihren Bewegungen sowohl im Raum als auch auf der Erde aufeinander abgestimmt werden[47].

Der stark ausgebildete metaphysische Überbau (die «kosmische Dimension») des Suprematismus[48] findet im Projekt der «künftigen Planiten\* (Häuser) für die Semljaniten (Menschen)» seine planetarische Konkretisierung; die technische Ausführung und Ausrüstung der Planiten hat man sich, gemäss den Entwürfen MALEVIČS, folgendermassen zu denken: als Baumaterialien werden «weisses Mattglas, Beton, Dachpappe» verwendet; die Beheizung der Planiten erfolgt durch eine elektrische Anlage, so dass auf Kamine verzichtet werden kann; die farbliche Gestaltung der Wohn-Planiten bleibt auf die Verwendung von Schwarz und Weiss beschränkt; «in Ausnahmefällen» kommt auch ein roter Anstrich in Frage, doch «hängt dies von der Gespanntheit der Kräfte des Staats und seiner Schlaffheit in der Dynamik ab» *[sic];* der Planit ist beliebig bewohn- und begehbar, er muss von den Semljaniten in- und auswendig «begriffen» werden können, soll einfach und praktisch sein; die Konstruktionsart des Planiten erleichtert die notwendigen Reinigungsarbeiten («er kann ohne jede Schwierigkeit täglich einmal gewaschen werden») und schränkt überdies die Unfallgefahr auf ein Minimum ein[49].

MALEVIČ hat die verschiedenen Planitentypen nach dem Vorbild der zeitgenössischen westlichen «Wolkenkratzer»-Architektur (der er kritisch gegenüberstand) konzipiert, jedoch so, dass die als frei schwebende Raumschiffe geplanten Baukörper *horizontal* zu liegen kamen; die Idee der vertikal angelegten Behausung wird dadurch, buchstäblich, um neunzig Grad gedreht und in ihr Gegenteil verkehrt: der moderne Wohnturm, den schon LE CORBUSIER als hybriden Babelbau der «deutschen Architekten» verworfen hatte[50], ist bei MALEVIČ aus der irdischen Verankerung gelöst und einer überirdischen («kosmischen»)

---

47 *Op. cit.,* p. 274.
48 *Cf.* zur philosophischen Grundlegung (und Rechtfertigung) des Suprematismus Malevičs Abhandlung über ‹Die Kunst. Die Kirche. Die Fabrik›, deren Niederschrift 1922 u. d. T. *Gott ist nicht entthront* in Vitebsk erfolgte; französische Fassung in K. Malévitch, *De Cézanne au suprématisme* (Lausanne 1974), pp. 145-180.

49 «Unovis künftige Planiten (Häuser) für die Semljaniten (Menschen)». Bleistiftskizze (mit schriftlicher Erläuterung der «suprematistischen Form der zweiten Planitengruppe»), 1924; reproduziert und zitiert bei T. Andersen, *op. cit.,* p. 104, Nr. 84.
50 *Cf.* R. Banham, *op. cit.,* p. 214.

\* Abb. 60

Sphäre eingeordnet[51]: der Weltraum soll zum Wohnraum des neuen Menschen werden. – In der von MALEVIČ entworfenen Bauserie «künftiger Planiten für Leningrad» (1924) ist auch ein spezieller Haustyp für Piloten vorgesehen*(planit letčika); Grund- und Aufriss dieser Planiten-Architektur entsprechen genau dem Konstruktionsplan eines modernen Flugzeugs (Hoch- oder Doppeldecker) und lassen, anderseits, wiederum die elementaren Formkonstellationen des «Luft»-Suprematismus aus den Jahren 1917, 1918 erkennen: über einer dominierenden, meist sehr schmalen Rechteckform («Rumpf») sind – im rechten Winkel oder leicht schräggestellt, bisweilen auch seitlich versetzt – zwei (gegebenenfalls mehrere) Querbalken («Tragflächen») angeordnet. Was MALEVIČ im «Luft»-Suprematismus malerisch begründet und auf exemplarische Weise herausgearbeitet hatte, will er nun für das «neue Bewusstsein» der «neuen Menschen» konkret erfahrbar und erfassbar machen: die Raumstruktur des Planiten bildet nicht nur eine architektonische Analogie zum Bauplan des Flugzeugs, sondern auch zum klassischen Grundriss der Kathedrale (Langhausbau mit einem oder mehreren Querschiffen) sowie – auf symbolischer Ebene – zur Form des Passions- oder Patriarchenkreuzes[52].** MALEVIČS religiös-philosophische Konzeption einer neuen Ästhetik, welche die Technik der Kunst mit der Kunst der Technik zu verbinden trachtet, um schon «im Heute» die kommende

---

51 *V.* die bei Andersen (*op. cit.*, pp. 104-105) reproduzierten Planiten-Entwürfe (Abb. 84-88) sowie die Modelle suprematistischer Architekturen *(architektony)* in *op. cit.*, pp. 139-144 (Abb. A1, A6 bis A11); in den mittleren zwanziger Jahren hat Malevič seinerseits mehrere monumentale Hochbauten entworfen (A3 bis A5; A13; A14). – *Cf.* dazu die urbanistische Utopie *Wir und die Häuser* (My i doma, 1914/15) von Velimir Chlebnikov: Strassen und Menschen werden in Zukunft nicht mehr im «Dickicht der Städte» gefangen sein, sondern *über* den Häusern schweben: «[...] die Ströme der Flieger *[potoki letunov]* und das Gesicht der Strasse über sich wird die Stadt mit ihren Dächern, und nicht mit ihren Wänden beneiden. – [...] die Menschenmenge hat gelernt, über der Stadt zu fliegen. [...]» (V. Chlebnikov, *Proza*, L s.a., pp. 276; 277.)

52 *Cf.* dazu die folgende (von Malevič wohl unabhängige) Notiz aus dem Lagertagebuch von Abram Terc (Sinjavskij): «In der byzantinisch-russischen Tradition herrscht die Rundung, die Umrundung vor. Im mittelalterlichen Kanon des Westens wird die zum Kreis geschlossene Komposition aufgerissen, sie wird aufgeschlitzt durch das von innen heraustechende Knochengerüst, durch ein dichtes Gitterwerk; die Zeichnung ist scharfkantig und aggressiv wie die gotische Schrift. *Die Baupläne der Kathedralen erinnern bald an die Konstruktionsskizzen eines Flugzeugs,* bald an das Projekt eines Unterseeboots. *Wessen Bomber sind das wohl – die eines künftigen oder die eines einstigen Flugs der Walküren?* ...» (A. Terc, *Golos iz chora*, Ldn 1973, p. 264; Hervorhebung von mir, *F.P.I.*)

* Abb. 62   **Abb. 63-65

harmonikale Welt zu vergegenwärtigen, findet in der suprematistischen Planiten-Architektur ihren adäquaten künstlerischen Ausdruck[53].
Für das westliche Publikum – gleichsam also *ad usum delphini* – hat KAZIMIR MALEVIČ, während eines kurzen Deutschlandaufenthalts im Frühjahr 1927, den geistigen Grundriss seiner «absoluten Architektonik» skizzenhaft nachgezeichnet. Der in Wasmuths *Monatshefte für Baukunst* erschienene (und seither nicht mehr wieder aufgelegte) Text fasst MALEVIČS suprematistische Ästhetik in einer Art *summa* zusammen, deren letzte Abschnitte wie folgt lauten:

> Wir verzeichnen Fortschritte auf allen Gebieten, aber das heisst noch nicht, dass die Kunst diesen Fortschritten folgt, denn m.E. sollte jeder technische Fortschritt nur dazu dienen, dass dem Menschen mehr Zeit für abstrakte Tätigkeit bleibt. Kunst kennt keinen Fortschritt, denn sie ist das Ziel alles *[sic]* Fortschrittes.
> Der Sinn aller Maschinen und Automaten beruht darauf, dass alle mechanischen Tätigkeiten, die sonst der Mensch zu vollbringen hatte, dem Automaten auferlegt werden. Die Schaffung dieser Automaten, dieser neuen mechanischen Menschen, hat die Künstler begeistert und diese Begeisterung scheint ihnen der rettende Ausweg, ist zur Losung der gegenwärtigen Kunst geworden und von der vollkommenen «Sachlichkeit» aus beginnt man die Kunst zu werten. [...] Der Architekt blickt betrübt auf die unerlässliche Zweckerfüllung und sucht mit heissem Bemühen in sich den Ingenieur mit dem Künstler zu vereinen, um bei jeder Aufgabe das «Angenehme mit dem Nützlichen» zu verbinden (der Ingenieur als solcher würde nur die «Nützlichkeit» beachten).
> Diese Verschmelzung wurde seine eigentliche Aufgabe. Ja, er ist sogar überzeugt, dass es keine zweckfreie Architektur gibt. Aber beim Rückblick auf die Geschichte würde er erkennen, dass seine Kunst als ein Mal der Schönheit lebt und reine Form ist. [...] Und deswegen kann keinerlei «Sachlichkeit» uns das geben, was die Kunst gibt. Die sachlichsten Lokomotiven, Telegraphen und Radioapparate verhelfen uns nicht zum gelobten Land.
> In meiner «suprematistischen Architektur» erblicke ich den Beginn

---

53 Die religiösen Perspektiven seiner Ästhetik zeigt Malevič in seiner Hauptschrift zur Theorie des Suprematismus (*Suprematismus*, II, 1922) mit besonderer Eindringlichkeit auf: der kunstphilosophische Diskurs ist hier, stellenweise bis zur völligen Verdunkelung der Aussage, von mystisch inspirierten Begriffs- und Metaphernbildungen überlagert, wie man sie aus der spekulativen Theologie Eckarts oder aus den Unterweisungen zen-buddhistischer Meister kennt. – *Cf.* auch *supra*, p. 325, Anm. 48.

einer neuen klassischen Baukunst, einer Kunst, die wie seit jeher nur das «Schöne» schafft. Kunst gibt stets das «Gegenwärtige» in aller Vergangenheit und Zukunft[54].

Es steht ausser Frage, müsste von der Forschung allerdings im einzelnen noch nachgewiesen werden, dass MALEVIČ mit seinem «Aero»-Suprematismus, mit dem urbanistischen Konzept der schwebenden Planiten-Siedlungen stark auf die russische Revolutionsarchitektur der zwanziger und frühen dreissiger Jahre eingewirkt hat. Deutliche Spuren solcher Einwirkung finden sich vorab in den architektonischen Entwürfen und «Zukunftsideen» von ÈL' LISICKIJ (Lissitzky), der sich um 1919, gleichzeitig mit MALEVIČ, in Vitebsk aufgehalten und dort seine Proun-Ästhetik begründet hatte. Obwohl sich LISICKIJ in der Folge von MALEVIČS Kunstlehre absetzte und die «kristallinische Organik» der «gegenstandslosen Welt» zugunsten einer neuen, durch «das Betasten der Dinge» gewonnenen Realität verwarf, ist auch seine spätere (die künstlerische wie die kunsttheoretische) Arbeit dem Suprematismus verbunden geblieben[55]. Noch ganz in Übereinstimmung mit den suprematistischen Postulaten MALEVIČS hat ÈL' LISICKIJ, um 1920, die Proun-Idee erläutert:

> Proun beginnt auf der Fläche, geht zum räumlichen Modellaufbau vor und weiter zum Aufbau aller Gegenstände des allgemeinen Lebens. [...] Es ist die Kraft des Prouns, Ziele zu schaffen. Darin besteht die Freiheit des Künstlers der Wissenschaft gegenüber. Aus dem Zweck folgt die Nützlichkeit, das heisst Verbreitung der Tiefe der Qualität in die Breite der Quantität. [...] Als der schaffende Ingenieur den Propeller konstruierte, wusste er, dass sein Mitarbeiter, der Technologe, in seinem Laboratorium entsprechend den dynamischen und statischen Forderungen der gegebenen Form diesen aus Holz, Metall oder Stoff fertig gestaltete. [...] Die materielle Form bewegt sich nach bestimmten Achsen im Raume: über die Diagonalen und Spiralen der Treppen, in der Senkrechten des Aufzuges, auf der Horizontalen der Geleise, in der Geraden oder der Kurve des Aeroplans, entsprechend ihrer Bewegung im Raum muss materielle Form gestaltet sein, das ist die Konstruktion.

---

54 K. Malewitsch, ‹Suprematistische Architektur›, *Wasmuths Monatshefte für Baukunst*, XI, 1927, pp. 412–414; hier: p. 414.

55 *Cf.* Èl Lissitzky, *Russland: Die Rekonstruktion der Architektur in der Sowjetunion* (Wien 1930); *v.* hier vor allem die einführenden Kapitel (‹Der Unterbau›; ‹Wechselbeziehungen der Künste›; *etc.*).

Unkonstruktive Formen bewegen sich nicht, stehen nicht – stürzen, sie sind katastrophal[56].

Auf solchen kunstproduktivistischen Prämissen beruht die «Rekonstruktion der Architektur» im nachrevolutionären Russland, ein Unterfangen, zu dem ÈL' LISICKIJ praktisch wie theoretisch Wesentliches beigetragen hat – einmal durch seine eigenen architektonischen und städtebaulichen Projekte, dann aber auch durch seinen theoretischen Beitrag zur Grundlegung einer neuen Baukunst, deren «Zukunftsidee» (im Sinn von MALEVIČS Planiten-Entwurf) auf die «Überwindung des Fundaments, der Erdgebundenheit» gerichtet sein sollte: «Diese Aufgabe stellt sich auch der Entwurf [von IVAN LEONIDOV] für das Lenin-Institut auf den Leninbergen bei Moskau. Der Baukomplex besteht aus einem Turmbau (Bibliothek für 15 000 000 Bücher), Flachbauten mit Lese-, Arbeitsräumen, einem Kugelbau (in die Luft gehoben) als Zentralauditorium für 4000 Leser. Er ist in einzelne Abschnitte aufteilbar, wobei die Kugel als Planetarium benutzt wird. Das Institut ist durch eine Aerobahn über den Fluss mit der Stadt verbunden.
Aufgabe der Technik ist es, diese elementaren Volumen, die neue Beziehungen im Raum schaffen, statisch zu sichern.
Die Überwindung des Fundaments, der Erdgebundenheit, geht noch weiter und verlangt die Überwindung der Schwerkraft an sich. Verlangt die schwebenden Körper, die physisch-dynamische Architektur[57].»

Der Forderung nach «schwerelosen», vom Boden abgehobenen oder frei in der Luft schwebenden Architekturwerken versucht ÈL' LISICKIJ mit dem Entwurf eines gigantischen «Wolkenbügels» zu entsprechen, bei dem über schmalen, als Liftschächte verwendbaren Tragpfeilern weit ausladende Bauformen in grosser Höhe horizontal angeordnet sind: da somit der Schwerpunkt des architektonischen Volumens nach oben verlegt wird und die Konstruktion sich von oben nach unten zu verschlanken scheint, gewinnt die gesamte Anlage eine Leichtigkeit, die vom aussenstehenden Betrachter als Schwebezustand empfunden werden kann. Die «Überwindung des Fundaments» wird auch in manchen andern Projekten jener Zeit durch die Schwerpunktverlagerung von unten nach oben erreicht – so etwa bei V. BALICHIN (Entwurf für einen

---

56 ‹PROUN: Nicht Weltvisionen, sondern – Weltrealität› (Moskau 1920); Erstdruck in *De Stijl*, V, 1922, [6. VI.]; hier zitiert nach *El Lissitzky* (Ausstellungskatalog Eindhoven &c 1965/1966), pp. 39–41.

57 El Lissitzky, *op. cit.*, [Neuausgabe (Bln ²1965)], pp. 47–48. – Zu Leonidov v. P.A. Aleksandrov [&] S.O. Chan-Magomedov, *Ivan Leonidov* (M 1971).

Funkturm im Rahmen einer neuartigen Flughafenanlage, 1924), bei NIKOLAJ LADOVSKIJ (Restaurant mit Landeplatz an einem Felsüberhang, 1922/1923) oder bei ALEKSANDR KUZNECOV und SERGEJ TOPOROV, welche ihr Projekt für einen Arbeitspalast in Moskau (1923) mit einer überdimensionierten, als Landepiste verwendbaren Dachkonstruktion versehen. LISICKIJ, KORŽEV, MEL'NIKOV versuchen die «Erdgebundenheit» der Baukörper dadurch zu lockern, dass sie den Würfel oder den Kubus auf die Kante, den Kegel oder die Pyramide auf die Spitze stellen.

Die programmatische Tendenz der russischen Revolutionsarchitektur zu einem «physisch-dynamischen» Schwebezustand wird von gewissen Autoren durch die Übernahme von Bau- und Strukturelementen moderner Flugzeugtypen zusätzlich – bewusst – unterstrichen; anschauliche Beispiele derartiger architektonischer Metaphorik finden sich bei IVAN VOLOD'KO (gedeckte Markthalle, 1923), bei den Brüdern A. und V. VESNIN («Zeitungsbau» für die Leningrader *Pravda*, 1924) oder bei B. GLADKOV, dessen turmartiger Zeitungspavillon (Projekt für *Izvestija* und *Krasnaja Niva*, ca. 1923) mit Tragflächen, Cockpit und vertikal angeordnetem Propeller ausgestattet ist[58].

5

Als Vertreter einer konsequent am «Material» orientierten Kunst- und Lebensauffassung – jener «Bewegung» also, welche MALEVIČS «gegenstandslose Welt» hinter sich gelassen hatte, um einer produktivistischen Gestaltungspraxis zum Durchbruch zu verhelfen – hat VLADIMIR TATLIN sein bedeutendes theoretisches und bildnerisches Werk geschaffen: eine beispielhafte «Synthese zwischen dem ‹Technischen› und ‹Künstlerischen›». Im Gegensatz zu KAZIMIR MALEVIČ, der «die Tatsächlichkeit der Welt nicht anerkennen» konnte und in der reinen Anschauung befangen blieb, ging TATLIN (wie auch ÈL' LISICKIJ) von der Hypothese aus, «dass die intuitiv künstlerische Beherrschung des Materials zu Erfindungen führe, auf deren Grundlage sich Gegenstände aufbauen

58 Zur Theorie und Praxis der sowjetischen Revolutionsarchitektur *cf.* u. a. K. N. Afanasjew, *Ideen Projekte Bauten* (Dresden 1973); J. Kroha [&] J. Hrůza, *Sovětská architektonická avantgarda* (Praha 1973); A. M. Vogt, *Russische und französische Revolutionsarchitektur* (Köln 1974); *v.* auch die ideologiekritische Analyse der revolutionären Sowjetarchitektur bei H. Sedlmayr, *Verlust der Mitte* (Salzburg 1948), pp. 102–105.

lassen, unabhängig von den rationell wissenschaftlichen Methoden der Technik[59]».

Ein erstes Ergebnis solcher Bemühungen war das um 1920 fertiggestellte Projekt eines monumentalen Turmbaus für die III. Internationale, mit dem TATLIN einen «uralten Formaufbau, wie er sich z. B. schon in der Sargonpyramide zu Chorsabad dokumentierte, in neuem Material, für einen neuen Inhalt wirklich neu geschaffen» haben wollte[60]. – Den Höhepunkt, zugleich aber auch den Abschluss von TATLINS produktivistischer Tätigkeit markiert der zwischen 1930 und 1932 erarbeitete Entwurf einer Flugmaschine, die, dem Vorbild des Vogelflugs entsprechend, allein von Menschenkraft (mit Schwingenflügeln) angetrieben sein sollte; die Bezeichnung des Projekts selbst – *Letatlin*, ein durch Kontamination gewonnener Neologismus (aus dem russischen Verbum für «fliegen», *letat'*, und dem Namen «TATLIN») – enthält, *in nuce*, die metaphorisch verknappte Definition der TATLINSchen Konzepts[61]. Bei der Planung, dem Bau und der Erprobung des Flugapparats hatte VLADIMIR TATLIN, wie bei keinem andern Unterfangen zuvor, die Möglichkeit, auf technischer Ebene künstlerisch zu experimentieren; das heisst: die produktivistisch aus dem Material und dessen Verarbeitung (Holz, Kork, Leder, Seide *etc.*) entwickelte «gute Form» permanent auf ihre praktische Brauchbarkeit hin zu überprüfen. TATLIN hielt dabei an der Überzeugung fest, dass die technisch optimale Lösung stets auch die ästhetisch beste Form hervorbringen würde; und daraus wiederum ergab sich für ihn die Gewissheit, dass die neue *logische* Schönheit nicht durch eine künstlerische Revolution, sondern einzig durch den wissenschaftlich-technischen Fortschritt würde institutionalisiert werden können.

Ein Künstler, der mit den verschiedensten Materialien Erfahrung hat (und, ohne Ingenieur zu sein, das ihn interessierende Problem studiert hat), muss unzweifelhaft seine Aufgabe darin sehen, die technischen Probleme mit Hilfe neuer Beziehungen zwischen den Materialien zu lösen und damit neue Möglichkeiten der Verdichtung zu schaffen; er wird versuchen, eine neue, komplizierte Form

---

59 El Lissitzky, *op. cit.*, pp. 10–11.
60 *Op. cit.*, p. 11. – *Cf.* die Beiträge diverser Autoren («Über den Turm») in *Wladimir Tatlin, 1885–1953* (Ausstellungskatalog Mchn 1970), pp. 48*sqq*.
61 *Cf.* dazu *supra*, p. 213.

zu entdecken, die dann natürlich zur weiteren Entwicklung in technischer Hinsicht vervollständigt und perfektioniert werden muss. [...] Die bestehenden Formen, die in der Baukunst (Architektur), in der Technik und insbesondere in der Luftfahrt zur Verwendung gelangen, haben in gewissem Sinn einen abgeschlossenen und schematischen Charakter bekommen. [...] Ich habe das Flugzeug als Objekt künstlerischer Konstruktion gewählt, weil es die komplizierteste dynamische und materielle Form darstellt, die für die russische Bevölkerung ein täglicher Gebrauchsgegenstand werden kann. [...] Durch diese Arbeit bin ich zu der Überzeugung gekommen, dass die Berührung des Künstlers mit der Technik neues Leben in seine festgefahrene Arbeitsweise bringen wird, die im Widerspruch zu den Aufgaben der Periode des Aufbaus [des Sozialismus] steht. – Beim Aufbau meines Apparates bin ich von lebendigen organischen Formen ausgegangen. Die Beobachtung und Benutzung dieser Formen und Prinzipien hat mich davon überzeugt, dass die höchsten ästhetischen Formen auch die höchsten ökonomischen Formen sind. Kunst ist: Arbeit an der Gestaltung von Material in diesem Sinne[62].

Die von TATLIN vertretene produktivistische Position zwischen Kunst und Technik ist gegenüber der suprematistischen Welt MALEVIČS ebenso deutlich abgegrenzt wie gegenüber der Produktionswelt der Industrie; die Frage, ob *Letatlin* als Kunstwerk oder als technisches Erzeugnis zu betrachten sei, hat TATLIN – im Gespräch mit dem Literaten KORNELIJ ZELINSKIJ – wie folgt beantwortet:

Ich möchte nicht, dass die Leute es als ein rein zweckgebundenes Objekt betrachten. Ich habe es als Künstler gemacht. Sieh dir die gebogenen Flügel an. Wir finden sie ästhetisch vollendet. Oder glaubst du nicht, dass *Letatlin* einen ästhetisch vollendeten Eindruck macht? Wie eine schwebende Möve? Glaubst du nicht? Aber eine Möve kann tagelang hinter einem Schiff herschweben, getragen von der Luftströmung. Ich bin davon überzeugt, dass mein Apparat einen Menschen in der Luft halten kann. Ich habe in meinen Berechnungen die mathematischen Aspekte, den Widerstand des Materials und die Oberfläche der Flügel berücksichtigt. Wir haben nun zu lernen, mit ihm in der Luft zu fliegen, genauso,

62 ‹Kunst mündet aus in Technik›, in *Wladimir Tatlin, 1885–1953* (Mchn 1970), pp. 63–64.

wie wir lernen, im Wasser zu schwimmen, auf dem Fahrrad zu fahren *usw*⁶³.

Aus dem Gespräch geht im weitern hervor, dass TATLIN beim Bau seines Apparats nicht bloss den Vogelflug, sondern auch den ikarischen Traum des freien, allein durch Menschenkraft realisierten Flugs vor Augen hatte, und wenn TATLIN vorgibt, seinen Zeitgenossen «das Gefühl vom Fliegen» zurückgeben zu wollen, welches «durch das mechanische Fliegen mit dem Flugzeug» zerstört worden sei, drängt sich die Vermutung auf, *Letatlin* könnte von seinem Erbauer, allen anderslautenden Deklarationen zum Trotz, als künstlerische Manifestation *gegen* die zunehmende Perfektionierung und Automatisierung der Technik aufgefasst worden sein: die Rückkehr zum Mythos wäre dann als Absage an einen rationalistisch begründeten, jedoch ins Irrationale ausufernden Fortschrittsglauben zu deuten.

«Ein grosser Künstler versuchte im Turm des Neuen Jungfrauenklosters [bei Moskau] in einer Begeisterung einen Flugapparat zu bauen: er sollte mit Menschenkraft fliegen, ohne Motor, und das Flugerlebnis sollte sogar Herzkranken vergönnt sein. Es wurden Flügel konstruiert, sie waren sehr leicht, doch zum Fliegen taugten sie nicht.» – Mit diesen Worten charakterisiert VIKTOR ŠKLOVSKIJ TATLINS aviatorische Bemühungen; der Hinweis fällt lakonisch, fast schon ironisch aus, macht aber unmissverständlich klar, dass VLADIMIR TATLIN an seinem letzten grossen Werk nicht als Künstler, sondern als Theoretiker und Techniker gescheitert ist⁶⁴.

In rein onirischer, teilweise religiös überhöhter Gestaltung hat MARC CHAGALL die Flugidee in sein Werk eingebracht. Vereinzelte, meist archaische Flugmotive und Flugwesen – schwebende Haustiere, Engel, Dämonen, chassidische «Luftmenschen» auf dem Gang durch die niederen Sphären des Himmels, sogar ein Fallschirmspringer – finden sich schon im vorrevolutionären Frühwerk des Künstlers, wurden jedoch erst ab 1917 konsequent thematisiert und in der Folge zu einer individuellen Angelologie verdichtet, welche, traditionellen jüdischen Vorstellungen vom diesseitigen Engelwirken entsprechend, ganz auf die irdischen und allzu menschlichen Niederungen bezogen blieb⁶⁵. CHAGALLS Flugtraum hat sich – angefangen mit den Hochzeitsbildern und

---

63 ‹Letatlin› (1932), in *op. cit.*, pp. 64–69.
64 V. Šklovskij, *Žili-byli* (M 1966), p. 384.
65 L. Trepp, *Das Judentum* (Reinbek 1970), pp. 161–162.

den Entwürfen zu *Vorwärts!* aus dem Revolutionsjahr, übergehend zum eschatologischen Motiv des Engelssturzes, ausklingend mit den versöhnlichen Flugwesen des Spätwerks – völlig unabhängig von der Realität der zeitgenössischen Fliegerei (oder gar in Opposition dazu) entfaltet und scheint auch von der «Aero»-Ästhetik eines MALEVIČ oder ĖL' LISICKIJ, deren bildnerische Formulierungen CHAGALL nicht anzuerkennen vermochte, kaum berührt worden zu sein; denkbar wäre vielmehr, dass CHAGALL seine «fliegenden Menschen» bewusst als figürliche Antithese zur gegenstandslosen «Luftmalerei» des Suprematismus, aber auch als humanes Gegenbild zur wissenschaftlich-technischen Utopie einer total maschinisierten und automatisierten Zivilisation beibehalten hat[66].

> Zur Zeit der R.S.F.S.R. schreie ich nach Herzenslust:
> «Spürt ihr nicht, wie unsere elektrischen Gerüste unter unseren Füssen wanken?»
> Und waren unsere bildhaften Vorahnungen nicht richtig, *hängen wir denn nicht tatsächlich in der Luft*, leiden wir nicht an einer einzigen Krankheit: der Sucht nach Stabilität[67]?

Die von der russischen Revolutionskunst – namentlich von der Architektur – angestrebte «Schwerelosigkeit» erreicht auch, mit ähnlichen Mitteln, MARC CHAGALL bei der bildnerischen Gestaltung der Flugidee: durch Vertauschung (oder Vermengung) von Oben und Unten, durch die fliegerische Übersetzung von Bewegungsabläufen aus dem menschlichen Alltag, aus dem Traumerleben, aus vertikal orientierten religiösen Riten und Gesten. Stets aufs neue erfährt CHAGALL die Rückkehr zur Kindheit als eine Hinwendung zum Mythos, als träumerische Elevation: «Mir war, als stiege ich zum Himmel auf durch die Birken, den Schnee, die Rauchwolken, mit diesen dicken Weibern, diesen bärtigen Bauern, die sich ununterbrochen bekreuzigten[68].»

---

66 Im September 1918 war Chagall von Anatolij Lunačarskij, dem sowjetischen Volkskommissar für das Bildungswesen, mit der Reorganisation der Kunstpolitik (vor allem der Kunstpädagogik) im Bezirk Vitebsk beauftragt worden; Chagall seinerseits hatte daraufhin Kazimir Malevič, Ėl' Lisickij und Ivan Puni als Dozenten an die Freien Ateliers nach Vitebsk berufen, sich jedoch bald von den suprematistischen Lehren distanziert: aus Protest gegen die Aktivitäten Malevičs und seiner Adepten verzichtete Chagall schon Ende 1919 auf jegliche kulturpolitische Tätigkeit und übersiedelte Anfang 1920 nach Moskau.

67 M. Chagall, *Mein Leben* (Stuttgart 1959), p. 173; Hervorhebung von mir, F.P.I.

Gleichzeitig mit MARCEL PROUST hat CHAGALL die Kindheit als ein bleibendes (weil für immer verlorenes) Paradies entdeckt; die Rückkehr zur Kindheit – die Suche nach dem Paradies und somit auch nach der verlorenen Zeit – gewinnt in CHAGALLS Flugwesen und Flugobjekten (ganz besonders im Bild der geflügelten, frei über der Erde schwebenden Uhr) authentischen Ausdruck: nur im leichtesten und reinsten der Elemente – in der Luft – können sich Erinnerung und Traum mit gleicher Macht entfalten:

> Ja, wenn auf Grund des Vergessens die Erinnerung zwischen sich selbst und der gegenwärtigen Minute kein Band hat knüpfen, sie nicht hat zusammenketten können, wenn sie an ihrem Ort und Zeitpunkt geblieben ist, wenn sie ihre Distanz gewahrt, ihre isolierte Lage in der Höhlung eines Tales oder auf der Spitze eines Gipfels beibehalten hat, bewirkt sie, dass wir plötzlich eine neue Luft einatmen, gerade deshalb, weil es eine Luft ist, die wir früher schon eingeatmet haben, jene reinere Luft, von der die Dichter vergebens behaupten, sie herrsche im Paradies, wo sie uns aber dieses tiefe Gefühl von Erneuerung auch nur dann geben könnte, wenn sie schon einmal eingeatmet wäre, denn die wahren Paradiese sind Paradiese, die man verloren hat[69].

---

68 *Op. cit.*, p. 166; *cf.* auch Bella Chagalls Kindheitserinnerungen an das Engelwirken im jüdischen Alltag (*Brennende Lichter*, Reinbek 1969; *v.* besonders ‹Der Prophet Elias›, pp. 204–208).

69 M. Proust, *Auf der Suche nach der verlorenen Zeit* (Ffm 1967), p. 3950.

# VI Aviation und Angelismus

> *Erinnert euch an jenen Tag, erinnert*
> *euch, und vergesst nicht, wie das*
> *Erstaunen euern Puls und die Farbe*
> *der Sterne stocken machte.*
> *In der Kälte starben zwei*
> *Ausgeburten.*
> *Durch einen Vogel wurden drei*
> *goldne Ringe gefunden und im*
> *gefrornen Schnee vergraben.*
> *Die letzte Stimme eines Menschen*
> *machte den Wind blutig.*
> *Alle Engel verloren ihr Leben.*
> *Bis auf einen: der war verwundet,*
> *seine Flügel verstümmelt.**
>
> RAFAEL ALBERTI

# 1

Durch das Aufkommen der motorisierten Fliegerei zu Beginn des Jahrhunderts, durch deren rasche technische Fortentwicklung und entsprechend vielseitige Nutzanwendung, insgesamt also durch die zivilisatorische Domestizierung der Luftfahrt zwischen 1910 und 1920 sind magische Flugvorstellungen und mystische Flugvisionen, sind auch die grossen Flugmythen Altindiens, Altamerikas, des altgermanischen Nordens sowie Afrikas, vor allem aber die Flugmythologien des klassischen Altertums innert kurzer Zeit von der Realität eingeholt und somit weitgehend absorbiert worden[1].

In der europäischen Kunstliteratur, welche die Flugidee seit der Antike

---

* [Motto:] R. Alberti, ‹El ángel superviviente› [Der überlebende Engel], in id., *Zu Lande zu Wasser* (Ffm 1960), p. 68/69; Auszug.

[1] Die magischen, mythischen und mystischen Flugvorstellungen, wie sie sich – auch in aussereuropäischen Kulturkreisen – für die Zeit *vor* Montgolfier nachweisen lassen, hat Jules Duhem im Rahmen seiner grossangelegten Geschichte des aeronautischen Denkens aufgezeigt (*Histoire des idées aéronautiques avant Montgolfier*, P 1943); eine ähnlich vollständige Inventarisierung der flugtheoretischen Ideen *nach* 1783 (bis zu den Anfängen der motorisierten Fliegerei) liegt bisher nicht vor. – Zur literarischen Gestaltung der Flugidee (von der Antike bis zur Gegenwart) v. die knappe Zusammenfassung bei Walter Muschg (‹Der fliegende Mensch in der Dichtung›, *Neue Schweizer Rundschau*, VII, 1940, pp. 311–320; 384–392; 446–453); ausserdem (für die deutsche Literatur seit Goethe und Wieland): K.G. Just, ‹Aspekte der Zukunft›, *Antaios*, XI, 1970, pp. 393–411.

überliefert, mannigfaltig abgewandelt und entwickelt hatte, wirkte sich diese plötzliche Entmythologisierung – besonders nach dem Ersten Weltkrieg – recht unterschiedlich aus; während – auf der einen Seite – die traditionalistische, primär am Bürgertum orientierte und von konservativen Wertbegriffen geprägte Belletristik den Mythos (und namentlich dessen christliche Ausdrucksformen) demonstrativ beizubehalten, ästhetisch zu überhöhen und vor säkularisierenden Übergriffen zu schützen versuchte, machte es sich – anderseits – die revolutionäre Avantgarde zur Aufgabe, den realisierten Flugmythos rationalistisch umzudeuten, ihn im Sinn einer grundsätzlich kultur- und traditionsfeindlichen Kunstprogrammatik ideologisch zu vereinnahmen[2]. Die langjährige Auseinandersetzung um das mythologische Erbe der Flugidee und um dessen adäquate – das heisst hier: zeitgemässe – literarische Gestaltung ist nicht zuletzt durch den Wandel dokumentiert, den damals in der europäischen Belletristik das Phänomen des Angelismus erfahren hat. Dazu seien nachfolgend ein paar besonders aufschlussreiche Beispiele angeführt.

Die «Eroberung des Himmels» durch die moderne Fliegerei hat nicht zuletzt auch jenem dämonischen, übermenschlich ambitionierten Angelismus Auftrieb gegeben, der seit NERVAL und BAUDELAIRE zum Symbolträger eines dialektisch aufgefassten Titanismus geworden ist, einer neuen, auf das Absolute angelegten Lebens-Kunst, in welcher «das engelhafte und das diabolische Element parallel funktionieren[3]». Der Angelismus wird damit notwendigerweise zur tragischen Erfahrung, er bleibt an den Abgrund gebunden und gewinnt, da mit dem Höhenflug auch der Sturz in die Tiefe, mit der Kunst auch das Leben gewagt werden muss, heroische Grösse: «Ich ziehe es daher vor, diese anormale Geistesverfassung [des Strebens nach Unendlichkeit] als eine wahrhafte *Gnade* zu betrachten, als einen magischen Spiegel, in dem der Mensch sich in seiner ganzen Schönheit sehen darf, das heisst so, wie er sein müsste und sein könnte; eine Art von Engelserregung *[excitation angélique]*, ein Ordnungsruf in schmeichelhafter Form[4].»

Die inspiratorische Elevation wird nun zur hybriden Selbsterhöhung, zur Selbstüberhebung des Dichters: «mit unsagbarer männlicher Wollust» wirft er sich der «tiefen Unermesslichkeit» entgegen:

---

[2] Cf. *supra*, pp. 279-284.
[3] C. Baudelaire, ‹De l'essence du rire et généralement du comique dans les arts plastiques›, in id., *Œuvres complètes* (P 1961), p. 983.
[4] C. Baudelaire, ‹Le poëme du Haschisch›, in *op. cit.*, p. 348.

> *Flieg weit weg von diesen verseuchten Dünsten;*
> *Geh und reinige dich in der höheren Luft,*
> *Und trink, wie einen reinen und göttlichen Trank,*
> *Das helle Feuer, das die klaren Räume erfüllt.*
>
> *Im Rücken die Schwermut und den grenzenlosen Gram,*
> *Die mit ihren Gewichten auf dem nebligen Dasein lasten,*
> *Selig wer sich auf kräftigem Flügel*
> *Aufschwingen kann zu den lichten und heitern Gefilden [...].*

[«Envole-toi bien loin de ces miasmes morbides; / Va te purifier dans l'air supérieur, / Et bois, comme une pure et divine liqueur, / Le feu clair qui remplit les espaces limpides. / / Derrière les ennuis et les vastes chagrins / Qui chargent de leur poids l'existence brumeuse, / Heureux celui qui peut d'une aile vigoureuse / S'élancer vers les champs lumineux et sereins! (...)»][5]

Die herrliche «männliche Wollust» des Aufschwungs, der Griff nach dem Unendlichen und Absoluten, nach Wissen und Macht muss durch den Tod abgegolten werden, kann nur im Tod eine Rechtfertigung finden; in BAUDELAIRES ‹Klagen eines Ikaros› (Les Plaintes d'un Icare) sind Grösse und Verhängnis des Angelismus vorgezeichnet:

> *Umsonst wollte ich des Raumes*
> *Ende und Mitte finden;*
> *Unter irgendeinem Feuerauge*
> *Bricht, ich spüre es, mein Flügel;*
>
> *Und versengt von der Liebe zum Schönen*
> *Werde ich nicht die hehre Ehre haben,*
> *Mit meinem Namen den Abgrund zu bezeichnen,*
> *Der mein Grab sein wird.*

[«En vain j'ai voulu de l'espace / Trouver la fin et le milieu; / Sous je ne sais quel œil de feu / Je sens mon aile qui se casse; / / Et brûlé par l'amour du beau, / Je n'aurai pas l'honneur sublime / De donner mon nom à l'abîme / Qui me servira de tombeau.»][6]

Von BAUDELAIRE, der den Angelismus als Verführung zur Unsterblich-

---

5 C. Baudelaire. ‹Elévation› [Strophen III–IV]. *op. cit.*, p. 10.
6 C. Baudelaire. ‹Les plaintes d'un Icare› [Strophen III–IV]. *op. cit.*, p. 173.

keit und somit als tödliche Versuchung erkannt hat, lässt sich, über VERLAINE, RIMBAUD, MALLARMÉ, eine direkte Linie zur französischen Avantgarde der Vorkriegszeit ziehen, eine weitere – indirekte – Verbindung führt zu NIETZSCHE und damit auch zum technizistischen Angelismus der deutschen Expressionisten, der italienischen und russischen Futuristen. Der Dichter sucht nun nicht mehr bloss den *Vergleich* mit dem Engel, er identifiziert sich mit ihm, will ihn (und will sich selbst) überwinden, er sucht nach dem reinen Ich, nach dem Sein an sich und nach der Allmacht des Bewusstseins, er sucht die eigene Deifikation, den Tod:

> *Der Durst der dich zum Giganten machte*
> *Bis zum Sein lobpreist die seltsame*
> *All-Mächtigkeit des Nichts.*

[«Cette soif qui te fit géant / Jusqu'à l'Être exalte l'étrange / Toute-Puissance du Néant.»][7]

Bei NIETZSCHE (wie später bei MARINETTI) hält sich das lyrische Ich, als Raubvogel «zwischen Raubvögeln», hoch über der Erde auf – jederzeit bereit, «jach hinab» zu stossen, um «adlerhaft, pantherhaft» sein Opfer zu reissen, oder aber sich selber «in *seine* Abgründe» zu stürzen[8]:

> *[...]*
> *man muss Flügel haben, wenn man den Abgrund liebt ...*
> *man muss nicht hängen bleiben,*
> *wie du, Gehängter! –*
> *[...]*
> *Jetzt –*
> *zwischen zwei Nichtse*
> *eingekrümmt,*
> *ein Fragezeichen,*
> *ein müdes Rätsel –*
> *Ein Rätsel für Raubvögel ...*
> *– sie werden dich schon ‹lösen›,*

---

7 S. Mallarmé, ‹Ebauche d'un serpent›, zitiert nach M. Eigeldinger, *Poésie et tendances* (Neuchâtel 1945), p. 29.

8 F. Nietzsche, ‹Nur Narr! Nur Dichter!› [Dionysos-Dithyramben], in id., *Werke* (Mchn 1963), II, pp. 1240 bis 1241.

> *sie hungern schon nach deiner ‹Lösung›,*
> *sie flattern schon um dich, ihr Rätsel,*
> *um dich, Gehenkter! ...*
> *O Zarathustra! ...*
> *Selbstkenner! ...*
> *Selbsthenker! ...*[9]

Klar ist hier die gespannte, letztlich aber unlösbare Wechselbeziehung zwischen kritischer Selbst-Befragung und wollüstiger Selbst-Versuchung, zwischen Selbst-Erkenntnis und Selbst-Vernichtung, zwischen dem Selbstkenner und dem Selbsthenker herausgearbeitet, jener dramatische Gegensatz zwischen Wollen und Können, den auch STÉPHANE MALLARMÉ als Grundkonflikt bei der ikarischen Arbeit des Künstlers erkannt hat:

> *Die Kunst wagt es in diesen Tagen, sich auf den (Federn) des Ikaros*
> *Emporzuschwingen, (um als) Adler dort, wo der Blitz ruht,*
> *die Himmel zu sehen!*

[«L'Art ose, dans ces jours, sur les (plumes) d'Icare / S'élancer, aigle, où dort la foudre, voir des cieux!»][10].

Die romantische Adler-Metapher hat MALLARMÉ später, als er sich selber «auf die reinsten Gletscher der Ästhetik» und damit in göttliche Bereiche vorwagte, durch das Bild des Engels ersetzt; nur in Gestalt eines Engels glaubt der Dichter die himmlische Domäne der Ewigkeit betreten und dieses verlorene Paradies zurückgewinnen zu können – «auf die Gefahr hin, während der Ewigkeit zu fallen[11]».

Den geistigen Aggregatzustand eines Engelwesens erreicht auch NIETZSCHES zarathustrischer Tänzer und Luftschiffer auf seiner liebenden Suche nach der Ewigkeit:*

---

9 F. Nietzsche, ‹Zwischen Raubvögeln› [Dionysos-Dithyramben], in *op. cit.*, II, pp. 1250-1251.

10 Zitiert nach H. Mondor, *Mallarmé lycéen* (P 1954), p. 210.

11 «Est-il moyen, ô Moi qui connais l'amertume, / D'enfoncer le cristal par le monstre insulté / Et de m'enfuir, avec mes deux ailes sans plume / – Au risque de tomber pendant l'éternité?» (S. Mallarmé, ‹Les fenêtres› [Strophe X], zitiert nach id., *Œuvres complètes* [P 1945], p. 32); Hervorhebung von mir, *F.P.I. Cf.* dazu H. Mondor, *Vie de Mallarmé* (P 1941), pp. 236*sqq.*

* Abb. 46

Wenn ich je stille Himmel über mir ausspannte und mit eignen Flügeln in eigne Himmel flog:
Wenn ich spielend in tiefen Licht-Fernen schwamm, und meiner Freiheit Vogel-Weisheit kam:
– so aber spricht Vogel-Weisheit: ‹Siehe, es gibt kein Oben, kein Unten! Wirf dich umher, hinaus, zurück, du Leichter, Singe! sprich nicht mehr!
– sind alle Worte nicht für die Schweren gemacht? Lügen dem Leichten nicht alle Worte! Singe! sprich nicht mehr!›
O wie sollte ich nicht nach der Ewigkeit brünstig sein und nach dem hochzeitlichen Ring der Ringe – dem Ring der Wiederkunft?
Nie noch fand ich das Weib, von dem ich Kinder mochte, es sei denn dieses Weib, das ich liebe: denn ich liebe dich, o Ewigkeit!
*Denn ich liebe dich, o Ewigkeit*[12]*!*

## 2

Engel werden zu wollen bedeutet stets: sich – unter Einsatz des eigenen Lebens – mit der Gottheit messen und damit das menschliche Mass überschreiten wollen; es bedeutet: Erhebung über sich selbst und über die andern; es ist: Versuchung durch Macht, Versuchung zum Tod. Diese dämonische Variante des Angelismus hat sich bei der europäischen Avantgarde seit 1909 auf breiter Front durchgesetzt. Der Engel tritt hier – wie bei MALLARMÉ und NIETZSCHE – stets in enger Verbindung mit dem dichterischen Ich auf, ist in manchen Fällen mit ihm identisch, wird nun aber weitgehend von romantischen Epitheta und mythologischer Metaphorik befreit, erhält statt dessen die Attribute des modernen Fliegerhelden und tritt gelegentlich sogar als ein phantastisches, halb aus organischen, halb aus maschinellen Bauelementen bestehendes Mischwesen in Erscheinung; solcher Angelismus wird in seiner letzter Konsequenz zum Satanismus, er bleibt auf die Blickrichtung von oben nach unten beschränkt, auf die besitzergreifende oder vernichtende Geste des Einen gegenüber den Vielen, sein Prinzip ist die Grenzüberschreitung, seine Ambition der physische und moralische Rekord, seine permanente Obsession – der gottähnliche Status des Übermenschen: Grössenwahnsinn, der den Gipfel der Macht, des Wissens, der Vollkommenheit erreicht zu haben meint und die Welt nur noch als lästiges Ameisengewimmel wahrzunehmen vermag.

12 F. Nietzsche, *op. cit.*, II, p. 476.

Seine klarste Ausprägung hat der luziferische Angelismus bei FILIPPO TOMMASO MARINETTI und dessen Gefolgsleuten gefunden; MARINETTI war es, der – unmittelbar an MORASSO und NIETZSCHE anschliessend – eine neue dämonische «Rasse aus Stahl» ins Leben (und in die Literatur) rief, er war es, der als erster das futuristische Dichter-Ich gegen die «unreine Erde» mobilisierte und zur «Eroberung der Sterne» anhielt, er stimmte als erster seinen Herzschlag und den Rhythmus seiner Verse auf den «Puls des Motors» ab[13].

> Wir wollen in der Literatur das Leben des Motors wiedergeben, dieses neuen instinktiven Tieres, dessen Hauptinstinkt wir verstehen, wenn wir die Instinkte der verschiedenen Kräfte erkannt haben, aus denen er besteht. [...] Fügen wir tiefe Intuitionen des Lebens aneinander, Wort an Wort, so wie sie unlogisch entstehen, dann geben sie uns die Hauptlinien einer INTUITIVEN PSYCHOLOGIE DER MATERIE. *Sie tat sich meinem Geist hoch oben im Flugzeug kund.* Als ich die Gegenstände von diesem neuen Gesichtspunkt aus betrachtete, nicht mehr von vorn oder von hinten, sondern *senkrecht von oben,* also verkürzt, da konnte ich die alten Spannstricke der Logik und die Senkbleie der alten Begriffe zerreissen. [...]
>
> Mit Hilfe der Intuition werden wir die scheinbar unbeugsame Feindschaft besiegen, die unser menschliches Fleisch vom Metall der Motoren trennt.
>
> Nach dem Reich der Lebewesen beginnt das Reich der Maschinen. Durch Kenntnis und Freundschaft der Materie, von der die Naturwissenschafter nur die physikalisch-chemischen Reaktionen kennen können, bereiten wir die Schöpfung des MECHANISCHEN MENSCHEN MIT ERSATZTEILEN vor. Wir werden ihn vom Todesgedanken befreien, und folglich auch vom Tode, dieser höchsten Definition logischer Intelligenz[14].

Bereits 1922, ein Jahrzehnt nach der Veröffentlichung des ‹*Technischen Manifests*› der futuristischen Literatur, dem diese Aufrufe zur Mechanisierung der Poetik und zur Schaffung des neuen Maschinenmenschen entnommen sind, verkündete eine nachrückende Generation den End-

---

13 V. *supra,* pp. 61–66; 279*sqq.*
14 F.T. Marinetti, ‹Technisches Manifest der futuristischen Literatur› [11.V.1912], zitiert nach U. Apollonio, *Der Futurismus* (Köln 1972), p. 78 bis 81; Hervorhebung von mir, *F.P.I.*

sieg der «mechanischen Kunst» und konnte zudem auf die erfolgreich abgeschlossene Maschinisierung des künstlerischen Ichs hinweisen, welch letzteres fortan als apparatives Zubehör einem kollektiv-produktivistischen Wir angeschlossen sein sollte:

> WIR FÜHLEN WIE MASCHINEN, WIR FÜHLEN UNS AUS STAHL ERBAUT, AUCH WIR MASCHINEN, AUCH WIR MECHANISIERT! [...]
> Die alte Ästhetik speiste sich von Legenden, Mythen und Geschichten, alles mittelmässige Erzeugnisse blinder und versklavter Gemeinwesen.
> Die futuristische Ästhetik bezieht ihre Nahrung aus den mächtigen und kompliziertesten Werken des menschlichen Geistes. Ist die Maschine vielleicht heute nicht das phantastischste Symbol der geheimnisvollen Schöpferkraft? DURCH DIE MASCHINE UND IN DER MASCHINE VOLLZIEHT SICH HEUTE DAS MENSCHLICHE DRAMA[15].

Solche Sätze bringen einen rein technizistischen, einzig vom Kriterium der Machbarkeit bestimmten Fortschrittsoptimismus zum Ausdruck, der, wie es scheint, gerade durch seine explizit antihumanistische Mythenfeindlichkeit die in ihm selber angelegte Tendenz zur Remythologisierung zu kaschieren versucht: in weit höherem Mass als die alten «Legenden, Mythen und Geschichten» ist der neue, rationalistisch verbrämte «Mythos der Maschine» ein Erzeugnis verblendeter und versklavter «Gotterbauer[16]».
Die Konfrontation des selbstherrlichen Maschinen-Menschen und Künstler-Diktators mit den «ameisenwimmelnden Horden» der Erdbewohner, welche «die schönen Abhänge der Berge wie ein schrecklicher Aussatz» bedeckten, hat – wiederum als erster – MARINETTI in seinem

---

15 E. Prampolini/I. Pannaggi/V. Paladini, ‹Die mechanische Kunst› [Oktober 1922], hier zitiert nach C. Baumgarth, *Geschichte des Futurismus* (Reinbek 1966), pp. 222-223.

16 Die Verwendung des «Gotterbauer»-Begriffs dürfte an dieser Stelle gerechtfertigt sein; das «Gotterbauertum» (russ. *bogostroitel'stvo*) wurde von Lunačarskij, Bogdanov u. a. zwischen 1905 und 1910 in Russland als philosophische Grundlage zu einer neuen Religion ohne Gott herausgebildet und sollte den alten Glauben durch eine Art wissenschaftlichen Sozialismus mit metaphysischer Aura ablösen; zu den prominenten Anhängern des «Gotterbauertums» gehörte vorübergehend (1907/1909) auch der Schriftsteller Maksim Gor'kij; *cf.* dazu u. a. S. V. Utechin, ‹Der Bogdanowismus›, in id., *Geschichte der politischen Ideen in Russland* (Stuttgart &c 1966), pp. 197-203.

belletristischen Kommentar zum Gründungsmanifest des Futurismus mit dem präzisen Zynismus des Kampffliegers aufgezeichnet:

> Aber ihr seid unzählig! ... Wir könnten wohl unsere Munitionen erschöpfen und alt werden während des Blutbades! ... Ich werde die Schusslinie festsetzen! ... Das Visier auf achthundert Meter! Achtung! ... Feuer! ... Oh! Rausch, mit den Murmeln des Todes zu spielen! ...[17]

Der von MARINETTI begründete technizistische Angelismus – eine neue «Religion des sich manifestierenden Willens und des täglichen Heroismus» – verhalf definitiv jenem «feuerstehlenden Poeten» zum Durchbruch, den schon ARTHUR RIMBAUD im ‹Brief des Sehenden› an PAUL DEMENY (Lettre du Voyant, 15. V. 1871) als souveränen Erben des Prometheus, als einen «grossen Kranken», einen «grossen Kriminellen», einen «grossen Verfluchten» und – zugleich – als den «höchsten Wissenden» für die fernere Zukunft angekündigt hatte[18]: als luziferische Un- und Übermenschen, als motorisierte «Todesengel» und «Himmelsstürmer» haben sich denn auch zahlreiche Adepten des marinettianischen Futurismus – die italienischen «Brüder» ebenso wie die französischen, deutschen und russischen «Freunde» des Führers – in ihren Werken stilisiert oder im realen Leben mystifiziert. – In PAOLO BUZZIS ‹Hymne an die neue Dichtung› (Inno alla Poesia Nuova, 1912) wird die Maschine deklarativ als «die Lyra» des futuristischen Dichters bezeichnet; die ‹Hymne› schliesst mit einem aggressiven Abgesang:

*Alles läuft.*
*Alles steigt.*

*Wir brauchen ein Lied für den Lauf.*
*Wir brauchen ein Lied für den Aufstieg.*
*Bald werden wir Lungen aus Raumschwamm haben*
*und Flügel aus Wolkenfedern.*
*Oh, Menschen von gestern,*
*pflanzt Euch eine Lanze ins Herz!*
Geboren ist das Geschlecht, das Euch überholt

---

17 F.T. Marinetti, ‹Tod dem Mondschein!› [1909], hier zitiert nach C. Baumgardt, *op. cit.*, p. 246.
18 *V.* A. Rimbaud, *Œuvres* (P 1960), p. 346; *cf.* auch Rimbauds Brief an Georges Izambard (Mai 1871).

mit einem Sprung in den Himmel, das Geschlecht,
das Euch wie Ameisen zertreten wird!
*Folgt uns hinauf zu den Bergen und Luftballonen!*
*Werft uns die Kinder wie Hartgummi zu,*
*höher, noch höher!*
*Schleudert uns zu*
*den Schrei der Wut und der Liebe!*
*Schiesst nach uns mit Salven und Todesgeschossen!*
*Das Leben wird*
*Taumel!*
*Wollt, oh Ihr Müden, dass man auf Stühlen*
*Euch trägt zum Zenit*[19]*?*

[«Si corre. / Si sale. / Bisogno un canto di corsa, / bisogno un canto d'ascesa. / Presto avremo polmoni di spugna di spazio / ed ali di piuma di nube. / O uomini d'ieri / piantatevi un'asta nel seno! / Nata è la razza che vi sorpassa / d'un salto di cielo, la razza / che come formiche vi schiaccera! / Seguitecì a sommo dei monti e degli aerostati! / Gettateci i figli come guttaperche / più alto, più alto! Scagliateci / il grido di rabbia e d'amore! / Sparateci l'armi di salva e di morte! / La vita diventa / Vertigine! / Volete, o sedentari, con le sedie, / lasciarvi portare allo Zenit?»][20].

Ein weiteres Mal wird die Ameisen-Metapher – zur pauschalen Charakterisierung eines dumpfen, versklavten und überalterten Menschengeschlechts – von LIBERO ALTOMARE aufgegriffen, dessen Ode ‹An einen Flieger› (A un aviatore, 1912) deutlich erkennen lässt, wie das Bild des Engels aus seinem traditionellen ikonographischen Kontext herausgelöst und einem modernen Angelismus dienstbar gemacht wird, der nicht mehr das Göttliche über dem Menschen, sondern die Gottähnlichkeit des Übermenschen anstrebt; nietzscheanische Pathetik und martialische Metaphorik gehen hier eine wirkungsstarke, künstlerisch jedoch zweifelhafte Verbindung ein:

---

19 Zitiert nach der deutschen Fassung bei C. Baumgardt, *op. cit.*, p. 269; Hervorhebung von mir, *F.P.I.*
20 Zitiert nach der Originalfassung des Textes bei V. Scheiwiller (ed.), *Piccola antologia di poeti futuristi* (Milano 1973), pp. 33–36.

*Oh Mensch, der du trinkst in vollen Zügen*
*das flüssige Himmelsblau,*
*während du in das Leere dringst*
*wie ein Schwert in eine Hülle aus Raum,*
*magische Kreise schleuderst du*
*auf deiner Schicksalsbahn,*
*die Tanz ist und Lobgesang ...*

*Mensch, der du mit Magnetenaugen*
*unter deinem schweren Sturzhelm*
*blauen Horizonten zu trotzen scheinst*
*und den spitzen Zähnen der Berge,*
*eingepfercht bist du zwischen den Flügeln,*
*gebeugt über das Steuer,*
*wie über einen Riesenhebel,*
*der dich emporhebt zum Zenit*
*oder hinabreisst in den Tod,*
*während du in Spiralen steigst*
*über den Ameisenhaufen der Menschen.*

*Mensch, erdumspannender Falter,*
*hör mich an!*
*[...]*
*Welchen neuen Ruhm suchst du,*
*Flügel? ...*
*– Da: er steigt, schwankt*
*wie eine Antenne im Sturm,*
*fällt, hält an, um den Grund zu streicheln,*
*und bäumt sich wieder auf in ferne Weiten ...*
*– Dein ist der Ruhm!*
*Ich stimme kein Klagelied an*[21]*!*

[«Oh uomo che bevi a gran sorsi / l'azzurro liquido del cielo, / mentre t'avventi nel vuoto, / come una spada in una guaina di spazio, / saettando circoli magici / nella tua corsa fatale / ch'è insieme inno e danza ... // Uomo che non pupille magnetiche / sotto il tuo casco severo / sembri sfidare gli orizzonti lividi / e i denti aguzzi dei monti, / imprigionato fra le ali, / chino al volante / come su una leva iperbolica

---

21 Zitiert nach der deutschen Fassung bei
C. Baumgardt, *op. cit.*, pp. 263-264;
Hervorhebung von mir, *F.P.I.*

/ che ti solleva a lo zénit / o ti strapiomba alla Morte, / mentre t'innalzi a spirali / sul formicaio umano, // uomo, libellula oceanica / ascoltami! / (...) Qual gloria ignota va cercando / l'ala? ... / – Eccola: sale, tentenna / come un'antenna nella tempesta, / cala, s'arresta a vellicare il piano / e si rimpenna lontano ... / – E gloria sia! / Non canterò l'elegia!»][22].

Für STEFAN ZWEIGS motorisierten Himmelsstürmer («Der Flieger», 1915) sind die Menschen ebenfalls nur mehr *«wie kribblige Fliegen»*, widerliches Geschmeiss, das er – aufsteigend und sich selbst zum Engel erhöhend – unter sich gelassen hat:

> *Er aber wandert hinauf.*
> *Die Nebel reissen ihm die Tore auf,*
> *Hügel knicken*
> *Demütig ein mit dienendem Rücken,*
> *Berge sinken vor ihm in die Knie.*

Auch bei ZWEIG wird der moderne Flieger als Übermensch verherrlicht und mit der satanischen Versuchung konfrontiert, im Höhenflug – um den Preis des eigenen Lebens – Unsterblichkeit zu gewinnen:

> *Die Hand reisst nervig das Steuer an sich:*
> *‹Ich löse dich,*
> *Nun wirf mich empor*
> *Oder stürz' mich hinab!*
> *Die Erde ist dunkel, die Erde ist Grab,*
> *Ihr Leib ist gebläht von Toten und Särgen,*
> *Ihr Atem stinkt von Moder und Gruft,*
> *Doch bevor*
> *Auch mich ihre durstigen Schollen auftrinken,*
> *Heb' mich in reine, in feurige Luft!*
> *Mich hebe hoch, lass sie stürzen und sinken,*
> *Auf, ihr Schwingen, macht mich frei, macht mich gross!*
> *Los!›*

Der Autor steigert sich in d'annunzianische Rhetorik, wenn er seinen Flieger – sich selbst? – «in die heilige Leere» entlässt und die heldische «Brust ihren grossen Schrei» ausstösst:

22 Originaltext bei V. Scheiwiller (ed.), *op. cit.*, pp. 25–27.

*Frei!*
*Allein!*
*O weites unendliches Einsamsein!*
*[...]*
*Ich will steigen und steigen*
*Bis auf zu den Höhn,*
*Wo selbst die Engel geblendet sich neigen*
*Und Gott ins ewige Auge sehn*[23].

Der in der Nachfolge NIETZSCHES und D'ANNUNZIOS entstandene, von MARINETTI definitiv ausgestaltete technologische Angelismus hat in den Literaturen Europas weite Verbreitung gefunden und ist schliesslich – nach einem langwierigen Transformationsprozess – in die Trivialmythen der Popkultur (vor allem der superheroischen Comics und der Science-fiction-Strips der sechziger Jahre) eingegangen: die flugtüchtige Heldengeneration eines Batman, eines Spider-Man und nicht zuletzt auch eines ausserirdischen Titanen wie Galactus lässt sich genetisch auf jene «Rasse aus Stahl»* zurückführen, deren Abkömmlinge schon vor dem Ersten Weltkrieg als mechanisierte Übermenschen in die Belletristik eingegangen sind[24].

3

Unter den zahlreichen Gestaltungsvarianten des marinettianischen Angelismus verdienen die blasphemisch überspitzten, bewusst auf christliche Glaubenssätze bezogenen Flugmotive bei Autoren der französischen und russischen, teilweise auch der deutschen literarischen Avantgarde besonderes Interesse; beispielshalber sei an dieser Stelle lediglich auf die entsprechenden Passagen in GUILLAUME APOLLINAIRES polythematischer Versdichtung ‹Zone› (Zone, 1912) verwiesen, wo Christus selbst als Rekordflieger in Erscheinung tritt und – umringt von mythologischen und biblischen Fluggestalten, von «Priestern, welche mit erhobener Hostie ewig aufwärts steigen» – zum Himmel fährt:

---

23 S. Zweig, ‹Der Flieger›, in *Almanach [...] von Velhagen und Klasings Monatsheften* (Bln &c 1915), pp. 282-287; v. den vollständigen Text *infra*, pp. 387-391.

24 Zur Genealogie und Phänomenologie der modernen Superhelden v. R.C. Reitberger/W.J. Fuchs, *Comics* (Mchn 1971), pp. 101-129.

* Abb. 35, 47

> *Hier sehn selbst die Autos aus, als wären sie veraltet*
> *Nur die Religion ist noch ganz unverbraucht die Religion*
> *Ist einfach geblieben wie die Hangars von Port-Aviation*
> *[...]*
> *Gott ist es der am Freitag stirbt und sonntags aufersteht*
> *Es ist Christus der besser als alle Piloten zum Himmel fährt*
> *Er hält den Weltrekord im Höhenflug*
> *[...]*
> *Und in einen Vogel verwandelt steigt dieses Jahrhundert wie Jesus in die Luft*
> *Die Teufel in den Abgründen heben den Kopf und schauen ihm nach*
> *Sie sagen er imitiere Simon den Magier von Judäa*
> *Sie schreien da er fliege [stehlen] könne solle man ihn doch Flieger [Dieb] nennen*
> *Die Engel umflattern den anmutigen Flatterer*
> *Ikaros Henoch Elias Apollonios von Tyana*
> *Sie umschweben den ersten Aeroplan*

[«Ici même les automobiles ont l'air d'être anciennes / La religion seule est restée toute neuve la religion / Est restée simple comme les hangars de Port-Aviation / (...) / C'est Dieu qui meurt le vendredi et ressuscite le dimance / C'est le Christ qui monte au ciel mieux que les aviateurs / Il détient le record du monde pour la hauteur / (...) / Et changé en oiseau ce siècle comme Jésus monte dans l'air / Les diables dans les abîmes lèvent la tête pour le regarder / Ils disent qu'il imite Simon Mage en Judée / Ils crient s'il sait voler qu'on l'appelle voleur / Les anges voltigent autour du joli voltigeur / Icare Enoch Elias Apollonius de Thyane / Flottent autour du premier aéroplane / (...)»][25]

Die Entwicklungsstadien und die verschiedenen, untereinander oft widersprüchlichen Erscheinungsformen des modernen Angelismus – jenen qualitativen Wandel der Flugidee vom «Gold und Silber blasser Mythen» zum «Stahl der Wirklichkeit[26]» – hat RENÉ SCHICKELE in seiner expressionistischen ‹Ode an die Engel› einprägsam aufgezeichnet. Bei SCHICKELE gewinnt die Transformation einer privaten Engelserfah-

---

25  G. Apollinaire, *Œuvres poétiques* (P 1965), pp. 39–40.

26  Mit diesen Worten eröffnet der deutsche Herrenflieger und d'Annunzio-Übersetzer Karl Vollmoeller sein dithyrambisches ‹Lob der Zeit›, eine Ode auf den technischen Fortschritt und – im besondern – auf die Eroberung des Luftraums (in *Insel-Almanach auf das Jahr 1912*, Lpzg s.a., pp. 31–34; der Text ist vollständig nachgedruckt *infra*, pp. 384–386).

rung epochale Bedeutung: die Metamorphose des Traumbilds zum Schreckbild, des Schutzengels zum Racheengel erweist sich als ein dämonisches Paradigma der Moderne:

> *Eure Hand kannte jede Stelle,*
> *wo ein Herz schlug.*
> *Eure Flügel deckten jedes Leiden.*
> *Eure Stirn leuchtete*
> *von den vielen Geheimnissen der Lebenden,*
> *die ihr geduldig wusstet,*
> *und von der Seligkeit der Toten.*

Doch später verfinsterten sich die Engel, sie wurden – wie bei RILKE – «schrecklich», und ihr tiefes «Wissen um die Verdammten» verwandelte sich in das Bewusstsein eigener Verdammnis, ihr ruhiges Leuchten geht über in den Glanz satanischer Schönheit, das Leiden, das sie einst mit ihren Flügeln deckten, tragen sie nun selbst hinunter auf die Erde:

> *Später wart Ihr überall,*
> *wo Taten vollbracht wurden,*
> *Gewalttaten aller Art,*
> *Taten, die zum Himmel brannten.*
>
> *Ihr zeigtet Euch einem, prächtig gekleidet*
> *in seinen Entsagungen, die andre nicht kannten.*
> *Ihr wart furchtbar und wart zart.*
> *[...]*
> *Von stählernem Glanz umwittert*
> *taucht Ihr aus den Staubwolken*
> *hinter den Automobilen auf,*
> *man hört Euern Gesang,*
> *der wie hohe Harfentöne*
> *im Luftzug zittert.*
> *Ihr lächelt den Fliegern zu,*
> *die sich neben Euch erheben,*
> *Ihr seid da, wenn sie wiederkommen,*
> *und Euer Mund ist irdisch rot*
> *vor ihnen, die sich das Licht und den Schrecken*
> *der Himmel mit beiden Händen*
> *aus dem Antlitz streichen,*
> *irdisch rot Euer Mund und halbgeöffnet,*
> *und Eure Hüften sind gebogen,*

> *damit sie, noch an ihrem Sitze festgebunden,*
> *gleich aufatmend froh*
> *die Früchte der Erde erkennen.*
> *Ihr seid der Schwung hinauf und hinüber,*
> *seid alles, was stärker ist als der Tod*[27].

Für JAKOB VAN HODDIS ist die frühkindliche Erinnerung und ist auch der Glaube an ein gerechtes Engelwirken längst verloren, Realität haben für ihn einzig die luziferischen Heerscharen und deren grosser wüster Führer (‹Der Todesengel›, 1914):

> *Mit Trommelwirbeln geht der Hochzeitszug,*
> *In seid'ner Sänfte wird die Braut getragen,*
> *Durch rote Wolken weisser Rosse Flug,*
> *Die ungeduldig gold'ne Zäume nagen.*
>
> *Der Todesengel harrt in Himmelshallen*
> *Als wüster Freier dieser zarten Braut.*
> *Und seine wilden, dunklen Haare fallen*
> *Die Stirn hinab, auf der der Morgen graut.*
>
> *Die Augen weit, vor Mitleid glühend offen*
> *Wie trostlos starrend hin zu neuer Lust,*
> *Ein grauenvolles, nie versiegtes Hoffen,*
> *Ein Traum von Tagen, die er nie gewusst*[28].

Als schrecklich strahlende, «fast tödliche Vögel der Seele» werden die Engel in RAINER MARIA RILKES ‹Duineser Elegien› (1912/1922) angerufen, befragt, verherrlicht:

> *Fangen die Engel*
> *wirklich nur Ihriges auf, ihnen Entströmtes,*
> *oder ist manchmal, wie aus Versehen, ein wenig*
> *unseres Wesens dabei*[29]*?*

27 Hier in Auszügen zitiert nach K. Pinthus (ed.), *Menschheitsdämmerung* (Hamburg 1959), pp. 206–208.

28 Hier (Teil I) zitiert nach K. Pinthus (ed.), *op. cit.*, p. 103. *Cf.* auch die apokalyptischen Engelmotive bei Georg Heym, Ludwig Rubiner, Walter Hasenclever, Franz Werfel u.a.

29 Zitiert nach R.M. Rilke, *Sämtliche Werke* (Ffm 1955), I, p. 690.

Indirekt wird diese rhetorische Frage (aus der zweiten Elegie) in der neunten Elegie beantwortet, wo es heisst:

> *Preise dem Engel die Welt, nicht die unsägliche,* ihm
> *kannst du nicht grosstun mit herrlich Erfühltem; im Weltall,*
> *wo er fühlender fühlt, bist du ein Neuling. Drum zeig*
> *ihm das Einfache, das, von Geschlecht zu Geschlechtern gestaltet,*
> *als ein Unsriges lebt, neben der Hand und im Blick*[30].

Dass sich RILKES esoterischer Angelismus aus einer durchaus naiven, teils von den klassischen Flugmythen, teils von christlichen Klischeevorstellungen geprägten Anschauung entwickelt hat, ist durch manche Engel-Texte aus dem ‹Stunden-Buch› und aus dem ‹Buch der Bilder›, aus den ‹Neuen Gedichten› und aus der ‹Neuen Gedichte anderem Teil› bezeugt; zwar ist der Engel, als Gestalt, auch hier schon nicht mehr klar umrissen, er lässt sich keiner bestimmten Ikonographie zuordnen, bleibt aber, was seine Symbolfunktion betrifft, weiterhin an eine heile, hierarchisch gegliederte Oberwelt angeschlossen, sein Raum ist dort, «wo das Licht in Nichts zerrinnt»[31], er gilt als göttlich, hilfreich und gut, in seiner Erscheinungsweise ist er rein und schön, nach seinem Aussehen – ein Vogelwesen mit menschenähnlicher Statur und Stimme:

> *Fast gleichen sie einander alle;*
> *in Gottes Gärten schweigen sie,*
> *wie viele, viele Intervalle*
> *in seiner Macht und Melodie.*
>
> *Nur wenn sie ihre Flügel breiten,*
> *sind sie die Wecker eines Winds:*
> *als ginge Gott mit seinen weiten*
> *Bildhauerhänden durch die Seiten*
> *im dunklen Buch des Anbeginns*[32].

Für RILKE bleibt der Engel ein Schutzengel, ein ständiger, bald vertrauter, bald unheimlicher Begleiter, ein Herold froher Botschaft, beschwingter Träger höchsten Wissens und höchster Schönheit, dabei aber

---

30 *Ed. cit.,* I, p. 719. – Zum Bild des Engels (und zu dessen zeiträumlicher Struktur) in den *Duineser Elegien* v. P. Szondi, ‹Rilkes *Duineser Elegien*›, in id., *Das lyrische Drama des fin de siècle* (Ffm 1975), pp. 379-494.

31 R.M. Rilke, *ed. cit.,* I, p. 286 (‹Ich komme aus meinen Schwingen heim ...› [1899] aus *Das Stunden-Buch* [1905]).

32 ‹Die Engel› [1899; Strophen II und III], *ed. cit.,* I, pp. 380-381.

frei von dämonischen Zügen, ohne jede Faszination, schlicht und unbegreiflich zugleich[33].

Diesen rein ätherischen Angelismus glaubt RILKE nun gegen die objektivierenden Übergriffe des «Fortschritts» und der großstädtischen «Hoffart» in Schutz nehmen zu müssen; er möchte den Menschen – den Dichter vor allem – warnend auf die satanischen Versuchungen hinweisen, denen er durch einen schnöd materialistischen Zeitgeist ausgesetzt ist: auf die mechanisierten Städte, welche «nur das Ihre» wollen und «alles mit in ihren Lauf» reissen[34]. In einem seiner lyrischen Gedichte «von der Pilgerfahrt» schreibt RILKE – schon 1901! – mit deutlicher Anspielung auf die moderne Fliegerei:

> *Ein jedes Ding ist überwacht*
> *von einer flugbereiten Güte*
> *wie jeder Stein und jede Blüte*
> *und jedes kleine Kind bei Nacht.*
> *Nur wir, in unsrer Hoffahrt [sic], drängen*
> *aus einigen Zusammenhängen*
> *in einer Freiheit leeren Raum,*
> *statt, klugen Kräften hingegeben,*
> *uns aufzuheben wie ein Baum.*
> *Statt in die weitesten Geleise*
> *sich still und willig einzureihn,*
> *verknüpft man sich auf manche Weise, –*
> *und wer sich ausschliesst jedem Kreise,*
> *ist jetzt so namenlos allein.*
>
> *Da muss er lernen von den Dingen,*
> *anfangen wieder wie ein Kind,*
> *weil sie, die Gott am Herzen hingen,*
> *nicht von ihm fortgegangen sind.*
> *Eins muss er wieder können: fallen,*
> *geduldig in der Schwere ruhn,*
> *der sich vermass, den Vögeln allen*
> *im Fliegen es zuvorzutun.*

---

33 *Cf.* u.a. ‹Du bist so gross ...› (*ed. cit.*, I, pp. 269-270); ‹So viele Engel suchen dich ...› (*ibid.*, p. 270); ‹Ich komme aus meinen Schwingen heim ...› (*ibid.*, pp. 286-287); ‹Der Schutzengel› (*ibid.*, pp. 381-382); ‹Verkündigung› (*ibid.*, pp. 409-410); ‹Der Engel› (*ibid.*, pp. 508-509).

34 ‹Die Städte aber wollen nur das Ihre ...› [1903] aus *Das Stunden-Buch*, in *ed. cit.*, I, p. 363.

> *(Denn auch die Engel fliegen nicht mehr.*
> *Schweren Vögeln gleichen die Seraphim,*
> *welche um ihn sitzen und sinnen;*
> *Trümmern von Vögeln, Pinguinen*
> *gleichen sie, wie sie verkümmern ...)*[35]

An dieser Stelle scheint der Gedankenbogen anzusetzen, der hinüberführt zum Finale der ‹Duineser Elegien›, zu jenem Vierzeiler, in welchem Glück und Fall sich zum Glücks-Fall verbinden:

> *Und wir, die an steigendes Glück*
> *denken, empfänden die Rührung,*
> *die uns beinah bestürzt,*
> *wenn ein Glückliches fällt*[36].

Ein letztes Mal kehrt RILKE in den ‹Sonetten an Orpheus› (1922) zur Flugthematik zurück; die vormals recht massive, explizit ausformulierte Kritik am kulturfeindlichen Fortschrittsdenken der Großstadtzivilisation findet nun, ohne an Bestimmtheit zu verlieren, etwas milderen, fast versöhnlichen Ausdruck. Im XXII. Sonett des ersten Werkteils werden die überheblichen «Knaben» ganz unpolemisch ermahnt, «den Mut / nicht in die Schnelligkeit, / nicht in den Flugversuch» zu investieren - mit der goethisch-abgeklärten Begründung:

> *Alles das Eilende*
> *wird schon vorüber sein;*
> *denn das Verweilende*
> *erst weiht uns ein*[37].

---

35 ‹Wenn etwas mir vom Fenster fällt ...› [1901] aus *Das Stunden-Buch*, in *ed. cit.*, I, pp. 320-321.
36 ‹Die zehnte Elegie› [Schlussverse]. *ed. cit.*, I, p. 726. – Die ikarische Dialektik von Aufstieg und Fall bringt Rilke in seinem Gedicht ‹Von den Fontänen› (aus dem *Buch der Bilder*) zur Anschauung: «[...] – Vielleicht sind wir *oben,* / in Himmel andrer Wesen eingewoben, / die zu uns aufschaun abends. Vielleicht loben / uns ihre Dichter. Vielleicht beten viele / zu uns empor. Vielleicht sind wir die Ziele / von fremden Flüchen, die uns nie erreichen. / Nachbarn eines Gottes, den sie meinen / in unsrer Höhe, wenn sie einsam weinen, / an den sie glauben und den sie verlieren, / und dessen Bildnis wie ein Schein aus ihren / suchenden Lampen, flüchtig und verweht, / über unsere zerstreuten Gesichter geht ...» (R. M. Rilke. *ed. cit.*, I. p. 457).
37 Sonett XXII [Strophe II]. *ed. cit.*, I. p. 745.

Und im Anschluss daran eröffnet das XXIII. Sonett – als lyrische Verheissung gewissermassen – eine vage Zukunftsperspektive auf «ein reines Wohin / wachsender Apparate», welches den progressistisch-unreifen «Knabenstolz» letztlich überwinden wird[38].

Die Versuchung knabenhaften Muts zu hybridem Übermut, die permanente mephistophelische Verführung, der der faustisch engagierte *homo technicus* mehr und mehr ausgesetzt ist, hat PAUL VALÉRY in einem kleinen, intentionell mit RILKES XXIII. ‹Sonett an Orpheus› übereinstimmenden Essay brillant abgehandelt; er schreibt:

> Was ihm unmöglich, was ihm durch seine Natur versagt ist, das wird für den Menschen zur permanenten Versuchung. Er kann sich nichts Schlimmeres denken, als in Übereinstimmung mit sich selbst zu leben. Aus diesem Grund beneidet er die Fische um ihre Freiheit beim Spiel mit dem Meer; und darum, dass sie sich in dessen Tiefe ebenso zwanglos tummeln, wie sie sich an der Oberfläche ausleben.
> Noch viel eifersüchtiger sind wir auf jene Wesen, welche sich – anscheinend so beglückt – in den Lüften bewegen. Was ihnen Notwendigkeit ist, bleibt uns Wunschtraum. Ihre unbedingte Lebensweise ist geradezu das Modell unserer Träume.
> Wir haben nun also getan, was getan werden musste, um Ähnlichkeit mit diesen Flugwesen zu erreichen. Wir haben Maschinen aus Holz und aus Leinwand hergestellt. Wir versehen sie mit einem Luftstrom, der sie in himmlische Höhen treibt, und wir dringen vor bis in die dünnste Atmosphäre, weit über alle Wolken hinaus.
> Mit uns fliegt der Tod. Er folgt uns auf dem Weg zur Sonne, überfliegt mit uns die Meeresarme, überquert die Karte. Für ihn ist Paris bloss ein Auswurf. Aber wie überheblich auch immer er sei, wie berauscht auch immer von seinen grandiosen Möglichkeiten, so fällt er doch kaum ins Gewicht neben dem Mann, der da fliegt und der ihn für nichtig hält.
> Diese Todesverachtung ist das wahre Geheimnis seiner Vorwärtsbewegung[39].

---

38 Sonett XXIII, *ibid.*, pp. 745–746; *v. infra*, p. 399.
39 P. Valéry, ‹Tentation d'angélisme›, hier zitiert (und übersetzt) nach E. Petit (ed.), *Heures de vol* (P 1956), p. 203.

# 4

Die technische Verwirklichung der motorisierten Luftfahrt hat nicht nur mystische und mythologische Flugideen, nicht nur die stereotypen Inspirations- und Kreativitätsmetaphern vom «Höhenflug der Phantasie», sondern auch die klassischen (oft an frühkindliche Sensationen anknüpfenden) Flugträume sinnlich erfahrbar gemacht. Ein anschauliches, auf präziser Selbstbeobachtung beruhendes Beispiel für die empfindungsmässig kongruente Überlagerung fliegerischer Traumleistungen durch die Realität des Flugerlebnisses findet sich im Tagebuch des französischen Rekordpiloten ROLAND GARROS, dem kurz vor Ausbruch des Ersten Weltkriegs die Erstüberfliegung des Mittelmeers gelungen war; die entsprechende Aufzeichnung – sie stammt aus dem Jahr 1914 – lautet wie folgt:

> Ich könnte an meine Berufung glauben. Von meiner jüngsten Jugend an habe ich oft geträumt, dass mir die Gabe des Fliegens verliehen war, ohne Maschine, einzig mit den Mitteln meines Körpers ...
> Wie? Das ist schwer zu erklären. Ich musste einatmen und meine Lungen mit möglichst viel Luft füllen, mit den Armen rasche, sehr ermüdende Bewegungen machen, die ebensosehr Schwimmbewegungen wie Flügelschlägen ähnelten. Und ich flog in der Tangente davon, sehr mühsam beim Aufstieg, sehr angenehm und sicher beim abwärtsführenden Gleitflug ...
> Es gab den *Angstflug* und den *Traumflug*.
> Beispiel des Angstflugs: Ich werde von einem wütenden Stier verfolgt, Hindernisse umringen mich – eine verzweifelte Anstrengung – und ich breche aus – flüchte «durch die Lüfte» ...
> Beispiel des Traumflugs: In heller, stiller Nacht entweiche ich mit einem sehr angenehmen Gefühl, ohne Angst durch ein Fenster und fliege ruhig über eine beleuchtete Stadt (am häufigsten Nizza). Ich halte bei Balkonen, bei Dachfenstern an, ich belausche die Liebespaare ...
> In einer Periode, in der ich ziemlich häufig Sinnestäuschungen unterlag, war die Illusion so stark, dass ich erstaunt bin, nicht einmal wirklich zum Fenster hinausgeschwebt zu sein ...
> Es scheint, dass das Phänomen des Traumflugs allen Schlafforschern bekannt ist.
> Trotzdem zitiere ich meinen Fall, weil es mich später überraschte, wie gross die *Ähnlichkeit zwischen meinen ersten Empfindungen als Pilot und jenen fernen Kindheitserinnerungen war*[40].

JEAN COCTEAU hat GARROS* zum lyrischen Helden einer Versdichtung gemacht, die 1919, ein Jahr nach dem tödlichen Absturz des Meisterfliegers, unter dem Titel ‹Das Kap der Guten Hoffnung› (Le Cap de Bonne-Espérance) in Buchform erschienen ist. In assoziativ gerafften Bild- und Metaphernreihen vergegenwärtigt COCTEAU noch einmal – ähnlich wie APOLLINAIRE in ‹Zone›, jedoch weiter ausgreifend als dieser – die grossen Flugmythen und Fluggestalten der Menschheit, von Ikaros und Daedalos bis zu Ganymed, zum «Monster Gabriel» und zu den reitenden Walküren, um schliesslich, als jüngsten der cherubinischen Helden, GARROS einzuführen, den neuen Roland, den «Engel aus Blei»:

> *Halte dich fest Garros*
> *halte dich gut an meiner Schulter*
>
> *Dante und Vergil*
> *am Rand des Abgrunds*
>
> *Ich trage dich fort meinerseits*
> *ein Flieger der Tinte*
>         *ich*
> *und dies sind meine Loopings*
> *und meine Höhenrekorde*

[«Accroche-toi bien Garros / accroche-toi bien à mon épaule / / Dante et Virgile / au bord du gouffre / / Je t'emporte à mon tour / aviateur de l'encre / moi / / et voici mes loopings / et mes recors d'altitude»][41]. COCTEAU, der mit GARROS seinen ersten Flug unternommen hatte, empfiehlt sich nun seinerseits dem toten Piloten als Führer, als «Flieger der Tinte» im Reich der Poesie:

---

40 Motto zu dem 1931 entstandenen Roman *Vol à voile* von Blaise Cendrars; hier zitiert nach B. Cendrars, *Gleitflug* (Zch 1976), pp. 9–10; Hervorhebungen von mir, F.P.I. – Cf. dazu auch die literaturpsychologische Untersuchung über den Flugtraum von Gaston Bachelard («Le rêve de vol», in id., *L'Air et les songes*, P [6]1968, pp. 27–78).

41 Dieses und alle nachfolgenden Zitate aus *Le Cap de Bonne-Espérance* übersetzt nach der gleichnamigen Edition J. Cocteau (P 1967), pp. 13 bis 145.

* Abb. 26

*Das ist der Gesang des Gehorsams*

*unsere winzige Sklaven-*
*rolle*

*und du*
*Engel aus Blei Garros*

*dein schönes dein trauriges Epos*

*Wir sind schwer mein armer Freund.*

[«Voici le chant d'obéissance / / notre rôle exigu / d'esclave / / et toi / l'ange de plomb Garros / / ta belle ta triste épopée / / Nous sommes lourds mon pauvre ami.»]

Immer höher lässt COCTEAU seinen antikischen Helden steigen, vom Olymp der Künstler und Götter hinauf in die heidnischen, dann in die christlichen Sphären des Himmels, bis das verlorene Paradies der Kindheit – mit dem papiernen Flugdrachen als Emblem – wiedergewonnen und durch den Tod abgegolten ist:

*Ein Papierdrache deiner Kindheit*
*plötzlich ohne Schnur machst du dich*
*auf ihm sitzend davon*

[«Un cerf-volant de ton enfance / soudain sans fil tu t'émancipes / assis dessus.»]

In seinem bedeutenden Erinnerungsbuch bestätigt auch der brasilianische Luftfahrtpionier ALBERTO SANTOS-DUMONT, die «glücklichsten Tage», derer er sich entsinnen könne, seien jene gewesen, als er sich «in Erwartung eines Bessern damit vergnügte, aus kleinen Strohstücken leichte Aeroplane, die von Drehpropellern angetrieben waren, welche ihrerseits durch gedrehte Gummifedern in Gang gebracht wurden, oder aber kurzlebige Ballons aus Seidenpapier zu basteln[42]».

---

42 A. Santos-Dumont, *My Air-Ships* (NY 1904), p. 29; noch beim späten Valentin Katajew (*Kubik*, 1969) bleibt die Erinnerung an die frühe Kindheit mit der leitmotivischen Vision einer entschwebenden papiernen Montgolfiere verbunden, und für den Mythenforscher Mircea Eliade, der auch als Erzähler hervorgetreten ist, wird ein senkrecht nach oben abgeschossener, nie wieder aufgefundener Pfeil zum Dingsymbol der verlorenen Kindheit (*Auf der Mântuleasa-Strasse;* deutsch Ffm 1972).

Auch bei MARCEL PROUST hat sich die Realität der modernen Fliegerei noch nicht gänzlich von ihrem mythologischen Hintergrund abgelöst; durch vielfältige Konnotationen ist sie überdies – für den jugendlichen Antihelden der ‹Suche nach der verlorenen Zeit› (A la recherche du temps perdu, erschienen 1913-1927) – mit individuellen Erfahrungen und Reminiszenzen verbunden. Das unvermittelte, zunächst als bedrängend, dann als beglückend empfundene Aufeinandertreffen von Mythologie und Wirklichkeit bringt PROUST in einer symbolhaft verdichteten Episode zur Darstellung. Ergriffen von einem plötzlichen «Fluchtbedürfnis» begibt sich der Ich-Erzähler auf einen Spazierritt durch unwegsames Gelände zu den nahegelegenen Klippen; die wilde, von Schluchten zerklüftete Landschaft kommt ihm wie ein Ausschnitt aus «einem andern Universum» vor, doch unversehens wird ihm die Realität zum vertrauten Bild: er erkennt nun jene «Berg- und Seelandschaft», die der Maler Elstir als Kulisse zweier mythologischer Genreszenen – ‹Dichter, einer Muse begegnend› und ‹Junger Mann, einem Zentauren begegnend› – verwendet hat. Die Erinnerung an die beiden Szenen gewinnt vorübergehend derartige Intensität, dass sie für den Reiter nicht mehr von der aktuellen Wirklichkeit zu trennen ist und er selbst – der «Dichter», der «junge Mann» – in eine mythologische Gestalt verwandelt wird:

> Plötzlich scheute mein Pferd. Es hatte einen seltsamen Laut gehört, ich hatte Mühe, es in der Hand zu behalten und nicht abgeworfen zu werden. Dann hob ich zu dem Punkte, von dem das Geräusch zu kommen schien, meine tränenerfüllten Blicke und sah fünfzig Meter über mir in der Sonne zwischen zwei grossen Flügeln aus funkelndem Stahl, die es trugen, ein Wesen, dessen undeutliche Gestalt mir der eines Menschen zu gleichen schien.* Ich war tiefbewegt, wie es ein Grieche gewesen sein mag, der zum ersten Mal einen Halbgott erblickte. Ich weinte, denn ich war schon in dem Augenblick, als ich das Geräusch über meinem Kopf wahrnahm – Aeroplane waren noch selten in jenen Tagen – bei dem blossen Gedanken zum Weinen bereit, dass das Wesen, das ich zum ersten Mal sehen würde, ein Aeroplan sein müsse. Da, wie wenn man in einer Zeitung ein besonders aufwühlendes Wort herannahen fühlt, wartete ich nur noch auf den Anblick des Flugzeuges, um in Tränen auszubrechen. Indessen schien der Pilot über seine Bahn im Ungewissen zu sein; ich fühlte, wie vor ihm – vor mir, hätte die Gewohnheit mich nicht zum Gefangenen gemacht – alle Strassen des Weltenraums, des Lebens offen lagen; er stiess weit vor, er kreiste minutenlang über dem Meer, fasste dann plötzlich einen

---
* Abb. 8

Entschluss, als gebe er einer der Schwerkraft entgegengesetzten Anziehung nach, als kehre er in seine Heimat zurück, und mit einem leichten Schlag seiner goldenen Flügel stieg er senkrecht zum Himmel empor[43].

Der unversehens zur Realität gewordene Flugmythos wird hier noch nicht in seiner *konkreten* Wirklichkeit wahrgenommen, sondern erst als Phänomen – als *scheinbare* Wirklichkeit gewissermassen – registriert. PROUSTS Beschreibung evoziert denn auch, bei aller Detailschärfe, eher einen Flugtraum (oder eine mythologische Flugsituation) in idyllischem Kontext als die letztlich banale Realität des mechanischen Menschenflugs; diese ist nur in vagen Formulierungen angedeutet (das *seltsame* Geräusch *schien* aus einer bestimmten Richtung zu kommen; die *undeutliche* Gestalt des Piloten *schien* derjenigen eines Menschen zu gleichen; der Flieger *schien* über seine Bahn im *Ungewissen* zu sein; *etc.*), der Flug selbst wird also deutlich von der gewohnten Erfahrungswelt des Erzählers abgesetzt und somit gleichsam remythologisiert[44].
Als ein paar Jahre später – während des Kriegs – die deutschen Gothas, Rumplertauben und Zeppeline über Paris erscheinen und die Bevölkerung durch Bombenabwürfe in Panik versetzen, erinnert sich PROUSTS erzählerisches Ich wieder an jene erste, *quasi* mythologische Begegnung mit einem Flugzeug, das ihm damals «wie ein Gott» erschienen sei, das

---

43 Hier zitiert nach M. Proust, *Auf der Suche nach der verlorenen Zeit*, I-III (Ffm 1967), pp. 2624-2625.

44 Es ist gewiss kein Zufall, dass sich der Aviationshistoriker L. de Saint-Fégor gerade um 1910, als die «Eroberung der Luft» technisch durchführbar geworden war, veranlasst sah, mit besonderem Nachdruck auf die wissenschaftlich ungeklärten, jedoch beobachtbaren Phänomene des magischen und mystischen Menschenflugs hinzuweisen (*cf.* L. de Saint-Fégor, *Le Royaume de l'air*, P ²1910). – Aufschlussreich sind in diesem Zusammenhang auch die folgenden Überlegungen von Gilbert Durand (*Les Structures anthropologiques de l'imaginaire*, P 1969, p. 147): «Pour la conscience collective l'aviateur, Mermoz ou Guynemer, est un ‹archange› doué de pouvoirs aussi surnaturels que le chamane sibérien. Il y aurait une intéressante étude à entreprendre sur *la mythologie aéronautique* qui se développe dans les sociétés industrialisées: vol à voile, modèles réduits, parachutisme semblent bien exprimer le défoulement *d'un vieux rêve de puissance et de pureté*. Le technologue [Leroi-Gourhan, *Homme et matière*, p. 80*sq*] constate que l'importance des pratiques du vol imaginaire va de pair, dans toutes les cultures du Pacifique, avec les réalisations techniques, soit magiques, soit purement esthétiques, qui consistent à faire voler ou flotter cerfs-volants et bannières. La rêverie de l'aile, de l'envol, est expérience imaginaire de la matière aérienne, de l'air – ou de l'éther! – substance céleste par excellence.» (Hervorhebungen von mir, *F.P.I.*)

ihn aber jetzt, bei neuerlicher Begegnung, wohl als «Gott des Bösen» vernichten würde. Doch auch die ernüchternde Einsicht, dass die engelhaft schwebenden und sternengleich blinkenden Flugzeuge als «Mordinstrumente» eingesetzt werden, kann die erhabene Wirkung ihrer Schönheit nicht trüben – wohl deshalb nicht, so mutmasst der Erzähler, weil «diese menschlichen Sternschnuppen» die Erdbewohner veranlassen, «zum Himmel aufzuschauen, zu dem man sonst nur selten die Augen erhebt»[45].

PROUST jedenfalls kann sich die feindlichen Aeroplane «immer nur als sternenhaft und himmlisch» vorstellen,[*] er sieht sie «wie Feuerwerkskörper» in den nächtlichen Himmel aufsteigen, beobachtet, wie sie sich den Sternbildern einordnen, kann «nichts Tragisches» an ihrem Tun erkennen, bis ihn «die originale Wirklichkeit einer Gefahr» – die Bedrohung an Leib und Leben durch einen «gezielten Bombenabwurf» – eines Schlimmeren belehrt[46]. Dennoch ist der Ich-Erzähler auch weiterhin nicht bereit, seinen schönen Glauben an das Engelwirken aufzugeben, vielmehr scheint er nun die einmal erfahrene Realität der fliegenden «Mordinstrumente» verdrängen und durch noch buntere Bilder aus einer heilen himmlischen Welt überblenden zu wollen. Ein Besuch in der von GIOTTO ausgemalten Arenenkapelle in Padua – namentlich die Betrachtung der Fresken mit der Geschichte Christi und der Heiligen Jungfrau – stellt sein Vertrauen in den «reinen Himmel» wieder her: GIOTTOS azurblaues Firmament ist als Projektionsraum für kindliche Flug- und Engelträume besonders geeignet. In einem knapp gefassten angelologischen Exkurs skizziert PROUST eine bis in die Gegenwart reichende Naturgeschichte des Engels, eine kühne ikonographische Entwicklungslinie, welche die GIOTTO-Engel einerseits mit biblischen Vorstellungen, anderseits (wohl auf COCTEAU anspielend) mit dem fliegerischen Nachwuchs von ROLAND GARROS verbindet; das wiedergefundene Paradies der Kindheit bietet auch der heilen Welt der Engel Raum, schirmt sie ab gegen die heillose Gravitation der Wirklichkeit:

> In diesem Engelflug nun fand ich den gleichen Eindruck tatsächlichen, buchstäblich wirklichen Handelns wieder, den mir schon die Gebärden der Caritas oder des Neides [in GIOTTOS bildnerischer Darstellung] vermittelt hatten. Mit wieviel himmlischer Glut oder wenigstens kindlicher Bravheit und fleissigem Bemühen sie auch ihre kleinen Hände einander annähern, sind diese Engel in der

---

45 *Op. cit.*, p. 3851.
46 *Ibid.*, pp. 3852–3853; cf. *supra*, pp. 259–260.

[*] Abb. 31

Arena dennoch etwas wie geflügelte Wesen einer ganz besonderen Art: Wesen, die wirklich existieren und in der Naturgeschichte der Zeit des Alten und Neuen Testaments eine Rolle gespielt haben müssen. Es sind kleine Geschöpfe, die unaufhörlich vor den Heiligen im Fluge ihre Kreise ziehen, während diese spazierengehen; es gibt immer einige, die oben über sie hinweggeschnellt sind, und da sie wirkliche, wahrhaft flugbegabte Kreaturen sind, sieht man, wie sie sich erheben, sich in Schleifen bewegen und mit der grössten Leichtigkeit wahre «Loopings» vollführen, indem sie mit dem Kopf nach unten direkt zu Boden stossen unter Zuhilfenahme der Flügel, die ihnen gestatten, sich in den Gesetzen der Schwerkraft ganz und gar widersprechenden Positionen zu halten, woraufhin sie sehr viel mehr an eine ausgestorbene Spielart von Vögeln oder an Schüler von GARROS, die sich im Schwebeflug üben, als an Engel der Renaissance und der folgenden Epochen erinnern, deren Flügel nur mehr Embleme darstellen und deren Haltung gewöhnlich die gleiche wie die von himmlischen Personen ist, die nicht mit Schwingen begabt sind[47].

Der von GIOTTO in kühler und reiner «Azurbläue» auf «Stein übertragene Himmel» wirkt wie eine farblich noch gesteigerte Reproduktion jener «Bläue», mit der sich einst der Himmel über Versailles dem Erzähler und dessen Begleiterin «in so unerschöpflicher Verschwendung» präsentiert hat; die Erinnerung daran ist verbunden mit der Vision eines Aeroplans, der das Blau des Himmels in grosser Höhe engelgleich durchmisst und für den Betrachter zum Dingsymbol der «verlorenen Freiheit» wird. PROUST beschreibt den überwältigenden Natureindruck wie ein Kolossalgemälde – als Kunstwerk:

> Der Himmel bestand ganz und gar aus dem strahlenden, etwas blassen Blau, wie ihn ein Spaziergänger, der sich in einem Felde lagert, manchmal über seinem Haupte sieht, – so einheitlich aber und so tief, dass man spürte, wie das Blau, aus dem er gemacht war, ohne jede Beimischung verwendet worden war und dabei in so unerschöpflicher Verschwendung, dass man immer tiefer in seine Substanz hätte eindringen können, ohne auch nur auf ein Atom von etwas anderem zu stossen als immer auf dieses gleiche Blau. Ich dachte an meine Grossmutter, die in der menschlichen Kunst, in der Natur die Grösse liebte und die so gern in dieser selben Bläue den Kirchturm von Saint-Hilaire sich aufrecken sah. Plötz-

---

47 *Ibid.*, pp. 3638-3639.

lich empfand ich von neuem Sehnsucht nach meiner verlorenen
Freiheit, als ich ein Geräusch vernahm, das ich zunächst nicht
erkannte und das auch meine Grossmutter sehr geliebt haben
würde. Es klang wie das Summen einer Wespe. «Schau», sagte
Albertine, «das ist ein Aeroplan, allerdings sehr, sehr hoch.» Ich
blickte um mich, aber wie der im Feld gelagerte Wanderer sah ich
nur, von keinem schwarzen Punkt gezeichnet, die intakte Blässe des
unvermischten Azurs über mir. Ich hörte gleichwohl das Summen
der Flügel, die plötzlich in mein Gesichtsfeld traten. Hoch oben
durchschnitten sie, braun, winzig und glänzend, das einheitliche
Blau des unveränderlichen Himmels[48].

Natur- und Kunsterlebnis, die Realität der Fliegerei und die Idealität
des Engelflugs sind hier in einer meisterlichen Bildbeschreibung simultan vergegenwärtigt.

Für MARCEL PROUST ist der Angelismus die höchste, die ideale Erscheinungsform des Tourismus; die «Suche nach der verlorenen Zeit», der unablässige Versuch, sich, in der Erinnerung, seiner selbst innezuwerden, das Bestreben, den euklidischen Raum aufzubrechen und zu relativieren – PROUST bringt dieses sein zentrales Anliegen als magisches Ritual zur Darstellung: die Reise zwischen den Orten wird ihm zur unerhörten Begebenheit, sie hebt – je rascher sie vor sich geht – Distanzen auf, rückt Dinge und Örtlichkeiten, die zuvor weit auseinanderlagen, eng zusammen, lässt sie neue Beziehungen eingehen, gewährt ihnen gar eine Art Eigenleben, eine sozialisierende Mobilität, durch welche sich die Orte selbst, auf der Erfahrungsebene des Reisenden, nachbarschaftlich verbinden. Wie solche Verbindungen zwischen disparaten Ortsindividualitäten einerseits, zwischen dem Reisenden und der von ihm «erfahrenen» Landschaft anderseits zustandekommen, zeigt PROUST am Beispiel des Dorfes Méséglise, das für ihn «in einer andern Welt zu liegen schien», das nun aber, da es mit dem Automobil schnell und mühelos erreicht werden kann, dem vertrauten Guermantes unmittelbar benachbart ist; am augenfälligsten kommt die Vereinigung räumlich und zeitlich isolierter Objekte in der Schilderung der Kirchtürme von Martinville zur Darstellung, die sich, während der Reisende sie aus dem fahrenden Wagen beobachtet, mit dem abgelegenen Turm von Vieuxvicq «in einer kühnen Wendung» zusammenfinden:

> Die Minuten vergingen, wir fuhren schnell, und dennoch lagen die
> drei Türme immer in der Ferne vor uns wie drei Vögel, die unbe-

48 *Ibid.*, pp. 3306–3307.

weglich, in der Sonne sichtbar, auf der Ebene hockten. Dann trennte der Turm von Vieuxvicq sich ab, er rückte weiter fort, und die Türme von Martinville blieben allein, bestrahlt vom Licht des Sonnenuntergangs, den ich selbst in dieser Entfernung auf ihren abfallenden Flanken spielen und lächeln sah. Wir hatten lange gebraucht, um ihnen näher zu kommen, so dass ich mir vorstellte, wieviel Zeit es noch dauern würde, bis wir sie erreichten, als auf einmal der Wagen nach einer kurzen Wendung uns unmittelbar an ihren Fuss geführt hatte; sie ragten so plötzlich vor uns auf, dass wir mit einem Ruck halten mussten, um nicht ans Portal zu stossen. Wir setzten unseren Weg wieder fort; wir hatten Martinville schon ein Weilchen verlassen, und das Dorf, das uns erst noch sekundenlang das Geleit gab, verschwand, als allein am Horizonte stehend und Zeugen unserer Flucht die beiden Türme und der von Vieuxvicq uns noch ein Lebewohl zuwinkten mit ihren leuchtenden Spitzen. Manchmal trat einer von ihnen zurück, damit die anderen uns noch einmal sehen könnten; aber nun wendete sich der Weg nach einer anderen Richtung, sie kreisten noch einmal im Abendlicht wie drei goldene Zapfen und entzogen sich dann meinem Blick. Ein wenig später aber, als wir schon nahe bei Combray waren und die Sonne untergegangen war, sah ich sie ein letztes Mal in sehr weiter Ferne nur noch wie drei Blumen aufgemalt auf den Himmel über der flachen Horizontlinie der Felder. Sie erinnerten mich an drei junge Mädchen der Sage, die in der Einsamkeit zurückgeblieben waren, als es schon dunkelte; und während wir uns im Galopp entfernten, sah ich sie verschüchtert ihren Weg suchen, nach mehrmaligem ungeschicktem Straucheln die edelen Silhouetten aneinanderdrängen, die eine hinter die andere gleiten und schliesslich auf dem noch rosigen Himmel nur mehr eine einzige anmutige, in ihr Schicksal ergebene schwarze Gruppe bilden, um dann in der Nacht zu verschwinden[49].

Wie die Erinnerung (und wie der Traum) wird, für PROUST, auch das Reisen zur himmlischen Gnade, zu einer Annäherung an das Paradies der Kindheit; die rasche Reise bewirkt eine magische Metamorphose des Raums: das Fernste ist hier mit dem Nächstliegenden versöhnt, Distanzen sind emotional determiniert, die objektive Zeit wird durch subjektives Erleben aufgehoben. Der ideale Reisende wäre demnach der Engel, jenes übernatürliche und übermenschliche Flugwesen, das – gemäss christlicher Angelologie – seine Position zwar wechseln kann,

---

49 Ibid., pp. 241-242.

dazu jedoch weder Zeit noch Raum benötigt, da es, als Bote Gottes, an jedem beliebigen Ort präsent ist, ohne je unterwegs – auf der Reise - zu sein. Der Engel kennt kein Dazwischen, keinen Abgrund, keinerlei Hindernisse, sein Flug entspricht genau dem proustischen Reiseideal, er versinnbildlicht gewissermassen (wie der Traumflug) «die Reise an sich», er ist «die realste aller ‹imaginären Reisen›, jene, welche unsere psychische Substanz in Anspruch nimmt[50]».

Die wohl ebenfalls – wenn auch unbewusst – vom Engelflug hergeleitete Idealvorstellung künftiger Luftreisen verbindet sich, um 1909, für den Aviationstheoretiker ALPHONSE BERGET einerseits mit der Hoffnung auf praktischen Zeitgewinn, der wiederum zivilisatorisch nutzbar zu machen wäre, anderseits – und darüber hinaus – mit dem geheimen Wunsch nach Unsterblichkeit, welch letztere sich dann einstellen würde, wenn der Mensch, nach dem Vorbild der Engel, ohne jeglichen Zeitaufwand seinen Standort verändern und dank perfektionierten Transportmitteln beliebige Distanzen überwinden könnte: «Es ist unbestreitbar, dass die Geschwindigkeit unwiderstehliche Anziehungskraft hat; sie vermittelt aussergewöhnliche Empfindungen, ja sogar richtiggehende Trunkenheit, und solche Empfindungen – bei gleichzeitig abnehmender Reisezeit – zu geniessen, wird eine der raffiniertesten Formen künftigen Luxuslebens sein. Bedeutet denn im übrigen die Verringerung der Reisedauer nicht zugleich eine Erhöhung der für andere Dinge verfügbaren Zeitdosis, und wäre dies folglich nicht auch ein indirektes Verfahren zur Verlängerung des menschlichen Lebens[51]?»

Gegenüber der Eisenbahn, dem Automobil oder dem Fahrrad ist das Flugzeug ein Vehikel höherer Ordnung, da es sich – wie der Engel – «in einem reineren Medium», dem Luftraum, bewegt, das heisst: in einem Raum, der frei ist von landschaftlichen und architektonischen Kulissen, die sich trennend «zwischen den Reisenden und seinen Ausgangspunkt» schieben: daraus erklärt sich, im übrigen, auch die Tatsache, dass ein und dieselbe Distanz in der Vertikalen stets kürzer zu sein scheint als in horizontaler Richtung:

> Vielleicht war, als die Entfernungen auf der Erde noch nicht lange durch Schnelligkeit verkürzt waren, wie sie es heute sind, das

---

50 G. Bachelard, *L'Air et les songes* (P ⁶1968), p. 33; zur dynamischen Struktur des «proustischen Raums» v. G. Poulet, *L'Espace proustien* (P 1963).
51 A. Berget, *La Route de l'air* (P 1909), p. 272.

Pfeifen eines auf zwei Kilometer vorüberfahrenden Zuges mit jener Schönheit versehen, die jetzt, für einige Zeit wenigstens noch, uns beim Summen eines Aeroplans in zweitausend Meter Höhe bewegt, wenn wir uns vorstellen, dass die in vertikaler Richtung durchlaufenen Entfernungen die gleichen wie auf dem Boden sind und dass, in einer anderen Richtung, in der auch die Masse uns anders vorkommen, weil bislang der Zugang zu solchen Höhen uns unmöglich schien, *ein Aeroplan in zweitausend Meter Höhe uns nicht ferner ist als ein Zug, der in einer Entfernung von zwei Kilometern vorüberfährt,* ja sogar eigentlich näher, weil der gleiche Weg in einem reineren Medium nur so zurückgelegt wird – da nichts Trennendes zwischen dem Reisenden und seinem Ausgangspunkt steht – wie auf dem Meer oder in der Ebene bei ruhigem Wetter das Kielwasser eines schon fahrenden Schiffes oder das blasse Wehen des Zephirs die ungeheure Flut des Meeres oder der Weizenfelder mit seinem Streifen durchzieht[52].

Auf seiner Suche nach der verlorenen Zeit gelangt PROUST (und gelangt auch der proustische Ich-Erzähler) zur Überzeugung, dass man, um die Zeit in ihrem reissenden Ablauf erlebbar zu machen, *über* der Zeit stehen müsse, um Vergangenheit und Gegenwart simultan in einem Moment «reiner Zeit» zusammenfassen zu können; und in jenem fruchtbaren Moment, unter jener idealen Perspektive wird das Zeiterlebnis zum Raumerlebnis. Den qualitativen Übergang vom Erlebnis der «reinen Zeit» zur sinnlichen Erfahrung des Zeit-Raums, somit also: die Vergegenwärtigung prozessualer Zeitlichkeit erreicht PROUST durch unvermittelte Juxtaposition (oder gar, wie in der Kirchturmvision von Martinville, durch die optische Überblendung) disparater Gegenstands- und Ortsbilder in einem gegebenen, meist ebenso kurzen wie intensiven Augenblick; Zeit und Erinnerung werden auf diese Weise gleichsam verräumlicht[53].

Die weitgehende Idealisierung des Reisens macht dessen Realisierung letztlich überflüssig: die eingebildete (oder die geträumte) Reise kommt der paradiesischen Vorstellung des Engelflugs näher als der beschwingteste Ausritt, näher auch als die rasante Fahrt im Automobil, im

---

52 M. Proust, *op. cit.*, p. 3307; Hervorhebung von mir, *F.P.I.*

53 *Cf.* (zu diesem Verräumlichungsprozess) J. Frank, ‹La forme spatiale dans la littérature moderne›, *Poétique*, X, 1972, pp. 244–266.

Schnellzug. Der Pariser Literat FERNAND GREGH hat noch vor der Jahrhundertwende ein diesbezügliches Gespräch mit PROUST aufgezeichnet; dem 1896 erstmals gedruckten Text kommt für das Verständnis des proustischen Angelismus – und der proustischen Ästhetik insgesamt – grösste Bedeutung zu. Jede Empfindung, so hält PROUST gegenüber seinem Freund GREGH fest, werde «von kleinen infinitesimalen Empfindungen begleitet», die ihrerseits mit der Grundempfindung so verbunden seien wie akustische Harmonien mit dem Grundton:

> Bisweilen halte ich ein, um ihre Schwingungen zu hören. Ich atme mit der Brise des Meeres auch die Wogen ein, die es hochgepeitscht hat, und mit dem Duft der Rose – die Farbe des Himmels, von dem sie zum Aufblühen gebracht worden ist. Doch die Erinnerung vermag mich noch weit stärker zu erregen als die Empfindung. Eigentlich lebe ich schon gar nicht mehr, eher erinnere ich mich, gelebt zu haben. Ich bringe mein Leben damit zu, mich zu erinnern. Bald bin ich so weit, dass ich die Dinge erst nachträglich empfinde. Ich werde die Schönheit dieses Ostermorgens erst in ein paar Tagen auskosten, wenn ich ihn erneut im Gedächtnis vor mir sehe. Ich reise – wie die Snobs von der übelsten Sorte, doch aus ganz andern Gründen – nicht um zu sehen, sondern um gesehen zu haben. Ich pflege auf der Reise eine Ernte von Erinnerungen einzuholen, von denen ich in der Folge bis zum nächsten Aufbruch zehre.
>
> Meine schönsten Überfahrten, meine von Wind und Einsamkeit am heftigsten umspülten Aufstiege habe ich – mit geschlossenen Augen, ausgestreckt auf dem Ruhebett – innerhalb meines Zimmers unternommen.
>
> Und wie um meine Ausflüge durch die Welt ist es auch um meine Lebensreise bestellt. Nie kann mir die Gegenwart gefallen, die Zukunft lässt mich unberührt, weil es sie nicht gibt; einzig die Vergangenheit erscheint mir schön[54].

Die vektoriell-*zukunftsorientierte* Dynamik des Flugtraums (und also der Traumreise) sowie die damit verbundenen «dynamischen Wohltaten» bleiben bei PROUST strikt auf die *Vergangenheit* bezogen; und umgekehrt erweist sich die Suche nach der Vergangenheit als Reise in eine Zukunft, die «es nicht gibt».

---

54 Zitiert (und übersetzt) nach F. Gregh, ‹Mystères› [1896], *L'Arc*, XXXXVII, 1971, p. 71.

Während PROUST noch um die Rettung (und Rechtfertigung) seines privaten Angelismus vor dem objektivierenden Zeitgeist bemüht war, beobachtete HANS ARP – aus ironischer Distanz – das ‹*Unwesen und Treiben verwirrter Engel*› (1925/1927) «in der neuen Welt»; mit clownesker Trauer berichtet der Dichter von der Fahnenflucht der Engel aus dem Reich der Träume, von ihrer Vereinnahmung und Entzauberung durch den neuen Geist. Mit polemischer, wenn auch unausgesprochener Bezugnahme auf LE CORBUSIER, der als Mitbegründer des *Esprit Nouveau* am mythenfeindlichen Walten des «Neuen Geistes» entscheidenden Anteil hatte, heisst es bei ARP:

> *die engel paginieren ihre flügel*
> *und wollen wie eine masse vasenhäutigen scholarenwindes verduften*
> *dieser duft wird jedoch von einem gewissen stärkeren duft so gewaltig*
> *überduftet*
> *dass die engel dabei in zwei gleich grosse kalte portionen zerfallen*
> *die schwarze farbe bekennen*
> *dem im namen des amen*
> *und dem anfang vom gesang den schluss vom lied folgen lassen*
> *während im ungebadeten urtext*
> *schliesslich die engel an die deichsel der sterne gespannt werden*
> *und mit dem wahngebilde auf nimmerwiedersehen verschwinden*[55].

---

[55] Zitiert nach H. Arp, *Gesammelte Gedichte* (Zch 1963), I, pp. 154–155; in seinen späten Dichtungen (cf. *Sinnende Flammen*, Zch 1961) nimmt Arp die Engel- und Flugthematik erneut auf, wobei eine resignativ-nostalgische Grundstimmung durchwegs dominierend bleibt: «Das schwarze Wetter hält an. / Die schwarzen Sterne nehmen zu. / Wo sind die Engel?» (*op. cit.*, p. 52)

# VII Kleine Anthologie
deutscher Flug- und Flugzeuggedichte

*von Nietzsche bis zur Neuen Sachlichkeit*

*Steigt ihr?*
*Ist es wahr, dass ihr steigt,*
*ihr höheren Menschen?*
*Werdet ihr nicht, verzeiht,*
*dem Balle gleich*
*in die Höhe gedrückt*
*– durch euer Niedrigstes? ...*
*flieht ihr nicht vor euch, ihr*
*Steigenden? ...*
        FRIEDRICH NIETZSCHE

*Übersicht*

1. Friedrich Nietzsche, *Höhere Menschen* 373
2. Richard Dehmel, *Erhebung* 373–374
3. Theodor Däubler, *Das Sternenkind* 374–375
4. Alfred Wolfenstein, *Der menschliche Kämpfer* 376–377
5. Gerrit Engelke, *Ich möchte hundert Arme breiten* 377
6. Gerrit Engelke, *Der Mittler* 378
7. Max Dortu, *Ruine auf dem Berge* 379–380
8. Hugo von Hofmannsthal, *Verse zum Gedächtnis des Schauspielers Josef Kainz* 380–382
9. Walter Hasenclever, *Erster Flug* 383
10. Karl Vollmoeller, *Lob der Zeit*, I–II 384–386
11. Stefan Zweig, *Der Flieger* 387–391
12. Karl Bröger, *Schatten des Ikaros* 392–393
13. Gottfried Benn, *Ikarus*, I–III 393–394
14. Johannes R. Becher, *Die neue Syntax* 395
15. Wilhelm Klemm, *Terra nova* 396
16. Erich Grisar, *Flug nach Amerika* 397–398
17. Rainer Maria Rilke, ‹Wir sind die Treibenden› 399
18. Rainer Maria Rilke, ‹O erst dann, wenn der Flug ...› 399
19. Alfred Wolfenstein, *Luftschiff über der Stadt* 400
20. Albert Ehrenstein, *Ich bin des Lebens und des Todes müde* 401
21. Karl Bröger, *Sang der Granaten* 402
22. Heinrich Lersch, *Der Flieger* 403–404
23. Max Barthel, *Bombengeschwader* 405
24. Kurd Adler, *Wiederkehr* 406
25. Albert Ehrenstein, *Flug* 407–408

*Friedrich Nietzsche*

**Höhere Menschen**

Der steigt empor – ihn soll man loben!
Doch jener kommt allzeit von oben!
Der lebt dem Lobe selbst enthoben,
der *ist* von oben!

[ca. 1886]


*Richard Dehmel*

**Erhebung**

Und an fernen Dächern und Kirchen hin wie an Särgen
fliegt der Morgen mit phönixgoldnem Schweif.
Die Nebel lösen sich von den kalten Bergen
und schmücken die Tannen mit reinstem Reif.
Und im Geist aufgehend in den verklärten Landen,
sagt der Mann dem Weib, als sei aller Kampf überstanden:

Sieh, Seele: so werd' ich's immer wieder spüren,
und bin ich noch so menschenmüd, Du:
nur dein Blick braucht sonnig mich anzurühren,
dann fliegen mir Gotteskräfte zu.
Nicht, du, wie damals, als wir uns noch
hochtrabende Götternamen gaben –
die hab ich mit der Toten begraben;
jetzt tragen wir willig das Menschenlebensjoch.
Jetzt weiss unser Wille erst recht die Flügel zu breiten,
jeden Augenblick kann er hinaus über Räume und Zeiten,
denn selig Seel in Seele ergeben
begreifen wir das Ewige Leben,
das Leben ohne Mass und Ziel,
selbst Hass wird Liebe, selbst Liebe wird Spiel.
Dann ist der Geist von jedem Zweck genesen,
dann weiss er unverwirrt um seine Triebe,
dann offenbart sich ihm das weise Wesen
jedweder Torheit – durch die Liebe.

Er sucht ihren Blick; er will ihr Dunkelstes lesen.
Sie steht, als höre sie ferne Glocken klingen.
Sie spricht, als sei sie in der Zukunft gewesen:
Dann wird uns Segen aus jedem Werk entspringen.
Dann lebst du nicht mehr mit dem Leben in Streit.
Dann kann uns ganz die Ruhe der Allmacht durchdringen.
Nicht Mann, nicht Weib mehr wird um die Obmacht ringen.
Klar über aller Menschenfreundlichkeit
steht Mensch vor Mensch in Menschenfreudigkeit!

Sie öffnet die Arme, als will sie die Welt umschlingen.
Fern flammt der Himmel in goldner Herrlichkeit.
Mit flammt ein Seelenpaar auf Geistesschwingen.

[1903]


*Theodor Däubler*

## Das Sternenkind

Der Mensch muss fliegen! der Mensch muss fliegen! verbreitet den Sturm!
Vertilgt im Herzen, vertilgt im Leibe den furchtsamen Wurm!
Ersehnt im Winde, erhofft im Winde den wehenden Geist!
Beruft im Dunkel das Kind der Sterne, das Schweben verheisst!
Erträumt Gefahren, erfiebert Schrecken, entfesselt das Leid!
Kometen helfen. Gestirne drohen. Erfasst euch im Streit!
Den Wurm ertötet, den Wurm verachtet, verwundet den Wurm.
Bewacht die Warten, sie harren und warten, entwuchtet dem Turm.
Der Tod ist machtlos! Entfliegt ihm lachend! Verbreitet den Sturm!
Der Mensch muss fliegen, den Schwindel besiegen, die Erde bekriegen!
Die See hat die Wolken, die Seele ihr Wollen, der Mensch muss fliegen!
Der Strand hat Bäume, der Geist seine Träume, der Mensch wird siegen.
Das Meer hat Wellen, der Mensch seine Hellen, sich lichtwärts zu wiegen.
Der Wind hat Spiele, das Kind seine Ziele, es wittert das Fliegen.
Den Zäumen entträumt: Die Räume zu säumen, entbuchtet im Sturm!
Die See hat Stürme, die Seele hat Türme, umwittert den Turm!
Die See kann sehen, die Seele erwählen, verwundet den Wurm!

Ich wähle die Seele, erwäge die Geister und schwebe als Traum.
Ich schaue in Herzen, berausche mich schaudernd: ihr traut einem Baum.
Ihr grünt und erblüht, ihr durchsprüht, überflügelt den Raum.
Es glauben die Herzen, wie glühende Kerzen. Es leuchtet der Baum!
Es beugen die Fichten die Träume der Sterne zur Erde hernieder.
Euch alle belichten Geschichten der Ferne, die still sind und Lieder.
Wie gerne erschimmern die Sterne! wie herrlich erglüht euer Baum!
Erblühen schürt Glühen, Entsprühen. Der Baum wird ein Traum.

Der Traum ohne Baum ist ein Band ohne Saum. Entbrandet als Schaum!
Bewacht eure Träume, berauscht euch durch Träume. Es leuchtet der Turm!
Die Lichtfichte flimmert. Die Goldwolken drohen. Es blutet der Sturm.
Es träumen die Kinder. Der Wind wird gelinder. Es zuckt schon der Wurm.
Wer Schneewehen wittert, bedenkt sich, erzittert. Es dunkelt der Turm.
Die Jugend erstirbt nicht. Die Weite gebiert sich. Die Kindheit wird siegen!
Was naht ohne Alter? Was will, durch die Finsternis schwirrend, sich wiegen?
Ein glastender, kalter wahrhaftiger Falter wird Fernen erfliegen.
Wer wirbelt? Was hascht sich? Wann wähnt sich ein Wagnis? In Kriegen!
Wir fliegen? Es sterben die Sterne. Wie gerne, wie ferne! Wir fliegen.

*[ca. 1916]*

*Alfred Wolfenstein*

**Der menschliche Kämpfer**

Aus Enge schwebend zum Balkon hinaus,
Sein schwacher Tropfen hängt mit mir am Haus –:
Auf schwanken Wolken strahlen weiss wie Degen
Die Augen dunkler Geister mir entgegen.

O aufgewölbt ins dunkle Niederwölben
Die Erde weicht, Trompetenmund des gelben
Mondes gellt – und taumelnd Erde hängt
Am Rand der Welt, aus Sternenwelt verdrängt.

Doch hart umfängt den Ball am Horizont
Ein Reifen Qual, blutrot von Höll umsonnt,
Und hält ihn fest, und die verlöschten Lande
Stehn vor den Sternen arm in wilder Schande.

Nacht um uns Erde – Wie der Erde Glut
Erfriert im Innern, kalt wird unser Blut!
Wie Sturm bewusstlos schmettern unsre Kehlen
Einander hin mit finsteren Befehlen.

Starr stampft der Fuss im brüllenden Gewimmel,
Kein Schwung aus ihr, nur Leid hält sie im Himmel –
Bis durch des Sommers rot verdorrten Baum,
So lange sanglos, donnert Traum!

Unsicher stürmisch, ihre Frucht und Ehre,
Tret ich zu ihr hinaus bis an die Leere –:
Es schimmert meiner Brust entblösste Wacht
Entgegen unsichtbarer Übermacht.

Das böse Schweigen rings und himmelwärts
Soll immer schwerer werden als mein Herz,
Ich fühle rings den Traum den Schlaf bezwingen,
Tief Atmen saust aus Herzen mir in Schwingen.

Der Traum steht auf, aus Leides Innern bricht
Der Erde neues Sternenlicht!
Träumer der Welt! – da schrumpft die Nacht, fruchtlos geschwellt –
Arbeiter der Welt, die niemals war Zeuger dèr Welt!

Aus uns die Schöpfung –! Menschenwelt –! Zum Rand
Des Abgrunds tret ich: Birst in jedem Band –
Kein Sturz zu Boden soll uns rückwärts biegen.
Uns Flatternde, uns Würdige zu fliegen!

*[1919]*


*Gerrit Engelke*

**Ich möchte hundert Arme breiten**

Ich möchte in dir hochwellen,
Grüner Baum!
Ich möchte treibfroh in deinen Markzellen
Aufschwellen
Bis in den Wipfeltraum
Lichtoben –

Ich möchte in die Lichtweiten
Hundert Arme breiten
Wie Zweige –
Armzweige mit Blätterfingern
Und dann fühlen, wie Mittagsgluten,
Wie Lichtfluten
Durch sie schlingern –

Ich möchte aus deinem Wirbelkopf,
Lebensbaum,
Aus dem Laubtraum
Wie Lichtgetropf,
Wie Windsingen
Mich aufschwingen
In den Weltraum!

*[vor 1921]*

*Gerrit Engelke*

**Der Mittler**

Dich, Dichter und Denker,
Umstürzt das tosende Meer der Lärm-Welt:
Kreischende Wellen, zischender Gischt hasten wie Springflut,
Dich umbrüllend, dir zu.
Wellen um Wellen schleudert die Welt um dich auf:
Fabriken, von fauchenden Eisenbahnen durchtummelt,
Laufende Menschen, schreiende Menschen,
Ineinander geschobene Pferde und Wagen,
Strassenbahnen,
Aufgesprengte Domtürme, Sing-Prozessionen,
Boot-Gewimmel,
Dampfer mit Heul-Sirene,
Und Qualm, Lärm, Qualm, Hammerlärm –
Alles
Stürzt zusammen
Und fällt hämmernd rasselnd blitzend schreiend
Über dich her!

Da fasst dich eine rasende Springwoge
Und schleudert dich hoch!
Höher –
Ein letzter Gischtspritzer leckt dir den Fuss
Und – da schwebst du in Sphären-Klarheit
Erlöst über der Dampf-Welt,
Über der Kampf-Welt da unten, tief unten –
Wink wieder hinab,
In die Welt,
Dichter und Denker!
Öffne den Menschen
Die Sinne mit deinem Wort,
Lass sie erkennen, die Menschen,
Den Welt-Trieb-Geist,
Den Gottgeist.

   [*vor* 1921]

*Max Dortu (i. e. Karl Neumann)*

## Ruine auf dem Berge

Dichter! Dichter unserer Tage, ich verstehe euch nicht! In geheimnisvollen Wortverdrehungen spannt ihr den Sinn der klaren Schöpfung vor eure rumpelnden Rätselkarren. Kutschiert in Utopienländer hinein. Lasst hundert Fanfaren donnern – dann, da ihr an die Schlachtfelder kommt, macht ihr kehrt, oder vergeht.
Dichter! Dichter unserer Tage, ihr seid unwahr, euer Handeln gleicht nicht Eurem Sagen, ihr zeigt euch anders als ihr seid – *drum mag ich euch nicht!*
Ihr *redet* von Freiheit. Wer von euch hätte sich für die Freiheit *ernstlich* gegürtet? Auf den Schlachtfeldern der Freiheit hätte wer von euch gestanden neben der roten Fahne des Aufruhrs? Ein Freund der Arbeiter! Ein Waffengefährte der Arbeiter gegen den besitzenden teuflischen Mob! Den auch ihr fanfarenlaut angabt zu hassen.
Ich bin bitter. Einsam und krank. Der böse Tag in der Menschenentwicklung ist schauderbringend.
*Mir ist er es!*
Wohin gehe ich? Wo wird heute gekämpft?
Auf die Höhe der Berge will ich gehen, Sonne zu suchen.
Sonne? Ist sie nicht ein Schwein, das mit *goldenem* Rüssel in unserem menschlichen Misthaufen wühlt – – –?
Wolken brüllen um mich herum auf. Sie sind vollgesogen vom Schmerz meiner steinigen Galle und Seele.
Die alte Burgruine trägt mich wie ein stilles geduldiges Kamel.
Weit in die Länder darf ich heute sehen. Flüsse spielen mit meinem Auge Verstecken. Berge üben Bockspringen.
Graublau sehe ich die Stadt. Die grosse, täglich mehr anschwellende Fabrikstadt. Die Stadt der fünfhundert Industriewerke.
Die Stadt der fünftausend Essen und Schlote. Die Stadt der siebzehn Kirchen, der hundert Hurenhäuser und Höheren Töchter-Pensionate.
Sehe ich die Stadt wirklich graublau? Ja. Sind aber das Graublaue dort unten nicht die Fußsohlen des tölpigen Bären, der sich Stadt nennt –?
Ja. O, ich verstehe dich, graublaue Stadt – – du stehst auf dem Kopf.
Deine Besinnung ist hin. Du bist ein Volk fleissiger Ameisen.
Aber eine undenkende Herde. Deine fetten Würmer nur, sie haben Verstand! Sie beten mit frommen Händen. Sie setzen Cylinder auf die weisskahlen Wurmschädel. In Mädchenpensionaten verpflegen sie ihre morgigen Konkubinen. – – –
Weher Schrei! *Falke! mein Falke – höher hinauf!*

Wir fliegen. Wir steigen. Die Trümmer des Berges verschwinden. Alle Ruinen sind unten. Der Wind wandert mit uns. Er zeigt uns die Bahnen des Lichts.
*Falke! mein Falke – höher hinauf!*

[ca. 1920]



*Hugo von Hofmannsthal*

**Verse zum Gedächtnis des Schauspielers Josef Kainz***

O hätt ich seine Stimme, hier um ihn
Zu klagen! Seinen königlichen Anstand,
Mit meiner Klage dazustehn vor euch!
Dann wahrlich wäre diese Stunde gross
Und Glanz und Königtum auf mir, und mehr
Als Trauer: denn dem Tun der Könige
Ist Herrlichkeit und Jubel beigemengt,
Auch wo sie klagen und ein Totenfest begehn.

*O seine Stimme, dass sie unter uns*
*Die Flügel schlüge! – Woher tönte sie?*
*Woher drang dies an unser Ohr? Wer sprach*
*Mit solcher Zunge? Welcher Fürst und Dämon*
*Sprach da zu uns? Wer sprach von diesen Brettern*
*Herab? Wer redete da aus dem Leib*
*Des Jünglings Romeo, wer aus dem Leib*
*Des unglückseligen Richard Plantagenet*
*Oder des Tasso? Wer?*
*Ein Unverwandelter in viel Verwandlungen,*
*Ein niebezauberter Bezauberer,*
*Ein Ungerührter, der uns rührte, einer,*
*Der fern war, da wir meinten, er sei nah,*
*Ein Fremdling über allen Fremdlingen,*
*Einsamer über allen Einsamen,*
*Der Bote aller Boten, namenlos*
*Und Bote eines namenlosen Herrn.*
*Er ist an uns vorüber. Seine Seele*
*War eine allzu schnelle Seele, und*

*Sein Aug glich allzusehr dem Aug des Vogels.*
*Dies Haus hat ihn gehabt – doch hielt es ihn?*
*Wir haben ihn gehabt – er fiel dahin,*
*Wie unsre eigne Jugend uns entfällt,*
*Grausam und prangend gleich dem Wassersturz.*

*O Unrast! O Geheimnis, offenkundiges*
*Geheimnis menschlicher Natur! O Wesen,*
*Wer warest du? O Schweifender! O Fremdling!*
*O nächtlicher Gespräche Einsamkeit*
*Mit deinen höchst zufälligen Genossen!*

*O starrend tiefe Herzenseinsamkeit!*
*O ruheloser Geist! Geist ohne Schlaf!*
*O Geist! O Stimme! Wundervolles Licht!*
*Wie du hinliefest, weisses Licht, und rings*
*Ins Dunkel aus den Worten dir Paläste*
*Hinbautest, drin für eines Herzschlags Frist*
*Wir mit dir wohnten – Stimme, die wir nie*
*Vergessen werden – o Geschick – o Ende –*
*Geheimnisvolles Leben! Dunkler Tod!*
*O wie das Leben um ihn rang und niemals*
*Ihn ganz verstricken konnte ins Geheimnis*
*Wollüstiger Verwandlung! Wie er b l i e b !*
*Wie königlich er standhielt! Wie er schmal,*
*Gleich einem Knaben, s t a n d ! O kleine Hand*
*Voll Kraft, o kleines Haupt auf feinen Schultern,*
*O vogelhaftes Auge, das verschmähte,*
*Jung oder alt zu sein, schlafloses Aug,*
*O Aug des Sperbers, der auch vor der Sonne*
*Den Blick nicht niederschlägt, o kühnes Aug,*
*Das beiderlei Abgrund gemessen hat,*
*Des Lebens wie des Todes – Aug des Boten!*
*O Bote aller Boten, Geist! Du Geist!*
*Dein Bleiben unter uns war ein Verschmähen,*
*Fortwollender! Enteilter! Aufgeflogener!*
*Ich klage nicht um dich. Ich weiss jetzt, wer du warst,*
*Schauspieler ohne Maske du, Vergeistiger,*
*Du bist empor, und wo mein Auge dich*
*Nicht sieht, dort kreisest du, dem Sperber gleich,*
*Dem Unzerstörbaren, und hältst in Fängen*
*Den Spiegel, der ein weisses Licht herabwirft,*

*Weisser als Licht der Sterne: dieses Lichtes*
*Bote und Träger bist du immerdar,*
*Und als des Schwebend-Unzerstörbaren*
*Gedenken wir des Geistes, der du bist.*

*O Stimme! Seele! aufgeflogene!*

   *[1910]*

\* Fast gleichzeitig mit den ‹Versen zum Gedächtnis des Schauspielers Josef Kainz› verfasste H. v. H. seine (unvollendet gebliebenen und bislang unveröffentlichten) ‹Verse auf den Tod des Fliegers Geo Chavez›, der «als Erster die Hauptkette der Alpen überflog, im Begriff zu landen, vor Anstrengung überwältigt, stürzte». Kainz starb am *20.*IX.1910, Chavez stürzte am *23.*IX.1910 bei Domodossola tödlich ab, nachdem er (von Brig aus) als erster motorisierter Pilot die Alpen überquert hatte. Es ist anzunehmen, dass die Gedenkverse auf Josef Kainz zumindest teilweise unter dem Eindruck von Chavez' Absturz entstanden und entsprechend gestaltet worden sind. Den Hinweis auf diesen möglichen Zusammenhang und die Besorgung einer Kopie von Hofmannsthals handschriftlichem Entwurf zu einem Gedicht auf den Tod Chavez' verdanke ich Herrn Dr. C. Braegger (Hinteralbis). Hervorhebungen im Text von mir, *F.P.I.;* cf. auch R. Exner, ‹O ihr vollkommen bewusstlosen Dichter›, in *Für Rudolf Hirsch* (Ffm 1975), pp. 204–223.

*Walter Hasenclever*

**Erster Flug**

Noch einmal erfülle mich brausendes Spiel!
Vom Gedärm der Erde ackre dich bloss;
Stampfe, bäume dich, schwanke los,
Steige – sei ohne Grenze und Ziel!
Blaue Monteure rennen im Trab,
Einem schlägt es die Arme ab;
Messingtrompeten verdünnen die Lüfte,
Toiletten, Autos, gespitzte Bärte;
Mitaufsteigen des Feldes Düfte
Und eines fernen Zuges Fährte.
Die krüppligen Menschen sind dein nicht mehr.

Höre den Strom! Er fliegt vor dir her.
Hinter dir schreit der Motor. Lass ihn morden.
Mensch aus Fleisch – Du bist Stahl geworden!
Riesengross aus dem Violetten
Bricht die Sonne auf wie ein Brandgeschwür;
Alles ergänzt sich zu Flächen und Ketten,
Sehnsucht, dass wir Flügel hätten,
Schwebt; ein schlankes, schwarzes Tier.
Wald, Fabrik und Marionetten
Graben sich wie Maulwürfe ein,
Und die Erde kriecht wie Wein
Langsam trunken in die Betten.

Hinaus denn, Zeit an der ich hänge!
Wir fahren und alles ist stillgestellt.
Die Ungeduld deiner Taten, deiner Gesänge
Bricht aus Jahrhunderte langer Enge –
Du hast begonnen – vollende die Welt!
Werde Form, was deine Maschinen trug!
Hinaus denn, Zeit nach der ich dränge!
Sei Eisen! Sei Höhensteuer! Sei Flug!

[1911]

*Karl Vollmoeller*

## Lob der Zeit

I
Dich sing ich, Zeit der Zeiten: meine Zeit!
Ein heller Herbst verschollener Sagenblüten
Wandelst du Gold und Silber blasser Mythen
    In Stahl der Wirklichkeit.

Wie stöhnte noch das sinkende Jahrhundert
Im selbstgewollten Fron und trüben Krampf
Bei Ofen, Kran und Hammer, Qualm und Dampf –
    Nun schauen wir verwundert,

Wie die Tyrannen, die wir selbst gesetzt,
Die dräuenden Geschlechter der Maschinen,
Und selbst befrein und, wieder Sklaven jetzt,
    Zum Traum der Träume dienen.

Denn Wirklichkeit ward Traum! Die russigen Quadern
Der knechtischen Epoche, eng und hart,
Verrücken sich: Pochend in allen Adern
    Vom Blut der Gegenwart

Spreitet ein neues Fabeltier die Schwingen
Von leichtem Linnen, dünnem Holz und Rohr!
Die Schraube spinnt. Die Erde deckt ein Flor.
    Die straffen Drähte singen,

Singen das alte Lied vom Schwanenkleide,
Vom finstern König und vom falschen Schmied,
Das Lied vom hohen Flug und lahmen Neide,
    Die Schraube braust das Lied

Vom Götterliebling und vom Sonnenross,
Die Leinwand rauscht das Lied der Adlerfeder,
Die schwanken Rippen vom verschlagenen Kreter
    Und leis von Ikaros.

Und alles singt die grösste Menschentat:
Vom Urweltmorgen, wo am Gletscherfjorde
Der stillre Werkmann einer blonden Horde,
    Nicht wissend, was er tat,

Den ersten Stamm gehöhlt mit Beil und Feuer,
Das erste Segel kühn im Wind gestellt,
(Der ganze Vogel tönt wie eine Leier
    Vom neuen Rausch der Welt)

Bis zu dem Frührot, wo in Wolkendräun,
Vom Nebeltau besprüht und Englands herber
Salziger Brise, Blériots schlanker Sperber
    Von neunzehnhundertneun

Englischen Rasen pflügte und die scharfe
Klippe von Dover für die Welt geweiht –
Der ganze Vogel tönt wie eine Harfe
    Vom neuen Glanz der Zeit.

Der Sturmwind selber schmettert die Fanfare,
Hell wie ein Jagdruf, dumpf wie Orgelbässe,
Klingend wie kriegerisches Erz: VOLARE
    NECESSE EST – VIVERE NON NECESSE!


    II
VIVERE NON NECESSE! – Aller Schöne
Und aller Taten Herrin, streng und klar,
Mutter der mutigen Fahrt und starken Söhne,
Glänzt sie zum kühnen Auszug euch: Gefahr!

Ihr Wetterleuchten zuckt um eure schnellen
Schimmernden Vögel und umglänzt das Ziel –
So schärfte sie im Grönlandmeer den Kiel
Von Eiriks Drachen, trieb die Karavellen

Aus Palos gischtend über den Atlant.
Und was erst leeres Spiel und Abenteuer
Gescholten und geschmäht, ward bald ein neuer,
Ein Weg der Vielen in ein neues Land:

Entfliegt! Mit jeder der pfadlosen Bahnen,
Die eure Schwingen jetzt im Blau durchmassen,
Bereitet ihr der Zukunft Völkerstrassen.
Entfliegt! – Zuvor ein Opfer noch den Manen,

Den Toten all, den vielen stillen Toten!
Wie, heimkehrlechzend, des Laertes Sohn
Erst noch im Schattenreich am warmen roten
Tranke die Seelen labte und davon

Heimkehr empfing und glückhaft Fahrtenende –
Opfert auch ihr, im Licht des ewigen Strahls
Lebende ihr: Rinne die erste Spende
Dem märkischen Sand und Hügel Lilienthals!

Dem fränkischen Capitaine mit deutschem Namen
Nach ihm! Da schon das Leben strömend floh,
Stöhnt er noch stolz und heiss vom wundersamen
Traume: «Demain je volerai plus haut ...»

Den dritten ihm, der dem Gespenst der Pässe
Und eisigen Schlucht zu starr ins Auge sah:
Schüttet die dritte Spende der Zypresse
Von Domodossola!

Und Hand zur Steuerung! Werft an! VOLARE
NECESSE EST! – Die Schraube braust in grossen
Ringen von Licht. – Ein Guss noch am Altare
Der Ungenannten und der Namenlosen!

Dann segelt, ein Geschwader lichter Aare,
Kreisend im Blau um Mast und Dom und Esse
An Elbe, Rhein und Nordmeer: NAVIGARE
NECESSE EST – VIVERE NON NECESSE!

[*ca.* 1911]

*Stefan Zweig*

**Der Flieger**

    Die Erde spricht:
«Ich lasse dich nicht,
Du Wurm, der meine Flanken umkriecht,
Du fressende Borke in meiner Rinde!
Ich hab' dich gesäugt, ich hab' dich genährt,
Ich gebe nichts frei, was zu mir gehört.
Ich stürz' dir das Grauen des Todes ins Herz.
Ich binde
Die Sohlen dir an mit brennender Schwere,
Ich füll' dir den Leib mit Wucht und Gewicht.
Und wie zornig du dich auch aufwärts entringst,
Du sinkst
In ewiger Ohnmacht stets bodenwärts.»

    Doch der Wille glüht:
«Ich bin müd',
Die Strassen zu streifen, die alle begingen,
Ich will nicht mehr, Last, an Lastendem kleben!
Leben ist Schweben,
Seliges Ruhn mit wandernden Schwingen.
Ich sehe
Die Lerchen leicht auf luftigen Sprossen
Aus nebelnden Talen ins Frührot klimmen
Und Adler schwarzseglig den Äther zerpfeilen.
Ich sehe
Die Schwalben flink wie flüchtende Rehe
Die Wälder des Winds und der Wolken durcheilen.
Ich sehe
Libellen mit silberflirrenden Flossen
Im blauen Bade des Himmels hinschwimmen,
Ich sehe Glanzkäfer wie zitternde Funken
Die brennenden Kelche der Blumen umstreichen.
Aufschwingt sich die Wolke, hochwellt sich der Rauch,
Und was Feuer, Wasser und Tier erreichen,
Vermag ich auch.»

Und der Motor keucht:
«Ich mache dich leicht!
Ich habe das Feuer in mich getrunken,
Meine Adern bersten, mein Blut siedet und surrt,
Horch, wie es kocht
Und mit heissen
Verlangenden Stössen ins Freie pocht.
Spreng mir den Gurt,
Reiss mir sie auf, die eisernen Schliessen,
Ich will meine Kraft in die Welt ergiessen,
Hilf, und ich stosse dich steil in die Luft!»

Die Hand reisst nervig das Steuer an sich:
«Ich löse dich,
Nun wirf mich empor
Oder stürz' mich hinab!
Die Erde ist dunkel, die Erde ist Grab,
Ihr Leib ist gebläht von Toten und Särgen,
Ihr Atem stinkt von Moder und Gruft,
Doch bevor
Auch mich ihre durstigen Schollen auftrinken,
Heb' mich in reine, in feurige Luft!
Mich hebe hoch, lass sie stürzen und sinken,
Auf, ihr Schwingen, macht mich frei, macht mich gross!
Los!»

Die Maschine zittert und prasselt Begier,
Aus eiserner Nüster sprüht Feuer und Dampf,
Dann jäh wie ein Stier
Stürzt sie und stampft
Blindwütig vorwärts, schleudert und kreist
Wirr, ein rasend gewordener Pflug,
Im qualmenden Feld,
Bis ein Ruck
Den Nacken ihr plötzlich nach oben schnellt.

Die Leute stürzen im Taumel herbei,
Zehntausend Stimmen nietet ein Schrei:
«Er schwebt!
Er fliegt!
Traum und Triumph, wir haben's erlebt,
Ein Mensch hat über die Erde gesiegt.»

Und die Schwingen summen und surren im Wind:
«Ach, wie leicht und selig wir sind!
Wir schneiden
Mit beiden
Armen die Luft, wir mahlen den Wind,
Wir mähen
Die Böen,
Wir werden wie Vögel, wir werden geschwind.»

   Und eine Wolke singt:
«Was blinkt
Dort aus der Tiefe steil auf mich los,
Was dringt
So übermächtig in meinen Schoss
Und fährt durch mich mit schneidendem Stahl?
O wie er schmerzt der brennende Stoss!
Ich fühl' mich zerfliessen
Und tränend über die Erde ergiessen.»

   Er aber wandert hinauf.
   Die Nebel reissen ihm die Tore auf,
   Hügel knicken
   Demütig ein mit dienerndem Rücken,
   Berge sinken vor ihm in die Knie.
   Hoch über sie
   Schwingt er sich auf und tastet die Runde:
   Wie im wässrigen Grunde
   Eines Meers, verfilzt in Algen und Grün
   Sieht er die Korallen der Kirchtürme glühn,
   Die Menschen kriechen wie kribblige Fliegen
   Auf weissen spinndürren Strassenschnüren,
   Wie Spielzeuge liegen
   Die Häuser lässig im dünstenden Licht
   Der Felder, die klein sind wie Büschel von Blumen.
   Wälder zerfasern zu wehenden Garben,
   Teiche blitzen als blassblaue Funken,
   Die Gletscher scheinen wie winzige Krumen
   Von Sternen, die auf die Erde gesunken,
   In das faltige Tuch der Berge geknüllt.
   Ströme zerschmelzen, die Meere versiegen,
   Rund wird und runder die Übersicht,
   Und mählich zerrinnen die flackernden Farben
   In ein einziges mattes, verblassendes Licht.

Und der Sturm springt ihn an, verspielt wie ein Tier:
«Du Fremdes, komm und ringe mit mir!
Wir wollen
Zur Wette die Eisbahn des Himmels hinlaufen,
Wir wollen
Mit sausendem Sprung auf die Berge klettern
Und den grauen Tannen ihr Haar ausraufen,
Komm, lass uns Ball mit den Wolken schlagen
Lawinen krachend zu Tale rollen.
Wir schmettern
Den Mond wie einen klotzigen Stein
Auf ein zerkrachendes Kirchendach!
Komm mit, du Kühner, komm, spring mir nach,
Hol' mich ein!

    Nebel küssen ihm Hand und Gesicht,
    Die Höhen klingen kristallen im Licht,
    Und die Erde wird trübe, die Erde wird fern,
    Ein dumpfer, verlöschender Weltenstern.

    Nun jauchzt die Brust ihren grossen Schrei:
«Frei!
Allein!
O weites unendliches Einsamsein!
Mein Blick zerstösst sich nicht mehr an den Dingen,
Die Luft ist von Atem und Worten rein.
Leben ist Schweben,
Seliges Ruhn auf wandernden Schwingen!
Doch ich fühle
Noch über dem Schweigen sphärisches Klingen,
Ich will durch die Kühle
In den feurigen Kern aller Himmel eindringen,
Ich will steigen und steigen
Bis auf zu den Höhn,
Wo selbst die Engel geblendet sich neigen
Und Gott ins ewige Auge sehn.»

Und er steigt
Höher auf in die heilige Leere.
Der Motor keucht mit röchelnder Lunge,
Funken spritzen um die Kontakte,
Eine blitzende Schere,
Zertrennt er das ewige faltenlose
Gewebe, das blaue, und stürzt in den nackten
Himmel sich tiefer in rasendem Schwunge;
Er steigt und steigt,
Brennende Tränen verschliessen den Blick,
Doch den Blinden umrauschen hohe Gesänge,
Er fühlt nur mehr Töne, er trinkt nur Musik.
Er hört die Engel den Morgen lobsingen,
Die Winde orgeln Hymnen der Kraft,
Die Säulen des Alls beginnen zu schwingen,
Orkane brausen ihm Bruderschaft.
In das heisse Gestänge
Greift die Sonne wie in eine Harfe hinein,
Mit unsichtbaren Saiten
Tönen die nahen Unendlichkeiten.
Und er steigt
Höher, die Stimme Gottes zu hören,
Der tönend über den Dingen schweigt.
Das Blut
In seinen Schläfen beginnt stärker zu tosen,
Der Hammer des Herzens schwingt sich und klingt,
Und er spürt sich aufgehen im Grenzenlosen
Wie ein Ton, der höher und höher entschwingt,
Und er ahnt, nun klingt er zur Urmusik
Der Welten, ins ewige Schweigen zurück.

Aufrauschen die Fernen, er steigt und steigt,
Und nur die niedere neidische Erde schweigt.

[*vor* 1915]

*Karl Bröger*

**Schatten des Ikaros**

Höher, mein Herz,
höher hinauf den Flug!
Vorwärts, aufwärts
im ratternden, knatternden Motorzug!

Unten gebäumtes Land, gebuckelter Wolkenwall,
oben Sonne und ewigen Lichtes brausender Niederfall.
Motorengetrommel voraus, umschwirrt von Propellerhast,
hinten gläsernes Schweigen und friedsam gedämpfter Glast.
Ebene, weithin entrollt, voll Schatten und glänzender Ruh,
Räume ringen und schwingen kreisend dem Herzen zu.
Wiese und Wald, Hügel und Felder Hand in Hand!
Tanz über allen Himmeln, gleitender Tanz alles Land!
Winde und Adlerschrei, weisse Flügel gebauscht,
tausend Farben, von Steigen und Sturz berauscht,
aller Strassen ledig, der Bläue, dem Aether Genoss,
offen die Himmel und ohne Riegel und Schloss ...
Ikaros! Ikaros!

Lärmendes Motorherz, dein Schlagen im Takt,
hält die zitternde, jauchzende Seele fest gepackt.
Antwort schreit sie dem Leben, das ganz verstummt,
wenn es nicht mehr aus deinem Klopfen und Hämmern summt.
Fern der Erde und ihrem sicheren Traum
greift mit tausend Krallenfingern nach mir der feindliche Raum,
starrt aus eiskaltem Blick den einsamen Flieger an
und lauert versteckt.

Da wird die Bahn, die luftige Bahn
und mein Herz von göttlichem Lichte geweckt.
Drunten, tief drunten, lautlos und leicht,
wälderhin, felderhin,
der Schatten des Flugzeugs streicht,
und ich weiss, wo ich bin.

Dass ich lebe,
dass ich schwebe,
Atem hole, Sonne trinke
und als zweites, dunkles Bild
still und mild
auf die Erde niedersinke.

Höher, mein Herz,
höher den Flug!
Vorwärts, aufwärts,
nimmer der Tiefe und Höhe genug!

*Gottfried Benn*

## Ikarus

I
O Mittag, der mit heissem Heu mein Hirn
zu Wiese, flachem Land und Hirten schwächt,
dass ich hinrinne und, den Arm im Bach,
den Mohn an meine Schläfe ziehe –
o du Weithingewölbter, enthirne doch
stillflügelnd über Fluch und Gram
des Werdens und Geschehns
mein Auge.
Noch durch Geröll der Halde, noch durch Land-Aas,
verstaubendes, durch bettelhaft Gezack
der Felsen – überall
das tiefe Mutterblut, die strömende
entstirnte
matte
Getragenheit.
Das Tier lebt Tag um Tag
und hat an seinem Euter kein Erinnern,
der Hang schweigt seine Blume in das Licht
und wird zerstört.
Nur ich, mit Wächter zwischen Blut und Pranke,
ein hirnzerfressendes Aas, mit Flüchen
im Nichts zergellend, bespien mit Worten,
veräfft vom Licht –

o du Weithingewölbter,
träuf meinen Augen eine Stunde
des guten frühen Voraugenlichts –
schmilz hin den Trug der Farben, schwinge
die kotbedrängten Höhlen in das Rauschen
gebäumter Sonnen, Sturz der Sonnen-Sonnen,
o aller Sonnen ewiges Gefälle –

II
Das Hirn frisst Staub. Die Füsse fressen Staub.
Wäre das Auge rund und abgeschlossen,
dann bräche durch die Lider süsse Nacht,
Gebüsch und Liebe.
Aus dir, du süsses Tierisches,
aus euern Schatten, Schlaf und Haar,
muss ich mein Hirn besteigen,
alle Windungen,
das letzte Zwiegespräch –

III
So sehr am Strand, so sehr schon in der Barke,
im krokosfarbnen Kleide der Geweihten
und um die Glieder schon den leichten Flaum –
ausrauschst du aus den Falten, Sonne,
allnächtlich Welten in den Raum –
o eine der vergesslich hingesprühten
mit junger Glut die Schläfe mir zerschmelzend,
auftrinkend das entstirnte Blut –

    [*ca.* 1914]

*Johannes R. Becher*

**Die neue Syntax**

Die Adjektiv-bengalischen-Schmetterlinge
Sie kreisen tönend um des Substantivs erhabenen Quaderbau.
Ein Brückenpartizip muss schwingen! schwingen!!
Derweil das kühne Verb sich klirrend Aeroplan in Höhen schraubt.

Artikeltanz zückt nett die Pendelbeinchen.
In Kicherrhythmen schaukelt ein Parkett.
Da aber springt metallisch tönend eine reine
Strophe heraus aus dem Trapez. Die Kett

Der Strassenbogenlampen ineinander splittern.
Trotz jener buntesten Dame heiligem Vokativ.
Ein junger Dichter sich Subjekte kittet.
Bohrt des Objekts Tunnel ... Imperativ

Schnellt steil empor. Phantastische Sätzelandschaft überzüngelnd.
Bläst sieben Hydratuben. Das Gewölke fällt.
Und Blaues fliesst. Geharnischte Berge dringen.
So blühen auf wir in dem Glanz mailichter Überwelt.

[*vor* 1916]

*Wilhelm Klemm*

**Terra nova**

Wir standen am Ende der Welt. Wenn ich nur wüsste
Was das verrückte Licht zu bedeuten hat!
Komm her! Gib mir noch einmal die Feuerbowle.
Ich glaube, der kälteste Teil der Reise beginnt!

Schon weht ein neuer, ganz verdammter Wind.
Ich weiss nur noch nicht recht aus welcher Richtung.
Und vor uns bäumen sich fremde Dinge.
Wie sie weder Natur noch Erfahrung bietet.

Wir putzen krampfhaft den blanken Schild der Ehre.
Siehst du, das kommt von dem unvorsichtigen Schlafen!
Wenn du nicht mitkannst, will ich dirs wenigstens vormachen:
Plötzlich wipp ich mich ab schwerfälligen Flügelschlags.

[*vor* 1917]

*Erich Grisar*

**Flug nach Amerika**

Wir sind, die die neuen Gesetze geben
Der Erde, dem All, dem schaffenden Leben.
Wir, die die Wolken zu bunten Kulissen
Gemacht für ein Spiel, was noch keiner gesehn
Auf der Erde, die aufgerissen
Von unserer Kraft, sich unter uns bäumt.
Wir sehen das Meer wie es rollt und schäumt,
Sehn hinab bis zu seinem Grunde,
Und sind, da im Sturme wir aufrecht stehn,
Die stolzesten Männer in dieser Stunde.

Gegen uns rast das ganze All.
Der Himmel wirft einen goldenen Ball,
Die Sonne, uns nach. Sie fliegt vorbei.
Wir sehn sie ertrinken.
Und ihre letzten Strahlen winken
Uns zu. Weit vor uns im Meer.
Da jagen schon neue Geschosse daher,
Der silberne Mond und blitzende Sterne,
Versinken sehn wir sie in der Ferne,
Verblasst und grau in der heulenden Flut.
Ihr Wurf uns bedrohte, doch unsern Mut
Brachen sie nicht.
Und wieder der goldene Ball aufglüht
Und der Mond in der Nacht, von Sternen umblüht
Und unter uns Wasser und über uns Licht,
Da schiebt sich Land in unser Gesicht.
Da raubt uns ein Schrei den halben Verstand.
Derselbe Schrei, den Columbus einst schrie,
Da er jubelte: Land!

Kein Traum, kein Spuk, auf dem wir reiten,
Vor uns dehnen sich grüne Weiten,
Umspannt und gebannt von gewaltigen Bändern,
Ströme, wie sie in den alten Ländern,
Aus denen wir kommen, noch keiner gesehn.
Und dann – dieses Volk, zusammengeschweisst
Aus allen Völkern der Erde,
Gepresst und gehämmert in ew'gem Werde
Der Zeit zu einem Geist,
Der heisst: Gewaltsamkeit,
Die in riesigen Bauten zur Grösse ringt.

Sah einer den Stein, der zum Himmel springt,
Und wieviel Leben er dann erschlug,
Als ihn sein Fall auf die Erde trug?
Jäh wird uns das Wissen darum,
Warum wir über das Meer geflogen,
Wie Columbus zu spannen den herrlichen Bogen
Von Land zu Land und Meer zu Meer,
Über Eis und glühende Krater her:
Die Einheit der Dinge in allem Geschehn
Hinter der Menschheit Stirne
Erwachen und wachsen zu sehn.
Und hinein zu hämmern in alle Gehirne
Ein Bild von der Welt, wie wir sie gesehn.

[*vor* 1924]

*Rainer Maria Rilke*

Wir sind die Treibenden.
Aber den Schritt der Zeit,
nehmt ihn als Kleinigkeit
im immer Bleibenden.

Alles das Eilende
wird schon vorüber sein;
denn das Verweilende
erst weiht uns ein.

Knaben, o werft den Mut
nicht in die Schnelligkeit,
nicht in den Flugversuch.

Alles ist ausgeruht:
Dunkel und Helligkeit,
Blume und Buch.

*[1922]*

*Rainer Maria Rilke*

O erst *dann*, wenn der Flug
nicht mehr um seinetwillen
wird in die Himmelstillen
steigen, sich selber genug,

um in lichten Profilen,
als das Gerät, das gelang,
Liebling der Winde zu spielen,
sicher, schwenkend und schlank, –

erst, wenn ein reines Wohin
wachsender Apparate
Knabenstolz überwiegt,

wird, überstürzt von Gewinn,
jener den Fernen Genahte
*sein*, was er einsam erfliegt.

*[1922]*

*Alfred Wolfenstein*

**Luftschiff über der Stadt**

Durch die Wolken trommelnd, vorwärts gereckt,
Spitz und weiss und wild und neu wie ein Kind,
Strotzend von Leichtheit, sichtbarer Wind,
Blau vom Himmel, schattig von Erde gefleckt,

Über die Stadt, mit heissen Gesichtern bedeckt,
Über Geschrei, das aus schwebenden Herzen rinnt,
Über Augen vom Blick in Sonne blind,
Über die Hand der Entzückung, zur Luftfahrt gestreckt,

Fliegt es, über das Leben von einstmals fliegt es,
Fremdeste Höhen nahe und gierig wiegt es,
Hirne reisst es aus den Wänden,

Schwach wie ein Spiegel dunkelt die Erde,
In des Himmels leuchtendere Gebärde
Greifen wir ein mit neuen Händen!

   [*ca.* 1914]

*Albert Ehrenstein*

## Ich bin des Lebens und des Todes müde

Und ob die grossen Autohummeln sausen,
Aëroplane im Äther hausen,
Es fehlt dem Menschen die stete,
Welt erschütternde Kraft.
Er ist Schleim, gespuckt auf eine Schiene.

Und löst sich selbst die Klammer um die fernste
Ferne,
Erdklammer, die uns noch nicht lässt,
Weist dereinst am Eck
Ein heiliger Weltenschutzmann
Zum nächsten Nebelstern kürzeste Wege –
Sterblich vor allen ist die Erinnerung,
Die staubabwischende Göttin;
Schöne Laubfrösche wuchsen
Der Dämmernden auf
Und starben dann.
Die brausenden Ströme ertrinken machtlos im
Meer.
Nicht fühlten die Siouxindianer
In ihren Kriegstänzen Goethe,
Und nicht fühlte die Leiden Christi
Der erbarmungslos ewige Sirius!

Nie durchzuckt vom Gefühl,
Unfühlend einander und starr
Steigen und sinken
Sonnen, Atome: die Körper im Raum.

[*vor* 1914]

*Karl Bröger*

**Sang der Granaten**

Eiserne Vögel des Krieges stossen wir aus der Luft.
Unsern Aufgang umwittert Gefahr, unsern Niedergang Gruft.

Unsichtbare Schwingen dicht an den Leib geklappt,
stählerne Fänge zu tödlichem Griff gekappt,
lassen wir uns auf Menschen und Dinge schmetternd nieder
und entspreiten das hundertzackige Stahlgefieder.
Fliegen wir dann von der bebenden Erde wieder auf,
wirft unser Flügelschlag Bäume und Häuser zuhauf.
Alle Stille erstirbt, jeder sanfte Klang
vor unserm erderschütternden Donnergesang.
Immer, ob wir schwirren aus Ost oder West, aus Süd oder Nord,
heult vor uns her das grausige Lied vom Mord.

Raubvögel des Todes stürzen wir aus der Luft.
Unsern Aufgang umwittert Gefahr, unsern Niedergang Gruft.

[*vor* 1916]

*Heinrich Lersch*

**Der Flieger**

Ein Flugzeug her! Ein Flugzeug her!
Ich mag, ich kann nicht mehr
diese Erde mit meinen Füssen treten.
Ich kann nicht mehr fluchen, kann nicht mehr beten!
Ich fühle durch die Erdrinde den feuerflüssigen Erdkern glühn,
drinnen rast und flutet das glutende Lavameer
und will in den brennenden Ball mich saugen.
Will mich verderben.
Ich soll sterben.
Alle Menschen sollen sterben,
Weil wir trotz jahrtausendaltem Geist, aller Not, aller Liebe noch immer
    nichts taugen.

Sieh, wie der Menschen Krieg die unschuldige Erde zerschlägt.
Wie die Granaten Felder und Wiesen zerreissen.
Die Minen die göttlich hehren Wälder zerbeissen.
Wie der mitleidige Wind den Staub zu den Sternen trägt.

Und die Menschen, die Vielen, die Menschen, die Armen,
können nicht erkalten und nicht erwarmen.
Sie schleppen zu Millionen
ihren Leib durch die stinkigen Gräben; es wohnen
ihre Seelen im Sumpf ihrer verzweifelten Gefühle.
Sie sehnen sich aus dem Blutgewühle
in die vom Tod unbedrohten Einsamkeiten.
Ich seh die Millionen ihre Arme ausbreiten
nach Ruhe und Frieden. – Und hör sie von neuem aufschrecken und
    schreien:

Verfluchen ihr Leben!
Verfluchen den Krieg!
Verfluchen den Sieg! Verzeihen
ihrer Mutter nicht den Tag der Geburt.
Preisen glücklich den Samen,
der im Mann noch begraben und alle Kinder, die niemals zur Erde
    kamen
Glücklich, weil sie nicht sind!

Die Menschen sind taub und blind
für die Zukunft, weil sie immer nur Elend schauen,
immer nur Tod und immer nur Grauen!

Gott rächt sich! Er lässt nicht ungestraft
sein edelstes Werk: den Menschen, vertieren!
Er sieht sie sein Ebenbild verlieren
in wahnsinnig-verbissener Leidenschaft!

Was soll ich tun?
O Gott, gib mir Kraft: deinen Sinn zu erfühlen!

Nicht unsre vernünftigen, kühlen
Gehirne können dich erkennen.
Lass in meinem Herzen deinen Willen entbrennen!
Komm in mein Gefühl!
Dass ich dich finde
im Qualm der Granaten, in der Schmerzen Gewühl,
im Dufthauch der Blumen, oder im Säuseln der Winde.

Ein Flugzeug her! Ein Flugzeug her!
Ich kann nicht länger auf dieser Erde bleiben,
ich fühl zu den ewigen Sternen mich treiben.
O Gott, bei deinen ewigen Sternen will ich dich suchen,
zu dir beten, oder dich verfluchen!

   [*vor* 1918]

Max Barthel

**Bombengeschwader**

Der Tag. Die Nacht. Der Überschwang.
Die Sterne. Der Granatensang.
Einsamer Posten am Rande der Welt!
Zerschossene Wipfel. Die Wurzeln enthüllt.
Die Städte entvölkert. Die Gräber gefüllt.

Dort, wo die Sterne in blitzenden Gleisen
tönend am silbernen Himmel kreisen,
knirscht Eisen auf Eisen,
dass der einsame Posten schaudert und wacht.
Bombengeschwader singt durch die Nacht.

In verdunkelten Städten, zwiefach zerrissen,
zerwühlten die Frauen und Mädchen die Kissen.
(Die Männer sind von den Minen zerbissen.)
Und der Aufruhr glimmt, demütig geduckt,
bis er wie sausendes Bombengetöse
in feuriger Blösse
in die prunkenden Stuben der Kriegshetzer zuckt.

   [*vor* 1920]

*Kurd Adler*

**Wiederkehr**

Seltsam – wie alle Bitternis in schliessendem Schlund versank:
die zerrissene Luft, der Schrei, der Pulvergestank
die Enge und das schleichende, müde Leid.
Wieder lodert das Leben auf in verzückten Flammen,
Berge erblühn und Strassen lagern sehr breit
sich hin. Schon rücken Gespräche zusammen.
Und eine dünne Brücke – fast nur ein Seil,
tänzelt leicht über die trennenden Tage.
Verschwommene Gesichter – lang schon ausser Bewusstsein – steigen
    aus glühem Krater
wie Freunde auf. Das ist der Strom, der Turm, die Strassenbahn, das
    Theater,
geliebte Frauen, Glanz aus vernarbten Wunden, rhythmisch Gejage.
Weisse, grosse Betten ... wie ein Irrer bin ich, wie ein Neger oder ein
    Inder.
Ich möchte nach allen bunten Dingen verlangend greifen,
durch Abende wehn, über hundert Münde streifen
oder lange in kristallenem Bade liegen.
(Keine Trompeten, kein Schnarchen, kein Schlamm, keine müden
    Glieder.)
Ein traumsilberner Flieger will ich den Lenz überfliegen,
die schweren Bäume in ihren Kronen fassen
und in freudig geneigter Demut wieder und wieder
die Liebe durch tausend Ventile ausströmen lassen.

*[Juni 1916]*

*Albert Ehrenstein*

**Flug**

*Für Hanni Baal*

Ich flog mit Fokker-Flugzeug D728 ‹Mulde›
Bescheiden von Stuttgart nach Frankfurt,
Ich flog mit dem Dornier-Merkur 585 ‹Puma›
Von Frankfurt nach Berlin.
‹Guten Rutsch›
Wünschte der Flugleiter dem Piloten –
Ich merkte mir für andere Fälle
Diesen Aviatiker-Gruss.
Der drollige Luftkater
Begann laut zu schnurren,
Die Räder des Heuschreck-Vogels
Rollhopsten über Gras,
Bis er sich hob.

Der Motor orgelt monoton,
Vibrierende Fenster;
Allmächtig der Motor überbrummt Alles,
Auch das Gebrumm der Flugzeugfliegen,
Zeugend im Flugzeug.
Nächstens lass ich die Ohren zuhaus,
Man fliegt mit den Augen.
Klein seh ich die gelben, braunen, grünen
Stoffmuster der Äcker und Felder,
Ich schweb über den zart bewaldeten
Bäuchen der Berge.
Wer hat die winzige Pfütze
Gespuckt in diese Wiese?
Den Fischen ist sie ein Riesenweltteich,
Uns aber – weg!
Schon greint ein Friedhof mit seinen
Gespenster-Grabsteinen,
Den starren Etiketten der Toten.
Der Strassen Serpentinengeschlängel,
Schlafende Wege und Bäche;
Verzaubert schleichende Wagen,
Von gehemmten Krebs-Pferden gezogen.

Abgründe, Felsen, Steinbrüche, Gewässer,
Weinberge, weidende Lämmer,
Einsiedlerkapellen und Taubenschwärme.
Die Luftkrabbe steigt über die Schneefelder
Der weissen Wattewolkenwogen,
Die Luftkrabbe steigt
Über die Flaumwolkengletscher.
Tief unten Hügel, der Raben schwarzes
Gevögel, tiefer schwarzweisse:
Diplomatisch die preussischen Landesfarben
Flaggende Rinder.
Neu-rote Dorfdächer, Fenster der
Kartenhäuser aus Treff oder Pique.
Getreide, zu Mandeln gehäuft.
Rebhühnerketten.
Des Flugzeugs Schatten wolkt über den Wiesen;
Wolken im Bach, Schilfinseln, Weiden,
Sumpftümpelparzellen.
Schornsteinstumpen und Pappeln –
Bäume aus der Spielzeugschachtel:
Das stehen gebliebene Heer der Bäume,
Die grünen Schimmelpilze der heiligen Wälder.

Komisch,
Komisch sind die Lokomotiven von oben.
Alle Lokomotiven stammen aus der Provinz,
Sie nehmen sich wichtig:
Eingebildet,
Patzig ein Räuchlein von sich blasend,
Alte Bewegungsräte, Geräte der Urzeit.
Siehst Du,
Wie die Vergangenheit unter Dir kriecht?
Wie Nebelmeer hängt sie
Noch zwischen den Bäumen,
Wo die russende Eisenbahnschnecke
Noch kriecht,
Wo es nach Automobil noch riecht.
Und fliegt der Flieger nicht ins Himmelreich,
Er schwingt sich
Hoch über das selige Tannenreich
In die Zukunft.

[*vor* 1919]

## Quellen und Hinweise

Die *Kleine Anthologie deutscher Flug- und Flugzeuggedichte* sei als dokumentarische Ergänzung zur vorliegenden Arbeit verstanden. Die Textauslese ist weder auf Repräsentativität noch auf einen Vollständigkeitsanspruch angelegt. Als Auswahlkriterium galt lediglich die Voraussetzung, dass die Gedichte nicht schon im Rahmen der Abhandlung ganz oder in grösseren Auszügen zitiert sein sollten (wie etwa die einschlägigen Passagen aus Otto Nebels *Zuginsfeld* und René Schickeles *Ode an die Engel*); indes wurde versucht, den chronologischen und thematischen Einzugsbereich der Anthologie, die auf deutschsprachige Dichtung beschränkt bleiben musste, so weit zu fassen, dass alle wesentlichen Fragestellungen, zu welchen die Untersuchung hinführt, durch entsprechende Textbeispiele zusätzlich belegt werden können. – Die nachstehenden Quellenangaben erscheinen in alphabetischer Reihenfolge, stimmen also nicht mit der anthologischen Anordnung der einzelnen Gedichte und Autoren überein; ferner sei unterstrichen, dass die Quellennachweise in der Regel nicht auf die Erstdrucke schliessen lassen. Die Datierung der in die *Kleine Anthologie* aufgenommenen Texte stammt, sofern keine diesbezüglichen Angaben der Autoren selbst vorliegen, vom Herausgeber; da die Entstehungszeit wie auch das Datum des Erstdrucks bei manchen Gedichten lediglich vermutet, nicht aber faktisch nachgewiesen werden konnte, sind die jeweils angeführten Jahreszahlen nicht als definitiv zu betrachten.  *F.P.I.*

Kurd Adler, ‹Wiederkehr›, in *Lyrik des expressionistischen Jahrzehnts*, dtv: München ³1966.
Max Barthel, ‹Bombengeschwader›, in M. B., *Arbeiterseele*, Eugen Diederichs: Jena 1920.
Johannes R. Becher, ‹Die neue Syntax›, in J. R. B., *An Europa*, Kurt Wolff: Leipzig 1916.
Gottfried Benn, ‹Ikarus› (I-III), in G. B., *Gesammelte Werke*, III, Limes Verlag: Wiesbaden ²1963.
Karl Bröger, ‹Sang der Granaten›, in K. B., *Kamerad, als wir marschiert*, Eugen Diederichs: Jena 1916.
Karl Bröger, ‹Schatten des Ikaros›, in K. B., *Sturz und Erhebung*, Eugen Diederichs: Jena 1943.
Theodor Däubler, ‹Das Sternenkind›, in T. D., *Das Sternenkind*, Insel Verlag: Leipzig s. a.
Richard Dehmel, ‹Erhebung›, in *Neue Deutsche Rundschau*, XIV, [Berlin], 1903.
Max Dortu, ‹Ruine auf dem Berge›, in M. D., *Ein buntes proletarisches Skizzenbuch*, Verlagsgenossenschaft ‹Freiheit›: Berlin 1921.
Gerrit Engelke, ‹Der Mittler› [&] ‹Ich möchte hundert Arme breiten›, in G. E., *Rhythmus des neuen Europa*, Eugen Diederichs: Jena 1921.
Erich Grisar, ‹Flug nach Amerika›, in E. G., *Gesänge des Lebens*, Thüringer Verlagsanstalt: Jena 1924.
Walter Hasenclever, ‹Erster Flug›, in *Expressionismus: Lyrik*, Aufbau-Verlag: Berlin & Weimar 1969.
Hugo von Hofmannsthal, ‹Verse zum Gedächtnis des Schauspielers Josef Kainz›, in H. v. H., *Ausgewählte Werke in zwei Bänden*, I, S. Fischer: Frankfurt a. M. 1957.
Wilhelm Klemm, ‹Terra nova›, in W. K., *Aufforderung*, Verlag der ‹Aktion›, Berlin 1917.
Heinrich Lersch, ‹Der Flieger›, in H. L., *Deutschland!*, Eugen Diederichs: Jena 1918.
Friedrich Nietzsche, ‹Höhere Menschen›, in F. N., *Werke in drei Bänden*, II, Carl Hanser Verlag: München 1955.
Rainer Maria Rilke, [‹Die Sonette an Orpheus›, XII-XIII], in R. M. R., *Sämtliche Werke*, I, Insel Verlag: Frankfurt a. M. 1955.

Karl Vollmoeller, ‹Lob der Zeit›, in *Insel-Almanach auf das Jahr 1912*, Insel Verlag: Leipzig *s.a.*

Alfred Wolfenstein, ‹Luftschiff über der Stadt›, in A. W., *Menschlicher Kämpfer*, S. Fischer: Frankfurt a.M. 1919.

Stefan Zweig, ‹Der Flieger›, in *Almanach*, Velhagen & Klasing: Berlin & Bielefeld & Leipzig & Wien 1915.


Verlag und Autor danken allen Rechtsinhabern – soweit sie ausfindig gemacht und begrüsst werden konnten – für die Genehmigung zum Nachdruck der in die *Kleine Anthologie* aufgenommenen Texte.

# Abbildungen

## Abbildungsverzeichnis

[Frontispiz:] Umberto Boccioni: *Beata solitudo, sola beatitudo* (1908).

1. Die Flugidee ‹Schwerer als Luft› von Leonardo bis Edison.
2. «Das gesamte Ballon- und Flugwesen» um 1909.
3,4. Meetings, Wettbewerbe, Ausstellungen: Flugplakate 1909 bis 1912.
5. Fliegerei in der Schweiz um 1910: Programme, Aufrufe, Annoncen.
6. Flugapparat schweizerischer Bauart: *Dufaux*-Doppeldecker.
7. Eine *Blériot*-Maschine kreuzt den Bordeaux-Express (13.Juli 1909).
8. Scheuendes Pferd auf dem Flugfeld.
9. Die Erste Internationale Luftfahrtausstellung.
10. Die erfolgreichsten Flieger und Flugzeugtypen des Jahres 1909.
11. Léon Delagrange.
12. Glenn Curtiss.
13. Eugène Lefèbvre.
14. Albert Guyot.
15. Erste Nutzlastrekorde: Louis Breguet und Roger Sommer.
16. Veloflugzeug.
17. Rickmanns Helikopter.
18–20. Das Meeting von Brescia.
21. Franz Kafka (Postkarte 1913).
22–25. Der Dichter-Pilot Vasilij Kamenskij.
26. Roland Garros.
27. Flug über Wien.
28. Gabriele d'Annunzio.
29. Zweikampfsituation im modernen Luftkrieg.
30. Asse im Luftkampf.
31. Deutsche Zeppeline über Paris.
32. Nach einem deutschen Bomberraid.
33. Albert Ball.
34. Rittmeister Manfred von Richthofen mit seinem Bruder Lothar.
35. «Der Rote Baron» als Comic-Held.
36. Lindbergh und Blériot (1927).
37. Lindbergh als Wegbereiter der Raumfahrt.
38. Pegasus wirft seinen Reiter ab.
39. «Neptun ist tot – es lebe Blériot!».
40. Fliegerei und Mode.
41. André Warnod, *Venise avant et après le futurisme*.
42. Fliegerei um 1959.
43. Kosakische Reiter im Kampf gegen feindliche Luftschiffe.
44. Moderner Luftkampf.
45. *Gordon-Bennett*-Trophäe.
46. Nietzscheanischer Ikarus.
47. Heroisierter Fliegertod.
48. *Pilot*, Skulptur von Gustave Pimienta.
49. Büste für Dieudonné Costes.
50. *Stratosphärenpilot,* Aeroskulptur.
51. Flugstudien und Projektskizzen von Arnold Böcklin.
52. Flugzeugskizze von Giovanni Segantini.
53. Projektskizze des Kunstmalers Carl Steiger.
54. Patentzeichnung von Carl Steiger.
55. Carl Steigers *Albatros*-Modell.
56. Robert Delaunay vor seiner *Hommage à Blériot*.
57. Fertighaus vom Typ *Voisin*.
58. Kazimir Malevič: *Komposition*.
59. Kazimir Malevič: *Suprematistische Satelliten*.
60. Kazimir Malevič: «*Unovis*»-Entwurf für einen Planiten.
61. Kazimir Malevič: *Fliegendes Flugzeug*.
62. Kazimir Malevič: *Planit eines Fliegers*.
63. Die Kathedrale von Saint-Quentin.
64. Salon de l'aéronautique.
65. Flugmaschine *Farman*.
66. Photo-Collage von Aleksandr Rodčenko (1923).
67. Aviatorisches Design.
68. *Parole in libertà*.
69. Futuristisches Kalligramm.
70. *Les mots en liberté*.
71. Techniken der Luftmalerei.
72. Aviatorische Luftmalerei.
73. Aviatorische Weltschau.

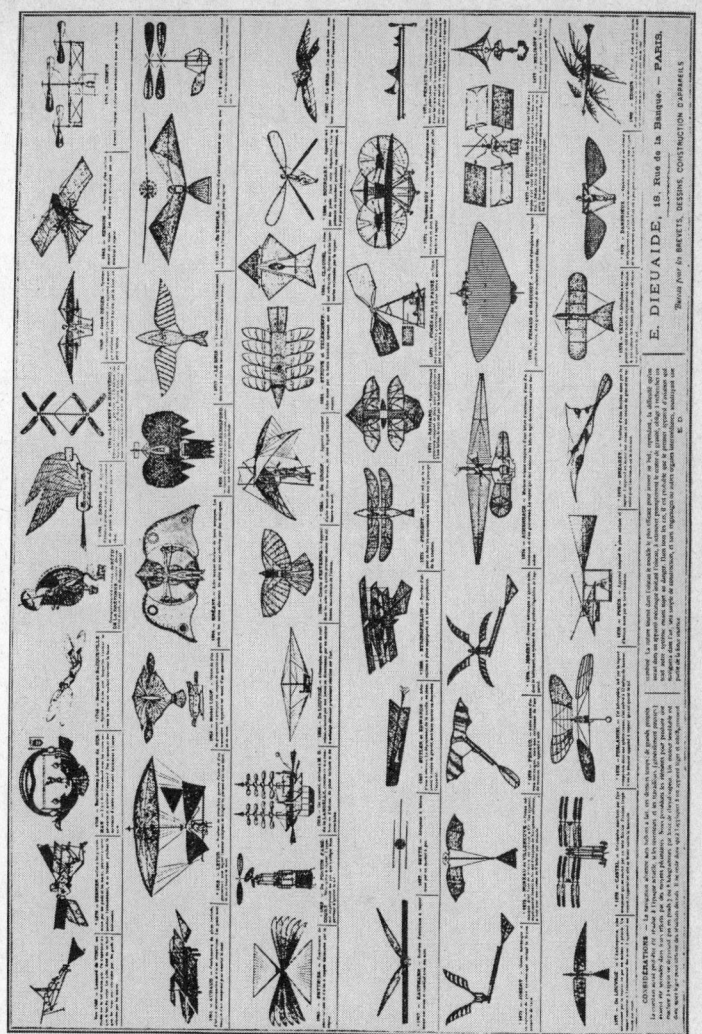

1 Die Flugidee ›Schwerer als Luft‹ von Leonardo bis Edison.

2–5
Fliegerei in der Werbung
1909–1912

2 »Das gesamte Ballon- und Flugwesen« um 1909:
Annonce aus Rieckens *Aeronautischem Kalender* (3. Jg.).

3, 4 Meetings, Wettbewerbe, Ausstellungen: Flugplakate 1909–1912.

MONTE-CARLO
CONCOURS D'AVIATION
FEVRIER ET MARS
100.000 F. DE PRIX

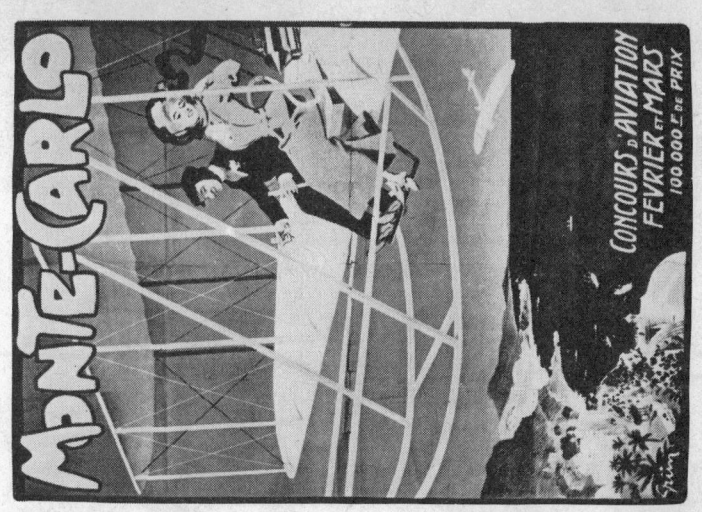

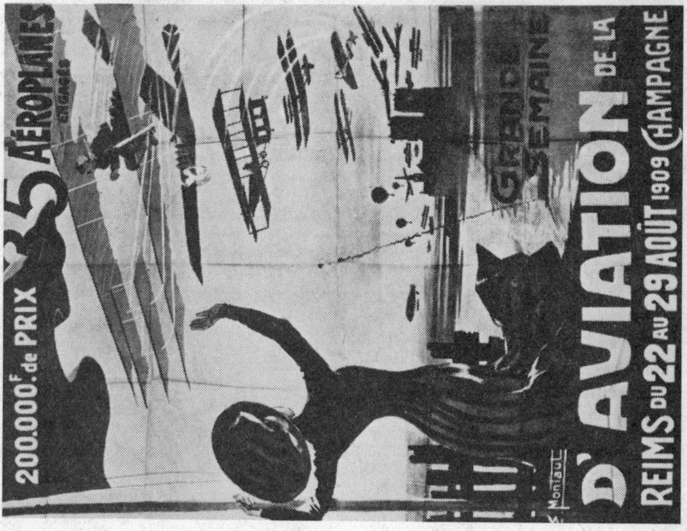
200.000F. de PRIX
35 AÉROPLANES
GRANDE SEMAINE
D'AVIATION DE LA
REIMS DU 22 AU 29 AOÛT 1909 CHAMPAGNE

5 Fliegerei in der Schweiz um 1910: Programme, Aufrufe, Annoncen.

6–17
Konstrukteure, Piloten und Apparate der Pionierzeit
1909–1911

6 Flugapparat schweizerischer Bauart: *Dufaux*-Doppeldecker. Auf dieser Eigenkonstruktion überflog Armand Dufaux am 28. August 1910 den Genfer See (in der Längsrichtung) zwischen Noville und Colonge-Bellerive.

7 Eine *Blériot*-Maschine kreuzt den Bordeaux-Expreß (13. Juli 1909).

8 Scheuendes Pferd auf dem Flugfeld: René Demanest bei einem Flug über dem Camp de Châlons (1909).

9 Die Erste Internationale Luftfahrtausstellung (Grand Palais, Paris, 25. September bis 17. Oktober 1909).

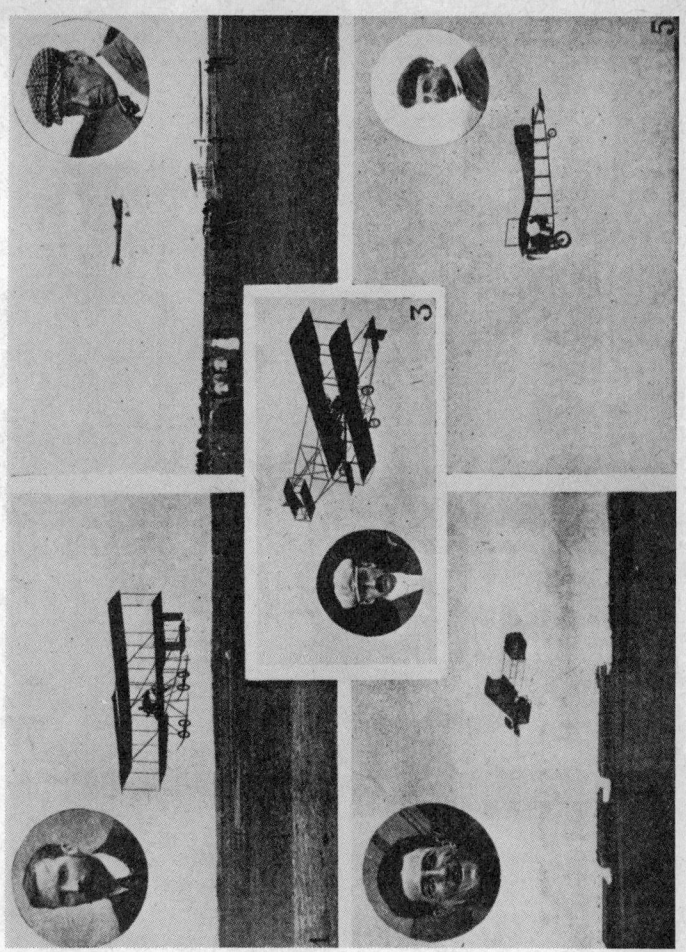

10 Die erfolgreichsten Flieger und Flugzeugtypen des Jahres 1909:
1. Henry Farman und sein *Farman*-Doppeldecker; 2. Hubert Latham
mit seinem Monoplan vom Typ *Antoinette*; 3. Glenn Curtiss mit seinem
Doppeldecker *Herring-Curtiss;* 4. Louis Paulhan mit einem *Voisin*-
Doppeldecker; 5. Louis Blériot und der *Blériot*-Monoplan (Typ
*Blériot*-XII).

11 Léon Delagrange (auf einem *Voisin*-Doppeldecker) über dem Flugfeld von Juvisy, 1909.

12 Glenn Curtiss auf seinem *Gold Bug* (1909).

13 Eugène Lefèbvre an Bord seines *Wright*-Doppeldeckers (1909).

14 Guyot (auf *Blériot*) bei einem Flug in St. Petersburg (Photographie vom 16. November 1909).

15 Erste Nutzlastrekorde: Louis Breguet nach einem Flug mit 10 Passagieren am 23. März 1911 *(oben);* einen Tag darauf schlägt Roger Sommer diesen Rekord, indem er mit 11 Passagieren aufsteigt *(unten).*

16 Veloflugzeug: Projektskizze von William Cochrane (1909).

17 Rickmanns Helikopter mit Fahrradantrieb (1909).

# 18–21
Kafka und das Meeting von Brescia

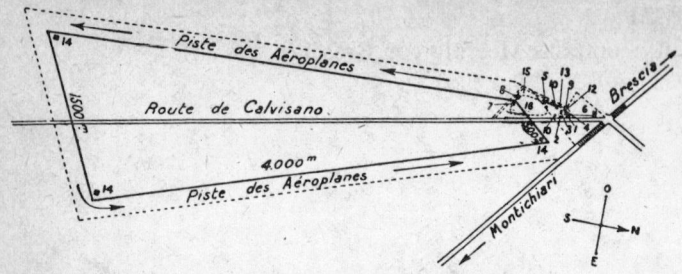

18 Das Meeting von Brescia; Situationsplan des Flugfelds.

19 Das Meeting von Brescia (5.–13. September 1909): Blériot passiert die Tribüne *(oben)*; die Fliegerhallen in Brescia, davor ein *Curtiss-Flyer (unten)*.

20 Rougier bei seinem Höhen-Rekordflug (198 m) während des Meetings von Brescia; im Vordergrund *(links)* Signalmast und Baracke mit dem Beobachtungsposten für die Zielrichter.

21 Franz Kafka *(links)* mit Albert Ehrenstein, Otto Pick und Lise Katzenelson in aviatorischer Kulisse (Postkarte (1913).

22–25
Vasilij Kamenskij
1909/1911

22 Der Dichter-Pilot Vasilij Kamenskij (Portraitzeichnung von Velimir Chlebnikov, 1909).

23 Vasilij Kamenskij *(rechts)* mit dem Piloten V. A. Lebedev; im Hintergrund ein Flugapparat vom Typ *Blériot* (St. Petersburg, Frühjahr 1911).

24 *Der Flieger Vas. Kamenskij* (Photokarte, Warschau 1911).

25 Vasilij Kamenskij erprobt ein von ihm konstruiertes Luftfahrzeug *(aerochod)* auf der Kama bei Perm (Sommer 1912).

26 Roland Garros nach dem Anjou-Rundflug (1911): Ankunft in Angers.

27 Flug über Wien: am 9. August 1918 unternahm der Dichter Gabriele d'Annunzio mit der italienischen Flugstaffel *Serenissima* eine Expedition nach Wien, um über der feindlichen Hauptstadt antiösterreichische Manifeste abzuwerfen (Flugaufnahme aus ca. 7000 m Höhe).

28 Gabriele d'Annunzio *(links)* im Pilotensitz.

29–32
Fliegerei im Weltkrieg
1914–1918

29 Mann gegen Mann: Zweikampfsituation im modernen Luftkrieg.

30 Asse im Luftkampf: englische SE-5 gegen deutsche Fokker D-7.

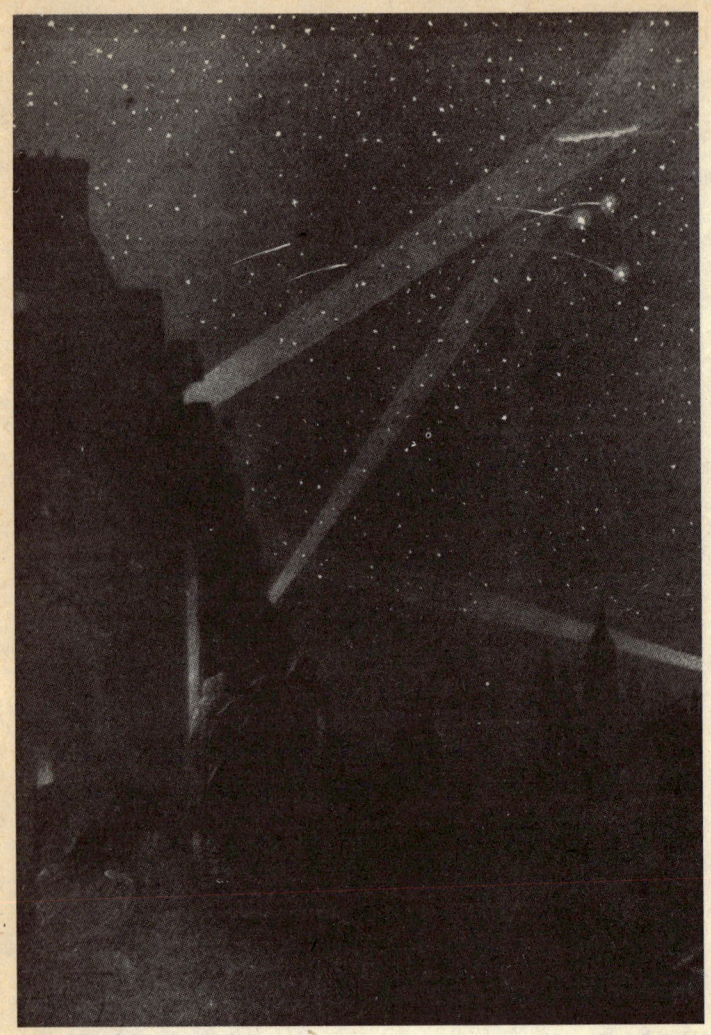

31 Deutsche Zeppeline über Paris (20./21. März 1915): zeichnerische Darstellung nach Zeugenaussagen (aus *L'Illustration*).

32 Nach einem deutschen Bomberraid über Paris (Februar 1918).

33–37
Vom Luftas zum Comic-Helden:
Aviatorische Trivialmythen

33 Albert Ball (1896–1917): gehörte mit 43 Abschüssen zu den erfolgreichsten Luftassen des Ersten Weltkriegs.

34 Erfolgreichster Kampfflieger im Ersten Weltkrieg: der deutsche Rittmeister Manfred von Richthofen *(rechts)* mit seinem Bruder Lothar vor einer *Fokker*.

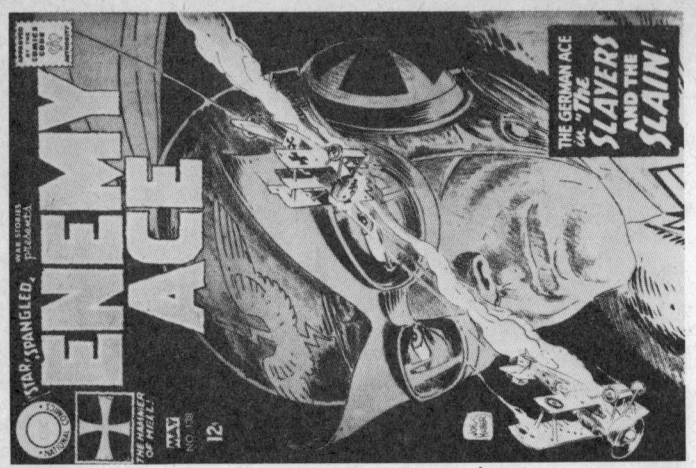

35 »Der Rote Baron« (von Richthofen) als Comic-Held: Rittmeister von Hammer (1968).

36 *Homo faber* als neuer Held: Lindbergh und Blériot (1927).

37 Lindbergh als Wegbereiter der Raumfahrt (Titelblatt aus der didaktisch-unterhaltenden Comics-Serie *Treasure Chest of Fun and Fact*, 1963).

38–44
Fliegerei in der Karikatur
1909–1914

38 Pegasus wirft seinen Reiter ab: Wrights Flugapparat erobert die Luft (Karikatur 1909).

39 »Neptun ist tot – es lebe Blériot!« (*Simplicissimus*-Karikatur von Th. Th. Heine nach Blériots Kanalflug, 1909).

40 Fliegerei und Mode: Fallschirmhüte und Flugzeugfrisuren um 1909 (Karikatur von G. de Cordoue).

41 André Warnod, *Venise avant et après le futurisme* (Karikatur 1910).

42 Fliegerei um 1959: Phantasieskizze von G. de Cordoue (1909).

43 Kosakische Reiter im Kampf gegen feindliche Luftschiffe (russische Karikatur aus der Zeit des Ersten Weltkriegs).

44 Moderner Luftkampf: Abschuß einer deutschen *Taube* durch einen französischen Abfangjäger (Zeichnung von R. Bataille, 1914).

45–50
Aviatorischer Kitsch

45 *Gordon-Bennett*-Trophäe für fliegerische Rekordleistungen (1909).

46 Nietzscheanischer Ikarus (im Hintergrund motorisierter Eindecker); Frontispiz zu einer Dichtung von Henry Spiess (*Le Danseur et la corde*, 1912).

47 Heroisierter Fliegertod: der sterbende Giulio Cambiaso (Illustration von Kley zu Gabriele d'Annunzios Roman *Vielleicht, vielleicht auch nicht*, 1914).

48 *Pilot*, Skulptur (aus den dreißiger Jahren) von Gustave Pimienta.

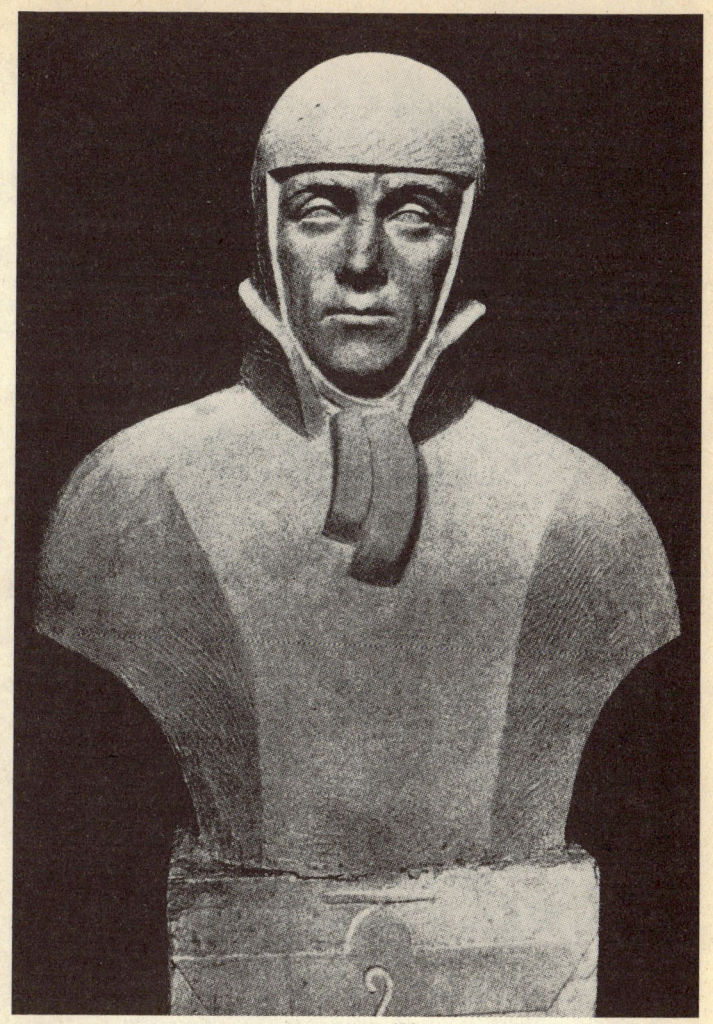

49 Büste (von Frédy Stoll) für Dieudonné Costes, der 1928, zusammen mit Le Brix, als erster motorisierter Pilot die Erde umflog.

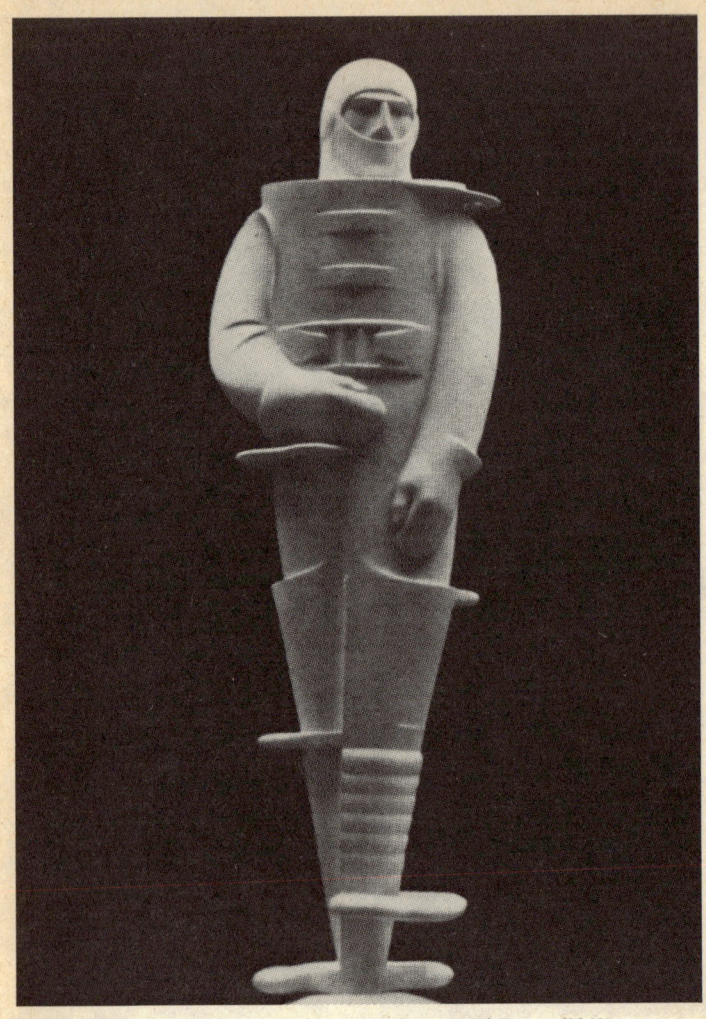

50 *Stratosphärenpilot*, Aeroskulptur von Renato Di Bosso (1942).

51–61
Die Flugidee in der Bildenden Kunst und Architektur
1880–1930

51 Flugstudien und Projektskizzen von Arnold Böcklin:
a. Manuskriptseite mit physikalischen Skizzen;

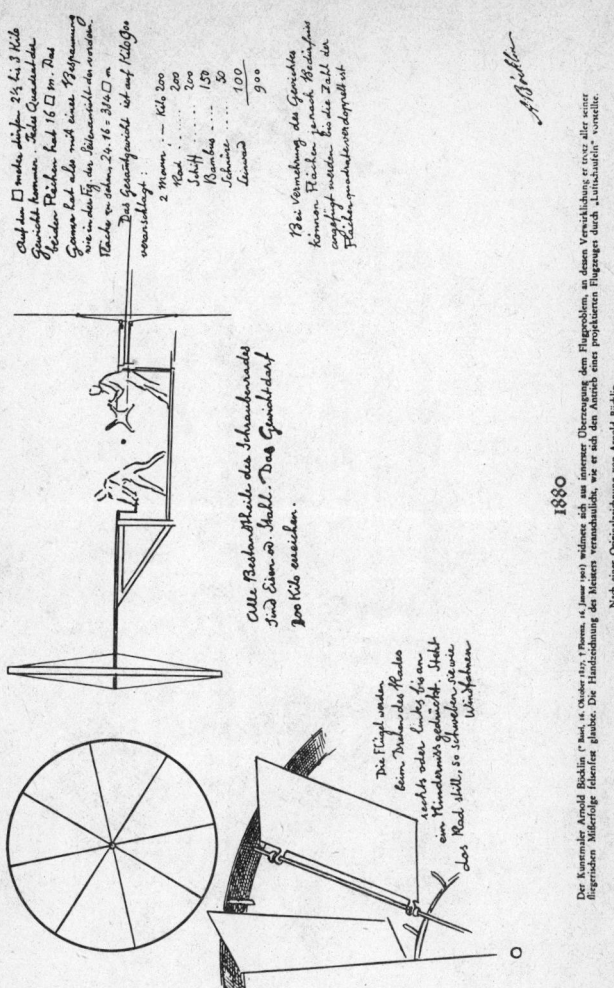

51 b. Konstruktionszeichnungen zu einem Flugapparat (1880).

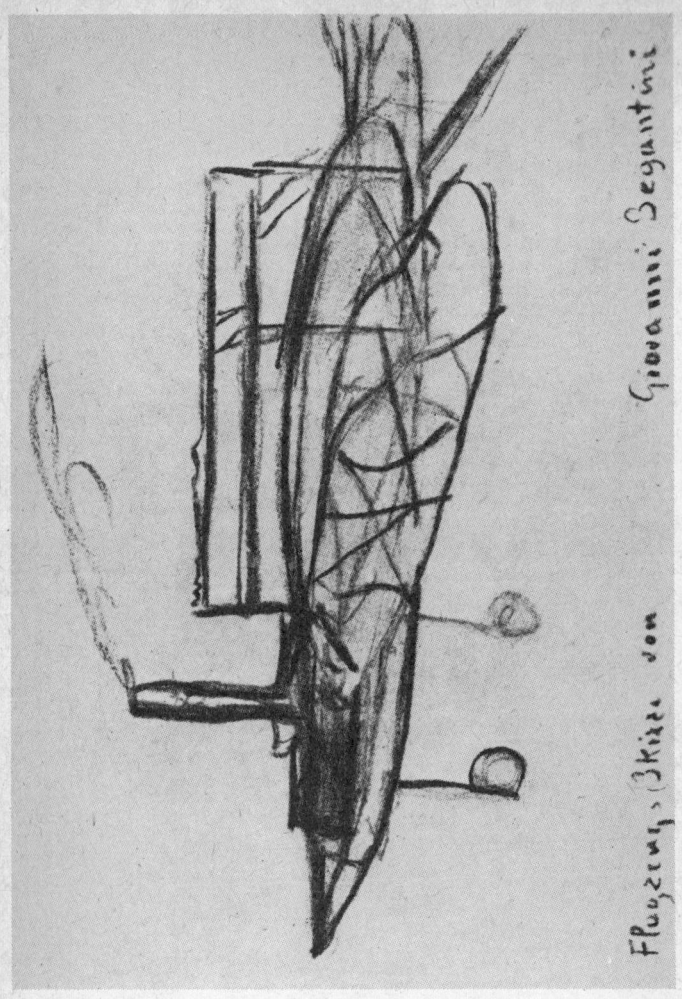

52 Flugzeugskizze von Giovanni Segantini (undatiert).

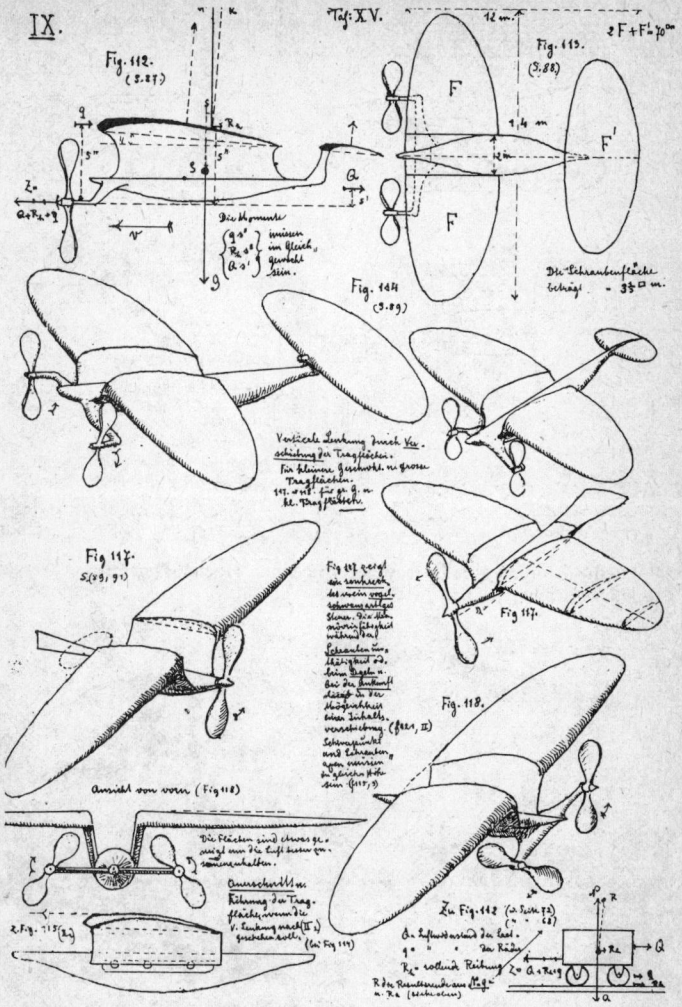

53 Projektskizze des Kunstmalers Carl Steiger zu einer Flugmaschine (1891).

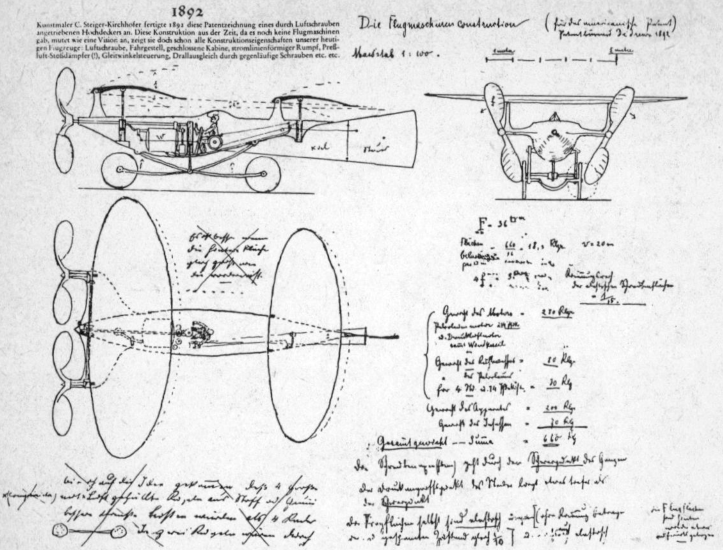

54 Patentzeichnung von Carl Steiger für einen Hochdecker mit Propellerantrieb (1892).

55 Carl Steigers *Albatros*-Modell auf dem Flugplatz Dübendorf (1914).

56 Robert Delaunay vor seiner *Hommage à Blériot* (Atelieraufnahme 1914).

57 Fertighaus vom Typ *Voisin* aus der gleichnamigen Flugzeugfabrik (1919).

58 Kazimir Malevič: *Komposition mit vier grauen Elementen* (Lithographie 1920).

59 Kazimir Malevič: *Suprematistische Satelliten* (Lithographie 1920).

60 Kazimir Malevič: »*Unovis*«-Entwurf für einen Planeten (1924).

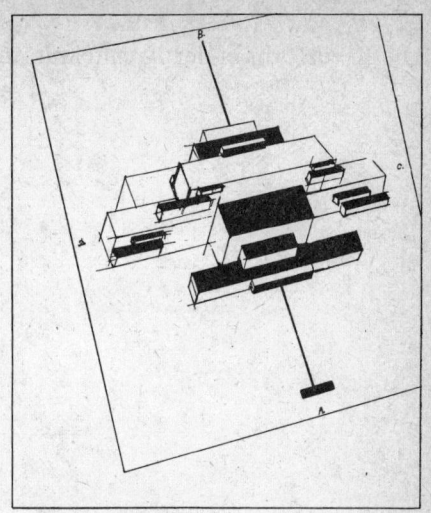

61 Kazimir Malevič: *Fliegendes Flugzeug* (Lithographie 1920).

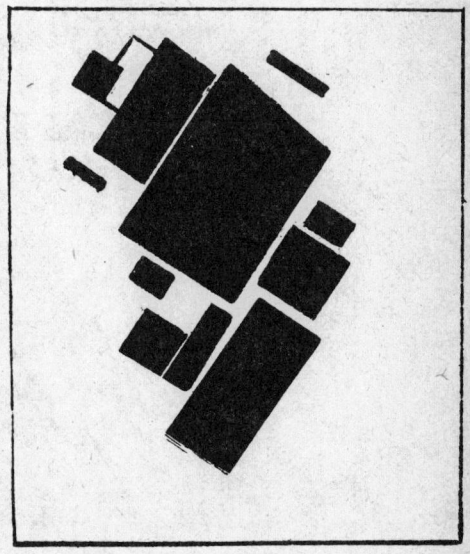

## Die Kreuzform in der Architektur und im Flugzeugbau

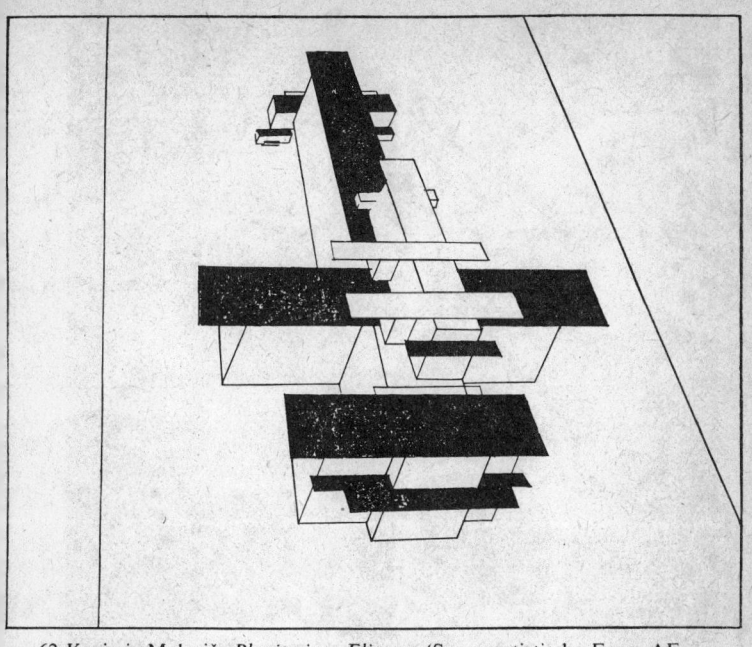

62 Kazimir Malevič: *Planit eines Fliegers* (Suprematistische Form AF. 2. Gruppe: Planiten; 1924).

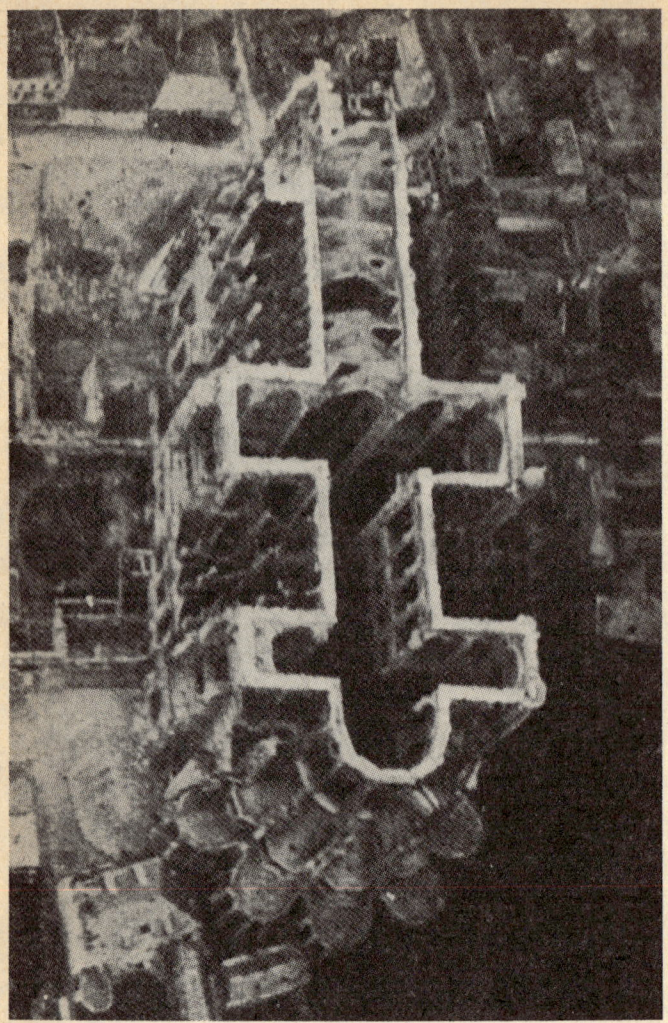

63 Die Kathedrale von Saint-Quentin nach einem deutschen Bombenangriff (Luftaufnahme nach dem Ersten Weltkrieg): deutlich erkennbar die Kreuzstruktur (Lothringerkreuz) des Grundrisses.

64 Salon de l'aéronautique im Pariser Grand Palais (Grundriß 1921).

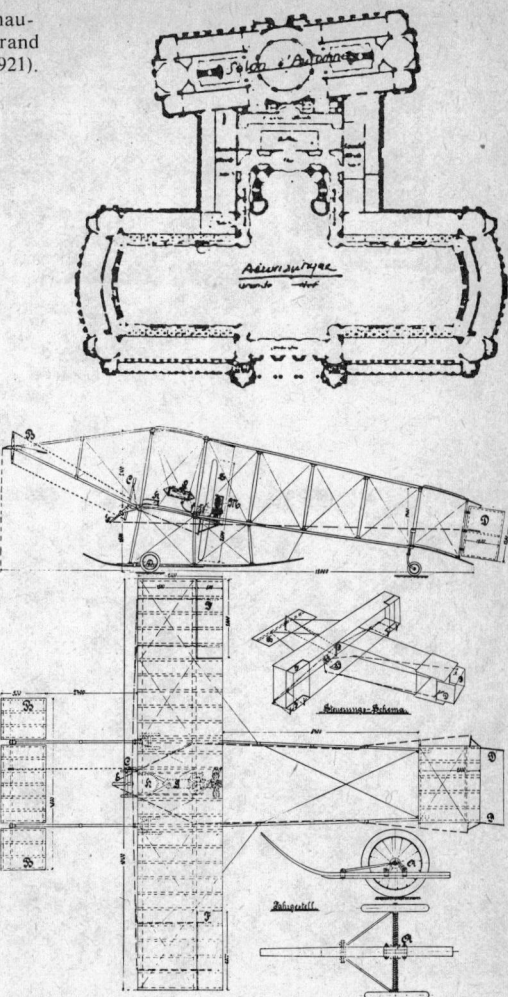

65 Flugmaschine *Farman* (1910): deutlich läßt das Steuerungsschema die von Malevič für seinen Piloten-Planiten (siehe Abb. 62) verwendete Kreuzform erkennen.

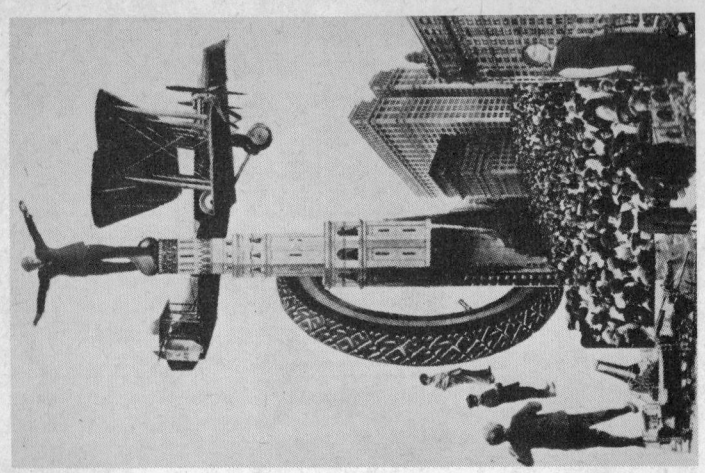

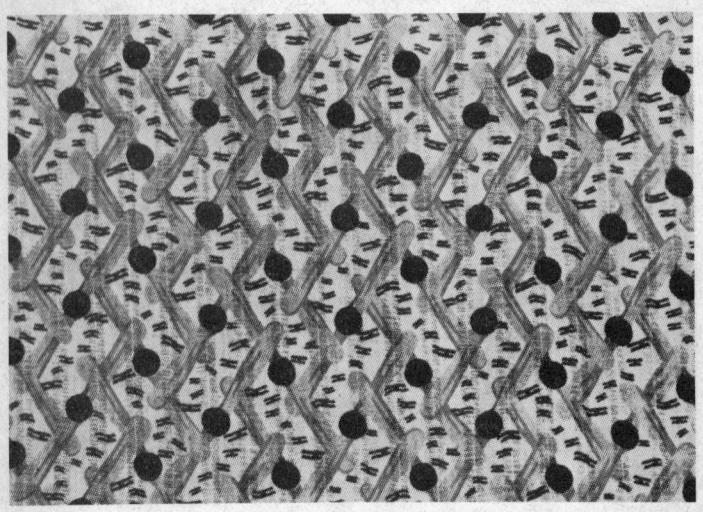

66 »Ich erjage das Gleichgewicht / und flügle schrecklich.« (Vladimir Majakovskij) – Photo-Collage von Aleksandr Rodčenko (1923).

67 Aviatorisches Design: Tapete mit Propellermuster (Ivanovo 1927).

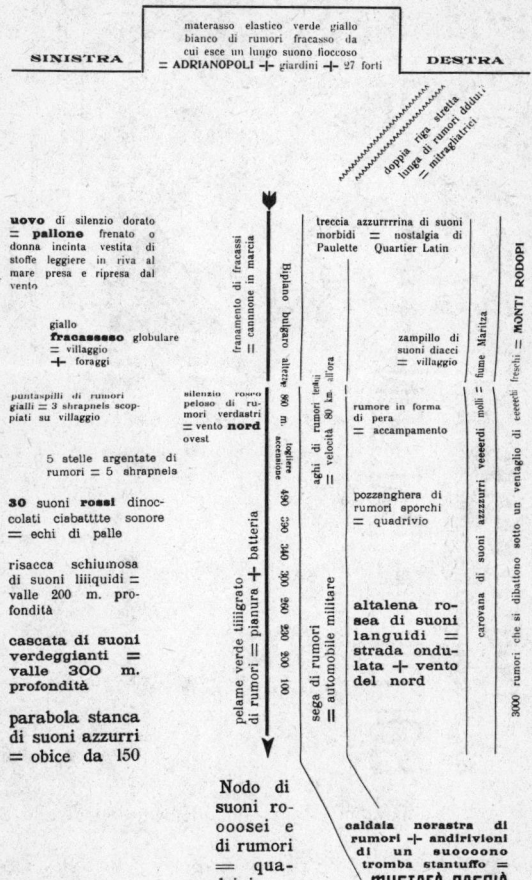

68 *Parole in libertà:* »Synchronkarte der Klänge Geräusche Farben Bilder Gerüche Hoffnungen Willensakte Energien Nostalgien nach einem Entwurf des Fliegers Y. M.« von F. T. Marinetti (1914).

69 Futuristisches Kalligramm: »Luftbombardement« von Paolo Buzzi (1915).

70 *Les mots en liberté:* »Bulgarischer Aeroplan«. Visuelles Gedicht von F. T. Marinetti (1919).

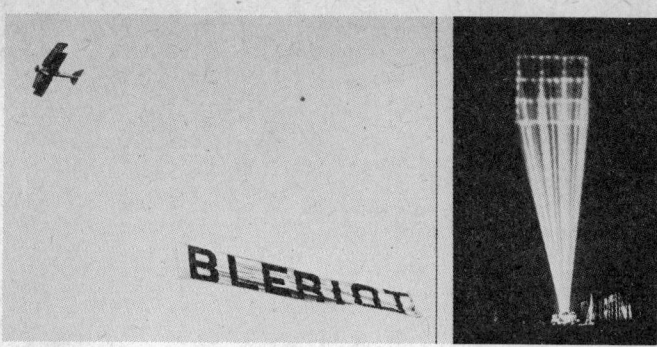

71 Techniken der Luftmalerei: Savage-Projektion am nächtlichen Himmel *(rechts)*; Luftplakat im Schlepptau eines Flugzeugs *(links)*; dreißiger Jahre.

72 Aviatorische Luftmalerei: Entstehung verschiedenfarbiger Rauchbahnen bei einem Figurenflug über Hendon (Royal Air Force Pageant, 1931).

73 Aviatorische Weltschau: Geometrisierung und Dynamisierung der Optik.

# Schriftenverzeichnis

NOTA BENE. Im nachstehenden ‹Schriftenverzeichnis› sind die vollständigen bibliographischen Referenzen *aller im Text erwähnten oder in Anmerkungen zitierten Titel* (Primär- und Sekundärliteratur) zusammengefasst; in Ergänzung dazu werden, verteilt auf die Sektionen I, II, III und IV, lexikalische, periodische und anthologische Veröffentlichungen sowie diverse Nachschlagewerke (ausgenommen Wörterbücher und allgemeine Enzyklopädien) angeführt, deren Konsultation sich bei Entstehung der vorliegenden Arbeit als notwendig erwiesen hat. – Das ‹Schriftenverzeichnis› ist wie folgt gegliedert:

I. *Bibliographien*
(einschlägige bibliographische Referenzwerke; Kataloge; Literaturübersichten; Schriftenverzeichnisse)
II. *Referenzwerke*
(enzyklopädische Nachschlagewerke; Chronologien; Dokumentationen; flugtechnische und fluggeschichtliche Basisliteratur)
III. *Periodica*
(Zeitschriften, Zeitungen; Jahrbücher; Jahresberichte; Kalender)
IV. *Primärliteratur*
(belletristische Werk- und Einzelausgaben; Lebens- und Erlebnisberichte; Briefe und Tagebücher; Manifeste und Programmschriften)
V. *Sekundärliteratur*
(wissenschaftliche und populärwissenschaftliche Literatur; publizistische Texte; zeitkritische und philosophische Schriften)
VI. *Sammelwerke*
(Anthologien; Almanache; diverse primär- und sekundärliterarische Sammelbände)

Im ‹Schriftenverzeichnis› wie in den Fussnoten zum laufenden Text werden einheitlich die folgenden *Abkürzungen* (für Verlagsorte) verwendet: *Bln* für ‹Berlin›; *Ffm* für ‹Frankfurt a.M.›; *L* für ‹Leningrad›; *Ldn* für ‹London›; *Lpzg* für ‹Leipzig›; *M* für ‹Moskva› (Moskau); *Mchn* für ‹München›; *NY* für ‹New York›; *P* für ‹Paris›; *Pb* für ‹Peterburg› (Petersburg); *Pg* für ‹Petrograd›; *SPb* für ‹Sankt-Peterburg› (St. Petersburg); *Zch* für ‹Zürich›; *&c* für ‹usw.› resp. ‹u.a.›.

## I. Bibliographien

Antiquariat L. Rosenthal, *Luftschiffahrt 1503–1913* [Katalog Nr. 152], [Rosenthal:] Mchn 1913.

Farner, Dr. Alf. *(ed.), Bibliothek-Katalog des Schweizer. Aero-Club / Catalogue de la Bibliothèque de l'Aéro-Club Suisse*, [Büchler:] Bern 1915.

*Gordon-Bennett-Wettbewerbe* [mit ‹Übersicht über flugwissenschaftliche Literatur seit 1900›], Eyb: Stuttgart 1912.

*Fortschritte der Technik (Jahrbuch des Internationalen Institutes für Technobibliographie)*, I, 1909, ii, Bibliographischer Zentral-Verlag: Bln [1909].

Ljapunov, B[oris Valer']janovič, *Ljudi, rakety, knigi*, Kniga: M 1972.

Sachsse, Hans *(ed.), Technik und Gesellschaft*, I (Literaturführer), [‹UTB›, 413], Dokumentation: Pullach [1974].

Tilgenkamp, Erich, ‹Schrifttum- und Quellenverzeichnis›, in id., *Schweizer Luftfahrt*, I, Zch 1941, pp. 371–381; III, Zch [1943], pp. 441–445; insgesamt 875 Titel.

## II. Referenzwerke

Auzias, Jean Marie, *Clefs pour la technique*, [‹Clefs›, 5], Seghers: P [1966].

Berget, A., *Ballons, Dirigeables et Aéroplanes*, Librairie Universelle: P [1908].

Berget, Alphonse, *La Route de l'air (Aéronautique/Aviation: Histoire – Théorie – Pratique)*, Hachette: P 1909.

Bezzel, Chris, *Kafka-Chronik*, [‹Reihe Hanser›, 178], Hanser: Mchn 1975.

Blanc, Edmond [&] Jean Hesse, *L'Aviation*, Larousse: P 1940.

Blanchet, G., *Le Vademecum de l'aéronaute*, Librairie Aéronautique: P 1907.

Blériot, Louis [&] Edouard Ramond, *La Gloire des Ailes: L'Aviation de Clément*

Ader à Costes, Editions de France: P 1927

Bullock, Alan, Das XX.Jahrhundert: Politik, Wissenschaft, Technik, Kunst, Droemer: Mchn 1973; Abb.

Crosara, Leonardo, Cronologia aeronautica, I, Alfieri & Lacroix: Roma [1921].

Cynk, Jerzy B., Polish Aircraft, 1893–1939, Putnam: Ldn [1971].

Décaudin, Michel, Le XX<sup>e</sup> siècle français (Les Temps Modernes), Seghers: P 1964.

De Gaston, R., Les Aéroplanes de 1910 (Etude technique avec plans cotés), Librairie Aéronautique: P s.a.

Delone, N. B., Ustrojstvo deševago i legkago planera i sposoby letanija na nem, [s. ed.]: Kiev 1909.

[Le] Document Aéronautique, I–II [Nr. 1–24], P 1926–1928.

[Dollfus, Charles et al.], Histoire de l'Aéronautique (Texte et documentation de Charles Dollfus & Henri Bouché), [L'Illustration:] P [1942].

Duhem, Jules, Histoire des idées aéronautiques avant Montgolfier, Sorlot: P [1943].

Duhem, Jules, Musée aéronautique avant Mongolfier, Sorlot: P 1943.

Eckinger, W. (ed.), Schweizer Flug-Chronik (umfassend hauptsächlich die Daten der Entwicklungsgeschichte der Schweizer Motorluftfahrt, 1909–1914 [...]), [Selbstverlag? Dübendorf? 1940?].

Encyclopédie de l'aviation, Librairie Aéronautique: P 1909.

Encyclopédie de l'aviation, Hatier: P 1973.

[Die] Eroberung der Luft (Ein Handbuch der Luftschiffahrt und Flugtechnik: Nach den neuesten Erfindungen und Erfahrungen gemeinverständlich dargestellt für alt und jung), Union Deutsche Verlagsgesellschaft: Stuttgart &c [1909]; Abb.

Exposition internationale de l'Aéronautique (Rapport sur le premier Salon de l'Aéronautique), Grand Palais: P 1908.

Gibbs-Smith, Charles H., The Aeroplane: an Historical Survey, Her Majesty's Stationary Office: Ldn 1960; ²1967.

Gibbs-Smith, Charles H., The World's First Aeroplane Flights (1903–1908), Her Majesty's Stationary Office: Ldn 1965.

Gibbs-Smith, C.H. [et al.], Aeronautics (A Science Museum Four-in-One-Book), Her Majesty's Stationary Office: Ldn 1966.

Gibbs-Smith, Charles H., A Directory and Nomenclature of the First Aeroplanes, 1809 to 1909, Her Majesty's Stationary Office: Ldn 1966.

Gibbs-Smith, Charles H., The Invention of the Aeroplane (1799–1909), Faber: Ldn [1966].

Gibbs-Smith, Charles H., A Brief History of Flying from Myth to Space Travel, Her Majesty's Stationary Office: Ldn 1967.

Hoernes, Hermann (ed.), Buch des Fluges, I–III, Wien 1911–1912; 1550 Abb.; 85 Farbill.; 676 + 680 + 551pp.

Hoorebeeck, A. van, La Conquête de l'air (Chronologie de l'aérostation, de l'aviation et de l'astronautique, des précurseurs aux cosmonautes), I, [‹marabout université›], [Gérard: Verviers 1967].

Huppert, Siegmund, Leitfaden der Flugtechnik für Ingenieure, Techniker und Studierende, Springer: Bln 1913.

ILA (Internationale Luftschiffahrt-Ausstellung: Offizieller Katalog), Ffm 1909.

Jane Fred T., All the World's Air-Ships (Flying Annual), I, Ldn 1909.

Jane's 100 Significant Aircraft (1909–1969), s.l., s.a.

Jannini, Pasquale A., Gli anni Apollinaire, [‹Testimonianze›, 9], Mazzotta: Milano 1972.

Krogh, Chr. Hauptmann a. D. von, In die Lüfte empor! Entwicklung und Technik der Luftschiffahrt, Teschner: Charlottenburg [1908].

Landes, David S., L'Europe technicienne: Révolution technique et libre essor industriel [...] de 1750 à nos jours, [‹Bibliothèque des histoires›], Gallimard: [P 1975].

Lecornu, J., La Navigation aérienne: Histoire documentaire et anecdotique, Vuibert & Nouy: P ⁴1910.

Lelasseux [&] Marque MM., L'Aéroplane

*pour tous, suivi de Les deux écoles d'aviation, par M. P. Painlevé*, Librairie aéronautique: P 1909.

Lepsius, Bernhard [&] Richard Wachsmuth *[ed.], Denkschrift der Ersten Internationalen Luftschiffahrts-Ausstellung (ILA zu Frankfurt A/M 1909 (Offizieller Bericht),* I–II, Springer: Bln 1910; 1911.

Linke, Fr., *Die Luftschiffahrt von Montgolfier bis Graf Zeppelin,* Schall: Bln 1909.

Marinetti, F.T. [&] F. Azari, *Primo dizionario aereo italiano,* Morreale Ed.: Milano 1929.

Moedebeck, H.W.L., *Taschenbuch zum praktischen Gebrauch für Flugtechniker und Luftschiffer,* Kühl: Bln 1904.

Najdenov, V.F., *Aëroplan br. Rajt* [Wright], *s izloženiem kratkoj teorii aëroplanov, [s. ed.]:* SPb 1909.

Nowarra, Heinz, *Die Entwicklung der Flugzeuge 1914–1918,* Lehmann: Mchn 1959.

Pacoret, Etienne, *Le Machinisme universel, ancien, moderne et contemporain,* Ile de France: P [1925].

Petit, Edmond, *Histoire de l'aviation* [‹Que sais-je?›, 172], PUF: P 1966.

Petit, Edmond, *Les aviations* [‹Science parlante›], Albin Michel: P [1973].

Popov, V.A. *(ed.), Vozduchoplavanie i aviacija v Rossii do 1917 goda,* Oboronnaja promyšlennost': M 1956.

*Premier Congrès International de la Navigation aérienne* (Paris 15-25 novembre 1921), I, Blondel: P 1921.

Renard, Paul, *L'Aéronautique,* Flammarion: P 1909.

Rolls, W. [A.R. Garnier], *Comment vole un aéroplane,* Roger: P ²1909.

Rumpler, E., *Die Flugmaschine: Kritische Besprechung ausgeführter Flugmaschinen mit besonderer Berücksichtigung der geschichtlichen Entwicklung,* Braunbeck & Gutenberg: Bln 1909.

Schlomann, Alfred *(ed.), Dictionnaire illustré des termes techniques en six langues,* X, [Automobiles et canots automobiles, dirigeables et aéroplanes], Dunod: P [1910].

Šesterikova, L., *Daty istorii otečestvennoj aviacii i vozduchoplavanija,* DOSAAF: M 1953.

Silberer, Victor, *Grundzüge der praktischen Luftschiffahrt,* Schmidt: Bln 1910.

Soulard, Robert, *Geschichte der Maschine* [‹In Wort und Bild›], Rencontre-ENI: [Lausanne] 1963.

Stever, H. Guyford [&] James J. Haggerty, *Der Flug,* [‹Time-Life-Bücher›, 12], Rowohlt: [Reinbek 1970].

Terraine, John, *Europa im 20. Jahrhundert,* Zsolnay: Wien &c 1975.

Ventoux-Duclaux, M.L., *L'Aviation expliquée (Ouvrage de vulgarisation, renfermant un Dictionnaire des termes les plus couramment employés en aviation),* Vivier: P 1909.

Versins, Pierre, *Encyclopédie de l'utopie, de la Science fiction et des voyages extraordinaires,* L'Age d'Homme: Lausanne 1972.

*Vozdušnyj spravočnik (Sbornik statej po voprosam aviacii i vozduchoplavanija),* I, Avioizd-stvo: M 1925.

Weber, Hermann [&] Gerda Weber, *Lenin-Chronik,* [‹Reihe Hanser›, 152], Hanser: [Mchn 1974].

Žižka, Vratislav Jan, *Prométheové a Ikarové,* Máj: *s. l.* 1972.

## III. Periodica

*Aero,* St. Louis, 1910*sqq*.

*Aëro,* [M], 1923*sqq*, I–II*sqq*, [zuvor: ‹Vozduchoplavanie›].

*Aëro [i avtomobil'naja žizn']: Dvuchnedel'nyj illustrirovannyj žurnal vsech vidov vozduchoplavanija [...], [SPb]* 1909*sqq*.

*Aero Club of America (Yearbook),* NY 1910.

*Aero Club de Belgique (Annuaire),* Bruxelles, 1907*sqq*.

*Aéro-Club de France (Annuaire 1909),* P [1909].

*Aero Club of the United Kingdom (Yearbook),* Ldn 1909.

*L'Aéronaute (Bulletin mensuel de la Société Française de Navigation aérienne),* [XXXVI*sqq*], P 1903*sqq*.

[The] *Aeronautical Journal,* Ldn 1897–1922.

*Aeronautics* [Supplement to ‹Knowledge

and Illustrated Scientific News›], Ldn 1907*sqq.*

*Aeronautics: Report of the Advisory Committee for Aeronautics for the Year 1909-1910*, His Majesty's Stationary Office: Ldn 1910.

[L']*Aérophile (Revue mensuelle illustrée de l'aéronautique et des sciences qui s'y rattachent)*, P 1893*sqq.*

[L']*Aérostation*, P 1904-1913.

*Aircraft*, NY 1910*sqq.*

*Al'manach-Kalendar' dlja vsech, 1909 g.*, SPb 1909; [Karte; Ill.].

*American Aeronaut*, NY 1908*sqq.*

[L']*Art décoratif: Revue de la vie artistique*, [Jg. XII], P 1910.

*Avia (Revue des Sciences Aéronautiques)*, P 1909*sqq.*

*Aviatik*, [16. Sonderheft der ‹Woche›], Bln [*ca.* 1912]; Abb.

*L'Aviation illustrée*, P [I-LXI], 1909-1910.

*Biblioteka Vozduchoplavanija / Bibliothèque de Navigation aérienne*, [SPb] 1909-1910; ab 1910, X, *u. d. T.* ‹Vestnik Vozduchoplavanija›.

*Bulletin ‹Aéroclub Suisse›*, [Zch] 1906*sqq.*

*Bulletin de l'Institut Aérodynamique de Koutchino*, I (SPb 1906); II (M 1909).

*Bulletin* [des] *Schweiz*[er] *Aero-Club*, [Bern] 1906*sqq.*

[La] *Conquête de l'air (Organe de vulgarisation aéronautique)*, Bruxelles 1904*sqq.*

*Deutsche Zeitschrift für Luftschiffahrt* v. ‹Illustrierte Aeronautische Mitteilungen›.

*Encyclopédie de l'aviation (Revue mensuelle des publications aéronautiques)*, P 1909.

*Fer et Acier (Revue internationale illustrée)*, Bruxelles 1905*sqq.*

[Le] *Figaro illustré*, 1909, février, Nr. 227; Sondernummer Aviation.

*Flugsport (Illustr*[ierte] *techn*[ische] *Zeitschrift und Anzeiger für die gesamte ‹Flugschiffahrt›)*, Ffm 1909*sqq.*

‹*Fly*› *(The National Aeronautic Magazine)*, Philadelphia 1909*sqq.*

*ILA Wochenrundschau* [zur Internationalen Luftfahrtausstellung Frankfurt a. M. 1909], Ffm 1909-1910.

*Illustrierte Aëronautische Mitteilungen (Deutsche Zeitschrift für Luftschiffahrt)*, Bln, [IX*sqq*], 1905*sqq.*

Jane, Fred T., *All the World's Airships (Aeroplanes and Dirigibles)*, Ldn 1909*sqq.*

*Koehler's Zeppelin-Kalender (Illustr. Chronik der Luftschiffahrt)*, Isqq, Koehler: Lpzg 1909*sqq.*

*Die Luftflotte (Monatsblatt des Deutschen Luftflotten-Vereins und des Vereins für Motor-Luftschiffahrt in der Nordmark)*, Bln [-Mannheim] 1909*sqq.*

*Luftschiffahrt, Flugtechnik und Sport (Illustrierte Zeitschrift für das gesamte Ballon- und Flugwesen)*, Bielefeld [1909-1910]*sqq.*

*Münchner kunsttechnische Blätter* [Beilage zu ‹Werkstatt der Kunst›], Lpzg 1909 [-1920].

*Peterburgskij technologičeskij institut: Vozduchoplavatel' nyj kružok*, [‹Vozdušnyj put'], SPb 1911*sqq.*

*Poesia*, dir. di F. T. Marinetti, [Milano] 1905-1909.

*Primo Annuario dell'Aeronautica*, TCI: Milano 1910.

Rie[c]ken, J. (ed.), *Aeronautischer Kalender 1908-1909*, Schmidt: Bln 1908*[sqq]*.

*Rivista Tecnica di Aeronautica e Bolletino della Società Aeronautica Italiana*, Roma 1909.

*Russkaja Mysl' (Ežemesjačnoe literaturno - političeskoe izdanie)*, [M] 1880-1918.

*Sevastopol'skij aviacionnyj illjustrirovannyj žurnal*, [Sevastopol'] 1910*sqq.*

*Sport i nauka*, M 1909, x-xii.

*Sport im Bild*, Bln, XV, [Juli] 1909; Spezialnummer für Luftschiffahrt.

*Stile futurista: Estetica della macchina (Rivista mensile)*, Torino 1934-1935.

*Der Sturm (Wochenschrift für Kultur und die Künste)*, [Bln] 1910*sqq.*

*La Technique Aéronautique: Revue Internationale des Sciences appliquées à la Locomotion aérienne*, P 1909*sqq.*

[Le] *Temps*, Jg. 49, P 1909.

*Vestnik Vozduchoplavanija*, v. ‹Biblioteka Vozduchoplavanija›.

[La] *Vie au grand air*, XII, P 1909*sqq;* mit Abb.

*Vozduchoplavanie: Populjarno-naučnyj i techničeskij žurnal* […], M 1922[-1925].

*Vozduchoplavanie, nauka i sport: Eženedel'nyj žurnal*, M 1909[-1911].
*Vozduchoplavanie i sport*, M 1909*sqq.*
*Vozduchoplavatel': Organ [Imperatorskago] Vserossijskago Aërokluba*, Pg 1903[-1917].
[Das] *Weltall (Illustrierte Zeitschrift für Astronomie und verwandte Gebiete)*, Bln-Treptow [IX], 1909, xx.
*Wiener Luftschiffer-Zeitung (Unabhängiges Fachblatt für Luftschiffahrt und Fliegekunst, sowie die dazu gehörigen Wissenschaften und Gewerbe)*, Wien 1902*sqq.*

## IV. Primärliteratur

Achmatova, Anna, ‹Amedeo Modil'jani›, *Den' poèzii*, M 1967, pp. 248-252.
Alberti, Rafael, *Zu Lande zu Wasser (Gedichte spanisch und deutsch)*, Suhrkamp: [Ffm 1960]; deutsch von Erwin Walter Palm.
Altomare, Libero, *Incontri con Marinetti e il Futurismo*, Corso: Roma [1954].
Andreev, Leonid, *Povesti i rasskazy v dvuch tomach* [I-II], Chud. Lit.: M 1971.
Andreev, A. [L.], ‹Iz vospominanij o L. Andreeve›, *Krasnaja nov'*, 1926, IX, pp. 209-223.
Annunzio, Gabriele d', *v.* D'Annunzio, G.
Apollinaire, Guillaume, *Anecdotiques*, Gallimard: P 1955.
Apollinaire, [Guillaume] *Œuvres poétiques*, [‹Bibliothèque de la Pléiade›], Gallimard: [P 1965].
Arp, Hans, *Sinnende Flammen (Neue Gedichte)*, Arche: Zch [1961].
Arp, Hans, *Gesammelte Gedichte*, I, Arche: Zch 1963.
Aseev, Nikolaj, ‹Čerez mir - šag›, *Lef*, 1923, I, pp. 42-44.
Auden, W.H., *Des Färbers Hand*, Mohn: Gütersloh *s.a.*
Babel', Isaak, ‹Iz planov i nabroskov k *Konarmii*›, *Literaturnoe nasledstvo*, LXXIV, 1965, pp. 490-499.
Babel', I[saak], *Izbrannoe*, Chud. Lit.: M 1966.
Babel, Isaak, *Die Reiterarmee (Mit Dokumenten und Aufsätzen im Anhang)*, [‹Reclams UB›, 362], Reclam: Lpzg ²1975; deutsch von Dmitri Umanski *et al.*
Babel', Isaak, ‹Dnevnik konarmii›, *Russkaja mysl'*, [P] 1976, [22.1.].
Ball, Hugo, *Die Flucht aus der Zeit*, Dunkker & Humblot: Bln &c 1927.
Baudelaire, [Charles], *Œuvres complètes*, [‹Bibliothèque de la Pléiade›], [Gallimard: P 1961].
Becher, Johannes R., *Gedichte 1911-1918*, [‹dtv - sr›, 123], dtv: Mchn [1973].
Benn, Gottfried, *Probleme der Lyrik*, Limes: Wiesbaden 1951.
Benn, Gottfried, *Gedichte*, [‹Gesammelte Werke›, 3], Limes: [Wiesbaden ²1963].
Bernard, Jean, *La Vie de Paris 1910*, Lemerre: P 1911.
Blok, Aleksandr, *Sobranie sočinenij v vos'mi tomach* [I-VIII]. Chud. Lit.: M-L 1960-1963.
[Blok, A.A.:] Block, Alexander, *Ausgewählte Aufsätze*, [‹es›, 71], Suhrkamp: [Ffm 1964]; deutsch von Alexander Kaempfe.
Bogdanov, Alexander A., *Der Rote Stern*, [‹Heyne-Buch›, 3403], Heyne: Mchn [1974]; deutsch von Hermynia zur Mühlen.
Brecht, Bertolt, *Gesammelte Werke*, I-XX, [‹werkausgabe edition suhrkamp›], Suhrkamp: [Ffm 1967].
Brjusov, Valerij, *Sobranie sočinenij v semi tomach [I-VII]*, Chud. Lit.: M 1973-1975.
Buzzi, Paolo, *Poesie scelte*, Ceschina: Milano [1961].
Canetti, Elias, *Die Provinz des Menschen (Aufzeichnungen 1942-1972)*, Hanser: Mchn 1973.
Cendrars, Blaise, *Vol a voile* [suivi de] *Une nuit dans la forêt*, [‹Le Livre de poche›, 3954], *s.l., s.a.*
Cendrars, Blaise, *Du monde entier (Poésies complètes: 1912-1924)*, [‹Coll. Poésie/Gallimard›], Gallimard: [P 1967].
Cendrars, Blaise, *Moravagine der Moloch*, Arche: Zch [1975]; deutsch von Lotte Frauendienst.
Cendrars, Blaise, *Gleitflug (Erzählungen)*, Arche: Zch [1976]; deutsch von Trude Fein.

Chagall, Bella, *Brennende Lichter* [‹ro-roro›, 1223-1224], Rowohlt: Reinbek 1969; deutsch von Lia Bernstein *et al.*

Chagall, Marc, *Mein Leben*, Hatje: Stuttgart [1959]; deutsch von Lothar Klünner.

Chlebnikov, Velimir, *Poėmy*, [‹Sobranie proizvedenij›, 1], Izd. Pisatelej: L *s.a.*

Chlebnikov, Velimir, *Tvorenija (1906-1916)*, [‹Sobranie proizvedenij›, 2], Izd. Pisatelej: L *s.a.*

Chlebnikov, Velimir, *Stichotvorenija*, [‹Sobranie proizvedenij›, 3], Izd. Pisatelej: L [1928].

Chlebnikov, Velimir, *Proza i dramatičeskie proizvedenija*, [‹Sobranie sočinenij›, 4], Izd. Pisatelej: L [1928].

Chlebnikov, Velimir, *Stichi, proza, stat'i, zapisnaja knižka, pis'ma, dnevnik*, [‹Sobranie proizvedenij›, 5], Izd. Pisatelej: L 1933.

Chlebnikov, Velimir, *Neizdannye proizvedenija*, Chud. Lit.: M 1940.

Chlebnikov, Velimir, *Poesie*, [‹Werke›, 1], rowohlt-dnb: Reinbek 1972; deutsch von Peter Urban *et al.*

Chlebnikov, Velimir, *Prosa Schriften Briefe*, [‹Werke›, 2], rowohlt-dnb: Reinbek 1972; deutsch von Peter Urban *et al.*

Chodasevič, Vladislav, *Putem zerna (Tret'ja kniga stichov)*, Tvorčestvo: M 1920.

Cocteau, Jean, *Le Cap de Bonne-Espérance (suivi du ‹Discours du Grand Sommeil›)*, [‹Coll. Poésie/Gallimard›], Gallimard: [P 1967].

Cvetaeva, Marina, *Proza*, Izd. im. Čechova: NY 1953.

D'Annunzio, Gabriele, ‹In memoriam Friedrich Nietzsche›, in *Insel-Almanach auf das Jahr 1908*, Leipzig *s.a.*, p. 41-44; deutsch von Otto von Taube.

D'Annunzio, Gabriele, *Vielleicht – vielleicht auch nicht (Roman)*, Insel: Leipzig ¹⁻⁵1910; deutsch von Karl Vollmoeller.

D'Annunzio, Gabriele, *Forse che si forse che no*, Calmann-Lévy: P 1910; französisch von Donatella Cross.

D'Annunzio, Gabriele, ‹Das Flugtreffen von Ardea›, in *Der Herr der Luft*, Mchn 1914, pp. 285-300.

D'Annunzio, Gabriele, *Laudi del Cielo del Mare della Terra e degli Eroi*, Mondadori: Milano [1939].

D'Annunzio, Gabriele, *Taccuini*, Mondadori: *s.l.* 1965.

D'Annunzio, Gabriele, ‹Forse che si, forse che no›, in id., *Prose di Romanzi*, II, [‹Tutte le opere›, 6], Mondadori: *s.l.* 1949.

Dante [Alighieri], *Werke (Italienisch-Deutsch)*, [‹Die Tempel-Klassiker›], *s.l., s.a.*

Däubler, Theodor, ‹Das Sternenkind›, [‹Insel-Bücherei›, 188], Insel: Lpzg [1916].

Döblin, Alfred, ‹Futuristische Worttechnik (Offener Brief an F.T. Marinetti)›, *Der Sturm*, III, 1913, Nr. 150-151.

Döblin, Alfred, *Die Zeitlupe (Kleine Prosa)*, Walter: Olten &c [1962].

Dominik, Hans, ‹Die Eroberung der Luft›, in *Die Eroberung der Luft*, UDV: Stuttgart &c [1909], pp. 1-36.

Ehrenstein, Albert, *Gedichte und Prosa*, Luchterhand: *s.l., s.a.*

Eliade, Mircea, *Auf der Mântuleasa-Strasse*, [‹Bibliothek Suhrkamp›, 328], Suhrkamp: [Ffm 1972]; deutsch von Edith Horowitz-Silbermann.

Eluard, Paul, *Œuvres complètes*, I-II, [‹Bibliothèque de la Pléiade›], Gallimard: [P 1968].

Eyth, Max, *Gesammelte Schriften* [I-VI], DVA-Winter: Stuttgart &c 1909*sqq.*

Faure-Favier, Louise, *Les Chemins de l'air*, Renaissance du livre: P 1923.

France, Anatole, *Sur la terre blanche*, Calmann Lévy: P 1905.

Gide, André, *Journal (1889-1939)*, [Bibliothèque de la Pléiade›], [Gallimard: P 1939].

Goriély, Benjamin, *Les Poètes dans la Révolution russe*, Gallimard: [P 1934].

Gor'kij, Maksim, ‹Zametki čitatelja›, in *Krug*, M 1927, pp. 163-175.

Gor'kij, Maksim, *Sobranie socinenij v 30-i tomach*, [XVII], Chud. Lit.: M 1952.

Gregh, Fernand, ‹Mystères›, *L'Arc*, XXXXVII, 1971, pp. 69-73.

[Hašek, Jaroslav:] *Spisy Jaroslava Haška*, X, SNKLHU: Praha 1957.

Hašek, Jaroslav, *Der Tolpatsch und andere Erzählungen*, Diogenes: [Zch 1964]; deutsch von Grete Reiner et al.

Heer, J.C., *Da träumen sie von Lieb' und Glück! (Drei Schweizer Novellen)*, Cotta: Stuttgart 1910.

Hofmannsthal, Hugo von, «Andreas (Fragment eines Romans)», *Corona*, I, 1930, i, pp. 7–50.

Hofmannsthal, Hugo von, *Die Erzählungen*, [‹Gesammelte Werke in Einzelausgaben›], Fischer: [Ffm] 1953.

Hofmannsthal, Hugo von, *Prosa*, I–II, [‹Gesammelte Werke in Einzelausgaben›], Fischer: Ffm 1959.

Hofmannsthal, Hugo von, *Aufzeichnungen*, [‹Gesammelte Werke in Einzelausgaben›], Fischer: [Ffm] 1959.

Janouch, Gustav, *Gespräche mit Kafka (Aufzeichnungen und Erinnerungen)*, [‹Fischer Bücherei›, 417], Fischer: Ffm & c 1961.

Jeny, Lucien, *Aviation*, Sire: Bourges 1912.

Jünger, Ernst, *Werke*, I–X, Klett: Stuttgart [1961–1970].

Kafka, Franz, ‹Die Aeroplane in Brescia›, *Bohemia*, 1909, 29.IX., Nr. 269, pp. 1–3.

Kafka, Franz, *Die Erzählungen*, Fischer: Ffm 1961.

Kafka, Franz, *Briefe an Felice*, Fischer: Ffm 1967.

Kafka, Franz, *In der Strafkolonie (Eine Geschichte aus dem Jahr 1914)*, [‹Wagenbachs Taschenbücher›, 1], Wagenbach: Bln 1975.

Kamenskij, Vasilij, ‹Poėmija o Chatsu›, *Strelec*, I, 1915, pp. 73–76.

Kamenskij, Vasilij, *Devuški bosikom (Stichi)*, Progress: Tiflis 1917.

Kamenskij, Vasilij, *Ego-moja biografija velikogo futurista*, Kitovras: M 1918.

Kamenskij, Vasilij, *Zvučal' vesnejanki (Stichi)*, Kitovras: M 1918.

Kamenskij, Vasilij, *27 priključenij Chorta Džojsa (Roman)*, [s. ed.:] M-Pg 1924.

Kamenskij, Vasilij, *I ėto est' (Avtobiografija – poėmy – stichi)*, Zakkniga: Tiflis 1927.

Kamenskij, Vasilij, *Izbrannye stichi*, GICHL: M 1934.

Kamenskij, Vasilij, *Leto na Kamenke*, Permsk. Knižn. Izd-stvo: Perm' 1961.

Kamenskij, Vasilij, *Stichotvorenija i poėmy*, [‹Biblioteka Poėta›, BS], SP: M-L 1966.

Kamenskij, Vasilij, *Put' ėntuziasta: Avtobiografičeskaja kniga* [[1]1931], Permskoe Knižnoe Izdatel'stvo: Perm' [2]1968.

Kataev, Valentin, *Sobranie sočinenij*, IX, Chud. Lit.: M 1972.

Kataev, Valentin, *Razbitaja žizn' ili Volšebnyj rog Oberona*, Detsk. Lit.: M 1973.

[Kataev, Valentin:] Katajew, Valentin, *Die kleine eiserne Tür*, Kultur & Fortschritt: Bln 1970; deutsch von Maria Riwkin.

[Klee, Paul:] *Tagebücher von Paul Klee, 1898–1918*, [‹dumont-dokumente›], DuMont: Köln 1957.

Kraus, Karl, *Grimassen*, [‹Ausgewählte Werke›, 1], [Langen-Müller: Mchn 1971].

Kraus, Karl, *Beim Wort genommen*, [‹Werke›, 3], Kösel: Mchn 1955.

Kraus, Karl, *Widersehen mit der Fackel (Glossen)*, [‹Werke›, 4], Kösel: Mchn [1956].

Kraus, Karl, *Die letzten Tage der Menschheit (Tragödie in fünf Akten mit Vorspiel und Epilog)*, [‹Werke›, 5], Kösel: Mchn [1957].

Kraus, Karl, *Weltgericht*, [‹Werke›, 13], Langen-Müller: [Mchn 1965].

[Kručenych, Aleksej], *Pobeda nad solncem (Opera A. Kručenych, muzyka M. Matjušina)*, [Svet: SPb s. a.].

Kručenych, A[leksej], *Vzorval'*, [SPb 1913]; ohne Verlagsangabe, ohne Seitenzahlen.

Kručenych, Aleksej, ‹Aėrokrepost' (Stichi)›, *Lef*, 1924, IV, pp. 40–41.

Kuprin, A.I., *Polnoe sobranie sočinenij*, VI, Marks: SPb 1912.

Kuprin, A[leksandr] I., *Proizvedenija 1899–1937*, [‹Sobranie sočinenij v šesti tomach›, 6], Chud. Lit.: M 1958.

Landsberg, Paul Ludwig, *Die Erfahrung des Todes*, [‹Bibliothek Suhrkamp›, 371], Suhrkamp: Ffm 1973.

Lejtes, Aleksandr, ‹Chlebnikov – kakim on

byl›, *Novyj mir*, 1973, I, pp. 224-237.

Levaillant (Lieutenant de vaisseau), ‹Le premier combat aéro-naval (Récit)›, *L'Aéronaute*, 1909 [15.VII.], pp. 12-14.

Lucini, Gian Pietro, *Revolverate* [con una Prefazione futurista di F.T. Marinetti], Poesie: Milano 1909.

Majakovskij, V.V. [&] O.M. Brik, ‹Naša slovesnaja rabota›, *Lef*, 1923, I, pp. 40-41.

Majakovskij, Vladimir, *Polnoe sobranie sočinenij v trinadcati tomach* [I-XIII], Chud. Lit.: M 1955-1961.

[Majakovskij, V.V.:] ‹Neizvestnye stat' i Vladimira Majakovskogo›, *Voprosy literatury*, 1970, VIII, pp. 141-203.

[Majakovskij, V.V.:] Majakowski, Wladimir, *Publizistik (Aufsätze und Reden)*, [‹Werke›, 5], Insel: [Ffm 1973]; deutsch von Hugo Huppert.

Malevič, Kazimir, *v.* Malewitsch, K.S., *resp.* Malévitch, K.S., *resp.* Malevich, K.S.

[Malevič, K.S.:] Malewitsch, Kasimir, *Die gegenstandslose Welt*, [‹Bauhausbücher›, II], Langen: Mchn 1927.

Malewitsch, K., ‹Suprematistische Architektur›, *Wasmuths Monatshefte für Baukunst*, XI, 1927, pp. 412-414; Abb.

Malewitsch, Kasimir, *Suprematismus: Die gegenstandslose Welt*, [‹dumont dokumente›], DuMont: Köln 1962; deutsch von Hans Riesen.

Malevich, K.S., *Essays on Art 1915-1928*, I-II, Borgen: Copenhagen 1968; englisch von X. Glowacki & A. McMillin.

Malévitch, K., *De Cézanne au suprématisme*, [‹Ecrits sur l'Art›], L'Age d'Homme: [Lausanne 1974]; französisch von J.-C. & V. Marcadé & V. Schiltz.

Malévitch, [K.S.], *Ecrits*, Champ libre: [P 1975]; französisch von A. Robel-Chicurel.

Mallarmé, Stéphane, *Œuvres complètes (Poésie-Prose)*, [‹Bibliothèque de la Pléiade›], [Gallimard: P 1945].

Mandelstamm, Valentin, *Un Aviateur/Militza de Karélie*, Fasquelle: P 1908.

Marinetti, F.T., ‹L'Amant des Etoiles›, *La Revue Blanche*, XXIV, 1901, p. 433.

Marinetti, Filippo Tommaso, *La Conquête des Etoiles*, La Plume: P 1902.

Marinetti, F.T., *Les Dieux s'en vont, d'Annunzio reste (Dessins à la plume du peintre italien Valeri)*, Sansot: P 1908.

Marinetti, F.T., *La Ville charnelle*, Sansot: P 1908.

Marinetti, F.T., *Enquête internationale sur le Vers libre et Manifeste du FUTURISME*, Poesia: Milano 1909.

Marinetti, M.T., *Mafarka le futuriste (Roman africain)*, Sansot: P 1909[-1910].

Marinetti, F.T., *Le Monoplan du Pape (Roman politique en vers libres)*, Sansot: P 1912.

Marinetti, F.T. [&] Fillìa, *La cucina futurista*, Sonzogno: Milano [1932].

Marinetti, F.T., ‹Die futuristische Küche›, *Querschnitt*, XII, 1932, ix, pp. 655-659; deutsch von Cyril Malo.

[Marinetti, F.T.:] *Teatro F.T. Marinetti*, I-III, Bianco: Roma 1960.

Marinetti, F.T., *Teoria e invenzione futurista*, [‹Opere di F.T. Marinetti›, 2], Mondadori: *s.l.* 1968.

Marinetti, F.T., *La Grande Milano tradizionale e futurista*, [‹Opere di F.T. Marinetti›, 3], Mondadori: 1969.

[Marinetti, F.T.:] ‹Lettere di Marinetti a F. Balilla Pratella›, I, *l'osservatore politico letterario*, XV, 1969, vii, pp. 53-82.

Matjušin, Michail, ‹Russkie kubo-futuristy (Vospominanija)›, *Rossija/Russia*, I, 1974, pp. 123-147.

Morand, Paul, *Flèche d'Orient*, Gallimard: P 1932.

Mühsam, Erich, *Namen und Menschen (Unpolitische Erinnerungen)*, Volk und Buch: Leipzig 1949.

Musil, Robert, *Tagebücher, Aphorismen, Essays und Reden*, Rowohlt: Hamburg 1955.

Musil, Robert, *Prosa, Dramen, späte Briefe*, Rowohlt: Hamburg 1957.

Musil, Robert, *Der Mann ohne Eigenschaften (Roman)*, Rowohlt: [Hamburg 1970].

Nadaud, Marcel, *En plein vol (Souvenirs de guerre aérienne)*, Hachette: P 1916.

Nebel, Otto, *Zuginsfeld 1918/19*, Luchterhand: [Darmstadt &c 1974].

Nietzsche, Friedrich, *Gedichte*, [‹Insel-Bücherei›, 361] Insel: [Wiesbaden 1956].

Nietzsche, Friedrich, *Werke in drei Bänden*, I-III, Hanser: Mchn [²1960; 1963].

Oleša, Jurij, *Povesti i rasskazy*, Chud. Lit.: M 1965.

Owen, Wilfred, *Collected Letters*, Oxford UP: Ldn &c 1967.

Pan, ‹Aėroplan›, *Vse novosti literatury, iskusstva, teatra, techniki i promyšlennosti*, 1910, I, pp. 10-12.

Pjast, Vladimir, *Vospominanija o Bloke (Pis'ma Bloka)*, Atenej: Pb 1923.

Prišvin, M. M., *Kaščeeva cep'*, [‹Sobranie sočinenij›, 1], Chud. Lit.: M 1956.

Proust, Marcel, *A la recherche du temps perdu*, I-III, [‹Bibliothèque de la Pléiade›], nrf/Gallimard: [P 1954].

Proust, Marcel, *Auf der Suche nach der verlorenen Zeit*, I-III, Suhrkamp: Ffm 1967; deutsch von Eva Rechel-Mertens.

Rilke, Rainer Maria, *Sämtliche Werke*, I-VI, Insel: [Ffm 1955-1966].

Rimbaud, [Arthur], *Œuvres*, [‹Classiques Garnier›], Garnier: [P 1960].

Romains, Jules, *Les hommes de bonne volonté*, I[-XIV], Flammarion: [P 1938].

Saint-Exupéry, Antoine de, *Un sens à la vie (Textes inédits, recueillis et présentés par Claude Reynal)*, Gallimard: P [1956].

Saint-Exupéry, Antoine de, *Œuvres*, [‹Bibliothèque de la Pléiade›], Gallimard: [P 1961].

Scheerbart, Paul, *Ja ... was ... möchten wir nicht Alles! (Ein Wunderfabelbuch)*, Verlag deutscher Phantasten: Bln 1893.

[Scheerbart, Paul:] *Die Entwicklung des Luftmilitarismus und die Auflösung der europäischen Land-Heere, Festungen und Seeflotten (Eine Flugschrift von Paul Scheerbart)*, Oesterheld: Bln 1909.

Scheerbart, Paul, ‹Riesenpantomime mit Fesselballons›, *Das Theater*, I, 1909/1910, p. 92.

Scheerbart, Paul, *Das Perpetuum mobile (Die Geschichte einer Erfindung)*, Rowohlt: Leipzig ³1910.

Scheerbart, Paul, *Lesabéndio (Ein Asteroiden-Roman)*, [‹dtv-sr› 34], dtv: Mchn 1964.

Scheerbart, Paul, *Glasarchitektur*, [‹Passagen›], Rogner & Bernhard: Mchn 1971; mit Bibliographie.

Segantini, Giovanni, *Schriften und Briefe*, Klinkhardt: Lpzg, 1909; deutsch von Geo[rg] Biermann.

Semenko, Mihailo, *Derzannja*, [s. ed.]: Kiïv 1914.

Šklovskij, Viktor, *Žili-byli (Vospominanija, memuarnye zapisi, povesti o vremeni: s konca XIX v. po 1964)*, SP: M 1966.

[Sologub, Fedor:] S[s]ologub, Fjodor, *Totenzauber (Eine Legende im Werden)*, I-II, Georg Müller: Mchn 1913; deutsch von Fega Frisch.

Stein, Gertrude, *Autobiographie von Alice B. Toklas*, Arche: Zch 1955; deutsch von Elisabeth Schnack.

Terc, Abram, *Golos iz chora*, Stenvalley: Ldn 1973.

[Tret'jakov, S.:] Tretjakow, Sergej (red.), *Tscheljuskin: Ein Land rettet seine Söhne*, Verlagsgenossenschaft Ausländ. Arbeiter: M-L 1934.

Tuwim, Julian, *Wiersze wybrane*, [‹Biblioteka Narodowa›, I-184], Ossolineum: Wrocław &c [1969].

Uèlls, G. Dž., *Vojna v vozduche*, [‹Izbrannye sočinenija›, 9], Vsemirnaja literatura: Pb 1919.

[Uel's, G. D.:] *Sobranie sočinenij G. D. Uel'sa*, Šipovnik: SPb 1908*sqq*.

Vollmoeller, Karl, ‹Lob der Zeit›, *Insel-Almanach auf das Jahr 1912*, Insel: Leipzig *s. a.*, pp. 31-34.

Vološin, Maksimilian, ‹Ceppeliny nad Parižem› [1915], in *Den' poezii*, M 1971, p. 151.

Walser, Robert, *Fritz Kochers Aufsätze (Geschichten, Aufsätze)*, [‹Das Gesamtwerk›, 1], Kossodo: Genf &c [1972].

Wells, H. G., *The first Men in the Moon*, Tauchnitz: Lpzg 1902.

Wells, H. G., *The War in the Air, and particularly How Mr. Bert Smallways fared While it Lasted*, [Copyright Edition] Tauchnitz: Lpzg 1909.

Wells, H. G., *Der Luftkrieg (Roman)*, Hoffmann: Stuttgart [¹⁻²1910]; deutsch von Gertrud J. Klett.

Wells, H. G., *v.* Uèlls & Uel's.

Zamjatin, Evgenij, *My*, Izd-stvo im. Čechova: NY 1952.

Zweig, Stefan, ‹Der Flieger›, *Almanach* (herausgegeben von der Redaktion von Velhagen und Klasings Monatsheften), V&K: Bln &c 1915, pp. 282-287.

Zweig, Stefan, *Die Welt von gestern (Erinnerungen eines Europäers)*, Fischer: Stockholm 1946.

## V. Sekundärliteratur

A. F., ‹Fortschritte in Deutschland›, *Illustrierte Aëronautische Mitteilungen*, 1909, p. 863.

Adams, Heinrich, *Flug* [&] ‹Unser Flieger› (von Wilbur und Orville Wright). Amelangs: Lpzg 1909.

Ader, Clément, *L'Aviation militaire*, Berger & Levrault: P 1911.

[Afanas'ev, K. N.:] Afanasjew, Kyrill N., *Ideen Projekte Bauten* [‹Fundus›, 30], Kunst: Dresden 1973.

Ajalbert, Jean, *La Passion de Roland Garros*, Editions de France: P 1926.

Andersen, Troels, *Malevich (Catalogue raisonné of the Berlin exhibition 1927, including the collection in the Stedelijk Museum Amsterdam)*, Sted. Museum: Amsterdam 1970.

Andersen, Troels (ed.), *Wladimir Tatlin, 1885-1953*, [Kunstverein:] Mchn 1970.

[Anon.:] ‹Gabrièle d'Annuncio – sportsmèn›, *Vesy*, 1905, vii, pp. 78-79.

[Anon.:] ‹The War in the Air, by H. G. Wells›, *Aeronautics*, [Ldn], December 1908, p. 94; Rez.

[Anon.:] ‹The First Cross-Channel Flight (Louis Blériot flies from Calais to Dover)›, *Aeronautics*, II, 1909, viii, pp. 85-88.

[Anon.:] [‹D'Annuncio o vozduchoplavanii›], *Vozduchoplavanie i sport*, 1909, Nr. 2 [7. X.]; Titelseite mit Bild (Photographie).

[Anon.:] ‹Une Page du Livre d'Or de l'aviation›, *L'Aéronaute*, 1909, 16. X., p. 56.

[Anon.:] ‹Le Meeting de Brescia›, *L'Aérophile*, 1909, xviii, [15. IX.], p. 429.

[Anon.:] ‹Latham, à Berlin, vole par la tempête›, *L'Aéronaute*, 1909, 25. IX., p. 35.

[Anon.:] ‹Der erste Schauflug in Wien (Riesenfiasko und – Ende)›, *Wiener Luftschiffer-Zeitung*, VIII, 1909, xii, p. 204.

[Anon.:] ‹Der erste Flug in Wien!›, *Wiener Luftschiffer-Zeitung*, VIII, 1909, ix, pp. 148-149.

[Anon.:] ‹Blériot in Wien›, *Wiener Luftschiffer-Zeitung*, VIII, 1909, xxi, pp. 389-391.

[Anon.:] ‹Vozduchoplavanie v Rossii›, *Aëro i avtomobil'naja žizn'*, 1910, I, pp. 6-10.

[Anon.:] ‹Odesskaja vystavka›, *Aëro i avtomobil'naja žizn'*, 1910, VIII, p. 23.

[Anon.:] ‹Tov. Rossinskij›, in *Aëro-Sbornik*, Caricyn 1923, Sp. 3-4.

Aragon, [Louis], ‹Beautés de la guerre et leurs reflets dans la littérature›, *Europe*, mai-juin 1964, pp. 132-137.

Arnold, Armin, *Die Literatur des Expressionismus (Sprachliche und thematische Quellen)*, [‹Sprache und Literatur›, 35], Kohlhammer: Stuttgart &c 1966.

Arvatov, Boris, *Kunst und Produktion (Entwurf einer proletarisch-avantgardistischen Ästhetik, 1921-1930)*, [‹Reihe Hanser›, 87], Hanser: [Mchn 1972].

Avrelij [Pseudonym] *v.* Brjusov, V. Ja.

Bachelard, Gaston, *La poétique de la rêverie*, PUF: P ⁴1968.

Bachelard, Gaston, *L'Air et les songes (Essai sur l'imagination du mouvement)*, Corti: P ⁶[1968].

Bairstow, L., *Progress of Aviation in the War*, [Sep.-Druck aus ‹The Aeronautical Journal›:] Ldn 1919.

Baldassarri, Rita, *Lucini*, [‹Il Castoro›, 91-92], La Nuova Italia: Firenze 1974.

Banham, Reyner, *Die Revolution der Architektur (Theorie und Gestaltung im Ersten Maschinenzeitalter)*, [‹rde›, 209/210], Rowohlt: [Reinbek 1964].

Barilli, Renato, ‹Marinetti e il nuovo sperimentalismo›, *Il Verri*, XXXIII/XXXIV, 1970, pp. 89-102.

Baudouin, Charles, *Le Mythe du moderne et propos connexes*, Action & Pensée: [Genève 1946].

Baumgarth, Christa, *Geschichte des Futurismus*, [‹rde›, 248/249], Rowohlt: [Reinbek 1966].

Belyj, Andrej, *Simvolizm (Kniga statej)*, Musaget: M 1910.

Benz, Ernst *(ed.)*, *Der Übermensch (Eine Diskussion)*, Rhein: Zch &c [1961].

Berdjaev, Nikolaj, *Krizis iskusstva*, Leman & Sacharov: M 1918.

[Berdjaev, N.A.:] Berdiajew, Nikolai A., *Der Mensch und die Technik*, [‹Arche Nova›], Arche: Zch 1971.

Bergman, Pär, ‹*Modernolatria*› *et* ‹*Simultaneità*› *(Recherches sur deux tendances dans l'avantgarde littéraire en Italie et en France à la veille de la première guerre mondiale)*, [‹Studia litterarum upsaliensia›, 2], Bonniers: [Uppsala 1962].

Bierbaum, Paul Willi, *Im Aeroplan über die Alpen (Geo Chavez' Simplonflug)*, Orell Füssli: Zch 1910.

*Boccioni e il suo tempo* [catalogo], Comune di Milano: Milano [1973]; Abb.

[Böcklin, Arnold], *Neben meiner Kunst (Flugstudien, Briefe und Persönliches von und über Arnold Böcklin)*, VITA: Berlin-Ch. 1909.

Bojtár, Endre, ‹The Eastern European Avant-garde as a Literary Trend›, *Neohelicon*, 1974, III-IV, pp. 93-126.

Bordeaux, Henri, *La Vie héroïque de Guynemer*, Plon: P 1918.

Borovoj, L[ev Ja.], *Put' slova (Očerki i razyskanija)*, Sov. Pis.: M 1974.

Borozdin, N., *Zavoevanie vozdušnoj stichii (Očerk sovremennago vozduchoplavanija)*, Varšava [Warszawa] 1909.

Briosi, Sandro, *F. T. Marinetti*, [‹Il Castoro›, 34], La Nuova Italia: [Firenze ?1972].

Brjusov, Valerij, ‹Literaturnaja žizn' Francii (II. Naučnaja poèzija)›, *Russkaja mysl'*, XXX, 1909, ijun' (vi), 2: pp. 155-167.

[Brjusov, V.Ja.:] Avrelij, ‹Novaja apologija christianstva. - Ž. Ž. Russo - aviator›, *Russkaja mysl'*, XXXI, 1910, xi, 2: pp. 184-186.

Brjusov, Valerij, ‹Èpocha čudes›, *Novaja žizn'*, 1918, 1.VI., Nr. 1.

Brjusov, Valerij, *Sila russkogo glagola*, [‹Pisateli o tvorčestve›], Sov. Rossija: M 1973.

Brod, Max, *Über Franz Kafka*, [‹Fischer Bücherei›, 735], Fischer: [Ffm-Hamburg 1966].

Bùi Xuân Bào, *Naissance d'un héroïsme nouveau dans les lettres françaises de l'entre-deux-guerres: Aviation et littérature*, [Thèse de doctorat:] P 1961.

Buzzi, Paolo, ‹Poèzija, teatr, muzyka v Italii [1909]›, *Apollon*, 1910, v, 2: p. 1.

Buzzi, Paolo, ‹Pis'mo iz Italii (Muzyka)›, *Apollon*, 1913, VIII, p. 82.

Cechnovicer, O.V., *Literatura i mirovaja vojna, 1914-1918*, GICHL: M 1938.

Chardžiev, Nikolaj, ‹Turnè Kubo-futuristov 1913-1914gg.: Materialy k literaturnoj biografii Majakovskogo›, in *Majakovskij: Materialy i issledovanija*, M 1940, pp. 401-427.

Chardžiev, Nikolaj [&] Vladimir Trenin, *Poetičeskaja kul'tura Majakovskogo*, Iskusstvo: M 1970.

Chatley, Herbert, ‹Aeronautical Terminology›, *Aeronautics*, [Ldn], December 1908, p. 94.

Čiževskij, Dm[itrij], ‹O poèzii futurizma›, *Novyj žurnal*, LXXIII, 1963, 132-169.

Čiževskij, Dmitrij *v.* Tschižewskij, Dmitrij.

[IV<sup>e</sup>] *Congrès International d'Aéronautique (Nancy, 18-23 Septembre 1909): Procès verbaux, rapports & mémoires [...]*, Dunod & Pinat: P 1909.

Corbusier, Le *v.* Le Corbusier.

Crispolti, Enrico, *Il mito della macchina e altri temi del futurismo*, Celebes: [*s. l.* 1971].

Čukovskij, K.I., ‹Aviacija i poèzija›, *Reč'*, 1911, Nr. 124, [8.V.].

Čukovskij, Kornej, ‹Ègo-futuristy i kubofuturisty›, *Šipovnik*, kn. XII, SPb 1914, pp. 97-135.

Čukovskij, Kornej, ‹Obrazcy futurističeskich proizvedenij›, *Šipovnik*, kn. XII, SPb 1914, pp. 139-154.

Čukovskij, Kornej, *Stat'i 1906-1968 godov*, [‹Sobranie sočinenij›, 6], Chud. Lit.: M 1969.

D., ‹Aeromobil Tatarinow›, *Illustrierte Aëronautische Mitteilungen*, 1909, pp. 859-860.

Davis, Douglas, *Vom Experiment zur Idee: Die Kunst des 20.Jahrhunderts im Zei-*

*chen von Wissenschaft und Technik (Analysen, Dokumente, Zukunftsperspektiven)*, DuMont: [Köln 1975].

De Gaston, R., ‹L'Homme triomphe de l'Air›, *L'Aéronaute*, 1909, 15.I., pp. 1–6.

Delacombe, Harry, ‹The Channel Flight: Some Personal Impressions›, *Aeronautics*, II, 1909, viii, pp. 90–91.

Delesalle, Simone, ‹La Guerre, la Poésie›, *Europe*, 1964, mai-juin, pp. 174–184.

De Manthé, Georges, *Clément Ader: Sa vie, son œuvre*, Privat: Toulouse &c 1936.

De Maxange, E., *Louis Blériot: Sa traversée, description de son appareil, son moteur*, Vivien: P 1909; mit Abb. und Dokumenten.

De Michelis, Cesare G., *Il Futurismo italiano in Russia 1909–1929*, De Donato: [Bari 1973].

De Nansouty, Max, ‹Monoplan, biplan et multiplan›, *L'Aéronaute*, 1909, 15.III., pp. 10–13.

De Saint-Fégor, L., *Le Royaume de l'air*, Société d'Edition: P ²1910.

De Tolnay, Charles, *Werk und Weltbild des Michelangelo*, Rhein: Zch &c 1949.

Dolbin, B. F., ‹Die Technifizierung der Verständigung›, in *Internationale Ausstellung neuer Theatertechnik: Katalog, Programm, Almanach*, Wien 1924, pp. 38–41.

Dorival, Bernard, *Robert Delaunay*, Damase: P &c 1975.

Durand, Gilbert, *Les Structures anthropologiques de l'imaginaire (Introduction à l'archétypologie générale)*, [Coll. ‹Etudes Sup.›, 14], Bordas: Paris 1969.

Duval (Général), ‹Le vainqueur de l'Atlantique›, *Le Figaro*, 1927, [23.V.].

Eigeldinger, Marc, *Poésie et tendances*, Baconnière: Neuchâtel [1945].

Embler, W., ‹Flight: A Study of Time and Philosophy […]›, in *Arts in Society*, vol. VIII, University of Wisconsin: Madison 1971, pp. 306–323.

Epstein, Jean, *La Poésie d'aujourd'hui (Un nouvel état d'intelligence)*, Sirène: P 1921.

Erbslöh, Gisela (ed.), ‹Pobeda nad solncem›: *Ein futuristisches Drama von A[leksej] Kručenych*, [‹Slavistische Beiträge›, 99], Sagner: Mchn 1976.

Ėtkind, E[fim], *Razgovor o stichach*, Detsk. Lit.: M 1970.

Evreinov, Nikolaj, *Teatralizacija žizni*, Vremja: M 1922.

Exner, Richard, ‹O ihr vollkommen bewusstlosen Dichter›: Hugo von Hofmannsthals ‹Verse zum Gedächtnis des Schauspielers Josef Kainz› in *Für Rudolf Hirsch: Zum siebzigsten Geburtstag am 22. Dezember 1975*, Fischer: Ffm 1975, pp. 204–223.

Falke, Konrad, ‹Das Gordon Bennett-Wettfliegen in Zürich›, in *Raschers Jahrbuch*, I, Zch 1910, 434–441.

[Fedorov, N. F.:] *Filosofija obščago dela: Stat'i, mysli i pis'ma Nikolaja Fedoroviča Fedorova, izdannyja pod redakciej V. A. Koževnikova i N. P. Petersona*, I: [Tip – ija Semirečenskago Oblastnogo Pravlenija:] Vernyj: 1906; II: [Pečatnja A. Snegirevoj:] M 1913.

Ferber, F[erdinand], *L'Aviation, ses débuts – son développement (De Crête à Crête / De Ville à Ville / De Continent à Continent)*, Berger-Levrault: P-Nancy ⁵1909.

Fischer, Louis, *Das Leben Lenins*, I–II, [‹dtv-WR› 4045–4046], dtv: Mchn 1970.

Fontaine, Charles, *Comment Blériot a traversé La Manche*, Librairie aéronautique: P 1909; mit 74 Abb.

Frank, Joseph, ‹La forme spatiale dans la littérature moderne›, *Poétique*, X, 1972, pp. 244–266.

Frank, M. L., ‹Itogi sovremennago vozduchoplavanija›, *Russkaja mysl'*, XXXI, 1910, xi, 2: pp. 88–103.

Freyer, Hans, ‹Zur Philosophie der Technik›, *Blätter für deutsche Philosophie*, III, 1929, ii, pp. 192–201.

Fromm, Erich, *Anatomie der menschlichen Destruktivität*, DVA: [Stuttgart 1974].

Fülöp-Miller, René, *Geist und Gesicht des Bolschewismus (Darstellung und Kritik des kulturellen Lebens in Sowjet-Russland)*, Amalthea: Zch &c 1928; mit 602 Abb.

Gallot, Muriel, ‹Parole en liberté et liberté

de parole›, *Europe*, mars 1975, pp. 65–74.

Gazda, Grzegorz, *Futuryzm w Polsce*, [‹Z Dziejów Form Artystycznych w Literaturze Polskiej›, 35], Akademia Nauk: Wrocław &c 1974.

Geisenheyner, Max [&] Peter Supf, *Frankfurt am Main: Motor der Luftfahrt*, Kramer: Ffm 1959.

Gerasimov, K. S., ‹'Šturm neba' v poèzii Valerija Brjusova›, in *Brjusovskie čtenija 1963 goda*, Erevan 1964, pp. 130–153.

Ghil, René, *De la Poésie scientifique*, [‹L'Esprit du temps›], Gastien-Serge: P 1909.

Ginc, Savvatij, *Vasilij Kamenskij*, Permskoe knižnoe Izd-stvo: [Perm'] 1974.

[Das] *Gordon Bennett-Wettfliegen in Zürich, 1. bis 3. Oktober 1909*, Orell Füssli: Zch [1909]; erweiterter Separatabdruck aus der Zürcher Wochen-Chronik, mit 25 Illustrationen, 1 Karte.

Grygar, Mojmír, ‹Kubizm i poèzija avangarda›, in *Structure of Texts and Semiotics of Culture*, The Hague &c 1973, pp. 59–101.

Guldimann, Werner, *Flieger und Panzer und ihr Einfluss auf den Wandel der modernen Kriegführung*, Huber: Frauenfeld 1946.

Gurian, Waldemar, *Der Bolschewismus (Einführung in Geschichte und Lehre)*, Herder: Freiburg i. B. 1932.

Gusman, B[oris], ‹Vasilij Kamenskij›, *Očarovannyj strannik*, VIII, 1915, pp. 10–11.

Guyer, Gebhard A. [& Konrad Falke], *Im Ballon über die Jungfrau nach Italien (Mit einem Anhang ‹Himmelfahrt› [Traversierung der Alpen im Ballon ‹Cognac›] von Konrad Falke)*, Braunbeck: Bln [1909].

Hearne, R. P., *Aerial Warfare*, John Lane: Ldn 1909; 57 Abb.

Heidegger, Martin, *Die Frage nach der Technik*, Neske: Pfullingen 1962.

Hocke, Gustav René, ‹Die neue Mode der Dekadenz›, *Die Tat*, 1975, 27. VI., Nr. 150.

Holthusen, Johannes, *Fedor Sologubs Roman-Trilogie (Tvorimaja legenda): Aus der Geschichte des russischen Symbolismus*, [‹Musagetes›, 9], Mouton: 's-Gravenhage 1960.

Humesky, Assya, *Majakovsky and His Neologisms*, Rausen: NY 1964.

I., ‹Aviacija›, *Aèro*, I, 1909, maj, pp. 4–5.

Ingold, Felix Philipp, ‹Aeroplane um 1909 (Ein internationales Flugjahr und seine literarische Kulisse)›, *Revue d'Allemagne*, V, 1973, iii, pp. 700–717.

Ingold, Felix Philipp, ‹Künstler und/oder Ingenieur? (Zu Panamarenkos Flugstudien und Flugobjekten)›, *Kunst-Nachrichten*, XII, 1976, v, pp. 129–134.

Ingold, Felix Philipp, ‹Engel und Flugzeuge – Mythos und Wirklichkeit (Flugmotivik in Marcel Prousts 'A la recherche du temps perdu')›, *Neue Zürcher Zeitung*, 1976, [25./26. IX.], Nr. 225.

Isnenghi, Mario, *Il mito della Grande guerre*, Laterza: Bari ²1973.

Italiaander, Rolf, *Spiel und Lebensziel: Hans Grade*, s. ed.: Bln [1939]; mit Abb.

Ivanov, Vjačeslav, *Po zvezdam (Stat'i i aforizmy)*, Ory: Pb 1909.

Jacobius, Helene, *Luftschiff und Pegasus (Der Widerhall der Erfindung des Luftballons in der zeitgenössischen Literatur)*, Niemeyer: Halle 1909.

Jakovlev, A[leksandr], *Cel' žizni (Zapiski aviakonstruktora)*, Polit. Lit.: M ³1972.

Just, Klaus Günther, ‹Aspekte der Zukunft (Über Luftfahrt und Literatur)›, *Antaios*, XI, 1970, pp. 393–411.

Konečný, Dušan, *Futurismus*, [‹-ismy›, 6], Odeon: Praha 1974.

Köppen, W., ‹Luftschiffahrt und Esperanto›, *Illustrierte Aëronautische Mitteilungen*, 1909, [19. V.], pp. 403–409.

Kosmodem'janskij, A. A., *Očerki po istorii mechaniki*, Prosveščenie: M ²1964.

Kosmodem'janskij, A. A., *Teoretičeskaja mechanika i sovremennaja technika*, Prosveščenie: M ²1975,

Kress, Wilhelm, *Aviatik: Wie der Vogel fliegt und wie der Mensch fliegen wird*, Spielhagen & Schurich: Wien 1905.

Kress, Wilhelm, ‹The Conquest of the Air›

[I–II], *Aeronautics*, II, [Ldn] 1909, i, p. 4; *ibid.*, ii, p. 11.

Kroha, Jiří [&] Jiří Hrůza, *Sovětská architektonická avantgarda*, Odeon: [Praha 1973].

Kühn, Dieter, *Luftkrieg als Abenteuer (Kampfschrift)*, [‹Reihe Hanser›, 180], Hanser: Mchn 1975.

Kupčinskij, F., ‹Vnimaniju rabotnikov vozducha (Praktičeskie terminy vozduchoplavanija)›, *Novaja Rus'*, 1909, 12./25.XI., Nr. 311, p. 4.

Lebedev, V., ‹Očerki vozduchoplavatel'noj žizni za graniceju (Pervyj čelovek-ptica)›, *Vozduchoplavatel'*, 1909, xi, pp. 751–754.

[Le Corbusier:] ‹Les Maisons *Voisin*›, *L'Esprit Nouveau*, I, [1920], pp. 211–215; sig. *L. C.-S.*

Le Corbusier, *Kommende Baukunst*, DVA: Stuttgart &c 1926; deutsch von Hans Hildebrandt.

Le Corbusier, *Städtebau*, DVA: Stuttgart &c 1929; deutsch von Hans Hildebrandt.

Le Corbusier, *Sur les 4 routes*, [‹Médiations›, 70], Denoël/Gonthier: [P ²1970].

Leblanc, J., ‹De l'Aéroplane à l'Espéranto (Le 'Plus lourd que l'air' fait de M. Archdeacon un adepte de la langue internationale. Il nous expose comment une vitesse de 200 kilomètres à l'heure rend espérantiste)›, *L'Aéronaute*, 1909, I, pp. 10–11.

Legendre, Antoine, ‹Lénine au 4 rue Marie-Rose (6 juillet 1909/4 juin 1912)›, *Etudes soviétiques*, avril 1970, Nr. 265, pp. 94–95.

*Leonardo da Vinci als Ingenieur*, [ETHZ:] Zch 1954.

Lewis, K. [&] H. Weber, ‹Zamyatin's *We*, the Proletarian Poets, and Bogdanov's *Red Star*›, *Russian Literature Triquarterly*, XII, 1975, pp. 253–278.

Lhospice, Michel, *L'extraordinaire aventure de Blériot (Match pour la Manche)*, Denoël: [P 1964].

Lindbergh, Charles A., *We*, Grosset &c: NY 1927.

[Lindbergh, C.A.:] *Wir zwei: im Flugzeug über den Atlantik* [von Charles A. Lindbergh], Brockhaus: Leipzig 1927.

[Lindbergh, Charles A.:] *WE: the Famous Flier's own Story of His Life and His Transatlantic Flight, together with His Views on the Future of Aviation* [by C.A. Lindbergh], Putnam: NY &c 1928.

[Lindbergh, Gage:] ‹Plucky› *Lindbergh: Incidents in the Life of Colonel Charles Lindbergh and Brief Biography [&] Log of His Transatlantic Trip and Reception Recording All Important Facts* [by Gage Lindbergh], Los Angeles-Calif. [1927].

[Lisickij, Èl':] Lissitzky, El, *Russland: Architektur für eine Weltrevolution (1929)*, [‹Ullstein Bauwelt Fundamente›, 14], Ullstein: Bln &c ²1965.

Lissitzky, El [&] Hans Arp *(ed.)*, *Die Kunstismen*, Rentsch: Erlenbach &c 1925.

[El] *Lissitzky*, Ausstellungskatalog Hannover-Eindhoven-Basel 1966.

Lista, Giovanni, ‹Apollinaire et la conquête de l'air›, *Revue des lettres modernes*, XII, 1973, pp. 155–129.

Lista, Giovanni, ‹Sur un vol de Beaumont›, *Europe*, mars 1975, pp. 53–64.

Ljapunov, B[oris V.], *Bor'ba za skorost'*, Molodaja gvardija: [M] ²1956.

Lochner, Wolfgang, *Als die Luftfahrt noch ein Abenteuer war*, Bruckmann: Mchn s.a.; Abb.

Lublinski, S[amuel], *Die Bilanz der Moderne*, Cronbach: Bln 1904.

‹Lucini e il futurismo›, *Il Verri*, XXXIII/XXXIV, 1970.

Lucini, Gian Pietro, *Marinetti Futuristi Futuristi (Saggi e interventi)*, [‹Saggi›, 16], Boni: Bologna 1975.

Mächler, Robert, *Das Leben Robert Walsers*, Kossodo: Genf &c 1966.

Magne, Emile, ‹Le Machinisme dans la littérature contemporaine›, *Mercure de France*, 1910, 16.I., Nr. 302, pp. 202–217.

Mallet, François, *La Conquête de l'air et la paix universelle*, Librairie aéronautique: P 1910.

[Marinetti, F.T.:] ‹Una conferenza di F.T. Marinetti› (1924), *Il Verri*, XXXIII/XXXIV, 1970, pp. 26–31.

Masur, Gerhard, *Propheten von gestern*, Fischer, Ffm 1965.

Meyer, Alfred, *Der Krieg im Zeitalter des Verkehrs und der Technik*, Teubner: Lpzg &c 1909.

Michajlovskij, B.V., *Russkaja literatura XX veka (s devjanostych godov XIX veka do 1917g.)*, Gosučpedgiz: M 1939.

Percov, V.O. [&] M.I. Serebrjanskij *(ed.)*, *Majakovskij (Materialy i issledovanija)*, GICHL: M 1940.

Pestalozzi, Karl, *Die Entstehung des lyrischen Ich (Studien zum Motiv der Erhebung in der Lyrik)*, de Gruyter: Bln 1970.

Peyrey, François, *Les Oiseaux artificiels (L'idée aérienne/Aviation)*, Dunod & Pinat: P 1909.

Pfankuch, S., ‹Liegt der Friede in der Luft?›, *Der Sturm*, 1910, 14.VII., XX, pp. 158–159.

Pichois, Claude, *Vitesse et vision du monde (Littérature et Progrès)*, [‹Langages›], Baconnière: Neuchâtel [1973].

Píša, A.M., *Dvacátá leta*, ČS: Praha 1969.

Pontié, Edouard, ‹Eine Kulturtat›, *Allgemeine Automobil-Zeitung*, 1909, XXXI, pp. 29–35; mit 11 Abb.

Poulet, Georges, *L'Espace proustien*, Gallimard: [P 1963].

Preconi, H.G. ‹Die Legende von Gabriele d'Annunzio›, in *Raschers Jahrbuch*, Zch 1910, pp. 278–293.

Rank, Otto, *Der Mythus von der Geburt des Helden (Versuch einer psychologischen Mythendeutung)*, [‹Schriften zur angewandten Seelenkunde›, 5], Deuticke: Lpzg &c 1909.

[Red.] *v.* [Anon.]

Red'ko, A.M., *Literaturno-chudožestvennye iskanija v konce XIX – načale XX vv.*, Sejatel': L 1924.

Reitberger, Reinhold C. [&] Wolfgang J. Fuchs, *COMICS (Anatomie eines Massenmediums)*, Moos: Mchn [1971].

Miele, Franco, *L'Avanguardia tradita (Arte russa dal XIX al XX sec.)*, Carte Segrete: [Roma 1973].

Minder, Robert, *Dichter in der Gesellschaft (Erfahrungen mit deutscher und französischer Literatur)*, Insel: Ffm 1966.

Močul'skij, Konstantin, *Valerij Brjusov*, YMCA: P 1962.

Moedebeck, Hermann W.L., *Fliegende Menschen! (Das Ringen um die Beherrschung der Luft mittels Flugmaschinen)*, Salle: Bln 1909; 67 Abb.

Mondor, Henri, *Vie de Mallarmé (Edition complète en un volume)*, Gallimard: [P 1941].

Mondor, Henri, *Mallarmé lycéen (Avec quarante poèmes de jeunesse inédits)*, Gallimard: P 1954.

Morozov, Nikolaj, *Sredi oblakov*, Put' k znaniju: L 1924.

Müller-Bohn, Hermann, *Vom Ballon zum Aeroplan (Ein Volksabend)*, Perthes: Gotha 1910.

Mumford, Lewis, *Mythos der Maschine (Kultur, Technik und Macht)*, Europa: [Wien 1974].

Muschg, Walter, ‹Der fliegende Mensch in der Dichtung›, *Neue Schweizer Rundschau*, VII, 1940, pp. 284–392; 311–320; 446–453.

N-v, V., ‹22 avgusta i Tatarinov›, *Vozduchoplavatel'*, 1909, VIII, pp. 512–516.

Najdenov, V., ‹Aèroplan v svoem istoričeskom razvitii i ego èlementarnaja teorija (Kratkij istoričeskij očerk razvitija aèroplanov)›, *Vozduchoplavatel'*, 1909, II, pp. 85–106; III–IV, pp. 171–236; Schluss nicht erschienen.

Najdenov, V.F., ‹Vozduchoplavatel'naja terminologija›, *Vozduchoplavatel'*, 1909, XI, pp. 737–747.

Nathan, Jacques, *La Littérature du métal, de la vitesse et du chèque de 1880 à 1930*, Didier: P &c [1971].

Nemčenko, S.A., ‹Upravljaemye aèrostaty i vojna [iz doklada]›, *Vozduchoplavatel'*, 1909, xii, pp. 858–871.

Orelli, H. v. *jun.*, ‹Flugtechnik in Österreich›, *Illustrierte Aëronautische Mitteilungen*, [XIII], 1909, pp. 378–379.

Panda [Pseudonym], ‹Nabroski sovremennosti›, *Večer*, 1909, 8.III.

Pasche, Frs., ‹A Messieurs les Linguistes›, *L'Aéronaute*, 1909, [23.X.], p. 68.

Renouvin, Pierre, *La Crise européenne et la Première Guerre mondiale (1914–1918)*, PUF: P ⁵1969.

Rl., ‹Das Meeting von Brescia›, *Flugsport*, 1909, XX, pp. 553–555.

Rostand, Maurice, *L'Archange*, Petite Illustration: P 1925.

Rousseau, Pierre, *Histoire de la vitesse*, [«Que sais-je?», 88], PUF: P 1963.

S., ‹Iz istorii vozduchoplavanija v Rossii›, *Vozduchoplavanie i sport*, 1909, [24.IX.], Nr. 1.

Salinari, Carlo, *Miti e coscienza del decadentismo italiano*, Feltrinelli: Milano 1960.

Santos-Dumont, Alberto, *My Air-Ships*, Century Co.: NY 1904; Richard: Ldn 1904.

Sazerac de Forge, L., *L'Homme s'envole (Le Passé, le Présent et l'Avenir de l'Aviation)*, Berger-Levrault: P &c 1909.

Schaeck (Oberst), ‹Quelques notes sur les ascensions en ballon libre›, in *Wissenschaftliche Vorträge* [gehalten an der *ILA*], Bln 1910, pp. 165–176.

Scholz, Friedrich, ‹Die Anfänge des russischen Futurismus in sprachwissenschaftlicher Sicht›, *Poetica*, 1968, IV, pp. 477–500.

Sedlmayr, Hans, *Verlust der Mitte*, Müller: Salzburg 1948.

Seliščev, A. M., *Jazyk revoljucionnoj èpochi (Iz nabljudenij nad russkim jazykom poslednich let, 1917–1926)*, Rabotnik Prosv.: M ²1928.

Siegfried, André, *Aspekte des 20. Jahrhunderts*, Langen-Müller: Mchn s.a.

Silberer, Herbert, ‹Die Eroberung der Luft›, *Wiener Luftschiffer-Zeitung*, 1909, [15.VIII.], p. 274.

Silberer, Herbert, ‹Das Fliegen›, *Wiener Luftschiffer-Zeitung*, VIII, 1909, xvii, pp. 289–291.

Skvorcov, L. I., ‹Lunochod›, *Russkaja reč'*, 1971, III, 71–78.

Sodini, Angelo, *Ariel Armato (Gabriele d'Annunzio)*, Mondadori: [Milano] 1931.

Sombart, Werner, *Der Bourgeois (Zur Geistesgeschichte des modernen Wirtschaftsmenschen)*, Duncker & Humblot: Mchn &c 1913.

Steiger, Carl, *Vogelflug und Flugmaschine*, Franz: Mchn 1891.

Steiger, Carl, *Flugwiderstand und Segelflug (Ein Beitrag zur Flugforschung von C. S.)*, Rascher: Zch &c 1911; mit 33 Abb.

Stepanov, Nikolaj, *Velimir Chlebnikov (Žizn' i tvorčestvo)*, SP: M 1975.

‹St-Ex[upéry], écrivain et pilote›, [Sonderheft:] *Icare*, XXX, 1964 (été).

[Striževskij, S.:] Strijevski, S., *N. Joukovski: Fondateur des Sciences Aéronautiques*, Editions en Langues Etrangères: M 1958.

Strowski, Fortunat, *L'Homme moderne*, Grasset: P 1931.

[Der] *Sturm: 2. Ausstellung* [Futuristen], [Sturm:] Bln 1912.

Sussman, H. L., *Victorians and the Machine*, UP: Cambridge, Mass. 1968.

Szondi, Peter, *Das lyrische Drama des Fin de siècle*, [‹Studienausgabe der Vorlesungen›, 4; ‹stw›, 90], Suhrkamp: Ffm 1975.

[Tarabukin, Nikolaj:] Taraboukine, N., *Le dernier tableau*, Champ libre: P 1972.

Tatlin, Vladimir, ‹Zangezi›, *Žizn' iskusstva*, 1923, 8.V., Nr. 18, p. 15.

Tessari, Roberto, *Il mito della macchina (Letteratura e industria nel primo Novecento italiano)*, [‹Saggi›, 20], Mursia: [Milano,] 1973].

Tilgenkamp, Erich, *Schweizer Luftfahrt*, I–III, Aero: Zch 1941–1944.

Toporkov, A., *Tehničeskij byt i sovremennoe iskusstvo*, Gosud. izd-vo: M 1928; Abb.

Trepp, Leo, *Das Judentum*, [‹rde›, 325/326], Rowohlt: Reinbek 1970.

[Trockij, Lev:] Trotzkij, Leo, *literatur und revolution*, gerhardt: berlin 1968.

Tynjanov, Jurij, *Archaisty i novatory*, Priboj: L 1929.

-u-, ‹Der Flugsport in Österreich-Ungarn›, *Flugsport*, 1909, VI, pp. 186–188.

Uspenskij, L[ev V.], *Slovo o slovach (Očerki o jazyke)*, Molodaja Gvardija: [M] ²1957.

Tschižewskij, Dmitrij, ‹Der russische Futurismus und die dichterische Sprache›, *Archiv für das Studium der neueren*

Sprachen, 209, 1972, pp. 76–97.

Valentinov, N., *Maloznakomyj Lenin*, [‹Les Inédits russes›, 4], Cinq Continents: P [1972].

Valle, Giuseppe (Gen.), *Angelo Berardi: Eroico navigatore dell'aria*, Stab. Tip. Unione: Bari 1919.

Van Gennep, Arnold, *Rites de passage*, Nourry: P 1909.

Vasari, Ruggero, *Flugmalerei, moderne Kunst und Reaktion*, [‹Italien in Vergangenheit und Gegenwart›, 3], Möhring: Lpzg 1934.

Verdone, Mario, *Teatro del tempo futurista*, Lerici: Roma [1969].

Vil'činskij, V. P., ‹Literatura 1914–1917 godov›, in *Sud'by russkogo realizma*, L 1972, pp. 228–276.

Vinogradov, D. I., ‹Vozduchoplavanie›, in *Ènciklopedičeskij slovar' Izd-stva Granat*, X, M ⁷[1911?], Sp. 671–708.

Vinogradov, S[vjatoslav], *V derznovennom polete (O B. G. Čuchnovskom)*, [‹Geroi Sovetskoj Rodiny›], Polit. Lit.: M 1975.

Vogt, Adolf Max, *Russische und französische Revolutionsarchitektur (1917/1789)*, [‹dumont kunst-taschenbücher›, 9], DuMont: [Köln 1974].

Vorob'ev, B. N., ‹Vstreči s Konstantinom Ciolkovskim›, in *Ciolkovskij v vospominanijach sovremennikov*, Tula 1971, pp. 29–39.

Wells, H. G., *The Work, Wealth and Happiness of Mankind*, Heinemann: Ldn ²1934.

Wilhelm, Balthasar, *Die Anfänge der Luftschiffahrt (Lana-Gusmão): Zur Erinnerung an den 200. Gedenktag des ersten Ballonaufstiegs (8. Aug. 1709–8. Aug. 1909)*, Breer & Thiemann: Hamm i. W. 1909.

Wilhelm, B., S. J., ‹Neues über Francesco Lana S. J., den Erfinder des Luftschiffs›, *Illustrierte Aëronautische Mitteilungen*, [XIII], 1909, pp. 399–402.

Zamjatin, Evg[enij], ‹Predislovie›, in: [Wells:] Uèlls, G. Dž., *Vojna v vozduche*, Pb 1919, pp. 7–13.

Zatonskij, D[mitrij], *Iskusstvo romana i XX vek*, Chud. Lit.: M 1973.

Zelenev, N., ‹Aviacija›, in *Bol'šaja sovetskaja ènciklopedija*, I, M 1929, Sp. 155–172: Abb.

Zelinskij, Kornelij, ‹Letatlin›, *Večernjaja Moskva*, 1932, 6.IV., Nr. 80.

*VI. Sammelwerke*

Adelt, Leonhard *(ed.)*, *Der Herr der Luft (Flieger- und Luftfahrergeschichten)*, Müller: Mchn &c 1914.

*Aèro-Sbornik (Stat'i, stichi, jumor)*, Caricyn 1923.

Andreev, L. [&] M. Gor'kij [&] F. Sologub *(red.)*, *Ščit (Literaturnyj sbornik)*, Mamontov: M ³1916.

‹Antologia di aeropoeti›, *P.E.N.*, II, iii-iv, Roma 1939.

Apollonio, Umbro *(ed.)*, *Der Futurismus (Manifeste und Dokumente einer künstlerischen Revolution, 1909–1918*, [‹dumont dokumente›], DuMont: [Köln 1972].

Aseev, N. *(ed.)*, *Let*, Izd. Krasnaja Nov': M 1923.

*Aviakul'turu v raboči͡j klub*, ODVF: M 1925.

[Benn, Gottfried, *(ed.)*], *Lyrik des expressionistischen Jahrzehnts (Von den Wegbereitern bis zum Dada)*, [‹dtv-sr›, 4], dtv: Mchn 1962.

Berger, Marcel *(ed.)*, *Les plus belles histoires d'aviation*, Segep: P 1952.

Best, Otto F. *(ed.)* *Expressionismus und Dadaismus*, [‹Reclams UB›, 9653-6], Reclam jun.: Stuttgart [1974].

Čiževskij, Dmitrij *v.* Tschiževskij, Dmitrij.

De Maria, Luciano *(ed.)*, *Marinetti e il futurismo (Un'antologia a cura di L. De M.)*, Mondadori: [Milano] 1973.

De Mendoza, Saverio Laredo *(ed.)*, *La carlinga armoniosa (Antologia d'ali e d'ardore)*, Ceschina: Milano 1929.

De Mendoza, S. Laredo [&] A. Russo (ed.), *Ali e squadriglie (Antologia d'ali e d'azione)*, Milano 1933.

Deppe, Wolfgang G. (et al., *ed.*), *Ohne Hass und Fahne (Kriegsgedichte des 20. Jahrhunderts)*, [‹RK›, 58], Rowohlt: Hamburg 1959.

Ežov, I. S. [&] E. I. Šamurin *(ed.)*, *Russkaja poèzija XX veka (Antologija russkoj liriki ot simvolizma do našich dnej*, s *uvodnoj stat'ej Valer'jana Poljanskogo)*, Novaja Moskva: [M] 1925.

Giedion-Welcker, Carola *(ed.)*, *Poètes à l'écart / Anthologie der Abseitigen*, Benteli: Bern-Bümpliz 1946.

Gorodeckij, S. [&] E. Prichodčenko *(ed.)*, *Rabočij čtec-deklamator*, Priboj: L 1925.

Heintz, Günter *(ed.)*, *Deutsche Arbeiterdichtung, 1910-1933*, [‹Reclams Universal-Bibliothek›, 9700-04], Reclam: Stuttgart [1974].

Lanson, Gustave *(ed.)*, *Anthologie des poètes nouveaux*, Figuière: P 1913.

Lindemann, Gisela *(ed.)*, *Epochen der deutschen Lyrik, 1900-1960 (Erster Teil [1900-1934]*, [‹WR-dtv›, 4023], dtv: Mchn [1974].

Lista, Giovanni *(ed.)*, *Futurisme (Manifestes, Proclamations, Documents)*, L'Age d'Homme: [Lausanne 1973].

Marinetti, F.T. *(ed.)*, *I poeti futuristi*, Poesia: Milano 1912.

Markov, Vladimir *(ed.)*, *Manifesty i programmy russkich futuristov*, [‹Slavische Propyläen›, 27], Fink: Mchn 1967.

Papernyj, Z.S. [&] R.A. Šaceva *(ed.)*, *Proletarskie poèty pervych let sovetskoj èpochi*, [‹BP-BS›] SP: L 1959.

Pattarozzi, Gaetano *(ed.)*, *Carlinga di aeropoeti futuristi di guerra (collaudata da F.T. Marinetti)*, Mediterraneo futurista: Roma [1941?].

Petit, Edmond *(ed.)*, *Heures de vol (Anthologie des aspects aéronautiques de la littérature)*, Paul: P [1956].

Pinthus, Kurt *(ed.)*, *Menschheitsdämmerung (Ein Dokument des Expressionismus)*, [‹rde›, 55-56], Rowohlt: Hamburg 1959.

Popov, V.A. *(ed.)*, *Vozduchoplavanie i aviacija v Rossii do 1907g. (Sbornik dokumentov i materialov)*, Gosizdat Oboronnoj Promyšlennosti: M 1956.

Raabe, Paul *(ed.)*, *Expressionismus: Der Kampf um eine literarische Bewegung*, [‹dtv-sr›, 41], dtv: Mchn 1965.

Reso, Martin (et al., *ed.,*), *Expressionismus: Lyrik*, Aufbau: Bln &c s.a.

Rodman, Selden *(ed.)*, *The Poetry of Flight*, Duell, Sloan & Pearce: NY 1941.

Rothe, Wolfgang *(ed.)*, *Expressionismus als Literatur (Gesammelte Studien)*, Francke: Bern &c [1969].

Rothe, Wolfgang *(ed.)*, *Der Aktivismus, 1915-1920*, [‹dtv-dokumente›, 625], dtv: [Mchn 1969].

Rothe, Wolfgang *(ed.)*, *Deutsche Großstadtlyrik vom Naturalismus bis zur Gegenwart*, [‹Reclams UB›, 9448-52b], Reclam jun.: Stuttgart [1975].

Rühmkorf, Peter *(ed.)*, *131 expressionistische Gedichte*, [‹Wagenbachs Taschenbücherei›, 18], Wagenbach: Bln [1976].

Scheiwiller, Vanni *(ed.)*, *piccola antologia di poeti futuristi*, Pesce d'Oro: Milano 1973.

*Šturm neba*, Ukrvozduchput': Char'kov 1924.

Tschižewskij, Dmitrij [ed.], *Anfänge des russischen Futurismus*, [‹Heidelberger slavische Texte›, 7], Harrassowitz: Wiesbaden 1963.

Viazzi, Glauco [&] Vanni Scheiwiller *(ed.)*, *poeti del secondo futurismo italiano*, Pesce d'Oro: Milano 1973.

Viazzi, Glauco [&] Vanni Scheiwiller *(ed.)*, *dadaisti e modernisti in italia*, Pesce d'Oro: Milano 1974.

Vietta, Silvio *(ed.)*, *Die Lyrik des Expressionismus*, [‹Deutsche Texte›, 37], dtv: Mchn-Tübingen 1976.

Warburg, Jeremy *(ed.)*, *The Industrial Muse: The Industrial Revolution in English Poetry*, Oxford Univ. Press: Ldn 1958.

Wolff, Walter *(ed.)*, *Technik und Dichtung: Ein Überblick über 100 Jahre deutschen Schrifttums*, Oldenburg: Lpzg 1923.

# Bibliographische Nachträge

(zu den Sektionen I bis VI)

I.

Brockett, Paul *(ed.), Bibliography of Aeronautics,* [1909–1927], I–IX, Government Printing Office: Washington 1921–1928.

*Eroberung der Luft,* [ABC-Antiquariats-Katalog, 29], Pinkus: Zch [Juli] 1978; insgesamt 480 Titel; Abb.

II.

Heck, Hans Dieter, *Der Flug,* Suhrkamp: Ffm. 1971.

Mondey, David [&] Juan Trippe *(eds.), The International Encyclopedia of Aviation,* Crown: NY 1977.

Thyrand, Jacques, *Der fliegende Mensch,* Benteli: Bern 1978.

IV.

Hesse, Hermann, *Die Kunst des Müßiggangs (Kurze Prosa aus dem Nachlaß),* Suhrkamp: Ffm 1973; enthält u.a. die Stücke »Spazierfahrt in der Luft« (1911), »Im Flugzeug« (1912); »Luftreise« (1928).

V.

[Anon.:] ›L'Aviation en Russie‹, *L'Aviation illustrée,* 1909, XXXVI, p. 3.

Bihalji-Merin, Oto, *Abenteuer der modernen Kunst (Von der werdenden Einheit der Welt in der Vision der Kunst),* DuMont: Köln 1962.

Bonnet-Labranche, A., ›L'Aviation et la vie moderne‹, *L'Aviation illustrée,* 1909, X, pp. 2–3.

Kamenskij, V., ›Russkoe obščestvo i uspechi russkago vozduchoplavanija‹, *Vestnik vozduchoplavanija,* III, SPb 1912, pp. 2–3; Abb.

Najdenov [V. F.] & [N. N.] Rynin, *Russkoe vozduchoplavanie (Istorija i uspechi),* I, Obščaja pol'za: SPb 1911.

Stierlin, Henri, ›Comprendre l'architecture‹, *Werk/Œuvre,* 1976, XII, pp. 851–854; Abb.

VI.

Supf, Peter *(ed.), Das Hohe Lied vom Flug (Erste Sammlung deutscher Flugdichtung),* I, Union DVG: Bln & c 1928.

# Personenregister

*Kursiv* gesetzte Seitenzahlen verweisen auf den Anmerkungsteil (Fussnoten).

ACHMATOVA, A.A.
26, 50
ACQUAVIVA, G.
290
ADAMS, H.
*197*
ADELT, L.
*104*, 229, *230*
ADER, C.
193–194, 195, *218*, 307, *319*
ADLER, K.
406
AFANAS'EV, K.N. (Afanasjew)
*330*
AFFOLTER, G.F.
125
AICARD, J.
89, *90*
AJALBERT, J.
*227*
AKAŠEV, K.V.
57
ALBERTI, R.
337
ALEKSANDROV, P.A.
*329*
ALTOMARE, L.
71, *245*, 290, 346–348
ANDERS, G.
144
ANDERSEN, T.
*213*, *322*, *325*, *326*
ANDREEV, A.L.
*148*
ANDREEV, L.N.
148–151, *156*, 209, 216
ANNENKOV, J.
58
ANNUNZIO, G. d' *v.* d'Annunzio, G.
ANZANI, A.
51
APOLLINAIRE, G.
193–195, *196*, 234, 241, *243*, *245*, 290, 293, 349–350

APOLLONIO, U.
*VIII*, 66, 67, 71, 76, *165*, 240, 241, 279, 282, 283, 286, 306, 343
ARAGON, L.
245
ARCHDEACON, E.
217
AROSA, P.
82
ARP, H. (J.)
*VIII*, XIII, 50, *62*, *301*, 369
ARTOMONOV, L.K.
*133*
ARVATOV, B.
XII, *59*
ASEEV, N.N.
210, 229
AUDEN, W.H.
*272*
AVRELIJ (Pseudonym) *v.* Brjusov, V.J.
AVERČENKO, A.T.
173
AZADOVSKIJ, K.M.
XIII
AZARI, F.
*168*, 290, *294*, 295–298


BABEL', I. È.
252–254
BACHELARD, G.
170, *171*, *280*, *358*, *366*
BAIRSTOW, L.
224
BALICHIN, V.
329
BALILLA PRATELLA, F. *v.* Pratella, F.B.
BALL, A.
226, 227; 445 (*Abb.* 33)
BALL, H.
166, 215, 257
BALLA, G.
*299*
BAL'MONT, K.D.
239
BALZAC, H. (de)
50

BANHAM, R.
 66, 280, 318, 319, 324, 325
BARBUSSE, H.
 232
BARILLI, R.
 242
BARTHEL, M.
 405
BARTHOU, L.
 89
BATAILLE, R.
 452 (Abb. 44)
BAUDELAIRE, C.
 XIII, 191, 338-339
BAUER, F.
 20
BAUMANN, A.
 135
BAUMGARTH, C.
 70, 72, 74, 247, 283, 287, 288, 291, 297, 344, 345, 347
BECHER, J.R.
 395
BELLOLI, C.
 290
BELYJ, A. (B.N. Bugaev)
 162, 188, 189
BENEDETTA v. Marinetti, B.
BENN, G.
 VII, 60, 393-394
BENZ, E.
 40, 48
BERBLINGER, A.L.
 112
BERDJAEV, N.A.
 IX, X, 179-180, 189
BERGET, A.
 219, 320, 366
BERGMAN, P.
 38, 39, 60, 62, 63, 91, 92
BERGSON, H.
 VIII, 172
BERNARD, J.
 51
BEZZEL, C.
 19
BIEBL, K.
 272
BIÉLOVUCIC, J.
 61, 244

BIERBAUM, P.W.
 125
BISHOP, W.A.
 226
BLÉRIOT, A.
 22, 88
BLÉRIOT, L.
 XI, XIII, 21, 22, 23, 26, 27, 32, 42, 51, 54, 83, 86-96, 98, 99, 104, 110, 126, 127, 138, 139, 143, 151, 172, 185, 202, 248, 269, 306; 423 (Abb. 10), 430 (Abb. 19), 446 (Abb. 36), 449 (Abb. 39)
BLOK, A.A.
 X, 162, 176-182, 216, 250-251
BOCCIONI, U.
 226, 239, 240, 281, 296, 299; Abb. (Frontispiz)
BÖCKLIN, A.
 111, 309-314; 460 (Abb. 51a), 461 (Abb. 51b)
BÖCKLIN, C.
 309, 310, 313
BÖCKLIN, H.
 311
BOELCKE, O.
 226
BOGDANOV, A.A.
 156-160, 344
BOJTÁR, E.
 62
BONČ-BRUEVIČ, V.D.
 53
BORDEAUX, H.
 227
BORGNIS, P.
 124
BOROVOJ, L.J.
 209
BOROZDIN, N.
 133, 134
BOUCHÉ, H.
 146, 221, 223, 224, 231
BRAEGGER, C.
 XIII, 382
BRECHT, B.
 231, 273-277
BREGUET, L.
 221; 426 (Abb. 15)
BRIK, O.M.
 210

Brjusov, V.J. («Avrelij»)
162, 165, 181–189, 191–193, 195, 197, 201, *205, 206,* 213, *239,* 254–256
Brod, M.
19, 20, *23,* 27
Brod, O.
19
Bröger, K.
392–393, 402
Bruno, G.
288
Budennyj, S.M.
252
Bugatti, C.
314
Bùi, X.B.
*90, 225, 267*
Buñuel, L.
62
Burljuk, D.D.
161, 174, 200
Burljuk (Brüder)
162
Buzzi, P.
*47,* 62, 71, 239, 241, 290, 298, 345–346; 474 (*Abb.* 69)

Caesar, G.I. (Cäsar)
89, 109
Calderara, M.
28
Calderón (de la Barca), P.
288
Camp, M. du *v.* du Camp, M.
Canetti, E.
19
Caters (Baron de)
110
Cau, J.
*268*
Cavacchioli, E.
62, 71, 246–247, 290
Cechnovicer, O.V.
*239*
Cendrars, B.
220–222, *257,* 290, 293, *358*
Černyj, S.
173
Cervi (Futurist)
239

Cézanne, P.
189
Chagall, B.
*335*
Chagall, M.
50, 333–335
Chan-Magomedov, S.O.
*329*
Chanute, O.
*319*
Chardžiev, N.I.
*163, 174, 175*
Chatley, H.
196
Chavez, G.
*91, 382*
Chejfec, I.M.
141
Chlebnikov, V.V.
*73,* 161–166, 167, 178–179, 185, 191, 200–207, 208, 209, 211, 212, 213, 239, *294, 326;* 434 (*Abb.* 22)
Chodasevič, V.F.
*180*
Cingria, C.-A.
53
Cinti, D.
*75*
Ciolkovskij, K.È.
135, 182, 210–211, 233
Čiževskij, D.I. (Tschižewskij)
*201*
Cobham, A.
96
Cochrane, W.
54; 427 (*Abb.* 16)
Cocteau, J.
*168,* 290, 358–359, 362
Coli, F.
274
Corbusier *v.* Le Corbusier
Cordoue, G. (de)
450 (*Abb.* 40), 451 (*Abb.* 42)
Cosimo I. (Medici)
43
Coste, D.
271; 457 (*Abb.* 49)
Courths-Mahler, H.
122
Čukovskij, K.I.
*161,* 182, *201, 204,* 289, 290, 291

Curie, M. & P.
158
Curtiss, G.
23, 24, 27, 28, 29, 34, 107; 423 (*Abb.* 10), 424 (*Abb.* 12)
Cvetaeva, M. I.
50, *193*

d'Annunzio, G.
27, 28-49, 59-61, *70*, *72*, 78, 84, 91-94, 115, 122, 143, 148, 150, 151, 156, *168*, 169, 245, 246, 248, 271, 276, 280, 349, *350;* 437 (*Abb.* 27), 438 (*Abb.* 28), 455 (*Abb.* 47)
Dante (Alighieri)
34
Däubler, T.
374-375
Dauzat, A.
*193*
Davis, D.
*299*
Degen, J.
112
Dehmel, R.
373-374
Delagrange, L.
424 (*Abb.* 11)
Delaunay, R.
306; 465 (*Abb.* 56)
Delone, N. B. (Delaunay)
135
Demanest, R.
421 (*Abb.* 8)
de Maria, F.
71
de Maria, L.
*63*, 79
de Mendoza, S. L. *v.* Laredo de Mendoza, S.
Demeny, P.
345
Demolder, E.
82
Deutsch (de La Meurthe), H.
87
di Bosso, R.
458 (*Abb.* 50)
Djagilev, S. P. (Diaghilew)
50

Döblin, A.
287, 290, 291, 301
Dolbin, B. F.
*217*
Dollfus, C.
*146*, *221*, *223*, *224*, *231*
Dominik, H.
111, *112*, 266
Dorival, B.
*306*
Dortu, M.
379-380
Dostoevskij, F. M.
164
Dottori, G.
*299*
Drieu la Rochelle, P.
228-229
Dubasov, F. V.
56
du Camp, M.
82
Dufaux, A.
125, *315;* 420 (*Abb.* 6)
Dufaux, H.
124, *315*
Duhem, J.
*306*, *308*, *337*
Duncan, I.
295
Durand, G.
*361*
Durtain, L.
*64*
Duval (Général)
*269*

Eckart (Meister)
*327*
Eckermann, J. P.
126
Eckinger, W.
*124*, *125*, *315*
Edison, T. A.
413 (*Abb.* 1)
Efimov, M. N.
171
Ehrenburg, I. *v.* Ėrenburg, I. G.
Ehrenstein, A.
401, 407-408; 432 (*Abb.* 21)

EINSTEIN, A.
VIII, 182
ELIADE, M.
*71, 359*
ELIOT, T.S.
50
ELUARD, P.
306, *307*
EMBLER, W.
*302*
ENGELKE, G.
377–378
EPSTEIN, J.
293
ERBA, C.
239
ERBSLÖH, G.
*298*
ÈRENBURG, I.G. (Ehrenburg)
50
ERNST, M.
306
ÈTKIND, E.G.
*178*
EUKLID (Eukleides)
303
EULER, A.
110, 111
EVREINOV, N.N.
*170*, 171
EXNER, R.
*382*
EYTH, M.
112–113
EŽOV, I.S.
*208*

FALKE, K.
119
FARMAN, H.
51, 107, 151, *183*, 184, 205, 206; 423 (*Abb.* 10)
FAURE-FAVIER, L.
*304*
FEDORČENKO, S.Z.
208
FEDOROV, N.F.
105, 155, 164, 182, 210
FELLMANN, E.A.
XIII

FERBER, F.
126, *217*, 218
FILLIA (L. Colombo)
291, 299
FISCHER, L.
*53, 54*
FONTAINE, C.
87–88
FONTANA, P.
XIII
FORD, H.
317
FOUNT-LE-ROY, R.
252–253
FRANCE, A.
172, 233
FRANK, J.
*367*
FRANK, M.L.
137
FRAZIER, C.
299
FREUD, S.
VIII, 307
FREYER, H.
*130*
FRISCH, M.
144
FROMM, E.
*228*, 242
FUCHS, W.J.
*80, 349*
FÜLÖP-MILLER, R.
*59*

GAGARIN, J.A.
90, 270
GAISER, G.
232
GAKKEL', J.M.
*136*
GALLOT, M.
*242*
GARROS, R.
*168*, 267, 357, 358, 359, 362, 363; 436 (*Abb.* 26)
GASTEV, A.K.
187
GASTINE, L.
85

GAUDÍ, A.
118
GAZDA, G.
*62*
GEISENHEYNER, M.
*110, 111*
GENNEP, A. VAN v. van Gennep, A.
GEORGE, S.
234
GERASIMOV, K.S.
*182*
GERASIMOV, M.P.
187
GERMAN, J.N.
135
GHIL, R.
165, 185, 187, 191, 192, 197
GIBBS-SMITH, C.H.
*XI, 54, 87, 96, 98, 183, 223*
GIDE, A.
49
GINC, S.
*170, 173, 174*
GIOTTO (di Bondone)
362, 363
GIPKENS (Graphiker)
107
GLADKOV, B.
330
GOETHE, J.W.
126, *337*
GOMBROWICZ, W.
62
GONČAROVA, N.S.
306
GORELIK, I.A.
141
GORETTI, M.
290
GORIÉLY, B.
*176*
GOR'KIJ, M. (A.M. Peškov)
*156*, 176, 207, 218, *344*
GOVONI, C.
71
GRABBE, D.M.
*133*
GRADE, H.
106, 107, 108
GRAVIÈRE-SILVER, M.
*225*

GREGH, F.
368
GREGORY, R.
234
GRIGOROVIČ, D.P.
251
GRISAR, E.
397-398
GROSZ, G.
231
GRYGAR, M.
*304*
GUILLAUMET, N.H.
*268*
GULDIMANN, W.
*223*, 224, *228*
GUMILEV, N.S.
50, 239
GURIAN, W.
*58*
GURO, E.G.
162
GUSMAN, B.E.
*170*
GUTFREUND, O.
50
GUYER, G.A.
*119*
GUYNEMER, G.
226, *227*, *361*
GUYOT, A.
203; 425 (*Abb.* 14)

HAGGERTY, J.J.
*90*
HAMSUN, K.
167, 172
HAŠEK, J.
261-263
HASENCLEVER, W.
*352, 383*
HAUPTMANN, G.
172
HEARNE, R.P.
96-97, 100
HEER, J.C.
120-122
HEIDEGGER, M.
26, 180
HEINE, TH.
449 (*Abb.* 39)

HEINRICH, M.
*266*
HELMHOLTZ, H.L.F. (VON)
313, 314
HEYM, G.
*352*
HITLER, A.
242, 299
HOCKE, G.R.
*47*
HODDIS, J. (VAN) *v.* van Hoddis, J.
HOFMANNSTHAL, H. (VON)
126, 127, 131–132, 171, 380–382
HOLTHUSEN, J.
*152*, 155
HOOREBEECK, A. (VAN) *v.* VAN HOOREBEECK
HORVÁTH, Ö. (VON)
231
HRŮZA, J.
*330*
HUMESKY, A.
*212*
HUYSMANS, J.-K.
153

IGNAT'EV, I.V.
*201*
INGOLD, F.P.
*24, 299, 306, 309*
IRTEGOV, I.D.
174
ISNENGHI, M.
*239*
ISRAËL, J.
*268*
ITALIAANDER, R.
*108*
IVANOV, G.V.
238
IVANOV, V.I.
162
IZAMBARD, G.
*345*


JACOBIUS, H.
111, *120*
JAKOVLEV, A.S.
*57, 58, 211, 252*
JANOUCH, G.
*24, 45*

JATHO, K.
106
JARRY, A.
53, 82, *83*
JEAN PAUL (Richter)
130
JEAN-JACQUES (Übersetzer)
*72*
JENY, L.
*117*
JOUKOVSKI, N. *v.* Žukovskij, N.E.
JÜNGER, E.
73, 232, 234–238
JUST, K.G.
*337*

KAFKA, F.
19–27, 28, 29, 31, 32, 34, 45, 48, 49, 50, 145, 179, 216, 263; 432 (*Abb.* 21)
KAHN, G.
60, 279
KAINZ, J.
*382*
KAMENSKIJ, V.V.
162, 166–176, 200, 201, *206*, 207, 208, 226, 279; 434 (*Abb.* 22–23), 435 (*Abb.* 24–25)
KANT, I.
126
KATAEV, V.P.
54–56, 139–141, 142, 143, *359*
KATZENELSON, L.
432 (*Abb.* 21)
KEHLER (Literat)
119
KELLER, G.
*168*, 297
KESSEL, J.
267
KESSELRING (Konstrukteur)
*315*
KIRILLOV, V.T.
187
KISTEMAECKERS, H.
82–83
KLEE, P.
259
KLEMM, W.
396
KLEY (Graphiker)
455 (*Abb.* 47)
KNJAZEV, V.V.
173

KONEČNÝ, D.
62
KÖPPEN, W.
217
KORŽEV, M.
330
KOSMODEM'JANSKIJ, A.A.
136
KRAUS, K.
126, 128–130, 132–133, 161, 166, 182, 227, 230, 231, 232, 263–266
KREBS, R.
299
KRESS, W.
104
KRODY, B.
299
KROHA, J.
330
KRUČENYCH, A.E.
174, 200, 207, 298
KRUPSKAJA, E.V.
53
KRUPSKAJA, N.K.
53, 54–56
KÜHN, D.
226
KUPČINSKIJ, F.
198–200, 206–207, 294
KUPRIN, A.I.
141–146, 151, 175
KUZMIN, M.A.
162
KUZNECOV, A.I.
330

LADOVSKIJ, N.A.
330
LAMBERT, C. (Comte de)
106, 321
LANA, F.
20
LANDES, D.S.
IX
LANDSBERG, P.L.
44
LANDSINGER, S.
312
LANGLEY, S.P.
315

LAREDO DE MENDOZA, S.
245, 290
LASSWITZ, K.
112
LATHAM, H.
106, 107, 143; 423 (*Abb.* 10)
LEBEDEV, V.A.
171, 173; 434 (*Abb.* 23)
LEBLANC, J.
22, 217
LE BRIX, J.
457 (*Abb.* 49)
LE CORBUSIER (E. Jeanneret)
50, 271–272, 317–322, 323, 325, 369
LEFÈBVRE, E.
425 (*Abb.* 13)
LEGAGNEUX, G.
126, 127
LEGENDRE, A.
53
LEJTES, A.
207, 209
LENIN, V.I. (V.I. Ul'janov)
50, 52–59, 182, 218
LEONARDO (Lionardo da Vinci)
33, 43, 91, 255, 309, 314; 413 (*Abb.* 1)
LEONIDOV, I.I.
329
LEPSIUS, B.
110
LERSCH, H.
403–404
LEVAILLANT (Lt. de vaisseau)
97
LEVAVASSEUR, L.
51
LEWIS, K.
157
LHOSPICE, M.
87, 89, 93, 95, 96, 104
LILIENTHAL, O. (von)
197, 319
LINATI, C.
53
LINDBERGH, C.A.
XIII, 90, 248, 268–274; 446 (*Abb.* 36), 447 (*Abb.* 37)
LINDBERGH, G.
269
LINDER, M.
139

503

LINNEMANN (Konstrukteur)
54
LISICKIJ, È. (El Lissitzky)
*VIII*, 62, *301*, 328–330, 334
LISTA, G.
61, 69, 71, *193*, 243, 245, 284, 290, 295, 298, 299, *304*, 306
LIWENTAAL (Pilot)
124
LOBAČEVSKIJ, N. I. (N. Lobatschewski)
303
LOCHNER, W.
*107*
LOTI, P.
172
LUBLINSKI, S.
VII
LUCINI, G. P.
62, *75*, 287–289, 291
LUNAČARSKIJ, A. V.
*334, 344*

MÄCHLER, R.
*122*
MACIEVIČ, L. M.
146–148
MAETERLINCK, M.
172, 279
MAGNE, E.
*80, 82*
MAIRE (Konstrukteur)
124
MAJAKOVSKIJ, V. V.
174, *200*, 207, 210–211, *212*, *229*, 239, 289; *472* (*Abb.* 66)
MALEVIČ, K. S.
*174*, 212, 213, 306, *308*, 322–330, 334; *466* (*Abb.* 58–59), *467* (*Abb.* 60–61), *469* (*Abb.* 62), *471* (*Abb.* 65)
MALLARMÉ, S.
XIII, 340–341, 342
MALLET, F.
*216*
MALO, C.
*299*
MALRAUX, A.
232, 267, 272
MANDELSTAMM, V.
83–85, 101, *196*
MANNOCK, E.
226

MANTHÉ, G. (de)
*193*
MANUJLOV, V. A.
*183*
MARÉES, H. (von)
*312*
MARIA (F.&L. DE) *v.* DE MARIA
MARINETTI, B. («Benedetta»)
291, *299*
MARINETTI, F. T.
VIII, XIII, 49, 59–80, 82, 89, 91, 102, 114, 115, 161, 164, 165, *168*, 169, 171, 172, 182, 226, 232, 239, 240, 241–246, 248, 258, 279–299, 303–304, 317, 343, 344, 345; 473 (*Abb.* 68), 474 (*Abb.* 70)
MARINO, G.
288
MARKOV, V. F.
*200, 201*
MARŠIS (Prof.)
*135*
MASCHKE, G.
*157*
MASUR, G.
*245*
MATJUŠIN, M. V.
162, *174, 289*, 298
MAXANGE, E. (de)
*89, 90*
MAY, K.
76
MEJERCHOL'D, V. È. (W. Meierhold)
58, 59
MELETINSKIJ, E. M.
XIII
MEL'NIKOV, K. S.
330
MENDÈS, C.
60
MEREŽKOVSKIJ, D. S.
239
MERMOZ, J.
271, 361
MEYER, A.
220
MICHAJLOVSKIJ, B. V.
*239*
MICHELANGELO (Buonarotti)
36, 43
MICHELIS, C. G. (de)
*62, 165, 289*

504

MIELE, F.
*58*
MILLERAND, E.-A.
89
MINDER, R.
*50*
MIX, S.
*168*, 297
MOČUL'SKIJ, K.V.
*183*
MODIGLIANI, A.
50
MOEDEBECK, H.W.L.
*197, 216*
MONDOR, H.
*341*
MONTGOLFIER, J.E.&J.M. (de)
91, 306
MORAND, P.
302
MORASSO, M.
30, 38, 39, 63, 64, *70*, 81, 115, 168, *302*, 343
MOROZOV, N.A.
*134*, 147, 151, *252*
MOSCHER, F.
*253*
MOŽAJSKIJ, A.F.
134, 307
MOZART, W.A.
249
MÜHSAM, E.
113
MÜLLER-BOHN, H.
107
MUMFORD, L.
*242*, 243
MURATOV, S.V.
*136*
MUSCHG, A.
XIV
MUSCHG, W.
*225, 337*
MUSIL, R.
VII, 248-250, 260
MUSSOLINI, B.
*72*, 242, 246, 299

NADAR (F. Tournachon)
82
NADAUD, M.
*227*

NAJDENOV, V.F.
*134*
NAPOLÉON, I. (Bonaparte)
39, 126
NATHAN, J.
*73, 229, 293*
NEBEL, O.
257-258, 409
NEMČENKO, S.A.
*133*
NERVAL, G. (de)
338
NESTEROV, P.N.
297
NIETZSCHE, F.
24, 30, 38-42, *43*, 44-48, 69, 70, 71, *72*,
76, 115, 132, 152, 155, *233*, 271, 280,
292, 340, 341-342, 343, 349, 371, 373
NIJINSKY (Tänzer)
295
NORTHCLIFFE (Lord)
88
NOWOTNY, R.
226
NUNGESSER, C.
274

OJETTI, U.
*30*
OLEŠA, J.K.
138-139, 141, 142, 143
OPELÍK, J.
XIII
ORDŽOKINIDZE, G.K.
53
ORELLI, H. (von)
*125*
OWEN, W. (E. Salter)
*225*
OZENFANT, A.
*319*

PACORET, E.
*223, 249*
PALADINI, V.
*344*
PALAZZESCHI, A.
*61*
PAN (Pseudonym)
*151*
PANAMARENKO (Objektkünstler)
299

PANDA (Pseudonym)
*165*
PANNAGGI, I.
*344*
PARSEVAL (Major von)
108, *135*
PASCHE, F.
*81*, 196
PATTAROZZI, G.
290
PAUL, J. v. Jean Paul (Richter)
PAULHAN, L.
423 (*Abb.* 10)
PAULSEN, R.
256
PEROTTI, L.
62
PERRIN, L.
85
PETIT, E.
*51, 193, 268, 356*
PFANKUCH, S.
*115*
PFEMFERT, F.
256
PICASSO, P.
50
PICHOIS, C.
*302*
PICK, O.
432 (*Abb.* 21)
PIENE, O.
299
PIMIENTA, G.
456 (*Abb.* 48)
PINTHUS, K.
*352*
PÍŠA, A.M.
*273*
PJAST, V.A.
*178*
PJATNICKIJ, I.A.
53
PLAN, P.P.
187
POE, E.A.
155
PONTIÉ, E.
87
POPOV, V.A.
*134*

POTAPOV, A.A.
174
POULET, G.
*366*
POUND, E.
50
PRAMPOLINI, E.
*299, 344*
PRATELLA (Balilla F.)
*61*, 298
PRECONI, H.G.
*49*
PRIŠVIN, M.M.
45
PROUST, M.
53, 259–261, 335, 360–365
PTAŠNIKOV (Brüder)
144
PUCCINI, G.
27
PUNI, I.A. (J. Pougny)
*50, 334*

RAABE, P.
*113*
RAMSAY, W.
158
RANK, O.
79
RECH (Konstrukteur)
124
RED'KO, A.M.
*136*
REED, J.
56
RÉGNIER, H. (de)
60
REITBERGER, R.C.
*80, 349*
REMBRANDT (H. van Rijn)
317
RENARD, P.
101
RENAUD, C.
*85*
RENOUVIN, P.
*223, 232*
REPIN, I.E.
175
REUTERSWÄRD, C.F.
299

Richthofen, L. (von)
232; 445 (*Abb.* 34)
Richthofen, M. (von)
XIII, 226, 230–232, 236, 245, 246, 263;
445 (*Abb.* 34), 446 (*Abb.* 35)
Rickmann (Konstrukteur)
428 (*Abb.* 17)
Riecken, J.
219; 415 (*Abb.* 2)
Riemann, B.
303
Rilke, R. M.
IX, 50, 51, 52, 179, 182, 234, 351, 352–356, 399
Rimbaud, A.
340, 345
Riwkin, M.
54
Robert, P.
*193*
Rodčenko, A. M.
472 (*Abb.* 66)
Rolls, W.
219
Romains, J.
50, 51, *52*
Rosny, H.-J. (aîné)
266
Rossinskij, B. I.
*58, 136,* 171
Rostand, M.
227
Rothe, W.
*256*
Rougier, H.
23, 27, 45; 431 (*Abb.* 20)
Rousseau, H.
306
Rousseau, J.-J.
187
Rousseau, P.
*282*
Roy, J.
73, *268*
Rubiner, L.
*352*
Rumpler, E.
111
Runkel, F.
*309*

Russo, A.
*290*
Russolo, L.
298


Šachovskaja, Z. A.
*133*
Saint-Exupéry, A. (de)
232, 248, 267, 268, 270, 272
Saint-Fégor, L. (de)
*361*
Salinari, C.
*40*
Šaljapin, F. I.
175
Šamurin, E. I.
*208*
Sandreuter, H.
*312*
Sansot (Verleger)
*75*
Sant'Elia, A.
239, 324
Santos-Dumont, A.
51, *91*, 106, 359
Sanzin, B. G.
290
Sazerac de Forge, L.
217, *218*
Ščetinin, S. S.
135
Schaeck (Oberst)
118, *119*
Schayé, P.-A.
82
Scheerbart, P.
113–118, 130, 153, 161, *216*, 258, 284, 297
Scheiwiller, V.
*247, 346, 348*
Schickele, R.
350–352, 409
Schmidt, A.
311
Schmidt, F. A.
*312*
Scholz, F.
*209*
Schopenhauer, A.
152

SCURTO, I.
290
SEDLMAYR, H.
*330*
SEGANTINI, GIOVANNI
314–315; 462 (*Abb.* 52)
SEGANTINI, GOTTARDO
315
SELIŠČEV, A.M.
*210*
SEMENKO, I.M.
XIII
SEMENKO, M.
297
ŠESTERIKOVA, L.
*138, 147*, 297
SEVERINI, G.
*281*, 304–306
SEVERJANIN, I. (I.V. Lotarev)
290
SHACKLETON, E.H.
87
SHAKESPEARE, W.
288
SIEGFRIED, A.
*282*, 302–303
SIEMENS, W. (von)
313
SIKORSKIJ, I.I.
251
SILBERER, H.
26, *89*, 126, *127, 128*
SILBERER, V.
111, 125, 127
SINJAVSKIJ, A.D. *v.* Terc, A.
ŠIŠKOV, V.
*207*
ŠKLOVSKIJ, V.B.
*201, 333*
SKVORCOV, L.I.
*209*
SMIRNOV, P.I.
*151*
SODINI, A.
*245*
SOLOGUB, F. (F.K. Teternikov)
151–157, 159, 160, 239
SOLOV'EV, S.M.
239
SOMBART, W.
216, 269

SOMENZI, V.
*299*
SOMMER, R.
*221;* 426 (*Abb.* 15)
SONNE (Konstrukteur)
54
SPIESS, H.
455 (*Abb.* 46)
STADLER, A.
310
STEIGER, C.
315–316; 463 (*Abb.* 53), 464
(*Abb.* 54–55)
STEIN, G.
50
STENBOK-FERMOR, I.V.
*133*
STEPANOV, N.L.
*161, 163*
STERN, N.
104, *105*
STEVER, H.G.
*90*
STIFTER, A.
122, 123, 124
STOLL, F.
457 (*Abb.* 49)
STOLYPIN, P.A.
*133*
STRAVINSKIJ, I.F.
50
STRIŽEVSKIJ, S. (Strijevski)
*136, 137*
STROWSKI, F.
*282, 302*
SULLY-PRUDHOMME (R.F.A. Prudhomme)
191
SUPF, P.
*110, 111*
SUSSMANN, H.L.
99
SVERČKOV, E.P.
*136*
SZONDI, P.
*353*


TARABUKIN, N.M. (Taraboukine)
317
TATARINOV, V.V.
134

TATLIN, V.E.
213, 330-333
TATO (Futurist)
299
TEIGE, K.
62
TERC, A. (A.D. Sinjavskij)
326
TERRAINE, J.
227
TESSARI, R.
*IX, 30, 38, 302*
THOREAU, H.D.
167
TILGENKAMP, E.
*124, 125, 223, 314, 315, 316*
TOLNAY, C. (de)
*40*
TOLSTOJ, A.N.
266
TOMMEI (Futurist)
239
TOPORKOV, A.K.
307-308, 309, 316, 330
TRENIN, V.V.
*163, 174*
TREPP, L.
*333*
TRET'JAKOV, S.M.
273
TROCKIJ, L.D. (L. Trotzki)
57, 58, 243
TROCMÉ, G.
*268*
TRUBECKOJ, P.N.
*133*
TSCHIŻEWSKIJ, D.I. v. Čiževskij, D.I.
TSCHUDI, G. (von)
110
TUPOLEV, A.N.
*136*
TUWIM, J.
*64, 73*
TYNJANOV, J.N.
*201*

UL'JANOV, V.I. v. Lenin, V.I.
UL'JANOVA, M.I.
53
UNGARETTI, G.
50

URBAN, P.
*161*
USPENSKIJ, L.V.
*199*
UTECHIN, S.V.
*344*
UTOČKIN, S.I.
138, 139, 142, 143, 171


VALENTINOV, N.
*53*
VALÉRY, P.
356
VALLE, G.
*227*
VAN-DER-ŠKRUF, A.A.
138
van DYCK, A.
46
van GENNEP, A.
71
van HODDIS, J.
352
van HOOREBEECK, A.
*28, 321*
VASARI, R.
*299*
VASIL'EV (Pilot)
171
VERDONE, M.
*295*
VERHAEREN, E.
49, *73*, 82, 161, 165, 172, 191, 279
VERLAINE, P.
340
VERNE, J.
82, *83*, 85, 166
VERONESE, P.
36
VERSINS, P.
*86*
VESNIN, A.&V.
330
VIGNY, A. (de)
50
VIL'ČINSKIJ, V.P.
*239*
VINCI, L. (da) v. Leonardo (da Vinci)
VINOGRADOV, S.F.
*252*

VIVIANI A.
*290*

VOGT, A. M.
*330*

VOINOV, V.
173

VOISIN, G.
51, 107, 143, 317, 318

VOLLMOELLER, K.
29, *350*, 384–386

VOLOD'KO, I. I.
330

VOLOŠIN, M. A.
183, *255*

VOROB'EV, B. N.
135

WACHSMUTH, R.
110

WALDEN, H.
256, 287, 291

WALSER, R.
120, 122–124, 143

WARNOD, A.
450 (*Abb.* 41)

WEBER, H.
*157*

WEIL, L.
54

WELLS, H. G.
85, 98–104, 108, *109*, 112, 115, 116, 154, 156, 158, 165, 166, 233, 242

WERFEL, F.
*352*

WHITMAN, W.
161, 165

WIELAND, C. M.
*337*

WILDE, O.
155

WILHELM, B.
*20*

WOLFENSTEIN, A.
376–377, 400

WOOLF, V.
IX

WRIGHT, O. & W.
XI, 50, 51, 62, 83, 99, 106, 126, 140, 143, 184, 197, 218, 255, 269, 311; 449 (*Abb.* 38)

WÜRGLER, H.
XIV

WÜSCHER, H.
*312*


YEATS, W. B.
234


ZAIKIN, I.
144–146

ZAMENHOF, L. L.
*217*

ZAMJATIN, E. I.
*159*, 233, 266

ZATONSKIJ, D. V.
*IX*

ZELENEV, N.
*136*

ZELINSKIJ, K. L.
*213*, 332

ZEPPELIN, F. (Graf von)
106, 108, 110, 126, 127

ZIPFEL, A.
106

ZOLA, E.
50

ŽUKOVSKIJ, N. E. (Joukovski)
136, 137

ZURHELLE, V.
*312*

ZWEIG, S.
348–349, 387–391

*Felix Philipp Ingold
im Suhrkamp Verlag*

Leben Lamberts. Prosa. 1979. brosch.

## suhrkamp taschenbücher

st 531 Hermann Lenz
Der russische Regenbogen
Roman
176 Seiten
Die junge Russin Tamara wird 1944 als Kriegsgefangene nach Ostpreußen geschafft, von dort flieht sie, gelangt aber nur in das Fremdarbeiterinnenlager einer süddeutschen Stadt. Ihr moralischer Halt sind ihr Haß und das Gift, das sie in der Jacke versteckt hat. Von den Amerikanern befreit, gibt sie ein Fest, das Opfer und ehemalige Feinde vereint.

st 532 Christiane Rochefort
Frühling für Anfänger
Roman
Aus dem Französischen von Eugen Helmlé
240 Seiten
Christoph Ronin, sechzehn Jahre, dreht eines Abends durch. Aus der Beschirmtheit durch den häuslichen Fernsehapparat geht er weg und seiner eigenen Wege. Seine Stationen sind Pommes-frites-Buden, Flipperlokale, eine Bibliothek, drei Betten und ein Parkplatz. Der März im Paris des Jahres 1967 wird zum Vorboten des Pariser Mai 1968.

st 534 Staniław Lem
Der futurologische Kongreß
Aus Ijon Tichys Erinnerungen
Aus dem Polnischen von I. Zimmermann-Göllheim
Phantastische Bibliothek Band 29
144 Seiten

Im Zeitalter der Psychemie werden alle Sinneswahrnehmungen durch chemische Mittel beeinflußt, die die ganze menschliche Existenz durchdringen, so daß es keine Wirklichkeit mehr gibt, die nicht chemisch manipuliert wäre. Lem betreibt ein Spiel mit der Sprache und imaginiert beiläufig eine Futurologie, die die Zukunft anhand der Umformungsmöglichkeiten der Sprache erforscht.

st 535 Herbert W. Franke
Sirius Transit
Phantastische Bibliothek Band 30
176 Seiten
Ein neuentdeckter, erdähnlicher Planet und eine Firma, die die Besiedlung organisiert: die SIRIUS TRANSIT. Für Barry Griffin bedeutet der neue Planet die Erfüllung alter Träume und Sehnsüchte, und er hofft, daß der ältere Bruder, der Leiter der SIRIUS TRANSIT, ihm einen Job bei den Erschließungsarbeiten verschaffen kann. Schließlich gelingt es Barry, das Geheimnis der SIRIUS TRANSIT aufzuklären, aber er verirrt sich in diesem System perfekter technischer Illusion, in dem die Unterschiede zwischen Wirklichkeit und Täuschung verfließen.

st 536 Samuel Beckett
Der Namenlose
Roman
Übertragen von Elmar Tophoven, Erika Tophoven und Erich Franzen
180 Seiten
»Es ist die Kunst des dichterischen Buchstabierens, die hier durch den Mund eines Quasi-Toten geübt wird: höchste Raffinesse verbindet sich mit der Magie des Simplen: Versuche, die verlorengegangene Wirklichkeit durch rücksichtslose Reduktion einzubringen.«
*Horst Krüger*

st 539 Darko Suvin
Poetik der Science Fiction
Zur Theorie und Geschichte einer literarischen Gattung
Aus dem Amerikanischen übersetzt von Franz Rottensteiner
Phantastische Bibliothek Band 31
368 Seiten
Der Literaturwissenschaftler und SF-Theoretiker Suvin beginnt mit der Absteckung der Grenzen der SF gegen-

über benachbarten Gattungen wie Märchen, Mythos, Schäferdichtung und Phantastik. Sodann wird die Utopie als in erster Linie literarisches Kunstwerk neu definiert. Im historischen Teil des Buches werden die theoretischen Postulate und Erkenntnisse konsequent zur Untersuchung der Geschichte der Gattung herangezogen, von der ältesten griechischen Vorstellung über die Utopien und Staatsromane der Renaissance, den Planetenroman, die Erneuerungsbestrebungen der Romantik, bis hin zu so hervorragenden Ahnherren der modernen SF wie Verne, Wells und Čapek.

st 540 M. R. James
Der Schatz des Abtes Thomas
Phantastische Geschichten
Deutsch von Friedrich Polakovics
Phantastische Bibliothek Band 32
208 Seiten
M. R. James hat unter den Liebhabern der Geistesgeschichte den gleichen Ruf wie A. Conan Doyle unter den Anhängern der Detektivgeschichte. Die Geschichten dieses Bandes sind getränkt von Hexerei, Dämonologie, Geheimwissenschaft und Folklore. Die Geister sind weder freundlich noch amüsant, sondern gefährlich und rachsüchtig. »... eine genüßliche Lektüre für lange Abende.«
*Neue Westfälische*

st 541 Thomas Brasch
Kargo. 32. Versuch auf einem untergehenden Schiff aus der eigenen Haut zu kommen
198 Seiten
»So könnte kein anderer schreiben, er fände nicht einmal die Sprache. ... Es wachsen unserer Literatur Autoren zu, die dazu beitragen, daß uns Hören und Sehen vergeht – oder endlich wiederkommt.« *Martin Gregor-Dellin*

st 542 Franz Innerhofer
Schattseite. Roman
272 Seiten
Nach seinem ersten Roman *Schöne Tage* (st 349) erzählt Innerhofer in seinem neuen Buch von den weiteren Stationen seines alter ego Holl.
»Wo Literatur sich gegen jene Verhältnisse wendet, wo die Hauptfigur des Romans kein stärkeres Bedürfnis

kennt, als die herrschenden Lebens- und Arbeitsbedingungen loszuwerden, da stellt sich Literatur, ob sie es will oder nicht, mitten hinein in die aktuellen gesellschaftlichen Auseinandersetzungen.« *Michael Scharang*

st 544 Helmuth Plessner
Zwischen Philosophie und Gesellschaft
Ausgewählte Abhandlungen und Vorträge
382 Seiten
Die Abhandlungen und Vorträge Plessners beschäftigen sich mit der Situation der Philosophie zwischen den beiden Weltkriegen, mit dem Werk Husserls, mit Nicolai Hartmann und mit der gewiß nicht veralteten Frage, ob es einen Fortschritt in der Philosophie gebe. Einen weiteren Schwerpunkt bilden die Arbeiten zur philosophischen Anthropologie: Zur Deutung des mimischen Ausdrucks, zur Anthropologie des Schauspielers, über das Lächeln und über das Problem des Verhältnisses der menschlichen Natur zur Macht.

st 545 Stimmen und Visionen
Gespräche von Sam Keen mit Norman O. Brown, Herbert Marcuse, Joseph Campbell, John Lilly, Carlos Castaneda, Oscar Ichazo, Stanley Keleman, Ernest Becker, Robert Assagioli
Aus dem Amerikanischen von Dora Fischer-Barnicol
240 Seiten
Der Harvard-Professor Sam Keen führte in den ersten siebziger Jahren im Auftrag der Zeitschrift *Psychology Today* Gespräche mit berühmten Zeitgenossen. Ziel und Ergebnis waren eine Übersicht der spirituellen, psychologischen und politischen Bewegungen, der ›geistigen‹ Vorgänge auf der amerikanischen Szene.

st 546 Volker Braun
Das ungezwungne Leben Kasts
208 Seiten
Vier Liebesgeschichten sind es, die erste von einem Zwanzigjährigen geschrieben, die letzte im Alter von fünfunddreißig. Hier wird den gesellschaftlichen Widersprüchen des realen Sozialismus auf den Grund gegangen bei dem Versuch, die verschiedenen Lebensbereiche – Arbeit, Wissenschaft, das Künstlerische, das Körperliche – für sich, für Kasts Leben, zu vereinen. Kast erfährt »die neuen

Abhängigkeiten«, die im Sozialismus »um so härter empfunden, fürchterlicher werden«.

st 547 Max Brod
Der Prager Kreis
Mit einem Nachwort von Peter Demetz
264 Seiten
Die Darstellung geht von dem »engeren Prager Kreis« aus, der Kafka, Brod, Felix Weltsch, Oskar Baum, Ludwig Winder umfaßte. Brod schildert dann die Kontakte mit dem »weiteren Prager Kreis« (Franz Werfel, Willy Haas, Johannes Urzidil u. a.) und mit den tschechischen Künstlern. Auch zeigt er viele andere »Ausstrahlungen«. So ruft er zum Beispiel den genialen Erzähler Hermann Grab in Erinnerung.

st 548 Friederike Mayröcker. Ein Lesebuch
Herausgegeben und eingeleitet von Gisela Lindemann
352 Seiten
Die Auswahl aus dem bisherigen Werk von Friederike Mayröcker ist eine näherungsweise thematisch orientierte Komposition. Es sollen darin alle literarischen Formen vorgeführt werden, die die Autorin im Laufe der Jahre durchgespielt hat: unterschiedliche Formen von Lyrik, szenischer Prosa, Hörspiel, erzählender Prosa.

st 549 E. M. Cioran
Vom Nachteil, geboren zu sein
Übersetzt von François Bondy
176 Seiten
Jenseits aller intellektuellen und weltanschaulichen Lager hat Cioran in seinen Aphorismen eine Position bezogen, die er selbst als die des Zweiflers, des radikalen Skeptikers bezeichnet.

st 550 E. M. Cioran
Die verfehlte Schöpfung
Übersetzt von François Bondy. Das Kapitel »Die neuen Götter« wurde von Elmar Tophoven übersetzt
136 Seiten
*Die verfehlte Schöpfung* ist eine rasant vorgetragene Attacke auf alle theologisch oder geschichtsphilosophisch verbürgten Sicherheiten, auf die Existenz eines übergreifenden »Sinns«, auf die Idee der Erlösung.

»Eine neue Art des Philosophierens: persönlich (sogar autobiographisch), aphoristisch, lyrisch, anti-systematisch. Die bedeutendsten Beispiele: Kierkegaard, Nietzsche und Wittgenstein – Cioran ist heute die hervorragendste Figur dieser Tradition des Schreibens.« *Susan Sontag*

st 551 Yasushi Inoue
Die Eiswand
Roman
Aus dem Japanischen von Oskar Benl
416 Seiten
Die Gebirgspartie, nach der der Roman seinen Namen hat, ist die steil aufragende Ostwand des Hodaka-Gebirges. Sie wird zum Schicksal zweier Freunde, die beide an dieselbe, verheiratete Frau gebunden sind. Was in einer emanzipierten Umwelt weder Verlegenheit noch Unruhe hervorrufen könnte, bekommt innerhalb der starren, konventionellen Gesetze Japans anderes Gewicht.

st 552 Alejo Carpentier
Krieg der Zeit
Sieben Erzählungen und ein Roman
Aus dem Spanischen von Anneliese Botond
208 Seiten
Die vorliegende Ausgabe faßt alle Prosawerke zusammen, die Carpentier je unter diesem Titel vereinigt wissen wollte: *Der Pilgerweg nach Santiago, Reise zum Ursprung, Der Nacht gleich, Finstermette, Die Berufenen, Die Flüchtlinge, Die Verfolgung, Asylrecht.*
»Eine wahrhaftigere – manchmal leiderfüllte, manchmal amüsante, immer aber ästhetische vollkommene – Annäherung an Lateinamerika gibt es nicht.«
*Karsten Garscha*

st 553 Basis. Jahrbuch für deutsche Gegenwartsliteratur
Band 9
Herausgegeben von Reinhold Grimm und Jost Hermand
272 Seiten
Mit Beiträgen von Norbert Mecklenburg, Manfred Durzak, Jost Hermand, Adolf Muschg, Bernd Neumann, Mazzino Montinari u. a. Ohne methodisch festgelegt zu sein, sucht *Basis* eine Literaturbetrachtung zu fördern, die an der materialistischen Grundlage orientiert ist.

**st 554 Werner Hofmann**
Gegenstimmen
Aufsätze zur Kunst des 20. Jahrhunderts
Mit zahlreichen Abbildungen
344 Seiten
Hofmann befragt seine Themen nach Gegenstimmen: die Wiener Jahrhundertwende und der Jugendstil verlieren so ihre einstimmige Fassung; die Surrealisten bekommen Stammbäume, die sie als Fortsetzer der Tradition ausweisen; Trotzkis Kunsttheorie zeigt sich als Summe einer langen Überlieferung; unter dem Gesichtspunkt der »Verwandlung« treten Schönberg, Kandinsky und Mondrian auf eine gemeinsame strukturelle Plattform.

**st 555 Pierre Bertaux**
Mutation der Menschheit
Zukunft und Lebenssinn
Mit einem Nachwort zur Taschenbuchausgabe 1979
Aus dem Französischen übertragen vom Verfasser und von Heinz Wissmann
Nachwort aus dem Französischen von Eva Moldenhauer
248 Seiten
Die Zeitwende, in der wir heute stehen, ist nicht nur eine unter den vielen Zeitwenden, die es in der Menschheitsgeschichte gegeben hat. Das ungeheure Ereignis, an dem wir – bewußt oder unbewußt – alle beteiligt sind, ist eigentlich eine biologische Mutation. Die vorige Mutation, in paläontologischen Urzeiten, brachte das Erscheinen des *Homo sapiens*. Wir, und vor allem die junge Generation, stehen auf der Schwelle zu einer anderen, neuen Menschenart: der Menschheit der neotechnischen Ära.

**st 556 Über Robert Walser**
Dritter Band
Herausgegeben von Katharina Kerr
248 Seiten
Im vorliegenden Band werden jene Aufsätze in deutscher Übersetzung vorgestellt, die vom außerdeutschen Sprachraum her Einfluß auf die frühe Walser-Rezeption genommen haben, wie auch neuere Arbeiten, die das heute sehr hochstehende Niveau der fremdsprachigen Diskussion über Walser dokumentieren. Mit Beiträgen von J. Chr. Middleton, M. Robert, G. C. Avery, R. Calasso, W. Weideli, C. Magris u. a.

st 557 Walter Schäfer
Erziehung im Ernstfall
Die Odenwaldschule 1946–1972
Mit einem Nachwort von Hellmut Becker
264 Seiten
Am Beispiel der privaten Heimschule *Odenwaldschule* soll gezeigt werden, wo in unserer Gesellschaft während der ersten Nachkriegsjahrzehnte Behinderungen beim Heranwachsen junger Menschen sichtbar wurden und wie man versucht hat, diese Behinderungen nachhaltig abzubauen.

st 558 Erica Pedretti
Harmloses, bitte
80 Seiten
An den Bildern, die Erica Pedretti in anschaulicher Deutlichkeit entwirft, läßt sich der Übergang von der Deskription einer idyllischen Landschaft, des heilen Lebens zur angedeuteten Tragödie erkennen. Dieses Modell ist in einer gegenständlichen Sprache erzählt, die modernste Erzähltechniken ebenso wie den einfachen Satz aufnimmt. So erweist sich der Text als spiegelndes Glatteis, auf dem der, der Harmloses erwartet, zu Fall kommt.

st 559 Ralf Dahrendorf
Lebenschancen
Anläufe zur sozialen und politischen Theorie
238 Seiten
Dieser Band ist ein Versuch, den Begriff der Lebenschancen als Schlüsselbegriff zum Verständnis sozialer Prozesse zu etablieren und in den Zusammenhang geschichtsphilosophischer Erwägungen zur Frage des Fortschritts, sozialwissenschaftlicher Analysen des Endes der Modernität und politisch-theoretischer Überlegungen zum Liberalismus zu stellen.

st 563 Franz Innerhofer
Die großen Wörter
Roman
192 Seiten
Belastet mit den Erfahrungen einer vergewaltigten Kindheit (*Schöne Tage*, st 349) und mühsamen Anstrengungen, als Lehrling und Fabrikarbeiter Selbständigkeit zu behaupten (*Schattseite,* st 542), unternimmt Holl nunmehr den Versuch, als Abendschüler und schließlich Student sich Eintritt in die »Welt des Redens« zu verschaffen.

»Innerhofer verweist auch auf die Fragwürdigkeit einer Sprache, die nicht allen zur Verfügung steht und so zu einem Herrschaftsinstrument werden kann.«
*Der Tagesspiegel*

st 564 Jorge Semprun
Der zweite Tod des Ramón Mercader
Roman
Aus dem Französischen von Gundl Steinmetz
392 Seiten
Diese Spionagegeschichte dient dazu, die politische Gegenwart aus der inneren Perspektive von Menschen vorzuführen, für die Existieren und politisches Engagement gleichbedeutend sind.
»Man kommt von der Lektüre nicht los. Denn Sempruns Erzählweise, die Leuchtkraft und Treffsicherheit seiner bildstarken Sprache überzeugen und reißen jeden Leser bis zum dramatischen Ende der Geschichte mit.«
*Peter Jokostra*

st 565 Dorothea Zeemann
Einübung in Katastrophen
Leben von 1913–1945
168 Seiten
»Vom Widerstand als Begriff oder Kategorie, von Schuld und Gewissen mag ich nicht reden. Es ging bei uns um die Praxis des Überlebens... Das Problem war: Überleben – und neugierig war ich auch. Neugierig bin ich noch immer auf das, was ich erlebt habe, denn ich weiß noch immer nicht, wie es zuging: Das ist es, was mich zum Schreiben zwingt.«

st 566 Wolfgang Utschick
Die Veränderung der Sehnsucht
Erzählung
168 Seiten
Die Geschichte eines in der Nachkriegszeit Aufgewachsenen wird zur Biographie einer Generation, die seit den studentischen Unruhen dem patriarchalischen Alptraum zu entkommen versucht. Utschick ist in dem Kampf um die Wahrnehmung anderer Welten und um die Rettung der eigenen die Phantasie nicht ausgegangen. Diesen Kampf, von dem *Die Veränderung der Sehnsucht* in einer schönen Verbindung von Eigensinn und Einsicht erzählt, lesend zu verfolgen, macht Spaß – und Mut.

st 568 Bernard von Brentano
Berliner Novellen
Mit Illustrationen nach Linolschnitten von
Clément Moreau
96 Seiten
In dieser 1934 erstmals erschienenen Sammlung erzählt der Autor die Geschichte des sechsjährigen Rudi, eines angeblichen Attentäters, er erzählt die Geschichte eines außerordentlichen Mädchens (»Von der Armut der reichen Leute«), eines Straßenmusikanten (»Der Mann ohne Ausweis«). Er sieht Zusammenhänge dort, wo Zeitungen Berichte bieten. Arbeiter, Arbeiterinnen, Bettler treten auf, aber auch das Berlin der Bankhäuser und des Geldes. Klaus Michael Grüber entdeckte die Novelle »Rudi« für eine Inszenierung durch die *Schaubühne am Halleschen Ufer* im Berliner *Hotel Esplanade*.

st 593 Zehn Gebote für Erwachsene
Texte für den Umgang mit Kindern
Zusammengestellt und mit einem Nachwort versehen von
Leonhard Froese
224 Seiten
Diese Sammlung geht von zehn Postulaten aus, die der Herausgeber zum *Internationalen Jahr des Kindes* der Öffentlichkeit übergeben hat. Sie ordnet diesen Postulaten bedeutende Aussagen namhafter Autoren und Schriften der Antike, des Mittelalters und der Neuzeit zu. Dabei fällt auf, daß Äußerungen weit auseinanderliegender Zeiten und Räume häufig nicht nur dem Wortsinn, sondern gelegentlich auch der Aussageform nach übereinstimmen.

st 594 Jan Józef Szczepański
Vor dem unbekannten Tribunal
Fünf Essays
Aus dem Polnischen übersetzt und erläutert
von Klaus Staemmler
160 Seiten
»... was ich jetzt schreibe, ist ein weiterer Versuch, das Schweigen zu durchbrechen, in das uns unsere kleingläubige Schwäche versetzt hat.« Dieses Zitat aus Szczepańskis »Brief an Julian Stryjkowski« könnte als Motto über den fünf Essays stehen, die dieser Band versammelt.

Das Schweigen (aus Feigheit oder Dummheit) läßt Unrecht und Unmenschlichkeit zu. Jede Stimme, die es zu durchbrechen sucht, ist ein nicht zu überhörender Appell und ein Nachweis der Humanität.

st 595 Ödön von Horváth
Geschichten aus dem Wiener Wald
Ein Film von Maximilian Schell
Mit zahlreichen Abbildungen
160 Seiten
Zur Uraufführung des Maximilian-Schell-Films »Geschichten aus dem Wiener Wald« nach dem Volksstück von Ödön von Horváth liegt dieser Band mit dem Drehbuch von Christopher Hampton und Maximilian Schell und zahlreichen Fotos des 1978 in Wien und Umgebung entstandenen Films vor, der den Entstehungsprozeß des Films dokumentiert.

st 598 Hans-Georg Gadamer, Jürgen Habermas
Das Erbe Hegels
Zwei Reden aus Anlaß des Hegel-Preises
104 Seiten
»Niemand sollte für sich in Anspruch nehmen, ausmessen zu wollen, was alles in der großen Erbschaft des Hegelschen Denkens auf uns gekommen ist. Es muß einem jeden genügen, selber Erbe zu sein und sich Rechenschaft zu geben, was er aus dieser Erbschaft angenommen hat.«
*Hans-Georg Gadamer*

st 628 Georg W. Alsheimer
Eine Reise nach Vietnam
224 Seiten
Alsheimer kehrt in seine »Wahlheimat« zurück. Die Narben des amerikanischen Alptraums sind noch allgegenwärtig. So gerät die Konfrontation des Damals mit dem Heute zunächst zu einem Verfolgungswahn. Erst als er durch das Vertrauen seiner Freunde das Damals mit dem Heute verknüpfen kann, verwandeln sich in dieser Krise seines politischen Credos die gläubigen Visionen in einen gemäßigten, kritischen Optimismus. Den Prozeß, der zu dieser Einsicht führte, protokolliert Alsheimer in diesem Reisetagebuch. Alsheimers *Vietnamesische Lehrjahre* liegen als st 73 vor.

## *Alphabetisches Gesamtverzeichnis der suhrkamp taschenbücher*

Achternbusch, Alexanderschlacht 61
- Die Stunde des Todes 449
- Happy oder Der Tag wird kommen 262

Adorno, Erziehung zur Mündigkeit 11
- Studien zum autoritären Charakter 107
- Versuch, das ›Endspiel‹ zu verstehen 72
- Versuch über Wagner 177
- Zur Dialektik des Engagements 134

Aitmatow, Der weiße Dampfer 51
Alegría, Die hungrigen Hunde 447
Alfvén, Atome, Mensch und Universum 139
- M 70 – Die Menschheit der siebziger Jahre 34

Allerleirauh 19
Alsheimer, Eine Reise nach Vietnam 628
- Vietnamesische Lehrjahre 73

Alter als Stigma 468
Anders, Kosmologische Humoreske 432
v. Ardenne, Ein glückliches Leben für Technik und Forschung 310
Arendt, Die verborgene Tradition 303
Arlt, Die sieben Irren 399
Artmann, Grünverschlossene Botschaft 82
- How much, schatzi? 136
- Lilienweißer Brief 498
- The Best of H. C. Artmann 275
- Unter der Bedeckung eines Hutes 337

v. Baeyer, Angst 118
Bahlow, Deutsches Namenlexikon 65
Balint, Fünf Minuten pro Patient 446
Ball, Hermann Hesse 385
Barnet (Hrsg.), Der Cimarrón 346
Basis 5, Jahrbuch für deutsche Gegenwartsliteratur 276
Basis 6, Jahrbuch für deutsche Gegenwartsliteratur 340
Basis 7, Jahrbuch für deutsche Gegenwartsliteratur 420
Basis 8, Jahrbuch für deutsche Gegenwartsliteratur 457
Basis 9, Jahrbuch für deutsche Gegenwartsliteratur 553
Beaucamp, Das Dilemma der Avantgarde 329
Becker, Jürgen, Eine Zeit ohne Wörter 20
Becker, Jurek, Irreführung der Behörden 271
- Der Boxer 526

Beckett, Das letzte Band (dreisprachig) 200
- Der Namenlose 536
- Endspiel (dreisprachig) 171
- Glückliche Tage (dreisprachig) 248
- Malone stirbt 407
- Molloy 229
- Warten auf Godot (dreisprachig) 1
- Watt 46

Das Werk von Beckett. Berliner Colloquium 225
Materialien zu Becketts »Godot« 104
Materialien zu Becketts »Godot« 2 475
Materialien zu Becketts Romanen 315
Benjamin, Der Stratege im Literaturkampf 176
- Illuminationen 345
- Über Haschisch 21
- Ursprung des deutschen Trauerspiels 69

Zur Aktualität Walter Benjamins 150
Bernhard, Das Kalkwerk 128
- Der Kulterer 306
- Frost 47
- Gehen 5
- Salzburger Stücke 257

Bertaux, Mutation der Menschheit 555
Bierce, Das Spukhaus 365
Bingel, Lied für Zement 287
Bioy Casares, Fluchtplan 378
- Schweinekrieg 469

Blackwood, Besuch von Drüben 411
- Das leere Haus 30
- Der Griff aus dem Dunkel 518

Bloch, Spuren 451
- Atheismus im Christentum 144

Börne, Spiegelbild des Lebens 408
Bond, Bingo 283
- Die See 160

Brasch, Kargo 541
Braun, Das ungezwungne Leben Kasts 546
- Gedichte 499
- Stücke 1 198

Brecht, Frühe Stücke 201
- Gedichte 251
- Geschichten vom Herrn Keuner 16
- Schriften zur Gesellschaft 199

Brecht in Augsburg 297
Bertolt Brechts Dreigroschenbuch 87
Brentano, Berliner Novellen 568
- Prozeß ohne Richter 427

Broch, Barbara 151
- Massenwahntheorie 502
- Philosophische Schriften 1 u. 2
  2 Bde. 375
- Politische Schriften 445
- Schlafwandler 472
- Schriften zur Literatur 1 246
- Schriften zur Literatur 2 247
- Schuldlosen 209
- Tod des Vergil 296
- Unbekannte Größe 393
- Verzauberung 350

Materialien zu »Der Tod des Vergil« 317
Brod, Der Prager Kreis 547
- Tycho Brahes Weg zu Gott 490

Broszat, 200 Jahre deutsche Polenpolitik 74
Brude-Firnau (Hrsg.), Aus den Tagebüchern Th. Herzls 374
Büßerinnen aus dem Gnadenkloster, Die 632
Buono, Zur Prosa Brechts. Aufsätze 88
Butor, Paris–Rom oder Die Modifikation 89
Campbell, Der Heros in tausend Gestalten 424
Carossa, Ungleiche Welten 521
Über Hans Carossa 497
Carpentier, Explosion in der Kathedrale 370
- Krieg der Zeit 552

Celan, Mohn und Gedächtnis 231
- Von Schwelle zu Schwelle 301

Chomsky, Indochina und die amerikanische Krise 32
- Kambodscha Laos Nordvietnam 103
- Über Erkenntnis und Freiheit 91

Cioran, Die verfehlte Schöpfung 550
- Vom Nachteil geboren zu sein 549

Claes, Flachskopf 524
Condrau, Angst und Schuld als Grundprobleme in der Psychotherapie 305
Conrady, Literatur und Germanistik als Herausforderung 214
Cortázar, Bestiarium 543
- Das Feuer aller Feuer 298
- Ende des Spiels 373

Dahrendorf, Lebenschancen 559
Dedecius, Überall ist Polen 195
Degner, Graugrün und Kastanienbraun 529
Der andere Hölderlin. Materialien zum »Hölderlin«-Stück von Peter Weiss 42
Dick, UBIK 440
Doctorow, Das Buch Daniel 366
Döblin, Materialien zu »Alexanderplatz« 268
Dolto, Der Fall Dominique 140
Döring, Perspektiven einer Architektur 109
Donoso, Ort ohne Grenzen 515
Dorst, Dorothea Merz 511
- Stücke 1 437
- Stücke 2 438
Duddington, Baupläne der Pflanzen 45
Duke, Akupunktur 180
Duras, Hiroshima mon amour 112
Durzak, Gespräche über den Roman 318
Ehrenburg, Das bewegte Leben des Lasik Roitschwantz 307
- 13 Pfeifen 405
Eich, Fünfzehn Hörspiele 120
Eliot, Die Dramen 191
Zur Aktualität T. S. Eliots 222
Ellmann, James Joyce 2 Bde. 473
Enzensberger, Gedichte 1955–1970 4
- Der kurze Sommer der Anarchie 395
- Politik und Verbrechen 442
Enzensberger (Hrsg.), Freisprüche. Revolutionäre vor Gericht 111
Eschenburg, Über Autorität 178
Ewald, Innere Medizin in Stichworten I 97
- Innere Medizin in Stichworten II 98
Ewen, Bertolt Brecht 141
Fallada/Dorst, Kleiner Mann – was nun? 127
Feldenkrais, Bewußtheit durch Bewegung 429
Feuchtwanger (Hrsg.), Deutschland – Wandel und Bestand 335
Fischer, Von Grillparzer zu Kafka 284
Fleißer, Eine Zierde für den Verein 294
- Ingolstädter Stücke 403
Fletcher, Die Werke des Samuel Beckett 272
Franke, Sirius Transit 535
- Ypsilon minus 358
- Zarathustra kehrt zurück 410
Friede und die Unruhestifter, Der 145
Fries, Der Weg nach Oobliadooh 265
Frijling-Schreuder, Was sind das – Kinder? 119
Frisch, Andorra 277
- Dienstbüchlein 205
- Homo faber 354
- Mein Name sei Gantenbein 286
- Stiller 105
- Stücke 1 70
- Stücke 2 81
- Tagebuch 1966–1971 256
- Wilhelm Tell für die Schule 2
Materialien zu Frischs »Biedermann und die Brandstifter« 503
- »Stiller« 2 Bde. 419
Frischmuth, Amoralische Kinderklapper 224
Froese, Zehn Gebote für Erwachsene 593
Fromm/Suzuki/de Martino, Zen-Buddhismus und Psychoanalyse 37
Fuchs, Todesbilder in der modernen Gesellschaft 102
Fuentes, Nichts als das Leben 343
Fühmann, Bagatelle, rundum positiv 426
- Erfahrungen und Widersprüche 338
- 22 Tage oder Die Hälfte des Lebens 463

Gadamer/Habermas, Das Erbe Hegels 596
García Lorca, Über Dichtung und Theater 196
Gibson, Lorcas Tod 197
Gilbert, Das Rätsel Ulysses 367
Glozer, Kunstkritiken 193
Goldstein, A. Freud, Solnit, Jenseits des Kindeswohls 212
Goma, Ostinato 138
Gorkij, Unzeitgemäße Gedanken über Kultur und Revolution 210
Grabiński, Abstellgleis 478
Grossmann, Ossietzky. Ein deutscher Patriot 83
Habermas, Theorie und Praxis 9
- Kultur und Kritik 125
Habermas/Henrich, Zwei Reden 202
Hammel, Unsere Zukunft – die Stadt 59
Han Suyin, Die Morgenflut 234
Handke, Als das Wünschen noch geholfen hat 208
- Chronik der laufenden Ereignisse 3
- Das Gewicht der Welt 500
- Die Angst des Tormanns beim Elfmeter 4
- Die Stunde der wahren Empfindung 452
- Die Unvernünftigen sterben aus 168
- Der kurze Brief 172
- Falsche Bewegung 258
- Hornissen 416
- Ich bin ein Bewohner des Elfenbeinturms 56
- Stücke 1 43
- Stücke 2 101
- Wunschloses Unglück 146
Hart Nibbrig, Ästhetik 491
Heilbroner, Die Zukunft der Menschheit 280
Heller, Die Wiederkehr der Unschuld 396
- Nirgends wird Welt sein als innen 288
- Thomas Mann 243
Hellman, Eine unfertige Frau 292
Henle, Der neue Nahe Osten 24
v. Hentig, Die Sache der Demokratie 245
- Magier oder Magister? 207
Herding (Hrsg.), Realismus als Widerspruch 493
Hermlin, Lektüre 1960–1971 215
Herzl, Aus den Tagebüchern 374
Hesse, Aus Kinderzeiten. Erzählungen Bd. 1 347
- Ausgewählte Briefe 211
- Briefe an Freunde 380
- Demian 206
- Der Europäer. Erzählungen Bd. 3 384
- Der Steppenwolf 175
- Die Gedichte. 2 Bde. 381
- Die Kunst des Müßiggangs 100
- Die Märchen 291
- Die Nürnberger Reise 227
- Die Verlobung. Erzählungen Bd. 2 368
- Die Welt der Bücher 415
- Eine Literaturgeschichte in Rezensionen 252
- Glasperlenspiel 79
- Innen und Außen. Erzählungen Bd. 4 413
- Klein und Wagner 116
- Kleine Freuden 360
- Kurgast 383
- Lektüre für Minuten 7
- Lektüre für Minuten. Neue Folge 240
- Narziß und Goldmund 274
- Peter Camenzind 161
- Siddhartha 182
- Unterm Rad 52
- Von Wesen und Herkunft des Glasperlenspiels 382
Materialien zu Hesses »Demian« 1 166
Materialien zu Hesses »Demian« 2 316

Materialien zu Hesses »Glasperlenspiel« 1 80
Materialien zu Hesses »Glasperlenspiel« 2 108
Materialien zu Hesses »Siddhartha« 1 129
Materialien zu Hesses »Siddhartha« 2 282
Materialien zu Hesses »Steppenwolf« 53
Über Hermann Hesse 1 331
Über Hermann Hesse 2 332
Hermann Hesse – Eine Werkgeschichte von Siegfried Unseld 143
Hermann Hesses weltweite Wirkung 386
Hildesheimer, Hörspiele 363
– Paradies der falschen Vögel 295
– Stücke 362
Hinck, Von Heine zu Brecht 481
Hobsbawm, Die Banditen 66
Hofmann (Hrsg.), Schwangerschaftsunterbrechung 238
Hofmann, Werner, Gegenstimmen 554
Höllerer, Die Elephantenuhr 266
Holmqvist (Hrsg.), Das Buch der Nelly Sachs 398
Hortleder, Fußball 170
Horváth, Der ewige Spießer 131
– Die stille Revolution 254
– Ein Kind unserer Zeit 99
– Jugend ohne Gott 17
– Leben und Werk in Dokumenten und Bildern 67
– Sladek 163
Horváth/Schell, Geschichten aus dem Wienerwald 595
Hudelot, Der Lange Marsch 54
Hughes, Hurrikan im Karibischen Meer 394
Huizinga, Holländische Kultur im siebzehnten Jahrhundert 401
Ibragimbekow, Es gab keinen besseren Bruder 479
Innerhofer, Die großen Wörter 563
– Schattseite 542
– Schöne Tage 349
Inoue, Die Eiswand 551
Jakir, Kindheit in Gefangenschaft 152
James, Der Schatz des Abtes Thomas 540
Jens, Republikanische Reden 512
Johnson, Berliner Sachen 249
– Das dritte Buch über Achim 169
– Eine Reise nach Klagenfurt 235
– Mutmassungen über Jakob 147
– Zwei Ansichten 326
Jonke, Im Inland und im Ausland auch 156
Joyce, Ausgewählte Briefe 253
Joyce, Stanislaus, Meines Bruders Hüter 273
Junker/Link, Ein Mann ohne Klasse 528
Kappacher, Morgen 339
Kästner, Der Hund in der Sonne 270
– Offener Brief an die Königin von Griechenland. Beschreibungen, Bewunderungen 106
Kardiner/Preble, Wegbereiter der modernen Anthropologie 165
Kasack, Fälschungen 264
Kaschnitz, Der alte Garten 387
– Steht noch dahin 57
– Zwischen Immer und Nie 425
Katharina II. in ihren Memoiren 25
Keen, Stimmen und Visionen 545
Kerr (Hrsg.), Über Robert Walser 1 483
– Über Robert Walser 2 484
– Über Robert Walser 3 556
Kessel, Herrn Brechers Fiasko 453
Kirde (Hrsg.), Das unsichtbare Auge 477
Kluge, Lebensläufe. Anwesenheitsliste für eine Beerdigung 186

Koch, Anton, Symbiose – Partnerschaft fürs Leben 304
Koch, Werner, See-Leben I 132
– Wechseljahre oder See-Leben II 412
Koehler, Hinter den Bergen 456
Koeppen, Das Treibhaus 78
– Der Tod in Rom 241
– Eine unglückliche Liebe 392
– Nach Rußland und anderswohin 115
– Reise nach Frankreich 530
– Romanisches Café 71
Koestler, Der Yogi und der Kommissar 158
– Die Wurzeln des Zufalls 181
Kolleritsch, Die grüne Seite 323
Konrad, Besucher 492
Korff, Kernenergie und Moraltheologie 597
Kracauer, Das Ornament der Masse 371
– Die Angestellten 13
– Kino 126
Kraus, Magie der Sprache 204
Kroetz, Stücke 259
Krolow, Ein Gedicht entsteht 95
Kücker, Architektur zwischen Kunst und Konsum 309
Kühn, Ludwigslust 421
– N 93
– Siam-Siam 187
– Stanislaw der Schweiger 496
Kundera, Das Leben ist anderswo 377
– Der Scherz 514
Lagercrantz, China-Report 8
Lander, Ein Sommer in der Woche der Itke K. 155
Laxness, Islandglocke 228
le Fort, Die Tochter Jephthas und andere Erzählungen 351
Lem, Astronauten 441
– Der futurologische Kongreß 534
– Der Schnupfen 570
– Die Jagd 302
– Die Untersuchung 435
– Memoiren, gefunden in der Badewanne 508
– Nacht und Schimmel 356
– Solaris 226
– Sterntagebücher 459
– Transfer 324
Lenz, Hermann, Andere Tage 461
– Der russische Regenbogen 531
– Die Augen eines Dieners 348
– Neue Zeit 505
– Verlassene Zimmer 436
Lepenies, Melancholie und Gesellschaft 63
Lese-Erlebnisse 2 458
Lévi-Strauss, Rasse und Geschichte 62
– Strukturale Anthropologie 15
Lidz, Das menschliche Leben 162
Literatur aus der Schweiz 450
Lovecraft, Cthulhu 29
– Berge des Wahnsinns 220
– Das Ding auf der Schwelle 357
– Der Fall Charles Dexter Ward 391
MacLeish, Spiel um Job 422
Mächler, Das Leben Robert Walsers 321
Mädchen am Abhang, Das 630
Machado de Assis, Posthume Erinnerungen 494
Malson, Die wilden Kinder 55
Martinson, Die Nesseln blühen 279
– Der Weg hinaus 281
Mautner, Nestroy 465
Mayer, Georg Büchner und seine Zeit 58
– Wagner in Bayreuth 480

Materialien zu Hans Mayer, »Außenseiter« 448
Mayröcker. Ein Lesebuch 548
Maximović, Die Erforschung des Omega Planeten 509
McHale, Der ökologische Kontext 90
Melchinger, Geschichte des politischen Theaters 153, 154
Meyer, Eine entfernte Ähnlichkeit 242
- In Trubschachen 501
Miłosz, Verführtes Denken 278
Minder, Dichter in der Gesellschaft 33
- Kultur und Literatur in Deutschland und Frankreich 397
Mitscherlich, Massenpsychologie ohne Ressentiment 76
- Thesen zur Stadt der Zukunft 10
- Toleranz – Überprüfung eines Begriffs 213
Mitscherlich (Hrsg.), Bis hierher und nicht weiter 239
Molière, Drei Stücke 486
Mommsen, Kleists Kampf mit Goethe 513
Moser, Lehrjahre auf der Couch 352
Muschg, Albissers Grund 334
- Entfernte Bekannte 510
- Im Sommer des Hasen 263
- Liebesgeschichten 164
Myrdal, Politisches Manifest 40
Nachtigall, Völkerkunde 184
Nizon, Canto 319
- Im Hause enden die Geschichten. Untertauchen 431
Norén, Die Bienenväter 117
Nossack, Das kennt man 336
- Der jüngere Bruder 133
- Die gestohlene Melodie 219
- Spirale 50
- Um es kurz zu machen 255
Nossal, Antikörper und Immunität 44
Olvedi, LSD-Report 38
Paus (Hrsg.), Grenzerfahrung Tod 430
Payne, Der große Charlie 569
Pedretti, Harmloses, bitte 558
Penzoldts schönste Erzählungen 216
- Der arme Chatterton 462
- Die Kunst das Leben zu lieben 267
- Die Powenzbande 372
Pfeifer, Hesses weltweite Wirkung 506
Phaïcon 3 443
Plenzdorf, Die Legende von Paul & Paula 173
- Die neuen Leiden des jungen W. 300
Pleticha (Hrsg.), Lese-Erlebnisse 2 458
Plessner, Diesseits der Utopie 148
- Die Frage nach der Conditio humana 361
- Zwischen Philosophie und Gesellschaft 544
Poe, Der Fall des Hauses Ascher 517
Politzer, Franz Kafka. Der Künstler 433
Portmann, Biologie und Geist 124
- Das Tier als soziales Wesen 444
Prangel (Hrsg.), Materialien zu Döblins »Alexanderplatz« 268
Proust, Briefe zum Leben, 2 Bde. 464
- Briefe zum Werk 404
Psychoanalyse und Justiz 167
Puig, Der schönste Tango 474
- Verraten von Rita Hayworth 344
Raddatz, Traditionen und Tendenzen 269
ZEIT-Gespräche 520
Rathscheck, Konfliktstoff Arzneimittel 189

Regler, Das große Beispiel 439
- Das Ohr des Malchus 293
Reik (Hrsg.), Der eigene und der fremde Gott 221
Reinisch (Hrsg.), Jenseits der Erkenntnis 418
Reiwald, Die Gesellschaft und ihre Verbrecher 130
Riedel, Die Kontrolle des Luftverkehrs 203
Riesman, Wohlstand wofür? 113
- Wohlstand für wen? 114
Rilke, Materialien zu »Cornet« 190
- Materialien zu »Malte« 174
- Rilke heute 290
- Rilke heute 2 355
Rochefort, Das Ruhekissen 379
- Frühling für Anfänger 532
- Kinder unserer Zeit 487
- Mein Mann hat immer recht 428
- Zum Glück gehts der Sommer entgegen 523
Rosei, Landstriche 232
- Wege 311
Roth, Der große Horizont 327
- die autobiographie des albert einstein. Künstel. Der Wille zur Krankheit 230
Rottensteiner (Hrsg.), Blick vom anderen Ufer 359
- Polaris 4 460
- Quarber Merkur 571
Rühle, Theater in unserer Zeit 325
Russell, Autobiographie I 22
- Autobiographie II 84
- Autobiographie III 192
- Eroberung des Glücks 389
v. Salis, Rilkes Schweizer Jahre 289
Sames, Die Zukunft der Metalle 157
Sarraute, Zeitalter des Mißtrauens 223
Schäfer, Erziehung im Ernstfall 557
Scheel/Apel, Die Bundeswehr und wir. Zwei Reden 522
Schickel, Große Mauer, Große Methode 314
Schimmang, Der schöne Vogel Phönix 527
Schneider, Der Balkon 455
- Macht und Gnade 423
Schulte (Hrsg.), Spiele und Vorspiele 485
Schultz (Hrsg.), Der Friede und die Unruhestifter 145
- Politik ohne Gewalt? 330
- Wer ist das eigentlich – Gott? 135
Semprun, Der zweite Tod 564
Shaw, Der Aufstand gegen die Ehe 328
- Der Sozialismus und die Natur des Menschen 121
- Die Aussichten des Christentums 18
Simpson, Biologie und Mensch 36
Sperr, Bayrische Trilogie 28
Spiele und Vorspiele 485
Steiner, In Blaubarts Burg 77
- Sprache und Schweigen 123
- Strafarbeit 471
Sternberger, Panorama oder Ansichten vom 19. Jahrhundert 179
- Gerechtigkeit für das 19. Jahrhundert 244
- Heinrich Heine und die Abschaffung der Sünde 308
Stierlin, Adolf Hitler 236
- Das Tun des Einen ist das Tun des Anderen 313
Strausfeld (Hrsg.), Materialien zur lateinamerikanischen Literatur 341
- Aspekte zu Lezama Lima »Paradiso« 482
Strehler, Für ein menschlicheres Theater 417
Strindberg, Ein Lesebuch für die niederen Stände 402

Struck, Die Mutter 489
- Lieben 567
Strugatzki, Die Schnecke am Hang 434
Stuckenschmidt, Schöpfer der neuen Musik 183
- Maurice Ravel 353
Suvin, Poetik der Science Fiction 539
Swoboda, Die Qualität des Lebens 188
Szabó, I. Moses 22 142
Szczepański, Vor dem unbekannten Tribunal 594
Terkel, Der Große Krach 23
Timmermans, Pallieter 400
Ueding (Hrsg.), Materialien zu Hans Mayer, »Außenseiter« 448
Unseld, Hermann Hesse – Eine Werkgeschichte 143
- Begegnungen mit Hermann Hesse 218
- Peter Suhrkamp 260
Unseld (Hrsg.), Wie, warum und zu welchem Ende wurde ich Literaturhistoriker? 60
- Bertolt Brechts Dreigroschenbuch 87
- Zur Aktualität Walter Benjamins 150
- Mein erstes Lese-Erlebnis 250
Unterbrochene Schulstunde. Schriftsteller und Schule 48
Utschick, Die Veränderung der Sehnsucht 566
Vargas Llosa, Das grüne Haus 342
Vidal, Messias 390
Waggerl, Brot 299
Waley, Lebensweisheit im Alten China 217
Walser, Martin, Das Einhorn 159
- Der Sturz 322
- Gesammelte Stücke 6
- Halbzeit 94

- Jenseits der Liebe 525
Walser, Robert, Briefe 488
- Der »Räuber« – Roman 320
- Poetenleben 388
Über Robert Walser 1 483
Über Robert Walser 2 484
Über Robert Walser 3 556
Weber-Kellermann, Die deutsche Familie 185
Weg der großen Yogis, Der 409
Weill, Ausgewählte Schriften 285
Über Kurt Weill 237
Weiss, Das Duell 41
- Rekonvaleszenz 31
Materialien zu Weiss' »Hölderlin« 42
Weissberg-Cybulski, Hexensabbat 369
Weltraumfriseur, Der 631
Wendt, Moderne Dramaturgie 149
Wer ist das eigentlich – Gott? 135
Werner, Fritz, Wortelemente lat.-griech. Fachausdrücke in den biolog. Wissenschaften 64
Wie der Teufel den Professor holte 629
Wiese, Das Gedicht 376
Wilson, Auf dem Weg zum Finnischen Bahnhof 194
Wittgenstein, Philosophische Untersuchungen 14
Wolf, Pilzer und Pelzer 466
- Punkt ist Punkt 122
Zeemann, Einübung in Katastrophen 565
Zimmer, Spiel um den Elefanten 519
Zivilmacht Europa – Supermacht oder Partner? 137